새터민을 통해 본
남북한 사회 그리고 통일

새터민을 통해 본
남북한 사회 그리고 통일

김영하 지음

경북대학교출판부

김영하(경북대학교 사범대학 윤리교육과 교수)

경북대학교 정치외교학과 졸업(정치학 학사), 경북대학교 대학원 정치학과 석사과정 졸업(정치학 석사),
경북대학교 대학원 정치학과 박사과정 졸업(정치학 박사)
경북대학교 · 대구교육대학교 · 금오공과대학교 · 대구가톨릭대학교 · 울산대학교 · 경북전문대학 시간강사
민주평화통일자문회의 자문위원, 통일 교육위원
저서 : (공저)새로운 북한 이해(경북대학교출판부, 2003)
(공저)교대생을 위한 북한과 통일 이해(도서출판 청림, 2002)
(공저)현대지방의회론(도서출판 청림, 2001)

새터민을 통해 본 남북한 사회 그리고 통일

초판1쇄 2010년 10월 17일 | **초판2쇄** 2011년 5월 30일
지은이 김영하
펴낸이 함인석 | **펴낸곳** 경북대학교출판부
출판등록 1973년 10월 10일 ㉣97호 | **주소** 대구광역시 북구 산격동 1370번지
전화 053 950 6741 ~ 3 | **팩스** 053 953 4692 | **E mail** press@knu.ac.kr
Homepage http://knupress.com

ISBN 978-89-7180-303-5 93370

값은 표지 뒷면에 있습니다.
파본은 바꾸어 드립니다.

서 문

"새터민은 남북한의 통일의 길목에서 그리고 통일된 이후에 우리가 만나야 할 북한 주민들 가운데 조금 먼저 만나고 있는 사람들이다."

새터민(북한이탈주민)은 남북한이 통일을 이루었을 때 우리가 만나야 할 북한 주민들 가운데서 조금 먼저 만나고 있는 사람들이다. 그리고 통일의 길에서 먼저 만나야 할 사람들이기도 하다. 우리가 진정으로 달성하고자 하는 통일의 최종 목표는 이질성, 반목과 대립 및 갈등의 단어들이 사라진 공간에서 남북한 주민들이 함께 어울려 행복하게 살아가는 것이기 때문이다.

이 책은 새터민들을 통해 우리가 경험하지 못한 북한 사회에 대한 이야기를 그들의 경험을 통해 그려내고 또한 그들이 생각하는 통일 문제를 독자들과 나누어 봄으로써 점점 희박해져 가고 있는 통일의 불씨를 건드려 보려 한다. 사실 현재의 형국으로 보면, 독일 통일의 경험이 우리에게 긍정적으로만 다가오고 있는 것은 아니라고 본다. 특히 통일 독일로부터 불어온 그 '엄청난' 규모의 통일비용의 바람은 적어도 남한 사회의 통일에 대한 의지나 염원을 침식하고 있다. 일선 교육 현장을 포함하여 사회 곳곳에서 "그냥 이대로 살면 어때?"라는 메아리만 커져 가고 있는 듯한 인상도 지울 수 없다. '분단비용'이니 '통일편익'이라는 말을 들어보지도 그리고 잠시나마 생각해 볼 겨를도 없이 거칠 것 없이 내뱉고 있으니 말이다.

"2만 명에 달하는 새터민들이 우리와 함께 살아가고 있다는 사실조차 모르는 사람들이 많다. 그들의 순조로운 남한 사회에의 정착은 통일의 청신호가 될 것이다."

1990년대 중반부터 대량 탈북 사태가 발생한 이후 국내로 들어와서 새로운 삶의 터전을 꾸리고 있는 새터민의 수는 2010년 현재 약 2만 명에 달하고 있다. 이들은 체제가 다르고 분단의 장기화에 따라 사회 문화적 이질화마저 심화된 '낯선' 남한 사회에서 새로운 삶을 시작하고 있다. 새터민들이 남한 사회에서 새로운 정착 생활을 하는 모습은 천차만별이지만, 대체로 체제와 문화적 이질성에서 오는 여러 가지 복합적인 어려움 때문에 고단한 삶을 이어가고 있다. 그렇지만 대부분의 남한 사람들은 이들이 우리 주위에서 함께 살아가고 있다는 사실조차 모르는 경우가 많다. 아니 우리들은 '값비싼' 통일비용 때문에 애써 북한 사회나 통일 문제를 외면하면서 살아가고 있는 것은 아닐까?

우리가 새터민들을 주목해야 할 이유는 여러 가지가 있다. 이들은 남한 사람들이 직접 접해보지 못한 북한 사회에서의 각종 경험을 간직하고 있고, 이러한 경험들은 남북한 통일의 소중한 밑거름이 될 수 있다. 다시 말해, 남북한 사람들이 서로의 삶의 양식을 이해하고 그 기반 위에서 분단 60여 년의 역사가 만들어 낸 차이들을 극복할 수 있는 단서들을 제공해 줄 수 있다는 점을 우리는 기억하여야 한다. 남북한이 통일을 이룩하고 사회 통합 과정을 밟는 동안 그들의 경험과 정보는 큰 보탬이 될 것이 틀림없다.

나아가 새터민들이 체제와 문화가 다른 남한 사회에서 새로운 정착 생활을 하는 가운데 순탄한 삶을 이어갈 수 있느냐의 여부는 향후 통일을 이루어가는 과정이나 통일 이후 남북한이 진정 하나되는 과정에서 중요한 시금석의 역할을 할 것이라 기대된다. 만약 이들이 남한 사회에서 잘 정착하여 살아간다면, 틀림없이 이는 남북한 통일의 청신호가 될 것이다. 아울러 남한 사람들의 통일 문제에 대한 무관심이나 통일 의지의 약화도 극복할 수 있을 터이고, 새터민 문제를 포함하여 통일 문제에 대해서도 긍정적인 사고구조를 갖는 계기가 될 것이다.

"이 책은 새터민들의 시각과 입장에서 북한 사회에 대한 여러 가지 정보와 그들이 바라보는 통일 문제에 대해 이야기하고 있다."

그동안 학계에서는 북한 사회 및 통일 문제와 관련하여 결코 적지 않은 전문적인 학술 서적들이 소개되었다. 그런데 선행 연구들은 대개의 경우, 문헌 연구들을 통해 북한 사회에 대한 기본 지식이나 정보들을 제공해 왔다. 주로 이론적인 수준에서 지식이나 정보의 전달을 위해 접근하고 있는 것으로 평가된다. 간혹 새터민들의 수기들이 출판되어 독자들에게 전달되기도 하였지만 학술적인 체계화를 갖추지 못한 것이 대부분이라고 하겠다. 그렇게 보면, 이 두 가지 저술 기획이나 방향을 결합시킨 서적은 거의 없다고 하겠다.

이에 이 책은 선행 연구들과의 차별화를 위해 새터민의 삶에 대한 이야기로부터 출발하여 그들이 경험한 북한 사회에 대한 여러 가지 정보를 학술적인 체계 위에서 전달하고 아울러 그들이 인식하고 있는 통일 문제에 대한 이야기로 나아가고 있다.

즉, 이 책의 구성 체계는 크게 세 부분으로 나누어 서술되었다. 제1부에서는 새터민들의 삶에 대한 이야기를 먼저 꺼냈다. 새터민에 대한 독자들의 이해를 돕기 위해 새터민들의 남한 사회 유입으로부터 정착 생활의 과정과 모습들을 전달하고자 하였다. 그들이 겪고 있는 어려움들을 헤아리면서 남북한의 차이와 통일 문제에 미칠 영향에 대해 생각해 보는 시간을 갖기 위해서이다. 제2부에서는 새터민들이 경험한 북한 사회의 모습을 정치, 경제, 사회 및 문화 분야로 나누어 소개하였다. 북한 주민의 '정치생활'에서는 김정일 체제의 성립 과정과 특성을 기반으로 하여 주체사상, 조선노동당, 헌법, 헌법기구, 정치과정과 정치문화, 지방 행정 및 외교에 대한 독자들의 이해를 돕고자 설계하였다. 북한 주민의 '경제생활'에서는 경제정책의 기본 노선과 경제구조 및 현황, 대외 경제 개방 정책의 과정과 과제 및 남북한 경제 교류 및 협력의 현황과 과제를 이야기하였다. 북한 주민의 '사회생활'에서는 북한 주민들의 조직생활을 비롯하여 교육체계, 가정생활, 의료체계, 교통과 통신, 신문과 방송 등의 언론매체 및 군대생활에 대한 이야기를 담았다. 그리고 북한 주민의 '문화생활'에서는 언어생활, 예술 활동, 영화, 스포츠 생활, 여가생활, 명절과 기념일 등을 소개하였다. 제3부에서는 새터민들이 보는 남북한 통일 문제에 관한 논의를 제시하였다. 남북한 간의 통일 문제에 대한 기본 이해를 바탕으로 새터민들의 통일 문제에 대한 인식과 함께 이들의 미래 삶의 일부분이자 남한 사회의 통일 교육의 진작 방안으로서 통일 교육에의 참여 방안을 선보이고 있다.

제1부와 제3부는 필자의 선행 연구들을 토대로 이 책의 집필 방향에 따라 재구성하였다. 그리고 제2부에서는 북한 사회에 대한 여러 가지 분야별 기본적인 정보를 학계의 선행 연구들의 논의를 토대로 학술적인 체계 위에서 먼저 소개하고 관련 주제에 대한 새터민들의 이야기를 'Q & A' 형식으로 제시하였다. 북한 사회가 갖는 폐쇄적인 특성상 최신 자료 수집에 한계가 있을 수밖에 없다는 점은 주지의 사실이다. 북한 사회에 대한

각종 정보들은 가급적 최신의 것을 사용하는 것을 원칙으로 하였으며, 참고한 선행 연구의 논의도 그러한 지향점을 가지도록 노력하였다. 그 밖에 통일부(북한자료센터)를 비롯한 많은 기관 단체들이 제공하는 지식이나 정보 및 새터민들의 수기 내용 등도 참조하여 각 분야별 내용을 풍부하게 구성하려고 노력하였으나, 독자들의 욕구에 얼마나 부합하였는지 두려움이 앞선다.

"이 책은 여러 가지 한계나 제약이 많음에도 불구하고, 남한 사람들과 새터민들이 북한 사회와 통일 문제를 놓고 서로 소통하는 공간을 만들어 내려는 필자의 의도나 욕심에서 비롯된 것이다."

뿐만 아니라, 이 책의 집필 과정에서 다음과 같은 몇 가지 제약점이 있다는 점을 미리 밝혀 두고 독자들의 혜량을 구하고자 한다. 필자가 2만 명에 달하는 새터민들의 삶의 경험을 모두 접할 수 없었을 뿐만 아니라, 필자가 만난 새터민들이 갖고 있는 삶의 경험과 입장이 저마다 다를 수밖에 없다는 점을 인정하지 않을 수 없다. 즉, 새터민이 살았던 시간과 장소를 포함하여 자신을 둘러싸고 있던 북한 사회에서의 환경에 따라, 그리고 남한 사회에서 정착하며 살아가는 과정에서 직·간접적으로 경험한 시·공간적 상황에 근거하여 이야기할 수밖에 없는 한계를 가지고 있기 때문이다. 따라서 독자들은 이점에 유의할 필요가 있어 보인다.

이 책은 선행 연구에서 밝혀진 북한 사회의 여러 분야에 대한 다양한 학술적 내용을 새터민들의 시각을 통해 확인하는 수준에서, 그리고 독자들이 북한 사회와 남북한 통일 문제에 대한 그들의 인식들이 비교적 쉽게 읽혀질 수 있도록 집필의 방향에 충실하고자 하였다는 점을 밝히지 않을 수 없다. 즉, 이 책은 여러 가지 한계가 많음에도 불구하고 남한 사람들과 새터민들이 북한 사회와 통일 문제를 놓고 서로 소통하는 공간을 만들어 내려는 필자의 의도나 욕심이 독자들에게 다가갈 수 있었음을 밝혀둔다. 아울러 필자는 이번 출판을 계기로 삼아 북한 사회에 대한 좀 더 구체적인 사례를 중심으로 독자들에게 다가갈 것을 약속드린다.

"통일은 누가 이루어 내는 것인가요?"

"'우리'가요!"(청중)

"아닙니다. 내가 이루어내는 것입니다."

"그 '우리'의 뒤편에 숨어 있지 말고 앞으로 먼저 나오세요."

필자가 언젠가 어느 대학의 특강에서 학생들에게 "통일은 누가 이루어내야 하는 것일까요?"라고 질문을 던진 일이 있다. 대부분의 학생들은 외워 시험을 치르듯이 일성으로 "'우리'가요!"라고 대답하였다. 물론 통일은 '우리' 모두가 이루어 내는 것이다. 이제 나 자신을 돌아보자. 지금 나 자신은 그 '우리'의 그림자에 숨어 '통일'에 무임승차하고 있는 '나'는 아닌지 말이다. '나'가 고여 '우리'가 통일의 대열에 참여할 때, 통일은 그만큼 다가올 수 있는 것은 아닐까? 이 책이 통일로 가는 오솔길 위에 뾰족 솟아 있는 작은 돌이었으면 한다.

끝으로, 이 책이 나오기까지 필자에게 많은 도움을 주신 새터민들을 포함한 주위의 여러분에게 지면을 빌어 깊은 감사의 말씀을 드린다. 이 책이 나와 우리 모두의 통일 여정에 조그마한 보탬이 되었으면 한다. 특히 남한 사람들과 새터민들이 소통할 수 있는 계기가 되었으면 하는 간절한 마음을 새삼 드려 본다.

2010년 9월

저자 김영하

목 차

제1부
새터민에 대한 이해

제1장 – 새터민의 의의

제2장 – 새터민의 남한 사회 정착 생활상

제1장 새터민의 의의*

제1절 새터민에 대한 이해

1. '새터민'의 용어

새터민이라는 용어는 '새로운 터전에서 삶의 희망을 갖고 사는 사람들'이라는 의미를 담고 있다. 그동안 우리 사회는 이들에 대해 '귀순 용사', '귀순 동포', '귀순자', '북한이탈주민', '북한 이주민', '탈북 동포', '탈북민', '자유북한인', '탈북자' 등 다양하게 불러왔다. 이들은 해방 후 한국전쟁 때까지만 해도 '실향민'으로 불리다가, 남북한의 체제 경쟁이 치열하던 냉전 시기 동안에는 '(월남) 귀순 용사', '(월남) 귀순자'로, 그리고 1990년대 중반 이후 북한의 식량난 등으로 인한 대량 탈북 사태가 발생하면서 생계를 위해 단순 탈북한 사람들과 구별하여 '북한이탈주민'으로 불리기 시작하였다. 이 가운데 '월남 귀순자', '월남 귀순 용사', '귀순 북한 동포', '북한이탈주민'과 같은 용어들은 이들을 보호 또는 지원하는 관련 법률[1]상의 용어에서 비롯된 것이다.

일부 언론에서는 아직도 '북한이탈주민'의 음절수가 너무 많다는 이유로 그냥 '탈북자'라는 용어를 사용하고 있다. 그런데 '탈북자'라는 용어는 단순히 북한을 탈출한 사람들을 통칭함으로써 중국 등 제3국에 체류하는 사람들까지 모두 포괄할 수 있어 적절하지 않을 뿐만 아니라, '탈북'이나 '북한 이탈'이라는 용어가 밝은 느낌을 주지 못한다는 지적이 제기되었다.

---

* 이 장의 서술 내용은 졸고, 「새터민의 지역사회 정착 지원을 위한 시스템 및 프로그램 개선 방안」, 『21세기 정치학회보』, 제18집 2호(21세기 정치학회, 2008)와 「새터민의 지역사회 이해 교육 프로그램 개발」, 대한정치학회, 제16집 2호(대한정치학회보, 2008)을 중심으로 재작성한 것임을 밝혀 둔다.

1) 「국가유공자 및 월남 귀순자 특별 원호법」(1962년 4월~), 「월남 귀순 용사 특별 보상법」(1979년 1월~), 「귀순 북한 동포 보호법」(1963년 6월~), 「북한이탈주민의 보호 및 정착 지원에 관한 법률」(1997년 1월~현재)이다.

즉, 이들 용어들이 초래하는 부정적인 효과나 주위의 편견에서 벗어날 수 있는 보다 밝은 느낌의 새로운 용어를 찾아 나서야 한다는 목소리가 대두되었다. 이에 통일부는 통일 문제 전문가, 국어학자 등의 도움을 받아 2004년 9월부터 인터넷 전자공청회, 전문가 회의, 토론회 개최를 포함하여 총 14회의 여론조사, 당사자들에 대한 여론 수렴 등을 거쳤으며 총 17,000여 명의 국민들로부터 새로운 용어를 찾기 위한 작업을 벌여 나갔다. 이 과정에서 통일부는 정치성을 배제하고, 참신성, 보편성 등과 같은 기준에 따라 대체 용어를 선정하고자 하였다.[2] 통일부는 전자공청회를 통해 450건의 용어를 제안 받아 '새터민', '(북한) 이주민', '이향민', '자유민', '하나민' 등 5개의 용어를 거른 후 다시 압축 작업에 들어가 '새터민'과 '이향민'을 두고, 최종 용어 선정 절차를 밟았다. 2004년 말에는 현대사회여론조사연구소와 공동으로 전국 성인 남녀 1,500명을 대상으로 전화 여론조사를 실시하여 '새터민' 53.0%, '이향민' 38.7%라는 결과를 도출하였고, 최종적으로 '새터민'의 용어를 확정하여 2005년 1월 9일부터 사용해 왔다. 그리고 영문 표기도 'Saeteomin'으로 확정하였다.[3] 참고로 국립국어연구원(현 국립국어원) 학예연구관 최용기 박사가 제안한 '새터민'이라는 용어는 '새로운 터전에서 삶의 희망을 갖고 사는 사람'이라는 뜻을 담고 있는 순우리말이다.

이후 '새터민'과 법률상의 용어인 '북한이탈주민'이 병용되어 오던 상황에서 2007년 4월 16일, 북한민주화위원회(위원장 황장엽)는 '새터민'이라는 용어가 정치적 색채를 무시하고 있고 '탈북자'들이먹을 것을 찾아 새 땅을 찾는 '화전민'을 연상하게 한다고 지적하며 통일부에 '새터민'이라는 용어 사용을 중단해 달라고 공식 요청하였다. 그러나 통일부에서는

---

2) 『서울신문』, 2005년 1월 21일자 기사.

3) '새터민'이라는 용어의 선정을 둘러싼 여러 의견들을 언론 보도 내용을 통해 소개해 보면 다음과 같다. 탈북자동지회 관계자는 "북한을 탈출해서 온 사람이라는 의미에서 지금처럼 탈북자를 쓰는 것이 좋다고 본다."라면서 "새로운 용어는 낯설기도 하고 의미 전달도 제대로 되지 않는 것 같다."라는 의견을 내놓았다. 의견 수렴 절차와 관련하여서도 숭의동지회는 "6,000여 명을 대상으로 여론조사를 했다고 하는데, 대부분 인터넷으로 한 것이어서 탈북자들의 참여는 그다지 많지 않았다."라면서 거부감을 나타내기도 했다. 한편, 일부 언론에서 소개한 국민들의 반응을 보면, "'새터민'은 생뚱맞다."라는 의견과 함께, 일부에서는 "탈북민보다는 새터민의 어감이 훨씬 좋다."라는 반응이 엇갈렸다(『세계일보』, 2004년 11월 6일자 기사). 이와 관련하여 2004년 10월 통일부에서 마련한 토론회에 참석했다는 한 탈북민의 말을 인용하여 "당시 탈북민들과 민간단체 관계자, 대학 교수 등 20여 명이 토론하면서 70% 정도는 새터민보다 '탈북 동포'를 선호했고, 당사자 대부분은 '자유북한인'이라는 용어를 원했다."라는 보도도 있었다(『국민일보』, 2005년 1월 11일자 기사). 또한 새터민 지원 단체인 탈북인연합회가 2001년 12월 발족 당시, 첫 사업으로 탈북자 호칭 변경을 추진하면서 '자유이주민'이라는 용어를 제안했으나 받아들여지지 않았다는 보도도 눈에 띈다(『국민일보』, 2004년 11월 9일자 기사).

이를 수용하지 않고 4월 24일 '새터민' 명칭의 공식적 사용 중단 요청을 거부하는 취지의 공문을 보내기도 하였다.[4)]

한편, 이명박 정부 출범 이후인 2008년 11월 21일에 통일부에서는 가급적이면 '새터민'이라는 용어를 안 쓰겠다고 발표하기에 이른다. 이날 브리핑에서 김호년 통일부 대변인은 "반대하는 북한이탈주민이 있기 때문에 새터민이라는 용어는 쓰지 않기로 했다."라면서, "서로 논쟁이나 쟁점이 있으면 그것을 가급적 피해 가는 방향에서 법률에 의한 용어, '북한이탈주민'이라고 쓰는 것이 좋겠다."라고 입장을 표명하였다. 다만, 김호년 대변인은 "새터민이라는 용어를 원하는 개인이나 단체도 있고 새터민이라는 용어의 어감이 나쁘지 않기 때문에 민간에서 쓰는 것은 그것대로 좋은 것."이라고 덧붙였다.[5)]

그런데 일부 새터민들 가운데서도 '새터민'이 '김정일 정권을 반대하는 탈북자의 정치적 색채를 완전히 무시하고 탈북자를 단순히 먹고 살기 위해 사는 사람들로 매도한 용어'라고 강하게 반발하며 정부에 대해 이를 사용하지 말 것을 요청하는 경우가 있다.

이처럼 '새터민'이라는 용어의 사용 문제를 두고 우리 사회 내부에서 겪는 일련의 갈등은 북한에 대한 인식의 차이로부터 비롯되는 듯하다. 대체로 보수적인 견해를 갖고 있는 사람이나 단체에서는 '새터민'이라는 용어에 다소 부정적인 반응을 보이고 있기 때문이다.

이와 관련하여 우리는 노응근 논설위원의 지적을 새겨볼 필요가 있다.

"탈북자란 말의 부정적 이미지는 정부의 탈북자 정책이 잘못된 데서 비롯된 만큼 용어 변경은 중요하지 않다. 탈북자든 새터민이든 결국 관건은 이들에 대한 국민의 인식 변화에 있는 것 같다."[6)] 용어의 사용 문제보다 그들을 대하는 우리들의 자세가 더 중요한 것은 아닐까?

이에, 이 책에서는 '새터민'이라는 용어를 채택하여 사용하고자 한다. 무엇보다도 그들의 남한 사회에서의 새로운 삶이, '새로운 터전에서 삶의 희망을 갖고 사는 사람'이라는 '새터민'의 뜻풀이처럼, '희망'의 끈을 놓치지 않으면서 통일로 향하는 용광로 속에 작은 보탬이 되었으면 하는 간절한 마음이 크기 때문이다.

---

4) 『Daily NK』, 2007년 5월 11 · 13일자 기사.
5) 『연합뉴스』, 2008년 11월 21일자 기사.
6) 『경향신문』, 2005년 1월 10일자 기사.

2. 새터민의 입국 현황

1990년대 중반부터 북한에서는 식량난 등 경제적 어려움으로 인해 주민들이 대량 탈북하는 사태가 빚어졌고, 그들 가운데 남한 사회에서 새롭게 정착 생활을 하게 된 새터민의 수도 급증하였다. 지난 2001년부터 국내로 들어오는 새터민의 수가 연간 1천 명을 상회하였고 마침내 2006년을 경계로 하여 2천 명의 수준을 넘어섰으며, 2007년 2월에는 새터민의 수가 1만 명을 기록하였다. 통일부에서 집계한 2010년 2월 현재 새터민의 숫자는 1만 8천여 명으로, 2010년 연말까지 2만 명에 이를 것으로 예상되고 있다.

새터민과 관련한 각종 통계를 살펴보면, 여성이 2002년을 기점으로 하여 남성을 초월한 이후 계속 증가하여, 2010년 2월 현재, 전체 새터민의 68%를 나타내고 있다. 연령별 현황을 보면, 주로 20대와 30대의 분포 비율(60%)이 높다. 최근 들어서는 새터민 청소년들의 경우도 늘어나고 있는 양상을 보여주고 있다(19세 이하 16%).

새터민들의 재북 학력별 현황을 보면, (고등)중학교 졸업의 학력 배경을 가진 층이 가장 두텁다(70%). 또한 북한에서의 직업으로는 '무직(부양)' 또는 '노동자'가 전체의 88%에 달하고 있는데, 최근 들어 이들의 숫자가 점차 늘어나는 추세를 보여주고 있어서 이들의 남한 사회에서의 취업 문제를 포함한 정착 생활이 얼마나 힘겨울 것인가를 짐작하게 한다.

한편, 최근에는 가족 단위의 입국도 늘어나고 있는데, 먼저 탈북하여 남한 사회에서 살아가고 있는 새터민이 북한에 남아 있는 가족을 데려오는 사례도 나타나고 있다. 새터민들의 지역사회 거주 현황을 살펴보면, 서울을 포함한 수도권 지역에 집중되어 있음을 알 수 있다. 사실 북한의 수도로서 평양시가 갖는 의미는 대단하다. 출신성분이 좋은 이른바 '1등 국민'이 거주할 수 있기 때문이다. 이러한 그들의 경험이 적지 않게 영향을 미치는 탓에 66% 이상이 수도권 지역에 머물고 있다.

그런데 일반 시민들은 같은 지역에 거주하면서도 새터민을 마주하기가 쉽지 않아 그들의 존재 자체를 모르는 경우가 많다. 지역사회에 거주하는 새터민들의 숫자를 알고 나서 놀라워하는 사람들이 많다.

〈표 1-1〉 새터민의 각종 현황

■ 입국 현황(2010년 2월 입국자 기준)

구분	~ '89	~ '93	~ '98	~ '01	'02	'03	'04	'05	'06	'07	'08	'09	'10.2.	합계
남(명)	562	32	235	563	506	469	626	423	509	570	612	668	78	5,853
여(명)	45	2	71	480	632	812	1,268	960	1,509	1,974	2,197	2,259	277	12,486
합계(명)	607	34	306	1,043	1,138	1,281	1,894	1,383	2,018	2,544	2,809	2,927	355	18,339
여성 비율(%)	7	6	23	46	55	63	67	69	75	78	78	77	78	68

ㅁ 북한이탈주민 입국 인원은 보호 결정을 기준으로 집계한 것임.

■ 연령별 유형(2010년 2월 입국자 기준)

구 분	0 ~ 9세	10 ~ 19세	**20 ~ 29세**	**30 ~ 39세**	40 ~ 49세	50 ~ 59세	60세 이상	계
누계(명)	720	2,156	**5,036**	**5,996**	2,759	834	838	18,339
비율(%)	4	12	**27**	**33**	15	4	5	100

■ 지역별 거주 현황(2010년 2월 입국자 기준)

지 역	**서울**	**경기**	**인천**	부산	경남	충남	대구	경북	충북
인원(명)	5,050(32%)	3,755(23%)	1,402(9%)	702	525	504	472	422	430
지 역	대전	광주	강원	전남	전북	울산	제주	계	
인원(명)	406	368	360	342	217	174	94	15,223명	

ㅁ 사망자, 말소자, 이민자와 주소 미등록자, 보호시설수용자 제외

■ 재북 직업별 유형(2010년 2월 입국자 기준)

구 분	**무직 부양**	**노동자**	관리직	전문직	예술·체육	봉사 분야	군인 및 공작원	계
누계(명)	**9,017**	**7,147**	360	395	169	694	557	18,339
비율(%)	**49**	**39**	2	2	1	4	3	100

■ 재북 시 학력별 입국 현황(2010년 2월 입국자 기준)

구 분	취학 전 아동	유치원	인민학교 (소학교)	**고등중학교 (중학교)**	전문대	대학 이상	기타 (미상)	계
누계(명)	507	165	1,138	**12,871**	1,643	1,376	639	18,339
비율(%)	3	1	6	**70**	9	8	3	100

ㅁ 통일부, 「새터민 관련 통계 자료」, 통일부 홈페이지(http://www.unikorea.go.kr), 2010년 8월 17일 검색.

제2절 새터민의 남한 사회 정착을 위한 지원 체계

새터민들이 남한 사회에 순조롭게 정착할 수 있도록 하는 각종 지원 체계의 주요 변화 과정을 살펴보면 다음과 같다. 반공 이데올로기를 앞세우던 냉전 시대에는 새터민들이 그 나름대로 체제 선전용으로 존재 의의를 가지고 있었고, 이들은 각종 '안보 강연회' 등에 동원되어 북한 체제에서의 경험담이나 비판을 털어놓았다. 이에 정부 당국은 이들을 '월남 귀순자' 또는 '월남 귀순 용사'로 간주하면서 거주 공간의 제공이나 취업 등 각종 물질적 지원을 아끼지 않았다. 이들에 대한 체계적인 지원이 최초로 시행된 것은 「국가유공자 및 월남 귀순자 특별 원호법」(1962년 4월)이었다. 이들에게 국가유공자와 동등한 지위를 부여하여 원호 대상자로 우대하였다. 이후 「월남 귀순 용사 특별 보상법」(1979년 1월)을 통해 정부는 이들을 사선을 넘어 자유민주주의를 택한 '귀순 용사'로 간주하며, 이전보다 더욱 체계화된 지원책을 내놓기도 하였다.

그러나 탈냉전 시대로 접어든 1993년 6월에는 「귀순 북한 동포 보호법」과 그 시행령이 제정되면서 새터민들에 대한 기본적인 물질적 지원 규모를 대폭 축소하는 동시에 각종 사회복지 혜택도 줄였다. 이들은 이제 더 이상 국가유공자가 아니라 독립적 생활력이 결여된 생활보호대상자로 취급되었다. 이들에 대한 관리 업무도 국가보훈처(원호처)로부터 보건복지부로 이관하여 담당하게 되었다.

한편, 북한의 경제난에 따른 대량 탈북 사태가 발생하면서 1997년 1월 13일에는 「북한이탈주민의 보호 및 정착 지원에 관한 법률」이 제정되었다. 이 법률에서는 통일부에서 이들에 대한 보호 관리 업무를 맡도록 하였고, 새터민들이 독자적인 생활력을 가진 민주사회의 구성원으로 생활할 수 있도록 지원하는 데 주안점을 두는 등의 큰 변화가 있었다.

새터민의 국내 유입이 대규모화 되면서 정부는 새터민의 정착 지원 정책의 방향을 기존의 보호 중심으로부터 자립·자활로 전환할 필요성을 인식하여 2004년과 2006년에 각각 종합 대책을 수립하였으며, 2007년부터 단계적으로 이를 구체화하여 오늘에 이르고 있다. 새터민에 대한 남한 사회 정착 지원 및 관리 체계의 흐름을 보다 구체적으로 살펴보면 다음과 같다.

1. 새터민에 대한 정착 지원 및 관리 체계의 흐름

1962년 4월 16일 제정된 「국가유공자 및 월남 귀순자 특별 원호법」에 따라 월남 귀순자로서 새터민들은 국가유공자와 동등한 지위를 부여받았고, 3등급으로 차등되어 등급에 따라 정착금, 직장 및 주택을 제공받을 수 있었다. 그리고 1967년 2월 22일부터 1978년 12월 31일까지는 다시 이들을 5등급으로 구분하여, 등급별로 100만 원, 70만 원, 50만 원, 30만 원, 20만 원의 정착금과 직장 및 주택 지원과 기타의 지원을 종전과 같이 제공하였다.

이후 1979년 1월 1일에 제정된 「월남 귀순 용사 특별 보상법」에서는 최고 5,000만 원에서 최저 800만 원의 5등급으로 정착금을 상향 조정하여 새터민들에게 지급하도록 하였다. 뿐만 아니라, 이들을 반공 교육 강사로 활용하거나 이들에게 준국가유공자의 예우와 함께 그의 가족을 포함하여 취업, 교육, 의료, 양육 및 양로 보호, 특별 임용과 주택의 무상제공 등의 특혜를 주기도 하였다.

이처럼 과거 냉전 체제가 유지되던 1980년대까지만 해도 새터민들은 '월남 귀순 용사'로 대우받으면서 상당한 액수의 정착금을 지원받았으며, 군인 및 공무원에 특별 임용될 수도 있었다. 이와 같이 그들이 관대한 대우를 받았던 것은 첫째, 1980년대까지만 해도 새터민의 수가 많지 않았다는 점, 둘째, 국가가 이들에 대해 목숨을 걸고 자유를 찾아 사선을 넘어온 귀순 용사로 특별히 간주하여 그에 상응하는 보상을 제공하였다는 점, 셋째, 반공 이데올로기를 통치의 수단으로 삼았던 역대 군사정권의 입장에서 새터민은 북한 체제의 호전성과 비인간성을 선전할 수 있는 자원이었다는 점 때문이다. 뿐만 아니라, 남한 체제의 우월성을 입증하는 등 정치적 가치가 큰 존재로 인식되었기 때문이다. 남북한이 서로 체제 경쟁을 벌이던 시대 상황의 흐름 속에서 정치적 논리에 의해 정부 당국은 이들에게 전폭적인 지원을 아끼지 않았고, 그런 이유로 이들의 남한 사회에의 적응은 최소한 경제적인 측면에 있어서는 큰 문제가 없었다.[7)]

그러나 1990년대 중반부터 식량난 등 경제적 어려움으로 인해 새터민이 남한 사회로 대량 유입됨으로써 이들에 대한 정착 지원 체계는 큰 변화를 맞게 되었다.[8)] 동유럽에

---

7) 윤인진, 「탈북자의 남한 사회 적응 실태와 정착 지원의 새로운 접근」, 『한국사회학』, 제33집 3호(한국사회학회, 1999), pp. 516-517.

유학 중이던 북한 유학생들과 러시아 벌목공들의 대량 탈북 사태가 발생하였고 이들의 국내 입국으로 이어지자 정부에서는 이들에 대한 우대 정책을 지속하는 것이 재정적으로 부담스러울 수밖에 없었다. 또한 이들에 대한 정착 지원이 남한 사회의 빈곤층 주민들과 비교되는 상황도 연출되었다.

이러한 새터민의 급증이라는 변인 외에도, 1990년대 초반 구소련과 동유럽 사회주의 국가들의 체제 전환 등으로 인해 국제사회가 탈냉전이라는 새로운 기류의 변화를 맞게 되면서 이들의 존재 가치도 변화가 불가피했다. 다른 한편으로, 북한의 경제난이 가중되면서 남북한 간의 경제적 격차가 심화되면서 더 이상 남북한 간의 체제 경쟁이 효력을 갖지 못한 것도 원인으로 작용하였다. 여기에다, 우리 사회의 내부에서는 민주화의 기류 속에서 1993년 문민정부가 출범함으로써 과거와 같은 반공 이데올로기의 필요성이나 그 효율성의 기반이 뿌리째 흔들리게 되었다. 이로 인해 과거 권위주의 정부에서 요청되었던 새터민의 정치적 가치는 달라질 수밖에 없었다.

이에 정부는 1993년 6월 11일에 「귀순 북한 동포 보호법」과 그 시행령을 전부 개정하여 새터민에 대한 기본적인 물질적 지원 규모를 대폭 축소하는 동시에 사회복지의 혜택도 줄였으며, 이들을 더 이상 국가유공자가 아니라 독립적인 생활력이 결여된 생활보호대상자로 취급하였고 새터민의 정착 지원 업무도 보건복지부로 이관하였다.

이어서 1997년 1월 13일에는, 「북한이탈주민의 보호 및 정착 지원에 관한 법률」의 제정을 통해 통일부가 새터민의 보호 관리 업무를 맡도록 하였고, '북한이탈주민의 보호관리 기간 설정'(1년간 정착 지원 시설 내 보호와 2년간 거주지 보호), '사회 적응 교육'과 '직업훈련'의 실시 및 '경력 인정 및 특별 임용' 등을 통해 새터민들이 독자적인 생활력을 가진 민주사회의 구성원으로 생활할 수 있도록 하는 데 주안점을 두는 등 근본적인 정책 변화를 채택하게 되었다.[9]

최근 동향을 보면, 2010년 3월 3일 국회 본회의를 통과한 「북한이탈주민의 보호 및

---

8) 조용관은 1945년 분단 이후 정치사회적 환경의 변화에 따라 변천되어 왔다고 전제하고 몇 가지의 시기로 구분하고 있다. [조용관, 「탈북자 남한 사회 적응에 관한 연구」, 『북한학보』, 제23집(북한연구학회, 1998), pp. 281-283.]

9) 조용관, 「탈북자의 남한 사회 적응을 통해 본 통일 교육의 과제」, 『국민윤리연구』, 제57호(국민윤리연구학회, 2004), pp. 282-283.

정착 지원에 관한 법률」이 3월 26일 공포되었는데, 이번 개정에서는 현재 시행 중인 제도상의 보완 및 정비가 포함되어 있다. 주요 내용으로는 새터민을 채용하는 우수 업체에 대한 세제 혜택 부여 및 자금 대여의 특례 적용, 국가 및 공공기관 평가 시 새터민의 고용률 반영, 새터민의 공무원 특별임용[10] 조건 완화 등 새터민에 대한 취업 지원 관련 인센티브제도 도입과 함께 지역사회의 하나센터의 운영, 전문상담사 제도의 운영 등에 대한 근거를 법제화하였다.

2. 현행 새터민에 대한 지원 및 관리 체계

새터민은 입국과 동시에 국가정보원 등 공안 관련 5개 기관의 합동조사를 대략 1~3개월 동안 받도록 되어 있다.[11] 위장 탈북자나 취업 목적의 조선족 출신인지 등의 여부를 가려내기 위해서이다. 이 절차가 끝나면 시설 보호기관인 하나원(북한이탈주민 정착 지원 사무소)[12]에서 문화 이질감 해소, 심리안정, 진로 지도 상담 및 남한 사회 이해 등에 관한 사회적응 교육 프로그램을 이수하도록 하고, 취적 및 주민등록[13], 임대주택 알선 등 정착 준비를 마친 후 거주지 배정과 함께 지역사회로 배출된다. 또한 새터민들에 대하여 고용노동부, 보건복지부 및 지방자치단체들이 협조하여 거주지 보호를 해주고 있다. 고용노동부는 직업훈련 교육 및 정보 제공을 담당하고, 심신의 건강은 보건복지부의 소관으로, 행정자치부(지방자치단체)는 거주지 보호와 신변 보호(경찰청)를 일정 기간 동안 담당하도록 하고 있다.

10) 이와 관련하여, 전국에서 처음으로 2009년에 수원시에서 남한 사회생활에 적응한 새터민을 공무원으로 뽑아 새터민들의 정착을 돕고 민원을 상담해 주는 역할을 담당하도록 하였다(『서울신문』, 2009년 4월 14일자 기사 참조). 뿐만 아니라 행정안전부는 2009년 10월에 '외국인 및 북한이탈주민 공무원 채용 확대 시행 지침'을 마련해 각 지방자치단체에 보낼 예정이라고 밝히기도 하였다(『한국일보』, 2009년 10월 22일자 기사 참조).

11) 최근 정부에서 「북한이탈주민 보호 및 정착 지원에 관한 법률」 시행령을 개정하여, 새터민들에 대한 합동 신문기간이 불명확하던 규정을 '180일 이내'로 하는 방안을 추진하자, 새터민 관련 인권 단체들의 연합체인 '북한이탈주민 정책모니터연대'에서는 인권 침해의 소지가 있다면서 이 같은 '기간 연장'에 대하여 반발하고 있다(『연합뉴스』, 2010년 7월 15일자 기사).

12) 1999년 경기도 안성시에 개소한, 현재의 하나원 시설(750명 수용)과 경기도 양주에 소재한 분원(250명 수용)의 규모가 급증하는 새터민의 교육 수요를 충족시키기에 부족하다는 지적에 따라, 정부는 2010년 7월 5일 강원도 화천군에 제2 하나원의 부지 매입과 건축 설계를 마치고 2011년 3월부터 착공하여 2012년 말에 준공할 계획이라고 밝혔다(『중앙일보』, 2010년 7월 6일자 기사).

13) 2007년 6월까지 새터민들은 경기도 안성시 삼죽면에 있는 하나원의 교육 프로그램을 수료한 후 지역 고유 번호인 '252'의 주민등록번호를 일괄적으로 부여받았다. 이에 신분상의 불이익 등의 문제가 제기되어 새터민들은 새로운 정착 지역에서 다른 주민등록번호로 정정할 수 있게 되었다. (『중앙일보』, 2010년 7월 17일자 기사)

한편, 현재 정부는 새터민이 하나원의 각종 프로그램을 수료한 후 지역사회에 배출될 때, 기초생계를 해결할 수 있도록 일정액의 현금을 지원하고 있으며, 그 지급 방법과 관련하여 자립·자활에 도움이 되는 방향으로 추진하고 있다. 특히 새터민들에 대한 물질적 지원과 관련하여 각종 인센티브제를 확충해 나가고 있으며, 최근에는 정착 지원금의 분할 지급 방식으로의 전환[14) 등을 채택하였는데, 구체적인 내용은 다음과 같다.

먼저, 정착 지원금의 지급 방법을 살펴보면, 입국 연도 2004년을 경계로 하여 정착금과 거주 지원금(임대 보증금)의 지급 기준이 다르다. 2004년 이전에 입국한 새터민에게는 정착 지원금을 최초 거주지 편입 시 20%를 지급하고 이후 매분기별로 총 19회에 걸쳐 5년 동안 분할 지급하도록 하며, 사회 배출 초기 기본적인 생계유지를 위해 세대 단위로 지원하고 있다. 반면 2005년 이후 입국한 새터민에게는 분할 지급금을 매분기별로 2년 동안 지급하고, 주거 지원금은 1,000만 원 한도에서 실비로 지급하며 잔액은 거주지 보호 기간(5년) 종료 후 지급하도록 하였다. 특히 수도권의 집중을 막고 지방으로의 분산을 유도하기 위해 지방 거주 장려금을 지원하고 있는데, 정착 기본금 지급이 종료된 이후 '가' 지역(서울)은 해당이 없고, '나' 지역(광역시 및 경기도 지역)은 주거 지원금의 5%를, '다' 지역(이상의 지역 이외 지역)은 주거 지원금의 10%를 별도로 지급하고 있다. 2007년 이후 새터민의 정착 지원금과 정착 장려금의 지원이 〈표 1-2〉에서와 같이 다소간 상향 조정되었으나, 정착 가산금과 관련하여서는 장기 치료 가산금이 개월당 60만 원으로 축소되었다.

〈표 1-2〉 2004년 이전 입국자의 정착금 지급 기준

(단위 : 원)

가족 수	정착금	주거 지원금(임대보증금)	합계	초기 지출액
1인	28,363,000	7,540,000	35,903,000	13,212,000
2인	38,006,420	7,540,000	45,546,420	15,141,000
3인	46,515,320	8,590,000	55,105,320	17,893,000
4인	55,024,220	9,640,000	64,664,220	20,644,000
5인~8인	63,533,120	10,690,000 ~ 13,840,000	74,223,120 ~ 77,373,120	23,510,000 ~ 26,660,000

ㅁ 통일부, 내부 자료(2007).

14) 이와 관련하여 과거에는 한때 정착 지원금을 일시에 현금 지급하였으나 새터민들이 남한 사회의 경제체제에 익숙하지 않은 가운데 과소비를 일삼거나 뜻하지 않는 사기 피해를 당하여 정착 지원금을 모두 소진하는 사례가 발생하여 분할 지급 방식으로 전환하였다. 뿐만 아니라, 새터민이 국내로 입국하는 과정에서 이른바 브로커들에게 일정한 대가를 요구받게 되고, 이들 브로커들이 정착 지원금을 노리는 경우가 많은 것도 하나의 이유가 되었다.

〈표 1-3〉 2005년 및 2007년 입국자의 정착금 변경 내용 비교

(단위 : 만 원)

	구분	기준		금액		비고	
		2005년	2007년	2005년	2007년	2005년	2007년
정착 장려금	직업훈련 장려금	5개월 이하	좌동	-	-	미지급	좌동
		6개월 ~ 12개월	좌동	개월×20	좌동		
		1년 과정, 기능대학, 우선선정직종 수료	좌동	200	좌동	추가 지급	좌동
	자격 취득 장려금	1년 과정, 기능대학, 우선 선정 직종	직업훈련 장려금 수혜자	200	좌동		
	취업 장려금	1년차	1년차	200	450		
		2년차	2년차	300	500		
	총액 (최고액)	3년차	3년차	400	550		
		-	-	1,540	2,140		

	가족 수	초기 지급금		분할 지급금(2년)		주거 지원금		합계	
		2005년	2007년	2005년	2007년	2005년	2007년	2005년	2007년
정착 지원금	1인	300	300	700	300	1,000	1,300	2,000	1,900
	2인	400	400	1,000	700	1,500	1,700	2,900	2,800
	3인	500	500	1,300	1,000	1,500	1,700	3,300	3,200
	4인	600	600	1,600	1,300	1,500	1,700	3,700	3,600
	5인	700	700	1,900	1,600	1,500	2,000	4,100	4,300
	6인	700	800	2,200	1,900	1,500	2,000	4,400	4,700
	7인 이상	700	900	2,500	2,200	1,500	2,000	4,700	5,100

	구분	지급 기준	지급 수준	
			2005년	2007년
정착 가산금	연령 가산금	60세 이상	720	좌동
	장애 가산금	장애 등급	1,540(1급), 1,080(2 ~ 3급), 360(4 ~ 5급)	좌동
	장기 치료 가산금	중증 질환으로 3개월 이상 입원	개월×80	개월×60
	결손가정 아동 보호 가산금	편부모 아동	360	좌동

ㅁ 통일부, 내부 자료(2007) 참조로 재작성한 것임.

〈표 1-4〉 2006 ~ 2008년 정착 장려금 지급 현황

연도	종류	직업훈련	자격 취득	우선 선정 직종 등	취업	계
2006	지급액(만 원)	13,480	8,400	600	600	23,082
	인원(명)	112	42	3	3	160
2007	지급액(만 원)	36,000	43,400	9,800	12,150	101,350
	인원(명)	289	217	49	28	583
2008	지급액(만 원)	62,940	69,040	18,800	89,100	239,880
	인원(명)	500	346	94	21	1,141

ㅁ 통일부, 『2009 통일백서』(서울: 통일부, 2009), p. 150.

그리고 주택 지원은 새터민들이 남한 사회에 배출됨과 동시에 대한토지주택공사 또는 각 지방자치단체의 영구 및 공공 임대아파트를 우선적으로 알선하고, 배정 지역은 본인의 의사를 최우선으로 고려하며, 부득이하게 희망 지역에 아파트 공급이 부족할 경우 차선의 지역으로 배정하고 있다. 현재 단독 세대에는 1,300만 원, 2～4인 세대에는 1,700만 원, 그리고 5인 이상 세대에는 2,000만 원을 지원하고 있다. 최근 개정된 법률에서는 새터민을 채용하는 우수 업체에 대한 각종 세제 혜택과 자금 대여의 특례를 적용하도록 하였고, 새터민의 국가 및 지방 자치 단체 공무원 특별 임용을 평가에 적용하는 등의 내용이 추가되었다.

취업 지원은 고용노동부 산하의 55개 종합고용센터에 55명의 전문 취업 상담공무원들이 진로 지도, 직업훈련 기관 알선, 취업 대상 사업장과의 연결 등의 업무를 담당하고 있다. 그리고 새터민을 고용하는 사업주에게 임금의 2분의 1을 2년간 지원해 주는 고용지원금제를 실시하여 취업 후 1년까지는 50만 원 범위 내, 1년부터 2년까지는 70만 원 범위 내에서 지원하고 있다. 그리고 새터민의 취업 능력 향상을 위하여 직업훈련을 무상으로 실시하고 훈련 기간 중 훈련 수당을 지급하고 있으며, 2006년부터 하나원에 기초 직업 적응 훈련 과정을 신설·운영해오고 있다.

교육 지원의 경우는 2004년 이전 입국자에 대해서는 북한 또는 제3국에서 이수하였던 학력을 인정받도록 하여 재외국민특별전형에 의해 본인이 원하는 대학에 편·입학이 가능하도록 하였고, 전문대학 이상의 학교에 입학 및 편입학할 경우에는 만 35세 미만의 경우 국립대학은 전액 면제, 사립대학은 국가와 학교가 각각 1/2을 분담하여 지원(일반 대학 4년, 의과대학 등은 6년간 지원)하도록 하고 있다. 고등학교 이하의 학교에 입학 또는 편입하는 새터민 청소년들에게는 만 25세 미만인 경우에 학비를 전액 면제해 주고 있다. 한편, 2005년 이후 입국한 새터민에게는 취업 및 정착에 실질적인 도움이 될 수 있는 교육 지원을 위하여 일부 지원 내역을 변경하였는데, 일반 대학 입학 및 편입학 시 만 35세 미만으로 편입학한 새터민에 한하여, 거주지 보호 기간(5년) 이내 또는 진학 자격을 획득한 지 5년 이내에 진학하여야 지원을 받을 수 있도록 기간을 제한하였다. 그러나 산업대학, 전문대학, 기술대학, 방송대학, 통신대학, 기능대학, 그 밖에 「평생교육법」에 의하여 학력이 인정된 평생교육 시설 또는 「학점 인정 등에 관한 법률」에 의하여 평가인정을 받은 학습 과정을 운영하는 교육·훈련 기관의 경우, 입학 시 연령과 무관하게 거주지 보호 기간 내에 입학하면 지원을 받을 수 있도록 그 지원 범위를 확대하였다. 그리고 새터민 청소년 특성화 학교(한겨레학교[15] 등)를 통해 청소년들의 정규 학교 부적응 현상을 해소하려는 조치도 취하였다.

사회보장 지원은 크게 생계비 급여와 의료보호로 구분되는데, 새터민의 소득 인정액이 최저생계비에 미달하는 경우 생계비 급여를 지원하고 있다. 2009년 현재 현금 급여 지급 기준은 다음과 같다. 사회 배출 6개월까지는 조건 없이 급여를 지급하고 그 이후에는 조건부로 수급권자로 편성하여 자활 사업에 참여해야 현금 급여를 받을 수 있도록 하는 인센티브제를 확대하여 실시하고 있다. 세대 구성원 전원이 근로 능력이 없는 경우에는 특례를 인정하여 현금 급여익 산정 시 현 세대 구성원 수에 1인을 추가하여 현금 급여액을 지급하고 있다. 그리고 의료보호와 관련하여서는 생활이 어려운 새터민(가족)은 「의료급여법」이 정하는 소득 인정 책정 기준에 따라 의료보호 1종 수급권자로 지정하여 진찰, 치료(특수진료 제외) 등 의료 혜택을 받도록 하고 있다.

〈표 1-5〉 생계 급여 지급 기준표

세대 기준	현금 급여액	세대 기준	현금 급여액
1인 세대	38만 원	4인 세대	105만 원
2인 세대	65만 원	5인 세대	124만 원
3인 세대	85만 원	6인 세대	143만 원

ㅁ 통일부, 내부 자료(2007) 참조. 『2009 통일백서』(서울: 통일부, 2009), p. 156.

15) 한겨레중고등학교는 중·고 통합형의 특성화 학교로 2006년 3월 개교하여 2007년 6월 건축물을 완공하였고, 정원도 120명 규모로 확대하였다. 학교법인 전인학원에서 설립한 특성화 자율학교로서, 중학교와 고등학교 각 3학급씩 6개 학급과 각 학급당 정원 20명으로 설립되었다. 현재 전국에 있는 새터민 청소년들을 대상으로 수시로 신입생을 모집하고 있는데, 최근 이 학교를 선호하는 새터민 청소년들이 늘어 정원을 초과한 상태이며, 현재 120명 정원에 178명이 재학하고 있다. 새터민 청소년들은 최소 1년 정도 남한 사회 적응 교육을 받아야 전학이 용이하고, 대학 입학(특례입학)에도 필요하다. 이 학교 학생들은 남북한의 교과 편성의 차이와 편성된 교과의 구성 및 내용의 상이함과 용어의 차이로 인해 학습 인지능력이 매우 떨어지며, 제3국(탈북 이후 중국 체류자가 전체의 70%임)에 장기간 체류한 이들이 많아 상당수 학생들이 중국어 활용 능력은 뛰어나지만 북한에서의 통제된 생활 습성으로 인해 자율적 능력이 매우 떨어져 교사들의 체계적인 수업 지도가 절실히 필요한 것으로 알려져 있다. 대개 이들은 남북한의 학제 차이와 긴 탈북 과정으로 인해 남한 학생들에 비해 개개인의 연령이 높지만 배움에 대한 갈망은 높다. 북한에서의 소학교 졸업자 5~10%, 고등중학교 졸업 5~10% 이외에 80~90%가 중퇴자로, 학력심의위원회에서 학령을 배정하는 방식을 취하고 있다. 한편, 전 교과 이동수업제를 실시하고 있다. 전 학생이 기숙사(10명 단위 1명 지도교사 숙식 참여) 생활을 하며 학생 1인당 월 18만 원 정도의 기숙사비를 국고에서 지원받는다. 교육은 교육 과정 40%, 지원 과정 30%, 적응 과정 30%로 편성 운영되고 있는데, 30% 적응 과정은 지하철 타기, 동사무소 일 보기, 도서관 활용하기, 대중교통 이용하기 등과 같은 1박 2일간 문화기행(10명 1조, 1명 지도교사)은 서울에서 체험활동으로 진행된다.(「탈북 청소년을 위한 한겨레학교를 아십니까?」, 『오마이뉴스』, 2008년 7월 4일자 기사.)

3. 거주지 정착 지원 시스템

다음은 각종 거주지 정착 지원 제도들이다. 먼저, 정착 도우미 제도인데 새터민이 거주지 정착 초기의 사회 적응에 겪는 어려움을 고려하여 새터민 1세대당 2명의 민간 자원봉사 정착 도우미를 지정, 이들에게 하나원 수료 이후 1년 동안 지역사회 안내, 각종 고충 상담 등의 역할을 수행하도록 하였다. 이 제도는 2005년부터 시행되어 2008년 12월 현재 2,900명의 정착 도우미가 활동하고 있다고 통일부가 밝힌 바 있다. 아울러 2008년부터는 3개 지역에 시범적으로 '정주 도우미 제도'를 도입하기도 하였다.

특히 최근에는 지역사회의 하나원이라고 할 수 있는 하나센터가 2009년 서울, 경기, 대구 지역에 시범적으로 문을 연 이후 2010년 4월 현재 전국에 총 30개의 하나센터가 확대·운영되고 있다. 이 하나센터는 지역사회에 배정되는 새터민을 대상으로 3주간의 집중 교육과 1년간의 사후 지원을 제공하는 기관으로, 전국의 사회복지 시설과 대한적십자사의 시·도 지사 등이 주관하고 있다. 새터민들이 하나원에서 사회 적응 훈련을 받았다고 해도 실제 지역사회에 적응하는 데에는 무리가 따를 수밖에 없었다. 취업이 쉽지 않은 것은 물론이고, 일상생활을 하는 데에도 적지 않은 어려움을 겪고 있다는 지적과 함께 그동안 하나원 수료 이후의 체계적인 지원 프로그램의 필요성이 시민단체를 중심으로 제기되었고, 국회에서도 새터민 취업 문제에 대한 대책을 요구한 바 있다.

둘째, 보호 담당관 제도로서 각 지방자치단체별로 거주지 보호 담당관을 지정하여, 새터민의 거주지 편입 및 각종 행정 지원 업무를 담당하도록 하고 있다. 2008년 현재 전국적으로 211개의 지방자치단체에 거주지 보호 담당관을 지정하여 의료급여, 생계급여 등 사회복지 지원, 지역사회 관련 정보 제공 등의 역할을 수행하고 있다. 취업 보호 담당관은 2008년 현재 전국 54개 고용지원센터에 근무하는 취업 상담 공무원을 취업 보호 담당관으로 지정, 새터민의 취업 알선 및 상담 등의 역할을 담당하도록 하고 있다. 또한 신변 보호 담당관 제도는 거주지 관할 경찰서의 보안과 소속 경찰관이 신변 보호 담당관으로 활동 중이다.

그 밖에, 「북한이탈주민 보호 및 정착 지원에 관한 법률」 제30조에 의거하여 설립된 북한이탈주민후원회와 2008년 12월 현재 전국 새터민 밀집 거주 지역을 중심으로 설립된 24개의 지역협의회에서 새터민의 사회 적응 지원 사업 및 상담 역할을 맡고 있다. 지역협의회는 지역 내 보호 담당관, 지역사회 복지관, 민간단체 등이 협의체를 구성하여 새터민의 정착에 필요한 생활 실태를 파악하고 각종 애로 사항 상담 창구 역할을 담당하도록 하고 있다.

4. 새터민의 지역사회 정착 문제와 이명박 정부의 정책 추진 방향

그동안 통일부에서는 새터민의 급증 추세에 맞추어 매년 예산 증액을 통해 시설을 확충하고 새터민에 대한 각종 적응 교육·훈련 프로그램을 민간에 위탁하여 개발하는 등 다각도의 노력을 기울여 왔지만, 현재와 같은 시설이나 인력 등의 여건[16]만으로는 대규모 새터민의 유입에 따른 교육 및 정착 지원에 실효성을 갖기 어려워 보인다.

〈그림 1-1〉 하나원의 조직도 및 주요부서의 업무 분장 내역

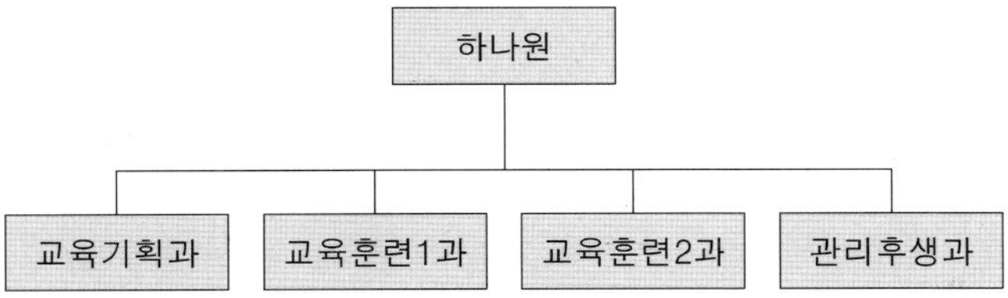

[교육·훈련1과]	[교육·훈련2과]
1. 보호 대상자의 사회 적응 교육 세부 계획 수립·시행 2. 보호 대상자의 직업훈련 세부계획 수립·시행 3. 교육·훈련에 따른 강사 초빙 4. 보호 대상자의 진로·취업 및 진학 지도 5. 보호 대상자의 심리 상담 6. 보호 대상자의 등록 및 신병 인수·인계	1. 분리 교육이 필요한 보호 대상자의 사회 적응 교육 세부 계획 수립·시행 2. 분리 교육이 필요한 보호 대상자의 직업훈련 세부 계획 수립·시행 3. 교육·훈련에 따른 강사 초빙 4. 분리 교육이 필요한 보호 대상자의 진로·취업 및 진학 지도 5. 분리 교육이 필요한 보호 대상자의 사무소 내 생활지도 6. 분리 교육이 필요한 보호 대상자의 심리상담 7. 분리교육이 필요한 보호 대상자의 등록 및 신병 인수·인계

통일부 홈페이지(http://www.unikorea.go.kr), 2010년 7월 17일 검색.

16) 1997년부터 2006년까지 새터민 8,916명에 대한 각종 지원의 총 예산 소요액은 2,020억 원으로 1인당 2,265만 원이 소요되었다. 지원 인력은 새터민의 정착 지원 교육 시설인 하나원의 경우, 2007년 직제 개편을 통해 교육기획팀, 교육·훈련1팀, 교육·훈련2팀 및 관리후생팀 등 4개 팀에 총 55명이 종사하고 있다.

이러한 가운데 새터민들의 남한 사회 적응 문제는 고스란히 자신들의 몫으로 남겨지고 있다. 항간에서는 새터민들의 남한 사회 적응이 쉽지 않다는 취지로 이들을 소위 '경계인'[17]이라고 부르기도 한다. 남한 사회에의 적응이 어려운 새터민들의 고통이 함축된 용어임에 틀림없다. 비록 많은 숫자는 아니더라도 필자가 만나 본 새터민들의 경우 자질이나 능력의 배경적 자원의 다양함만큼이나 남한 사회에의 적응에 대한 반응과 속도도 천차만별이다. 극소수를 제외하고 대부분의 새터민들에게는 남한 주류 사회로의 편입에 많은 장벽이 가로놓여 있어 대부분 이등시민으로서의 생활고를 겪고 있다고 판단된다. 이에 대해서는 뒤에서 좀 더 자세히 소개하기로 한다. 아무튼 국가적 차원의 중·장기적 계획 마련이 시급하다고 판단되며, 특히 민간 부문의 새터민 지원 시스템과 프로그램의 개선도 우선적으로 요청된다고 하겠다.

한편, 이명박 정부는 새터민에 대한 정책 추진의 방향과 관련하여 해외에 체류 중인 탈북주민들의 적극적인 국내 유입에 긍정적인 입장을 갖고 있으며, 새터민의 정착 지원의 강화를 위해 지방정부의 역할 증대에 주력할 것을 천명한 바 있다. 대통령직인수위원회에서는 2008년 1월 7일 업무 보고에서 새터민 관련 정책에 대하여 '내실 있는 새터민 정착 제도 개선'의 필요성을 제기한 바 있으며[18], 2008년 통일부 업무 보고 브리핑 자료에서도, 새터민 정착 지원 강화의 의지를 분명히 한 바 있다.

통일부의 2008년도 업무 보고 브리핑 자료에 나타난 새터민 지원 관련 내용

* 추진 방향 : 한국행 북한이탈주민 전원 국내 송환 원칙 견지, 안정적 지역사회 정착을 위한 지방정부와 민간의 참여 확대

* 주요 이행 계획

- 국내 수용 시설 확충 추진(연내 하나원 증축 완료)
- 국내 입국 북한이탈주민 정착 지원 강화

① 일자리 창출을 위해 기업체와 협력체계 구축

17) 새터민 이광수 씨(38)는 남한에 발을 디딘 지 10개월이 돼 간다. 그에게 남한은 여전히 낯설고 혼란스럽다. 이씨는 "나는 아직 한국 사람이 아닌 것 같다."라고 했다. 이도 저도 아닌 '경계인'으로 이 땅에 살고 있는 심경을 밝히고 있다(「나는 어느 쪽인가」, 『경향신문』, 2007년 1월 1일자 기획특집 기사.)

18) 『서울신문』, 2008년 1월 8일자 기사.

② 근거리 서비스를 통한 북한이탈주민의 만족도 제고 및 지역사회 관심 유도를 위해 정착 지원 집행 업무의 지방 위임 추진(중앙정부는 기본 계획 수립 및 하나원 관리에 주력, 지방정부는 정착금 지급 및 취업 지원 등 지원 업무 수행)

③ 민간 자원봉사자(정착, 정주 도우미)들을 활용하여 북한이탈주민의 원활한 지역사회 적응 지원 정착 도우미 1,500명에서 2,000명으로 확대 및 정주 도우미 시범 사업 실시 지역 확대[3개 지역]

ㅁ 통일부, 「2008년도 업무 보고 브리핑 자료」(2008).

새터민의 지역사회 정착 지원 시스템이나 관련 프로그램의 지방 이관이 본격화될 것으로 전망되는 가운데, 당국은 「북한이탈주민의 보호 및 정착 지원에 관한 법률」의 일부를 개정하였다.

그동안 통일부에서는 새터민의 급증 추세에 맞추어 매년 예산 증액과 정착 지원 시설인 하나원의 증축을 추진해 왔으며, 새터민에 대한 남한 사회 적응 교육·훈련 프로그램을 민간에게 위탁하여 개발하는 등 각종 노력을 기울여 왔다. 최근 통일부의 새터민 정착 지원 관련 예산 규모는 통일부 전체 예산의 절반에 달하고 있는데, 그 편성 내역은 다음과 같다.

〈표 1-6〉 통일부 예산 중 새터민의 정착 지원 관련 예산(2007 ~ 2008년)

(단위: 백만 원)

단위 사업	세부 사업	2008년 예산액(A)	2007년 예산액(B)	2006년 예산액(C)	증감액 (B-A)	증감률 (%)
새터민 행정 지원	소계	4,350	3,750	2,236	600	16.0
	·새터민 지원 대책 ·북한이탈주민 후원회 지원 ·새터민 청소년 학교 지원	250 2,200 1,900	250 1,600 1,900	360 1,700 176	- 600 -	
새터민 교육·훈련 및 정착금 지급	소계	45,225	45,225	47,170	-	-
	·새터민 교육·훈련 ·새터민 정착 지원금	5,459 39,766	5,211 40,014	4,029 43,141	248 -248	4.8 -0.6
하나원 시설 운영	하나원 청사 관리 외부 위탁	270	270	251	-	-
	하나원 본원 증축	10,500	2,350	-	8,150	346.8
거주지 정착 지원 온라인시스템 구축	거주지 정착 지원 온라인시스템 구축	-	-	784	-	-
합 계		60,345	51,595	50,441	8,750	17.0

ㅁ 「2007년 예산 편성 자료」(통일부, 2007) 및 「2008년도 통일부 세입 세출 예산(개요)」(통일부, 2008) 등을 참고하여 재작성한 것임.

〈표 1-7〉 통일부 예산 중 새터민의 정착 지원 관련 예산(2009 ~ 2010년)

(단위: 백만 원)

단위 사업	세부 사업	2009년 예산액(A)	2010년 예산액(B)	증감액 (B-A)	증감률 (%)
새터민 정착 행정지원	소계	6,331	13,245	6,914	109.2
	·북한이탈주민 지원	6,331	9,045	2,714	42.9
	·북한이탈주민 지역적응센터 운영	-	4,200	4,200	순증
새터민 및 이산가족 지원 정보화	·이산가족정보통합센터 운영	109	142	33	30.3
하나원 시설 운영	소계	1,637	7,582	5,945	363.2
	·하나원 청사 관리 외부위탁	406	406	-	-
	·하나원 경비 위탁	1,231	1,641	410	33.3
	·제2 하나원 신축	-	5,098	5,098	순증
	·하나원 상수도 개설 공사	-	437	437	순증
새터민 교육·훈련 및 정착금 지급	·북한이탈주민 교육·훈련 및 정착금 지급	55,510	62,539	7,029	12.7
합 계		63,587	83,508	19,921	13.1

ㅁ 「2010년도 예산 개요」(통일부, 2010)를 참고하여 재작성한 것임.

2007년부터 2010년까지의 통일부 예산 편성 관련 자료를 보면, 통일부의 새터민 정착 지원 관련 예산 규모가 꾸준한 증가세를 보여주고 있다. 특히 2010년 예산 자료에 의하면, 제2 하나원 신축 사업이 총 사업비 356억 원에, 3개년 사업으로 추진되고 있는데, 대지 면적 85,140㎡와 건축 연면적 14,388㎡의 규모이다. 그리고 2009년 시범적 시행 이후 새터민의 지역사회 정착 지원을 위한 지역적응센터(하나센터) 운영을 전국적으로 실시하기 위해 42억 원의 예산을 확보하여 운영하고 있다.

제3절 새터민을 위한 남한 사회 정착 지원 프로그램들

1. 새터민을 위한 각종 남한 사회 정착 지원 교육 프로그램

최근 정부에서 새터민의 지역사회 적응의 연착륙을 돕기 위해 하나센터를 설치·운영하는 등 다양한 새터민 지원 정책들[19]을 쏟아내고 있지만, 새터민 가운데 상당수는 자신들의 경제적 기반 형성과 같은 물질적인 어려움[20]과 심신의 건강 문제를 비롯하여 많은 난관 속에서 남한 사회에서의 새로운 생활을 경험하고 있다.[21] 특히 언어 소통의 문제[22]를 포함하여 남한 사회에의 적응력이 떨어지는 이들에 대한 주변 사람들의 무관심과 편견은 더욱 이들을 궁지로 몰고 있다.[23] 그러다 보니 대부분의 새터민은 자신이 북한에서 왔다는 사실을 애써 들추어내려 하지 않는다. 이 같은 상황 속에서 다수의 새터민은 자신의 정체성에 대해 혼란을 경험하고 있는 것으로도 조사되고 있어서[24] 문제의 심각성을 더하고 있다. 결국 새터민은 남한 사회에의 적응에 필요한 자원들의 중층적이고 복합적인 결핍으로 인해 홀로 속병을 앓으면서 살아가고 있다. 따라서 이 문제에 대한 우리 사회의 새로운 인식의 전환과 함께 보다 적극적인 정책적 실천이 요구되고 있다.

한편, 1999년 7월에 개원한 하나원은 늘어나는 새터민들의 수요[25]를 감당하기에 급급하여 그 수급 상황에 따라 3개월에서 2개월(2001년 6월~), 3개월(2004년 10월~), 10주(2006년 12월~), 8주(2007년 5월 16일~), 12주(2009년 3월~)로 그 교육 기간이 행정 편의에 따라 임의로 조정되기도 하였다. 이는 새터민의 남한 사회 정착에 적지 않은 불편을 줄 수밖에 없다. 특히 단축된 8주간의 교육 프로그램은 이들의 남한 사회 적응에 턱없이 부족한 시간임에 틀림없기 때문이다. 적지 않은 세월 동안 북한 사회의 체제 속에서 생활해 온 그들에게는 이처럼 짧은 기간 동안 남한 사회의 체제를 습득하기에 무리가 따를 수밖에 없다.

---

19) 김영하, 「새터민의 지역사회 정착 지원을 위한 시스템 및 프로그램 개선 방안」, 『21세기정치학회보』, 제18집 2호(21세기정치학회, 2008), pp. 263-272.

20) 북한인권정보센터에서 2008년 11월에 실시한 '북한이탈주민 경제활동 실태 조사'에 의하면, 국내 취업 새터민의 평균 근로 소득액은 937,000원이었고, 고용률은 44.9%였으며, 식당이나 건설현장 등의 일용직 근로자가 42.6%로, 우리나라 전체 일용직 근로자 비율인 9.2%를 크게 상회하고 있다. 북한인권정보센터, 『2008 북한이탈주민 경제 활동 동향 -취업·실업·소득-』(서울: 북한인권정보센터, 2009)을 참조할 것.

21) 노인숙·원정숙, 「새터민의 우울, 불안, 외상 후 스트레스, 자아존중감 및 사회 적응간의 관계」, 『정신간호학회지』, 제18권 제1호(2009), pp. 69-70.

22) 문금현·이홍식·김경령, 「새터민 언어실태 조사 연구」(국립국어원, 2006), pp. 25-36

23) 안미영·김혜숙, 집단 지위와 정당성 및 안정성이 차별 지각에 미치는 효과」, 『한국심리학회지 : 사회 및 성격』, 제17권 3호(한국 사회 및 성격 심리학회, 2003), pp. 159-179.

24) 대북 지원 단체인 '새롭고 하나 된 조국을 위한 모임'에서 새터민 255명을 대상으로 설문조사한 결과에 의하면, 58.4%의 응답자가 자신을 '북한 사람'으로 여기는 반면, '남한 사람'으로 인식하는 사람은 6.3%에 불과했다(『연합뉴스』, 2009년 7월 8일자 기사.) 한편, 전우택(1997 : 109-167)에서도 새터민의 경우 자기 스스로를 '남한 사람도 아니고 북한 사람도 아닌 조선 사람'이라는 식으로 중간적인 이중정체성을 견지하는 경우가 많은 것으로 조사된 바 있다.

25) 하나원을 수료한 새터민 수는 2008년 12월까지 총 13,479명에 이르고 있다.(통일부, 『2009 통일백서』, p. 148.)

〈표 1-8〉 연도별 하나원의 수료 현황

(단위: 명)

연 도	~2000년	2001년	2002년	2003년	2004년	2005년	2006년	2007년 7월	합계
남자	154	280	487	438	574	438	486	272	3,129
여자	94	258	542	708	1,168	908	1,533	946	6,157
합계	248	538	1,029	1,146	1,742	1,346	2,019	1,218	9,286

ㅁ 『Daily NK』, 2007년 7월 11일자 기사.

그동안 하나원에서는 새터민들의 수적 증가 추세에 맞추어 수용 시설을 확충하고 다양한 취업 지원 프로그램을 확대 실시하거나 교육 프로그램의 민간 위탁 개발 및 전문가의 자문 취합 등의 조치를 통해 교육의 질을 높여 왔다고 밝히고 있다. 한 예로서, 2007년 5월부터 시행되었던 교육 프로그램에서는 실내 교육 중심의 교육으로부터 벗어나 현장 체험 실습 교육(39시간)을 강화하거나 280시간 중 130시간을 취업을 지원하기 위해 할당한다든지, 64시간의 자율·보충 프로그램(정보화 특강, 자동차 운전, 영어 특강, 정착 제도, 전담관 대화 등)을 별도로 편성하여 운영하는 등의 노력을 해 왔다는 것이다. 그러나 전반적으로 지식 전달 중심의 초보적인 수준에 그치고 있는 것으로 파악된다. 한편, 2009년 3월부터 하나원의 '사회 적응 교육 표준 과정'이 마련되어, 종래의 8주 280시간에서 12주 420시간으로 운영되고 있다. 현행 교육 프로그램은 새터민의 열악한 심신 상태를 감안하여 심리 안정 및 건강 증진을 강화하는 한편, 우리 사회에의 적응력 향상을 위해 현장 체험 교육 프로그램도 확대하였고, 진로 지도 및 직업 기초 능력 훈련과 초기 정착 지원 프로그램도 각각 시수를 늘려 운영하고 있다.(본 장의 끝에 하나원의 사회 적응 프로그램의 개편 내용을 교육 주제별로 비교하여 제시하였으니, 67쪽의 〈표1-14〉를 참고하면 된다.)

새터민 개개인이 갖고 있는 다양한 배경에도 불구하고 일률적으로 집중적인 남한 사회 적응 교육 프로그램을 이수하도록 하는 현행 시스템은 어떤 문제점을 갖고 있는 것일까? 하나원에서의 사회 적응 교육 프로그램(2005년 5월 ~ 2009년 3월 입국 새터민) 가운데 '우리 사회 이해 증진'과 관련한 내용을 중심으로 몇 가지 문제점들을 지적해 보면 다음과 같다.

먼저, 하나원의 교육 프로그램에서 발견되는 가장 큰 문제점으로는 ① 교육 시간의 절대적인 부족을 지적하지 않을 수 없다. 그동안 하나원 배출 이후 체계적인 별도의 교육 프로그램이 실시되지 않았던 상황(2005년 5월~2009년 3월 입국 새터민)에서 보면 큰 문제점이 아닐 수 없다. 좀 더 구체적으로 보면, 정치와 관련한 교육 프로그램 내용은 '민주시민 프로그램' 속에서 민주시민의 권리와 의무, 대의정치제도 각 2시간씩 4시간에 그치고 있다. 이처럼 짧은 시간으로는 특히 지역사회에 거주하게 되는 새터민들에게 지방자치 등과 관련한 내용을 설명하기에 터무니없이 부족할 수밖에 없다. 특히 한때 교육 프로그램이 8주로 짧아지면서 종래의 20시간에서 4시간으로 단축된 사례는 그 심각성을 잘 말해준다고 하겠다. ② 자본주의에 대한 교육 프로그램의 경우, '자본주의 적응 프로그램'에서는 6시간의 이론 수업과 구매 체험학습 4시간을 포함하여 모두 10시간의 교육시간을 확보하고 있는 것이 전부이다.[26] 이 때문에 새터민들이 실물경제에 어두워 각종 사기사건 등의 피해자가 되는 경우가 많다고 한다. 한국형사정책연구원이 2007년 1월 밝힌 자료에 의하면 새터민 5명 중 1명 꼴(21.5%)로 사기를 당한 적이 있다는 조사 결과는 충격적이기까지 하다. 이는 국내 사기 피해율(0.5%)의 43배에 달한다고 한다.[27] ③ 사회 분야와 관련하여서는 '사회 이해 프로그램'(총 26시간)을 통해 역사(이론 12시간 및 역사현장탐방 7시간), 한국문화(남한 사회의 주요 가치관 및 사고방식, 대중매체, 연예 및 예술 등) 4시간, 생활법률 7시간, 성활 정보 1시간, 성교육 2시간 등으로 구성되어 있어서, 사회생활 전반을 다루기에 턱없이 부족한 시수와 내용이라고 하지 않을 수 없다. 또한 언어 적응 프로그램의 경우도 14시간이 확보되어 있으나 그 실효성에 대해서는 앞서 지적한 바와 같이 새터민 상당수가 언어를 포함한 문화적 격차로 인해 어려움을 겪고 있다는 점에서 반드시 짚고 넘어가야 할 문제점이라고 하겠다.

둘째, 그런데 하나원에서 실시하는 교육 프로그램을 수료한 새터민들은 이러한 교육 프로그램 운영만으로는 불충분하다고 말한다. 교육의 질을 높이기 위한 다양한 프로그램의 개발 노력이 아직까지 새터민들의 수요 기대치에 미치지 못한다는 것이 대부분의 견해다. 특히 취업 교육과 관련하여 하나원에서는 대부분 진로 지도·직업 기초 능력 훈련 프로그램

---

26) 이에 대해 남성욱 교수는 "시장 구매 체험 과목의 경우 돈을 버는 방법보다 돈을 사용하는 방법을 먼저 가르치는 것인데 정작 새터민에게 필요한 것은 돈을 버는 방법"이라면서 "이론 중심의 취업 관련 교육보다는 돈을 버는 현장 학습을 시켜야 하며 그것이 자본주의를 가장 빨리 체득하는 방법"이라고 강조한다(『서울신문』, 2007년 7월 24일자 기사 참조).

27) 장준오·이정환, 「북한이탈주민의 범죄피해 실태 연구」(보고서), (한국형사정책연구원, 2007).

을 통해, 즉 ① 개인의 직업 선호와 직업세계 이해, 적성, 심리검사, 예정, 진로 상담, ② 직업 기초 능력 배양을 위한 직업 적응 훈련 등을 구성하여 개별 적성과 취향에 맞는 직종을 알아보고 그에 따른 기초적인 교육을 실시하며, 성별로 특화된 다양한 직종의 실습 및 산업 현장 체험, 직업훈련 기관, 고용안정센터 견학으로 수료 후 구직 활동에 실질적인 대비를 할 수 있다고 밝히고 있다. 그렇지만, 가족 단위의 새터민들도 있고 직업이나 연령 등 다양한 배경별 특성을 고려한 교육 프로그램 편성에는 미치지 못하고 있다는 것이 일반적인 평가이다. 또한 취업과 관련한 교육이 기초적인 수준에 머무는 바람에 실질적인 도움이 되지 못한다는 지적이 있다.[28] 또한 하나원에는 자체의 직업훈련 교육 시설이 없고 경기도 안성의 외진 곳에 위치해 있어서 인근에서 직업훈련 교육을 대행할 교육기관을 찾기 어려우므로 이에 대한 대책도 필요하다고 본다. 참고로, 필자가 2005년에 대구지역 새터민 104명을 대상으로 실시한 설문조사[29]에 의하면, 하나원에서 실시한 2~3개월의 짧은 남한 사회 적응 교육 프로그램의 실효성이 얼마나 되는지에 대해 '도움이 되었다'는 응답 비율이 과반을 넘지 못하고 있다. 이와 같은 반응은 하나원의 교육생이나 수료생들 상당수에게서 증언의 형식으로 드러나고 있다. 결국 이것은 하나원의 남한 사회 정착을 위한 교육 프로그램이 큰 실효성을 거두고 있지 못하다는 반증이기도 하다.

셋째, 또 다른 문제점으로는 하나원이 새터민들을 성인반, 경로반, 청소년반 등으로 구분해 교육을 시키고 있지만 이러한 연령별 구분만으로 새터민들의 개인별 자질이나 수준 차이를 넘지 못하는 한계가 있다. 즉, 최근 들어 입국하는 새터민들이 연령, 가족 구성, 직업 배경 등에서 다양함에도 불구하고 개인 특성과 욕구에 맞춘 교육 프로그램이 마련되지 못하고 있는 것이다. 그러다 보니 하나원의 교육 프로그램은 새터민에게 지루하기 십상이다. 2004년에 필자가 학생들과 함께 하나원을 방문하여 교육을 받고 있는 새터민

28) 이에 대해 안효덕 북한이탈주민후원회 대외협력부장은 "하나원 교육은 새터민들의 기억에 남는 현장 체험 교육 프로그램 중심으로 가야 한다."라면서 "지방자치단체와 협력해 산업 현장 방문과 새터민 취업 지원을 하나원 퇴소 이후에도 지속적으로 지원하는 시스템을 개발해야 한다."라고 밝히고 있다. 하나원에서의 취업 교육 프로그램이 구직에 도움이 될 수 있도록 직종에 따라 보완 교육이 필요한 경우 별도의 교육과정을 설치해야 한다는 것이다. 더불어 새터민들의 조기 정착을 위해서 북한과 제3국에서 취득한 학력, 직업, 자격증, 기술, 경험들이 국내에서도 인정받을 수 있도록 연계 프로그램을 개발해야 한다는 주장도 있다(『Daily NK』, 2007년 7월 12일자 기사 참조).

29) 배한동 외, 「북한이주민의 지역사회 적응 실태 분석을 통한 통일 교육 자원 활용 가능성 연구」, 『한국동북아논총』, 제10권 제3호, 통권 36집 (한국동북아학회, 2005)를 참조할 것.

과의 대화 가운데서도 이 점은 그대로 드러나고 있고, 그 이후에도 필자와 하나원 수료생들과의 면담에서 확인되고 있다. 교육의 내용보다 당장 수료 후 사회에 배출되었을 때 만나게 될 현실에 대한 고민 때문에 하나원 교육 프로그램의 학습 효과가 별로 없다는 것이다.

넷째, 그나마 짧은 하나원의 사회 적응 교육 프로그램은 기초적인 지식들을 일방적인 주입식 교육방법으로 전달하는 데 치중하고 있어서 이에 대한 개선도 요구되고 있다. 이는 향후 정부가 보다 많은 예산을 투여해 교육 프로그램의 질을 높여야 할 것으로 판단된다.

다섯째, 하나원에서의 교육 기간 동안 새터민과 남한 주민과의 자유롭고 친밀한 교제나 접촉의 기회가 제한되고 있다. 북한의 집단주의적 생활에 염증을 느껴서 탈북한 사람들이 남한에서 다시 감시와 통제의 대상이 되는 것에 대해서 불만을 토로하는 사람들이 많다. 필자가 경험한 바에 의하면, 비록 짧은 시간 동안 홈스테이를 통해 나눈 경험이 새터민들에게는 하나원의 각종 교육 프로그램의 내용보다 더 좋았다는 반응을 참고할 만하다. 결국 독일이나 이스라엘처럼 난민이 입국했을 때 각 개인의 적성, 능력, 정신 및 신체 건강상태, 직업, 기술 등을 객관적으로 측정하고 그 사람에게 적합한 직업, 교육기관, 의료서비스 등을 상담, 소개, 알선하는 체제가 일부 지역을 제외하고 아직까지 체계적으로 갖춰져 있지 않다고 할 수 있다.

뿐만 아니라, 교육 프로그램의 절반 이상이 위탁교육[30]으로 편성 실시되어 전문성을 결여하고 있다는 지적도 있다. 따라서 앞서 제시하였던 사례에서처럼 2~3개월간의 반강제적으로 실시되는 교육 프로그램이 새터민들의 관심을 끌지 못하고 있고 그 실효성이 떨어지는 것으로 나타난 만큼, 관련 예산 증액 등을 통해 새터민들의 실수요에 맞는 이른바 맞춤식 교육 프로그램의 개발과 시행이 요청된다고 하겠다. 다만 정부가 2009년에 이어 2010년부터 전국적으로 확대 실시 중인 하나센터의 운영을 통한 지역사회 적응 교육 프로그램 시행은 고무적인 일이라 할 수 있다. 그렇지만 그 이전에 입국한 상당수의 새터민은 그 혜택을 받지 못하고 있어서 그들에 대한 보충적인 학습 기회를 열어줄 필요가 있다고 본다.

또한, 우리는 새터민의 남한 사회 정착에 필요한 시설, 예산 및 프로그램 상의 문제점과

30) 예컨대 북한인권시민연합, 좋은벗들, 천태종 등 민간·종교단체들에서 하나원의 위탁을 받아 도시생활, 산사 체험 등의 프로그램을 위주로 교육을 실시하고 있다.

함께, 그것이 부족하게 된 근본 원인으로서, 우리 사회의 새터민 문제에 대한 잘못된 인식[31]은 향후 대책 마련 과정에서 반드시 참고하여야 할 것이다.

지역사회로 편입되는 새터민들은 지역사회의 기초적인 정보를 정착 도우미나 최근 일부 지역에서 시행되고 있는 하나센터에 절대적으로 의존할 수밖에 없다. 특별히 종교 단체를 포함하여 민간 자원봉사 단체들의 손길이 미치지 않는다면 실로 이들은 무방비로 지역사회에 노출되는 것이나 다름없다. 딱딱하고 지루한 이론 위주의 교육보다 현장 체험, 특히 생생한 지역사회에 대한 경험이 무엇보다 이들에게 필요함은 두말할 필요가 없다.

한편, 새터민을 위한 각종 정착 지원 시스템 운영 과정에서 나타나는 문제점들을 정리해 보면 다음과 같다. 첫째, 정착 도우미 제도의 경우 그 실효성이 의심을 받고 있는데, 일부에서는 새터민과의 마찰음이 발생하는 것으로 알려져 있다. 민간 자원봉사자들로 구성되는 이들은 새터민 정착 지원 업무와 관련하여 체계적인 전문지식을 갖추지 못한 채, 2인 1조로 새터민 1세대를 담당하고 있다. 도우미들이 24시간 동안 새터민들과 상시적으로 교류할 수 있는 상황도 아닐 뿐만 아니라, 구체적인 교육 프로그램에 의거하여 활동을 수행하고 있는 것도 아니다. 특수한 상황에 대처하면서 일상생활에 대한 조언을 건네주는 선에 머물고 있을 뿐이다. 따라서 향후 이들에 대한 전문적인 교육 프로그램이 별도로 개발되어야 할 필요성도 제기되고 있다.

둘째, 거주지 보호를 비롯하여 신변 보호 담당관 제도 등과 관련하여서는 그동안 민간단체나 전문가들에 의해 통합 지원 시스템의 구축 필요성이 제기되었음에도 불구하고, 아직까지도 제자리에 머물고 있다. 각종 지원 시스템이 별도의 정부 부처별로 분산되어 운영되고 있는 등 유기적인 연계가 이루어지고 있지 못한 것으로 평가된다. 이런 가운데 새터민이 개별적으로 만나는 지원 시스템의 종사자(예컨대, 신변 보호 담당관)에 절대적으로 의존할 수밖에 없는 상황이다.

셋째, 정부 주도의 각종 정착 지원 시스템의 운영은 민간 단체나 개인 수준의 자원봉사자들과의 결연을 통한 새터민 정착 지원의 활성화에 오히려 장애가 된다는 지적[32]도 있다.

---

31) 『내일신문』, 2007년 2월 21일자 기사.

32) 박현식, 「사회복지조직 간 네트워크 구축의 장애 요인 연구 -탈북자 정착 지원을 중심으로-」, 『사회복지정책』, Vol. 25(한국사회복지정책학회, 2006), p. 204.

따라서 향후 정부와 민간단체에서 상호 유기적인 연계를 통해 민관일체형 내지 새로운 민간주도형 통합지원시스템의 개발도 모색해 볼 필요가 있다. 즉, 정부가 행·재정적인 지원을 맡고 실제 운영은 전문성을 갖춘 민간 부문에서 담당하도록 하는 역할 분담이 필요하다고 본다.

무엇보다도 정부 주도의 각종 정착 지원 시스템은 새터민들에 대한 금전적 지원을 통해 남한 사회에 동화되기를 요구하는 성격이 짙어서, 이에 대한 인식 전환과 제도적 개선이 절실하다고 평가해 볼 수 있다.

2. 새터민의 남한 사회 정착 지원 프로그램 운영의 문제점 : 대구시 지역협의회를 중심으로

1) 지역협의회의 구성과 활동

새터민에 대한 각종 정착 지원 활동은 크게 중앙과 지방 수준으로 나누어 볼 수 있다. 중앙 수준에서는 통일부를 중심으로 한 공적 영역과 「북한이탈주민 보호 및 정착 지원에 관한 법률」 제30조에 의거하여 민간단체협의회 소속 60여 개 단체를 중심으로 구성되어 있는 북한이탈주민후원회를 축으로 하는 민간 부문이 있다.

한편, 지방 수준에서는 지방자치단체의 공공 부문과 민간단체의 공동협의체인 '북한이탈주민 지원 지역협의회'에서 새터민의 정착 지원 활동을 하고 있다. 1999년 5월 통일부가 마련한 '북한이탈주민 거주지 보호 지침' 제14호의 규정에 근거하여 2007년 현재 전국의 새터민 주거 밀집 지역을 중심으로 17개의 지역협의회가 구성[33]되어 각종 새터민의 정착 지원 사업 및 상담 역할을 수행하고 있다. 급증하는 새터민의 지역사회 정착 지원 문제를 해결하기 위해 정부가 지역사회에서의 정착 지원 활동에서 민간 부문과의 적절한 연계 필요성을 중요하게 고려하기 시작하였던 것이다. 각 지역협의회는 2001년부터 중앙정부의 예산을 지원받고 있으며, 거주지 보호담당관, 신변보호담당관, 취업보호담당자를 포함한

33) 2001년 9개 지역에서 구성되기 시작한 지역협의회는 그동안 지방자치단체들의 참여 확대의 결과로서 2007년 현재 서울 5개 지역(강남, 강서, 양천, 노원, 송파)와 지방 12개 지역(부산, 대구, 인천, 광주, 대전, 울산, 충북, 성남, 부천, 포천, 원주, 전주) 등 총 17개 지역에서 설치·운영되고 있다.

관계 공무원과 지역사회의 주요 사회복지시설, 종교단체, 시민단체 등의 민간단체의 관계자들이 함께 참여하여 새터민의 안정적인 지역사회 정착을 돕고 있다. 이처럼 지역협의회는 새터민의 급증이라는 환경과 이들의 조기 정착의 효율성 확보라는 틈새 속에서, 중앙정부의 새터민 지역 분산 정책, 지방자치단체와 민간단체의 역할과 참여 확대 등을 도출하기 위해 설치되었으며, 새터민 지원 사업과 관련된 중앙과 지역, 정부기관 및 민간단체들 간의 연결, 협력, 조정, 통제를 담당하고 있다.[34]

각 지역협의회별로 새터민의 정착 지원을 위한 다양한 프로그램들이 운영되고 있는데, 대체로 새터민의 생활 실태 파악과 사례 관리, 분야별 전문상담(취업, 법률, 의료, 교육 등) 시스템 구축, 지역사회에 대한 소개 및 시설 견학 프로그램, 문화탐방, 명절 함께 보내기, 체육대회, 아동과 청소년 대상 생활 및 학습지도 프로그램, 여성 대상 교양강좌 및 진로 프로그램, 직업 알선, 훈련, 교육 등의 새터민의 자립과 자활을 위한 취업 프로그램 등이 주종을 이루고 있다. 그 밖에도 일부 지역협의회에서는 영유아 보육서비스나 합동결혼식, 농촌문화체험, 자활농장운영 등 지역사회의 현실을 감안한 특색 있는 프로그램도 운영되고 있다.[35]

한편, 그동안 새터민의 정착 지원을 위한 지역협의회 활동의 특징들을 정리해 보면 다음과 같다.[36] 첫째, 지역협의회는 형식적 운영에서 실무 위주의 운영으로 전환하고 있다. 둘째, 종합사회복지관을 중심으로 1~2개의 중추적인 역할을 하는 민간단체가 지역협의회의 적극적인 지원 속에서 새터민 정착 지원 사업을 주도하고 있는데, 현실적으로 각 지역협의회에서는 종합사회복지관 등 소수의 민간단체를 중심으로 운영하고 있으며 기타 민간단체들은 보조적인 역할을 수행하고 있다. 셋째, 민간단체와 지역 주민의 참여가 확대되면서 일부지역에서는 민간단체 간 네트워크 구축과 협력 사업이 추진되고 있다. 대구시의 경우를 들어보면, 북한이주민지원센터가 적십자 대구병원과 대구경북 인도주의실천의사협의회 및 대구광역시 달서구 의사회 회원병원 등과 연계하여 무료 건강 검진 및 진료 등 신체와 정신 건강 지원 활동을 해오고 있다. 넷째, 초기에는 통일부의 예산 지원이 각

34) 이동형, 『대구지역 북한이탈주민 지원 지역협의회 운영 활성화 방안 연구』[연구보고서] (대구경북연구원, 2007), p. 27.
35) 이동형, 위의 보고서, p. 28.
36) 이동형, 위의 보고서, pp. 28-31.

지역협의회 운영의 기반이 되고 있으나, 점차 지방자치단체의 자체 예산과 민간단체의 지원금이 확보되면서 활발한 지역협의회 활동의 기틀이 마련되고 있다. 지방자치단체의 경우, 2006년도에 경기도는 11,000만 원을 지원하였고, 부산시 3,500만 원, 서울 양천구 4,000만 원, 서울 강서구 2,000만 원을, 그리고 대구시도 2007년도에 2,000만 원을 지원했다. 특히 대구시의 경우 예산을 증액하여 2008년도에는 2,900여만 원을 지원하였다. 뿐만 아니라, 민간단체의 경우도 서울의 새터민 밀집지역을 중심으로 '강서·양천 열린시민사회'가 2006년도에 300만 원을 지원하여 새터민 자녀를 대상으로 한 멘토사업을 전개하였으며, 노원구는 의회의 재정소위 위원들이 900여 만 원을 조성하여 민간단체가 실시하는 프로그램을 지원하였다. 양천구의 경우 민족통일협의회가 1,000만 원 이상을 별도 책정하여 명절 합동 차례와 한 가족 큰 잔치 등 새터민 관련 행사를 주관하는 등 지방자치단체와 민간단체의 예산 지원은 지역협의회의 새터민 정착 지원 사업에 커다란 동력원이 되고 있다. 다섯째, 한편으로 지역협의회가 지원하고 있는 사업의 무게중심이 가족과 영·유아, 청소년, 여성을 대상으로 한 프로그램으로 확대되고 있는데, 이는 가족 단위의 새터민 입국이 증가함에 따른 결과라고 할 수 있다. 여섯째, 자립·자활을 위한 취업 지원 프로그램에 대한 지원이 강화되고 있다. 새터민의 자립·자활 문제는 범정부적 문제인 동시에 지역 문제로서 새터민의 안정적인 지역사회 정착의 핵심적인 사항이 되고 있다. 새터민들의 자립과 자활을 돕기 위해 그리고 그들의 능력 발굴을 위해 취업 상담과 정보 제공, 직업 알선, 훈련, 교육 등 다양한 프로그램의 개발 및 운영이 추진되고 있다. 일곱째, 의료단체와 법률단체 등 직능 단체의 전문 분야별 지원 사업이 확대되고 있다. 또한 새터민들의 상당수가 입국 과정에서 심신의 건강에 이상을 갖고 있지만 북한과 다른 사회보장 시스템, 의식구조 등으로 인해 의료 기관에의 접근이 어려운 것으로 파악되고 있다. 또한 법률 서비스에의 접근 가능성도 떨어진다고 판단된다. 이를 해결하기 위해 지역사회의 의협과 보건소 및 변협 등 의료, 법률단체들이 무료 상담과 진료, 치료 서비스를 제공하고 있다.[37)]

37) 이와 관련하여 2010년 7월 21일에 통일부와 대한변호사협회가 새터민들을 위한 법률 상담, 법률 교육, 법률 구조 등 다양한 법률 서비스 지원 사업을 하기 위해 '북한이탈주민 법률 지원 사업 업무 협약'을 체결하였다. 주요 내용으로는 하나원 교육생 대상 법률 교육 및 법률 상담, 북한이탈주민후원회 상담실에 대한 담당 변호사 지원, 전국 30개 하나센터에 담당변호사 지정 및 운영, 새터민을 위한 '법률상담 매뉴얼' 제작 등이다(『중앙일보』, 2010년 7월 21일자 기사).

〈표 1-9〉 지역협의회에 대한 통일부의 예산 지원 현황(2006 ~ 2008년)

(단위: 천 원)

연도	부산	대구	인천	광주	대전	울산	충북	노원구	양천구
2006년	13,000	13,000	7,000	7,000	7,000	7,000	5,000	25,000	25,000
2007년	13,000	13,000	8,000	7,000	8,000	7,000	5,000	25,000	25,000
2008년	13,000	13,000	8,000	7,000	8,000	7,000	5,000	25,000	25,000
연도	강서구	강남구	송파구	성남시	부천시	포천시	원주시	합계	
2006년	13,000	5,000	7,000	7,000	7,000	5,000	5,000	158,000	
2007년	13,000	5,000	7,000	7,000	7,000	5,000	5,000	160,000	
2008년	13,000	5,000	7,000	7,000	7,000	5,000	5,000	160,000	

ㅁ 통일부, 내부 자료(2008).

2) 지역협의회 구성과 운영상의 문제점

지역협의회에 참여하는 민간단체들의 참여 숫자가 늘어나면서 다양한 지원 사업들을 추진하고 있지만 공공 부문과 민간단체, 그리고 민간단체들 간의 네트워크를 구축하고 지원 사업의 개발 및 효율적인 운영을 위해서는 앞으로 해결해야 할 문제가 많은 것으로 지적되고 있다.[38)]

대구시의 경우, 2001년 10월 새터민의 정착 지원을 위한 지역협의회가 설치되었고,[39)] 지역협의회 운영의 활성화를 도모하기 위해 협의회에 참여하는 단체의 장으로 구성된 지역협의회와는 별도로 관련 기관 및 단체의 실무자를 중심으로 구성된 실무위원회를 2006년 7월부터 구성하여 운영해 오고 있다. 효율적인 새터민 정착 지원 시스템 구축과 새터민에 대한 안정적인 지역 정착 사업 지원, 효율적인 예산 지원 사업의 발굴, 지역사회 적응에 효율성을 높이기 위한 다양한 프로그램 개발 및 보급, 새터민에 대한 시민들의 관심 증대 등을 목적으로 활동하고 있다. 나아가 대구시는 민간단체의 적극적인 참여와 지역협의회의 활성화, 그리고 새터민에 대한 정착 지원 사업의 성공적인 추진을 위해 자체적으로 예산을 편성하여 지역협의회의 활동을 지원하는 등 전국에서 모범적인 사례로

38) 이동형, 앞의 보고서, pp. 31-32.

39) 2007년 현재 지역협의회 참여 기관 및 단체들로는 대구시의회, 대구지방경찰청, 대구시교육청, 대구지방노동청, 대구종합고용안정센터, 한국자유총연맹 시지회, 대구종합사회복지관, 중소기업협동조합중앙회 대구·경북지회, 학산종합사회복지관, 대구YWCA, 대한적십자사 대구지사, 대구가톨릭사회복지회, 천주교대구대교구, 민족화해후원회, 북한이주민지원센터 등 13개 기관·단체가 있다.

꼽히고 있다.[40] 아울러 다양한 민간단체들은 아동·노인들을 대상으로 한 프로그램뿐만 아니라, 최근에는 여성을 대상으로 한 프로그램과 지역의 전문기관과의 연계 사업도 전개하고 있다.

〈표 1-10〉 대구지역 새터민 지원 관련 (민간)기관 및 단체 현황

기관 단체	성격 및 지원 연혁	주요 사업 현황	재정 운영 현황
북한 이주민 지원센터	·사단법인 자원봉사능력개발원 부설기관 (종교단체) ·2003년부터 지원	·정착 도우미 사업: 초기정착가이드 프로그램, 상담 및 사례관리 프로그램 ·정신 건강 지원 사업: 적십자 대구병원과 대구경북인도주의실천의사협의회 및 대구시 달서구 의사회 회원병원과 연계하여 무료 건강검진 및 진료 등 신체와 정신 건강 지원 활동 ·북한이주여성 심성 치유 프로그램: 도예 체험, 염색 체험, 여름캠프, 그림치유, 성교육, 스토리텔링, 연극치유 등 ·남북가족통합사랑나누기모임: 명절 행사, 남북화합한마당체육대회, 통일전망대 기행, 송년의 밤 행사 등 ·청소년과 20~30대 새터민 대상: 학습 및 진학 지도프로그램, 새터민 정보화 능력 제고 위한 컴퓨터 개인지도 프로그램 운영	·법인 보조금 ·후원회 후원금 ·통일부와 사회복지공동모금회, 여성가족부 등의 각종 프로그램 사업비 ·대구시 지역협의회의 지원 예산
대구 종합사회 복지관	·동구 안심 지역 중심 사업 추진 ·지역사회 연계망 구축을 통한 북한이탈주민 사회적응 프로그램(전문 프로그램)운영	·2003년부터 대구사회복지공동모금회 기획사업('북한이탈주민 사회 적응 프로그램 추진) ·2004년부터 북한이탈주민후원회의 지원: 북한이탈여성 정서 지지 및 취업 능력 향상 프로그램 ·한국정보문화진흥원의 지원: 북한이탈주민 정보화교육 ·대구사랑복지공동모금회 제안 사업: 후원가정 결연과 주민 인식 변화 교육 중심 북한이탈주민 사회 통합 프로그램 운영 ·지역협의회 지원 사업: 아동·청소년 북한이탈주민 사회 적응 사업 추진 ·학습 지도, 정서 지도 프로그램, 아동·청소년 상담, 학교 편입학 및 검정고시학원 입학 지원, 남북한 청소년 우리 문화 바로 알기(2007), 아동·청소년 자조모임, 남북한 청소년 집단 활동, 미취학·미취업 청소년 진로 체험 프로그램 등의 단위사업을 정기적으로 운영	·아동·청소년 북한 이탈주민 사회 적응 사업: 2005년 331만 원, 2006년 260만 원, 2007년 240만 원 지원 ·북한이탈주민 사회 통합프로그램: 대구시 400만 원

(표 계속)

40) 이에 따라 대구시는 2007년 1차 사업 공모를 통해 4개의 사업, 대구종합사회복지관의 '북한이탈주민 사회통합' 프로그램과 대구KYC의 '통일길라잡이', 대구여성회의 '북한이주 여대생과 함께하는 캠프', 북한이주민지원센터의 '북한이주민 학습 및 취업 지원 전담 사례관리'를 선정해 1,500만 원을 지원하였고 나머지 추가 경정 예산 500만 원은 2차 사업에 지원하였다(이동형, 앞의 보고서, pp. 40-41). 참고로 대구시는 지방정부 차원에서는 전국에서 가장 선구적으로 2005년 11월 '북한이탈주민 정착 지원에 관한 조례'를 제정함으로써 지역에 거주하는 새터민의 정착 지원의 법적 근거를 마련하였다.

(〈표 1-10〉 계속)

기관 단체	성격 및 지원 연혁	주요 사업 현황	재정 운영 현황
대구 KYC	· 새터민의 사회 적응력 제고에 주력 · 2000년부터 북한 이탈주민 생활상담센터 개설, 운영	· 북한이탈주민 상담 활동: 새터민의 취업과 교육, 기능 훈련 및 생활설계 프로그램 지원 등 상담체계 마련 · 평화지기모임: 새터민의 상담을 돕기 위한 평화지기를 양성하는 교육 시행 · 여성 북한이탈주민 취업 지원 활동: 여성 새터민의 경제활동 지원과 취업에 따른 육아 및 가정사와 관련한 상담과 지원 · 북한이탈주민 가정 방문 프로그램: 새터민의 심리상태를 안정시키고 지역사회에 대한 소속감과 적응력 증진 위해 명절, 연말 등 특정 시기 새터민 가정 방문 · 북한이탈주민과 함께하는 어깨동무 프로그램: 다양한 문화 체험활동을 가족과 함께 함으로써 가족관계 개선, 생활안정 도모 및 사회 적응력 향상 · 북한이탈주민에게 성탄 맞이 카드 발송 사업, 새터민 가정 자녀 장학금 지원 사업 등 추진 · 무연고 새터민 청소년 대상 생활 및 학습 지도(대구YWCA 부설 청소년 쉼터) · 2005년부터 통일길라잡이 사업: 새터민 멘토 사업 · 각종 사업을 2005년도 하반기부터 꾸준히 시행	· 북한이탈주민 가정 방문 활동, 북한 이탈주민과 함께 하는 어깨동무 프로그램 중심 예산 지원: 2005년 240만 원, 2006년도 300만 원 2007년도 240만 원 (대구시 지역협의회로부터 지원) · 통일길라잡이 멘토링 사업: 2007년 대구시로부터 300만 원 예산 지원
대구여성회	· 대구지역 여성 권익 신장과 성평등 사회 구현 목표 · 2006년부터 여성 새터민 대상 자원 사업 추진	· 북한이주 여대생과 함께하는 캠프 프로그램: 새터민 여대생과 대구지역 여대생 대상 심리 치유 프로그램과 새터민에 대한 교육 및 그들이 함께하는 문화캠프 개최 → 새터민 여대생의 건강한 자아의식 형성, 남북 여대생의 상호 의식과 문화 차이 극복, 상호 공감대 조성(2007.9.~)	· 북한 이주 여대생과 함께하는 캠프 프로그램: 2007년 대구시로부터 300만 원 예산 지원 운용
대한 적십자사 대구지사		· 2005년부터 통일부 지원으로 북한이주민지원센터와 함께 '정착 도우미 사업'	
한국 자유 총연맹 시지회		· 2002년부터 대구문화탐방, 연말송년의 밤, 고교생 통일민주시민교육, 통일 준비 민주시민교육, 북한이탈주민 직장체험 등 새터민 정착 지원 활동	
대구 가톨릭 사회 복지회		· 지역의 산하 복지시설 및 기관에서 추진하는 새터민 지원 사업 조정·관리, 간접적 지원 활동	
대구종합 고용안정 센터		취업 보호 관련 프로그램	
상인종합 사회 복지관		· 북한이탈주민 지지 체계 구축을 통한 사회통합: 2004년부터 대구사회복지공동모금회 지원으로 운영, 신규 전입 새터민 대상 사회경제 교육과 문화 체험, 월경기 모임, 합동차례지내기 등의 지원 활동 진행	

(표 계속)

(〈표 1-10〉 계속)

기관 단체	성격 및 지원 연혁	주요 사업 현황	재정 운영 현황
대구 YWCA		· 평화지기(자원상담가)모임 · 가정방문 활동 · 북한이탈주민과 함께하는 어깨동무(이상 대구시 또는 지역협의회 지원 프로그램) · 상담 활동 · 여성 북한이탈주민 취업 지원 활동 · 성탄맞이 카드 발송 · 북한이탈주민 가정 자녀 장학금 연계	· 지역협의회로부터 2005년 240만 원, 2006년 300만 원, 2007년 240만 원 지원받음.
학산종합 사회 복지관		· 문화체험활동 · 싸리 밭 서당 사업: 2006년부터 새터민 청소년의 생활 안정 지원 위해 아산복지재단의 지원으로 추진 · 명절 등 방문, 지원 사업	
천주교 대구대 교구민족 화해후원회		· 개별 새터민 대상 건강, 교육, 생활, 취업 관련 지원과 방문, 상담, 연말, 명절맞이 지원 사업 추진 · 하나원 교육생 대구시청 견학	
대구 변호사회 새터민 법률지원단		· 무료 법률 상담	
대구시 교육청		· 새터민이 함께하는 통일 교육 프로그램: 대구시교육청 중등 교육과에서 2007년부터 대구시내 중학교 2학년 대상으로 새터민과 현장의 도덕과 교사가 도덕과 관련 4차시 수업도형으로 수업을 진행하는 프로그램(매년 대구시내 20여 개 중학교)	· 교육청 예산: 2007년 2,000만 원 2008년 1,800만 원 (강사료) 등

ㅁ 이동형, 앞의 보고서, p. 49. 참조로 재구성한 것임.

그러나 그동안 대구지역의 새터민 정착 지원 활동의 성과에도 불구하고 다음과 같은 주요 문제점들이 제기되고 있다.

첫째, 실무 담당 공무원의 과중한 업무와 잦은 보직 이동으로 지역협의회의 효율적인 운영 및 관리가 어려우며, 담당 공무원에 대한 사후 교육 등이 이루어지지 못해 업무의 연속성과 전문성이 담보되지 못하고 있다. 자치협력과에서 1명의 공무원이 담당하고 있지만 다른 여러 업무 중의 하나를 맡고 있는 데 불과하다. 따라서 각종 지원 사업의 체계성이나 지속성을 담보하기 위해 인력의 보강과 함께 경험과 자료 축적 등을 통한 관계 공무원의 전문성 확보가 시급하다.

둘째, 지역협의회의 구성과 관련하여서는 새터민 정착 지원 사업에 대한 관심도나 이해도가 낮은 기관·단체들이 일부 참여하고 있고 그 참석률도 다소 떨어지는 것으로 지적되고 있다. 이에 따라 지역협의회의 재구성과 실무위원회의 설치가 이루어져 실질적인 운영 방안이 논의되는 등 개선책이 요구되고 있다. 그리고 지역협의회나 실무위원회의 구성과 관련하여 의사, 변호사, 대학 교수, 사회복지 관련 전문가 등 새터민 정착 지원 문제에 비교적 전문성이 높은 인사나 민간단체들의 추가 참여의 필요성도 제기되고 있다. 지역협의회 활동이나 그 정보의 제공, 새터민 정착 지원 관련 정보의 통합적 공유 및 제공 시스템 구축을 통해 협의회 활동에 적극적인 참여 의지와 전문성을 갖춘 기관·단체의 참여(대학을 포함한 연구기관 및 언론기관 등)를 적극적으로 유인해야 할 것이다.

셋째, 지역협의회의 회의 개최 횟수가 적어 새터민 지원 기관·단체들 간의 의사소통이 원활하지 않으며 정보 교류의 장으로서의 역할을 하지 못하고 있다는 지적도 있다. 또한 지역협의회 운영과 관련하여 지원된 사업비의 상당액이 행사성 프로그램 위주로 집행되고 있어서 여러 단체들의 무분별하고 경쟁적인 프로그램 개최를 두고 행사성 위주의 집행이라는 비판이 제기되기도 한다. 특히 지역협의회의 각종 지원 사업들은 구성 초기에 통일부가 마련한 지역협의회에 대한 안내 지침 내용(협의회 운영회의, 기초 실태 조사, 분야별 전문상담 제공, 지역 소개 및 시설 탐방 프로그램, 명절 함께 보내기 등)의 수준을 크게 벗어나지 못하고 있어서 지역적 특성을 고려한 지원 사업 발굴의 필요성도 제기되고 있다. 이는 오히려 새터민들에게 혼란과 불신을 줄 수 있다는 점에서 합리적인 조정이 필요해 보인다. 따라서 향후 새터민의 자립·자활과 관련된 프로그램의 보다 면밀한 재검토가 있어야 할 것이다.[41]

넷째, 대구지역의 경우, 취업 관련 프로그램이 미흡하다는 점을 지적할 수 있다. 대구종합사회복지관의 '미취학, 미취업 청소년 취업 의욕 향상' 프로그램과 대구YWCA의 '여성 북한이탈주민 취업 지원 활동', 한국자유총연맹 대구시지회의 '직장 체험' 프로그램, 그리고 대구종합고용안정센터에서 운영하고 있는 취업 보호 관련 프로그램 등이 전부이다. 더구나 새터민의

41) 이동형, 앞의 보고서, pp. 52-53.

참여도가 저조해 현재 운영되는 프로그램마저도 중단할 수밖에 없는 문제점도 있지만 중·장기적인 측면에서 새터민의 안정적인 지역사회 정착을 위한 다양한 프로그램과 실효성이 뒷받침되는 프로그램의 개발이 절실히 필요하다고 하겠다. 특히 중소기업 등 지역의 기업체들의 참여가 필요하다. 한 예로 사회적 기업 등에 대한 육성과 홍보를 통해 새터민들의 취업문제를 해결해 나가는 것도 하나의 방안이라고 생각된다.

다섯째, 가장 큰 문제점으로서 새터민 지원 관련 예산의 부족을 지적해 볼 수 있다. 대부분의 민간단체들이 새터민의 정착 지원 사업을 의욕적으로 추진하고 있으나, 예산이 부족해 전문 인력 확보나 보다 특성화된 프로그램의 개발, 지속적이고 체계적인 사업 추진 등에서 커다란 제약을 받고 있다. 결국 각 민간단체들이 전문 인력이나 전문적인 프로그램을 확보하지 못한 상황에서 유사한 프로그램에 대한 지원 사업비가 중복 투여되거나 민간단체 간의 경쟁만 부추기는 측면도 없지 않다. 따라서 민간단체의 전문성 확충이나 프로그램 개발 및 지원, 재정 및 인력 지원 등의 방안이 강구되어야 할 것이다.

이 밖에도 민간단체의 새터민 정착 지원 활동에서 자원봉사자의 모집이나 관리가 어렵다는 점, 그리고 각종 프로그램에 대한 새터민의 참여율이 저조하다는 점도 개선되어야 할 것으로 보인다.[42]

그렇지만 지역협의회는 제도적으로 지역 단위의 네트워크 형성을 통해 새터민의 지역사회 정착을 위한 시스템을 마련하였다는 점에서 높이 평가할 수 있다. 통일독일의 사례를 비추어 볼 때, 정착 초기부터 지방자치단체 수준에서 관민협조체제가 가동되어 동독 이주민들을 흡수하였던 점은 우리의 지역협의회가 지향해야 할 시사점을 제공하고 있다.[43]

무엇보다도 새터민과 지역사회의 주민들 간의 소통 체계가 마련되지 못한 채, 새터민들의 남한 사회에의 적응을 일방적으로 요구하는 프로그램들의 특성들이 발견된다는 점에서 향후 양자 간의 원활한 소통을 위한 새로운 인식과 그 정책적 전환이 수반될 필요가 있다고 하겠다.

---

42) 이동형, 위의 보고서, pp. 54-56.

43) 이와 관련한 한 사례 연구로서 백혜정 외, 『북한이탈청소년 종합대책 연구 I -남한 사회 적응과정을 중심으로-』 [연구보고 06-R04](서울 : 한국청소년개발원, 2006), pp. 91-130과 김성윤, 「새터민의 지역사회 정착을 위한 지원 방안」, 『동의법정』, 제22집(동의대학교 지방자치연구소, 2005), p. 262를 참조할 것.

3. 새터민들의 지역사회 정착 지원 시스템 및 프로그램의 문제점과 개선 방안에 관한 설문조사 결과 분석과 그 함의

대구지역에 거주하는 새터민들에 대한 지역사회 정착 지원 시스템 및 프로그램의 문제점과 관련한 필자의 설문조사 결과에 의하면, 응답자들은 지역사회 조기 정착의 어려움으로 '경제 문제'와 '사고방식 및 언어 차이' 및 '심리적 고독감'을 다른 요인들에 비해 상대적으로 많이 지적하고 있다. 그리고 지역사회 적응을 위해서는 자신의 '적극적인 사고나 의지' 및 '자신의 자질 및 능력의 제고'가 가장 중요하다고 응답하였다. 그리고 자신의 지역사회 적응 정도에 대한 주관적 평가에서 상당수의 응답자들이 긍정적인 반응을 보여주고 있다(평균 2.03). 그런데 '남한 사람들의 태도가 호의적인가'라는 질문에 대해서는 다소 부정적인 의견이 더 많아서(평균 2.47) 개선책이 필요하다고 본다. 이러한 응답 경향은 문화 통합을 위한 새터민과 지역 주민들 간의 상호작용을 통한 동화의 필요성을 말해주고 있다.

앞에서도 잠시 언급한 것처럼 이번 조사에 참여한 새터민들은 하나원의 적응 교육 프로그램의 실효성에 대하여 남한 사회의 정착 생활에 도움이 되었다고 높게 평가하고 있지만, 별 도움이 되지 않았다는 응답자도 일부 있는 것으로 나타났다(평균 2.27). 이와 함께 지역사회에서의 새로운 교육 프로그램의 필요성에 대하여서는 찬성 의사(평균 1.78)를 밝힌 응답자가 많이 나타나고 있어서, 그 실효성이 의심받고 있음을 쉽게 추정해 볼 수 있다. 무엇보다도 새터민들은 각종 정착 지원 제도의 효율성에 대한 평가에서 대체적으로 긍정적인 반응이 더 많았으나(평균 1.66) 역시 정착 지원 제도의 개선 분야와 관련한 질문에서는 '취업 지원 제도'와 '정착 지원금 제도'를 비롯하여 '교육 지원 제도', '사회보장 제도' 등 대부분의 항목에서 반응을 나타내고 있다. 이 또한 향후 새터민들에 대한 정착 지원 시스템 전반에 걸친 개선의 필요성을 간접적으로 시사하고 있는 것으로 평가해 볼 수 있다.

대구지역에 거주하는 새터민들에 대한 지역사회 정착 지원 시스템 및 프로그램의 문제점과 관련한 설문조사 결과는 아래와 같다.

〈표 1-11〉 새터민들의 지역사회 적응에 관련한 의견

(N=73)

지역사회 적응의 어려움 요인	응답자 수(명)	응답률 (%)	지역사회 적응에 있어서 중요 요인	응답자 수(명)	응답률 (%)	정착 지원 제도의 개선 분야	응답자 수(명)	응답률 (%)
경제 문제	40	56.3	적극적인 사고나 의지	61	84.7	정착 지원금 제도	17	24.6
사고방식 및 언어 차이	13	18.3	개인의 자질이나 능력 제고	8	11.1	주택 지원 제도	7	10.1
심리적 고독감	10	14.1	남한 주민의 호의적 태도	1	1.4	교육 지원 제도	12	17.4
가족 문제	2	2.8	정부의 지원책 개선	1	1.4	사회 보장 제도	8	11.6
건강 문제	3	4.2	기타	1	1.4	정착 도우미 제도	1	1.4
주변인의 편견	3	4.2				신변 보호 제도	3	4.3
합계	71	100.0	합계	72	100.0	취업 지원 제도	21	30.4
						합계	69	100.0

지역사회에 적응을 잘 하고 있다		남한 사람들의 태도가 호의적이다		하나원의 교육 프로그램이 실효성이 있다		지역사회에서의 새로운 교육 프로그램이 필요하다		각종 정착 지원 제도는 효율적이다	
평균	표준편차	평균	표준편차	평균	표준편차	평균	표준편차	평균	표준편차
2.03	0.804	2.47	0.914	2.27	1.216	1.78	1.057	1.66	0.899

□ 1: 매우 찬성한다, 2: 약간 찬성한다, 3: 보통이다, 4: 약간 반대한다, 5: 매우 반대한다
□ 배한동 외, 「북한이주민의 지역사회 적응 실태 분석을 통한 통일 교육 자원 활용 가능성 연구」, 『한국동북아논총』, 제10권 제3호, 통권 36집(한국동북아학회, 2005) 참조.

한편, 새터민들의 지역사회 적응력의 제고를 위한 개선 방안으로서 응답자들은 민간단체(평균 2.04)와 개인 또는 민간단체와의 자매결연(평균 1.99) 및 상급학교 진학 기회의 확대(평균 1.93) 등을 들고 있다. 그러나 자조 조직으로서 친목단체의 구성과 관련하여서는 반대 의견이 더 많았다(평균 2.77). 따라서 향후 이러한 응답자들의 조사 결과를 바탕으로 새로운 정착 지원 시스템 및 프로그램의 개선책이 적극적으로 모색되어야 할 것으로 평가된다. 특히 새터민들은 자신의 삶이 향후 더 좋아질 것이라는 낙관적인 견해를 더 많이 갖고 있는 것으로 조사되어(평균 1.50) 이들이 아직 희망을 버리지 않고 있다는 점에 주목할 필요가 있어 보인다.

〈표 1-12〉 새터민들의 지역사회 정착 지원을 위한 프로그램 개선 방안 등에 대한 의견

(N=73)

민간단체의 지원이 지역사회 적응에 도움이 된다		새터민 자체 친목조직이 지역사회 적응에 도움이 된다		개인(민간단체)과의 자매결연이 지역사회 적응에 도움이 된다		상급학교의 진학 기회가 확충되어야 한다		나의 삶이 앞으로 좋아질 것이다	
평균	표준편차	평균	표준편차	평균	표준편차	평균	표준편차	평균	표준편차
2.04	0.841	2.77	1.196	1.99	0.965	1.93	0.933	1.50	0.732

ㅁ 1: 매우 찬성한다, 2: 약간 찬성한다, 3: 보통이다, 4: 약간 반대한다, 5: 매우 반대한다

4. 새터민의 지역사회 정착 지원 시스템 및 프로그램의 모범 사례 분석과 그 시사점

주요 중앙 일간지를 통해 검색된 새터민의 지역사회 정착 지원 관련 시스템과 프로그램들에 대한 모범적인 사례들을 수집하여 정부와 민간 수준별, 각 사회 분야별로 나누어 분석해 보면 다음과 같이 정리해 볼 수 있다. 먼저, 지방자치단체를 중심으로 새터민들에 대한 체계적이고 종합적인 지원 시스템을 운영하고 있는 사례이다. 서울시 노원구의 경우, 분산적이고 일회성 지원에 그치고 있는 종래의 새터민 정착 지원 시스템을 통합하여 8개 분야 20개 사업을 추진하고 있다. 이는 신변 보호와 취업 문제 등 관련 기관장들과의 간담회와 실무회의를 통해 협조 방안을 이끌어내어 '새터민 지원 토털 시스템'을 시범적으로 운영하고 있는 사례[44]라고 하겠다. 한편, 철원군 김화읍의 '쉬리마을' 프로그램은 상대적으로 이질감이 도시에 비해 덜하고 정착 비용 역시 적게 드는 데다 갑작스런 환경 변화로 겪는 혼란이 적을 수 있는 농촌지역의 특성을 고려한 사례이다. 이 프로그램은 새터민 집단 주거단지를 조성하는 것을 골자로 한 것인데, 주거환경의 재디자인을 통해 새터민 관련 관광사업의 병행 추진도 동시에 채택하고 있다. 유휴 토지를 이용하여 새터민들로 하여금 농업기술을 습득하도록 한 뒤 성공적인 농민으로 거듭나서 재활의 장을 마련하는 등 여러 가지 매력을 가지고 있는 사례로 평가해 볼 수 있다.[45]

둘째, 정부와 민간 부문의 공조 사례 가운데 경제 분야와 관련하여 새터민들의 맞춤형

---

44) 『서울신문』, 2008년 1월 23일자, 12면. 『동아일보』, 2008년 1월 23일자, 16면. 『문화일보』, 2008년 1월 23일자, 12면 관련 기사.

45) 『서울신문』, 2007년 11월 5일자, 14면 관련 기사 참조.

일자리 창출사업의 모델도 발견되고 있는데, 향후 다른 지역으로의 파급 전망이 밝 포장박스 생산업체인 경기도 파주의 '매자닌팩'(사회복지법인 열매나눔재단)공장의 사례인데, 이 업체는 새터민을 직접 고용하여 직업훈련을 실시하는 등 이들의 취업 문제를 해결하고 있다. 하나원을 통해 새터민들과 회사가 직접 연결되고 있는데, 고용노동부가 사회적 기업으로 인증받도록 지원하는 사례로서 높이 평가받고 있다.[46] 또한 통일부 새터민 일자리 창출사업모델(맞춤형 직업훈련 채용 방식)의 하나로서 23명의 새터민에게 5개월간 훈련을 시킨 후 (주)CJ푸드빌의 전국 체인점에 취업시키는 사례 및 현장채용훈련방식(OJT: On-the-Job Training)으로서 GM대우자동차 정비사업소가 새터민을 대상으로 고용현장 훈련 후 정규 직원화한 사례도 발견된다.[47] 여기에는 민간단체를 중심으로 기업들의 참여가 어우러진 데 따른 성과라는 점에서 좋은 사례라고 할 수 있다. 또한 새터민들을 위한 소비자교육이나 금융 관련 교육 등 특정 분야에 국한하여 실제 경제생활을 중심으로 새터민들의 정착 지원을 도우려는 프로그램도 눈에 띈다.[48]

셋째, 사회 분야와 관련하여서는 우리 사회의 다문화사회 추세 속에서 새로운 현안으로 떠오르고 있는 결혼이민자나 외국인 노동자와 같은 소외계층을 중심으로 한 프로그램에 새터민들의 문제가 결합 내지 포함되는 사례도 발견된다(광주광역시나 경기도 포천시의 사례)[49]. 그 밖에 사회생활의 실질적인 이해를 위해 동아일보사가 추진하였던 새터민의 언론사의 방문 견학 프로그램[50]이나 평생교육 차원에서 운영하고 있는 다양한 교육 프로그램들(인천평생학습관, 영락교회 선교센터 등)[51]도 대표적인 사례라고 할 수 있다. 특히, 교육 분야와 관련하여 거원초등학교와 같은 사례는 시사하는 바가 크다. 교사와 새터민 학생 1대1의 결연 사업 프로그램은 청소년 새터민들의 정착 지원을 위한 좋은 사례가 아닐 수 없기 때문이다.[52] 그 밖에 서울시교육청의 새터민 학생 계절학교 캠프 개최 사례[53]

46) 『동아일보』, 2008년 4월 25일자, 26면. 『국민일보』, 2008년 4월 21일자, 30면 관련 기사 참조.
47) 『내일신문』, 2008년 4월 18일자, 19면 관련 기사 참조.
48) 금융 교육 관련 내용은 『동아일보』, 2008년 4월 29일자, 46면. 소비자교육 관련 내용은 『동아일보』, 2007년 12월 26일자, 9면 관련 기사 참조.
49) 『동아일보』, 2007년 10월 30일자, 16면. 『세계일보』, 2007년 7월 24일자, 11면 관련 기사 참조.
50) 『동아일보』, 2007년 10월 29일자, 30면 관련 기사 참조.
51) 『동아일보』, 2008년 2월 19일자, 16면, 『국민일보』, 2007년 8월 29일자, 16면 관련 기사 참조.
52) 『한국일보』, 2008년 5월 5일자, 9면 관련 기사 참조.
53) 『문화일보』, 2007년 7월 16일자, 43면 관련 기사 참조.

나 이주노동자와 새터민 자녀들의 배움터로서 광주새날학교와 같은 대안학교는 한겨레학교의 또 다른 형태로서 교육을 통해 청소년 새터민들의 지원을 돕는 사례[54]인데 이는 향후 타 지역으로의 확대 보급이 필요함을 말해 준다.

넷째, 문화 분야와 관련하여 경기도 부천시민 통일문화제는 단연 주목해 볼 만하다. 부천시청을 비롯하여 40여 개의 시민사회단체들이 중심이 되어 각종 프로그램을 준비하고 운영한 것으로서, 지역 주민과 새터민 간의 문화 이해의 장을 제공하고 시민들이 함께 새터민의 정착 지원에 동참한 사례나 강원도 춘천시 남면 홍천강변에서 열린 '남북한 청소년 통합캠프'의 경우, 새터민 7명과 공동 기획한 무지개청소년기획단의 활동 성과[55] 역시 새터민들과 지역사회 주민들 간의 소통을 위한 프로그램으로서 시사하는 바가 크다고 하겠다.

이상에서 발견되는 새터민의 지역사회 정착 지원을 위한 몇 가지 정책적 시사점을 찾아보면 다음과 같다. 무엇보다도 서울시 노원구나 강원도 철원군의 경우에서와 같이 일부 지방자치단체에서 새터민들의 정착 지원과 관련하여 공공기관과 민간단체 간에 이루어진 유기적인 협조가 눈에 띈다. 또한 민간단체들 간의 유기적인 협조의 사례로서, 부천시의 프로그램에서처럼 다양한 분야에서 민간단체들의 활발한 참여가 이러한 각종 프로그램의 질과 성과들을 견인하고 있다는 점을 지적해 볼 수 있다. 아울러 경제 분야의 각종 프로그램들에서처럼 새터민들의 여건이나 특성을 감안하여 특화 내지 이른바 '맞춤형'을 지향하는 등의 노력이 엿보인다는 점에서도 높이 평가해 볼 만하다. 이러한 각종 프로그램들이 일회성에 그치지 않고 보다 중·장기적으로 추진되고 이들의 성공 사례들이 네트워크를 구축하여 다른 지역으로 파급된다면 새터민들의 지역사회 정착에 많은 도움이 될 것으로 보인다. 특히 무지개청소년기획단의 남북한 청소년의 통합 캠프 운영 사례는 지역 주민과 새터민의 소통 구조를 창출하는 중요한 모형으로서, 다문화주의적 관점에 입각한 새터민의 문제에 대한 접근이라는 점에서 많은 시사점을 제공해 주고 있다.

이제 새터민 집단은 우리 사회의 중요한 소수자 집단으로 성장하고 있다. 지금까지 해온 것처럼 어떻게 새터민들을 보호하고 물질적으로 지원할 것인지에 초점을 맞추기보다 우리 사회 안에서 자립할 수 있는 구조를 만들어주어야 한다는 주장(조정아 통일연구원

---

54) 『경향신문』, 2008년 2월 18일자, 14면 관련 기사 참조.
55) 『내일신문』, 2007년 8월 6일자, 4면. 『한겨레신문』, 2007년 8월 11일자, 10면 관련 기사 참조.

연구위원)이나 단순한 일자리 제공을 넘어 사회적 기업 모델을 적용한 '전원형 자급자족 새터민 정착촌'의 건설 제의(임을출 경남대 극동문제연구소 연구교수), 그리고 정착 지원에 대한 원스톱 서비스 구축 등 종합적 지원 체계와 실질적인 사회 적응 교육과 취업 보호 제도의 구축, 의료·법률 상담 등을 대안으로 제시하는 전문가(김태석 박사)들의 주장[56]들을 정부에서 적극적으로 수용하여야 할 것이다.

아울러, 본 장의 끝에 새터민 대상 각종 프로그램의 내용을 비교적 상세하게 표로 제시하였다. 자세한 내용은 이를 참고하면 된다.(〈표1-15〉, 72쪽)

제4절 새터민의 지역사회 정착 지원 시스템과 프로그램의 개선 방안

1. 새터민의 지역사회 정착 지원 시스템의 개선 방안

대구시의 경우, 새터민의 지역사회 정착 지원을 위한 제도적 측면에서는 타 시·도보다 유리한 여건이나 환경이 조성되어 있다. 새터민 지원을 위한 법적 토대로서 조례가 전국에서 가장 먼저 제정되었으며, 새터민 지원을 위한 지역협의회 및 실무위원회도 구성되어 활동하고 있으며, 16개 관·민간 협동체가 구성되어 전국에서 모범적인 민·관 협조체제가 이루어지고 있다는 점에서 그러하다. 뿐만 아니라, 재정적인 여건도 좋은 편은 아니지만, 통일부로부터 연간 1,300만 원의 지원금을 교부받는 것을 비롯하여 대구시 자체 예산 2,900여 만 원의 재원도 확보하여 운영하고 있다. 아울러, 고용노동부 등 관련 중앙정부 및 민간단체로부터 일정 부분 재원을 조달하여 활발하게 활동하고 있기 때문이다.

이제 새터민의 지역사회 정착 지원 시스템의 개선 방안을 몇 가지 정리하여 제시해 보기로 한다. 첫째, 지역협의회 관련 공무원의 업무 부담 과중 해소와 전문성의 제고 노력은 필요하다. 담당 공무원의 보직 이동을 가급적 자제하여 업무의 연속성이나 계속성을 확보할 필요가 있으며, 관련 공무원에 대한 전문성 제고를 위한 교육의 필요성도 제기된다.

둘째, 현재 참여하고 있는 민간단체 외에도 각종 직능단체 및 종교단체 등이 참여할

56) 『한겨레신문』, 2007년 2월 14일자 관련 기사.

수 있는 공간을 마련할 필요가 있다고 하겠다. 이를 통해 신규 인력과 재원의 확보를 도모할 수 있을 것이다.

셋째, 새터민 지원 관련 전문가(대학, 연구기관)들의 참여를 적극적으로 흡인할 필요도 있다. 이는 지역협의회 운영과 관련하여 전문성 제고의 필요성에 대한 적절한 응답이 될 것이다. 필요한 경우, 실무위원회와 별도로 자문위원회를 구성하는 것도 한 방안이 될 수 있을 것이다.

넷째, 새터민 자체 조직의 설립과 운영을 지원하여야 할 것이다. 대구지역의 경우, 500여 명에 달하는 새터민을 대상으로 자율적인 자체 커뮤니티를 온·오프라인 상에서 조직할 수 있도록 지원하여 바람직한 정착 사례의 발굴과 홍보, 경험의 공유를 통해 신규 전입한 새터민들에게 충실한 안내자 역할을 할 수 있도록 하여야 한다. 나아가 이와 같은 자조모임의 활성화를 통해 대구KYC의 '통일길라잡이'와 같은 프로그램처럼 먼저 정착한 새터민이 새로 유입되는 새터민들의 멘토로 활동할 수 있는 기반을 조성해 나가야 할 것이다.

다섯째, 온·오프라인 상에서 지역협의회의 적극적인 홍보 기능의 강화가 필요하다고 본다. 홈페이지의 구축도 시급하며, 간담회의 구축이나 소식지의 발간·배포 등을 통해 새터민들에게 지역사회 정착 지원에 관한 각종 정책과 프로그램의 홍보를 통해 관심이나 참여의 접근성을 높여 나갈 필요가 있다. 아울러 이는 일반 시민들의 참여를 위한 방편이 될 것이라 본다.

여섯째, 언론기관의 참여 활성화도 필요하다. 새터민 지원에 필요한 각종 홍보의 대중매체 이용도를 높이고 새터민의 지역사회 정착에 대한 일반 주민들의 관심과 참여를 견인할 수 있는 중요한 창구 역할을 담당할 수 있기 때문이다.

일곱째, 민간기업체의 참여를 적극적으로 고려할 필요가 있어 보인다. 이는 직업훈련 프로그램의 운영과 취업 알선 등 새터민들의 경제적인 안정을 위해서도 필요한 조치가 아닐 수 없다. 지역의 중소기업이나 상공회의소와 연계를 가지며 적극적인 홍보를 통해 참여를 유도해 나갈 필요가 있다고 하겠다.

여덟째, 지역협의회가 새터민의 지역사회 정착 지원을 위한 장기적인 로드맵을 수립하고 중·장기발전계획 및 단기발전계획을 수립하여 지역협의회에 참여하고 있는 관·민뿐만 아니라, 신규 직능단체 등 민·산·학·연·일반 시민 등이 종합적으로 참여할 수 있는 기획이 필요하다고 본다. 향후 급증할 수 있는 신규 새터민의 유입을 대비하는 견지에서 이는 필수적인 고려 사항이라고 하겠다.

아홉째, (가칭)'대구지역 새터민 정착 지원 종합센터'의 설립을 제안해 본다. 이를 통해 특성 있는 민간단체의 각기 지원 사업 내지 프로그램을 종합 관리하는 한편, 체계성이나 전문성을 극대화할 수 있는 기능을 수행하게 될 것이다. 여기에는 서울시 노원구의 '새터민 지원 토탈 시스템'의 사례를 참조할 필요가 있다.

열째, 종래의 성인 중심의 새터민 정착 지원 시스템과 별도로 청소년을 대상으로 한 교육 분야의 노력도 필요하다. 타 지역에서 시행 중인 대안교육 프로그램들을 사례로 하여 대구와 인근 경북지역의 수요 조사를 통해 새터민 청소년들을 위한 대안교육 프로그램의 발굴과 운영을 통해 차별화된 청소년 새터민 지원 프로그램의 운영이 필요하다고 본다.

끝으로, 전국 지역협의회의 경험이나 노하우가 공유될 수 있는 연계 조직이나 수단이 강구되어야 한다. 그동안 각 지역협의회별로 새터민의 지역사회 정착 지원 프로그램들이 특정한 여건이나 환경 속에서 독자적으로 운영되어 왔다. 따라서 향후 지역협의회의 통합 간담회 개최나 인터넷을 통한 정보 공유 등이 활성화되어야 할 것이다. 필요한 경우 '노하우 경진대회' 같은 형식의 행사를 통해 각종 정보가 공유되는 것도 한 방안이 될 것이다.

2. 새터민의 지역사회 정착 지원 프로그램의 개선 방안

1) 기본 이념이나 목표의 정립

새터민의 지역사회 정착 지원을 위한 각종 프로그램들의 개발에는 무엇보다 다음과 같은 인식의 기반 구축이 선행되어야 한다.

첫째, 무엇보다도 새터민의 인격을 존중하고 이들이 국가 사회로부터 일방적인 시혜의 대상으로 인식하는 것이 아니라 스스로 자립·자활의 기반을 가질 수 있도록 조력을 해주어야 한다는 인식의 전환이 필요하다. 우리와 같이 주민등록증을 갖고 있는 똑같은 주권 소유자로 그들을 인식할 필요가 있다.

둘째, 새터민 지원 프로그램들은 분야별로 체계성과 전문성, 계속성 등을 통해 다양한 새터민의 사회 배경별 특성에 맞는 '맞춤형' 지원 프로그램이어야 한다.

셋째, 앞서 필자는 민·관, 산·학·연 및 일반 주민들이 하나되는 통합지원체계가 구축되어야 한다고 밝혔다. 여기에는 필요한 프로그램의 개발과 그 재원의 조달 및 운영에 있어 공통의 책임의식도 수반되어야 할 것이다.

넷째, 새터민들의 지역사회 적응이 갖는 의의를 고려할 때, 즉 미래의 남북한 사회통합 과정의 시금석이라는 점에서 항상 통일지향적인 프로그램의 운영이 되어야 함을 명심해야 한다. 보다 장기적으로는 상호 이해의 교육 프로그램이 개발될 필요가 있다. 새터민들이 겪는 문화 갈등은 단순히 그들만의 문제로 끝나는 것이 아니라는 점에 주목할 필요가 있다. 문화적 통합 방안의 마련이라는 차원에서 상호 이해의 교육을 일반 시민들이 관심을 갖고 참여할 수 있도록 하는 적극적인 노력이 필요하다고 할 것이다. 소수의 소외계층으로서 새터민들에게만 남한 사회에의 적응을 강요할 것이 아니라 하나의 공동체를 함께 만들어간다는 인식의 전환과 그에 걸맞는 적극적인 교육 프로그램이 일반 시민들에게 다가가야 한다.

다섯째, 우리 사회는 이미 다문화사회로 접어들었다. 따라서 결혼이주민이나 외국인 노동자를 중심으로 한 다문화사회 이해 증진책으로 국한되지 않고 새터민들에게도 그 문호가 넓혀질 수 있는 보다 적극적인 방안 마련이 필요하다고 본다. 따라서 교육과학기술부나 법무부, 통일부 등 관련 부처 간의 유기적인 협조는 물론 새터민들에 대한 인식의 전환도 전제될 필요가 있다.

여섯째, 새터민의 지역사회 적응 내지 순조로운 정착은 새터민 자신들만의 몫이 아니라 지역 주민 모두의 몫이라는 인식의 전환이 필요하며, 지역사회 이해 교육 프로그램을 포함하여 다양한 프로그램에 지역 주민이 관심을 갖고 적극적으로 프로그램에 동참하는 방안이 구축되어야 한다. 새터민과 지역 주민 상호 간의 이해의 교육이 무엇보다 필요하다고 할 것이다.

2) 프로그램 개발의 기반 구축

새터민의 지역사회 정착 지원과 관련한 각종 프로그램의 개선 방안을 본격적으로 제시하기에 앞서 새터민의 지역사회 정착 지원을 위한 프로그램의 개선 내지 새로운 개발을 위해서는 먼저 다음과 같은 프로그램 개발의 기반 구축이 필요하다고 본다. 첫째, 새터민들에 대한 기초 수요 조사가 필요하다. 다양한 사회적 배경을 갖고 지역사회에 거주하고 있는 새터민들의 정착 지원 시스템이나 프로그램들에 대한 기본 욕구나 수요 조사가 체계적으로 진행되고 있지 않다는 점에서 향후 정책 방향의 설정에 앞서 반드시 선행되어야 하는 조치 중의 하나라고 판단된다. 둘째, 새터민의 정착 지원 프로그램은 시기별로 나누어 특성화할 필요가 있다. 정착 초기에는 주거지 정착, 신변 보호, 노동(직업훈련 및 취업 알선), 경제생활, 교육(성인 및 청소년), 의료 분야를 포함한 각종 사회복지 시스템 및 지역사회 기초 이해 프로그램(지리 정보 등) 등 분야별로 지역사회 이해 교육 프로그램이 중점적으로 구성될 필요가 있다. 이후 새터민들에게 지역사회의 정치, 경제, 사회, 문화 등에 대한 심층적 이해 등의 프로그램 운영과 함께 지역사회의 일반 주민들이 함께 참여하는 각종 프로그램을 개발·운영함으로써 이들이 지역사회에 대한 적응력을 높일 수 있도록 해야 할 것이다. 셋째, 지역사회 이해 교육 프로그램의 경우에는 이론과 현장체험학습 프로그램이 병행되어 진행되는 것이 필요하다. 이를 위해서는 지역협의회의 조직 확충과 일반 시민들의 활발한 참여가 전제되어야 함은 두말할 필요 없다.

3) 정착 지원 프로그램의 개선 방안

새터민의 지역사회 정착 지원 프로그램의 개선 방안과 관련한 설문조사 결과와 타 지역의 모범적인 사례 분석 결과를 바탕으로 이들의 지역사회 정착 시기를 감안한 장·단기적인 프로그램의 운영 방안을 나누어 제시해 보면 다음과 같다.[57)]

(1) 단기적인 프로그램

먼저 새터민의 초기 정착 지원을 위한 단기적인 프로그램의 개선 방안을 제시해보면 다음과 같다. 첫째, 지역사회의 정착 초기의 경우, 지역사회에 대한 이해 교육 프로그램을 개발하여 이들의 초기 정착 가이드로서 자리 잡을 수 있도록 하여야 할 것이다. 그런

57) 참고로, 현재 전국에 걸쳐 30개의 하나센터에서, 지역사회로 전입해 온 새터민들을 대상으로 전입 초기 지역사회 이해 교육, 지역주민화 촉진 교육과 적응력 향상 프로그램, 취업 지원, 진로 지도 등 자립·자활 기반 조성 프로그램, 의료 연계 및 심리 상담 지원 프로그램 등을 내용으로 초기 집중 교육(3주간)과 적응 지원 교육(1년간) 프로그램을 실시하고 있다. 필자의 제안이 이 프로그램의 운영에 도움이 되기를 기대해 본다.

측면에서 현재 운영 중인 하나센터의 전문성 강화 등을 위해 대학이나 연구기관, 다양한 사회단체 및 지역 주민들이 함께 참여할 수 있는 방안이 필요하다고 본다. 보다 장기적으로는 하나원의 교육 프로그램을 다소간 축소하고 지역사회의 정착을 위한 교육 프로그램이 강화될 수 있도록 하는 정책적 개선도 고려해 볼 필요가 있다고 본다. 이 과정에서 새터민과 지역사회 주민들 간의 소통체계가 마련될 수 있도록 하는 연계 프로그램의 개발은 반드시 검토되어야 할 것이다.

〈표 1-13〉 지역사회 정착 지원 프로그램 개발 내용

교육주제	프로그램								비고
	이론 학습				현장체험학습				
	교과목	시간	내용	관련 협조 기관	교과목	시간	내용	관련 협조 기관	
지역사회 이해증진									
지방 자치와 민주 주의 (6/8)	학자와 함께하는 지방자치에 대한 이해	2	지방정치 과정 및 지방행정에 대한 특강	대학의 관련학과	지방의회	4	· 지방의회 방청 · 지방의원과의 간담회	광역 또는 기초지방 의회	거주지 지방정부의 결연 사업 연계
	대학생과 함께하는 지방자치	2	전공 대학생과의 간담회	대학의 관련학과	지방정부	2	· 지방정부 방문 · 공무원과의 간담회	광역 또는 기초지방 정부	자원봉사 또는 멘토 사업 연계
	새터민과 함께하는 지방자치	2	선정착 새터민과의 간담회(사례 중심)	북한이주 민센터	선거관리 위원회	2	· 선거과정과 선거문화에 대한 이해(브리핑)	지역선거 관리 위원회	멘토 사업 연계
지역 사회의 경제 생활 (10/16)	학자와 함께하는 지역경제 현안(동향과 전망)	2	지역경제의 현안(동향과 전망)에 대한 특강	대학의 관련학과	상공회의소 방문	2	기업인과의 대화(간담회)	상공 회의소	자원봉사 또는 결연 사업 연계
	대학생과 함께하는 경제생활	2	전공 대학생과의 간담회	대학의 관련학과	중소(영세)기업 현장방문	4	중소(영세)기업 탐방 및 간담회	중소(영세)기업	결연 사업 연계
	새터민과 함께하는 경제생활	2	선정착 새터민과의 간담회 (사례 중심)	북한이주 민센터	노동단체 방문	2	한국노총(민주노총) 지부 탐방 및 간담회: "노동자들의 삶에 대한 이해"	관련 노동조합	결연 사업 연계

(표 계속)

(〈표 1-13〉 계속)

교육 주제	프로그램								비고
	이론 학습				현장체험학습				
	교과목	시간	내용	관련 협조 기관	교과목	시간	내용	관련 협조 기관	
지역 사회의 경제 생활 (10/16)	자영업자들과 함께 하는 경제 생활	2	자영업자와의 간담회	대학의 관련학과	지방노동청 방문	2	직업훈련과 진로 관련 강연	지방 노동청	결연 사업 연계
	소비생활의 실제	2	바람직한 소비 생활 교육	소비자원 지부	금융생활의 실제	6	·금융기관 방문 ·보험제도 ·조세제도	·금융기관 ·보험사 ·세무서	결연 사업 연계
사회 문화 이해 프로 그램 (32/60)	학자(대학생)와 함께하는 지역주민의 생활양식 이해	2	지역 주긴의 생활 방식 이해 강연	대학의 관련학과	가정방문	4	·지역 주민 가정 탐방 ·선정착 새터민 가정 탐방	·지역 주민 가정 ·선정착 새터민 가정	결연 사업 연계
	교육체계 이해	2	교육체계 및 현황 강연	대학의 관련학과	대학, 초중고 방문	8	·지역 대학 방문 ·초·중·고교 방문	·지역 대 학교 ·초·중·고교	결연 사업 연계
	지리정보 (교통체계)	2	지리정브 및 대중교통체계 강연	대학의 관련학과	대중교통 이용 실제	4	·버스 ·지하철 ·택시 등	·운수회사 ·지하철 공사	결연 사업 연계
	대중매체와 생활	2	대중매체 현황에 대한 강연	대학의 관련학과	언론기관 방문	4	·방송사 탐방 ·신문사 탐방	·방송사 ·신문사	결연 사업 연계
	지역의 문화유산	2	문화유산 현황에 대한 강연	대학의 관련학과	박물관 탐방	4	·박물관 탐방 ·시티투어	·박물관 ·자치단체	결연 사업 연계
	예술과 삶	4	·지역의 예술시설 현황 ·예술인과의 간담회	·문화예술회관 ·예총지부	영화관, 문화예술회관 방문	4	·영화관 ·문화예술회관 탐방	·영화관 ·문화예술회관	결연 사업 연계
	레저시설과 여가생활	4	·레저시설 현황 ·여가생활	·레저시설 ·대학의 관련학과	레저시설 이용	8	·등산 및 여행 ·각종 스포츠시설	·산악회 ·스포츠 시설	결연 사업 연계
	종교생활	6	종교시설 및 종교생활에 대한 이해	·주요 종교단체 ·주요 종교시설	종교생활 체험	6	·사찰(템플스테이) ·교회 및 성당 탐방	주요 종교 단체	결연 사업 연계

(표 계속)

(〈표 1-13〉 계속)

교육 주제	프로그램								비고
	이론 학습				현장체험학습				
	교과목	시간	내용	관련 협조 기관	교과목	시간	내용	관련 협조 기관	
사회 문화 이해 프로 그램 (32/60)	시민사회 단체에 대한 이해	4	시민사회단체 현황과 활동 개요	시민사회단체 연합회	시민사회 단체 탐방	6	주요 시민사회단체 탐방	주요 시민 사회단체	결연사업 연계
	생활법률	2	생활법률(부동산 등)	대학의 관련학과	법률기관 탐방	6	· 법원 · 검찰청 · 경찰서 방문	법원 검찰청 경찰서	결연사업 연계
	자원봉사 활동의 실제	2	자원봉사 활동의 필요성과 실제	대학의 관련학과 (또는 NGO)	자원봉사 활동 체험	6	사회복지시설 체험	사회복지 시설	결연사업 연계
언어 및 정보화 교육 (20/20)	언어생활에 대한 이해	4	· 학자와 함께하는 억양과 방언에 대한 이해 · 선정착 새터민과 함께하는 언어생활	·대학의 관련학과 · 선정착 새터민 (멘토)	전공 대학생 및 선정착 새터민과 함께하는 언어생활	4	관련 대학 학과	대학	결연사업 연계
	외국어에 대한 이해	8	· 기초 영어 · 영어회화	대학 어학원	원어민과 함께하는 영어 회화 캠프	8	대학 어학원	대학	결연사업 연계
	정보화교육	8	· 컴퓨터이론 · 인터넷교육	대학의 관련학과	정보화 교육의 실제	8	대학 정보전산원	대학	결연사업 연계

새터민의 지역사회 이해 교육 프로그램과 관련하여 그 운영 방식에서는 다음과 같은 사항들이 고려될 필요가 있다. 먼저, 분야별로 이론 위주의 교육 내용보다는 현장체험학습을 통해 학습의 효율성을 높일 수 있는 기본 운영 방침이 설정되어야 할 것이다. 일방적인 강연 위주의 교수 학습 방법을 지양하고 전문가(대학 및 연구기관)와 일반 주민(대학생) 및 선정착 새터민들이 함께 멘토로서 기능을 수행하면서 프로그램에 참여하여 '간담회'와 같은 운영 방식을 겸하는 방안을 제시하여 본다. 이를 통해 새터민들이 일반 주민과 직접 대면하여 일상에서 일어나는 영역별 내용에 대해 이해력을 높을 수 있도록 하는 것이 좀 더 효율적일 것이라 판단되기 때문이다. 나아가서 일반 주민에게도 새터민들의 삶에 대한 관심과 함께 참여도를 높일 수 있는 방안이 설계될 필요가 있다고 하겠다.

한편, 주관 기관과 관련하여 관 주도를 탈피하고 새터민들이 출퇴근 방식으로 일정기간 동안 교육 프로그램을 이수하도록 하는 방안이 검토되어야 할 것이다. 지역사회 이해 교육 프로그램의 전문성과 효율성을 확보하기 위해 지역협의회를 중심으로 관련 대학이나 연구기관들의 참여를 제도적으로 뒷받침할 수 있는 민·관 간의 협약 체결을 맺어 운영하는 것도 필요하다고 본다. 운영 주체는 그동안 새터민들의 지역사회 정착 도우미 사업을 주도해 온 민간단체(북한이주민지원센터 등)가 맡는 것이 효율적이라고 판단된다. 아울러 이 교육 프로그램에 참여하는 각 분야별 기관 및 단체들은 모두 새터민들과 자매결연을 맺어 참여함으로써 지속성을 확보하고, 여력이 있는 경우, 이들 기관 및 단체들의 구성원들이 새터민들의 정착 지원 사업에 자원봉사자로서 참여할 수 있도록 하는 것이 좋겠다.

둘째, 교육 분야의 지원과 관련하여 성인의 경우, 대학 진학 기회의 확대가 필요하다고 본다. 새터민들의 경우, 높은 향학열을 갖고 있는 것으로 나타나고 있는데, 이를 해결해 주기 위해 대학 진학의 방법과 경로를 적극적으로 홍보하고 필요한 경우 입시 상담 창구를 개설하는 것도 하나의 방안이 될 것이다. 아울러, 가족 단위의 새터민들의 입국이 늘어나고 있으므로 청소년들에 대한 교육 문제의 해결을 위한 각종 프로그램을 소개하고 연계할 필요가 있다. 현재 시행중인 교육청 단위의 대학생 멘토링사업과 연계될 수 있을 것이며, 교육청과 사회복지관을 중심으로 교사(서울 거원초등학교의 사례) 및 자원봉사자들의 학교 부적응 청소년들에 대한 일대일의 결연, 멘토, 학습지도 및 심리 치유 프로그램이 종합적으로 운영되어야 할 것이다. 성인을 위한 자유시민대학의 운영 사례나 각종 대안교육기관들(여명학교, 한겨레중고등학교, 한꿈학교 등)의 노하우도 적극적으로 흡인할 필요가 있다.

셋째, 의료 지원 사업의 조직 확대도 필요하다고 본다. 대구와 경북 지역의 경우 '대구경북 인도주의 실천 의사 협의회' 및 일부 회원 병원을 중심으로 무료 검진이나 진료 프로그램이 운영되고 있으나 장차 새터민의 주거지별로 회원 병원을 확대하여 지리적 접근성도 높여 나가야 할 것이다.

넷째, 지역사회의 새터민의 성별 구성 현황을 감안하여 여성 새터민에게 특화된 프로그램들이 제공될 필요가 있다. 심성 치유 프로그램을 비롯하여 도예 체험, 성교육 등의 다양한 프로그램들이 평생학습 차원에서 모색되어야 하고, 새터민들을 위한 문화체험학습 프로그램들로 개발될 필요가 있다.

(2) 중·장기적인 프로그램

중·장기적인 관점에서 모색해 볼 수 있는 프로그램의 개선 방안들을 제시해 보면 다음과 같다. 첫째, 보다 장기적으로 볼 때, 지역 주민들과 함께하는 프로그램들이 일회성 행사에 머물지 않고 체계적으로 관리 운영될 필요가 있다. 종교단체나 사회복지관 등이 참여하는 지역협의회를 중심으로 새터민들을 지원하고 있는 각종 단체들이 개별 여건 속에서 중복적으로 프로그램들을 운영하는 가운데 새터민들에게 혼란을 주고 있다는 판단에서이다. 일대일 자매결연, 가정방문, 체육대회 등의 프로그램들도 마찬가지로 재조직되어야 할 것이다. 아울러 새터민이 남한 사회에 정착하는 과정에서 겪게 되는 사회문화적 갈등은 새터민과 지역 주민 간의 상호 이해교육을 활성화함으로써 일정 정도 예방하거나 긍정적인 방향으로 그 해결을 모색할 수 있을 것이다. 새터민이 지역사회에 효율적으로 정착하도록 하기 위해서는 이들에 대한 교육에 있어서도 새터민들이 지닌 문화적 특성에 대한 존중과 이해를 바탕으로 이들을 동화의 대상이 아닌 행위 주체로서 보려는 관점을 가져야 할 것이다. 즉, 새터민과 일반 주민 간의 상호 이해를 촉진시키는 지향점을 견지하는 것이 중요하다. 이러한 교육을 위해서는 교육의 내용 면에서 새터민과 지역사회 주민들 간의 갈등의 요소들을 상호 이해교육의 핵심적으로 배치할 필요가 있다.[58]

둘째, 지역사회의 일반 주민들과 함께하는 다양한 프로그램들도 종합적으로 관리·운영될 필요가 있다. '남북 문화 화해 한마당', '청소년(대학생) 통일 캠프', 방학 기간 중 각종 '체험학습'의 공유 프로그램들을 개발하여 보급하는 방안도 검토되어야 할 것이다. 이를 통해 심리적 안정과 자존감의 확립을 비롯한 상호공감대의 조성과 문화적 차이 극복이 자연스럽게 이루어질 수 있도록 하여야 한다. 특히 부천시민통일문화축제(통일영화제, 통일기행 등)와 같은 사례는 새터민들의 건전한 지역사회 정착을 위해 시사하는 바가 크다고 하겠다. 이 역시 일반 주민들과 함께하는 방안이 될 수 있기 때문이다. 그 밖에도 지역사회에서 주거지별로 특색 있게 전개되고 있는 다양한 시민운동[59]과 연계하여 주민들의 동참을

58) 이와 관련한 구체적인 내용은 정진경·조정아, 「새터민과 남한주민을 위한 문화통합교육의 과제」, 『한국심리학회지 : 사회문제』, Vol. 14, No. 1(한국심리학회, 2008), p. 489. 와 조정아 외, 『새터민의 문화갈등과 문화적 통합 방안』[경제·인문사회연구회 협동연구총서 06-02-06](서울 : 한국여성개발원·통일연구원, 2006)을 참조할 것.

59) 구체적인 사례는 『영남일보』, 2008년 6월 4일자, 7면 관련 기사 참조.

유인하는 것도 하나의 방안이라고 할 것이다.

셋째, 필자의 제안에 의해 대구시 교육청에서 실시되고 있는 것이지만, 초·중등학교에서 새터민과 교사가 함께 참여하는 통일 교육 프로그램의 확대 보급도 필요하다고 본다. 이는 학생들의 통일 문제에 대한 인식 제고 등 통일 교육의 활성화에 기여할 뿐만 아니라, 새터민들에게는 경제적 안정과 함께 지역사회에 일정 부분 자신들이 기여할 수 있는 존재라는 점에서 심리적 자존감 내지 정체성을 새롭게 정립할 수 있는 방안이 될 것이기 때문이다.

넷째, 장기적으로는 대구지역 인근의 새터민 집단 주거 마을을 조성하는 것도 검토해 볼 만하다. 강원도 철원의 '쇠리마을'과 같은 사례에서처럼 유휴지 경작을 하는 것도 좋겠다. 농촌은 도시에 비해 상대적으로 정착 생활이 편리할 뿐만 아니라, 생계 문제를 해결할 수 있는 장점도 갖고 있기 때문이다. 아울러 관광사업의 유치(각종 통일캠프 행사 유치 등)를 통한 새로운 수익사업 모형의 개발을 통해 상생하는 전략을 찾는 방안도 강구하여야 할 것이다.

다섯째, 최근 법무부에서 주도하고 있는 결혼이민자 및 외국인 노동자들을 대상으로 한 다문화가정 지원 사업 등과 연계될 필요성도 있다고 본다. 상당수의 새터민들이 중국을 중심으로 3 ~ 5년 동안 체류하다 입국하는 것을 감안하여 볼 때, 필요한 경우 특히 중국에서 온 결혼이민자들을 대상으로 새터민들이 멘토로 참여하는 사업도 고려해 볼 수 있을 것이다. 나아가 일부 지방자치단체에서 운영하고 있는 국제교류센터 등과 연계하여 소외계층의 동위선상에서 새터민 정착 지원 정책이 연계될 수 있도록 관련 부처 간의 협의가 필요하다고 본다.

여섯째, 자조적인 새터민 커뮤니티의 설립 운영과 연계한 각종 프로그램들이 개발될 필요가 있다. 새터민들이 중심이 되는 자체 행사들을 유도하고 지원함으로써 이들이 서로의 이해력을 토대로 함께 살아가는 지혜를 공유하고 심리적 안정을 회복하는 데도 기여하게 될 것이다. 새터민 가요한마당, 새터민 커뮤니티 간 체육대회 개최, '새터민의 날 행사' 공동 개최 등의 프로그램 운영도 고려해 볼 만하다.

(3) 다문화적 관점에서의 새로운 접근의 필요성

새터민들의 순조로운 지역사회 정착은 일차적으로 그들 자신들의 의지와 노력이 최대의 변수가 됨은 두말할 필요가 없다. 그러나 그들의 대다수는 아무런 연고 없이 지역사회에 단신으로 정착 생활을 시작하게 된다는 점을 우리는 고려해야 한다. 현재 운영 중인 새터민의 지역사회 정착 지원 시스템이나 프로그램의 운영만으로 이들의 순조로운 남한 사회에의 적응을 기대하는 것은 현실과 동떨어진 인식이다. 새터민들에게 무조건 남한 사회에 동화되라고 요구하지 않고 남북한 사회 통합의 긴 안목에서 바라볼 수 있는 인식의 전환이 필요하다. 즉, 앞서 강조한 바와 같이 이들을 단순한 생계곤란자로 취급하여 사회복지 차원에서 시혜의 대상으로 접근할 것이 아니라 다문화주의적 관점으로 새롭게 접근해야 한다. 또한 이들을 남북한 사회통합의 시금석이자 북한 사회를 설명해 줄 수 있는 소중한 안내자로서 인식해야 한다는 점은 아무리 강조해도 지나치지 않다. 우리 자신들 역시 통일 이후를 대비하여야 하고 그 사회통합 과정에 있어서 참여자여야 한다는 점에서 보면, 우리는 새터민들과의 상호 이해 교육의 필요성과 자연스레 마주하게 된다. 결국 이들의 지역사회 정착은 곧 진정한 남북한 사회통합 과정의 첫걸음이라는 점을 놓쳐서는 안 될 것이다. 따라서 새터민들의 지역사회 정착을 위해 정부나 기업체, 민간단체 및 일반 시민들이 함께 팔을 걷고 나서지 않는다면 이들의 성공적인 지역사회 정착은 물론 통일 한국의 미래도 기대하기 어렵다.

앞서 필자는 새터민의 지역사회 정착 지원을 위한 각종 시스템이나 프로그램 운영상의 문제점에 대한 분석을 통해 그 개선 방안들을 제시하였다. 그러나 무엇보다도 그것들을 뒷받침해 줄 수 있는 다음과 같은 인식의 기반 구축도 필요하다고 본다.

첫째, 새터민들의 인격을 존중하고, 이들을 국가 사회로부터 일방적인 시혜의 대상으로 인식하는 것이 아니라 스스로 자립·자활의 기반을 가질 수 있도록 도와주어야 한다는 인식의 전환이 필요하다. 이들도 우리와 똑같은 대한민국의 주권을 소유한 소중한 인격체들이라는 점이다. 이제 이들에게는 남한 사회에 정착하게 된 이유가 어떠하였던가는 중요하지 않다. 이들이 적어도 시민으로서 기본 권리와 의무를 갖고 동등하게 취급되어 살아갈 수 있도록 보호하고 지원해야 할 책무가 우리 사회 구성원 모두에게 있다는 사실을 잊어서는 안 될 것이다.

둘째, 새터민들의 지역사회 적응이 갖는 의의를 고려할 때, 즉 이들이 미래의 남북한 사회통합 과정의 시금석이라는 점에서 항상 통일지향적인 프로그램의 성격을 지녀야 한다.

보다 적극적으로 상호 이해의 교육 프로그램을 개발하여 새터민과 일반 주민이 함께 공유할 필요가 있다. 새터민들이 겪는 문화 갈등은 단순히 그들만의 문제로 끝나는 것이 아니기 때문이다. 즉, 문화적 통합 방안의 마련이라는 차원에서 상호 이해의 교육을 일반 시민들이 관심을 갖고 참여할 수 있도록 하는 적극적인 노력이 필요하다. 소수의 소외계층으로서 새터민들에게만 남한 사회에의 적응을 강요할 것이 아니라 하나의 공동체를 함께 만들어간다는 인식의 전환과 함께 그에 걸맞은 적극적인 교육 프로그램이 일반 시민들에게 다가가야 한다.

셋째, 우리 사회는 이미 다문화사회로 진입하였다. 새터민 집단은 그 구성 비율로 따져보면 14위에 위치하고 있을 정도로 급증하였다. 따라서 결혼이주민이나 외국인 노동자를 중심으로 한 다문화사회 이해 증진책으로 국한되지 않고 새터민들에게도 문호를 넓힐 수 있는 방안 마련이 시급하다고 본다. 따라서 교육부나 법무부, 통일부 등 관련 부처 간의 유기적인 협조를 통해 이 문제를 해결하려는 자세와 노력이 요청된다.

분명한 것은 새터민의 지역사회 정착 문제는 임시방편의 정책적 대처로 해결될 수 있는 것이 아니라 좀 더 장기적인 안목과 적극적인 대책의 수립을 통해서만 해결할 수 있는 과제라는 점이다. 새터민들이 또 다시 우리 사회 내에서 이등 시민으로 전락하여 소외를 경험하게 된다면 이들의 지역사회 정착의 연착륙을 통해 통일에 대한 일말의 희망을 점쳐 볼 수 있는 기회마저도 사라지고 말 것이다. 그렇게 된다면 그만큼 남북한의 통일은 요원해질 수밖에 없다. 또한 이들의 부적응이 또 다른 사회문제를 불러일으킬 것이며 이는 또 다시 부메랑이 되어 우리 앞에 사회문제의 하나로 다가올 것은 자명하다. 새터민의 지역사회 정착을 위한 맞춤식 지원 시스템이나 프로그램들의 개선책은 특정 전문가들이나 이해관계에 있는 당사자의 몫이 아니라 우리 사회 구성원 모두의 것이라고 인식될 때 우리 민족의 염원인 통일 문제는 그만큼 현실로 다가올 것이다.

〈표 1-14〉 하나원의 사회 적응 교육 프로그램 개편 내용 비교

교육 주제	프로그램: 2007년 5월 개편 프로그램(180시간) 교과목	시간	내 용	2009년 3월 개편 프로그램(420시간) 주요 내용	2004년 10월 개편 프로그램(3개월)
정서 안정 및 건강증진		27 (9.7%)		50시간(12%)	**심신 회복 및 인성 교육** [37시간(12%)]
정서 안정 프로그램 (21)	성격의 이해	2	심리 교육 필요성 안내, 심리 검사, 심리 변화 안내	· 마음 가꾸기 역할 연습 (신설 7) · 건강한 가정 (신설 7) [여성부 양성평등교육원과 협조] · 체육활동 (신설 4) 등	심신 안정 및 심성 수련(22) · 자기 이해, 대인 관계, 자기표현, 의사소통기술(8) · 심성 수련, 기수련(14)
	마음 가꾸기(1)	10	자기이해 및 수용, 자존감 향상, 가족·사회 공동체		
	마음 가꾸기(2)	4	소그룹(4개) 집단상담 · 분노 다스리기 · 내 성격 바로 알기 · 명상·요가 · 좋은 부모 되기		
	마음 가꾸기(3)	2	스트레스 관리와 정신 건강 불면증, PTSD 신체화 증상 등 대처		
	심리 검사 해석 상담	2	심리 검사 결과 해석 상담		
	상담 시설 이용 안내	1	수료 후 상담 시설 연계 방법 안내		
건강 증진 프로그램 (6)	보건진료 (구강검진 등)	3	입교 후 구강검사 등 사진 촬영		건강검진 및 정서함양(15) · 보건진료(2) · 생활체육·레크리에이션(5) · 행복한 삶(5) · 한국 문학의 이해(3)
	건강관리법	1	여성 건강관리, 성 보건		
	새천년건강체조	2	건강체조 교육		
우리 사회 이해 증진		89 (31.8%)		135 (32%)	**우리 사회 바른 이해** [91시간(30%)]
민주 시민 프로그램 (4)	민주 시민의 권리 및 의무	2	시민의 기본권과 의무, 인권 이해	· 가정 체험 (증설 14) · 영농단지 체험 (신설 7) · 외래어 (증설 6)	민주 시민의 자질 향상(20) · 민주주의 제도 이해(3) · 선거제도 이해(2) · 도덕과 규범(3) · 법과 시민생활(9) · 통일 문제의 이해(3)
	한국 정치와 민주주의	2	정당, 선거, 정부 체계, 정치 참여		

(표 계속)

(〈표 1-14〉 계속)

<table>
<tr><th rowspan="3">교육 주제</th><th colspan="5">프로그램</th></tr>
<tr><th colspan="3">2007년 5월 개편 프로그램(180시간)</th><th rowspan="2">2009년 3월 개편 프로그램 (420시간) 주요 내용</th><th rowspan="2">2004년 10월 개편 프로그램(3개월)</th></tr>
<tr><th>교과목</th><th>시간</th><th>내 용</th></tr>
<tr><td rowspan="3">자본주의의 적응 프로그램 (6)</td><td>시장경제의 이해(1)</td><td>2</td><td>시장경제 원리 및 장단점</td><td rowspan="20">· 종교의 이해 (신설 6) 등</td><td rowspan="3">자본주의 생활 적응(12)
· 시장경제 원리(3)
· 생활 경제(6)
· 생활 금융(3)</td></tr>
<tr><td>시장경제의 이해(2)</td><td>2</td><td>생활 금융, 생활 경제</td></tr>
<tr><td>시장경제의 이해(3)</td><td>2</td><td>조세 제도, 중요성</td></tr>
<tr><td rowspan="17">사회 이해 프로그램 (26)</td><td>한국사(1)</td><td>2</td><td>남북 역사 인식 비교</td><td rowspan="6">문화적 이질감 해소(23)
· 한국 역사의 개요(3)
· 한국교육 제도(3)
· 정보화사회의 특징(3)
· 예절 교육(4)
· 화목한 가정(2)
· 이성과 결혼(2)
· 건강 생활(2)
· 생활 안전(2)
· 인문지리 개황(2)</td></tr>
<tr><td>한국사(2)</td><td>1</td><td>남한 현대사</td></tr>
<tr><td>한국사(3)</td><td>1</td><td>북한 현대사</td></tr>
<tr><td>관련 국가의 역사 이해</td><td>1</td><td>동북아 주변국 역사, 현대 국제관계사</td></tr>
<tr><td>통일 노력과 통일 한국의 미래</td><td>2</td><td>통일 이해 및 준비 (교류 협력 현황, 통일 방안)</td></tr>
<tr><td>대북 정책과 남북 관계의 이해</td><td>2</td><td>평화번영정책, 남북 관계, 주변 국제관계</td></tr>
<tr><td>새터민 지원에 대한 이해</td><td>1</td><td>정착 지원제도 취지 및 변경 과정</td><td rowspan="11">민주 시민의 자질 향상의'법과 시민생활'(9시간) 교과목이 사회 이해 프로그램에 '생활 법률'(1~4) 교과목 7시간으로 재편성됨.</td></tr>
<tr><td>한국 문화의 이해(1)</td><td>2</td><td>가치관, 사고·생활 방식 (생애 과정 포함)</td></tr>
<tr><td>한국 문화의 이해(2)</td><td>2</td><td>대중매체, 연예, 예술</td></tr>
<tr><td>생활 정보 찾기</td><td>1</td><td>생활정보지·신문·방송 활용</td></tr>
<tr><td>성교육 및 이성, 결혼, 가족</td><td>2</td><td>남녀 역할 및 관계</td></tr>
<tr><td>생활 법률(1)</td><td>1</td><td>남북 법체계의 비교</td></tr>
<tr><td>생활 법률(2)</td><td>2</td><td>형법, 형사소송법 등 공법</td></tr>
<tr><td>생활 법률(3)</td><td>2</td><td>민법, 재산법 등 사법</td></tr>
<tr><td>생활 법률(4)</td><td>2</td><td>생활 법률 사례 중심 상담</td></tr>
<tr><td>지리 및 지역사회 이해</td><td>2</td><td>지역별 특성, 산업, 환경</td></tr>
</table>

(표 계속)

(〈표 1-14〉 계속)

<table>
<tr><th rowspan="3">교육 주제</th><th colspan="5">프로그램</th></tr>
<tr><th colspan="3">2007년 5월 개편 프로그램(180시간)</th><th rowspan="2">2009년 3월 개편 프로그램 (420시간) 주요 내용</th><th rowspan="2">2004년 10월 개편 프로그램(3개월)</th></tr>
<tr><th>교과목</th><th>시간</th><th>내 용</th></tr>
<tr><td rowspan="5">언어 적응 프로그램 (14)</td><td>남북한 언어 비교</td><td>2</td><td>언어 차이 이해</td><td rowspan="10"></td><td rowspan="5">언어 적응 능력 향상(36)
· 남북한 언어 비교(4)
· 외래어(12)
· 기초 영어(4)
· 상용 한자(12)
· 시사 용어(4)</td></tr>
<tr><td>표준 발음 연습</td><td>2</td><td>스피치 훈련, 발음·억양 교정</td></tr>
<tr><td>외래어</td><td>8</td><td>상용 외래어 학습</td></tr>
<tr><td>기초 영어</td><td>1</td><td>생활 영어 소개</td></tr>
<tr><td>상용한자</td><td>1</td><td>상용한자 학습</td></tr>
<tr><td rowspan="5">현장 체험 학습 (39)</td><td>역사 현장 탐방</td><td>7</td><td></td><td rowspan="5">현장체험학습 [56시간(19%)]
경제활동 체험(25)
· 구매 체험학습(4)
· 직업훈련 체험학습, 근로현장 학습, 농촌탐방·안전체험 (각 7)
공공·문화시설 이용(25)
· 관공서 체험학습(4)
· 도시생활 체험학습(7)
· 문화 탐방(14)
함께 사는 사회 체득(6)
· 봉사 활동(4)
· 환경미화 활동(2)
(독립되었던 프로그램이 우리 사회 이해 증진의 하위 영역으로 재편됨.)</td></tr>
<tr><td>구매 체험 학습</td><td>4</td><td>생활용품 구매 실습</td></tr>
<tr><td>남한 가정 탐방
사찰 생활 체험
(계절별)</td><td>14</td><td>일반 가정 체험
템플 스테이</td></tr>
<tr><td>도시 생활 체험 학습</td><td>7</td><td></td></tr>
<tr><td>봉사활동(지역 / 사회 복지 시설)</td><td>7</td><td>농촌 / 사회복지 시설</td></tr>
<tr><td colspan="2">진로지도·직업 기초 능력 훈련</td><td>130 (46.4%)</td><td></td><td>177시간 (42%)</td><td>기초 직업 교육·훈련 [73시간(24%)]</td></tr>
<tr><td rowspan="6">기초 검사 및 취업제도 이해 프로그램 (11)</td><td>직업 적성·흥미 이해(1)</td><td>1</td><td>직업 선호도 검사 실시</td><td rowspan="6">· 컴퓨터 교육 (증설 31)
· 진로 희망 찾기 (증설 14)
· 직종 설명회 (증설 4) 등</td><td rowspan="6">진로 및 직업 지도(15)
· 자신의 소질 발견(3)
· 직업 능력 향상(4)
· 합리적인 진로(4)
· 취업 지원 제도(4)

직업 프레젠테이션(4)
· 직업의 세계(2)
· 직종설명회(2)

생활 기능 실습(40)
· 전산 교육(20)
· 운전 교육[남성](20)</td></tr>
<tr><td>직업 적성·흥미 이해(2)</td><td>2</td><td>직업 선호도 검사 해석·상담</td></tr>
<tr><td>직업훈련·취업 보호 제도 이해</td><td>2</td><td>직업 관련 지원 제도</td></tr>
<tr><td>취업 관련법 이해</td><td>2</td><td>직업 안정법, 근로기준법 등</td></tr>
<tr><td>국민기초생활 보장법 이해 (사회보장 제도의 이해)</td><td>2</td><td>생계 급여(4대 보험)</td></tr>
<tr><td>교육 지원 제도의 이해</td><td>2</td><td>교육 지원 내용, 편입학 절차</td></tr>
</table>

(표 계속)

(〈표 1-14〉 계속)

<table>
<tr><th rowspan="3">교육 주제</th><th colspan="5">프로그램</th></tr>
<tr><th colspan="3">2007년 5월 개편 프로그램(180시간)</th><th rowspan="2">2009년 3월 개편 프로그램 (420시간) 주요 내용</th><th rowspan="2">2004년 10월 개편 프로그램(3개월)</th></tr>
<tr><th>교과목</th><th>시간</th><th>내 용</th></tr>
<tr><td rowspan="3">직업 정보 및 취업 안내 프로그램 (6)</td><td>직업의 이해</td><td>2</td><td>직업의 종류, 고용 동향, 노동시장의 이해, 취업 정보의 탐색</td><td rowspan="11"></td><td rowspan="11">취업 및 삶의 현장(14)
· 제너시스 치킨대학(7)
· 인력시장 방문 등(7)</td></tr>
<tr><td>직종설명회</td><td>2</td><td>관련 직종 종사자의 직접 설명</td></tr>
<tr><td>직업 가치관과 직업 적응</td><td>2</td><td>이미지 메이킹, 직업 적응, 이력서 작성법, 면접 대비</td></tr>
<tr><td rowspan="2">진로 지도 프로그램 (14)</td><td>진로 희망 찾기 I</td><td>7</td><td>취업, 직업훈련, 진학 등 합리적인 의사결정 [1일 편성]</td></tr>
<tr><td>진로 희망 찾기 II</td><td>7</td><td>취업기술, 취업 걸림돌 극복, 이력서 작성, 면접 실습</td></tr>
<tr><td rowspan="6">기초 직업 적응 훈련 (99)</td><td>정보화(컴퓨터)</td><td>23</td><td>컴퓨터 기초</td></tr>
<tr><td>산업 안전 보건·교통안전</td><td>2</td><td>안전표지, 안전생활 교통안전 및 신호</td></tr>
<tr><td>직종별 직업훈련 (폴리텍대학)</td><td>63</td><td>[여성]전자 부품 조립, 귀금속장신구 제작, 홈패션, 컴퓨터 응용 기계 제도, 염색, 네일아트, 피부미용, 사진편집, 간병인, 플로리스트, 정보 검색</td></tr>
<tr><td>전문 상담</td><td>4</td><td>전문 직업훈련 안내</td></tr>
<tr><td>직업 관련 현장 체험</td><td>7</td><td>산업현장 체험·고용지원센터·직업훈련기관 방문</td></tr>
<tr style="display:none"><td></td><td></td><td></td></tr>
<tr><td colspan="2">초기 정착 지원</td><td>34 (12.1%)</td><td></td><td>58시간 (14%)</td><td>초기 정착 지원 [44시간(15%)]</td></tr>
<tr><td rowspan="4">정착 의지 함양 프로그램 (12)</td><td>정착 지원 담당자 특강(1)</td><td>2</td><td>신변 보호 담당관</td><td rowspan="4">· 전담관과의 대화 (신설 11)
· 민간 지원 내용 안내 (증설 4)
· 초기 정착 지원 안내 (증설 3)</td><td rowspan="4">정착 지원 제도 안내(14)
· 취업 보호 제도(2)
· 거주지 보호 제도(2)
· 신변 보호 제도(2)
· 정착 사례 소개(4)
· 자립 정신 고취(4)</td></tr>
<tr><td>정착 지원 담당자 특강(2)</td><td>2</td><td>거주지 보호 담당관</td></tr>
<tr><td>정착 지원 담당자 특강(3)</td><td>2</td><td>정착 도우미</td></tr>
<tr><td>정착 사례 특강(1)</td><td>6</td><td>새터민, 영상자료(TV 등)</td></tr>
</table>

(표 계속)

(〈표 1-14〉 계속)

<table>
<tr><th rowspan="3">교육 주제</th><th colspan="5">프로그램</th></tr>
<tr><th colspan="3">2007년 5월 개편 프로그램(180시간)</th><th rowspan="2">2009년 3월 개편 프로그램 (420시간) 주요 내용</th><th rowspan="2">2004년 10월 개편 프로그램(3개월)</th></tr>
<tr><th>교과목</th><th>시간</th><th>내 용</th></tr>
<tr><td rowspan="3">정착 지원제도 이해 프로그램 (5)</td><td>수료 후 안내 교육</td><td>2</td><td>남북연구소</td><td rowspan="14"></td><td rowspan="14">행정 지원(36)
· 전담관 대화(7)
· 생활 지도 안내(5)
· 교육 · 훈련 안내(3)
· 취적 · 거주지 배정(3)
· 신체검사 · 보건진료(3)
· 수료 후 생활 안내(7)
· 기타(3)</td></tr>
<tr><td>민간 지원 내용 안내</td><td>2</td><td>지역 민간단체 지원 안내, 후원회 활동 소개</td></tr>
<tr><td>의료지원제도 이해</td><td>1</td><td></td></tr>
<tr><td rowspan="6">하나원 생활 안내 프로그램 (9)</td><td>원장과의 대화</td><td>2</td><td>교육 필요성, 정착 의지 함양</td></tr>
<tr><td>생활 안내</td><td>2</td><td>하나원 소개, 생활 관리 규정(벌점, 상점) 설명</td></tr>
<tr><td>교육 · 훈련 안내</td><td>2</td><td>교육 목표 및 내용 소개 교육 물품 지급</td></tr>
<tr><td>입교식</td><td>1</td><td></td></tr>
<tr><td>수료식</td><td>2</td><td></td></tr>
<tr><td>호적, 정착금, 주민등록 안내</td><td>3</td><td></td></tr>
<tr><td rowspan="5">행정 지원 프로그램 (8)</td><td>입교 설문</td><td>1</td><td>설문조사</td></tr>
<tr><td>수료 설문</td><td>1</td><td>설문조사</td></tr>
<tr><td>수료 준비 (택배물)</td><td>1</td><td>택배물 정리, 안내</td></tr>
<tr><td>기초 소양 평가 / 문제 풀이</td><td>2</td><td></td></tr>
<tr><td colspan="2">시간 합계</td><td>280</td><td></td><td>420</td><td>301</td></tr>
</table>

□ 밑줄(과목): 통일부-고용노동부 연계 직업훈련 프로그램(108시간)임.

□ 하나원, 내부 자료(2007) 및 「하나원 '사회 적응 교육 표준 과정' 확대 · 개편」 참조, 통일부 보도자료(2009년 3월 9일) 참고로 재작성한 것임.

〈표 1-15〉 새터민 성인 및 청소년 대상 각종 프로그램

분야	지역	주체	프로그램명	기간	주요 내용	비고
교육, 주거, 고용, 의료, 문화 등		노원구청	새터민 지원 토털 시스템 8개 분야 20개 사업	2008년 1월 22일 ~	입체적 지원 토털 시스템(교육, 주거, 고용, 의료, 문화 등 정착에 필요한 주요 분야 · 상계직업전문학교 견학, 설명회(1.24.) · 5월: 월계1동 등 11개 동 주민센터 3개 권역으로 나눠 한글 및 외국어 강좌 개최. · 공릉2동 정보화교육장(2개월 과정 컴퓨터 및 인터넷 교육 실시, 중고 컴퓨터 보급 등 정보화 능력 향상을 도움.) · 고용과 직업훈련 지원: 직업훈련생 후원자 발굴 등 경제적 안정 위한 지원시스템 구축. · 당현천 복원 등 구청 주도 20개 사업 현장 일자리 기회 제공. · 연중 직업훈련과 취업상담-평생직업 능력 개발 계획 · 불교, 기독교, 천주교 등 종교단체와 새터민 300명 대상으로 일대일 사랑의 결연 주선 · 지역 내 3개 사회복지관과 연계: 청소년 공부방, 대학생 멘토링 사업 등 11개 사업으로 새터민 인식 개선 돕는다. · 만 20세 이상 성인 남녀 대상 의료서비스 실시 · 사회 적응과 문화체육 프로그램 운영	현재 대부분 일회성 지원에 그쳐 정착에 도움이 안 된다는 구청장의 판단에 따라 토털 시스템을 구축함. 새터민에게 실질적 안정적 시스템 마련해 주기 위해 1월 14일 노원경찰서와 북부고용지원센터 등 5개 관련기관 단체장 참석 간담회와 실무회의를 수차례 열어 지원과 협조 방안을 마련함. 『서울신문』, 2008.1.23., 12면. 『동아일보』, 2008.1.23., 16면. 『문화일보』, 2008.1.23., 12면.
교육, 주거, 고용, 의료, 문화 등	철원군	철원군	김화읍 '쉬리마을' (살기 좋은 지역만들기 사업 선정 / 테마마을)	2007년 12월	'김화 남대천 주민 연구 발전회'(2006) 발전 방안: '쉬리마을' · 김화 주민들 대부분 북한 출신 · 남북화합의 시범마을: 주거환경 개선(빈집), 교육문화 서비스와 인프라 구축(자녀 교육 및 문화생활 환경 조성) · 새터민 주거단지 조성: 새터민 유입 본격화 대비 방안으로 새터민 희망자, 철원군, 통일부, 행정자치부 긴밀 협조로 단지 조성 · 새터민들의 삶의 질 향상 사업: 원어민 영어교사 지원으로 자녀 영어교육 지원, 방과 후 보육시설 및 보육교사 지원, 정보화 교육시설 개선, 학교도서관 활성화 지원 등 교육서비스 강화, 8억 원 강화보건지소 신축, 주민건강정보DB 구축 등 쉬리마을 건강서비스사업 추진	"새터민 정착 성공하면 지역발전의 활력소 될 것" (정호조 철원 군수) 새터민들이 스스로를 위해서라도 이질감이 심한 도시보다는 농촌을 정착지로 택할 것을 권했다. 주거비, 생활비 등 정착비용이 적게 드는 데다 갑작스런 환경 변화로 겪는 혼란도 농촌이 훨씬 덜하다는 것이다.

(표 계속)

(〈표 1-15〉 계속)

분야	지역	주체	프로그램명	기간	주요 내용	비고
교육, 주거, 고용, 의료, 문화 등	철원군	철원군	김화읍 '쉬리마을' (살기 좋은 지역 만들기 사업 선정 / 테마마을)	2007년 12월	· 청정과 평화를 상징하는 관광명소(마을 재디자인 프로젝트 8천만 원): 토속어류 전시관, 지역 주민들과 새터민들의 소통의 장으로서 '커뮤니티센터', '보건지소' 등을 새로 건축하고, 쉬리공원, 쉬리거리, 테마골목, 김화어린이공원, 김화 잔디구장, 물 체험 공간 등 휴양편의시설과 남대천 산책로를 조성함. · 재디자인 통한 관광사업 추진. · 남측의 선진 농업기술을 습득하여 성공적인 농민으로 거듭나는 재활의 장이 될 것. 외국인 근로자와 달리 새터민들은 정착민으로서 책임감이 강하고 정서적 공감대가 넓어 노동생산성도 높을 것으로 본다. · 사용되지 않는 땅이 많으므로 새터민들에게 새로운 보금자리가 될 것. (남북 대치 상황에서 각종 규제로 외부의 민간 투자자들이 농지보호운영에 관한 법, 산림법, 군사시설보호법 등 규제로 투자 포기하므로 규제 덜 받는 땅(철원)이 적소다. 농업생산성이 떨어지는 한계농지의 경우 획기적인 규제완화가 필요하다.)	쉬리마을은 새터민에게 정서적, 경제적으로 최적의 정착 환경을 갖고 있다. 대형 원예농가가 많아 외국인(일평균 350명) 근로자 대체 효과가 있다. 『서울신문』, 2007.11.5., 14면.
경제 (기업)	경기 (파주)	사회복지 법인 열매나눔 재단[60]	'매자닌팩' (파주 포장박스 생산업체, 연매출 36억 원	2008년	직원 50명 중 40명 이상의 새터민을 고용한 자립(교육)기업 (통일부 하나원을 통해 새터민들과 회사와 연결, 노동부가 사회적 기업으로 인증받도록 지원)	『동아일보』, 2008.4.25., 26면.
					신도들이 200억 원의 현금을 새터민 일자리 창출을 위해 매자닌팩 공장 설립.	『국민일보』, 2008.4.21., 30면.
			높은뜻 숭의교회	2007년 1월 ~	여명학교(새터민 자녀 교육) 후원 새터민자립지원센터 설립(2008년 4월 17일)	〃
경제 (기업)	전국	GM 대우자동차 정비사업소	현장채용 훈련방식 (OJT) 통일부 새터민 일자리 창출	2008년 ~	7명의 단기근로자 고용 현장 훈련 후 정규 직원화하는 OJT(On-the-Job Training)모델 운용(남북평화재단의 사회공헌 활동 제안으로 시작함.) 하반기 20명 추가 채용계획 마련.	『내일신문』, 2008.4.18., 6면.
경제 (기업)	전국	현대호텔 관광직업 전문학교	맞춤형 직업훈련 채용방식: 통일부 새터민 일자리 창출	2008년 ~	23명의 새터민이 훈련(5개월 기간)을 받고 8월 수료 후 (주)CJ푸드빌의 전국체인점에 취업.	『내일신문』, 2008.4.18., 6면.

(표 계속)

(〈표 1-15〉 계속)

분야	지역	주체	프로그램명	기간	주요 내용	비고
경제	전국	노동부 (전국 고용지원 센터)	취약계층에 다양한 취업 프로그램 제공	2007년 11월 ~	· 부모들이 직접 자녀의 진로를 지도할 수 있는 프로그램 · '성취프로그램', '청년직업지도프로그램', '취업희망프로그램' 등을 새로 개편 2008년부터 고용지원센터에 적용. · 새터민 취업 지원프로그램: 12월 개발 완료될 새터민 취업 지원프로그램은 새터민 대상 고용지원서비스: 새터민 가운데 경제활동연령 20~50대가 77.6%로, 적극적인 고용대책이 필요함. · 노동부는 새터민의 직업 탐색이나 구직활동 등의 특수한 요구를 담아 취업 지원프로그램을 개발해 왔는데, 자립지원에 초점을 두고 25~30시간 교육을 통해 한국사회 정착을 돕는다는 계획.	『내일신문』, 2007.7.24., 19면.
경제	서울 송파구	송파구	주민생활 지원서비스 (송파종합 사회복지관)	2007년	새터민 자활을 위한 '새터민 취업교육 지원'	『문화일보』, 2007.7.5., 3면.
경제 (금융)	전국 (서울)	전국 투자자 교육협의회	새터민 (소외계층) 금융교육	2008년 5월 ~	평소 금융지식을 쌓기 어려운 새터민 등 금융 소외계층을 대상으로 50여 차례 무료 금융교육을 실시함.	『동아일보』, 2008.4.29., 46면.
경제	서울	한국소비 자원	소비자교육 (새터민)	2007년	소비자교육은 최근 추세에 맞춰 새터민들에게도 맞춤식으로 이뤄지고 있다. "북한은 한국과 경제체제가 많이 달라 새터민들이 한국에서 소비자 생활을 하는 데 어려움을 겪기 마련"이라며 "신용카드 사용법부터 휴대전화 요금을 보는 방법까지 다양한 소비생활의 요령을 자세히 알려준다."	『동아일보』, 2007.12.26., 49면.
사회	광주	국제 결혼 가정지원 센터	다문화 가정 종합 지원 프로그램	2007년	· '국립 다문화가정센터'(가칭) 설립: 다문화가정을 위한 쉼터, 연수, 문화체험 시설 등 갖춘 '다문화 가정센터' 건립 국비 사업 추진(새터민관 / 아시아관, 유럽관 등) · 결혼이민가족 민·관 연구동아리, 결혼이민가족 지원 자문 전문가 그룹 등의 다양한 지원프로그램 운영	『동아일보』, 2007.10.30., 16면.
사회	포천	포천 국제교류 센터	상담 및 의료 서비스	2007년 ~	24시간 상담체제 구축, 국제결혼 이민자, 외국인 근로자뿐만 아니라, 새터민과 불법 체류자 등에게도 각종 상담과 의료 서비스 개방 예정	『세계일보』, 2007.7.24., 11면.
사회	전국	동아일보사	새터민 동아일보사 방문	2007년	20여 명의 새터민 대학생들이 동아일보사 사장의 안내로 한국 신문의 역사를 보여주는 각종 자료와 전시품들을 둘러봤다.	『동아일보』, 2007.10.29., 30면.
교육	전국	굿피플	자유시민 대학	2007년	자유시민대학 7기 졸업생 배출(새터민 전문 정착 교육기관)	『국민일보』, 2008.4.30., 5면.

(표 계속)

(〈표 1-15〉 계속)

분야	지역	주체	프로그램명	기간	주요 내용	비고
교육	인천	인천평생 학습관	검정고시	2008년	· 인천평생학습관 84개 강좌 무료(직업능력 개발과 노인교육, 지역사회어울림프로그램, 시민교육 등 4개 분야 84개 강좌) · 지역사회어울림 강좌: 검정고시(새터민)	『동아일보』, 2008.2.19., 16면.
교육	서울	· 기독교회 · 기독교 싱크탱크 (한반도평화연구원) · 한국기독교 탈북민 정착 지원 협의회	· 한교회 내 탈북청소년 사역팀 방과후 교육 · 탈북인 사역 전문 프로그램 개설 · 생활 지원 및 취업 알선신앙 상담	2007년	· 탈북자에 대한 사전 이해가 많이 부족했던 것 같다. · 통계와 설문조사에 근거한 탈묵자들의 남한 생활 특성 및 성향, 탈북민의 경제, 교육, 신앙사역의 기본지침, 탈북민 사역 기획과 실행방안 등 강의 · 영락교회 북한선교센터: 10년 넘게 탈북자들의 신앙교육과 함께 생활지원 사역 전개: (수료자 수 1,000명) · 서울 사랑의 교회: 신앙, 생활 상담과 탈북청소년 상대 1대1 학습지원 등 진행	『국민일보』, 2007.8.29., 5면.
교육	전국	대학	특별전형	2007년	대학마다 특별전형: 새터민에게 고등교육 기회 제공	『한겨레신문』, 2007.11.28., 17면.
교육	서울	서울시 교육청	새터민 학생 계절학교 캠프	2007년	(서울시교육연구정보원) 새터민 초중고교생 대상 '새터민 학생 계절학교 캠프': 새터민 학생들의 교과보충학습 및 체험학습 활동을 돕는다.	『문화일보』, 2007.7.16., 43면.
교육	서울	거원초교 (새터민 정책연구 학교)	사회 적응 다양한 프로그램	2008년 5월	· TV 보며 억양 연습 · 북한에 비해 영어 등 외래어가 많은 탓에 한국에서 공부하기 버겁다. · 새터민 학생 일대일 교사 결연-기본학습 지도 및 고민 상담 · 탈북 학생들을 대상으로 남한의 고유문화와 자기존중감을 심어주는 심리과목, 기초학습 적응 프로그램 등 운영	『한국일보』, 2008.5.5., 9면.
교육	전국	교육 과학 기술부	새터민 자녀교육	2008년	· 교육부: 다문화가족과 새터민 자녀교육에 예산을 늘리는 등 지원 강화 방침 · "다문화교육센터를 중심으로 이중언어 교재 개발과 교원 연수를 더욱 강화하고, 새터민 학력심의위원회를 설치해 새터민 자녀들의 학교 적응력을 높이겠다."(서명범 평생직업교육국장)	『한국일보』, 2008.5.1., 18면.
교육	경기 안성	한겨레중 고등학교	한겨레중고교 체육관에서 본관 준공식 (2007.9.12.)	(2006년 3월 개교)	교육인적자원부의 시설비 지원으로 연면적 7,523m^2 규모에 기숙사, 체육관, 26실의 교육 지원 시설 구비 · 일반학교와 똑같은 과목으로 수업을 받으며 본인의 희망으로 일반학교에 전학이 가능함.	『세계일보』, 2007.9.6., 24면.

(표 계속)

(〈표 1-15〉 계속)

분야	지역	주체	프로그램명	기간	주요 내용	비고
교육	경기 안성	한겨레중고등학교	국내 유일 새터민 청소년의 남한 사회 적응 지원 위해 설립. 중고 통합 특성화학교	(2006년 3월 개교)	·새터민 청소년들의 도우미 역할을 위해 북한에서 교사 경험이 있는 4명의 새터민을 교직원으로 채용했고, 앞으로 대안교육 및 새터민 청소년 지도경험이 있는 자원봉사자를 강사 또는 보조 인력으로 활용할 계획.	『세계일보』, 2007.9.6., 24면.
교육	광주	광주새날학교	이주노동자와 새터민 자녀들의 배움터	2008년	2006년 12월 설립, 이주민 자녀를 위한 국내 첫 전일제 대안학교(이주민 자녀 2,000명)	『경향신문』, 2008.2.18., 14면.
교육	서울	희곡동 성지중고등학교	대안학교	2008년	대안학교 새터민 졸업생 김영진(24)	『서울신문』, 2008.2.11., 20면.
문화	전국 (성남시 분당)	메리지엔카운터운동	메리지엔카운터 운동 도입 30돌 분당 성요한성당 가족음악제 개최	2007년	ME 가족을 비롯하여 새터민, 장애우, 이주노동자 가정 등 소외된 이웃들 3000여 명을 초청해 뮤직페스티벌 개최	『문화일보』, 2007.10.24., 27면.
문화	전국	평양 민속예술단	복음 사역단 활동	2007년	평양민속예술단이 찬양과 간증을 전하는 복음 사역단으로 활동	『국민일보』, 2007.9.3., 25면.
문화	부천	부천시청, 시민	부천시민통일문화제	2007년 (16년째)	·민간 주도의 '통일-평화로운 소통' 주제로 새터민의 문화 이해하는 통일강연과 찾아가는 통일문화제, 통일영화상영(부천 YMCA), 통일박람회, 통일기행(도라전망대, 판문점) ·부천시민통일문화제 추진위: 복사골문화센터 등에서 새터민 이해하기, 아시아 내전지역 인권 현황, 청소년 통일 교육 등 진행: "분단의 아픔을 민족의 화해와 평화통일로 승화시키고 부천지역 각계각층이 서로 존중하고 협력하는 분위기를 조성하고자 행사를 준비했다."	『내일신문』, 2007.8.6., 4면.
문화	서울	무지개 청소년 기획단 (새터민이 공동기획)	남북한 청소년 통합캠프: 새터민과 함께하는 청소년 통합캠프	2007년 8월 9일	·강원 춘천시 남면 홍천강변에서 열린 '남북한 청소년 통합캠프' ·새터민(16 ~ 24세) 13명, 남한 출신 14명 문화 이해 퀴즈와 운동회 등	『한겨레신문』, 2007.8.11., 10면.

60) 사회적 기업: 비영리단체와 영리회사의 중간 성격으로, 일반회사처럼 영업활동을 수행하면서도 취약계층에게 일자리와 사회서비스 등을 제공하고, 창출된 이익을 사회적 목적에 재투자하는 기업. '사회적 기업'으로 인증되면 경영지원, 시설비·운영비 등 재정지원, 공공기관의 우선 구매, 법인·소득세 50% 감면 등 각종 지원을 받게 된다.

제2장 새터민의 남한 사회 정착 생활상*

제1절 새터민의 남한 사회 정착이 갖는 의의

우리는 왜 새터민들의 남한 사회(지역사회)에의 순조로운 정착에 관심을 가져야 하는 것일까? 그 해답은 다음과 같이 정리해 볼 수 있다. 먼저, 2만 명에 달하는 이들의 남한 사회 정착 문제는 우리 사회가 시급히 해결해야 할 당면한 정책적 과제이기도 하지만, 더 나아가 이들의 순조로운 적응은 통일 과정과 통일 이후 남북한의 사회 통합 과정에서 나타나게 될 여러 문제점을 예견하고 그에 대비해 나갈 수 있다는 데 더 큰 의의가 있다.[1] 새터민들이 새로운 체제와 문화권에 진입한 문화적 주체이기도 하지만, 특히 북한 사회에 대한 중요한 정보 제공자로서 남북한 간 문화가 교차하였을 때 발생할 수 있는 여러 가지 갈등과 혼란에 관한 예측치를 제공하는 역할도 수행할 수 있기 때문이다. 남북한 통일이 궁극적으로 서로 다른 체제와 문화에서 생활해 왔던 남북한 주민들이 이질감을 해소하고 동일한 정치체제 하에 하나의 생활양식으로 살아가는 것을 의미한다고 볼 때,[2] 남한 사람들에게는 북한 사회와 북한 사람을 이해할 수 있는 충분한 자료와 정보의 획득이 통일을

* 이 장의 서술 내용은 졸고, 「새터민의 지역사회 정착 지원을 위한 시스템 및 프로그램 개선 방안」, 『21세기 정치학회보』, 제18집 2호(21세기 정치학회, 2008)와 「새터민의 지역사회 이해 교육 프로그램 개발」, 『대한정치학회보』, 제16집 2호(대한정치학회, 2008) 및 「다문화 사회와 새터민 청소년의 교육 문제」, 『윤리교육연구』, 제21집(한국윤리교육학회, 2010)을 중심으로 재작성한 것임을 밝혀 둔다.

1) 이러한 견해들로 김영수, 「북한이탈주민의 현황과 재사회화 문제」, 『사회과학연구』, 제12집 1호(서강대학교 사회과학연구소, 2004) ; 김연희, 「한국 사회의 다문화화와 사회복지 분야의 문화적 역량」, 『사회복지연구』, 제35집(한국사회복지연구회, 2007) ; 전우택 · 윤덕룡 · 강성록 · 김형중 · 민성길, 「자원봉사자들의 탈북자 지원 경험 분석 : 설문 결과를 중심으로」, 『통일연구』, 제5권 제1호(연세대학교 통일 문제연구원, 2001), pp. 157-158. ; 이장호, 「북한출신 주민 심리 사회 적응 프로그램의 개발(상)」, 『북한』, 1997년 11월호(1997), p. 174. 등이 있다.

2) 조용관, 「탈북자의 남한 사회 적응을 통해 본 통일 교육의 과제」, 『국민윤리연구』, 제57호(국민윤리연구학회, 2004), p. 218.

준비하는 데 가장 기본적으로 전제되어야 하기 때문이다.[3)]

또 다른 각도에서 보면, 우리가 이들을 단순한 생계곤란자로 취급하여 사회복지 차원에서 접근할 것이 아니라 통일의 선도자로서 그리고 통일 후 남북한 사회통합의 안내자로서 참여할 수 있도록 하기 위한 보다 장기적이고 적극적인 준비가 필요하다는 점에서도 의의가 있다. 특히 북한 사회의 실상을 소개하는 데 있어서 이들은 중요한 단서를 제공할 수 있는데, 이로써 통일 교육의 활성화에도 크게 기여할 것이라고 판단된다.[4)] 이들은 제한적이지만 우리 사회의 통일 교육자들이 가지고 있지 못한 북한 사회에서의 다양한 삶의 경험들을 가지고 있기 때문이다. 이러한 경험들은 통일 교육의 목표[5)] 가운데 우리 사회에 팽배해 있는 통일 문제에 대한 무관심의 극복, 통일 의지의 제고를 자극시킬 뿐만 아니라, 북한 사회에 대한 객관적 이해를 제공해 줄 수 있는 소중한 자원으로 기여할 수 있을 것이다. 뿐만 아니라, 교육 현장에서 북한 사회에 대한 이해의 교육에 부담을 가지고 있는 교육자들에게도 적지 않은 도움을 줄 수 있을 것이다.

제2절 새터민의 남한 사회 적응에 관한 연구들

새터민들이 갖고 있는 자질이나 능력 등의 다양한 사회 배경만큼이나 이들의 남한 사회에서의 정착을 위한 욕구나 수요, 그리고 정착 생활의 모습도 천차만별일 것이라 추정된다. 그러나 현재 운영 중인 새터민들의 남한 사회 정착 지원을 위한 각종 시스템이나 관련 프로그램은 일부를 제외하고 이들의 기대에 제대로 부응하지 못하고 있는 것으로 평가[6)]되

3) 정태연・최영진・김영만, 「탈북자가 본 북한의 세대 간 차이점과 유사점 : 남한과의 비교를 중심으로」, 『한국노년학』, Vol. 23, No. 3(한국노년학회, 2003), p. 30.

4) 조용관은 북한이주민들의 남한 사회 적응 과정을 통하여 통일 교육이 어떻게 이루어져야 하는가를 고찰하고 있다. 조용관, 앞의 논문(2004), p. 220.

5) 통일부가 발간하여 배포하고 있는 『통일 교육 기본지침서』에서 통일 교육의 목표는 다음과 같이 각각 제시되고 있다. ① 통일 환경과 남북한 실상에 관한 객관적 이해와 판단능력 배양, ② 통일의 필요성 인식과 통일 의지 확립, ③ 민족공동체 형성을 위한 남북 간 이질성 극복, ④ 남북 관계의 이중성 및 안보와 통일의 균형적 인식, ⑤ 통일국가에 대한 가치관 정립, ⑥ 통일 과정에 대한 이해와 실질적인 통일 준비.
통일부 통일교육원, 『통일 교육 기본지침서』(서울: 통일부 통일교육원, 2006), pp. 5-7.

6) 김연희는 이들이 문화와 언어적 차이로 인해 문화 적응 스트레스를 겪을 뿐만 아니라, 한국 사회에서 심각한 차별과 편견의 대상이 되고 있고, 낮은 사회경제적 지위, 높은 실업률, 낮은 교육 수준, 열악한 건강 및 정신건강

고 있다. 따라서 새터민들의 여러 가지 특성을 감안하여 지역사회 정착을 위한 '맞춤형' 지원 시스템이나 프로그램의 개발 및 운영이 활성화되어야 한다고 하겠다.[7]

학계의 선행연구들을 살펴보면, 새터민들의 남한 사회 정착 생활에 있어서 겪는 어려움은 크게 자신의 심신의 건강 문제,[8] 취업 등 생계 문제 또는 경제적 곤란[9] 그리고 언어생활을 비롯한 남한 사회의 문화에의 적응상의 문제 등으로 요약해 볼 수 있다.

다음은 선행 연구 결과를 표로 나타낸 것이다.

수준 등의 문제를 안고 있다고 지적한다. 김연희, 앞의 논문, pp. 119-120.

7) 이러한 주장들 중 대표적인 김성윤(2006)은 지방자치시대에 맞게 다양화를 할 것을 촉구하고 있다. 김성윤, 「새터민 정착의 실태와 문제점 및 개선방안」, 『한국동북아논총』, 제38집(한국동북아학회, 2006), pp. 261-263. ; 김태진, 「새터민의 지역사회 정착을 위한 지원방안」, 『동의법정』, 제22집(동의대학교 지방자치연구소, 2005) 등을 참조할 것.

8) 배한동 외 4인이 공동으로 2005년 3월에 대구지역 새터민 104명을 대상으로 실시한 설문조사에 의하면, 응답자의 41% 가량이 자신의 건강 상태가 '좋지 못하다'라고 밝히고 있다.(배한동 외, 「북한이주민의 지역사회 적응 실태 분석을 통한 통일 교육 자원 활용 가능성 연구」, 『한국동북아논총』, 제10권 제3호(한국동북아학회, 2005), p. 232. 참조.) 그리고 충남대학교 김현리 교수가 2006년 6월 새터민 196명을 대상으로 조사한 결과에 의하면, 우울 상태가 36.7%, 경증 우울 30.6%로 조사되어 70% 가량이 우울 증세를 보이고 있는 것으로 나타났다. 또한 제3국에서 체류 기간 동안 새터민들은 정신적 불안감과 스트레스를 받을 뿐만 아니라, 남한 사회로 입국한 뒤 겪게 되는 사회적, 환경적 변화와 체제 적응도 이들의 건강을 위협하는 요소라고 지적되고 있다.(『Daily NK』, 2007년 7월 11일자 관련 기사 참조.) 한편, 국회 보건복지위 소속 한나라당 안명옥 의원의 주장에 의하면, 하나의원에서 검진한 새터민 6,087명 중 1,220명(20%)이 B형 간염, 부인과 질환, 성병, 결핵 등의 질환을 앓고 있는 것으로 집계된 바 있다.(『국민일보』, 2007년 9월 29일자 8면 관련 기사 참조.)

9) 새터민들이 겪는 취업 문제 등 경제적 어려움과 관련하여 몇 가지 통계 조사 자료들을 살펴보면 다음과 같다. 북한인권정보센터의 보고서에 의하면 1997년부터 2004년까지 입국한 13세 이상 새터민 1,336명을 대상으로 실시한 설문조사에서 취업자는 466명(70.3%)으로 나타났는데, 조사 시점인 2006년 우리나라 공식 실업률 3.5%에 비해 약 8배나 높은 것으로 밝혀졌다. 취업자들의 고용 형태도 정규직은 24.5%에 그쳤고, 임시근로자(27.9%), 일용근로자 222명(47.7%)으로 주로 3D 업종의 비정규직에 종사하고 있는 것으로 조사되고 있다. 월 소득 또한 50만 원 미만이 37.7%, 50만~100만 원이 40%로 나타나, 열악한 상태에 있는 것으로 나타났다.[북한인권정보센터, 『새터민 정착 실태 연구 보고서』(2006) 참조] 그리고 하나원의 내부 자료에 의하면, 2006년도 취업자 수는 407명으로 조사되었고, 이 가운데 단순기술직이 37.6%로 가장 많았으며 2005년도에 비해 그 비중이 무려 60.6%를 차지한다. 이런 상황에서 2006년 8월까지 직업훈련을 받은 새터민의 취업률은 12.6%에 그치고 있는데, 이는 2005년 23.1%에 비해 절반 수준 이하로 떨어진 것으로 평가되었다. 이들이 취업을 하기도 어렵지만 정규직으로 취업하게 되면 정부의 지원금 지급이 중단되기 때문에 대부분 일용노동직에 취업하고 있기 때문이다.[하나원, 내부 자료(2006) 참조] 한편, 국가인권위원회의 조사에 의하면, 새터민 67.6%가 직장생활을 하면서 차별을 받았으며, 소득 차별(50.5%)과 승진 차별(52.7%)도 받았다고 한다.(『내일신문』, 2007년 2월 8일자 기사 참조.) 또한 노동부(현 고용노동부)에 따르면, 2006년 6월까지 입국한 새터민 가운데 310명만이 안정된 직장을 가지고 있어서 취업에 성공한 새터민은 전체의 4%에 그치고 있다. 김태석 박사는 「탈북자 1만 명 시대 국민토론회」에서 새터민 중 15% 가량이 북한에서 전문대 이상의 학력을 가졌음에도 불구하고 남한 사회에서의 취업이 순탄하지 않다고 밝힌 바 있다.(『Daily NK』, 2007년 7월 11일자 기사 참조.)

〈표 2-1〉 새터민의 사회 적응상의 어려움에 대한 선행 조사 연구 결과

2001년 전우택·윤덕용		2003년 통일연구원		2004년 하나원		2005년 배한동 외	
요인별	응답 비율 (%)	요인별	응답 비율 (%)	요인별	응답 비율 (%)	요인별	응답 비율 (%)
·경제적 어려움	18.3	·외로움·고독감	18.9	·직업 능력 부족	10.2	·취업 문제 등 경제적 어려움	42.3
·취업·직장생활	12.4	·건강문제	15.5	·외로움	9.2	·언어 및 사고방식 차이	18.3
·외로움	11.7	·경제적 어려움	14.4	·남한 사회에 대한 무지	5.8	·심리적 고독감	12.5
·남한사람의 편견	11.5	·한국사회에서 역할 상실	12.4	·재북 가족 걱정	5.3	·건강문제	9.6
·언어	8.2	·여가 공간 부족	4.3	·건강문제	4.9	·가족문제	6.7
·문화	5.7	·가족 돌보기	4.0	·경제적 어려움	2.9	·남한 사람의 편견	5.8
·남한 사회 이해 부족	4.3	·식사, 빨래 등 일상생활	1.1	·교육문제	2.4	·기타	1.9
·재북가족 걱정	3.4	· 특별한 문제없음	23.5	·결혼문제	2.4	·무응답	1.9
				·차별 대우	1.5		
				·문제 없다	2.9		

ㅁ 전우택·윤덕용, 「북한이탈주민 사회 적응 실태 조사 보고」(북한이탈주민후원회, 2001. 12.).
ㅁ 이금순 외, 「북한이탈주민 적응 실태 조사」(통일연구원, 2003. 12.).
ㅁ 하나원, 「하나원 수료생 적응 실태 조사」(하나원, 2004. 5.).
ㅁ 배한동 외, 「북한이탈주민을 활용한 학교 통일 교육 프로그램 개발 -대구와 경북지역을 중심으로-(한국학술진흥재단 협동연구과제 보고서)」(배한동 외, 2005. 11.).

여기에다 지역 주민들의 무관심과 부정적인 편견도 이들의 정착 생활에 있어서 장애요인이 되고 있다.[10] 필자가 만난 대부분의 새터민들은 남한 사회에의 적응에 대한 반응과 속도에서 큰 차이를 보여주고 있는데, 극히 일부를 제외한, 대부분의 새터민들에게 남한 주류사회로 편입하는 데에 높은 장벽이 가로놓여 있다고 판단된다. 이런 가운데 새터민들의 남한 사회 적응 문제는 고스란히 자신들의 몫으로 남겨지고 있고, 자칫 새터민들의 남한 사회에의 부적응이 또 다른 사회문제로 비화될 가능성마저 안고 있다.[11]

---

10) 대표적으로 윤인진, 「탈북자의 남한 사회 적응실태와 정착 지원의 새로운 접근」, 『한국사회학』, 제33집 3호(한국사회학회, 1999), p. 531. 윤인진, 「탈북자의 자립정착을 위한 자조모델 : 자영업 기반형성을 중심으로」, 『아세아연구』, 통권 제104호(고려대학교 아세아문제연구소, 2000), p. 175. ; 배한동 외, 앞의 논문 참조.
특히 이금순의 주장에 의하면, 이들에게 남한 사회에의 적응이 어려운 요인들로서 낮은 취업률, 가족의 신변불안, 주위 사람들로부터의 사회적 편견 등으로 요약된다.
이금순, 「지역단위 북한이탈주민 정착 지원 체계 운영방향」, 『북한이주민지원센터 초청세미나 자료집』(북한이주민지원센터, 2006. 7. 5.).

11) 참고로 새터민의 범법 행위는 1990년 이전에 입국한 국내 거주 414명 중 23건이 발생하여 5.5%에 불과하였으나 1990년 이후에는 국내거주자 308명 중 43건이 발생하여 14%를 기록하였다는 보고가 있다(이영일, 「탈북자 설문조사 보도자료」 미간행 보도자료, 1998 참조). 그리고 언론의 보도에 의하면, 생활고로 인한 새터민의 범죄 행위도 빠른 속도로 늘어 2001년 54건, 2002년 89건, 2003년 90건이었다. 2004년에는 강도 등 강력

제3절 새터민의 남한 사회 정착 생활 사례들

북한을 탈출하여 우여곡절 끝에 우리 사회에 발을 들여 놓은 새터민들의 고단한 삶의 모습을 몇 가지 사례를 중심으로 소개해 보기로 한다.

먼저, 2005년 여름에 필자가 만난 한 20대 여성의 사례이다. 그녀는 대구지역에서 정착 생활을 시작한 이후 1년여 동안 시내 중심가 나들이를 단 두 차례 하였다고 했다. 일차적인 이유는 도심의 지리를 잘 몰라 돌아다니기가 두려웠기 때문이었지만, 또 다른 이유는 움직일 때마다 돈이 필요했기 때문이었다. 뚜렷한 직장도 없었거니와 정착 지원금과 정착 장려금 등으로 생활을 하는 마당에, 교통비를 비롯해 움직일 때마다 돈 걱정이 늘 그림자처럼 자신을 따라 다녔다는 것이다. 그래서 거의 매일 임대아파트 안에서 천장을 바라보면서 갇혀 지냈다는 것이다. 사실 지역사회로 유입되는 새터민들은 2～3개월의 결코 길지 않은 기간 동안 하나원에서 사회 적응 교육 프로그램을 이수한 후 추첨에 의해 아무런 연고도 없는 지역사회로 정착 도우미의 손에 인도되어, 국가에서 배정해 주는 임대아파트에서 새로운 보금자리를 틀게 된다. 숟가락이나 냄비 하나 없이 맨몸으로 살림도구를 비롯하여 생활필수품들을 하나씩 구입하며 생계를 꾸려야 하는데, 당장 물건을 어디서 어떻게 구입해야 하는지조차 잘 모르는 경우가 대부분이다.

두 번째는 북한에서 대학 교원으로 재직하다 대구지역에 온 한 새터민의 사례이다. 개인차가 있겠지만 전문직 종사자 등 상류층으로 분류될 수 있는 새터민의 경우에는 남한 사회에 대한 적응 속도가 대체로 빠른 것으로 알려져 있는데, 필자의 경험으로도 그렇다. 그런데 이 새터민의 경우, 백화점 진열장 속에 전시된 예쁜 옷에 현혹되어 거금을 주고 덜렁 한 벌을 사버렸다. 아이쇼핑으로 만족하려고 했던 당초의 계획과 달리 자본주의 실상의 유혹(?)에 넘어간 후, 후회의 눈물을 흘리게 되기까지 걸린 시간은 그리 길지 않았다고 한다. 그에게는 자본주의 경제 현실의 뼈아픈 첫 경험으로 기억되는 듯했다.

셋째는 한 새터민의 직업훈련과 관련한 사례이다. 직업훈련 프로그램을 이수하면 취업

범죄를 저지른 새터민이 93명이나 적발됐다. 새터민을 상대로 돈을 뜯어낸 '탈북 조직폭력배'가 검거되기도 했고 탈북 여성들만 고용해 성 매매를 알선한 새터민도 있다(「탈북자 1만 명 시대 준비하라」, 『뉴스메이커』, 675호, 2006년 5월 16일자 관련 기사 참조).

을 위한 기반이 마련되기도 하지만, 현실적으로 정부로부터 일정한 인센티브를 받을 수 있기 때문에, 그 역시 선택의 여지가 없이 직업훈련을 받아야 했다. 그렇지만 당장 2시간이 넘게 걸려야 갈 수 있는 거리에 있는 고용노동부 산하의 고용안정센터[12)]나 직업훈련기관에 찾아가는 것 자체가 먼저 그를 당혹스럽게 만들었다. 울며 겨자 먹기 식으로 직업훈련에 참여하였지만, 남한 출신의 다른 훈련생들도 직장을 구하기 어려운 상황 속에서 그는 더욱 왜소해질 수밖에 없었다고 한다. 그는 자신에게 맞춤식 취업 정보를 상세히 알려주는 안내자를 만나기 어려웠다고 전했다.

넷째는 한 여성 새터민의 사례이다. 몇 해 전, 대구지역의 새터민 지원 관련 한 시민단체가 시내 모 고등학교 운동장에서 새터민들이 함께 어울리는 체육대회를 개최한 적이 있다. 이날 필자도 그 행사에 참여하였는데, 그날 이후에 안 사실이지만, 경남 창원시에 거주하는 새터민 여성이 체육대회에 참가한 남자 친구를 만나기 위해 10여만 원을 들여 그곳까지 택시를 타고 왔다고 한다. 거금을 들여 택시를 이용한 이유는 대구지역의 지리를 몰라서였다.

다섯째, 새터민 지원 관련 시민단체의 한 책임자로부터 전해들은 이야기이다. 그 책임자와 오전에 만나기로 예정되어 있던 새터민이 약속 장소에 나타나지 않았는데, 그 시각에 그 새터민은 다른 새터민 친구와 제주도로 여행을 갔다는 것이다. 그의 반응이 더 가관이었다. 그날 오후에 다시 비행기 편으로 약속 장소에 가겠다는 것이다. 이 새터민은 하나원을 퇴소한 지 얼마지 않아 그의 수중에 적지 않은(?) 정착 지원금이 쥐어져 있었다고 한다. 이 사례는 자본주의 경제 체제에 익숙하지 않은 새터민의 소비 행태의 한 단면을 보여주고 있다. 개인차가 있겠지만 수중의 현금을 알뜰하게 쓸 생각을 미처 하지 못한 것이다.

여섯째는 휴대전화 사용 문화와 관련한 사례이다. 새터민들은 대개 하나원 퇴소 이후 지역사회에 발을 내딛자마자 휴대전화기를 가장 먼저 구입하게 마련이다. 필자와 함께 워크숍에 참여했던 새터민들 사이에 이런저런 이야기가 오가고 있었다. 그 속에서 들은 이야기에 따르면, 휴대전화로 보험 가입을 유도하는 보험설계사의 현란한 안내가 시작되었

12) 새터민들의 직업 교육을 전담하고 있는 고용노동부는 지역 고용안정센터에 새터민 전담 코너를 개설하고 직업훈련과 취업상담을 실시하고 있고 각 지역의 직업교육기관들과 연계된 교육 방안도 도입했다. 그러나 이러한 정부의 새터민 직업 교육과 취업 장려 정책에도 불구하고 직업훈련 교육이 여전히 그들의 수요를 따라잡지 못하고 있는 것으로 평가되고 있다.

고 남한 사회의 물정을 잘 모르던 한 새터민은 가입을 해야 할지 고민하였다고 한다. 생각할 시간적 여유를 달라고 요청했지만 적극적으로 권유하는 안내원의 요구를 쉽게 뿌리치지 못한 채, 한참 동안 휴대전화기를 계속 들고 있어야 했다고 한다. 마음에 내키지 않으면 사양하거나 그냥 끊어버리는 남한 사회의 풍토를 몰라서 계속 휴대전화기를 들고 있었다고 한다. 그냥 끊어버리면 실례가 될 것 같았다는 그의 말에서 아직도 순진하고 소박한 그들의 심성을 엿볼 수 있었다.

일곱째는 한 20대 여성 새터민의 사례이다. 몇 해 전에 언론에 보도되어 한국사회를 떠들썩하게 한 사건의 당사자이기도 하다. 그는 지역의 한 전문대학에 진학하여 학업을 하고 있었다. 400여 만 원의 거금을 들여 영국으로 출국을 하였는데, 그 나라에 가면 더 잘 살 수 있다는 사기단의 꼬임에 빠져 무작정 간 것이었다. 그 이후 그의 행방은 한동안 묘연하다.

여덟째는 어린 자식을 둔 어느 30대 여성의 사례이다. 2005년 6월 어느 고등학교 교장실에서 있었던 일이다. 새터민이 함께하는 통일 교육 프로그램의 참여를 위해 나선 그 30대 여성 새터민이 필자와 함께 교장선생님을 만나 상견례를 하던 중이었다. 그런데 이 새터민에게는 조선족 사이에서 난 7살의 철부지 남자 아이가 있었다. 상견례 동안 아이를 맡아줄 사람이 없어서 상견례장에 데려왔는데, 이 어린 꼬마는 필자를 포함하여 그 장소에 있던 어느 누구의 눈치도 보지 않은 채 잠시도 그냥 있지 않았다. 그 장면을 지켜보던 교장선생님께서 급기야 화를 내셨다. 어린 꼬마가 4살 되던 해 중국에서 남한으로 온 이 새터민은 3년 동안이나 자식과 떨어져 있어야 했다. 그 사이 이 아이를 돌봐줄 사람이라고는 이 새터민의 남편뿐이었다고 한다. 몇 년 후에 그 남자 아이가 초등학교 3학년생이 되었을 때, 그 여성과 함께 필자가 다시 만나게 되었다. 그런데 이 아이는 엄마가 낮에 일하고 돌아올 때까지 전자오락실을 배회한다고 하였다. 여느 가정에서와 달리 사교육 시장으로 그 아이가 내몰리지는 않았지만, 그 새터민 엄마의 눈빛은 그 아이의 교육 문제로 걱정이 가득한 게 역력했다.

아홉째는 북한에서 대학을 중퇴한 후 탈북하여 지역사회에 정착한 어느 30대 초반의 여성의 사례이다. 그가 대학 진학과 관련하여 필자에게 상담을 의뢰한 적이 있다. 필자가 근무하는 대학의 어느 학과에 진학하려고 하였으나 실패하고 난 후의 일이었다. 이후 그는 필자에게 다시 대학 진학과 관련하여 전공 선택 문제로 자문하였는데, 대답하기가 매우 난감하였다.

마지막 사례는 새터민을 대하는 우리 사회의 한 단면을 드러내는 것이다. 지역사회의 여성 새터민들 가운데 취업을 하는 대표적인 직종의 하나는 식당에서 음식을 나르는 일이다. 그런데 이들의 전언에 의하면, 대부분의 손님들이 "조선족이냐?"라고 한 번쯤 물어본다고 한다. 택시를 타더라도 기사들이 꼭 같은 질문을 한 번씩 한다고 한다. 이들의 반응은 "그렇다."라고 짧게 말하거나 아니면 아예 말을 삼간다고 한다. 새터민들의 억양이나 말씨가 지역 주민들의 귀에 생소하게 들리는 것은 당연한 일이지만, 낯선 이방인 취급하는 듯한 부정적인 눈초리 때문에 새터민들의 심간은 그리 편하지 않다고 한다.

이 밖에도 개인의 문제를 포함하여 가족의 문제에 이르기까지, 그리고 평범한 일상생활에서 교육이나 진로 문제에 이르기까지 많은 사례들이 있다. 그런데 대부분의 사례들의 공통점은 새터민들이 남한 사회의 실정에 제대로 적응하지 못하여 일어난 일이라는 것이다. 특히 새터민 청소년들은 포함한 교육 문제와 진로에 대한 걱정과 두려움이 큰 것으로 나타나고 있어서, 이에 대한 대책이 시급하다고 본다.

어떤 것이 바람직하고 만족스러운 정착 생활상인지에 대한 정답은 없겠지만, 적어도 새터민들이 한국행 비행기표를 들고 가졌던 기대와 매우 다른 현실이 그들에게 계속 펼쳐진다면, 이들의 한숨만큼이나 우리의 통일은 힘든 여정이 될 것임에 틀림없다.

제4절 새터민 청소년의 교육 문제

1. 다문화사회, 다문화교육과 새터민 청소년

1) 소수자 집단으로서의 새터민

오늘날 대부분의 나라에서 운영되고 있는 대의 민주주의제도는 현실적으로 소수에 대한 다수의 지배를 기본 속성으로 하고 있다. 이에 소수자의 문제는 반드시 해결해야 할 보편적인 과제[13]가 되고 있다. 실제로 소수에 대한 다수의 지배는 일상적 관행으로 당연시되는 경우가 많지만 그 과정에서 발생하는 편견과 차별은 은폐되기도 하고, 소수에 대한 다수의 차별은 다양한 이데올로기적 장치를 통해 그 자체로 하나의 문화적 규범의 형태로 다가오기도 한다. 다문화사회에 진입한 우리 사회에서도 학문적, 실천적 관심의 대상으로서 소수자에 대한 적극적 조치(Affirmative Action)[14]에 대한 논의가 중요한 의미를 가질 수밖에 없다. 이미 우리 사회에도 사회적 약자로서의 소수자라고 불릴 만한 다양한 집단이 공존하고 있기 때문인데, 이들을 포함한 사회통합의 문제가 대두될 수밖에 없다.[15]

특히 새터민 청소년들 역시 정치적·경제적 난민이자 이질적인 남한 사회체제에서 오는 문화적 충격과 함께 남한 사회의 다른 구성원들로부터의 편견 때문에 고통 받고 있는 소수자 집단으로 분류해 볼 수 있다. 그런데 그들의 고통에 대한 충분한 이해 없이 단순히 동정하거나 비난하는 태도는 그들을 더욱 무기력하게 만들 수도 있다. 새터민 청소년들은 상상을 초월하는 어려움을 겪음으로 인해 심리적·신체적 상처를 안고 있지만, 이 점은 또한 그들의 강인한 저력이 되어 새로운 삶을 개척함에 있어 많은 가능성도 내포한다는 점에서[16] 이들의 남한 사회 적응을 위한 기반 조성은 중요한 과제가 될 수밖에 없다.

그런데 다문화사회와 관련한 우리 정부의 여러 소수자 집단들에 대한 정책 현황 조사보고서[17]에 따르면, 새터민은 다른 소수자 집단과 비교해 볼 때, 이들이 남한 사회에서 겪고 있는 문제들이 여타 소수자 집단의 그것과 크게 다르지 않음에도 불구하고 그 정책적 지원이 상대적으로 부족한 것으로 나타나고 있다. 이는 소수자 집단으로서 새터민의 위상이나 현실을 잘 보여주고 있다. 특히 이 보고서에서는 새터민이 우리 사회에서 소수자 집단으로 쉽게 받아들여지지 않고 있는 이유에 대해 첫째, 50여 년을 다른 문화에서 살았을

---

13) 그동안 정부는 다인종 다문화사회 현실을 변화로 받아들이고 국가의 비전을 세우는 한 영역으로서 '다문화'를 주요 의제로 설정하였다. 정부의 다문화 의제에 대한 정책적 반영의 실태를 보면, 법무부 내 외국인력정보본부의 신설, 문광부의 다문화 정책국 신설, 여성가족부의 결혼이민자지원센터 운영, 고용노동부의 고용허가제 도입, 행정자치부의 거주외국인 지원 조례의 마련, 교육부의 교과서 개편 및 다문화교육센터 설치 등이 있다.

14) 적극적 조치란 특정 집단이나 계층에 대한 과거 차별의 결과를 보상하고, 현재와 미래의 평등을 보장하기 위한 강력한 국가 정책을 의미한다.

15) 윤인진·김상학, 「적극적 조치(Affirmative Action)에 대한 인식과 태도 -장애인, 북한이탈주민에 대한 대학생 의식조사-」, 『경제와 사회』, 2003년 여름호[통권 제58호](2003), pp. 223-224.

16) 장문강, 「새터민 청소년의 학교 적응에 관한 연구: 다문화교육 관점을 중심으로」, 『청소년문화포럼』, Vol. 19 (한국청소년문화연구소, 2008), pp. 226-227.

17) 서울대학교 중앙다문화교육센터, 『우리나라 다문화교육 정책 추진 현황, 과정 및 성과 분석 연구』[연구보고서](2007), pp. 100-103.

뿐 그 이전부터 계속 단일 국가의 구성원으로 살아왔다는 역사적 이유 때문에 우리는 새터민을 외국인 이주노동자 등 다른 소수자 집단과 같은 사람으로 보지 않는다는 것이다. 둘째, 남북한 관계의 특수성에서 오는 정책상의 제약 요인도 들고 있다.

또 다른 연구에서도 비슷한 맥락의 결과를 제시하고 있다. 윤인진·김상학은 대학생 1,005명을 대상으로 새터민에 대한 적극적 조치의 구현 가치에 대한 태도 조사 결과를 다음과 같이 제시하고 있는데, 장애인 집단보다도 새터민 집단에 대한 적극적 조치에 대해 더 부정적인 태도[18]를 갖고 있는 것으로 진단하였다.[19] 따라서 새터민에 대한 이러한 태도는 다문화교육의 필요성과 함께 향후 그 방향성을 말해준다고 하겠다.

〈표 2-2〉 정책 목적과 정책 대상에 따른 다문화정책 빈도 분포

(단위: 건)

정책 목적 / 정책 대상	다문화교육	보건의료복지 지원	법적 지원	상호 이해	계
결혼이민자(가족)	43	14	10	25	92
이주노동자(가족)	35	8	7	25	75
탈북자(가족)	6	2	0	3	11
한국 가정	9	2	0	9	20
계	93	26	17	62	198

ㅁ 서울대학교 중앙다문화교육센터, 『우리나라 다문화교육 정책 추진 현황, 과정 및 성과 분석 연구』(2007), p. 61.

2) 다문화교육과 새터민 청소년, 그리고 남한의 다수자

'다문화(multiculture)'라는 용어가 여러 문화가 서로 밀접한 관계를 맺는 가운데 하위문화 간, 또는 주류문화와 하의문화 간의 충돌이 가시화되면서 여러 유형의 갈등문제를 조화롭게 극복하고자 하는 의도에서 만들어진 것[20]이라고 본다면, 다수자 집단과 소수자 집단 간에 차이가 차별로 자리 잡아 배타적 문화가 존재하는 곳에서는 모든 집단의 인식의 전환을 가져오기 위한 다문화교육이 당연하게 요청될 수밖에 없다.

---

18) 한편, 안미영·김혜숙도 소수자 집단(북한 사람, 여성)에 대한 태도에 있어서 남한 사람들이 갖고 있는 평등이나 사회정의 등의 보편주의 가치는 북한 사람과의 낮은 사회적 거리감(즉, 친밀한 인간관계 의도)을 갖고 있는 것으로 분석한 바 있다. 안미영·김혜숙, 「집단 지위와 정당성 및 안정성이 차별 지각에 미치는 효과」, 『한국심리학회지 : 사회 및 성격』, 제17권 3호(한국사회 및 성격심리학회, 2003), pp. 159-179.

19) 윤인진·김상학, 앞의 논문, pp. 237-243.

20) 장문강, 앞의 논문, p. 201.

최근의 논의 가운데 문화적 다양성을 적극적으로 지원하고 향유해야 할 자산으로 여기고, 이주자(소수자 집단)가 수용국의 주류 문화에 일방적으로 동화되기보다는 양방향의 변화를 통한 상호 통합이 바람직하다는 시각이 있다. 즉, 다문화교육의 의미를 자신의 정체성을 유지하고, 문화적 다양성을 수용하면서 통합을 이루어가는 방식의 훈련 프로그램을 교육이라는 매개를 통해 실현하고자 하는 데서 찾고 있는 것이다. 이를 미루어 보건대, 소수자 집단으로서 새터민은 남한 사회의 주류 문화에 대한 적응을, 그리고 다수자 집단인 남한 사회의 일반 시민들 또한 그들의 문화를 이해하고 서로 소통함으로써 원만한 사회통합을 이루어낼 수 있다는 것이다.

이와 관련하여, 장문강은 문화 적응의 대표적인 연구자인 베리(Berry, 1998)의 문화 적응 모델을 새터민 집단에 적용하였을 때, 4가지 모형 가운데 모국(북한 사회)의 문화를 유지하지 못하면서 새로운 문화와도 접촉을 하지 못하는 주변화(marginalisation)의 수준에 머무르고 있는 것으로 평가하고 있다.[21] 그는 남한과 북한은 인종적·언어적 동질성에도 불구하고 반세기 이상의 분단으로 인하여 같은 사회·문화에서 생활해 온 다른 민족들보다도 더 큰 문화적 차이를 새터민들이 경험하고 있고, 새터민 청소년의 학교 부적응 요인도 이에 기인할 수 있다고 지적하면서, 문화적 차이에서 오는 충격을 완화하고 통합을 이루어 가기 위한 다문화교육의 필요성을 강조하고 있다. 나아가 그는 문화 간의 차이를 이해하고, 반편견적이며, 개방적인 수용의 태도를 갖도록 해주는 다문화교육의 관점에서 새터민 청소년의 학교 적응의 방향성을 제시하고 있다.[22] 특히, 이처럼 새터민 청소년들이 경쟁을 앞세운 남한의 교육 현실에 적응할 수 있도록 하기 위해서는 특별한 장치와 노력이 필요함에도 불구하고 학교생활 적응을 위한 지원 프로그램은 아주 미비한 실정이며, 문화적 차이에서 오는 문화적 충격을 최소화하기 위한 방법으로 주류 집단에 대한 소수자 집단의 일방적 동화를 강조할 뿐이라고 지적되고 있다. 따라서 문화적 다양성을 인정하고, 일방적 동화보다는 양방의 변화를 통한 상호통합으로서 다문화교육의 필요성과 함께 새터민 청소년의 학교 적응에는 그들만의 문화적 정체성을 잃지 않으면서도 새로운 남한의 문화를 수용할 수 있는 교육 프로그램이 동시에 필요하다[23]고 하겠다.

---

21) 장문강, 위의 논문, pp. 200-201.
22) 장문강, 위의 논문, p. 204.

한편, 다문화사회의 도래에 따라 다문화교육의 구체적인 교육과정에의 반영과 관련하여 분단 시대의 특징과 다문화 시대의 특징을 동시에 아우를 수 있는 방향을 모색하여야 한다는 주장[24]도 제기되고 있다. 특히 새터민 등을 대상으로 하는 다문화교육에서는 민족의식이 이들의 정체성 형성에 영향을 미치는 중요한 요소이기 때문에 민족주의를 배제하기 어렵다는 점에서 민족 정체성 교육과 다문화교육의 조율을 통해 교육과정의 체제나 내용 구성 및 교육 내용의 정합성을 확보해야 한다고 주장한다. 그러한 방향성은 새터민과 같은 소수자 집단이 자신의 정체성을 함께 고취할 수 있으며, 다수자의 위치에 있다고 볼 수 있는 남한 주민들로 하여금 다양한 문화공동체를 이해하고 수용할 수 있는 태도를 동시에 길러주는, 더불어 살아가는 교육공동체를 지향할 수 있다는 주장으로 이어지고 있다.

나아가 황규호·양영자는 다문화교육에 대한 교육과정 개발이나 프로그램 요구는 지속적으로 증가하고 있지만 현재 이루어지고 있는 다문화교육의 내용은 주로 소수자 집단을 대상으로 하는 동화주의적 교육 내용에 초점이 맞추어져 있으며, 지역 문화 체험, 지역 유적지 탐방, 다문화가정과 일반 가정의 결연 활동, 국제결혼가정 학부모 만남의 날 등의 사업 추진이 일회성 행사에 그치는 경향이 있다고 전제한 뒤, 소수자를 우리 사회에 적응시키는 것을 넘어서서 소수자의 정체성 함양이나 또는 소수자와 다수자 모두를 대상으로 하는 상호 이해 증진 교육이 필요하다고 주장한다.[25] 이와 함께 이들은 다문화교육의 유형 구분에 따른 쟁점과 관련하여 소수자 적응 교육, 소수자 정체성교육, 상호 이해 증진 교육 등으로 구분[26]하여 교육 내용 관련 쟁점들을 들면서 이 세 가지 유형의 다문화교육이

---

23) 장문강, 위의 논문, p. 198.

24) 양영자, 「분단-다문화시대 교육 이념으로서의 민족주의와 다문화주의의 양립가능성 모색」, 『교육과정연구』, Vol. 25, No. 3.(한국교육과정학회, 2007), pp. 23-42.

25) 황규호·양영자, 「한국 다문화교육 내용선정의 쟁점과 과제」, 『교육과정연구』, Vol, 26, No. 22.(한국교육과정학회,2008), pp. 58-59.

26) 첫째, 소수자 적응 교육은 기존 주류사회가 새로운 이주자를 받아들이는 첫 단계에서 '사회통합'을 위해 가장 보편적으로 행해지는 교육으로서 동화주의자(assililationist) 관점에 기초하여 소수집단을 주류집단의 문화에 동화시키는 데 초점을 맞추는 교육이다. 둘째로, 소수자 정체성교육은 다문화사회를 구성하는 여러 소수집단들이 주류문화와 구별되는 자신들의 고유한 문화적 정체성을 유지해 갈 수 있도록 하는 데 관심을 기울이며, '상호 이해 증진 교육'이란 소수자와 다수자 모두를 대상으로 하는 교육으로서 특히 다수자와 소수자 또는 소수자 사이에서 나타나는 차별 의식과 편견의 극복을 그 핵심 과제로 삼는다. 이러한 교육은 소수자만이 아니라 다수자까지도 그 교육 대상에 포함하게 된다는 점에서 앞의 두 가지 교육 유형과 차이가 있다고 소개한다(황규호·양영자, 위의 논문, pp. 65-67.).

서로 배타적인 것으로 인식될 필요가 없다고 주장한다. 예를 들어, 소수자의 동화를 강조하는 소수자 적응 교육은 종종 그릇된 형태의 다문화교육으로 비판되지만, 여러 가지 현실적인 여건을 고려한다면 주류사회에서의 생존에 필요한 여러 능력들을 익히도록 하는 적응교육이 나름대로 충분히 존재 이유를 찾을 수 있기 때문에 상호 이해 증진 교육이 강조된다고 해서 소수자 정체성교육이 더 이상 불필요해진다고 할 수 없다는 것이다.

이상의 논의에서 우리는 새터민 문제와 관련한 다문화교육의 필요성과 함께 상호 이해교육, 반편견 교육 등을 통해 다수 집단과 소수 집단 쌍방이 서로 불편한 오해나 편견을 벗고 진정한 사회통합을 이루어내야 하는 당위성을 발견하게 된다. 새터민 청소년에게는 남한 사회에의 적응력 제고를 위한 물질적인 각종 지원 체계의 확립도 중요하지만, 보다 궁극적으로는 이들에게 다문화교육의 진정한 의미가 구현될 수 있는 프로그램의 구축과 실천이 필요하다고 하겠다. 그렇다면 새터민 청소년의 교육문제를 둘러싸고 이러한 지향점들이 얼마나 현실화되고 있는 것일까?

2. 새터민 청소년의 교육 실태와 그 문제점들

1) 새터민 청소년의 남한 사회 적응

최근 새터민 청소년의 남한 유입이 크게 증가하고 이들의 남한 사회 적응이 사회문제로 대두되면서 이들을 대상으로 한 연구[27]가 점차 늘어나고 있다. 선행연구에 의하면, 대부분의 새터민 청소년들은 경제적 측면뿐만 아니라, 사회문화적·심리적 측면에서 다양한 적응상의 문제를 호소하고 있는 것으로 나타나고 있다.[28] 탈북 과정과 중국 체류 기간 동안 얻게 된 심리적 상흔의 치유, 남한의 경쟁적인 교육 현실 속에서 받는 심리적 압박감, 갑작스러운 대중문화 매체에의 노출에 따른 문화적 결핍감과 열등감, 청소년기 남한 사회의 또래 문화와 외모 중심주의의 문화적 압력 등이 대표적으로 지적된다.[29]

27) 길은배·문성호, 「북한 이탈 청소년의 남한 사회 적응 문제와 정책적 함의」, 『청소년학 연구』, 10[4](한국청소년학회, 2003) ; 금명자·권혜수·이희우, 「탈북청소년의 문화적응과정 이해」, 『한국심리학회지 : 상담 및 심리치료』, 16[2](2004) ; 이기영, 「탈북청소년의 남한 사회 적응에 관한 질적 분석」, 『한국청소년연구』, 23[1](한국청소년정책연구원, 2002) 등을 참조할 것.

28) 이수연, 「새터민 청소년의 학교적응에 관한 질적 분석」, 『청소년학 연구』, 제15권 제1호(한국청소년학회, 2008), p. 85.

이처럼 대부분의 새터민 청소년은 자신들을 배제하고 차별하는 남한의 사회문화적 환경 속에서 위축과 소외를 경험하고 물질적으로 어려움을 겪는 등 남한 사회에서 주변화되고 있는 것으로 알려져 있다.[30] 하나원을 수료한 후 새터민 청소년들을 기다리는 현실은 그들의 기대에 미치지 못하고 있으며,[31] 학교나 학원과 같은 남한 사회의 이곳저곳에서 이들은 심각한 혼란과 어려움을 겪는 것으로 추정되고 있기 때문이다.

또한 일부 새터민 청소년들은 자신이 '북한 출신'이라는 사실에 대하여 상당한 심리적 부담감을 안고 있는 것으로 나타나고 있는데, 오난희는 새터민 청소년이 또래 관계를 유지해 나가는 데 북한 출신이라는 사실이 영향을 미친다고 분석하고 있다.[32] 장문강의 연구에서도 여학생들이 북한에서 왔다는 사실을 밝히지 않거나, 뒤늦게 밝혀짐으로써 친구들로부터 따돌림을 당하거나 다양성을 수용할 줄 모르는 남한 학생들에 의해 놀림의 대상이 되기도 한다고 분석하였다. 이러한 경험에 대해 자신의 의도적인 의식 변화를 통해 극복하는 경우도 있지만 대부분은 마음 안에 깊은 상처를 간직한 채 타인에 대해 불신감을 갖게 되고, 특히 이로 인한 자신감과 자존감의 상실은 자아정체성의 형성에 부정적인 영향을 미치게 된다는 분석도 제시되고 있다. 뿐만 아니라, 남북한이 같은 언어를 사용하고 있음에도 불구하고 반세기 이상의 단절로 인하여 억양 등 의사소통에 많은 지장을 초래하고 있는데, 새터민 청소년의 경우 언어적 차이로 인해 수업을 제대로 이해하지 못하거나, 친구들의 놀림을 받는 등 소외감을 불러일으키는 요인이 되기도 한다[33]는 것이다.

이처럼 새터민 청소년이 직면하는 많은 어려움들은 정착 과정에서 의식주의 충족과 같은 기초생활의 보장에서부터 그들의 발달단계에 맞는 학습 지원, 건강 그리고 남한

---

29) 정진웅, 「'적응'을 넘어서 : 탈북 청소년 교육의 새로운 방향 모색」, 『열린교육연구』, Vol. 12, No. 2(한국열린교육학회, 2004), p. 180.

30) 윤여상, 「남북화해·협력시대 북한이탈주민의 역할과 사회 적응」, 『한국동북아논총』, 제6권 제4호[통권 21호](한국동북아학회, 2001) ; 윤인진, 「탈북과 사회 적응의 통합적 이해 : 국내 탈북자를 중심으로」, 『현대북한연구』, 3[2](북한대학원대학교, 2000).

31) 이것은 일면 새터민들이 지니고 있는 사회문화적 자원의 빈약함 때문이기도 하지만, 또 한편으로는 많은 새터민들이 사선을 넘는 고통을 감내하면서 오랜 기간 동안 남한 사회에서의 '풍요로운' 삶에 대해 키워온 높은 기대 수준과 '차가운' 현실과의 격차에서 비롯되는 것이기도 하다(정병호, 「탈북 이주민들의 환상과 부적응 : 남한 사회의 인식 혼란과 그 영향을 중심으로」, 『비교문화연구』, 제10집 1호(서울대학교 비교문화연구소, 2004).

32) 오난희, 「북한이탈 아동·청소년의 남한 사회 적응에 관한 사례연구」, 가톨릭대학교 대학원 석사학위 논문(2003).

33) 장문강, 앞의 논문, pp. 208-209.

사회 문화에의 적응 등을 포괄한다. 따라서 새터민 청소년에 대한 지원 정책도 기초 생활 보장, 학업 지원, 건강 지원, 사회 적응 지원 등 총체적으로 이루어질 필요가 있다. 그런데 2005년부터 새터민에 대한 국내 정착 지원 제도의 변경으로 인해 정착금의 액수가 줄어드는 등[34] 특히 혼자 사는 새터민 청소년은 자립에 더욱 어려움을 겪고 있다. 새터민 청소년 복지 정책은 새터민이면서 청소년이라는 발달단계에 있는 새터민 청소년의 이중적인 특성에 맞게 개발되어야 함에도 불구하고 현실은 그러하지 못하다. 뿐만 아니라, 기존의 청소년 정책도 일반 청소년에게 중점을 두기에 새터민 청소년은 양쪽의 정책으로부터 소외되기 쉽다는 점[35]에 주목할 필요가 있다. 따라서 새터민 청소년은 발달과정상의 문제나 일상생활 영역에서의 문제에 비추어볼 때, 적응에 필요한 지원 요건이 성인과는 크게 다르다는 점에서 차별화된 지원 정책이 수립되어야 하는 것이다.[36]

여기서 우리가 주목해야 할 또 다른 측면도 있다. 2000년 이후 새터민들의 탈북 동기를 살펴보면, 경제난 극복과 함께 외부 정보의 획득 그리고 자유, 희망에 대한 소망, 미래에 대한 꿈의 실현 등으로 점차 변화하고 있다. 특히 자녀에게 더 나은 교육기회를 제공하고자 하는 동기도 주요한 원인으로 밝혀지고 있는데, 점차 가족 단위의 입국자들이 늘어나고 있기 때문이다. 현재 전체 입국자의 50%선을 차지하고 있으며[37] 기존에 입국한 가족이 북한이나 중국에 있는 가족을 데려오는 경우도 늘어나고 있다. 이와 같은 가족 단위 입국의 증가는 9세에서 24세 이하의 청소년이 전체 입국자의 20% 이상을 차지하게 되어 새터민 청소년에 대한 별도의 사회 적응 교육의 필요성이 중요한 과제로 대두되고 있다.[38]

---

34) 새터민에 대한 국내 정착 지원 제도는 2005년에 크게 바뀌었는데, 2004년 이전에는 초기 정착금 560만 원과 주거지원금 760만 원을 지급하고, 분기 분할금을 5년 동안 120만 원씩 그리고 생계지원금으로 월 54만 원을 포함하여 총 정착금 2,800만 원을 지급하였다. 그러나 2005년부터 초기 정착금을 300만 원으로 줄이고, 주거지원비를 1,000만 원을 증액하며, 분기 분할금을 2년 동안 매년 100만 원씩 지급하고 생계 지원금으로 매월 34만 원을 지급하는 등 총 정착금을 대폭 줄였다. 이런 경우 가족 단위로 온 경우에는 전 가족원의 생계지원비를 합칠 경우에 월 100만 원에 상당할 수도 있지만, 혼자 입국한 경우에는 정부가 정한 최저생계비에도 미치기 어렵다.

35) 이용교,「새터청소년을 위한 자립지원정책의 개선방안 연구」,『청소년복지연구』, Vol. 8, No. 1 (한국청소년복지학회, 2006).

36) 이수연, 앞의 논문, pp. 82-83.

37) 또 다른 연구에 의하면, 가족 동반 입국자의 비율은 해마다 증가하여 2006년도 입국자 584명 중 281명으로 전체 입국자의 48%, 남한에 먼저 입국한 부모들이 북한이나 중국에 있는 자녀들을 남한으로 이주시킴으로써 새터민 청소년의 수는 매년 증가 추세를 보이고 있으며, 2006년 4월 기준 남한에 입국한 11~20세 연령의 새터민 청소년은 1,258명(17.8%)인 것으로 추산되고 있다(최대헌·이인수·김현아,「새터민 아동·청소년의 적응력 향상을 위한 부모교육 프로그램 개발」,『아동교육』, 제16권 제2호(한국아동교육학회, 2007), p. 277.

무엇보다도 남한 사회에 유입되는 새터민 청소년들이 주로 학령기 연령층에 해당된다는 점에서 볼 때, 이들이 장차 남한 사회의 교육제도를 통해 필요한 학업을 수행하고 개인의 발전을 도모할 수 있는 진로를 개척하여 건전한 민주시민으로 잘 적응해 나갈 수 있도록 지원하는 것은 청소년 및 교육 분야의 정책 수립과 실행에 있어서 매우 중요[39]한 과제가 아닐 수 없다.

무엇보다도 새터민 청소년들을 북한에서의 수학 연한에 맞춰 극도로 경쟁적인 남한의 정규 교육과정에 편입시키면서 이들이 잘 적응하기를 바라는 것 자체가 무리일 수도 있다.[40] 지속적인 지원체계 없이는 이들이 남한의 교육제도에서 겪는 충격과 소외를 개별적으로 극복하기란 쉽지 않기 때문이다. 현재 정부 차원의 공식적 지원은 북한에서의 수학연령에 준하는 남한 학교로의 편입학을 새터민 청소년들에게 보장하는 것과 학비를 지원하는 정도에 그치고 있기 때문에 심각성을 더하고 있다.[41] 다만, 앞서 소개하였던 바와 같이 최근에 개정된 관계 법령에 의거하여 새터민 청소년들에 대한 지원의 폭이 늘어나는 계기가 마련된 점은 고무적인 일이라 생각된다.

2) 새터민 청소년의 교육 지원 관련 제도적 장치들

새터민 청소년은 처음 입국하여 하나원에서 실시하는 각종 정착 지원 교육 프로그램을 수용하게 된다. 그러나 새터민 청소년의 학교 적응을 위한 정부 지원 프로그램들이 이들의 욕구에 기반을 두기보다는 관료적인 관리와 통제의 목적에서 제공되고 있다는 비판이 있다. 즉, 전반적으로 하나원의 적응교육 프로그램은 제반 여건상 새터민 청소년 개인의 특성과 수요를 충분히 반영하여 시행하지 못하고 있는 것으로 평가받고 있다.[42]

현재 새터민 청소년들이 남북한 간 이질화된 문화 및 학제의 차이, 긴 탈북 기간 동안의

---

38) 장문강, 앞의 논문, p. 197.

39) 조천현, 「탈북경로의 유형과 실태와 현황 : 생계형 탈북에서 삶의 질 향상 위한 형태로 급증」, 『북한』, 2002년 10월호(북한연구소, 2002).

40) 북한을 탈출한 새터민 청소년들은 남북한 간의 교육 제도와 내용의 현격한 차이에 더하여 장기간 기근으로 인한 북한 교육시스템 붕괴로 대부분 학습 부진 상태에 있는 것(정병호, 「분단의 틈새에서 : 탈북 난민의 삶과 인권」, 『당대 비평』 제16집, [삼인, 2001])으로 보고되고 있어서 문제의 심각성을 더하고 있다.

41) 정진웅, 「'적응'을 넘어서 : 탈북 청소년 교육의 새로운 방향 모색」, 『열린교육연구』, Vol. 12, No. 2(한국열린교육학회, 2004), p. 182.

42) 장문강, 앞의 논문, pp. 221-222.

수업 결손 등으로 일반 학교에 곧바로 편입하여 학교생활에 적응하는 데 적지 않은 어려움을 겪고 있어서 정부는 새터민 청소년들이 일반 학교에 진학하기 이전 준비 단계로서 한겨레 중고등학교 설립·운영 등의 조치를 취하고 있다. 이 학교는 기숙형 중·고교 과정 통합학교로 2006년 3월에 개교하여 시범 학급 운영을 시작하였는데, 새터민 청소년을 대상으로 6개월에서 1년간 남한 사회에서 적응할 수 있도록 기본 교육을 담당하는 것을 주목적으로 한다. 이러한 사전교육을 통해 이들이 제도권 교육과정으로 편입했을 때의 적응력을 높이고, 무연고 청소년을 성년이 될 때까지 보호하면서 다양한 대안교육을 시행하는 것을 목표로 하고 있다.

또한 통일부는 교육과학기술부와 협의하여 일반학교에 재학 중인 새터민 학생들을 위해서 새터민들이 밀집 거주하는 6개 지역 8개 학교에 시범적으로 전·현직 교원 15명을 교육 보호 담당관으로 지정하여 학교생활의 원만한 적응을 돕고 있으며, 원하는 학생들에게는 방과 후 학교 자유수강권을 부여하는 사업을 전개하고 있다.[43]

현재 시행중인 새터민 청소년의 학력 인정 제도 및 편입학 절차를 살펴보면 다음과 같다. 새터민 청소년이 남한에서 새로이 학교생활을 시작하기 위해서는 먼저 북한에서의 학력을 확인받는 절차가 필요한데, 남한의 초등학교, 중학교 및 고등학교에 들어가기 위해서는 북한에서 학습한 기간을 인정받아야 하며, 전문대학 이상에 편입하고자 하는 경우, 북한에서 공부한 기간과 더불어 학습능력을 고려하여 학력을 인정해 주고 있다. 이때 새터민에 대한 학력 인정 및 편입학은 거주지 보호 담당관의 도움을 받아 신청하도록 하고 있다.

초등학교 연령의 새터민 아동은 하나원 인근의 삼죽초등학교에서 교육시키고 있다. 이 어린이들은 이 학교를 다니면서 생활기록부와 퇴소 후에 필요한 관련 서류를 받게 된다. 퇴소하여 정착지(거주지) 읍·면·동사무소(주민센터)에 전입신고를 하면 주민등록 등본과 취학통지서를 발급해주고 가까운 학교를 배정받게 된다. 그리고 중·고등학생의 경우, 한겨레 중고등학교 교육과정에서 진학에 필요한 서류가 준비된다. 그 밖에 정규 학교에 다니지 않는 새터민 청소년이 초등학교, 중학교 및 고등학교에 해당하는 학력을 인정받기 위해 거쳐야 하는 시험으로서 검정고시 제도가 있다.

43) 통일부, 『통일백서』(서울 : 통일부, 2008), pp. 236-237.

한편, 새터민 청소년의 대학 진학과 관련한 제도적 절차를 살펴보면 다음과 같다. 새터민 청소년이 북한이나 제3국에서 이수하였던 학력을 인정받아 해당 대학이 정하는 입학 절차[44]에 따라 본인이 원하는 학교에 편입하거나 입학하는 것이 가능하다. 2004년 이전에는 만 35세 미만의 새터민이 전문대 이상의 학교에 입학하거나 편입한 경우에 국내에 입국한 시점과 관계없이 국립대학은 학비를 전액 면제하고 사립대학은 국가와 학교가 각각 2분의 1을 분담하여 지원하였으나, 2007년 이후부터는 새터민의 자립·자활을 촉진하고 취업을 장려하기 위해 만 35세 미만인 사람이 일반 대학에 입학하거나 편입할 경우, 학비 면제를 받을 수 있는 기간은 거주지 보호 기간인 5년 이내 또는 고졸 검정고시 합격 등 대학 진학 자격을 획득한 지 5년 이내에 진학해야 지원을 받을 수 있도록 제한하고 있다. 반면, 산업대학과 전문대학, 기술대학, 방송대학, 통신대학, 기능대학 및 그 이외에 평생교육법에 의하여 학력 인정을 받는 평생교육시설과 교육·훈련기관에 입학하는 경우에는 입학할 때에는 연령에 관계없이 거주지 보호기간인 5년 이내에 입학하면 학비 지원을 받을 수 있다. 만 35세 이후에 국내에 입국한 성인 새터민도 자신이 원하는 경우에는 거주지 보호 기간인 5년을 경과하지 않은 상태에서 학비 지원을 받으면서 산업대학이나 전문대학 등에 진학할 기회가 보장되는 셈이다.[45]

3) 새터민 청소년의 교육 실태와 문제점

(1) 새터민 청소년의 취학 현황

교육과학기술부와 통일부 등의 발표 자료에 의하면, 새터민 청소년 수는 누적 기준으로 2006년 말에 474명이었으나 2009년 4월말 현재 1,143명에 이르고 있다.[46] 새터민 청소년의 취학 현황과 관련하여 2008년 7월말 현재 취학 연령대 새터민 청소년 1,293명 가운데 74.7%인 966명이 377개 일반 초등학교와 중·고등학교에서 재학 중인 것으로 조사되었다. 초등학교에 495명, 중학교 288명, 고등학교에 183명이 다니고 있고, 이와 별도로 민간이

---

44) 새터민들이 대학에 입학 및 편입학하기 위해서는 특별전형제도를 통하는 것이 현실적으로 유리하다. 특히 새터민을 위한 특별전형으로 '재외국민 및 외국인 대상 전형'이 있는데, 이 제도를 이용하면 내신 성적이 낮거나 수능 시험을 치르지 않고도 대학에 입학할 수 있기 때문에, 이를 많이 이용하는 편이다.

45) 통일부, 『통일백서』(2008), p. 236.

46) 『서울신문』, 2009년 7월 20일자 기사.

운영하는 대안학교에 126명, 정부가 지원하는 한겨레 중고등학교에 167명이 다니고 있는 것으로 집계된 바 있다. 한편, 대학에 재학 중인 새터민의 경우 전국 104개 대학에 448명에 이르고 있고, 이들은 중국어과(77명), 간호학과(58명), 사회복지학과 순으로 선호하는 것으로 조사되었다.[47)]

〈표 2-3〉 새터민 청소년의 교육기관별 취학 현황

<table>
<tr><th colspan="2" rowspan="2">구분</th><th rowspan="2">한겨레
중고등학교</th><th colspan="3">일반 학교</th><th rowspan="2">평생교육시설
및 민간단체</th><th rowspan="2">계</th></tr>
<tr><th>초등학교</th><th>중학교</th><th>고등학교</th></tr>
<tr><td rowspan="4">2007.
5. 1.
현재</td><td rowspan="2">인원(명)</td><td rowspan="2">85</td><td>341</td><td>181</td><td>80</td><td rowspan="2">328</td><td rowspan="2">1,015</td></tr>
<tr><td colspan="3">602</td></tr>
<tr><td rowspan="2">교육기관 수</td><td rowspan="2">1</td><td>113</td><td>91</td><td>52</td><td rowspan="2">18</td><td rowspan="2">275</td></tr>
<tr><td colspan="3">256</td></tr>
<tr><td rowspan="3">2008.
7.1.
현재</td><td rowspan="2">인원(명)</td><td rowspan="2">167</td><td>495</td><td>288</td><td>183</td><td rowspan="2">126</td><td rowspan="2">1,293</td></tr>
<tr><td colspan="3">966</td></tr>
<tr><td>교육기관 수</td><td>1</td><td colspan="3">377</td><td>-</td><td>-</td></tr>
</table>

□ 2008년의 통계자료의 경우 학교·급별 교육기관 수 및 평생교육시설 및 민간 단체 수가 제시되고 있지 않음.
□ 교육인적자원부의 「새터민 청소년 교육 지원 대폭 강화」(보도자료, 2007. 5. 1.) 및 통일부의 내부 자료(2008. 7. 1.)를 참고로 재작성한 것임.

그런데 이들 가운데 학업을 중도에 포기하는 학생[48)]의 경우 2006년 34명(7%), 2007년 74명(9.5%), 2008년 59명(6%)으로 각각 집계되고 있어서 문제의 심각성을 말해주고 있다. 교육과학기술부가 1999 ~ 2008년 동안 234명의 새터민 청소년의 학업 중도 탈락 원인을 분석한 결과, '나이 차이로 인한 부적응'이 37.1%로 가장 많았고, '학습 능력 부적응' 3.4%, '기타 부적응 사례' 1.7% 등으로 나타났다. 이처럼 새터민 청소년의 학교 부적응 문제가 심각해지면서 일부에서는 이들을 위한 차별화된 지원 필요성을 제기하고 있다. 이에 따라 교육과학기술부는 일반 학교에 적응하지 못하는 새터민 청소년을 교육하는 대안학교의 설립 조건을 완화하고 학교 건물이나 부지를 지방자치단체로부터 장기 임대하는 경우에도 인가하기로 하였다. 또한 모든 새터민 청소년에게 교사, 대학생, 퇴직 교원 등이 1대1 멘토링을 해주는 등 지원을 확대할 방침인 것으로 알려지고 있다.[49)]

---

47) 「한국 내 탈북 청소년 75% 정규 학교 재학」, 『VOA 미국의 소리』, 2008년 8월 4일자 기사 참조.

48) 참고로, 2008년 국회 통일외교통상위원회 소속 홍정욱 의원의 국정감사 자료 가운데 새터민 청소년의 교육 지원에 대한 지적에 따르면, 한겨레중고등학교의 최근 3년간 일반 학교 전학률이 10%에도 못 미치는 수준 [「탈북자 보호관리, 인권침해 핑계, 사실상 방치」, 『메디컬투데이』, 2008년 10월 23일자 기사 참조].

무엇보다도 새터민 청소년의 학력 결손[50]은 이들이 장차 성인으로 성장하여 남한 사회에 정착해 가는 데 심각한 장애 요인이 될 수 있다는 점에서 우려를 낳고 있다.

(2) 새터민 청소년들의 학교생활 적응 실태

그렇다면 새터민 청소년들은 학교생활에 얼마나 적응하고 있는 것일까? 새터민 학생들을 대상으로 실시한 한 설문조사에 의하면,[51] 이들은 학교에서 친구를 사귀는 데 어려움이 있고, 학교 밖의 사회생활에서도 다소간 어려움을 겪고 있다. 그렇지만 한편으로 이들 대다수는 가까운 친구나 비슷한 처지의 아이들과 마음을 열고 대화하기를 원하고 있는 것으로 나타났다. 특히 고등학생의 경우에는 자신들의 진로 문제를 가장 많이 걱정하고 있는 것으로 나타나고 있다.

① 학업 적응 문제

새터민 청소년의 수업활동에 대한 이해와 관련하여 먼저, 담임교사나 교과담당교사가 새터민 학생들의 입장을 이해하고 관심과 배려를 기울이려는 태도가 부족한 경우는, 수업활동 중 교사가 제시하는 한글 단어가 생소하고 설명을 이해하지 못하여도 막상 두려운 마음에 질문하지 못하여 결국 과제를 회피하거나 수업에 소극적으로 참여하게 되는 것으로 조사되고 있다. 특히 집단 활동이나 모둠별 활동을 강조하는 교과담당교사의 수업의 경우에는 이들이 제대로 적응하지 못하여 동급생들로부터 불평과 함께 따돌림을 당하거나 그로 인해 심리적 상처를 받는 경우가 많은 것으로 나타났다. 더구나 북한식 학교 교육에 익숙해져 있는 새터민 청소년들에게 하루 종일 교실에 앉아서 보충수업이나 야간 자율학습 등으로 일과를 채우는 남한의 교육 방식은 이들에게 따분하고 흥미 없는 것으로 비춰진다

---

49) 『서울신문』, 2009년 7월 20일자 기사.

50) 탈북 후 중국 등 여러 나라를 거치는 과정에서도 제대로 된 교육을 받아본 경험이 거의 없어 길게는 5~6년의 학습 공백이 있는 경우도 비일비재하다. 혹 북한에서 남한의 고등학교에 준하는 중학교를 졸업한 경우에도 남한의 고등학교 졸업자와는 학력에서 비교가 되지 않는다. 이러한 학습 공백은 또 이들로 하여금 대개 두세 살 때로는 그 이상 나이가 어린 동급생과 같이 학교를 다녀야 하는 상황을 초래하는데, 많은 새터민 청소년들이 이러한 현실을 감당하기를 매우 힘들어 해 이는 중도 포기(자퇴)의 주요한 원인이 되기도 한다. 새터민 청소년들의 경우 고등학교 졸업장을 얻으면 대부분 남한의 대학에 특례입학의 가능성이 열려 있으므로 어떻게든 그 기간을 버텨내려는 각오로 학교생활을 시작하는 경우가 많지만, 막상 현실에 부딪치며 겪게 되는 어려움에 과반수의 학생들이 중도에 학업을 포기하고 있는 것으로 나타나고 있다(정진웅, 앞의 논문, p. 181).

51) 경상북도교육청, 보도자료['2008 새터민 학생 여름캠프'](2008년 8월 5일) 참조.

는 것이다.[52)]

그리고 교과내용에 대한 이해와 관련하여서는 남한 학교에서 배우는 교과목 가운데 사회와 국어를 어렵다고 하는 경우도 있었지만 대부분의 새터민 청소년들은 수학과 영어를 가장 힘들어하는 것으로 나타났다. 특정 과목의 경우, 남북한 간의 학습 내용의 심한 난이도 차이로 인해 남한 학교에서의 수업 내용에 적응하기 어렵다는 것이다. 특히 초등학교 시기에 편입하는 경우와 달리, 영어와 수학 교과목을 본격적으로 배우기 시작하는 중등학교 단계에 편입하는 경우에는 학력 차이가 더 심각한 것으로 나타났다.[53)]

이와 관련하여 국회 통일외교통상위원회 소속 송영선 의원이 2008년 10월 14일 통일부로부터 제출받은 자료에 의하면, 경기도 안성교육청 주관 2008년 1학기 중학교 경기도 학업성취도 평가 결과에서 한겨레 중학교 전 학년의 학업 평균이 23.7점으로 경기도 중학교 전체 평균 55.8점의 절반에도 미치지 못하는 것으로 밝혀졌다. 이는 이들 학생들의 처지를 감안하지 않은 채 일반 교과 과정을 그대로 적용한 탓에, 새터민 청소년들의 학습 인지 능력이 매우 떨어지는 것으로 조사된 것이다. 특히 한겨레 중고등학교의 경우 일반 중·고등학교와 마찬가지로 제7차 교육과정을 적용해 모든 학생이 국민 공통 기본교육과정을 이수하도록 규정하고 있어서 남북한 교과편성 및 구성의 차이, 용어의 차이 등으로 인해 대다수 새터민 청소년들이 학교 수업 과정에서 어려움을 겪고 있는 것으로 나타나고 있다.[54)]

또한 교수 방법의 차이로 인한 문제점으로는, 학교의 수업 진행에 있어서 북한은 교육과 실습, 노동이 병행되어 진행되는 것에 비해 남한은 주로 앉아서 학습을 하고 있을 뿐만 아니라, 입시 위주의 교육체계를 가짐으로써 새터민 청소년들에게 학업은 스트레스로 다가온다[55)]는 것이다.

② 교우 관계

새터민 청소년은 나이에 맞춰 편입할 경우 학습 능력이 부족하여 수업을 따라갈 수 없기 때문에 대개는 학업 수준에 따라 배정받게 된다. 정규 학업의 단절로 인해 4～5년

---

52) 이수연, 앞의 논문, pp. 90-91.
53) 이수연, 위의 논문, pp. 91-92.
54) 『Daily NK』, 2008년 10월 14일자 기사.
55) 장문강, 앞의 논문, p. 211.

가량의 연령 차이가 발생하는 가운데 학급 친구들과 공감대를 형성하기 어렵고 게다가 나이 어린 남한 학생들의 학업 수준에도 미달하는 자신을 발견하게 되면 자신감이 극도로 결여됨으로써 가중된 심리적 스트레스는 마침내 자신을 비하시키게 되고, 이러한 자신감 상실과 자기 비하는 교우 관계마저 경직되게 만들며, 학교를 포기하고 검정고시를 선택하기도 한다.[56]

이수연의 조사연구에서도 비슷한 결과가 제시되고 있는데, 일반적으로 새터민 청소년들의 경우 남한에 들어오기 전까지 제3국에서의 체류 기간이 길어질 때, 그리고 편입 연령이 높을 때 학교생활 적응의 주요 장애 요인으로 작용한다는 것이다. 무엇보다도 새터민 청소년의 교우 관계 적응에 영향을 미치는 또 다른 요인은 남한 청소년들의 새터민에 대한 선입견과 편견인 것으로 확인되고 있다.[57]

한편, 새터민 청소년들의 학교 적응에 영향을 미치는 또 다른 요인으로 또래 문화로의 유입이 어렵다는 점을 들 수 있다. 특히 이들은 입국 직후 남북한 간의 언어 차이뿐만 아니라, 컴퓨터 용어, 채팅 용어, 남한의 텔레비전 매체의 방송 용어 등에 대한 이해가 부족하다는 것이다. 그 결과 또래 친구와 어울렸을 때 그들의 대화에 참여하지 못하고 소외감을 느끼는 등 부정적인 영향을 받는 것으로 나타났다. 그러나 탈북 전 북한에서 남한의 문화매체를 접해 본 경험이 있는 새터민 청소년은 입국 후에도 비교적 또래 언어 문화에 쉽게 적응하는 편이며, 본인의 적극적인 성격으로 또래 문화를 모방하고 학습하고자 하는 의욕이 강할수록 빨리 적응하는 것으로 분석되고 있다.[58]

다름에 대한 문화적 포용력이 크지 않은 남한 문화의 획일성도 새터민 청소년들이 겪는 고통을 심화시키고 있고, 이러한 경향은 그 자체로서 새터민들의 심리적 적응에 큰 부담이 되고 있다[59]는 지적은 다수자 집단으로서 남한 사회의 청소년들에 대한 다문화교육의 필요성과 방향성을 다시 한 번 일깨워주기에 충분하다고 하겠다.

③ 교사와의 관계

현재 일반 학교 내에 새터민 학생 수가 많지 않고 또한 정부 차원에서도 교사들에 대한

56) 장문강, 위의 논문, pp. 213-214.
57) 이수연, 앞의 논문, pp. 93-95.
58) 이수연, 위의 논문, pp. 99-100.
59) 전우택, 『사람의 통일을 위하여 : 남·북한 사람들의 통합을 위한 사회정신의학적 고찰』(서울 : 오름, 2000), p. 85.

연수가 체계적으로 이루어지지 못하고 있기 때문에 대부분의 교사들이 새터민 학생의 적응 문제에 대한 이해가 부족한 실정이다. 그 결과 새터민 학생들을 담당하고 있는 담임교사가 이들의 학업 지도와 생활 지도를 하는 데에 어려움을 겪고 있는 것으로 나타났다. 이 점은 필자가 아는 어느 중학교 교사의 사례에서도 그대로 나타나고 있다. 또한 새터민 학생들의 대인관계 부적응 요인이 교사들의 관심과 지지 부족도 있지만, 주변 사람들을 믿지 못하는 그들 스스로의 폐쇄성에 기인하는 것으로 조사되고 있다.[60] 즉, 남한의 교사들은 대체적으로 새터민 청소년에 대해 무관심한 편이며, 새터민 학생들도 교사에 대해서 크게 기대하는 바가 없어 보인다. 반면에, 교사의 호의를 긍정적으로 받아들여 학교생활에의 적응에 도움이 된다고 말한 경우[61]를 통해 보면, 향후 교사들의 새터민 청소년에 대한 관심과 배려가 얼마나 중요한지를 짐작해 볼 수 있다.

④ 진학 및 취업 문제

남북한 간의 체제 차이로 인해 새터민 청소년 스스로 남한 사회의 직업이 생소하게 여겨지거나 직업에 대한 정보가 부족하여 진로 고민이 많은 것으로 나타나고 있다. 남한의 또래들은 대부분 알고 있는 직업 관련 내용이나 대학 및 학과 정보들에 대해 새터민 청소년은 모르는 경우가 많으며, 주변에 진로 정보를 얻을 수 있는 지원체계도 부족한 실정이다. 특히 아직 또래 친구들을 사귀지 못해 진로 정보를 공유하지 못하는 경우나 부모님마저 남한 사회의 진로에 대한 인식과 정보가 부족한 경우에는 자신의 진로 결정에 대한 중압감이 더욱 심해지는 것으로 나타났다.[62] 또 다른 연구에서도 이 같은 경향이 확인되고 있는데, 새터민 청소년들의 진학과 직업 선택에 대한 명확한 선택 기준이 없는 것으로 조사되었다.[63] 이 또한 희망을 안고 학업에 전념하려는 새터민 청소년에게는 큰 짐이 아닐 수 없다.

---

60) 이수연, 앞의 논문, p. 96.
한편, 새터민 청소년들이 교우나 교사의 무관심과 이해 부족으로 인해 심리적 상처를 경험할 경우 이는 결국 학업에도 간접적인 영향을 미치게 된다는 조사 결과도 있다.[이기영, 「탈북청소년의 남한 사회 적응에 관한 질적 분석」, 『한국청소년연구』, 제23집 1호(한국청소년연구학회, 2000)].

61) 장문강, 앞의 논문, pp. 216-217.

62) 이수연, 앞의 논문, pp. 97-98.

63) 이기영, 위의 논문 참조.

(3) 대안학교와 검정고시의 선택

앞서 살펴본 바와 같이, 새터민 청소년 가운데 대안학교와 같은 평생교육시설이나 민간단체에서 운영하고 있는 프로그램에 의지하고 있는 인원수가 10%대에 이르고 있다. 새터민 청소년들이 학교를 중도 탈락하여 검정고시 학원이나 대안학교와 같은 비정규교육기관으로 유입되는 비율이 증가함에 따라, 이들이 학벌을 중시하는 남한 사회의 구성원으로서의 적절한 역할과 기능을 수행할 수 있는 지식과 기술을 습득하는 데 어려움을 겪을 수 있다는 우려와 함께, 나아가 개인의 심리적 성장과 발달에도 부정적인 영향을 미칠 수 있다는 분석[64]이 제기되고 있어서 심각성을 더한다.

이수연은 이에 대해, 일반 학교에 비해 대안학교에서는 새터민 청소년들이 교사들과 교우들의 이해과 관심을 많이 받을 수 있으며 교과 내용도 개인별 학습에 초점을 두고 있기 때문에 학업 스트레스를 적게 받을 수 있지만, 한편으로 새터민 청소년들이 재학하고 있는 대안학교의 분위기는 우리 사회의 현실과는 동떨어진 경우가 많기 때문에 졸업 후 정작 사회로 진출했을 때 적응하는 데 오히려 방해가 될 수 있다는 생각이 지배적이었다는 조사 결과[65]도 내놓고 있다. 또한 대안학교나 검정고시 등 개별적 교육을 받는 새터민 청소년에 비해 일반 학교에서 남한 청소년들과 함께 생활하는 새터민 청소년의 적응 스트레스가 더 높다는 조사 결과[66]도 있어, 이를 바탕으로 대안 마련을 위해 심각하게 고려해 보아야 할 것으로 보인다.

이에 대해 조명숙은 새터민 청소년을 위한 기숙학교보다는 새터민 청소년이 가정에서 통학하며 배울 수 있는 도시형 대안학교가 필요하다는 주장을 펴고 있다. 실제 수도권에 거주하거나 그 생활 기반을 갖고 있는 새터민의 비중이 높기 때문에 이러한 유형의 대안교육기관이 필요하다는 것이다. 또한 새터민을 위한 교육, 취업, 정착 지원 프로그램이 도시에 편중되어 있고, 새터민은 드시에서 살기를 더 선호하기에 새터민 청소년을 위한 소규모 통학형 대안학교가 요구된다[67]는 것이다.

64) 이수연, 앞의 논문, p. 87.
65) 이수연, 위의 논문, p. 98., 정진웅, 앞의 논문, p. 182.
66) 금명자·권해수·이희우, 「탈북청소년의 문화적응과정 이해」, 『한국심리학회지 : 상담 및 심리치료』, 제16권 제2호(한국심리학회, 2004).
67) 조명숙, 「탈북 청소년 복지 현황과 과제」, 『청소년 유형별 복지 현황과 과제』(서울 : 한국청소년개발원, 2004).

(4) 그 밖의 민간 차원의 새터민 청소년 교육

새터민 청소년들이 겪는 소외와 차별, 고통과 어려움을 최소화하기 위한 정부 차원의 제도적 지원이 부족한 상태에서, 이러한 공백을 종교단체를 위시한 민간단체의 다양한 교육 프로그램들이 메우고 있다. 점차 확산되고 있는 이러한 민간단체의 프로그램들은 그 성격이나 구체적 교육내용에 있어서 편차가 크지만 그 주요 목표에 있어서는 많은 공통점을 보인다. 이들 기관이나 단체들 대부분은 그 목표를 새터민 청소년들로 하여금 남한 사회의 교육과정에 편입하기 위해 필요한 학력을 갖추게 하거나, 궁극적으로는 이들이 남한 사회에서 독립적으로 생활을 영위해 나가는 데 필요한 적응 능력을 키워주는 데[68] 두고 있다.

그런데 현실적으로 이들 민간단체들이 운영하는 다양한 교육 프로그램들[69] 대부분은 검정고시나 대학 입시를 대비한 학력을 높이는 데 집중되고 있다. 영어를 위시한 남한의 공교육에서 다루는 주요 과목들 중 입시나 자격시험과 관련된 과목들이 중요하게 다루어지고 있다. 거의 모든 단체들이 예외 없이 추구하고 있는 하나의 목표는 새터민 청소년들로 하여금 남한의 교육체계로 편입하는 데 필요한 학력을 갖추게 하는 일이다. 그러나 외부의 지원이 매우 제한된 상황에서 재정, 시설, 인력 수급 등을 겨우 꾸려가는 민간단체들이 운영할 수 있는 교육 프로그램들은 그 규모나 교육 내용에 제약을 받을 수밖에 없다. 또한 이들 단체들이 제공하는 프로그램들이 남한 사회에 적응하기 힘겨워하는 새터민 청소년들에게 얼마간의 공동체적, 교육적 지원을 제공하는 일종의 디딤돌의 역할을 수행하고 있는 데 그치고 있을 뿐이다.[70]

(5) 새터민 청소년들의 교육 문제에 대한 종합 평가

발달단계상 자아정체감을 형성하고 성인기를 준비해야 하는 새터민 청소년들은 오랫동

68) 정진웅, 앞의 논문, p. 180.

69) 다리공동체와 공릉사회복지관에서 운영하는 스마일하우스 등은 일종의 그룹 홈 형태의 생활공동체로 운영된다. 남한의 청소년을 대상으로 직업훈련을 행하는 기관인 돈보스꼬센터나 마자렐로센터와 같은 경우는 직업훈련과 생활공동체가 결합되어 있는 형태이다. 또 최근에 하늘꿈학교와 같이 종교단체의 복지재단의 후원을 받는 기숙학교 형태의 교육 프로그램들도 늘어나고 있다. 하지만 새터민 청소년들을 대상으로 하는 교육 프로그램의 형태 중 가장 흔한 것은 공릉사회복지관이 운영하는 무지개학교나 한빛복지관이 운영하는 한누리학교, 문화통합교육원이 주관하는 셋넷교실의 경우처럼 개개의 프로그램 단위로 운영되는 것들이다.

70) 정진웅, 앞의 논문, pp. 184-185.

안 북한식 교육을 받아 왔고 탈북 과정에서도 가족 해체와 학업 중단을 경험하는 등 여러 가지 난제들을 안고 있다.[71] 뿐만 아니라, 경제적·사회문화적 적응 문제와 더불어 해외 체류 과정에서의 심각한 학력 결손, 탈북과 입국 과정에서 경험하였던 스트레스, 북한 사회의 그것과 다른 데서 연유하는 남한의 이질적인 학교 수업과 또래 문화에의 부적응, 심지어 사춘기 시절에 경험하게 되는 정서적 혼란 등이 복합적으로 작용하여 남한 사회의 정규교육에 적응하는 데 많은 어려움을 겪고 있는 것[72]으로 보인다.

그나마 일반 학교에 진학한 새터민 청소년들 가운데서도 학력 부진과 교우 관계 문제 등으로 인해 학교생활을 유지하지 못하고 중도 탈락하는 경우가 자주 발생하고 있는 것으로 조사되는 등, 그 심각성을 더하고 있어서 이에 대한 종합적인 대책이 필요한 것으로 평가된다.

3. 새터민 청소년의 교육 개선 방향

새터민 청소년에게 지금 가장 절실한 문제 가운데 하나는 단절되었던 학업을 이어가는 것이다. 이들이 무사히 학업을 마치고 건전한 시민으로 다시 태어날 수 있도록, 이들에 대한 각종 지원 체계의 확보와 그 실천이 무엇보다 중요하다. 이를 위해서는 이들의 개별 특성에 맞는 다양한 지원 체계와 적응 교육 프로그램 등이 수반되어야 한다.[73] 따라서 새터민 청소년들의 학교생활 적응에 영향을 미치는 여러 가지 개인 내적 요인과 환경적 요인들의 개선을 담보한 프로그램들이 개발되어야 한다. 그리고 학교 내에서뿐만 아니라, 지역사회 환경 안에서 이러한 프로그램이 제공됨으로써 새터민 청소년들의 심리사회적 성숙과 발달을 도모할 수 있어야 한다. 특히 새터민 청소년 개인의 적극적이고 긍정적인 사고를 증진시키는 한편, 사회적 지원 체계를 확대함으로써 새터민 청소년들의 학업 능력

---

71) 박윤숙·윤인진, 「탈북 청소년의 사회적 지지 특성과 남한 사회 적응과의 관계」, 『북한이탈주민연구학회 창립 세미나 발표논문집』(2006), pp. 24-45.

72) 이수연, 앞의 논문, p. 86.

73) 새터민의 정신 건강상태가 건강하지 못해 남한 사회 적응에 부정적인 영향을 미친다는 연구 결과와 함께 새터민이 남한 사회 적응과 관련하여 대상자의 북한에서의 교육 수준 및 사회 계층의 특성을 고려하여 각 대상의 특성과 욕구에 맞는 교육 및 지지 체계 프로그램이 필요하다고 밝히고 있다(노원숙·원정숙, 「새터민의 우울, 불안, 외상 후 스트레스, 자아존중감 및 사회적응 간의 관계」, 『정신간호학회지』, 제18권 제1호(정신간호학회, 2009).

과 대인관계를 증진시킬 수 있는 정책적 지원이 제공된다면, 이는 새터민 청소년의 학교 부적응을 예방하거나 감소시키는 데 크게 기여할 수 있을 것이다.[74]

1) 새터민 청소년을 위한 지원 체계 및 교육 개선 방향

최근 정부는 새터민 청소년들의 교육·사회 적응 문제에도 더 많은 노력을 기울인다는 점을 분명히 하고 있다. 심리적 이유기에 있는 새터민 청소년들은 남한 사회 적응에서 성인들보다 더 힘든 과정을 겪을 수도 있다고 보기 때문이다. 이에 따라 정부에서는 이들의 초기 적응 교육을 더욱 내실화하여 거주지의 일반학교와 민간 시설 등에 잘 적응할 수 있도록 한겨레학교 교육과정을 더욱 체계화시키는 한편, 일반 학교 전학 후 제대로 적응하지 못하는 학생들을 위해서는 민간의 특성화된 대안학교 교육을 적극 지원할 계획도 마련해 놓고 있다.[75]

이제 새터민 청소년의 교육 문제 개선을 위한 몇 가지 방향성을 제시해 보면 다음과 같다.

먼저, 한 조사에 의하면, 대부분의 새터민 청소년은 사회 적응의 예비 단계인 하나원 교육에서 학교생활에 들어갔을 때 직면하게 되는 문제들에 대한 실용성 있는 교육이 되기를 바라고 있다. 또한 가장 큰 어려움으로 다가올 영어 학습에 대한 사전 준비를 좀 더 강화시켜주면 좋겠다는 반응도 보이고 있다.[76] 따라서 하나원에서의 교육이 새터민 청소년들의 향후 학교 적응을 위한 중요한 시간인 만큼, 보다 내실 있는 교육 프로그램을 통해 실질적인 도움이 될 수 있도록 개선되어야 한다.

둘째, 거주지의 지원 체계와 관련한 문제를 살펴보자. 거주지 보호 가운데 신변보호를 하고 있는 경찰관들이 제공하는 도움의 기준이 자신들의 주관적인 경험에 근거함으로써 개인차가 발생하고 있고, 경우에 따라 부정적인 영향을 미치고 있는 것으로 나타났다. 이처럼 전문가의 도움이 아닌 주변의 경험적인 조언에만 의지해 진학할 경우, 새터민 청소년들은 자신의 진로와 관계없는 선택으로 후회하기도 하고, 부적절한 학년 배정으로 인해 또래 관계 형성에 어려움을 겪는다는 것이다.[77] 따라서 전문성을 확보하고 있는 지역

---

74) 이수연, 앞의 논문, pp. 108-109.
75) 서정배, 「북한이탈주민, 우리 사회 이웃인가 이방인인가?」, 『통일 한국』, 2009년 7월호(평화문제연구소, 2009), p. 100.
76) 장문강, 앞의 논문, p. 222.

사회의 대학 및 연구기관과 민·관의 유기적인 결합이 요청된다. 비슷한 견지에서 새터민 청소년에 대한 멘토링에 참여하는 대학생이나 대학원생들은 새터민 청소년과 나이 차이가 크지 않아 서로 친근감을 유지할 수 있다는 장점도 가지고 있지만 짧은 교육을 받고 멘토로 참여하다보니 새터민 청소년에 대한 이해가 부족하여, 자존심이 강한 새터민 청소년이 마음을 열지 못하고 오히려 상처를 받게 되거나, 반대로 봉사자 또한 대상 학생으로부터 감정적 상처를 받아 의욕 상실에 빠지는 경우도 발생하는 것으로 알려지고 있다. 이는 필자가 아는 재일 교포 출신 대학원생의 경험담에서도 확인된 바 있다. 그리고 봉사 기간의 비연속성은 새터민 청소년들에게 또 다른 실망감을 경험하게 만든다는 점에서 개선되어야 할 부분이라 하겠다.[78]

셋째, 현재 시행 중인 새터민 청소년을 위한 각종 적응 지원 체계는 서비스를 전달하는 주체나 기관에 따라 단편적으로 이루어질 뿐, 타 영역들 간의 협조 및 연계가 이루어지지 않고 있다. 특히 새터민 청소년의 욕구에 기반을 두기보다는 행정 처리에 우선하는 지원 제도의 문제에서 기인한다는 평가[79]를 받고 있는데, 이 점은 반드시 개선되어야 한다. 나아가 남한 사회의 문화에 대한 새터민 청소년들의 이해를 돕고, 그러한 이해에 기초하여 사회 적응력을 높여주는 것이 교육 프로그램의 중요한 축을 이루어야 한다는 지적[80]도 적극적으로 수용되어야 한다. 특히 새터민 청소년에 대한 일방적인 '적응'의 강조는 더욱 심각한 문제를 함축하고 있을 뿐만 아니라, 이미 현실에서 심화되고 있다는 주장[81]도 재고할 필요가 있다. 아울러 북한의 문화만이 아니라 남한의 문화도 상대화하는 계기를 마련하는 프로그램의 운영을 통해 새터민 청소년 자신의 경험과 기억, 역사 위에 스스로를 세울 수 있도록 도울 수 있는 프로그램을 제시해야 한다는 지적[82]도 새겨 보아야 한다. 왜냐하면 문화의 형성을 통한 주체적 자기형성과 자기긍정의 능력이야말로 새터민 청소년들이 자신들을 차별하고 소외시키는 남한의 지배문화에 능동적으로 대처하는 데 있어 필수적이기 때문이다. 이러한 주장들은 새터민 청소년을 대상으로 하는 각종 교육 프로그램의 지향점

77) 장문강, 위의 논문, pp. 222-223.
78) 장문강, 위의 논문, p. 224.
79) 장문강, 위의 논문, p. 228.
80) 정진웅, 앞의 논문, p. 188.
81) 정진웅, 위의 논문, p. 187.
82) 정진웅, 위의 논문, pp. 189-191.

을 대변해주는 것이라 평가된다.

넷째, 새터민 청소년을 위한 각종 적응 지원 제도가 공교육의 범위 안에서만 이루어지고 있어서 새터민 청소년들은 사교육에서 배제될 뿐만 아니라, 교우 관계의 형성에도 어려움을 겪고 있다. 이 또한 새터민 청소년들의 욕구가 반영되지 못한 것이라 할 수 있다. 우리의 교육 현실을 볼 때, 공교육만으로는 학업 성취가 어렵고 남한의 학생들에 비해 학력이 부족한 새터민 청소년들에게는 더 많은 보충교육이 요구되므로 이들에 대한 사교육비 지원도 이루어져야 한다. 그리고 정부의 지원 제도와 통제가 관료적인 행정주의에서 벗어나 새터민 청소년의 욕구에 좀 더 근접할 수 있도록 해야 한다. 새터민 청소년에 대한 지식이나 경험이 풍부한 전문가에 의해 지속적이고 연결성 있는 지원과 교육이 이루어지도록 하여 이들의 적응에 적극적으로 협력해야 할 것이다.[83]

다섯째, 새터민 청소년들의 학습 정도의 개인차가 매우 다양하기 때문에 일률적인 학년 배정은 교육과정에 매우 많은 무리수가 따른다고 지적되고 있다. 따라서 이들의 특수성을 인정하고, 이를 감안한 교육 행정 시스템을 도입함으로써 이들의 특성에 맞는 탄력적인 교육이 이루어지도록 해야 한다는 주장[84]이 설득력을 얻을 수밖에 없다.

여섯째, 교육과학기술부는 새터민 청소년의 교육이라는 특수성을 인정하여 소규모의 대안학교와 같은 특성화학교를 많이 양성할 수 있도록 행정적·재정적 지원을 해야 한다. 아울러 새터민 청소년을 위해 설립되는 대안학교들도 초중등학교법이 규정한 최소한의 교지, 교사, 교원 등에 대한 사항을 충족시키는 한편, 보다 탄력적인 교육과정 운영을 위해 교육 당국과 상호 협의해야 할 것이다.[85]

일곱째, 종교 활동은 새터민 청소년에게 심리적 위안과 희망적인 사고를 촉진하였다는 연구 결과에 대해서도 주의를 기울일 필요가 있다.[86] 학교 내에서 원만한 교우관계를 형성할 수 있는 계기가 부족할수록 이러한 종교기관은 새터민 청소년들에게 정신적인 안식처를

83) 장문강, 위의 논문, p. 228.

84) 「탈북 학생, 덧셈 뺄셈 다 못 하고 로그함수 배우기도」, 『Daily NK』, 2008년 10월 14일자 기사 참조.

85) 이용교, 앞의 논문, pp. 65-66.
홍정욱 의원의 지적처럼, 새터민 청소년들의 학교 경험 부족과 학력 결손이 향후 남한 사회 정착에 큰 걸림돌로 작용할 가능성이 큰 만큼, 한겨레 학교의 교육성과에 대한 정확한 평가와 함께 민간 대안학교를 보다 활성화하는 등의 방안이 필요하다(「탈북자 보호관리, '인권 침해 핑계, 사실상 방치'」, 『메디컬투데이』, 2008년 10월 23일자 기사 참조).

86) 이수연, 앞의 논문, p. 105.

제공하는 것 외에도 또 하나의 대인관계 망을 형성하는 기회를 제공하며, 나아가 종교기관에서 실시하는 사회봉사 활동에 동참함으로써 더 이상 도움을 받는 처지가 아니라 자신도 누군가를 도와주는 위치에 설 수 있다는 점을 인식시킴으로써 새터민 청소년의 자존감을 향상시킬 수도 있을 것이다

여덟째, 새터민 청소년을 둔 부모에 대한 전문적인 교육·심리 치료 및 지원도 고려되어야 한다. 이와 관련하여 부모 교육 프로그램과 함께 일선 학교 교사들을 위한 교육 및 연수 프로그램들도 마련되어야 한다. 아울러 후원자 등 자원봉사자들을 위한 교육 및 연수 프로그램도 마찬가지이다. 나아가 차제에, 우리 사회 구성원들이 가질 수 있는 새터민 청소년들에 대한 편견 및 차별의식을 없애기 위한 시민의식 함양 운동도 전개[87]될 필요가 있다.

끝으로, 새터민 청소년 자신의 학교생활 적응을 위한 자구 노력과 관련한 부분을 살펴보자. 이수연은 조사를 통해 새터민 청소년이 내향적이고 소극적인 경우보다 오히려 외향적이고 의지력이 강하며, 목표 의식이 뚜렷할수록 남한 학교에 대한 적응도가 높다고 지적하였다. 탈북 과정에서 겪었던 험난한 경험들에 비해 남한에서의 어려움은 충분히 극복할 수 있다고 믿는 신념 체계가 강할수록 적응력이 높게 나타난다는 연구 결과를 제시하고 있다. 특히 학교의 담임교사나 교과담당교사가 새터민 청소년들의 교내 활동을 지원해 주고, 긍정적인 피드백을 많이 제공할수록 이들의 자신감과 적극성이 향상되었다고 지적한다.[88] 이와 같은 맥락의 연구로서 새터민 청소년들에게 가장 시급한 것은 자신을 긍정하는 방법을 모색하는 것이라는 주장과 함께 그 구체적인 방안으로서 자신이 살아온 과정과 보고 느꼈던 세상을 영상기록으로 담아내는 다큐멘터리 영상 제작 교육을 제안하는 방안[89]도 눈에 띈다. 자기 자신의 능력과 한계, 남한 사회의 현실에 대해서 명확하게 인식하고, 남한 사회에서 자신이 어떤 위치에 있는가를 객관적으로 읽어낼 수 있는 작업이 필요한 까닭은 자신을 긍정할 수 있어야 타자와 타 문화를 건강하게 대면할 수 있기 때문이라고 주장하고 있다. 이는 나아가 주류문화의 주변인이 아니라 창조적인 문화 수용자가 되기

87) 백혜정 외, 『북한이탈청소년 종합대책 연구Ⅰ-남한 사회 적응과정을 중심으로-』(연구보고 06-R04), (한국청소년개발원, 2006), pp. 211-216.
88) 이수연, 앞의 논문, pp. 102-103.
89) 장문강, 앞의 논문, pp. 225-226.

위한 문화 훈련과 문제 해결력을 키움으로써 수많은 다름과 차이들과 공존할 수 있는 유연성을 갖도록 만든다는 것이다. 이러한 유연성은 공동체적인 삶 속에서 개인의 자유와 평등을 추구하는 다문화교육의 이념과도 부합되는 것으로서, 새터민 청소년들에게 자긍심 함양을 통한 건전한 정체성 확립에 도움을 주고, 남한의 새로운 문화와도 자유롭게 소통할 수 있는 능력을 배양시킬 수 있을 것이다.

2) 다수자로서 일반 청소년들을 위한 다문화교육

북한의 사회와 문화가 분명 남한과 다르게 존재하지만, 이런 현실에 대한 구체적인 정보가 청소년들에게는 전달되지 않음으로 인해, 이들이 새터민 청소년들에 대해 공감을 갖고 이해하기란 매우 어렵다. 제한된 정보 안에서 북한 사회와 새터민 청소년들에 대한 편견과 부정적인 인식은 이들을 무시하는 태도를 갖게 하기도 하는데, 북한은 가난하고 교육 수준이 낮다는 편견이 교육현장의 교사들의 경우도 예외가 아니라는 점에서 문제의 심각성이 있다.[90] 이는 일차적으로 북한의 사회·문화적 특성을 이해할 수 있는 체계적인 교육 프로그램의 부재에서 초래한다는 점에서 우리 사회의 통일 교육의 활성화 대책이 마련되어야 할 것으로 보인다.

한편, 새터민 청소년들이 남한 사회의 낯선 환경을 자신의 공간으로 인지하고 받아들일 수 있도록 유도하는 문화적인 노력이 남한 청소년들에게 요구된다. 직접적인 교류의 부재와 제한된 정보 속에서 각기 다른 문화를 형성해 온 남북한의 청소년들에게는 자신을 긍정하고, 다름을 인정할 수 있는 인식의 전환이 필요하다. 문화의 다양성을 이해하고 조화시킬 수 있는 능력은 단순한 지식의 획득이나 다른 문화를 배우는 것만으로는 성취할 수 없다. 다양한 삶을 경험하고 그것을 표현해 볼 수 있는 기회를 필요로 하기 때문에 결과보다는 과정으로 여겨 다양한 현 상태를 이해하고자 하는 노력은 문화 간의 차이를 이해하며, 반편견적이고 개방적인 수용의 태도를 갖도록 준비시켜 주는 다문화교육의 실천의 한 예라고 할 수 있다.[91]

보다 긴 안목에서 보면, 새터민 청소년 교육이 남북한의 사회 문화 통합 과정에 맞닿아

---

90) 장문강, 위의 논문, pp. 218-219.
91) 장문강, 위의 논문, pp. 224-225.

있다는 점에서 남북한 간의 사회문화 통합에 대해 교육 주체가 어떠한 관점을 지니고 있는지가 점검되어야 한다. 즉, 남북한 사이의 통합모델이 '흡수통일'이 아니라면 새터민 대상의 교육에 있어서도 남한 사회와 문화체제를 중심으로 그들에게 일방적인 '적응'만을 강요하는 것이어서는 곤란하다. 그럼에도 불구하고, 현재 '일방적 적응' 위주의 교육적 실천이 주류를 이루고 있는 것은 새터민들에게 우선 최소한의 현실적 토대라도 제공하려는 임기응변의 노력이라는 측면도 있지만, 동시에 새터민 대상의 연구와 교육이 아직도 분단의 질서관을 충분히 극복하지 못하고 있다[92]는 지적은 새겨 볼 가치가 있어 보인다.

이제 다문화교육의 관점으로 새터민 청소년의 교육 문제를 해결하기 위한 몇 가지 제안을 제시해 보고자 한다. 먼저, 정병호는 새터민 청소년이 재학하고 있는 학교 단위 차원에서 평화교육 지도 능력을 갖춘 전문교사가 월 1회 정도 순회교육을 실시함으로써 상호 이해와 민족과 통일의 문제 등에 대해 함께 공부하는 시간을 갖자고 제안[93]하고 있다. 상호 이해력의 증진이라는 점에서 평화 교육의 실시 빈도는 높을수록 좋을 것이다. 궁극적으로 이러한 시도는 모든 학교로 파급되는 것이 바람직할 것이다.

둘째, 현장 체험 학습을 통한 남북한 문화 체험은 서로의 마음을 여는 기회를 제공할 것이므로, 이를 보다 확대하여야 한다. 이는 앞서 언급한 경상북도 교육청의 사례를 비롯하여 무지개청소년기획단의 '남북한 청소년 통합캠프'의 사례, 경기도 부천시민의 통일문화제 등의 사례들을 통해 많은 시사점을 제공받을 수 있을 것이다.

셋째, 새터민 청소년들이 자신의 내면에 있는 능력을 스스로 끌어낼 수 있도록 그들의 입장을 존중하고 배려하는 자세가 필요하다. 서로의 차이를 인정하는 것을 시작으로 이를 조정하고 공동의 합의를 이끌어낼 수 있는 방법과 노력도 요구된다. 이러한 노력은 새터민 청소년의 적응을 지원하는 각 기관이나 민단단체 소속의 자원봉사자 등의 전문가들뿐만 아니라, 이들과 함께하는 일선 학교의 교사와 학생들 나아가 전 국민을 대상으로 하는 사회교육으로 이행되어야 할 것이다. 즉, 새터민 특히, 새터민 청소년들을 어떻게 이해하고 받아들일 것인가에 대한 남한 사람들의 태도 변화와 그에 따른 다문화교육 차원에서의 사회교육이 이루어져야 할 것이다. 다문화사회의 틀 속에서 다수 집단인 남한 사회 구성원

92) 정진웅, 앞의 논문, p. 192.
93) 정병호, 앞의 논문 참조.

들이 새롭게 부상하고 있는 소수자 집단인 새터민을 포섭할 수 있는 정책과 함께 개방적인 정체성을 지닌 시민을 기르는 민주시민교육[94]의 강조도 설득력을 얻을 수 있다고 본다. 특히 우리 사회의 소수자 집단으로서 새터민의 특성을 감안하여 볼 때, 이들은 통일이 되었을 때 결국 통합될 '또 하나의 우리' 중 먼저 들어온 사람들이라 할 수 있다. 따라서 이들에 대해 진정한 동포애를 발휘해야 하는 당위가 내재되어 있다는 점도 가르칠 필요가 있다.

넷째, 양계민의 주장처럼 향후 다문화교육에서는 초등학생과 중·고등학생에게 각 연령의 발달 수준에 적합한 다문화교육 과정을 포함시키되, 인지적 수준의 교과서적 태도를 넘어서 자신의 문제로 인식할 수 있도록 교육하고, 보다 깊은 수준의 태도까지 변화시킬 수 있는 방안이 마련되어야 할 것이다.[95]

다섯째, 소통 부재를 극복하기 위해 남한 사람과 새터민이 교류할 수 있는 자리를 많이 마련해야 한다. 그 일환으로 대구시의 교육 현장에서 시행 중인 '새터민과 함께하는 통일교육 프로그램'의 성과는 그 좋은 사례가 아닌가 한다. 이 부분은 후술하기로 한다. 향후 이 프로그램의 세련화와 그 확대 보급을 제안해 본다.

끝으로, 새터민 청소년의 남한 사회 적응에 대한 연구는 남북한 청소년이 상호 이해를 통해서 통일시대를 열어가는 구체적인 모델을 개발하는 과정이 될 수 있다. 따라서 정부와 민간단체는 상호 협력하여 단기적으로 새터민 청소년의 정착을 도우며 중·장기적으로 통일시대를 열어갈 수 있는 모형을 개발해야 할 것[96]이라는 주장도 참고해 볼 만하다.

4. 새터민 청소년의 교육 문제와 다문화교육의 지향

새터민 청소년들이 마냥 우리 사회의 소수자로 남아 주변화된다면 통일은 그만큼 요원해질 수밖에 없다. 좀 더 큰 틀에서 보면 우리는 새터민 청소년을 통일의 주역으로 육성시켜 나가야 한다. 새터민 청소년의 증가가 당장 우리 사회에 부담을 줄 수도 있지만, 통일

94) 이종렬, 「'정체성'의 정치와 시민교육의 방향」, 『시민교육연구』, 제41권 제2호(한국사회교육학회, 2009).
95) 양계민, 「국내 소수집단에 대한 청소년들의 태도에 영향을 미치는 요인」, 『한국심리학회지 : 사회 및 성격』, 제22권 제2호(한국심리학회, 2009).
96) 이용교, 앞의 논문, pp. 66-67.

대비의 연장선상에서 읽어보면 그들은 어린 시절에 북한과 남한 사회를 동시에 경험한 독특한 이력을 가지고 있다는 점을 우리는 더 높이 살 수 있지 않을까 생각된다. 새터민 청소년을 잘 가르치고 훈련시켜서 남북한이 통일을 이루어낼 때 남북한 사회를 동시에 이해하고 남북한 사회 통합 과정에 능동적으로 참여할 수 있는 전문가로 키워낼 수 있다면, 그러한 부정적인 편견은 기우가 될 수도 있기 때문이다. 또한 새터민 청소년에 대한 정부의 직접적인 지원뿐만 아니라, 새터민 청소년을 지원하는 다양한 민간단체와 유기적인 협력을 통해 그들의 남한 사회 적응을 효율적으로 이끌어 낸다면 그만큼 더 큰 것을 우리는 얻게 될 것이라 확신한다.

이제 우리는 작게는 수만 명에서 수십만 명에 이르는 재외탈북자 규모와 그 속에 포함된 청소년들의 유입 증가에 대비해야 한다. 향후 지역사회에의 적응력을 높일 수 있는 새터민 청소년들을 위한 다양한 교육 프로그램의 개발과 운영에도 힘써야 한다.

한편, 앞서 예시되었던 새터민 여성의 자녀의 경우처럼, 새터민과 조선족 및 새터민과 남한 주민 사이에서 나서 자라고 있는 그 자녀들의 교육문제도 이러한 논의 과정에 포함시켜 고려하여야 할 것이다. 새터민들은 소중한 자신의 목숨을 걸고 천신만고 끝에 희망을 품은 채 국내에 발을 들여 놓은 사람들이다. 이들이 영원한 우리 사회의 '이등시민'으로 남은 인생을 살아야 하는 짐을 생각하고도 힘든 남한행 비행기표를 선택했을까?

소수자 집단으로서 새터민, 특히 새터민 청소년의 남한 사회 적응 문제는 먼 남의 일이 아니라 바로 지금 우리의 현실이다. 이들의 건강한 성장 여부는 우리 사회의 미래의 일부분이라 할 수 있다. 새터민과 다수자 집단인 남한 사회의 일반 시민들 간에 상호 이해의 교육, 반편견 교육이라는 다문화교육의 지향과 실천만이 그 미래를 밝혀줄 청신호가 될 것이다. 남북한의 사회·문화적 통합 과정은 경직된 획일주의가 아니라, 유연하고 열린 다원주의로 나아가야 한다. 그런 입장에서 과정으로서의 통일은 단순히 남북한 간의 동질성을 확대시키고 이질성을 극복하는 과정이 아니라 오히려 그 과정에서 남한 사회도 새롭게 발견하는 과정이 되어야 한다는 주장[97]에 우리는 동의를 보낼 수밖에 없다. 비슷한 맥락에서 남북한의 교류, 통합 과정에 있어서 남한 주민들도 북한 문화를 이해하고 이에 적응하는 자세가 필요하다는 쌍방향적 적응에 대한 인식에 기초하여야 한다는 주장[98]도

97) 조한혜정, 「분단과 공존: 제3의 공간을 열어가는 통일 교육을 지향하며」, 『탈분단시대를 열며』(서울: 삼인, 2000).

마찬가지이다. 이러한 주장들은 새터민 문제를 둘러싼 우리 사회의 올바른 다문화교육의 지향점을 말해 주고 있다.

이제 그 실천이 우리들 앞에 놓여 있다. 새터민은 더 이상 우리 사회의 이방인이 아니라 우리의 따뜻한 시선과 관심이 필요한, 우리와 함께 살아가야 할 이웃이다. 이들은 '먼저 온 통일 미래'로서 앞으로 통일과정에서 커다란 역할을 수행할 소중한 인적 자원[99]임을 한 번 더 강조해 본다.

98) 정진웅, 앞의 논문, p. 192.
99) 서정배, 앞의 논문, p. 101.

제2부
새터민을 통해 본 북한 사회

제3장 – 북한 주민의 정치생활

제4장 – 북한 주민의 경제생활

제5장 – 북한 주민의 사회생활

제6장 – 북한 주민의 문화생활

제3장 북한 주민의 정치생활

제1절 김정일 시대의 정치

1. 북한 정치체제의 특징

북한 정치체제는 최고 지도자의 영도체계에 의해 북한 사회가 통치되는 독특한 전체주의적 독재체제의 성격을 띠고 있다. 주체사상이라는 국가의 유일 통치 이념[1]을 통치의 사상적 기반으로 삼는 한편, 사회주의 혁명과 건설의 전위대 조직으로서 조선노동당이 최고 지도자의 의사를 좇아 당적 지도를 통해 국가 기구를 운용[2]해 나가고 있기 때문이다. 북한에서 최고 지도자는 단결과 영도의 중심으로서 인민대중의 운명을 개척하는 데 있어서 결정적 역할을 하는 당의 최고 영도자로 규정되는 동시에 사회정치적 생명체[3]에서 '뇌수'로 규정된다.

이처럼 북한에서의 수령은 '전 당의 조직적 의사의 체현자'이며, '당의 최고 영도자'로 '사회정치적 생명체의 생명활동을 통일적으로 조직하고 지휘하는 영도의 유일 중심'이라고

1) 북한의 국가 통치 이념은 1956년 이전까지 마르크스-레닌주의를 표방하였으나, 1970년 11월 조선노동당의 제5차 당대회를 기점으로 마르크스-레닌주의와 함께 주체사상이 조선노동당의 지도이념이라고 선언하였다. 이후 1972년 12월에 개정된 헌법에서는 "마르크스-레닌주의를 창조적으로 적용한 주체사상만을 국가 활동의 지침으로 삼는다."라고 천명하였고, 1980년 10월 조선노동당 제6차 당대회에서 채택된 당 규약에서도 '김일성의 주체사상'만을 당의 공식 지도이념이라고 밝혔다. 그러나 1992년에 개정된 헌법에서 "사람 중심의 세계관이며 인민대중의 자주성을 실현하기 위한 혁명사상인 주체사상을 자기활동의 지침으로 삼는다."라고 수정한 이래, 북한의 정치체제는 주체사상을 유일 통치 이념으로 채택해 오고 있다. 한편, 2009년에 개정된 헌법 제3조에서는 "사람 중심의 세계관이며 인민대중의 자주성을 실현하기 위한 혁명사상인 주체사상, 선군사상을 자기 활동의 지도적 지침으로 삼는다."라고 수정함으로써 선군사상이 새로 부가되고 있다.

2) 북한 헌법 제11조에서는 "조선민주주의인민공화국은 조선노동당의 영도 밑에 모든 활동을 진행한다."라고 규정되어 있다.

3) '사회정치적 생명체'란 '인민대중이 혁명의 자주적 주체로 되기 위해 당의 영도 밑에 수령을 중심으로 하여 조직사상적으로 결속됨으로써 영생하는 생명력을 지닌 생명체'라고 설명되고 있다.

하여 그 절대적 지위와 결정적 역할을 부여받고 있다.[4)]

한편, 북한에서는 1994년 김일성 주석이 사망한 이후 현재까지도 그를 '영원한 수령'이라고 부르고 있다. 이는 김일성 주석 개인에만 한정된 호칭이지만 2002년 신년공동사설에서 수령제일주의를 주장하고 있는 데서 알 수 있듯이 이미 김정일 국방위원장이 사실상 수령으로서의 지위와 역할을 계승·수행하고 있다. 즉, 김정일 국방위원장은 이미 조선노동당과 군대 및 각종 국가 기구의 유일 중심으로서 사회정치적 생명체의 '뇌수' 역할을 수행하고 있다. 최근에는 김정일의 삼남 김정은으로의 권력 세습이 이루어지고 있어서 세간의 주목을 받고 있다.

2. 김일성과 김정일 영도체제의 구축과정

제2차 세계대전이 막바지에 이른 가운데 미국, 영국, 프랑스 및 소련의 4대 연합국은 포츠담에서 회담(1945년 7월 17일~8월 2일)을 열고 전후 유럽문제의 해결과 소련군의 대일본 참전에 따른 문제 등을 논의하였다. 이 회담 직후인 1945년 8월 9일에 미국의 요청으로 소련은 일본에 대한 선전포고와 동시에 군대를 앞세워 만주와 한반도로 진격하였다. 비슷한 시기에 오키나와 전투에 전념하고 있던 미국은 북위 38도선을 경계로 남북한을 분할 점령하자는 제의를 소련 측에 전달하였고 소련이 이를 수용함으로써 한반도에는 민족 분단의 암운이 드리우게 된다. 1945년 8월 15일 일본군이 항복하던 시점에 이미 함경북도까지 진격해있던 소련군은 미군(9월 9일 서울 진입)보다 앞선 8월 26일에 북한 주둔 소련군 사령관이었던 치스차코프 대장이 이끄는 군대를 평양에 입성시켜 당일 일본군으로부터 정권을 이양 받았다.

북한 지역을 점령한 소련군은 김일성을 통치자로 세우는 작업을 진행하게 되는데, 1946년 11월에는 북한 지역 전역에 걸쳐 도·시·군 인민위원회 선거를 실시하여 각 급 인민위원회를 구성하였다. 또한 최고입법기관으로 북조선 인민회의의 설치를 결의하고, 1947년 2월 21일 북조선 인민회의를 통해 북조선 임시인민위원회를 공식 출범시켰다. 한편, 북한은 민주적 선거에 의해 북조선 인민위원회가 수립되었다고 해서 '임시'를 삭제하였으며,

4) 김정일, "조선로동당은 영광스러운 〈ㅌ·ㄷ〉의 전통을 계승한 주체형의 혁명적 당이다."(1982년 10월 17일).

북조선 인민위원회가 북한의 '첫 프롤레타리아 독재정권'으로서 그 지도 하에 있는 북조선 인민들은 사회주의로 이행하는 길에 들어섰다고 주장하게 된다. 이어 1948년 2월 8일에는 조선인민군도 창설하였다.

1948년 9월 8일에 개최된 최고인민회의 제1차 회의에서는 조선민주주의인민공화국 헌법이 채택되었고, 9월 9일에 김일성을 수상으로 하는 내각을 승인함으로써 조선민주주의인민공화국이 공식 출범하였다. 한편, 1949년 6월 30일에는 남노당과 북노당이 합당함으로써, 조선노동당이 공식적으로 창당되었으며 위원장에는 김일성이 선출되었다.

1950년 6월 25일에 발발한 한국전쟁은 3년을 넘겨 휴전 협정을 맺기에 이르렀고, 전쟁 후유증을 무사히 넘긴 김일성은 소련의 비호 하에 테러와 통일 전선 전술 등 이중전략을 구사하며 정적(政敵)들을 제거해 나갔다.

한편, 1967년 5월 조선노동당중앙위원회 제4기 제15차 전원회의에서 당의 유일사상 체계 수립과 관련하여 온 사회를 혁명화, 노동계급화하기 위한 투쟁을 적극 전개하는 데 있어 주체사상을 북한의 통치 이념이자 사상적 기반으로 삼았다. 이때부터 김일성은 수령으로 불렸고, 그의 영도 지배체제는 1972년 12월에 개정된 사회주의 헌법을 통해 법제화되었다. 또한 1948년 제헌 헌법에서는 주권의 대표 기관으로서 최고인민회의 상임위원회를 채택하였으나, 1972년의 개정 헌법에서는 국가수반이며 국가 주권을 대표하는 국가 주석제가 신설되었다. 이로써 김일성은 국가수반의 기능수행과 함께 정치권력의 실질적인 행사를 결합시켜 나가게 되었다.

이처럼 1970년대 들어 유일 영도체제를 더욱 강화한 김일성 주석은 다른 한편으로 그의 장남 김정일을 후계자로 삼아 부자 세습체제를 구축하기 시작하였다. 김정일은 1964년 김일성종합대학을 졸업한 뒤 곧바로 조선노동당과 내각에서 중요 업무를 담당하기 시작하였다. 1966년에는 24세의 젊은 나이로 조선노동당중앙위원회 조직지도부 책임지도원이라는 중요한 직책을 맡았으며, 1969년 27세 때에는 조직지도부 부부장 겸 선전선동부 부부장으로 발탁되었다. 또한 김정일은 당 조직지도부장이었던 1973년부터는 '3대 혁명 소조운동'을 주도적으로 이끈 데 이어, 같은 해 9월 당중앙위원회 비서로도 선출되었다. 이듬해인 1974년 2월에는 당 정치위원회 위원으로 선출되었고, 사실상 이때부터 김일성과 김정일 부자의 세습체계가 구축되었다고 할 수 있다.

1980년 10월 10일 김정일은 조선노동당 제6차 당대회를 통해 당중앙위원회 정위원(서열 4위), 당 정치국 위원과 당 정치국 상무위원회 위원, 당 비서국 비서, 당 군사위원회 위원 등 당·군 관련 고위 직책을 갖게 됨으로써 김일성 주석의 후계자로서 공식적으로 등장하였다. 이때부터 김정일은 주요 대외문제를 제외한 대부분의 대내정책을 관장하는 실질적인 당·군 책임자로서의 역할을 수행하였다.

특히 1982년 3월 31일에 김정일은 「주체사상에 대하여」라는 논문을 발표하여 주체사상에 대한 독점적 해석권까지 확보함으로써 국가 유일 영도 사상체계를 더욱 심화·발전시키기도 하였다. 한편, 1980년대 속도창조운동, 숨은 영웅들의 모범을 따라 배우는 운동, 전당의 주체사상화, 준법기풍 앙양, 8·3 인민소비품 생산운동(1984년) 등을 주도하였다. 그리고 사회정치적 생명체론(1986년)과 우리식 사회주의(1991년) 등의 제기를 통해 그의 권력 기반을 더욱 강화해 나갔다.

1990년 5월에 개최된 최고인민회의 제9기 제1차 회의에서 김정일이 국방위원회 제1부위원장으로 선출되면서 공식적인 군사지도자로도 부각되기 시작하였으며, 1991년 12월 24일 당중앙위원회 제6기 제19차 전원회의에서 조선인민군 최고사령관으로 추대되었다. 이어 그는 1992년 4월 20일 원수 칭호(김일성은 1992년 4월 13일에 '대원수'로 추대되었다.)를 수여받았고, 1993년 4월 9일 최고인민회의 제9기 제5차 회의에서 국방위원회 위원장직을 맡게 됨으로써 당·정·군 등 주요 정권 기관의 실질적인 통치자로서의 입지를 구축하게 되었다.

1994년 7월 8일 김일성 주석이 사망하자 김정일은 조선인민군 최고사령관의 직을 통해 북한 사회를 통치하였다. 김일성 주석의 시신을 금수산 기념궁전에 안치하는 한편, 3년간의 이른바 '유훈통치'를 실시하였다. 이 기간 동안에 김일성 주석 영생탑을 건설하고 1997년 7월 8일에는 '주체' 연호 제정[5]과 함께 김일성의 생일을 '태양절'로 지정하였다.

김일성 주석 사후 3년간의 유훈통치 기간을 안정적으로 수습한 김정일은 1997년 10월 8일 당중앙위원회·당 중앙군사위원회에서 조선노동당 총비서로 추대되었다. 그리고 1998

5) 1997년 7월 8일 김일성의 삼년상 탈상에 맞추어 조선노동당중앙위원회, 당 중앙군사위원회, 국방위원회, 중앙인민위원회, 정무원이 공동 명의로 발표한 「김일성 동지의 혁명 생애와 불멸의 업적을 길이 빛내일 데 대하여」라는 결정서에 따라 태양절과 함께 채택되었다. 김일성 생년인 1912년을 주체 1년으로 삼았는데, 주체 100년은 서기 2011년이다.

년 9월 5일 최고인민회의 제10기 1차 회의에서는 국방위원회의 권능을 강화시킨 개정 헌법(김일성 헌법)이 채택됨으로써 실질적인 김정일 영도체제의 구축과 그 법제화를 이루어냈다. 이날 김정일은 북한 사회의 실질적인 국가지도자인 국방위원회 위원장으로 재추대되었고 그 명의를 통해 북한 사회를 이끌게 되었다. 이로써 본격적인 김정일의 시대가 출범하게 되었다.

3. 김정일 영도체제의 특징

김정일 영도체제의 특징을 살펴보면 다음과 같다. 첫째, 김정일 국방위원회 위원장이 사실상 북한의 최고 지도자(수령)로서의 역할을 수행하는 유일 영도체제의 구축을 들 수 있다. 김정일은 조선노동당 총비서 및 국방위원회 위원장으로서 당과 군을 실질적으로 장악하고 있다. 북한 체제의 속성상 모든 국가기관이 조선노동당의 당적 지도를 받도록 되어 있으므로 김정일의 실질적인 영도를 받는 것이나 다름없다. 특히 1998년과 2009년의 개정 헌법에 의해 더욱 강화된 국방위원회의 권능에 비추어 볼 때, 김정일의 유일 영도체제는 이론의 여지가 없다.

또한 김정일 국방위원회 위원장이 북한 사회의 통치 이념인 주체사상에 대한 독점적인 해석권까지 갖고 있으므로 더욱 그러한데, 이는 주체사상에서의 수령론이나 사회정치적 생명체론에 의해 이론적으로 뒷받침되고 있기 때문이다. 김정일 국방위원장은 「주체사상에 대하여」를 통해 수령의 유일적 영도체계란 수령의 사상을 지도지침으로 하여 혁명과 건설을 수행하며, 수령의 사상과 명령, 지시에 따라 전당·전민이 하나같이 움직이는 체계라고 말하고 있다. 따라서 북한의 모든 정치조직과 기구, 인민대중들은 수령의 통일적 지휘 아래 하나같이 움직이며, 수령의 교시와 명령·지시를 무조건 받아들이고 관철하여야 한다.[6)]

더욱이 1998년 북한의 개정 헌법 서문[7)]에서는 김일성 주석이 사망하였음에도 불구하고, "조선민주주의인민공화국과 조선인민은 조선로동당의 영도 밑에 위대한 수령 김일성 동지

6) 통일부 통일교육원, 『북한 이해』(서울: 통일부 통일교육원, 2009), pp. 10-11 참조.

7) 『북한 헌법』 서문 (1998년 9월 5일) 참조.

의 사상과 업적을 옹호·고수하고 계승·발전시켜 주체혁명 위업을 끝까지 완성하여 나갈 것"을 강조하고 있다. 이처럼 김일성의 사상과 영도체제를 국가 통치의 원리로 표방하고 있다는 점에서 김일성 주석의 혁명적 후계자인 김정일이 김일성의 유일 영도체제를 승계하고 그 후광을 중첩시켜 적극 활용하고 있는 것이다.

둘째, 군사우선주의가 강화되고 있다. 1994년 7월 8일 김일성 주석의 사망과 함께 행군기라고 불릴 정도로 경제적 어려움에 봉착한 현실 속에서 북한 사회를 추동해 나갈 힘의 원동력은 선택의 여지없이 군부밖에 없었다.[8] 특히 권력 변동기에 안정적인 정치권력의 기반을 다져야 하는 특수한 상황 속에서 과대 성장해 있는 군부로부터의 충성을 담보해야 하는 현실적인 요청도 작용하였을 것이다. 이에 북한 군부의 영향력이 조선노동당에 비해 상대적으로 강화되는 것은 당연한 현상이 아닐 수 없다.[9] 1996년에는 4월 25일 조선인민군 창건일과 7일 27일 조국해방전쟁승리기념일 등 군 관련 기념일이 공휴일이자 국가적 명절로 지정(각각 1996년 4월 23일과 7월 25일에 지정되었다.)되기도 하였다. 무엇보다도 군부 지도자들의 권력 핵심부로의 진출이 이를 뒷받침한다. 1998년 7월 26일에 실시된 제10기 최고인민회의 대의원 선거에서는 군부 출신 인사들이 107명으로 집계되어 제9기 최고인민회의 대의원 62명에 비해 약 2배 가까이 증가하였다는 점도 마찬가지이다.[10] 특히 군부의 핵심 실세인 국방위원회 위원들의 권력 서열이 2~15위까지 부상하였다. 1998년 개정 헌법에서는 국방위원회가 북한의 최고 군사지도기관으로 격상되었을 뿐만 아니라, 명실상부한 최고 권력기관이 되었다. 이처럼 군사 부문을 우선시하는 것을 가리켜 북한에서는 '선군정치(先軍政治)'[11]라고 부르고 있다. 선군정치는 2000년대 들어 더욱 강조되고 있다. 2009년 4월에 개정된 헌법에서는 '선군(사상)'이 직접 등장하고 있다. 김정일 국방위원장은 '경제 건설보다 중요한 것은 군대를 강하게 만드는 것이며 총대가 강하면 강대한 나라가 될 수 있다'는 표현에서와 같이 군사 우선 정책의 정당성을 강조하고 있다.[12]

---

8) 정성장, 「북한의 정치 변동: '선군 정치'와 당·군 관계를 중심으로」, 『정상회담 이후의 북한』(북한 연구 시리즈), Vol. 20(경남대학교 극동문제연구소, 2002), pp. 48-50 참조.

9) 이와 관련하여, 정성임, 「북한의 '선군정치'와 군의 역할」, 『국방연구』, 제47권 제1호(국방대학교 안보문제연구소, 2004년), pp. 109-132를 참조할 것.

10) 2009년 3월에 치러진 제12기 최고인민회의 선거에서는 16.9%의 군인이 당선된 것으로 나타나고 있다.

11) 북한은 과거 김정일 국방위원장의 선군정치 개시 시기를 1995년 1월 1일(다박솔 초소 방문)이라고 주장하였으나 2005년부터는 1960년 8월 25일(근위 서울 류경수 제105 탱크사단 현지지도)이라고 소급하고 있다.

12) 『노동신문』에서는 "인민군대 강화에 최대의 힘을 넣고 인민군대의 위력에 의거하여 혁명과 건설의 전반 사업

〈표 3-1〉 최고인민회의 제10기~제12기 대의원의 구성 분포 비교

	구 분	제10기	제11기	제12기
직업별	노동자	31.3%	33.4%	10.9%
	협동농장원	9.3%	9.3%	10.1%
	군 인	미언급	미언급	16.9%
연령별	35세 이하	1.9%	2.2%	1%
	36세~55세	48.5%	50.1%	48.5%
	56세 이상	49.6%	47.7%	50.5%
성 별	여 성	20.1%	20.1%	15.6%
	남 성	79.9%	79.9%	84.4%
학력별	대 졸	85%	91.9%	94.2%
	전문·고등기술학교 졸	15%	6.1%	미언급
기 타	명예칭호 소유자[1)]	63.8%	48.0%	42.4%
	학위·학직 소유자 등[2)]	64.5%	89.5%	90.4%

1) 김일성 훈장·김일성상 수상자, 공화국 영웅·노력영웅 칭호 소유자 등
2) 교수·박사 등 학위·학직 소유자, 과학자, 기술자, 전문가 등
통일부 북한자료센터 홈페이지(http://unibook.unikorea.go.kr), 「북한 / 통일 정보」, 「정치 / 행정」 편, 「北, 최고인민회의 제12기 제1차 회의 실시」 게시 자료 재인용.

셋째, 1990년대 중후반 김정일 체제의 공식적인 출범을 계기로 그의 측근들이 주요 권력 핵심 기구를 장악함과 동시에 새로운 테크노크라트 층이 부상하였다. 우선, 주요 권력기구의 핵심 중에서도 조선노동당 정치국의 위상이 약화된 대신에 1980년대부터 김정일이 직접 장악하고 있는 비서국의 권한이 대폭 강화된 것으로 알려지고 있는데, 여기서 실질적인 지도·통제 역할을 수행하고 있다. 또한 당·내각·군 등 주요 권력기관의 인사 개편을 통해 혁명 제1세대인 60~70대의 원로계층이 물러나는 대신에 혁명 제2세대인 50~60대의 김정일 측근들이 부상하였으며, 경제 부문에 있어서는 40~50대의 새로운 테크노크라트들이 핵심적인 역할을 담당하고 있다. 요컨대, 김정일 영도 체제 하의 북한에서는 최고 지도자인 김정일 국방위원장을 정점으로 하여 각 분야의 정책 집행부서들이 포진하고 있는 형국을 이루고 있다. 특히 김정일 시대의 권력 엘리트들은 1970년대부터 김정일과 함께 학연, 직연(職緣) 등의 기반 위에 3대 혁명 소조운동을 주도적으로

을 힘 있게 밀고 나가는 특유의 선군정치"라고 주장하였다. (「정론, "국민일치로 승리하자."」, 『노동신문』, 1998년 5월 26일자)

이끌었던 인사들로 구성되어 있다.

넷째, 북한이 우리식 사회주의 원칙을 고수하는 가운데 부분적인 개방과 변화를 모색하고 있다는 점도 지적해 볼 수 있다. 장기화되고 있는 경제적 어려움을 극복하기 위해 이른바 '실리사회주의'를 표방하는 한편, 국가 배급 체계의 붕괴에 따른 장마당(시장)의 허용이라는 현실적인 상황과 그에 따른 선택이 이를 뒷받침하고 있다. 북한 당국은 새천년 벽두부터 변화의 의지를 강력하게 표명하고 나섰다. 2001년 1월 1일 발표된 신년공동사설에서 "21세기는 거창한 전변의 세기, 창조의 세기"라고 전제한 뒤, "새 세기는 혁신적인 안목과 기발한 착상, 진취적인 사업 기풍을 요구한다."라고 강조하였다.[13] 『노동신문』은 김정일 국방위원장이 "오늘의 시대는 과학과 기술의 시대이며, 지난 시기 성과에 만족하거나 계속 앞으로 나가지 않으면 조선이 겪고 있는 난관을 성과적으로 이겨내지 못하며 나라 경제를 발전시킬 수 없다."라는 내용의 지적을 했다고 밝혔다.[14] 2002년도 신년공동사설에서 수령·사상·군대·제도의 4대 제일주의를 제시[15]한 것도 대내외 정세가 전반적으로 어렵다는 인식 하에 체제 결속을 강조한 것으로 평가된다. 그러나 경제적 어려움의 가중이라는 한계 속에서 2002년 들어 '7·1 경제관리 개선조치'의 시행을 비롯하여 신의주 특별행정구 건설, 개성공단 조성, 금강산 관광사업 확대 등을 추진하였던 점들을 감안해 볼 때, 대내외 정세 변화에 대응하여 나름대로의 생존전략을 추구하고 있는 것으로 보인다. 또한 2003년도 신년공동사설에서도 새로운 정책 제시 없이 긴장된 국제 정세에 대응한 선군정치를 계속 강조하는 가운데, 강성대국 건설의 총진군을 위해 주민을 독려하기도 하였다.[16]

따라서 북한은 앞으로도 우리식 사회주의를 고수하는 가운데 부분적인 개방과 변화를 시도하되 그 속도를 조절할 것으로 보인다. 2009년 단행된 화폐개혁을 전후하여 시장(장마당)에 대한 단속 조치를 강화하는 등의 정책 추진은 그 대표적인 예라고 할 수 있다.

---

13) 『노동신문』, 『조선인민군』, 『청년전위』, 2001년 1월 1일자.
14) 『노동신문』, 2001년 1월 4일자 기사.
15) 『노동신문』, 『조선인민군』, 『청년전위』, 2002년 1월 1일자 참조.
16) 『노동신문』, 『조선인민군』, 『청년전위』, 2003년 1월 1일자 참조.

Q. 북한 주민들은 김정일 국방위원장에 대해 어떤 이미지를 갖고 있는가?

A. 북한에서는 어릴 때부터 부모에 대한 효도보다 김일성, 김정일에 대한 감사와 충성을 강조하면서 그들을 우상화하고 있기 때문에, 북한 주민들의 국방위원장에 대한 존경심과 충성심이 매우 깊다. 최고 지도자인 김정일을 한번 보기만 하여도 대단한 감동이 일어나서 눈물을 흘릴 정도라고 한다. 특히 다른 나라에 대한 정보가 거의 알려지지 않은 상황에서 김일성, 김정일의 영도로 인해 북한의 정치와 경제가 건재하다고 보기 때문에 진심으로 찬양한다. 우물 안 개구리가 바깥세상을 모르듯 적어도 북한 주민이 북한에서 사는 동안의 의식은 이외 크게 다르지 않다.

다만 필자가 경험하건대, 새터민들의 경우 김일성 주석에 대한 충성심은 크게 변하지 않은 것으로 보이지만 김정일 국방위원장의 경우는 그러하지 못하다. 무엇보다도 경제난이 가장 큰 몫을 차지하고 있겠지만 대부분의 새터민들은 김정일에 대한 반감을 많이 갖고 있다.

제2절 주체사상과 선군(정치)사상

1. 주체사상

1) 주체사상에 대한 이해

김일성·김정일 부자의 유일 통치 이념으로서 주체사상은 '김일성식 공산혁명사상'이라고 규정된다. 북한에서는 주체사상을 '위대한 수령 김일성 동지의 혁명사상'으로 부르고 있으며, 주체사상 체계 전반을 통칭하여 '김일성주의'라고도 한다.

북한에서는 주체사상에 대해 "사람이 모든 것의 주인이며 모든 것을 결정한다."라는 철학적 원리에 기초한 사상이라고 규정한다.[17] 여기서 사람이란 인민대중을 가리키는데, 혁명과 건설의 주인은 인민대중이며 혁명과 건설을 추동하는 힘도 인민대중에게 있다고 설명된다.

17) 조선노동당 규약 전문에는 "조선로동당은 오직 위대한 수령 김일성동지의 주체사상, 혁명사상에 의해 지도된다."라고 명시되어 있으며, 1998년 9월 개정된 헌법 제3조에는 "주체사상을 자기 활동의 지도적 지침으로 삼는다."라고 규정되어 있다.

한편, 주체사상은 종래의 마르크스-레닌주의 사상을 부인하고 있지는 않지만 그 핵심이라고 할 수 있는 변증법적 유물론 등으로부터 벗어나 한 단계 발전시킨 북한식의 독자적인 사상체계임을 강조하고 있다. 이제 어느 새터민을 통해 주체사상 체계의 얼개를 소개해 보기로 한다.

일반적으로 사회주의 체제에서 철학의 사명은 세계관의 구축에 있다. 세계관이란 사람이 세계를 바라보는 견해와 관점의 총체로서, 특히 사회주의 체제에서는 노동자 계급의 올바른 견해와 관점을 정립시킨다는 점에서 매우 중요하게 다루어지고 있다.

마르크스주의 철학은 변증법적 유물론과 역사적 유물론을 근간으로 하고 있다. 즉, 세계는 하느님과 같은 신비한 존재에 의해 창조된 것이 아니라 있는 그대로의 세계, 즉 물질[유물론]의 끊임없는 운동과 변화·발전의 합법칙성[변증법]의 논리 위에 규명되어야 한다는 것이다. 세계는 물질이라는 본질 위에 의식이나 사회 제도조차도 그의 한 부분을 이룬다고 설명된다.

그러나 북한에서는 주체사상이 마르크스주의 철학의 현실적 한계를 시대의 변화와 흐름에 맞게 변화·발전시켰다고 주장한다. 마르크스주의의 논리를 부인하지는 않지만 오늘날 더 높은 단계의 세계관이 필요하다고 보는 것이다. 이제 세계는 사람 중심의 변화·발전에 맡겨져야 하는 이른바 사람 중심의, 주체의 세계관을 강조하고 있는 것이다. 즉, 사람이 세계의 주인이며 세계의 변화·발전에 사람은 결정적인 역할을 한다는 것이다. 자연과 사회 사이에서 사람이 모든 것의 주인이며, 사회도 사람의 지배 대상으로서 상호관계를 맺고 있다고 본다. 요컨대, 세계의 변화·발전의 핵심은 사람의 주동적인 노력에 근거하며, 사람이 모든 것의 주인이며 모든 것을 결정한다는 논리 위에 서있는 것이다.

그런데 이처럼 사람 중심의 세계관이 가능한 근거는 어디에 있을까? 주체사상에서는 사람이 자주성과 창조성, 의식성을 가지고 자기 운명을 자주적·창조적으로 개척해 나가는 사회적 존재라는 점을 강조하고 있다. 다시 말해, 주체사상에서는 사람이 갖고 있는 본질적 특성으로서 '자주성', '창조성' 및 '의식성'을 내세운다. 자주성이란 인간이 스스로 주인이 되려는 성질을 말하며, 창조성이란 모든 것을 창조해 나가는 인간의 특성으로서 인간의 능력이라는 측면에서 설명된다. 의식성이란 자주성과 창조성을 가능하게 하는 것으로서 동물과 달리 사람만이 갖는 본질적 특성이라고 본다. 그런데 사람은 개별적 존재로 살아가는 것이 아니라 사회와 함께 생존하는 사회적 존재로서 살아간다는 점을 강조한다. 나아가 자연의 생물계가 유전이나 변이에 의해 변화하는 것처럼 인간 세계도 사회적 유전의 차원에서 변화·발전한다고 보고 있다. 인간은 개인의 능력을 뛰어넘어 사회적 존재로서 그들 능력의 총합이 사회의 변화·발전에 큰 역할을 한다는 것이다. 여기서 집단주의적 생활원리의 근거가 도출된다.

한편, 주체사상에 있어서 사회의 역사관 또는 주체의 역사관은 다음과 같이 설명되고 있다. 주체사상에서는 사람 중심의 견해와 관점을 통해 사람이 세상 만물을 지배하고 있고, 사람은 하느님과 같은 신비스러운 존재에 의한 타율적, 수동적 존재가 아니라 자기 자신 스스로의 힘에 의해 세계를 변화·발전시킨다는 점을 강조한다. 즉, 변증법적 유물론보다 더 높은 단계의 논리로서, 사람과 물질적 재부 그리고 사회적 관계라는 사회구성요소 가운데 사람이 주인의 지위를 차지하면서 인류 역사의 변화·발전을 추동한다는 관점을 제시하고 있는 것이다. 물론 그 주체의 계급적 성격은 인민대중에 기반한다. 역사의 주체로서 인민대중의 자주적이고 창조적이며 의식적인 활동에 의해 인류 역사가 변화·발전해 나간다는 것이다.

하지만 주체사상에서 말하는 사람의 자주성, 창조성, 의식성 개념에는 하나의 중요한 전제가 따라 붙는다. 그것은 혁명적 수령관이다. 인민대중이 역사의 주체이지만 아무런 조건 없이 자기 운명을 자주적, 창조적으로 개척해 나갈 수는 없다고 보는데, 이에 인민대중이 역사의 주체로서 역할을 다하려면 반드시 수령의 올바른 영도를 받아야 한다는 점을 내세운다. 수령의 영도가 주체 확립에서 핵이 되는 셈이다. 이와 같이 수령의 중요한 지위와 역할에 비추어 수령론에서는 노동계급 혁명과 투쟁에 있어서 수령이 절대적 지위를 차지하고 있을 뿐만 아니라, 결정적인 역할을 담당해야 한다고 강조한다. 이로부터 수령에 대한 인민대중의 절대적인 충성의 필요와 그 정당성의 근거를 이끌어내고 있는 것이다.

다음은 주체의 인생관으로 여기서는 인민의 삶에 대한 견해와 관점을 밝히고 있다. 먼저, 사람의 생명은 육체적 생명과 사회정치적 생명으로 분류하고 있는데, 전자는 한 세대의 유한한 삶을 영위하는 것이지만 후자의 경우는 인류의 삶과 더불어 영원하다고 설명된다. 이와 더불어 사람의 생활과 관련하여, 가장 행복한 생활상을 자주적인 삶과 창조적인 삶으로 각각 제시하고 있다. 사람은 모든 것을 주인으로서 누리고 사는 것과 함께 단순히 누리는 것만이 아니라 창조하는 생활의 즐거움을 좇아 살아가야 하며 이는 집단주의 생활 방식을 통해서 가능하다고 본다.

한편, 사회는 여러 구성 요소들이 단순하게 기계적으로 혼재되어 있는 것이 아니라 유기적인 구성 체계 위에 있다고 본다. 이는 사회정치적 생명체론으로, 뇌수로서 수령이, 중추로서 조선노동당이, 그리고 지체에 해당하는 인민대중이 서로 유기적으로 구성되어 있다는 것이다. 수령·당·인민대중은 수령을 뇌수로 하는 하나의 유기체적 통일체이며, 이들은 하나의 운명공동체라는 점을 강조한 사회정치적 생명체론(1986년 7월)이 주체사상의 내용에 추가되었다. 김정일은 인민대중은 당의 영도 밑에 수령을 중심으로 조직사상적으로 결속됨으로써 영생하는 하나의 사회정치적 생명체를 이룰 때 역사의 자주적인 주체가 된다고 밝힘으로써 '수령론'에서 더 나아가 '사회정치적 생명체'란 개념을 제시하였다.[18) 사회정치적 생명체 이론이 등장함으로써 혁명적 수령관은 최상의 수준으로 강화되었다.

다른 한편으로 사회정치적 생명체론은 곧바로 '혈연론'으로 발전하고 있다. 그것은 인민대중이 혁명 위업을 승리의 한 길로 이끌어 주는 '어버이 수령'으로부터 영생하는 생명을 받았다는 데에 근거하고 있다는 것이다. 김정일은 "온 사회가 하나의 사회정치적 생명체를 이루고 개인과 집단의 자주성이 다 같이 실현되는 완전한 집단주의적 사회관계"로 나아간다고 강조하였다. 북한은 이와 같은 주체사상의 혈연론을 통해 김일성 부자의 세습체제의 정당성을 설명하고 있는 것이다.[19)]

2) 주체사상의 형성 및 변화 과정

북한은 김일성이 1930년에 주체사상을 창시했다고 주장한다. 김일성이 1930년 6월 말에 중국 만주의 장춘 현 카륜에서 열린 '공청 및 반제 청년동맹 지도간부회의'(일명 카륜회의[20)])에서 주체사상의 원리와 조선 혁명의 주체적 노선을 처음 밝혔다고 주장한다.[21)]

---

18) 이종석, 『현대 북한의 이해』(서울: 역사비평사, 2000), p. 217 참조.

19) 이서행, 『새로운 북한학』(서울: 백산서당, 2002), p. 151.

20) 카륜회의란, 1930년 6월 30일부터 7월 2일에 걸쳐 카륜에서 소집된 공청 및 반제청년동맹 지도간부회의를 말한다.

21) 그러나 김일성이 1930년대에는 중국공산당의 무장부대인 동북항일연군에서, 그리고 1940년대 초반에는 소련군의 정찰부대인 88특별여단에서 활동하였다는 점에서 볼 때, 그가 1930년에 주체사상을 창시하였다는 김정일의 주장은 근거가 희박한 것이다.

그러나 북한 정권이 처음부터 주체사상을 공식적인 정치적 지도 이념으로 채택한 것은 아니었다. 북한의 주체사상은 초기에는 마르크스-레닌주의의 발전적 계승을 목표로 하여 출범하였으나, 점차 현실적인 필요에 의하여 북한의 혁명 전통과 주체사상을 강조하는 형태로 변화·발전되어 왔다.

북한에서 주체 또는 주체성의 확립 문제가 공식적으로 처음 제기된 것은 1955년 12월 28일의 일이었다. 이날 조선노동당 선전선동원대회에 참석한 김일성은 '사상사업에서 교조주의와 형식주의를 퇴치하고 주체를 확립한 데 대하여'라는 제목으로 연설하였다.[22] 그 뒤 10여 년 동안 김일성의 정치적 필요에 따라 주체라는 용어가 북한의 정치 무대의 전면에 등장했다가 사라지곤 하였다.

이처럼 북한의 주체사상은 처음부터 체계화된 이념적 형태를 갖춘 것이 아니었다. 북한 당국이 사상사업에서 '주체를 바로 잡자'라거나 '주체를 확립'해야 한다는 표현에서 벗어나 '주체사상'이라는 용어를 처음 사용한 것은 1960년대 초반의 일이었다. 소위 주체사상의 4대 원칙이 정식화된 것도 1955년 김일성이 최초로 주체 확립을 주장하고 나선 이후 1960년대 중반까지 서서히 진행되었다. 1955년 '사상에서의 주체'를 강조한 것을 필두로 하여 1956년에는 '경제에서의 자립', 1962년에는 '국방에서의 자위'를 주장하였고, 김일성이 1965년 4월 반둥회의 10주년을 기념하기 위해 인도네시아를 방문하여 알리 아르함 사회과학원에서 연설하면서 '사상에서의 주체, 정치에서의 자주, 경제에서의 자립, 국방에서의 자위'라는 주체사상의 4대 원칙을 천명하였다. 그리고 1966년에 이르러서야 '외교에서의 자주'를 언급하는 등 상당히 긴 시간에 걸쳐 주체사상의 체계화가 진행되었다.

1967년 10월 26일에 최고인민회의는 「공화국 정부의 10대 정강」을 발표하면서 주체사상이 북한 정권의 정책 지도 이념임을 선포[23]하였고, 이때부터 주체사상이라는 명칭이 자리를 잡기 시작했다. 그 후 1970년 조선노동당 제5차 당대회에서 김일성의 주체사상과 마르크스-레닌주의를 함께 당의 공식 지도이념으로 채택[24]하였다. 결국 주체사상의 형성

---

22) 배한동 외, 『새로운 북한 이해』(대구: 경북대학교출판부, 2003), p. 60.

23) 공화국 10대 강령 제1조에서는 주체사상을 모든 부문에 훌륭하게 구현하자는 내용이 담겨 있다. 김일성, 「국가 활동의 모든 분야에서 자주, 자립, 자위의 혁명 정신을 더욱 철저히 구현하자」(1967. 12.), 『북한 최고인민회의 자료집』, 제3집(서울: 국토통일원, 1988), pp. 79-83.

24) 당 규약 전문에서, "조선민주주의인민공화국은 마르크스-레닌주의를 우리나라의 현실에 창조적으로 적용한 조선노동당의 주체사상을 자기 활동의 지도적 지침으로 삼는다."라고 밝히고 있다.

과정은 김일성의 1인 지배 강화, '유일 사상체계'의 확립과 관련이 깊다고 할 수 있다. 그리고 1972년에 개정된 사회주의 헌법에서 주체사상을 공식적인 통치 이념으로 채택하였다. 김정일은 당중앙위원회 제5기 제8차 전원회의(1974년 2월 12일)에서 후계자로 결정된 후 '전국 당 선전 일꾼 강습회'(1974년 2월 19일)에서 주체사상을 '김일성주의'로 정식화하였다. 북한은 '김일성주의'를 '주체시대의 요구를 반영하고 나온 새롭고 독창적인 혁명사상'으로서 '주체의 사상, 리론 및 방법의 체계'라고 강조하면서 마르크스-레닌주의와 구별지었다.[25] 이후 1974년 4월에 「당의 유일사상 체계 확립 10대 원칙」을 발표하였다. 그런데 북한에서는 어느 누구라도 이 원칙들에 대한 내용을 생활총화와 문답식 학습강연 등을 통해 학습해야 하고 또한 준수해야 하는데, 사실상 주민 통제의 수단으로 기능하고 있다.[26]

1980년 10월 10일 제6차 당대회에서 김정일이 후계자로 공식 등장한 이후에는 주체사상을 마르크스-레닌주의보다 우월한 사상으로 그 지위를 격상시켰다. 조선노동당은 규약 전문에서 "조선로동당은 오직 위대한 수령 김일성 동지의 주체사상, 혁명사상에 의해 지도된다."라고 천명함으로써 주체사상을 공식적인 정치 지도 이념으로 규정하였다. 1982년 3월 「주체사상에 대하여」라는 논문을 발표함으로써 '사상에서의 주체, 정치에서의 자주, 경제에서의 자립, 국방에서의 자위'를 지도적 원칙으로 구성하는 등, 주체사상을 이론적으로 체계화하였고, 1986년에 '사회정치적 생명체론'도 내놓았다.

---

25) 이종석, 앞의 책, pp. 167-169 참조.

26) 1967년 6월 28일 김일성의 동생이자 당중앙위원회 조직부장인 김영주의 제청에 의해 당중앙위원회 제4기 16차 전원회의에 '당의 유일사상체계를 확립할 데 대하여'가 의제로 채택되었다. 이 회의에서 10대 원칙이 작성되고, 김정일에 의해 1974년 김일성의 생일 전날, '당의 유일사상 체계 확립의 10대 원칙'이라는 이름으로 공포되었으며, 총 10조 65개항으로 구성되어 있는 10대 원칙에는 각 항별로 유일사상체계를 어떻게 뒷받침할 것인지 구체적으로 제시되어 있다. 그 내용은 다음과 같다.

① 위대한 수령 김일성 동지의 혁명사상으로 온 사회를 일색화하기 위하여 몸 바쳐 투쟁하여야 한다. ② 위대한 수령 김일성 동지를 충성으로 높이 우러러 모셔야 한다. ③ 위대한 수령 김일성 동지의 권위를 절대화하여야 한다. ④ 위대한 수령 김일성 동지의 혁명사상을 신념으로 삼고 수령님의 교시를 신조화하여야 한다. ⑤ 위대한 수령 김일성 동지 집행에서 무조건성의 원칙을 철저히 지켜야 한다. ⑥ 위대한 수령 김일성 동지를 중심으로 하는 전당의 사상의지적 통일과 혁명적 단결을 강화하여야 한다. ⑦ 위대한 수령 김일성 동지를 따라 배워 공산주의 풍모와 혁명적 사업 방법, 인민적 사업 작풍을 소유하여야 한다. ⑧ 위대한 수령 김일성 동지께서 안겨 주신 정치적 생명을 귀중히 간직하며 수령님의 크나큰 정치적 신임과 배려에 높은 정치적 자각과 기술로써 충성으로 보답하여야 한다. ⑨ 위대한 수령 김일성 동지의 유일적 영도 밑에 전당, 전국, 전군이 한결같이 움직이는 강한 조직 규율을 세워야 한다. ⑩ 위대한 수령 김일성 동지께서 개척하신 혁명위업을 대를 이어 끝까지 계승하며 완성하여 나가야 한다.

데일리NK 홈페이지(http://www.dailynk.com), 2010년 9월 24일 검색.

「김정일, '유일사상 10대 원칙'으로 北주민 손발 묶어」, 『Daily NK』, 2008년 10월 8일자.

이처럼 주체사상은 대내외 정세 변화에 부응하여 그 형성과 전개 과정이 여러 측면에서 변화·발전을 보인 것과 같이 그 내용도 새로운 측면들을 보충하면서 변화를 거듭해 온 것이라 하겠다. 조선노동당의 이념 및 목표의 변화 과정은 〈표 Ⅲ-2〉와 같이 정리해 볼 수 있다.

〈표 3-2〉 조선노동당의 이념 및 목표의 변화 과정

당대회	지도 이념	최종 목표
북조선노동당 창립대회 (1946.8.28. ~ 30.)	마르크스-레닌주의 (당시 당 규약은 이를 명시하고 있지 않음)	·통일적 독립국가 건설
제2차 대회 (1948.3.27. ~ 30.)	마르크스-레닌주의 (당시 당 규약은 이를 명시하고 있지 않음)	·통일적 독립국가 건설
제3차 대회 (1956.4.23. ~ 29.)	마르크스-레닌주의	·사회주의제도의 수립(대내) ·반제·반봉건 민주주의 혁명(전 한반도)
제4차 대회 (1961.9.11. ~ 18.)	마르크스-레닌주의와 항일무장투정의 혁명 전통	·사회주의제도의 강화 발전(대내) ·반제·반봉건 민주주의 혁명(전 한반도)
제5차 대회 (1970.11.2. ~ 13.)	마르크스-레닌주의와 김일성 주체사상	·사회주의제도의 승리(대내) ·민족해방 인민민주주의 혁명 수행 (전 한반도)
제6차 대회 (1980.10.10. ~ 14.)	김일성 주체사상	·사회주의의 완전 승리(대내) ·민족해방 인민민주주의 혁명 완수 (전 한반도)

ㅁ 통일부, 『2002 북한 수첩』, (서울: 통일부, 2002), p. 25.

〈표 3-3〉 주체사상의 형성 과정

내용	제기	배경
사상에서의 주체	당 선전선동원대회 (1955.12.28.)	·스탈린 사망(1953.3.) ·1950년대 초반부터 당내 국내파(갑산파) 숙청
경제에서의 자립	당중앙위원회 전원회의 (1956.12.11.)	·대외 원조의 감소로 제1차 5개년 경제계획 (1957 ~ 1961) 추진 차질
정치에서의 자주	당중앙위원회 전원회의 (1957.12.5.)	·공산권 내 개인숭배 반대 운동 ·당내 연안파, 소련파 진압
국방에서의 자위	당중앙위원회 전원회의 (1962.12.10.)	·중·소 분쟁의 심화와 미·소 공존 모색 ·쿠바 위기(1962.10.)
외교에서의 자주	당 대표자회의 (1966.10.5.)	·중·소분쟁의 확대 ·비동맹운동의 발전
종합체계화	제5차 당대회 (1970.11.2.)	·김일성 1인 지배체제 확립 ·김일성 개인숭배 운동 전개
김일성주의화	제6차 당대회 (198.10.10.)	·김일성·김정일 부자 세습체제 공고화

ㅁ 통일부, 『2002 북한 수첩』, (서울: 통일부, 2002), p. 22.

3) 주체사상의 지도 원리 : 4대 자주노선

(1) 사상에서의 주체

김일성이 '주체'에 관해서 공식적으로 언급한 1955년 당시 북한의 내부사정은 매우 복잡하였다. 내부적으로는 한국전쟁 직후 수습 과정에서 전쟁 실패에 대한 책임 문제가 대두되었고, 외부적으로는 1953년 소련 수상 스탈린의 사망이 김일성의 입지와 그를 전폭 지원하던 세력의 약화를 초래하였다. 이런 시기를 틈타서 북한 내의 연안파, 소련파 그리고 잔재하던 남로당파들은 김일성에 도전할 기회를 갖게 된 것이다. 대외적으로도 김일성의 통치 이념의 기반이 되어 온 마르크스-레닌-스탈린주의가 흐루시초프에 의해 격하운동을 당하는 상황이 전개되고 있었다. 이러한 가운데 김일성은 자신의 세력에 대항하는 정적들을 대응하는 방법으로 '주체'를 내세웠다. 중국에서 온 연안파는 중국식으로 또한 소련에서 온 사람들은 소련식으로 조선의 혁명을 하자고 하였는데, 이런 태도는 마르크스-레닌주의를 잘 이해하지 못하였기 때문에 발생한 것으로, 마르크스-레닌주의는 교조가 아니며, 즉 맹목적으로 따르면 되는 것이 아니라 자기 나라의 사정에 맞게 창조적으로 적용하여야 한다는 주장을 편 것이다.

(2) 경제에서의 자립

김일성은 1956년 12월 당중앙위원회 전원회의에서 '사회주의 건설에서 혁명적 대고조를 일으키기 위하여'라는 제목의 연설을 통하여 경제적 자력갱생을 역설하였다.[27] 그리고 1958년 3월 6일에는 당 대표자회의에서 자립적 경제 건설을 주장하였다. 한편, 대외적으로는 1960년대 중·소 분쟁의 틈바구니에서 소련으로부터의 경제·기술 원조가 중단되자 북한은 독자적인 경제 건설 노선을 조심스럽게 추구해 나가려고 하였다. 뿐만 아니라, 소련의 내정간섭에서 벗어나기 위한 수단으로서 '경제에서의 자립'을 통하여 정치적 독립을 달성하려는 북한의 새로운 주체노선의 채택이라고 하겠다.

(3) 정치(외교)에서의 자주

김일성이 내세운 '정치에서의 자주'의 원칙은 1957년 12월 당중앙위원회 전원회의에서

27) 배한동 외, 앞의 책, p. 60 참조.

북한이 내정간섭에서 벗어나 독자적인 정치 노선을 걷기 위해 천명한 것이다[28]. 이는 한국전쟁 이후에 시작된 당 내부의 권력투쟁에서 자신의 반대파들을 숙청하는 정치적 명분으로 이용되었다. 또한 이후 중·소 분쟁에서 중립적 태도를 취하는 외교관계의 자주의 의미로도 사용되었다. 이는 소련이 각 나라 공산당이나 노동당에다 중앙집권적 통제를 가하며 세계혁명의 중심 역할을 하려는 데 대한 북한의 거부로도 받아들일 수 있었다. 이러한 북한의 자주노선은 중국과 소련 어느 쪽에도 기울어지지 않으려는 의도에서 1966년 10월에 '외교에서의 자주' 노선으로 표명되었다. 그런데 이처럼 김일성이 중·소의 두 대국 사이에 끼어서 강대국의 대국주의를 회피하고 독자노선을 취할 수 있었던 것은 당내에서 독점적 권력 기반이 확립되었고, 공산권 진영 내부에서의 다원화 현상 및 중·소 분쟁이라는 절호의 기회를 포착했기 때문에 가능했다고 할 수 있다.

(4) 국방에서의 자위

주체사상을 군사 부문에 적용한 것이 '국방에서의 자위' 노선이다. 김일성은 외래 침략자들과의 전쟁에서 외부의 지원도 중요하지만 그것은 어디까지나 '보조적 역할'을 하는 데 지나지 않으며 가장 중요한 것은 제 나라의 주체적 역량이 준비되어 있어야 한다고 주장하였다. 김일성은 1962년 12월 당중앙위원회 제4기 5차 전원회의 석상에서 4대 군사노선을 천명하였다. 즉, '전군의 간부화', '전 인민의 무장화', '전군의 현대화', '전국의 요새화' 작업을 통하여 온 북한 사회를 군사화하였다.

이러한 배경 가운데 하나는 1962년 10월의 쿠바 미사일 위기와 관련되어 있었다. 이를 통해 북한의 방위체제를 전면 재검토하고, 그로부터 '국방에서의 자위' 노선을 채택하여 독자적인 군사전략을 수립하게 된 것이다. 이는 또 한편으로 '남조선 해방', '남조선 혁명'의 지원 역량으로서의 군사력 강화를 명분으로 내세우는 데 활용하였으며, 이를 위해 가능한 한 인적·물적 자원이 총동원되도록 하였다.

김일성은 1978년 정권 창건 30주년 기념 보고에서도 연설을 통해 "당의 군사노선을 관철하여 인민군대를 일당백의 혁명무력으로 강화하였으며 온 나라를 난공불락의 요새로

---

28) 배한동 외, 위의 책, p. 61.

만들었다."라고 천명함으로써 4대 군사노선을 강조하였다. 또한 북한은 1992년 4월 24일 조선인민군 창건 60주년 기념 보고회에서 군 총참모장 최광의 보고를 통해 4대 군사노선의 강화와 함께 '전군의 주체사상화'를 강조하였는데, 군사 기술 향상, 철저한 규율 확립, 기본 전투 단위인 중대의 강화 등을 촉구하기도 하였다.[29)]

4) 주체사상의 기능

북한에서는 주체사상이 정치체제, 주민생활, 대외관계 등 전 분야에서 유일한 지도이념이 되고 있다. 김일성 사후 김정일의 본격적인 지배체제 구축 과정에서 '선군정치'가 강조되고 있지만 '주체사상에 기초한 우리식 사회주의 건설'은 변함없이 유지되고 있다.

주체사상은 다양한 인민대중의 교양망 체계를 통해 인민들의 삶 깊숙이 스며들도록 하고 있는데, 북한 주민들은 각종 정치사상교양과 학습과정을 통하여 주체사상을 삶의 기준으로 받아들이고 있다.

한편, 주체사상에 교양으로는 원리 교양, 충실성 교양, 김일성·김정일의 혁명역사·전통교양, 당정책 교양, 계급 교양 등이 주종을 이룬다. 간부들의 경우 간부 학습, 강연회를 통해, 노동자의 경우는 노동자 학습반, 강연회 등을 통해 교양을 강화하고 있다. 이른바 문답식 학습 경연 방법 등을 통해 갑론을박하며 주체사상을 학습하도록 하고 있다. 이처럼 주체사상은 북한 사회주의 체제의 생존을 위해 북한 주민들의 삶 자체를 규정짓는 하나의 준거이다.

Q. 북한 주민들은 주체사상에 대하여 어떻게 학습하고 있는가?

A. 북한 주민들은 학창 시절에 '혁명역사1', '혁명역사2' 등의 과목을 통해 김일성과 김정일의 혁명 투쟁사를 배운다. 최근에는 '김정숙 혁명 역사'도 보태어진 것으로 알려져 있다. 이 과정에서 주체사상에 대한 각종 학습을 하도록 되어 있다. 문답식 경연 등을 통해 이를 통째로 암송하는 경우가 많다. 대학생들의 경우도 '김일성주의 기본'과 노작 과목 등의 논문에 대해 전공을 불문하고 이러한 정치 사상교양 관련 강좌가 전체 이수 과목의 30%를 차지하고 있고 필수로 지정되어 있다. 학생들에게 각종 노작의 원본을 발췌·정리하여 제출하면서 외우도록 하고 있다.

---

29) 관련 내용은 「북한백과」, 중앙일보 홈페이지(http://joins.com), 2010년 9월 24일 검색 참조.

5) 주체사상의 한계

주체사상의 한계를 지적해 보면 다음과 같다. 먼저, 북한 통치 이념으로서 주체사상의 변화 과정을 살펴보면, 초기에는 '마르크스-레닌주의에 기초한 프롤레타리아 독재'를 강조한 것으로부터 시작하여 그 후 주체사상이 등장하면서 민족주의적 성격이 강화되고, 최종적으로는 수령론과 후계자론의 형태로 각각 발전하였다. 우선 협의의 주체사상은 인민대중의 자주성과 창의성, 그리고 의식성의 강조에 기반한 마르크스-레닌주의의 현실적 한계를 뛰어넘는 '독자적인 사상체계'임을 강조하고 있으나, 객관적인 현실적 제 조건을 과학적으로 고려하지 않는 '주관주의적 측면'이 강하다. 동시에 지나치게 '정치사상 의식의 우선성'을 내세움으로써 주체사상의 실천 과정에서는 '대중들의 물질적 동기부여' 혹은 '객관적인 상황적 제약성'을 소홀히 하는 관념론적 측면이 내재되어 있다.

앞서 언급한 바와 같이, 북한의 통치 이념으로서의 주체사상은 세 가지 사상적 요소로 구성되어 있다. 첫째는 사회적 존재론에 기초한 인간중심주의, 둘째는 근로인민대중(노동자계급)에 기초한 계급주의, 그리고 셋째는 절대적 엘리트주의를 정리해 놓은 수령론이 그것이다. 그리고 이 모두를 아우르는 이론은 정치사회적 생명체론이다. 특히, 정치사회적 생명체론에서는 인간을 사회적 존재로 인식하는데, 사회는 개개인에 선행하는 1차적 존재이며 생명을 가진 유기체와 같아 구성원들이 그 유기체를 구성하는 장기와 세포같이 각각의 기능을 제대로 할 때 전체 사회는 건강하게 생명을 유지하면서 발전하고 개인도 생명을 가지고 발전한다고 설명한다. 그러나 주체사상에서 말하는 인간중심주의란 개개인을 세계의 주인 내지는 역사 발전의 주역으로 본다는 것이 아니고, 집단 속에서의 인간을 주인, 주역으로 본다는 것이다. '인간 개조 사업'을 통하여 '공산주의적 인간'으로 개조하여 다른 사람들과 '집단주의적 사회관계'를 맺게 된 '인간 집단' 중심주의라고 이해할 수 있다.

특히 주체사상에서는 수령론을 통해 인민대중이 올바른 영도를 받을 때만이 진정한 역사의 주인으로 된다고 말하고 있다. 또한 이러한 영도는 최고 지도자의 의지를 담아 집행하는 조선노동당만이 가능하다고 주장한다. 즉, 당이 바른 지도를 할 수 있는 까닭은 '혁명의 최고 영도자'인 수령의 뜻을 따르기 때문이라는 것이다. 결국 수령의 뜻을 따르는 조선노동당이 지도할 때 인민대중은 역사의 주인이 되는 셈이다. 수령은 유기체인 사회의 뇌수에 해당하기 때문에 수령의 지시대로 움직일 때만 사회는 건강하게 생명을 유지할 수 있다는 것이 주체사상의 핵심이다. 뿐만 아니라, 올바른 혁명과 건설을 위해서는 '수령의 유일적 혁명사상에 대한 올바른 학습과 그에 따른 무조건적 실천'이 우선시되고 있다. 물론 주체사상과 수령론은 대중의 창발성과 주체성을 강조하고 있으나 당내의 최고 지도자에 대해서 초월적인 존재로서 절대 권력을 부여함으로써 수령의 무오류성마저 전제하고 있다.

여기에 그치지 않고 북한은 '혁명 전통을 계승·발전시킨다는 것은 본질에 있어서 주체의 혁명 위업을 계승·완성하여 나간다'는 명분하에 혁명 전통의 순결성을 고수해야 하며 혁명 전통을 전면적으로 계승·발전시켜 나가야 한다는 이른바 후계자론으로 이어지고 있다. 그러나 후계자의 승계 문제의 경우, '혁명을 최후까지 철저하게 완료한다는 문제'(혁명계승론)와 '혁명의 최고 지도자를 부자간의 개인적인 세습제로 한다는 것'(혈통계승론)은 성격이 전혀 다르다고 볼 수 있다.

결국 주체사상은 '인민대중의 자주성과 주체성 그리고 창조성'을 보장한다는 문제의식에도 불구하고 수령론과 후계자론 등을 통해서 수령과 후계자에 대한 절대적 충성을 강요하고, 동시에 봉건적인 권력 승계의 가능성을 열어 놓은 반민주적 성격을 내포하고 있다. 또한 프롤레타리아 독재의 실현이라는 측면 역시 수령에 대한 절대적인 충성과 조선노동당의 일당 독재, 그리고 수령과 후계자라는 개인 독재의 형태로 그 특성이 변질되면서, 사상적 측면에서의 계급성의 상실은 물론 그 실천 과정에서 변질된 형태의 최고 지도자 개인과 조선노동당의 독재를 실현시키기 위한 도구로 활용하고 있다고 하겠다. 특히, 그 실천 과정에서는 더욱 커다란 '권위주의'적인 모습으로 표출된다는 비판을 면하기 어려워 보인다.

한편, 주체사상의 형성체계와 관련하여서도 최고 지도자의 통치상의 현실적 필요에 따라 부가되어온 것으로서 복수의 명제로 구성된 사상체계라는 점도 지적하지 않을 수 없다. 앞서 설명한 바와 같이, 1955년 김일성이 사상사업에서 주체를 확립해야 한다고 주장한 이후 지금까지 다양한 이론과 사상체계가 최고 지도자의 정치적 필요에 따라 보완되거나 추가된 결과로 나타난 산물이기 때문이다. 특히 1950~60년대를 지나면서 김일성의 이름과 주체사상을 연결하는 작업이 진행되었다. 북한의 정치권에서 사용하기 시작한 '수령'이라는 호칭으로 김일성을 거명하면서 조심스럽게 연결하곤 하던 '김일성 수령께서 교시하신 주체사상'이 '김일성 수령께서 창시하신 주체사상'이 되었다가, '김일성 수령의 주체사상'으로 변모해 갔던 것이다. 1970년대 들어서자 주체사상은 완전히 김일성 우상화의 도구로 전락하였는데, 김정일에 의한 '김일성주의'의 이론화 작업이 진행되었다. 주체형의 공산주의자들이 따라 배워야 할 도범적 인간형으로 김일성의 소년 시절이 제시되는가 하면, 인간에게 육체적 생명보다 더 중요한 사회정치적 생명을 주는 존재가 바로 김일성 수령이라는 등의 우상화 논리가 주체사상의 기반 위에서 각각 전개되어 나갔다. 이와 더불어 북한 당국은 각종 매체를 동원하여 온 사회의 주체사상화를 부르짖으며 주민생활의 각 부문에 주체적 방식을 도입하려고 노력하였다. 심지어 '주체 농법'과 같이, 농업부문에까지 적용되기도 하였다. 그런데 북한이 주장하는 주체적 생활 방식이란 결국 최고 지도자인 김일성(수령)의 영도나 지시를 무조건적으로 따르면서 생산성을 높이기 위해 끊임없이 노력하는 모습을 의미하는 것이었다.

더 나아가 1980년대에 주체사상은 김정일 우상화에 기여하는 도구의 역할도 수행하게 된다. 당시 북한은 주체 위업이 하루아침에 이루어질 수 없다는 논리를 강력하게 내세웠다. 주체 위업은 대를 이어 지속해 나가야 하며 주체 혈통을 고수하는 것이야말로 사회주의의 완성을 달성하는 지름길이라고 주장하였다. 또한 김일성과 달리 김정일이 주체적인 혁명이론을 밝혀주는 역할을 했다는 것을 노동신문을 통해 역설하기도 하였다. 김일성이 주체사상을 '창시'한 반면, 김정일은 탁월한 '이론화'를 이끌어 가는 인물이라는 것이다. 이와 같은 주장들은 김정일의 정치적 입지를 강화하기 위한 포석이라고밖에 볼 수 없다.

Q. 북한의 김일성·김정일 부자에 대한 우상 숭배는 어느 정도인가?

A. 북한의 우상 숭배 하면 가장 먼저 떠오르는 것이 김일성·김정일의 초상화이다. 북한에서는 인민들에게 불이 난 집에서 초상화를 지키기 위해 자녀를 잃으면서까지 뛰어들어 꺼내오기도 하고, 군 병실에 사고로 수류탄이 떨어졌을 때에도 목숨을 바쳐 가며 몸으로 막도록 가르쳐 왔다. 태어나서 말을 배우기 전에 우상 숭배를 먼저 습득하도록 교육하였기에 그런 행동이 나올 수밖에 없고, 1년에 한 번씩 주는 사탕, 과자 한 봉지에 감격해서 고마워한다. 따라서 일반 주민들은 우상 숭배라고 생각지 않고 그저 충성이라 여기면서 그에 자긍심을 느낀다. 북한에는 '초상화 정성(精誠) 관리 사업'이라는 것이 있어, 일반 가정집의 초상화 관리 상태에 대해, 초상화를 어디서 수여 받았는지, 천연색인지 흑백인지 등 여러 가지를 검열한다. 검열 과정에서 초상화 관리가 좋지 않으면 정치범 또는 반동으로 간주되어 처벌을 받는다.

2. 주체사상의 변화와 선군정치(사상)의 등장

주체사상은 김일성 사후 그 강조의 빈도가 점차 줄어들고 있다. 예를 들어, 1995년의 신년공동사설에서 주체사상이라는 용어가 3번 가량 언급됐던 것이 1996 ~ 1998년에는 1회로 줄어들었으며, 1999 ~ 2001년에는 그나마도 사라졌다. 그렇다고 주체사상이 지배이념으로서 자리를 내놓았다는 것은 아니며, 김정일이 권력을 승계한 이후 정세 변화에 따른 하위 실천 이념이나 구호(조선민족제일주의, 3대혁명붉은기사상, 선군정치, 강성대국론, 광폭정치, 음악정치, 과학 기술정치 등)들의 부각 필요에 의해 그 강조의 수위를 낮춘 것으로 이해하는 편이 나을 것 같다. 실제로 2009년에 개정된 헌법에서도 주체사상은 건재하고 있으며 '선군사상'이 새롭게 명문화하여 강조되고 있을 뿐이다. 이처럼 비록 주체사상에 대한 직접적인 선전의 강도는 약화되고 있지만 대신 주체사상에 뿌리를 두고 있는 '붉은기 사상', '강성대국론', '선군정치론' 등 새로운 실천적 하위 통치 이념 내지 구호들이 김정일 국방위원장의 집권과 함께 등장하기 시작하였다.

1) 김정일 집권과 함께 등장한 각종 통치 이념 및 구호들

(1) 우리식 사회주의와 붉은기 사상

1990년대 초반 구소련과 동유럽의 사회주의 국가들이 체제 전환을 선택하면서, 북한 당국은 자신의 사회주의 체제의 붕괴 위협을 느낀 나머지, 1990년대 들어 주체사상의 차별성·우월성을 부각시키면서 '우리식 사회주의'라는 구호를 들고 나왔다.[30] 다시 말해, 주체사상에 기반한 '우리식 사회주의'가 이미 붕괴해 버린 다른 사회주의 나라들과 어떻게 다른지 명확하게 설명할 필요가 있었던 것이다. 이 과제를 해결하기 위해 북한은 주체사상을 참다운 사회주의·우리식 사회주의로 규정하고, 참답지 않은 다른 나라의 사회주의와

30) '우리식 사회주의'는 1991년 5월 5일, 김정일이 당중앙위원회 책임일꾼들 앞에서 행한 연설 「우리식 사회주의는 필승불패다」에 잘 나타나 있다. 김정일은 "사회주의는 인류 력사에서 존재한 모든 착취 사회와는 근본적으로 다른 새 사회로서 계급적 원쑤들과의 치열한 투쟁을 벌리며 전인미답의 길을 헤쳐 나가는 것인 만큼, 전진도상에서 일시적인 우여곡절을 겪을 수 있으나 인류가 사회주의 길을 따라 나아가는 것은 그 어떤 힘으로도 막을 수 없는 력사 발전의 법칙"이며, "우리식 사회주의의 공고성과 불패성의 비결은 인민을 사회의 진정한 주인으로 내세우고 사회의 모든 것이 인민을 위하여 복무하는 인민대중 중심의 사회주의에 있다."라고 밝혔다. [고유환, 「사회주의의 위기와 북한의 우리식 사회주의」, 『통일문제연구』(통일원 교육홍보국, 1995년 2호), pp. 21-27.]

차별화시켰다.

나아가 북한은 소위 '붉은기 사상'을 정식화했다고 주장하였는데, 붉은기 사상의 내용은 한마디로 '영도자에 대한 절대적인 충성심과 수령 결사옹위 정신'으로 요약할 수 있다. 이는 경제상황이 어려움에도 불구하고 지도자 김정일을 위해 끊임없이 충성하고 희생해야 한다는 점을 주민들에게 설득하기 위한 것이다.

이처럼 1990년대 들어 북한 당국이 우리식 사회주의·붉은기 사상 등으로 주체사상의 내용과 폭을 확대하려고 부단히 노력해 온 이유는 북한 사회가 총체적 변혁을 시도해야 할 때라는 의식이 북한 주민들 사이에 팽배해 있었기 때문인 것으로 평가된다. 즉, 북한 당국은 사회주의 체제 유지가 위협받게 될 가능성 때문에 끊임없이 주체사상의 기치 아래 아래의 각종 정치 구호들을 내세워 주민들의 인내심과 노동력 강화를 요구하였던 것이다.

(2) 조선민족제일주의

'조선민족제일주의'는 1986년 7월 15일에 김정일의 당중앙위원회 책임일꾼들과의 담화 '주체사상교양에서 제기되는 몇 가지 문제에 대하여'에서 처음 등장한 이후, 1990년대 들어서는 북한 주민들에게 집중적으로 교양하기 시작하였다.[31] 북한은 조선민족제일주의의 원천이 첫째, 김일성과 김정일이라는 지도자, 둘째, 주체사상, 셋째, 혁명 전통, 넷째, '우리식 사회주의', 다섯째, 민족의 고유한 역사에서 나온다고 주장하였다. 결국 조선민족제일주의는 민족적 우월성을 내세워 다른 사회주의 국가들과의 차별성을 부각시킴으로써 내부적으로 주민들의 사상적 동요를 막고 체제의 결속을 도모하기 위해 제시된 주체사상의 하위 통치 이념이라고 할 수 있다. 뿐만 아니라, 대남한 관계에 대해서는 민족대단결 논리를 통하여 통일전선을 구축하려는 의도가 있는 것으로 풀이해 볼 수 있다.

---

31) 이후 1989년 12월 28일, 김정일은 「조선민족제일주의 정신을 높이 발양시키자」를 발표하였다. '조선민족제일주의 정신'은 조선민족의 위대성에 대한 긍지와 자부심, 조선민족의 위대성을 더욱 빛내어 나가려는 높은 자각과 의지로 발현되는 숭고한 사상 감정을 의미한다. [전영선, 『북한의 사회와 문화』(서울: 도서출판 역락, 2005), p. 73.]

(3) 강성대국론

강성대국론은 1998년에 본격 등장한 것으로서, 그해 2월에 있었던 김정일의 자강도 현지지도와 이어 8월 22일 『노동신문』 정론에서 '강성대국'이 발표되고, 8월 31일 '광명성 1호'를 발사하면서 이를 강성대국으로 진입하는 신호탄인 것처럼 의미를 부여하는 등 대대적으로 선전하기 시작하였다.

북한의 당 기관지인 『노동신문』에 의하면, "사상과 군대를 틀어쥐면 주체의 강성대국 건설에서 근본을 틀어쥔 것으로 된다." 또한, "나라는 작아도 사상과 총대가 강하면 세계적인 강대한 나라가 될 수 있다."라고 하여, 강성대국 건설의 기본이 사상과 군대임을 천명하였다.[32)]

북한이 주장하는 강성대국 건설론은 3가지 측면에서 제시되고 있다.[33)] 첫째는 사상·정치의 강국 건설이고, 둘째는 군사의 강국 건설이며, 셋째는 경제의 강국 건설이다. 즉, 사상의 강국이란 "주체사상에 기초한 당과 혁명대오의 공고한 사상의지적 통일단결이 이룩된 나라"를 말하며, 군사의 강국은 "강력한 공격 수단과 방어 수단을 다 갖춘 무적필승의 강군, 전민 무장화, 전국 요새화가 빛나게 실현되여 그 어떤 원쑤도 범접할 수 없는 난공불락의 보루"를 뜻하고, 경제의 강국이란 "사회주의 건설을 다그쳐 경제를 활성화하고 자립경제의 위력을 높이 발양시키면 우리 조국은 모든 면에서 강대한 나라로 빛을 뿌리게 된다."라는 의미라고 설명하고 있다. 북한은 2012년 강성대국 건설의 완성을 목표로 설정하였는데, 사상 강국의 실현과 함께 핵무기 실험 등의 성공을 계기로 군사(총대) 강국이 완성됨으로써 남은 것은 경제 강국의 건설 과제임을 분명히 하고 있다. 물론 최근에는 경제 강국 건설의 목표치도 일부 낮게 조정함으로써 현실을 반영하고 있는 것으로 보인다.

북한이 이처럼 강성대국론을 내놓은 배경에는 대내적으로 김정일 시대의 출범에 즈음하여 주민들에게 희망을 줄 수 있는 새로운 정치적 이념 내지 목표가 필요하고, 대외적으로는 북한 정권이 건재함을 과시해야 할 필요성 때문인 것으로 보인다.

---

32) 『노동신문』, 1998년 9월 8일자.

33) 북한은 2000년 신년공동사설에서 "우리는 사상 중시, 총대 중시, 과학기술 중시 노선을 틀어쥐고 올해 총진군을 다그쳐 나가야 한다. 사상과 총대, 과학기술은 강성대국 건설의 3대 기둥이다."라고 밝혔다. (『노동신문』, 『조선인민군』, 『청년전위』, 2000년 1월 1일자.)

2) 선군정치

김정일 시대의 본격적인 출범과 함께 강조되어 온 것은 이른바 '선군정치'이다. 이 선군정치라는 용어는 1997년 12월 처음으로 등장하였으나, 군 중시의 정치 방식은 김일성 사후 1995년부터 시작되었다고 할 수 있다.[34] 특히 1998년과 2009년의 헌법 개정을 통한 국방위원회의 권능 강화를 비롯하여 일련의 제도화 작업도 함께 추진해 오고 있다.

북한의 선군정치는 "인민군대 강화에 최대의 힘을 넣고 인민군대의 위력에 의거하여 혁명과 건설의 전반 사업을 힘 있게 밀고 나가는 특유의 정치"라는 표현에서 알 수 있듯이, 한마디로 '군사 선행, 군 중시'의 정치라고 말할 수 있다. 또한 선군정치는 "군사를 국사 중의 제일 국사로 내세우고 군력 강화에 나라의 총력을 기울이는 군사 선행의 정치", "인민군대를 핵심으로 하여 혁명대오를 튼튼히 꾸리고 혁명적 군인정신을 무기로 하여 사회주의 건설을 밀고 나가는 것"으로 설명되기도 한다. 군 중시 사상을 반영한 국방위주의 정치라고 규정할 수 있는데, 선군정치론은 김정일 체제 유지의 독창성을 나타내는 중요한 통치 도구가 되고 있다.

김정일은 "독창적인 위대한 선군정치로 인민군대를 주체혁명의 기둥으로 부강 조국 건설의 주력군"으로 내세우고 있으며, "경제 건설보다 중요한 것은 군대를 강하게 만드는 것이며 총대가 강하면 강대한 나라가 될 수 있다."라는 등의 표현으로 선군정치의 정당성이나 근거를 내세우고 있다. 특히 "국방공업은 나라의 부강 번영과 인민의 행복, 혁명의 승리적 전진을 담보하는 국가정치의 첫째가는 중대사"라고 함으로써 다른 어느 분야보다 국방력의 강화에 매진할 것을 강조하고 있다.

그러나 이 선군정치는 1990년대 중반의 '고난의 행군' 시기에 군의 정치·경제·사회적 선도 역할을 통해 대내외적인 어려움을 극복하려는 의도에서 강조되기 시작한 것으로 판단된다. 한편, 최근에는 '선군(정치)사상'이라는 용어들이 등장하기도 하고, 선군정치의 연원이 점점 더 소급되면서 심화·발전하는 양상을 보이고 있다.

---

34) 북한은 과거 김정일 국방위원장의 선군정치 개시 시기를 1995년 1월 1일(다박솔 초소 방문)이라고 주장하였으나, 2005년부터는 1960년 8월 25일(근위 서울 류경수 제105 탱크사단 현지지도)이라고 소급하고 있다. 그리고 선군정치의 등장 배경 및 의미에 대해서는 진희관, 「북한에서 '선군'의 등장과 선군사상이 갖는 함의에 관한 연구」, 『국제정치논총』, 제48집 1호(한국국제정치학회, 2008)를 참고할 것.

Q. 북한의 선군정치에 대하여 주민들은 어떻게 생각하고 있는가?

A. 북한 주민들에게는 1998년 광명성 1호의 발사와 관련하여 상당한 자부심을 갖고 있다. 북한에서는 각종 국가적 사업에 군대나 돌격대를 투입하여 추진해 나가고 있다. 이에 대북 지원 쌀도 이들 조직에 우선 투입되는 것이 현실이다. 예를 들어 제대군인 1,000명을 혜산 동광산이나 대홍단 감자농사 등에 투입하도 한다. 이를 두고 북한 주민들은 '집단 무리 배치'라고 부른다. 한편, 돌격대에 투입된 식량은 암암리에 시장으로 흘러들어 필요한 다른 물자들과 교환되기도 한다. 식량 조달이 부족한 상황에서 시장에 유통되는 쌀의 대부분은 이러한 경로를 통해 유통된다고 한다. 선군정치의 강조로 군사 복무기간을 연장하는 가운데 남녀 성비가 맞지 않아서 혼기를 놓친 노처녀들이 집단으로 종사하는 방직 공장과 같은 곳에 제대 군인들을 집단 배치하여 이들 간의 결혼을 유도하는 등 다각적인 용도로 돌격대를 활용하고 있는 것으로 알려져 있다.

제3절 사회주의 헌법

북한은 1948년 9월 8일 「조선민주주의인민공화국 헌법」을 처음 제정한 이래 모두 9차례에 걸쳐 개정을 추진해 왔다. 1972년 10월 남한의 유신 헌법 제정에 맞추어 북한도 국가기구 체제를 '주석' 중심으로 제도화한, 이른바 '사회주의 헌법'을 채택(1972년 12월)한 데 이어 1992년 4월에는 '국방위원회'를 분리 격상시키는 등 김정일 후계체제를 공고히 하는 데 초점을 둔 개정도 단행하였다. 특히 1998년 9월에는 '김일성 헌법'임을 명문화하고 주석제를 폐지하는 등 국가기구를 조정하는 한편, 김정일의 정치적 기반을 법적으로 담보하기 위한 제8차 개헌을 하였다. 2009년에는 제9차 헌법 개정을 통해 국방위원회 위원장의 권능을 대폭 강화하여 당면한 현실과 부합하는 법제화 조치를 취하기도 하였다. 북한 정권 수립 이후 오늘에 이르기까지 북한 헌법의 주요 변화 과정은 다음과 같다.

1. 조선민주주의인민공화국 헌법 제정(1948년 9월 8일)

북한은 해방 직후 1946년부터 내부적으로 사회주의 개혁을 진행하였고 1947년 11월 북노당 지도부가 주축이 되어 임시헌법 제정위원회를 구성하였다. 1947년 11월 16일에는 중앙위원회 전원회의를 통해 '임시헌법 제정위원회'와 '초안작성위원회'(법전작성위원회)를 구성하였으며, 1948년 2월 9일에는 북조선인민회의 제4차 회의에서 헌법 초안이 통과되었다. 이어 4월 29일에는 북조선인민회의 특별회의에서 헌법 초안이 가결되었다. 그리고 7월 10일에 개최된 북조선 인민회의 제5차 회의에서 "통일될 때까지 북조선 인민회의 특별회의에서 찬동한 조선민주주의인민공화국 헌법을 북조선 지역에서 실시한다."라는 결정을 채택하였다. 이 결정에 따라 1948년 8월 25일에 총선거를 실시하여 572명의 최고인민회의 대의원을 선출하였다. 9월 2일에 개최된 최고인민회의 제1기 제1차 회의에서 설치된 '헌법위원회'는 10장 104개 조로 구성된 조선민주주의인민공화국 제헌 헌법을 마련하여 최고인민회의에 제출하였으며, 9월 8일에 만장일치로 채택하였다.

2. 제1차 개정(1954년 4월 23일)

1954년 4월 23일 최고인민회의 제1기 제7차 회의에서는 헌법 제37조 8항의 개정을 통해 '도·시·군·리(읍 및 로동자구) 구역의 신설 및 변경'을 추진하였다. 이에 따라 면 단위가 폐지되었다. 그리고 제58조의 내각 구성 조항의 일부도 변경하였다. 제1차 개정은 행정구역의 개편과 내각 구성의 명칭 수정 등 극히 일부분에 그쳤다.

3. 제2차 개정(1954년 10월 30일)

제2차 개정은 6개월 후에 최고인민회의 제1기 제8차 회의에서 이루어졌다. 지방 정권기관의 의결기관인 각 급 '인민회의'와 그 집행기관인 각 급 '인민위원회'의 설치 등을 골자로 하여, 헌법 제5장과 관련된 모든 조항을 수정하여 지방에 대한 중앙의 지도를 강화하였다. 그리고 제36조의 최고인민회의 대의원의 임기를 3년에서 4년으로 늘렸다.

4. 제3차 개정(1955년 3월 11일)

1955년 3월 11일 최고인민회의 제1기 제9차 회의에서는 제2차 헌법 개정에 따르는 각 급 지방 정권 기관의 권한 가운데 일부를 변경하고 최고인민회의 상임위원회 및 내각의 구성 조항과 그 권한에 대한 개정을 채택하였다. 최고인민회의 상임위원회의 권한 가운데 '외국과의 조약 비준' 조항이 '외국과의 조약 비준 및 폐기'로 수정되면서 그 권한이 확대되었고 내각의 공포권은 '지시'에서 '명령'으로 수정되었다.

5. 제4차 개정(1956년 11월 7일)

1956년 11월 7일 최고인민회의 제1기 제12차 회의에서는 헌법 제12조의 선거권과 피선거권의 연령을 만20세에서 만18세로 변경하는 개정안이 통과되었다. 이는 선거권뿐만 아니라, 피선거권까지 동시에 18세로 하향 조정했다는 점에서 참정권의 확대와 인민 동원의 조직화라는 목적을 달성하고자 한 것이었다.

6. 제5차 개정(1962년 10월 18일)

1962년 10월 18에 열린 최고인민회의 제3기 제1차 회의에서 이루어진 제5차 헌법 개정에서는 제35조의 최고인민회의 대의원선거의 선거구 확정 기준을 '인구 5만 명당 1명'의 비율에서 '인구 3만 명당 1명'으로 변경하였고 그 밖에 내각과 관련한 조항들도 일부 수정하였다.

7. 제6차 개정(사회주의 헌법 제정, 1972년 12월 27일)

1972년 12월 27일 최고인민회의 제5기 제1차 회의에서 채택된, 이른바 '사회주의 헌법'은 종래의 1948년 제정 헌법과 그 구성과 내용이 완전히 다른 것으로 분석된다. 모두 11장 149개 조항으로 구성되었으며 개정된 횟수로 보면 제6차 개정이지만 성격상 북한에서는 사회주의 헌법의 제정으로 밝히고 있다.[35] 또한 전체 헌법 조문에서 사회주의와 주체사상을 강조함으로써 북한 사회가 사회주의 체제를 완수하였다는 점을 대외적으로 과시하였다.

북한은 1958년에 이미 사회주의 혁명을 완성했다고 하면서도 새로운 헌법의 제정에 이르기까지 인민민주주의를 원리로 하던 구 헌법을 수정하지 않음으로써 헌법의 규범과 현실 사이에 큰 괴리가 있었다는 평가에 따른 것이었다. 그러나 새 헌법이 사회주의를 그 기본 원리로 하고 이에 대한 여러 규정을 둠으로써 기존의 헌법적 현실을 법제화하였다.

또한 처음으로 헌법에 조선노동당에 관한 규정을 두었는데, "조선노동당이 주체사상을 자기활동의 지도적 지침으로 삼는다."라고 밝혀서 당의 사상적 지도 기반을 명시하였다.

특히 제6차 개정 헌법에서는 정부 형태와 관련한 변화가 주목할 만하다. 내각책임제를 전면 개편하고 모든 국정의 지도권이 주석에게 부여되는 주석제를 도입하였으며, 새로운 정부기구로서 중앙인민위원회와 정무원을 신설하였다. 한편, 입법기관인 최고인민회의는 상임위원회의 기능을 약화시켜 상설회의로 명칭을 변경함으로써 김일성 1인 지배체제를 제도화하였다.

8. 제7차 개정(1992년 4월 9일)

북한은 20년 만인 1992년 4월 9일 최고인민회의 제9기 제3차 회의에서 종전의 헌법을 대폭 개정하는 제7차 개헌(1972년 사회주의 헌법의 1차 개정)을 단행하였다. 개정 헌법에서는 마르크스-레닌주의 이념의 퇴조에 따라 주체사상의 위상이 '사람 중심의 세계관이며 인민대중의 자주성을 실현하기 위한 혁명 사상'으로 수정되었다. 또한 경제난 극복을 위한 대외 개방 정책의 시도로서 외국인의 합법적 권리와 이익 보장 규정(제16조), 외국인·외국 법인과의 기업 합영과 합작을 장려하는 규정(제37조)을 각각 신설하였다. 1984년 합영법이 별도로 만들어졌던 것을 헌법을 통해 확인한 것이다. 아울러 1990년대 초반 나진 선봉 지역의 경제특구 개발을 염두에 둔 것이기도 하다.

---

35) 제6차 개정은 북한에서 사회주의 헌법 제정으로 밝히고 있다. 이에 따라 북한의 국가 명절인 '헌법절'도 12월 27일로 지정되어 있다.

또한 국가 주석이 최고사령관직을 겸직하도록 되어 있던 조항(제93조)을 삭제함으로써 1991년 12월 김정일이 최고사령관에 취임한 데 대한 법적 문제점을 해결하려 하였다. 이와 함께 구 헌법에서 중앙인민위원회 산하에 있던 국방위원회를 국가 주석 다음의 국가기관으로 격상시켜 국방위원회 제1부위원장인 김정일이 확고하게 군부를 장악할 수 있도록 물꼬를 열었으며 1993년 4월 김정일이 국방위원장에 오를 수 있는 발판도 마련하였다. 이 밖에 구 헌법에서 1개 조항(제14조)에서 포괄적으로 규정하던 국방의 문제를 별도의 장으로 격상(제4장 국방)시켰다.

9. 제8차 개정(1998년 9월 5일)

김일성 주석 사망 후 3년간의 유훈통치 기간이 끝나고 본격적인 김정일 시대가 출범하던 시점인 1998년 9월 5일에 북한은 최고인민회의 제10기 제1차 회의에서 '주석'직과 '중앙인민위원회'를 폐지하는 대신 상설회의로 격하되었던 '최고인민회의 상임위원회'를 별도의 헌법 기구로 삼는 한편, '정무원'을 '내각'으로 변경하는 등의 권력구조 개편을 골자로 하는 제8차 개헌을 추진하였다. 이 개정 헌법에서는 종전의 7장 171개 조로 되어 있던 것을 166개 조로 축소 조정한 가운데 전에 없던 '서문'을 신설하였고, '김일성 헌법'임을 명문화하였다.

또한 권력구조상에서는 최고인민회의 상임위원장이 "국가를 대표하며 다른 나라 사신의 신임장을 접수한다."라고 규정(제111조)함으로써, 대외적으로 '국가대표'로서의 권능을 부여하기도 하였다. 국방위원회에 대해서는 '국가 주권의 최고군사지도기관'으로 국방부문의 중앙기관에 대한 설치 및 폐지권까지 부여하였다. 그리고 내각 총리를 '정부 대표'로 명시하고 행정 집행에 대한 지도 권한을 부여(제120조)하는 등 그 권한을 강화하였다.

한편, 경제 관련 분야에서는 '합법적 경리 활동 수입의 개인 소유'(제24조)를 허용하여 사적 소유의 범위를 명시하였고 '독립채산제 실시 및 가격 수익성 같은 경제적 공간을 옳게 이용토록 한다'고 규정(제33조)함으로써 기업들의 자율권을 증대시키고자 하였다. 특히 "공민은 거주, 려행의 자유를 가진다."라는 조항(제75조)을 신설하여 형식적으로나마 거주 이전의 자유를 보장하는 등 주민들의 기본권 신장을 부각시켰다. 뿐만 아니라 구

헌법의 "조국과 인민을 배반하는 것은 가장 큰 죄악이며 법에 따라 엄중 처벌한다."라는 조항을 삭제하여 인권 탄압에 대한 국제적 비난을 모면하려고 하였다.

10. 제9차 개정(2009년 4월 9일)

북한은 2009년 4월 9일 최고인민회의 제12기 제1차 회의를 개최하였다. 대의원 687명 중 김정일 등 663명이 참석한 이날 회의에서는 7개의 장에 총 172개 조로 구성된 헌법의 개정이 단행되었다. 주요 개정 내용을 살펴보면 다음과 같다.

먼저 이 개정 헌법에서는 서문에서 '공산주의'라는 단어가 삭제되어 있다. 1998년 9월에 개정한 헌법에는 '사회주의'라는 단어와 함께 '공산주의'가 세 번 가량 언급되었지만, 이 헌법에서는 '공산주의'라는 단어를 모두 삭제한 것이다. 이것은 1992년 헌법을 개정할 때 '마르크스-레닌주의'를 삭제하고 '주체사상'을 내세웠던 것과 같은 맥락이라고 볼 수 있다. 둘째, '주체사상'과 '선군사상'을 짝을 이루어 제시함으로써 김일성의 주체사상과 김정일의 선군사상을 동일시한 것으로 평가해 볼 수 있으며, 특히 선군사상의 위상을 현실화 또는 격상시키고 있다.[36] 셋째, 무엇보다도 이 헌법 개정을 통해 두드러진 점은 국방위원회 위원장의 권능을 대폭 강화하여 현실화시킨 점이 눈에 띈다. 이는 김정일 국방위원장 체제를 제도적으로 현실화하고, 그의 체제가 강력하게 작동하고 있다는 점을 대내외에 과시한 조치로 분석된다. 국방위원장의 임무와 권한을 규정한 6개 조항(제6장 국가기구의 제2절 조선민주주의인민공화국 국방위원회 위원장)을 신설하면서 '국방위원장'을 '최고 지도자'로 규정해 '영구 주석'으로 남아 있는 김일성의 위상과 격을 맞추었다는 분석도 있다.[37]

---

36) 제3조 : 조선민주주의인민공화국은 사람 중심의 세계관이며 인민대중의 자주성을 실현하기 위한 혁명 사상인 주체사상, 선군사상을 자기 활동의 지도적 지침으로 삼는다.
제4조 : 조선민주주의인민공화국의 주권은 노동자, 농민, 군인, 근로인텔리를 비롯한 근로인민에게 있다.

37) 이는 국방위원장이 중요 조약을 비준·폐기하고, 사면권을 행사하며, 비상사태를 선포할 수 있도록 한 데서도 잘 나타난다. 특히 개정 헌법에서 국방위원장이 국가의 사업 전반을 지도하고, 국방위원회는 국가의 중요 정책을 입안하도록 했다는 점이 눈에 띈다. 기존의 헌법에서 국방위원회는 국방을 관리하는 기관으로만 규정되어 있었다. 그런데도 사실상 국방위원회가 국가사업을 모두 관장했기 때문에 현실과 법 간의 괴리가 있었다는 점에서 이번 개정으로 인해 북한의 국방위원회가 명실상부하게 '국가 최고의 권력기관'이 된 것으로 분석되고 있다(『조선일보』, 2009년 9월 25일자 기사 참조).

〈표 3-4〉 북한 헌법 개정 현황

개정 연월일	개정 차수	주 요 내 용
1948. 9. 8.	제정헌법 (10장 104조)	· '47.11. 북조선인민회의 3차 회의에서 조선임시헌법제정위원회'구성 · '48. 9. 8. 최고인민회의 제1기 1차 회의
1954. 4.23.	1차 개정	· 지방행정구역 중 면 폐지, 읍·노동자구 신설
1954.10.30.	2차 개정	· 최고인민회의 대의원 임기가 3년 → 4년으로 연장 · 지방 주권기관인 '인민위원회'를 '인민회의'와 '인민위원회'로 분리
1955. 3.11.	3차 개정	· 최고인민회의상임위원회 권한 중 '외국과의 조약 비준' → '비준 및 폐기'로 수정
1956.11. 7.	4차 개정	· 선거권 및 피선거권 연령을 20세에서 18세로 수정
1962.10.18.	5차 개정	· 대의원 선출 기준을 '인구 5만 명당 1인' → '인구 3만 명당 1인'으로 수정
1972.12.27.	사회주의 헌법 제정 (11장 149조)	· 최고인민회의 제5기 1차 회의 · 노동당 우월 지위 명시 · 주체사상의 헌법 규범화 · 국가주석제 도입 및 권한 강화
1992. 4. 9.	7차 개정 (7장 171조)	· 최고인민회의 제9기 3차 회의 · 마르크스-레닌주의 퇴조 · 국방위원회 분리 격상 등 국방 조항 강화 · 권력기관 재조정으로 후계 체제 강화
1998. 9. 5.	8차 개정 (서문, 7장 166조)	· 최고인민회의 제10기 1차 회의 · 주석·중앙인민위원회 폐기, 내각 부활 · 최고인민회의 상설회의를 상임위로 개칭 · 지방행정경제위원회를 인민위원회로 흡수
2009. 4. 9.	9차 개정 (서문, 7장 172조)	· 최고인민회의 제12기 1차 회의 · 공산주의 삭제 · 선군(사상) 삽입 · 국방위원회 위원장의 권능 대폭 강화

제4절 정치 체계, 정치과정 및 정치 문화

북한에서는 사실상 거의 모든 중요한 정책결정이 조선노동당 총비서이자 국방위원회 위원장인 김정일의 영도에 의해 결정된다. 최고 의결기구인 조선노동당 당대회의 형식적인 절차를 거쳐 확정되지만 1980년 이후 당대회는 개최되지 않고 있어서 실질적으로 조선노동당의 핵심부서(비서국 등)를 통해 공식적으로 정책화되고 있다.

1. 조선노동당

1) 조선노동당의 조직 원칙과 성격

(1) 최고 지도자의 유일 영도체제 하의 조선노동당 일당 독재

북한 헌법 제11조에서 "조선민주주의인민공화국은 조선로동당의 영도 밑에 모든 활동을 진행한다."라고 분명히 하고 있다. 이처럼 헌법에 의해 조선노동당의 독점적 지위가 규정되고 있는데, 이는 조선노동당이 북한 권력의 원천임과 동시에 당이 국가기관보다 우위에 있음을 말해 주고 있는 것이다. 일반적으로 공산국가의 권력구조가 갖는 가장 큰 특징은 권력이 집권 정당에 집중되며, 당 우위 국가체제를 형성하고 있는데, 북한에서도 조선노동당은 어떤 국가기관이나 단체보다 상위에서 기능하며, 이들 조직들을 '당적 영도'를 통해 철저히 지도·통제하고 있다.

또한 북한의 조선노동당은 근로 인민대중의 모든 조직들 가운데서 가장 높은 형태의 혁명 조직이라고 조선노동당 규약에 규정됨으로써 이른바 당국가적 성격도 뚜렷이 드러나고 있다. 따라서 북한의 권력구조에서는 모든 국가권력이 당에 집중되어 있으며 국가기관은 당에 의해 결정된 정책을 집행하는 기구로서의 성격을 갖고 있다.

그러나 실제로 북한은 최고 지도자(수령)의 유일적 영도 하에 통치되는 체제이다. 앞서 주체사상에서 살펴본 바와 같이 수령론이나 사회정치적 생명체론에서 뒷받침되는 것처럼 조선노동당은 수령과 인민대중을 매개하는 지위를 갖는다. 다른 공산국가가 당 중심 체제인 반면 북한은 최고 지도자(수령)의 지배하에 정당이 놓여 있다는 점에서 차이가 있다. 즉, 조선노동당은 북한 사회의 전체적 수준에서 보면 인민대중들을 지도하는 상급기관이지

만 수령의 영도를 받는 하급기관으로서 위상을 갖고 있는 것이다. 수령과의 관계에서 조선노동당은 전체 사회를 생명체의 뇌수인 수령을 중심으로 하나의 사회정치적 생명체로 결합시키는 것을 본질적인 기능으로 추구하고 있기 때문에 최우선적으로 수령이 제시한 정책과 노선을 관철하기 위해 인민대중을 조직하고, 동원하는 역할을 담당한다. 나아가 북한의 모든 당 조직은 유일 사상체계의 확립을 그 활동의 기본 원칙으로 삼으며 이에 근거하여 전체 인민들을 지도·통제하고 있다.

한편, 북한 사회의 법규범 체계를 살펴보더라도 조선노동당 규약이 헌법에 우선하는 독특한 체계임을 알 수 있다. 또한 각종 법률보다도 최고 지도자의 교시와 지시, 조선노동당의 지침·강령, 내각의 정령 또는 결정이 상위의 법규범으로서 효력을 발휘하고 있다. 북한 사회의 법 규범체계는 최고 지도자의 교시 → 조선노동당 규약 → 조선노동당 강령·지침 → 사회주의 헌법 → 내각의 정령·지침 → 성문법률 등의 순으로 실효성을 지니고 있다.

(2) 절대적 중앙집권제

북한 헌법 제5조에서 "모든 국가기관들은 민주주의 중앙집권제 원칙에 의하여 조직되고 운영된다."라고 규정하고 있는데, 조선노동당의 당 규약 제2장 '당의 조직 원리와 조직 구조'에서는 '민주주의 중앙집권제'에 대하여 다음과 같이 설명하고 있다. 민주주의 중앙집권제란 ① 최고 국가권력기관 및 지방 권력기관은 인민의 선거에 의해 구성되고, ② 모든 국가기관은 이러한 국가 권력기관에 의해 구성되며 그에 대하여 책임을 지고, 또한 그 사업을 보고하며, ③ 국가권력은 궁극적으로 최고 권력기관에 집중되고 상급기관의 결정은 하급기관을 구속하며, ④ 각 기관에서 소수는 다수에 복종하고 지방은 중앙에 복종한다고 밝히고 있다.[38]

이처럼 '민주주의 중앙집권제'는 인민에 의해 선출되고 책임을 진다는 측면에서 민주주의와 함께 상급기관이 하급기관들을 직접 통제하고 상급기관에 의해 결정된 정책이 하급기관에 대해 구속력을 갖는 중앙집권제의 결합을 의미한다. 그러나 대개 공산국가에서 국가기관의 주요 조직 원리이자 운영 원리로 받아들이고 있는 '민주주의 중앙집권제'는 민주주

---

38) 조선노동당, 「당의 조직 원리와 조직 구조」, 『조선노동당 규약』(1980.10.10.) 참조.

의와 중앙집권주의를 대등하게 결합시킨 것처럼 보이지만 그 핵심은 중앙의 통일적이며 계획적인 영도에 있다고 하겠다.

이렇게 볼 때, 북한의 '민주주의 중앙집권제' 원칙이란 지도기관이 선거 절차에 의해 형식적으로 구성되는 것으로서 민주주의라는 수식어가 붙어 있을 뿐 모든 권력을 절대적으로 중앙에 집중시키는 방식이라고 하겠다. 특히 일당 독재 체제를 갖고 있는 북한에서는 조선노동당을 포함하여 모든 국가기구들이 이와 같은 원리에 의해 구성·운영되고 있다.

2) 조선노동당의 형성 과정

조선노동당이 공식 출범한 것은 1949년 6월 말이다. 그러나 북한은 조선노동당의 창당일을 1945년 10월 10일 '조선공산당 서북 5도 당 책임자 및 열성자 대회'가 열린 시점으로 소급하여 보고 있고, 10월 10일을 국가적 명절(당 창건 기념일)로 기념하고 있다. 북한은 1945년 10월 10일부터 13일까지 평양에서 '조선공산당 서북 5도 당 책임자 및 열성자 대회'를 개최하고 여기에서 채택한 '정치로선과 조직 강화에 관한 결정서'에 따라 10월 13일 '조선공산당 북조선분국'을 창설하였다. 조선공산당 북조선분국은 1946년 초에 북조선공산당으로 변경되었고, 같은 해 8월 29일에는 중국 연안으로부터 돌아온 조선독립동맹 계열이 중심이 된 조선신민당과 합당하여 북조선노동당으로 출발하였다. 이후 북조선노동당은 1948년 8월 인민공화국 정권 수립을 위하여 남조선노동당과 연합중앙위원회를 구성하는 한편, 조선민주주의인민공화국을 출범시킨 후 1949년 6월 30일에 조선노동당으로 통합하여 오늘에 이르고 있다.

3) 조선노동당의 조직 및 운영 체계

조선노동당 규약을 통해 그 조직 및 운영 체계를 살펴보면 다음과 같다.[39)]

(1) 중앙당 조직체계

① 당대회와 당대표자회

당대회는 형식상 조선노동당의 최고 지도기관이다. 조선노동당 규약에는 당대회를 5년

39) 조선노동당, 『조선노동당 규약』(1998.10.10.)의 제2장~제9장의 내용을 정리한 것임.

에 1회 당중앙위원회가 소집하도록 규정하고 있으며, 필요에 따라서 규정된 기간보다 빨리 또는 늦게 소집할 수 있도록 되어 있다. 당대회는 지금까지 모두 6차례 개최되었으나 당 규약에 규정된 기간에 제대로 열린 사례는 단 한 차례도 없었다. 특히 1980년 10월 제6차 당대회가 열린 이후 수많은 국내외적 환경 변화에도 불구하고 아직까지 단 한 번도 개최되지 않고 있다.

당대회는 ① 당중앙위원회 및 당 중앙검사위원회의 사업 총화, ② 당 강령과 규약의 채택 또는 수정·보완, ③ 당 노선과 정책 및 전략·전술의 기본문제 결정, ④ 당중앙위원회 및 당 중앙검사위원회 선거와 같은 사업을 수행한다고 규정되어 있으나, 사실상 당중앙위원회나 당중앙위원회 정치국의 결정사항들을 만장일치로 가결하는 역할만을 수행해 왔다. 한편, 당대회의 대표자 선거 절차와 선출 비율은 당중앙위원회가 결정하며, 당대회 또는 당대표회의 대표자는 차하급 당 조직의 당대표회 또는 당총회에서 선거한다.

당대회와 당대회 사이에 당의 노선과 정책 또는 전략·전술에 관한 긴급한 문제를 토의·결정하기 위해 당중앙위원회에서 당대표자회를 소집할 수 있도록 되어 있다. 그런데 당 대표자회의가 소집된 예는 제3차와 제4차인 1958년 3월과 1966년 10월 등 두 차례뿐이었다. 그런데 조선중앙통신이 2010년 6월 23일 당중앙위원회 정치국 결정서를 인용해 당의 최고지도기관 선거를 위한 당 대표자회를 9월 상순에 소집한다고 발표[40]했다가 돌연 9월 28일로 연기되었다. 이는 44년 만에 개최되는 것이다. 2010년 9월 28일의 조선노동당 당대표자대회에서 김정일이 조선노동당 총비서로 재추대되었고, 3대 세습 후계 작업의 일환으로 3남 김정은 대장이 당중앙군사위원회 부위원장으로 선출되었다. 부위원장에 새로 진압한 리영호 조선인민군 총참모장과 (김정일의 매제인) 장성택 국방위원회 부위원장, 김정일의 친동생으로서 첫 여성 대장으로 진입한 김경희(경공업부장) 등의 참모진을 주축으로 후계 구도가 형성되었다. 김정일 – 김정은의 공동정권 운영체제의 시작을 알리는 이번 조치로 향후 남북한 관계의 변화를 포함하여 큰 변화가 불가피하게 되었다.[41]

40) 『YTN』, 2010년 6월 26일자 기사.
41) 『중앙일보』, 2010년 9월 29일자 기사 및 『YTN』, 2010년 9월 29일자 기사 참조.

〈그림 3-1〉 조선노동당 조직도

「국가권력기구도」, 북한자료센터 홈페이지(http://unibook.unikorea.go.kr), 2010년 5월 24일 검색 참조.

② 당중앙위원회

당중앙위원회는 당대회와 차기 당대회 사이의 모든 당 사업을 관장하는 당 조직의 최고 지도기관이다. 당중앙위원회는 정치국, 비서국, 검열위원회 등으로 구성되어 있다. 이 위원회의 산하에는 현재 18개의 전문부서들이 있다.

당중앙위원회는 위원, 후보위원 및 준후보위원으로 구성되며, 그 수는 당대회에서 결정한다. 당중앙위원회의 후보위원은 결의권 없이 발언권만 가지며, 준후보위원은 생산노동에 직접 참가하는 핵심당원 중에서 선출하도록 규정하고 있다(당 규약 14조).

당중앙위원회는 정위원(1998년 10월 말 현재 145명)과 후보위원(1998년 10월 말 현재 103명)으로 구성되고, 그 수는 당대회에서 결정한다. 이 중앙위원회의 주요 권한과 임무는 전당에 유일사상체계의 확립, 당 노선과 정책 수립 및 그 수행의 조직지도, 당과 혁명대열의 공고화, 행정·경제 사업의 지도 조정, 혁명적 무력의 조직 및 그들의 전투력 제고, 기타 정당 및 대내외 기관의 활동에서 당의 대표, 당의 재정 관리 등이다. 그리고 당중앙위원회 전원회의는 당중앙위원회 정치국과 정치국 상무위원회, 총비서와 비서를 선거하고 비서국과 검열위원회를 조직한다(당 규약 23조, 24조).

한편, 당중앙위원회는 6개월에 1회 이상 전원회의를 소집하도록 되어 있으며, 당대회와 차기 당대회 사이에 당대표자회도 소집할 수 있다. 필요에 따라서는 중앙과 지방의 당·정기관 및 경제기관 등의 책임자들이 참가하는 확대전원회의를 개최할 수도 있다.

③ 당중앙위원회 정치국

당중앙위원회 정치국은 전원회의와 전원회의 사이에 당의 모든 사업을 결정하고 지도하는 사실상의 최고 핵심 부서이다. 당중앙위원회 정치국은 1946년 8월 북조선노동당 창립대회 직후 개최된 당중앙위원회 제1차 전원회의에서 정치위원회로 처음 조직되어 오늘에 이르고 있다.

정치국 내에서도 막강한 권력을 가진 정치국 상무위원회는 설치 당시에는 김일성·김정일을 포함하여 5명으로 상무위원을 구성하였으나 김일성 주석·오진우 등의 사망 이후 현재 김정일 상무위원만 남아 있다. 그리고 현재 김영주, 김영남, 전병호 등이 정위원으로 되어 있고 김철만, 최태복, 양형섭, 최영림, 홍석형 등 5명이 후보위원으로 구성되어 있다. 이들 당중앙위원회 정치국의 구성원들은 당중앙위원회 전원회의에서 선출되도록 하고 있다(당 규약 제3장 24조).

④ 당중앙위원회 비서국

당중앙위원회 비서국은 필요 시 간부 인사 문제, 당내 문제, 기타 당면 문제 등을 토의·결정하고 그 결정의 집행을 지도한다. 비서국은 당중앙위원회의 각 부서를 일상적으로 지휘·감독하는 당의 중추기관으로서 정치체제 전반에 대해 지도·통제를 담당하고 있다. 비서국은 1966년 10월 제4기 14차 당중앙위원회 전원회의의 결정에 따라 설치되었다. 현재 비서국은 조직지도부와 선전선동부를 포함하여 18개의 전문 부서와 함께 12개의 시·도당위원회를 거느리고 있고 김정일 총비서 외에 김종린, 전병호, 최태복, 김국태 등이 비서진으로 구성되고 부문별 역할을 담당하고 있다.

⑤ 당중앙위원회 검열위원회

당중앙위원회 검열위원회는 반당·반혁명적 종파 행위를 하거나 당의 노선과 정책 및 규약을 준수하지 않은 당원들에게 책임을 추궁하는 기능을 수행한다. 또한 당의 규율 문제와 관련된 도(직할시)당의원회의 제의 및 당원의 신소를 심의·해결하는 역할을 맡고 있다.

창당대회 규약에는 검열위원회를 당대회에서 선출하도록 규정하였으나, 2차 당대회부터는 당중앙위원회 지도하에 사업을 추진하고, 그 구성원도 당중앙위원회에서 선출하도록 하였다. 검열위원회를 당중앙위원회에 설치한 이유는 당의 최고 지도기관인 당중앙위원회의 기능을 강화하는 데 목적이 있다. 현재 검열위원회는 정명학 제1부위원장과 조진욱, 이득남 부위원장을 비롯하여 김창환 등 4명의 위원으로 구성되어 있다.

⑥ 당중앙위원회 군사위원회

당중앙위원회 군사위원회는 당의 군사정책에 대한 방법을 토의·결정하며 인민군을 포함한 전 무장력 강화와 군수산업 발전에 관한 사업을 조직·지도하며 군대를 지휘한다. 당중앙위원회에 군사위원회가 설치된 것은 1970년 11월 제5차 당대회 결정에 따른 것이었다. 현재 김정일 위원장을 비롯하여 이을설을 포함한 7명의 위원으로 구성되어 있다.

한편, 북한의 조선노동당 규약은 당이 군부를 통제하도록 규정되어 있다. 이에 당은 여러 조직을 통해 군을 지도, 감독함으로써 군에 대한 막강한 통제력을 행사하고 있다. 조선노동당에서는 대대급 단위 부대에까지 당원(정치지도원)을 파견할 정도로 깊숙이 간여하고 있다. 그러나 김정일 지도체제 출범 이후 선군정치를 표방하고 있는 가운데 1998년 개정 헌법을 통해 국방위원회의 위상이 높아짐에 따라 북한에는 군부의 영향력이 점차 강화되고 있어서 당과 군부 사이의 위상 변화가 불가피해 보인다.

(2) 지방 당 조직

① 도(직할시)의 당 조직

조선노동당 규약 제4장에서 도(직할시)의 당 조직에 관한 규정을 두고 있다. 도(직할시) 당 조직의 최고 지도기관은 도(직할시)당대표회이며, 도(직할시)당대표회는 3년에 1회 도(직할시)당위원회가 소집하도록 되어 있다. 도(직할시)당대표회는 필요에 따라 규정된 기간보다 빨리 또는 늦게 소집할 수 있다. 그리고 도(직할시)당위원회는 도(직할시)당대표회의 소집일과 의정을 2개월 전에 하급당 조직들에 통지하도록 하고 있다.

도(직할시)당대표회의 주요 기능은 다음과 같다. 첫째, 도(직할시)당위원회와 도(직할시) 당 검사위원회의 사업 총화, 둘째, 도(직할시)당위원회 및 도(직할시)당 검사위원회 선출, 셋째, 당대회에 파견할 대표자의 선출 등이다.

그리고 도(직할시)당위원회의 기능은 다음과 같다. 첫째, 당원들과 근로대중 속에 당의 유일사상체계를 확립하는 사업을 조직·지도한다. 둘째, 당원과 근로대중을 당의 유일사상으로 굳게 무장시키고 그들이 당노선과 정책을 철저히 옹호·수행하며 당의 유일사상에 어긋나는 자본주의 사상, 봉건적 유교사상, 수정주의, 교조주의, 맹종주의, 종파주의, 지방주의 및 가족주의에 대해 견결히 투쟁하도록 감독하고 주체사상에 기초한 당의 통일과 단결을 계속 강화해야 한다. 셋째, 간부 대열을 튼튼히 꾸리고 그들의 후비대를 육성하며 당의 역량을 합리적으로 배치하고 당 생활을 조직, 지도하며 하급당 조직을 강화하고 그들의 활동을 감독한다. 넷째, 당원 및 근로대중에 대한 주체사상, 당 정책, 혁명 전통 교양 및 계급교양이 주 내용인 공산주의 교양과 사회주의적 애국 교양을 강화해야 하며 혁명화, 노동계급화를 통해 그들을 당두리에 결속시켜야 한다. 다섯째, 근로대중의 조직을 강화하고 그들이 자기 기본과업을 성공적으로 완수할 수 있도록 지도·조정하며 행정 및 경제 사업을 적절히 지도하여 혁명 과업 수행을 보장한다. 여섯째, 노농적위대를 강화하고 그 전투력 향상을 조직적으로 지도하며 군사 동원 사업을 보장한다. 일곱째, 도(직할시)당위원회의 재정을 관리하며 소관 사업에 관해 당중앙위원회에 정기적으로 보고한다.

도(직할시)당위원회의 운영과 관련한 내용은 다음과 같다. 도(직할시)당 전원회의를 4개월에 1회 이상 소집한다. 도(직할시)당위원회 전원회의는 당의 노선과 정책의 대행방법을 토의 결정하며 도(직할시)당위원회의 책임비서 및 비서를 선거하며, 비서처를 조직하고, 도(직할시)당위원회의 군사위원회와 검열위원회를 선거한다. 도(직할시)당위원회 집행위원회는 전원회의와 전원회의 사이에 도(직할시)당위원회 비서는 인사행정 및 당내문제에 대해 필요시마다 토의, 결정하고 그 결정사항을 집행한다. 아울러 도(직할시)당위원회 군사위원회는 당의 군사정책 대행방법을 토의, 결정하며 그 집행을 조직, 지도한다.

그리고 도(직할시)당위원회 검열위원회는 반당 또는 반혁명적 종파행위 등 당의 유일사상체계에 어긋나는 행위를 하거나, 당노선 및 정책과 규약을 준수하지 않아 당 규율을 위반한 당원에게 책임을 추궁하며, 당 규율 문제와 관련된 시(구역)·군당위원회의 제의 및 출당에 대한 결정을 최종적으로 비준하며 당규율 문제와 관련된 당원의 신소를 해결한다.

② 시(구역)·군의 당 조직

조선노동당 규약 제5장에서는 시(구역)·군의 지방 당 조직에 관한 내용이 규정되고 있는데, 시(구역)·군당 조직의 최고 지도기관은 시(구역)·군당대표회이다. 시(구역)·군당대표회는 시(구역)·군당위원회가 3년에 1회 소집하고 필요에 따라 시(구역)·군당대표회는 규정된 기간보다 빨리 또는 늦게 소집할 수 있게 되어 있다. 시(구역)·군당위원회는 시(구역)·군당대표회의 소집일자와 의정을 1개월 전에 산하 당 조직들에 통지하여야 한다.

시(구역)·군당대표회의 주요 기능은 다음과 같다. 첫째, 시(구역)·군당위원회와 시(구역)·군당검사위원회의 사업 총화, 둘째, 시(구역)·군사위원회와 시(구역)·군당검사위원회 선거, 셋째, 시(직할시)당 대표회에 파견할 대표자 선거 등이다.

한편 시(구역)·군당위원회의 기능은 다음과 같다. 첫째, 당원들과 근로대중 속에 당의 유일 사상체계를 철저히 확립하는 사업을 조직 수행한다. 둘째, 당원과 근로대중을 당의 유일사상으로 무장시키고 그들의 당 노선과 정책을 철저히 옹호·수행하며, 당의 유일사상체계에 어긋나는 자본주의 사상, 봉건적 유교사상, 수정주의, 교조주의, 맹종주의, 종파주의, 지방주의 및 가족주의를 반대하여 견결히 투쟁할 것을 보장하며 주체사상에 기초한 당의 통일과 단결을 계속 강화한다. 셋째, 간부 대열을 강화하고, 그들을 교양하며 간부 후비대를 육성하고, 그들을 조직적으로 훈련하다. 넷째, 당원의 당 생활을 조직, 지도하며 당의 핵심을 연구·주지시키고 그 대열을 확대시키며 당원 확대 사업을 정기적으로 조직·수행하며 당의 역량을 적절히 배치하고 당원과 후보당원을 등록한다. 다섯째, 당원과 근로대중에 대해 주체사상, 당 정책과 혁명 전통 및 계급교양이 주 내용인 공산주의 교양과 사회주의적 애국 교양을 강화하며 혁명화로 동계급화를 통해 그들을 당두리에 결속시킨다. 여섯째, 당 기층조직을 합리적으로 조직하며 초급당 조직의 집행기관을 강화하며 그들의 기능과 역할의 부단한 향상을 위하여 매일같이 지도·방조한다. 일곱째, 근로대중의 조직들을 강화하고 임무를 정확히 할 수 있도록 그들에게 사업 방향과 방법을 제시하며 그 이행을 감독한다. 여덟째, 행정 및 경제 사업을 정확히 지도하며 혁명 과업의 성과적 수행을 보장한다. 아홉째, 노농적위대를 강화하고 그들의 정치사상교양과 군사훈련을 강화하여 전투태세를 완비하며 군사 동원 사업을 보장한다. 열째, 시(구역)·군당위원회의 재정을 관리하며 자기의 사업에 관해 상급위원회에 정기적으로 보고한다.

한편, 시(구역)·군당위원회는 전원회의를 3개월에 1회 이상 소집하며 주요 기능은 다음과 같다. 첫째, 시(구역)·군당위원회 전원회의는 당의 노선과 정책의 집행방법을 토의, 결정하며 시(구역)·군당위원회는 전원회의는 당의 노선과 정책의 집행방법을 토의, 결정하며 시(구역)·군당위원회의 집행위원회·책임 비서 및 비서를 선거하고 비서처를 조직하며, 시(구역)·군당위원회의 군사위원회와 검열위원회를 선거한다. 둘째, 시(구역)·군당위원회의 집행위원회는 전원회의와 전원회의 사이에 시(구역)·군당위원회의 명의로 당내사업을 조직하고 행정 및 경제 사업을 지도한다. 셋째, 시(구역)군당위원회 집행위원회는 1개월에 2회 이상 회의를 소집한다. 넷째, 시(구역)군당위원회 비서처는 문제제기 시마다 인사행정 등 당내 사업에 관한 문제를 결정하며 그 결정을 집행한다. 다섯째, 시(구역)·군당위원회 군사위원회는 당의 군사정책 집행 방법을 토의 결정하며 그 집행을 조직·지도한다.

그리고 시(구역)·군당위원회 검열위원회는 반당·반혁명적 종파 행위 등 당의 유일사상 체계에 어긋나는 행위를 하거나 당의 노선과 정책 및 규약을 준수하지 않아 당 규율을 위반한 당원에게 책임을 추궁하며, 당 규율 문제와 관련된 당원의 신소를 심의 처리하도록 규정하고 있다.

(3) 당의 기층 조직

조선노동당 규약 제6장에서는 당의 기층 조직에 관한 규정을 두고 있다.

① 당세포

조선노동당의 최하 기층 조직은 당세포이며, 당세포는 당원 생활의 거점이며 당 주위에 대중을 집결시키고 대중 속에서 당의 노선과 정책을 직접 수행하는 당의 전투 단위로 정의되고 있다.

당 기층조직의 조직 방법은 다음과 같다. 첫째, 당세포는 당원 5명에서 30명까지의 단위로 조직한다. 둘째, 당원 5명 미만의 단위에는 당세포를 두지 않고, 그 단위의 당원 또는 후보당원은 인접 당세포에 소속시키거나 작업 성격과 인접관계를 고려하여 2개 이상 단위의 합병을 통하여 1개의 당세포를 조직할 수 있다. 셋째, 특수한 경우에는 당원 3~4명이 있는 단위 또는 30명 이상의 단위에도 당세포를 조직할 수 있다. 넷째, 당원 3명 미만의 단위에는 시(구역)·군당위원회가 추천하는 당원을 책임자로 하는 당소조를 조직할 수 있다.

② 초급당 조직

조선노동당 규약에 의하면, 당원 31명 이상이 있는 단위에는 초급당 조직을 둘 수 있도록 하고 있다. 초급당 조직과 당세포 사이에 당원 31명 이상이 있는 생산 단위나 기타 생산 단위에는 부문(마을)당 조직을 둘 수 있다. 초급당, 부문당 또는 당세포의 조직 형성만으로는 당의 기층조직 구성이 부적당한 경우에는 초급당 조직과 부문당 조직 사이에 있는 생산 단위나 기타 활동 단위에 분초급당위원회를 조직할 수 있다. 그 밖에 이상의 모든 당 조직형태가 현실에 부합되지 않는 경우에는 당중앙위원회의 비준을 얻어 실정에 맞는 다른 당 조직의 구성이 가능하다.

③ 당 기층조직의 운영

당 기층조직의 운영에 관한 사항은 다음과 같다. 당 기층조직들의 최고지도기관은 해당 조직의 총회(대표회)이다. 당세포 총회는 1개월에 1회 이상 소집하고, 초급당, 분초급당, 부문(마을)당의 최회(대표회)는 3개월에 1회 이상 소집한다. 초급당 조직이 500명 이상의 당원 또는 후보 당원으로 구성되어 있거나 그 산하 조직들이 널리 분산되어 있을 경우에는 초급당 조직의 총회를 1년에 1회 이상 소집할 수 있다.

그리고 당의 기층조직의 주요 기능은 다음과 같다. 먼저, 1년 임기의 해당 조직의 집행기관을 선거한다. 첫째, 당세포는 총회에서 비서와 부비서를 선거한다. 둘째, 초급당위원회, 분초급당위원회, 부문(마을)당위원회는 각각 당총회(당대표회)에서 선거하며 비서, 부비서는 각각 당위원회 회의에서 선거한다. 초급당위원회는 1개월에 3회 이상, 분초급당위원회와 부문(마을) 당위원회는 1개월에 2회 이상 회의를 소집하며 집행위원회가 조직된 초급당 및 분초급당위원회는 1개월에 1회 이상 위원회 회의를 소집하며 집행위원회 회의는 1개월에 2회 이상 소집한다. 셋째, 중앙기관의 당 조직은 당지도위원회를 조직할 수 있다.

〈그림 3-2〉 조선노동당의 지방 당 조직 체계

최진욱, 『현대북한행정론』(서울: 명인문화사, 2008), p. 126.

④ 당 기층조직의 임무

당 기층조직의 임무는 다음과 같다. 첫째, 당원들과 근로대중 속에서 당의 유일사상체계를 철저히 확립하며 그들을 당의 유일사상으로 튼튼히 무장시키며 그들이 당의 노선과 정책을 무조건 접수하여 끝까지 옹호·관철하도록 하며, 당의 유일사상에 어긋나는 자본주의 사상, 봉건적 유교사상, 수정주의, 교조주의, 맹종주의, 종파주의, 지방주의 및 가족주의에 대해 견결히 투쟁하며 주체사상에 기초한 당의 통일과 단결을 끊임없이 강화한다. 둘째, 하급 간부 대열을 튼튼히 꾸리고 그들을 조직적으로 훈련시키며, 당 핵심을 주지, 교양하며 부단히 그 대열을 확대, 강화한다. 셋째, 당원들의 당 생활을 강화하고 그들의 당성을 단련한다. 당원들 속에 당 규약 학습을 정기적으로 조직하며, 그들에게 항상 혁명을 위한 사고와 행동을 하도록 하고, 모든 활동에서 선봉적인 역할을 하도록 당의 임무를 부여하며, 높은 정치 사상적 수준에서의 당 회의와 당 생활 총화를 수행하며 당원의 당 생활을 철저히 파악하고, 그들을 교양하며, 당원들을 혁명가로 개조하고 비판을 통한 사상 투쟁을 강화한다. 당원이 과오를 범했을 경우에는 책임을 추궁하고 그 과오를 시정하도록 그를 방조한다. 넷째, 당원 적임자를 발견 등록하며 그들을 조직적으로 교양하여 심사 후 자격자를 입당시키며 후보당원과 새로 입당한 당원들을 교양 훈련시킨다. 다섯째, 당원들과 근로대중의 사상교양사업을 강화한다. 당원들과 근로대중에 대해 주체사상, 당정책, 혁명 전통 교양 및 계급 교양이 주 내용인 공산주의 교육과 사회주의적 애국교양을 강화하며 혁명화, 노동계급화를 통해 그들을 당두리에 결속시킨다. 여섯째, 근로대중의 요구와 의견을 겸손히 접수하고 그것을 제때에 해결하여 주며 그들의 물질문화 생활수준을 향상시키기 위하여 부단히 노력하며 모든 단위와 직장에서 계통과 질서를 확립하며 반혁명 분자들에 대한 투쟁을 강화한다. 일곱째, 근로대중의 사회조직을 강화하고 그들에게 사업방향과 방법을 제시하며 그들이 자기의 의무를 정확히 수행하도록 감독한다. 여덟째, 모든 사업 활동에서 항일유격대식 사업 방법 및 청산리정신과 방법을 적용하고 정치 사업을 선행시키며 행정 및 경제 사업에 대한 효과적인 지도를 통해 혁명 과업을 성과적으로 보장한다. 모든 당원들과 근로대중이 그들의 혁명 과업을 충실히 수행하고 생산과 건설에서 끊임없이 혁신을 일으키며 3대혁명붉은기쟁취운동과 사회주의 경쟁 운동에 적극 참가하여 기술혁신운동을 촉진하며 노동생산 능률을 제고하고 노동 규율을 강화하며 법령을 준수하고 국가와 사회 재산을 애호 절약하도록 그들을 조직, 고무한다. 아홉째, 노농적위대를 강화하고 그들의 정치, 사상, 교양 및 군사훈련을 강화하여 당이 부를 때 항시 동원할 수 있도록 준비한다. 열째, 당원과 후보당원을 등록하며 당비를 갹출하여 자기 사업에 관해 상급 당위원회에 정기적으로 보고한다.

(4) 조선인민군대 내 당 조직

조선노동당 규약 제7장에서 조선인민군대 내 당 조직에 관한 규정을 다음과 같이 두고 있다. 조선인민군은 항일무장투쟁의 영광스러운 혁명 전통을 계승한 조선노동당의 혁명적 무장력으로 규정하고 있으며, 조선인민군대 내의 각 급 단위에 당 조직을 구성하며 조선인민군의 전체 당 조직을 망라하는 조선인민군 당위원회를 조직하도록 하고 있다. 조선인민군 당위원회는 도(직할시)당위원회와 같은 기능을 수행한다. 조선인민군 당위원회는 조선로동당중앙위원회에 직속하며 그 지도 밑에 사업하고 자기 사업에 대하여 당중앙위원회에 정기적으로 보고한다. 그리고 조선인민군대 내 각 급 당 조직의 기능은 다음과 같다. 전군을 주체사상으로 교양하기 위해 투쟁한다. 당원들과 군인들 속에서 당의 유일사상체계를 공고히 확립하며 그들이 당과 수령, 조직과 인민을 위해 서슴없이 생명을 바칠 수 있는 진정한 혁명전사가 될 수 있도록 단련한다. 간부 대열을 강화하며 간부 후비대를 육성하고 그들의 당성을 끊임없이 단련하도록 당원의 당 생활을 조직, 지도하며 당 대열을 확대, 강화한다. 당원과 군인들에 대해 주체사상, 당 정책 및 혁명 전통교양과 계급교양을 주 내용으로 하는 공산주의교양과 사회주의적 애국교양을 강화하며 혁명화, 노동계급화를 통해 그들을 당두리에 결속시킨다. 조선인민군대 내 사회주의노동청년동맹 조직들을 강화하고 그들의 기능과 역할을 높이도록 지도한다. 당 군사노선과 주체적 전략전술을 수행하기 위해 군사사업에 관한 당위 원회의 집단적 지도를 강화하며 인민군을 일당백의 혁명적인 무장력으로 강화, 발전시키기 위해 3대혁명 붉은기쟁취운동과 붉은기 대중 운동을 적극 전개한다. 당원과 전사들이 언제나 지체 없이 행동할 수 있도록 경계 태세를 견지토록 하고 항상 완벽한 전투태세를 갖도록 고무한다. 당원과 전사들에게 높은 혁명적 동지애 및 군관과 전사, 군대와 인민간의 고귀한 전통적 단결정신을 발휘하도록 유도한다.

한편, 조선인민군대 내 각 급 당 조직들은 조선로동당의 규약과 당중앙위원회가 비준한 지시와 규정에 따라 조직되고 사업을 수행한다. 또한 조선인민군대 내 각 급 당 조직들은 지방 당 조직들과 긴밀한 연계를 가져야 한다. 조선인민군대 내의 당위원회는 당중앙위원회의 비준을 얻어 정치 및 군사 간부를 주둔 지역의 도(직할시)·시(구역)·군당위원회 및 공장 기업소의 초급당위원회 위원으로 추천할 수 있다. 당의 임무를 부여하며, 높은 정치 사상적 수준에서의 당 회의와 당 생활총화를 수행하며 당원의 당 생활을 철저히 파악하고, 그들을 교양하며, 당원들을 혁명가로 개조하고 비판을 통한 사상투쟁을 강화한다. 당원이 과오를 범했을 경우에는 책임을 추궁하고 그 과오를 시정하도록 그를 돕는다.

(5) 당과 노동대중의 조직

조선노동당 규약 제9장에 당과 노동대중의 조직에 관한 규정이 있다. 먼저, 근로대중의 조직들은 광범한 근로대중의 정치조직이며 항일혁명투쟁의 영광스러운 전통을 계승하는 당의 외곽조직으로 정의되고 있다. 근로대중의 조직들은 광대한 대중의 사상교양을 담당하며, 당과 대중을 연결하는 인전대이며 당의 충실한 보조자로 규정되고 있다. 사회주의노동청년동맹원은 혁명 과업을 직접 계승하는 청년들의 혁명적 조직이며 당의 전투적 후비대로 규정된다. 근로대중의 조직들은 당의 지도 하에 자기의 사업을 진행하도록 하고 있다. 그리고 근로대중의 조직들은 동맹원들 속에서 당의 유일사상체계를 튼튼히 꾸리며 동맹대열을 강화하며 조직생활과 사상교양 사업을 강화하고 혁명화를 통해 동맹원들을 당두리에 결속시키며 3대혁명붉은기쟁취운동과 사회주의경쟁운동을 전개하며 동맹원들을 혁명과 건설에 적극 동원된다. 또한 각 급 당 조직들은 노동대중의 간부 대열들을 강화하고 근로대중 조직의 모체를 통하여 대중과의 사업체계를 수립하며 근로대중의 특성에 맞게 사업 방향과 방법을 정확히 제시하며 그들이 자발적으로 자기 임무를 수행하며 감독하도록 규정되어 있다.

(6) 당원

① 당원에 관한 규정

조선노동당 당원은 '당과 수령, 조국과 인민을 위하여 사회주의와 공산주의를 위하여 헌신하는 주체형의 공산주의 혁명투사'로 규정되며, 당원의 자격으로는 "당의 유일사상체계로 확고히 무장된 조선공민으로서 당의 노선과 정책을 옹호, 관철하기 위하여 견결히 투쟁하며 당 규약을 준수하는 근로자들이 될 수 있다."라고 당 규약(제1장 제1, 2조)에 명시되어 있다. 당원이 될 수 있는 절차와 관련하여서는 규정된 후보 기간을 마친 후보당원 가운데서 입당할 수 있지만, 특별한 경우에는 입당 청원자에 대해 후보 기간(후보 당원의 후보 기간은 1년이다)을 거치지 않고 직접 당원으로 받아들일 수 있도록 하고 있다. 그리고 당원은 만18세부터 입당할 수 있게 되어 있다(당 규약 제1장 제2조).

② 당원의 임무와 권리

조선노동당의 당원의 임무와 권리를 소개해 보면 다음과 같다.

먼저, 당원의 주요 임무는 다음과 같다.(당 규약 제1장 제4조) ① 당원은 당의 유일사상체계가 확고히 서 있어야 한다. ② 당원의 당성을 부단히 단련하기 위한 높은 조직의식을 가지고 당 생활에 자발적으로 참가하여 자신을 혁명화, 노동계급화하여야 한다. ③ 당원은 혁명적인 학습 기풍을 확립하고 자기의 정치, 사상, 문화 및 기술 수준을 부단히 향상시켜야 한다. ④ 당원은 혁명적 군중 노선을 관철하며 일상적으로 대중과 함께 일하여야 한다. ⑤ 당원은 노동과 생활에서 대중의 규범이 되며 모든 사업에서 선봉적 역할을 하여야 한다. ⑥ 당원은 고상한 공산주의적 도덕성을 소유하고 조직과 집단을 사랑하며 조직과 집단의 이익을 위하여 개인의 이익을 위하여 개인의 이익을 희생할 각오가 있어야 한다. 당원은 높은 혁명적 자립정신을 발휘하고 모든 애로에 대하여 과감히 투쟁해야 한다. ⑦ 당원은 사회주의 조국을 튼튼히 보위하여야 한다. ⑧ 당원은 혁명 규율과 질서를 준수하고 어느 때 어느 곳에서나 안일과 나태함이 없이 혁명적인 경각성을 높이고 당, 국가 및 군사 비밀을 엄수하여야 한다. ⑨ 당원은 사업과 생활에서 나타나는 문제에 대하여 당 조직에 보고하여야 한다. ⑩ 당원은 규정된 당비를 매달 납부하여야 한다.

한편, 당원의 권리로는 다음과 같은 내용이 당 규약(제1장 제5조)에 규정되어 있다. ① 당원은 당 회의와 당 출판물을 통하여 당의 노선과 정책 수행 및 당 사업 발전을 위하여 도움이 되는 의견을 발표할 수 있다. ② 당원은 당 회의에서 투표권과 각 급 당 조직의 지도기관 선거에서 선거권과 피선거권을 가진다. ③ 당원은 당 회의에서 정당한 이유와 근거가 있는 한 어떤 당원을 막론하고 비판할 수 있으며, 당의 유일사상에 어긋나는 한 어떠한 지시의 준수도 거절할 수 없다. ④ 당원은 자기의 사업과 생활에 대한 문제를 토의·결정하는 당 회의에 참가할 것을 요구할 수 있다. ⑤ 당원은 당중앙위원회에 이르기까지 각 급 당위원회에 어떤 신소나 청원을 제기하고 그에 대한 심의를 요구할 수 있다. ⑥ 후보당원의 의무는 당원의 의무와 같다. 후보당원의 권리는 선거권과 피선거권 및 결의권이 없는 이외에는 당원의 권리와 같다. ⑦ 당의 규율을 위반한 당원은 당의 처벌을 받는다.

(7) 조선노동당의 외곽단체

북한 헌법 제67조에는 "국가는 민주주의적 정당, 사회단체의 자유로운 활동 조건을 보장한다.”라고 규정되어 있으나, 실제로 모든 정치단체나 조직들은 조선노동당의 지도와 통제를 받고 있다. 북한의 다른 정당으로는 이른바 조선노동당의 우당으로 1945년 11월 3일 창립된 조선사회민주당과 1946년 2월 8일에 창립된 조선천도교청우당 등이 있다. 그 내용을 간략히 살펴보면 다음과 같다.

① 조선사회민주당

조선사회민주당은 조선천도교청우당과 함께 명목상의 정당이다. 1945년 11월 조만식을 당수로 하고 부당수 이윤영, 최용건 외에 백여 명의 중앙 집행위원과 30여 명의 상무집행위원을 선출하면서 창당하였다. 조선민주당 창당 시에는 민주주의와 민족주의의 색채를 띠었다. 그러나 1948년 2월 부당수 최용건을 당수로 선출 후 공산당의 하부조직이 되었다.

1980년 10월 제6차 당대회에서 현재의 이름으로 개칭되었는데, 조선사회민주당으로 개편된 이후 조선노동당의 우당으로서 남북적십자회담, 국회예비회담의 자문위원 또는 대표자 파견, 대남 비난 성명 발표 등의 활동을 하고 있다.

② 조선천도교청우당

1950년 1월 북조선 천도교청우당이 월북한 남한 천도교청우당원들을 흡수하여 합당한 것으로서, 조선노동당의 정책 및 노선을 추종하는 붕당의 성격을 갖고 있다. 본래 1919년 9월 천도교 청년단체로 시작하였으나 광복 후 1945년에 서울에서 김병제를 당수로 남한 천도교청우당이 조직되었다. 1946년에 북한에서 김달현을 당수로 북조선 천도교청우당이 조직되었는데, 발족 당시에는 비교적 천도교적 색채가 짙은 강령을 유지하였다. 그러나 공산정권 수립 후부터 공산당 전위조직으로 전락하였고, 1960년 모든 지구당은 해체되고 명목상의 중앙 조직만 남아 있다. 북한은 대남선전 효과를 위해 이 정당의 명목을 유지시키고 있는 것으로 보인다.

(8) 당의 재정

조선노동당 규약 제10장(당의 재정)에는 당의 재정에 관한 규정을 두고 있다. 당의 재정은 당원들의 당비, 당이 운영하는 기관들과 기업소들로부터의 수입 및 기타 수입으로 충당되며, “당원 및 후보당원의 당비는 월수입의 2%로 한다.”라고 되어 있다.

Q. 조선노동당 간부는 어떻게 선정되고 그들의 사회적 영향력은 어느 정도인가?

A. 조선노동당 간부의 임명은 선거의 절차를 거치는 것이 아니라 상급 당 조직에서 각각 임명한다. 임명장에는 "위대한 수령님의 크나큰 정치적 배려와 신임에 의해서 임명한다."라고 되어 있다. 당 간부의 임명권은 김일성과 김정일 부자의 비준급인 중앙당 비준급과, 직할시·도당 비준급, 시·군당 비준급 등으로 나누어 각각 상급 당 조직에서 하위 당 조직의 간부들을 선발하고 있다.

한편, 일상에서 북한 주민들은 공장장보다는 공장의 당 비서, 농장장보다는 농장의 당비서, 군부대의 경우 부대장보다는 부대에 파견되어 있는 정치위원을 더 의식하여 그들의 말을 더 잘 듣는다. 또한 공식적으로는 행정 간부가 모든 것을 총괄하고 당 비서는 2선에서 뒷받침하게 되어 있지만 현실은 그렇지 못하다. 특히 당 간부가 인사권 또는 임명권을 실제로 행사하고 있기 때문에 실무를 담당하고 있는 집행 간부들은 자연히 그들의 눈치를 살펴야 한다. 따라서 이들은 자신의 통제를 받는 인민보다 승진이나 처벌권 등을 쥐고 있는 상급 당 간부에게 더 잘 보여 자기의 신변보호나 출세에 대비한다. 인민으로부터 평가를 받아 선거되는 제도가 뒷받침되고 있지 않은 이상, 이것은 어쩌면 당연한 현상이라 할 수 있다.

2. 북한의 헌법기구들

1) 국방위원회

(1) 국방위원회

과거 중앙인민위원회의 부분별 위원회에서 분리 독립하여 확대 개편된 국방위원회는 1998년 개정 헌법에서 국가주권의 최고국방지도기관으로 격상되어 오늘에 이르고 있다(현행 헌법 제106조). 현재 국방위원회는 김정일 위원장, 조명록 제1부원원장, 이용무, 김영춘, 오극렬 부위원장, 전병호 등 8명의 위원들로 구성되어 있으나, 2010년 6월 7일에는 장성택 조선노동당 행정부장이 국방위원회 부위원장에 새로 선임되었다. 국방위원의 임기는 5년이며 최고인민회의 앞에 책임지도록 되어 있다.

국방위원회의 주요 임무와 권한은 헌법 제109조에서 "1. 선군혁명로선을 관철하기 위한 국가의 중요정책을 세운다. 2. 국가의 전반적 무력과 국방건설 사업을 지도한다. 3. 조선민주주의인민공화국 국방위원회 위원장 명령, 국방위원회 결정, 지시 집행 정형을 감독하고 대책을 세운다. 4. 조선민주주의인민공화국 국방위원회 위원장 명령, 국방위원회 결정, 지시에 어긋나는 국가기관의 결정, 지시를 폐지한다. 5. 국방 부문의 중앙기관을 내오거나 없앤다. 6. 군사칭호를 제정하며 장령 이상의 군사칭호를 수여한다." 등으로 규정되어 있다.

무엇보다도 현재 국방위원회 위원 대부분의 권력 서열이 당비서보다 앞서며, 이들이 주요 당·정의 주요 직책을 겸직하고 있는데, 북한에서 국방위원회가 명실상부한 최고권력 기관임을 잘 보여 주고 있다. 특히 국방위원회 산하에 무력과 정보를 관장하고 있는 인민무력부와 국가안전보위부를 두고 있어서 더욱 그러하다.

(2) 국방위원회 위원장

2009년 4월 9일에 개정된 헌법에서는 국방위원회 위원장의 권능이 대폭 강화되거나 현실화되었다. 헌법 제100조에서 '조선민주주의인민공화국 국방위원회 위원장은 조선민주주의인민공화국의 최고 영도자'라고 밝히고 있는 데서 잘 드러난다. 또한 제102조에서는 조선민주주의인민공화국 국방위원회 위원장은 조선민주주의인민공화국 전반적 무력의 최고사령관으로 되며 국가의 일체 무력을 지휘·통솔한다고 천명하고 있다.

또한 국방위원회 위원장의 임무와 권한에 대해, "1. 국가의 전반 사업을 지도한다. 2. 국방위원회사업을 직접 지도한다. 3. 국방 부문의 중요 간부를 임명 또는 해임한다. 4. 다른 나라와 맺은 중요 조약을 비준 또는 폐기한다. 5. 특사권을 행사한다. 6. 나라의 비상사태와 전시상태, 동원령을 선포한다."라고 규정(헌법 제103조)하여 이를 뒷받침한다. 그 밖에도 국방위원회 위원장은 명령을 내도록 하고 있다(헌법 제104조).

북한의 국가 권력 기구와 헌법기구의 구성을 그림으로 각각 나타내면 다음 그림 〈3-3〉, 그림 〈3-4〉와 같다.

〈그림 3-3〉 북한의 국가 권력기구도

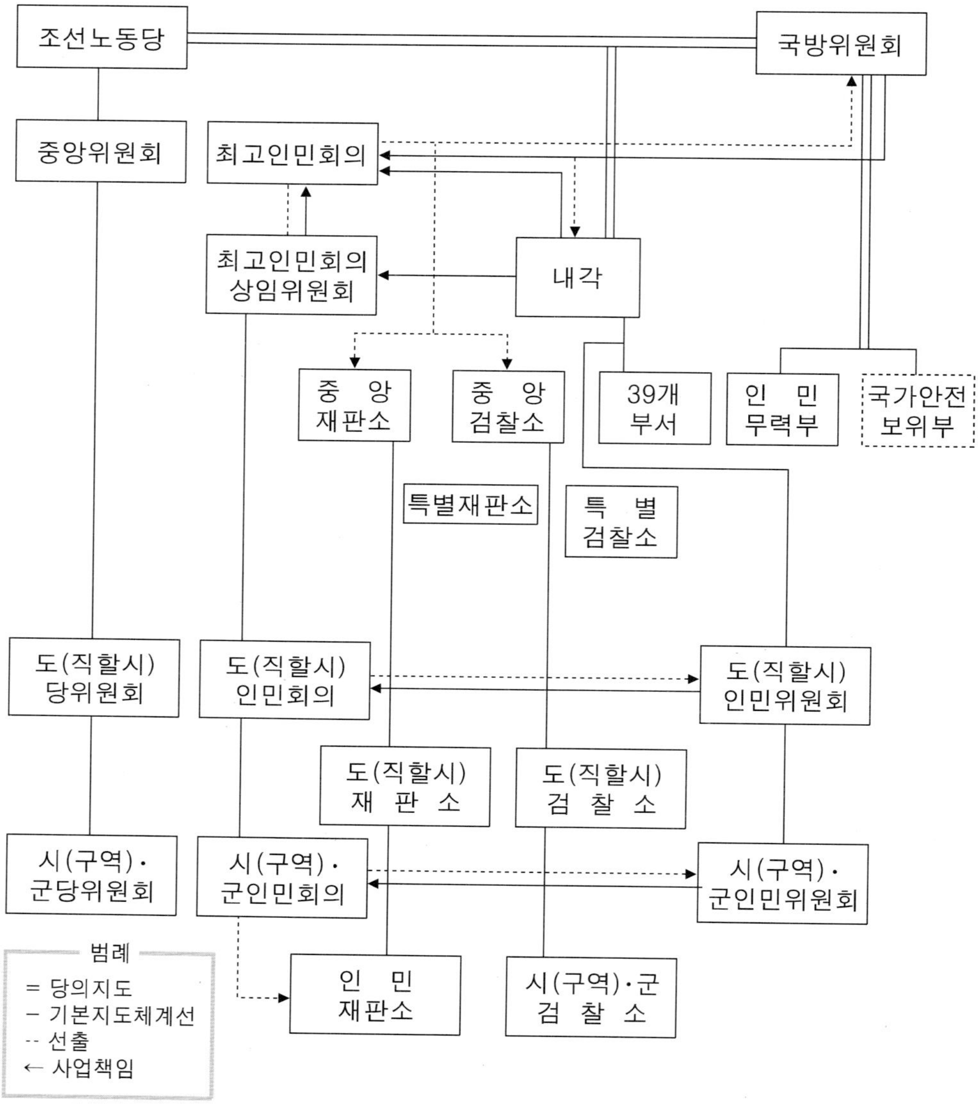

통일부 통일교육원, 『북한 이해』(서울: 통일부 통일교육원, 2007), p. 37을 바탕으로 재구성한 것임.

〈그림 3-4〉 북한의 헌법기구도

□ 2010년 9월 23일 최고인민회의 상임위원회 정령에 따라 강석주 외무성 제1부상이 부총리로 임명되었고, 2010년 6월 7일 총리 및 부총리 등의 내각 개편으로 인물들이 교체되었으며, 장성택이 국방위원회 부위원장으로 기용되었음.

□ 「북한권력기구도」, 북한자료센터 홈페이지(http ://unibook.unikorea.go.kr), 2010년 5월 24일 검색 자료를 토대로 재작성한 것임.

2) 입법기관

(1) 최고인민회의

최고인민회의는 헌법상 최고 주권기관으로 규정되어 있으며 최고인민회의 상임위원회와 함께 입법권을 행사하는 헌법기구이다(헌법 제87, 88조). 그러나 실제에 있어서는 국정의 전반적인 사항을 조선노동당에서 결정하고 단지 이를 추인하는 역할만을 맡고 있다. 또한 최고인민회의 대의원은 자유선거에 의해 선출되는 것이 아니라 조선노동당이 성분 좋은 열성당원 1명을 선정하여, 단독 입후보시키고 이에 대한 찬성 투표만으로 선출하므로, 자유민주주의국가의 의회 의원과는 사뭇 다르다.

Q. 북한의 선거[42] 과정과 절차는 어떠한가?

A. 각종 선거에서 후보자의 출마는 조선노동당의 결정에 의거하기 때문에 후보자의 추천 과정에서 일반 인민의 동의 절차는 필요 없다. 선거 당일 형식적으로는 각 투표장마다 축제의 장을 마련하여 가무를 곁들이기도 한다. 그러나 투표소에 가면 김일성과 김정일 부자의 초상화 앞에 허리 굽혀 절하고 마련된 하나의 투표함에 투표용지를 넣도록 되어 있다. 1960년대까지는 형식적으로나마 반대 투표함이 설치되어 있었으나 이후부터는 그마저도 없애버려 투표함은 하나밖에 없다.
북한에서는 투표에 참여하지 않으면 사상적으로 문제 있다고 보기 때문에 인민들의 투표 참여율은 늘 99% 정도 수준이다. 또한 투표 결과는 찬성률이 100%에 이른다. 반대하려면 필기구로 후보자의 이름에 줄을 긋고 투표함에 넣는데, 그럴 경우 상대적으로 투표 시간이 많이 걸릴 수밖에 없고 그렇게 되면 투표 참관인 등 투표 업무 종사자들의 감시망에 들 수밖에 없다. 또한 북한 주민들은 후보자에 대하여 반대 의사를 표시하게 되면 정치범으로 몰릴 수 있다는 관념을 갖고 있기도 하다. 따라서 북한 주민들은 반대 의사를 나타내고 싶어도 그럴 수 없는 것이 현실이고, 사실상 비밀투표가 보장되지 못하고 있다.

최고인민회의는 일반적, 평등적, 직접적 선거 원칙에 의하여 비밀투표로 인구 3만 명에 1명 비율로 선출되는 임기 5년의 대의원으로 구성된다. 2009년 3월에 치러진 선거로 선출

42) 북한의 국가기관의 조직 방법으로서 선거 절차 등과 관련한 내용은 최진욱, 『현대 북한 행정론』(서울: 명인문화사, 2008), pp. 44-56을 참조할 것.

된 최고인민회의 제12기 대의원의 수는 687명이다. 그리고 최고인민회의 산하의 기구로는 법제위원회와 예산위원회와 같은 부문위원회를 두고 있다.

평양의 만수대 의사당에서 열리는 최고인민회의는 1년에 1~2회 개최되는 정기회의와 대의원 3분의 1 이상의 요청이나 최고인민회의 상임위원회가 필요하다고 인정할 때 소집되는 임시회의가 있다. 회의는 대의원 3분의 2 이상이 참석하여야 성립된다. 통상 매년 상반기에 열리는 회의는 전년도 예산을 결산하고 당해 연도 예산을 심의·확정하는 예산회의다. 이외에도 주요 국가기관의 간부 선출, 법규 확정 등을 의결한다. 하반기에 열리는 회의는 주요기관 간부 선출 등 각종 당면 의제를 중점적으로 다룬다.

최고인민회의의 주요 권한은 다음과 같다. ① 헌법의 수정·보충, ② 부문법의 제정 또는 수정·보충, ③ 휴회 중 최고인민회의 상임위원회가 채택한 법률 승인, ④ 국가의 대내외 정책의 기본 원칙 수립, ⑤ 국방위원회 위원장의 선거 및 소환, ⑥ 최고인민회의 상임위원회 위원장의 선거 및 소환, ⑦ 국방위원장의 제의에 의하여 국방위원회 제1부위원장, 부위원장, 위원들의 선거 및 소환, ⑧ 최고인민회의 상임위원회 부위원장, 명예부위원장, 서기장, 위원들의 선거 및 소환, ⑨ 내각 총리의 선거 및 소환, ⑩ 내각 총리의 제의에 의하여 내각 부총리, 위원장, 상, 그 밖의 내각 성원들의 임명, ⑪ 중앙검찰소 소장의 임명·해임, ⑫ 중앙재판소 소장의 선거 및 소환, ⑬ 최고인민회의 부문위원회 위원장, 부위원장, 위원들의 선거 및 소환, ⑭ 인민경제 발전계획과 그 실행 정형에 관한 보고의 심의 및 승인, ⑮ 국가예산과 그 집행 정형에 관한 보고의 심의 및 승인, 그 밖에도 '필요에 따라 내각과 중앙기관들의 사업 정형을 보고받고 대책 수립', '최고인민회의에 제기되는 조약의 비준 및 폐기 결정' 등이 있다.

최고인민회의의 의결은 거수가결의 방법으로 참석 대의원의 과반수 찬성으로 채택되지만, 헌법의 수정·보충은 최고인민회의 대의원 3분의 2 이상의 찬성이 있어야 한다.

현재 최고인민회의는 최태복 의장과 김완수, 홍선옥 등 2명의 부의장을 포함하여, 법제위원회에 주상성 위원장과 이길송 등 6명의 위원이 그리고 예산위원회에 박남기 위원장을 비롯하여 홍시헌 등 5명의 위원이 구성되어 있다.

최근의 최고인민회의의 의정활동 실제를 살펴보면 다음과 같다. 북한이 2009년 4월 9일 평양 만수대 의사당에서 개최한 최고인민회의 제12기 제1차 회의를 살펴보자. 참석자는 대의원 687명 중 김정일 국방위원장을 비롯하여 663명이 참석하였고 주요 의안은 국방위원장 추대, 국가기관 선거, 헌법 수정·보충, 예산·결산 심의 의결 등이었다. 이 가운데 주요 국가기관의 선거 결과를 중심으로 의정활동을 살펴보면, 이날 국가기관의 선거에서는 김영남 최고인민회의 상임위원장이 김정일 국방위원장 재추대에 대한 당중앙위원회와 당 중앙군사위원회의 제의를 최고인민회의에 전달하고 이를 대의원들이 만장일치로 찬성 의결하는 형식으로 진행되었다. 그리고 국방위원회 제1부위원장, 부위원장은 유임되고 위원은 4명에서 장성택이 새로 위원으로 진입하는 등 8명으로 증가하였다. 특히 새로 임명된 위원들은 주로 당·정·군의 책임자들인 것으로 알려지고 있다.[43] 한편, 최고인민회의 의장, 상임위원회 위원장 등은 유임되었고 최고인민회의 부의장은 교체되었으며, 김양건(통일전선부장)이 최고인민회의 상임위원회 위원으로 진입하였다. 그리고 내각 총리, 부총리, 상 등은 대부분 유임되었는데, 부총리 1인이 교체되었고(전승훈→오수용) 수도건설부가 신설되었다. 한편, 2010년 6월 7일 열린 최고인민회의에서는 장성택 조선노동당 행정부장 겸 국방위원을 국방위원회 부위원장으로 선임하고, 내각의 총리, 부총리 및 경제 분야 각료를 새로운 인물로 교체했다.

Q. 북한 주민들은 최고인민회의 대의원에 대해서 어떤 생각을 가지고 있는가?

A. 남한의 국회의원에 해당하는 최고인민회의 대의원은 북한에서 입법 당선자라고도 불린다. 이들 가운데 상당수는 각 직능별 인사들로 충원되는데, 평소에는 각자의 생업에 종사하다가 회의가 소집되면 만수대 의사당에 모여 의사 결정에 형식적으로 참여하는 역할을 담당한다. 실제에 있어서 정책 입안과 결정은 북한 사회의 뇌수인 최고 지도자와 중추 역할을 담당하고 있는 조선노동당에 의해 이루어지며 대의원들은 그것을 추인하는 데 그친다. 따라서 상당수 최고인민회의 대의원은 허울뿐이고 실제는 조선노동당 간부를 포함하는 권력엘리트들에 의해 좌우되고 있다. 참고로, 김정일 국방위원장도 최고인민회의 대의원의 직책을 겸하고 있다.
또한 우리의 지방의회 의원에 해당하는 시 및 도, 그리고 시(구역)·군의 지방인민회의 대의원들의 경우도 이와 유사하다.

---

43) 신임 국방위원회 위원(5인)은 장성택(당 행정 및 수도건설부장), 주상성(인민보안상), 우동측(국가안전보위부 부부장), 주규창(당 군수공업부 제1부부장), 김정각(군 총정치국 제1부국장)등이며, 최용수는 탈락하였다.

참고로, 우리와 마찬가지로, 최고인민회의 대의원은 불가침권을 보장받는데, 헌법 제99조에서는 "최고인민회의 대의원은 불가침권을 보장받는다. 최고인민회의 대의원은 현행범인 경우를 제외하고는 최고인민회의, 그 휴회 중에 최고인민회의 상임위원회의 승인 없이 체포하거나 형사 처벌을 할 수 없다."라고 규정되어 있다.

(2) 최고인민회의 상임위원회

최고인민회의 상임위원회도 북한의 독립된 헌법기구로 분류되는데, 최고인민회의 휴회 중에는 최고인민회의 상임위원회도 입법권을 행사할 수 있도록 규정되어 있다(헌법 제88조).

1998년 개정 헌법에서는 최고인민회의 상임위원회 위원장이 국가를 대표한다는 내용이 새롭게 보충되기도 하였다. 헌법상으로 볼 때 최고인민회의 상임위원회 위원장은 국방 이외의 국가적인 사업 전반을 맡아 국가를 대표하여 활동하게 되는 셈이었다. 이처럼 헌법 개정을 통하여 최고인민회의 상임위원회의 지위가 높아졌으며 종래 최고인민회의 상설회의, 중앙인민위원회, 국가주석이 갖고 있던 권한의 대부분을 물려받았다.

최고인민회의 상임위원회는 위원장, 부위원장, 서기장, 위원들로 구성된다. 최고인민회의 상임위원회 의원의 임기는 5년이며, 또한 최고인민회의 대의원 가운데서 오랜 기간 국가 건설 사업에 참가하여 특출한 기여를 한 약간 명을 명예부위원장으로 둘 수 있도록 하고 있다.[44] 현재 최고인민회의 상임위원회에는 김영남 위원장과 양형섭, 김영대 부위원장, 김영주 명예부위원장, 변영립 서기장 및 유미영 등 10명의 위원으로 구성되어 있다.

최고인민회의 상임위원회는 다음과 같은 임무와 권한을 가진다. ① 최고인민회의의 소집, ② 최고인민회의 휴회 중 법안과 수정안, 현행부문법과 규정의 수정·보충안의 심의·채택(채택 실시하는 중요 부문법을 다음 번 최고인민회의의 승인을 받음), ③ 불가피한 사정으로 최고인민회의 휴회 기간에 제기된 인민경제 발전계획, 국가예산과 그 조절안의 심의 및 승인, ④ 헌법과 현행부문법 규정의 해석, ⑤ 국가기관들의 법 준수 집행에 대한 감독과 대책 마련, ⑥ 헌법, 최고인민회의 법령·결정, 국방위원회의 결정·명령, 최고인민

44) 최고인민회의 상임위원회 명예부위원장 직제가 새로 마련된 것도 1998년 개정 헌법에서 주목되는 내용의 하나이다.

회의 상임위원회 정령·결정·지시에 어긋나는 국가기관의 결정지시를 폐지하며 지방인민회의의 그릇된 결정 집행의 정지, ⑦ 최고인민회의 대의원 선거를 위한 사업 및 지방인민회의 대의원 선거 사업의 조직, ⑧ 최고인민회의 대의원들과의 사업, ⑨ 최고인민회의 부문위원회와의 사업, ⑩ 내각 위원회·성의 조직 및 폐지, ⑪ 최고인민회의 휴회 중에 내각총리의 제의에 의하여 부총리, 위원장, 상, 그 밖의 내각 성원들의 임명 및 해임, ⑫ 최고인민회의 상임위원회 부문위원회 성원들의 임명 및 해임, ⑬ 중앙재판소 판사, 인민참심원 선거·소환, ⑭ 다른 나라와 맺은 조약의 비준 및 폐기, ⑮ 다른 나라에 주재하는 외교대표의 임명 및 소환, 그 밖에도 '훈장과 메달, 명예칭호, 외교직급의 제정 및 훈장과 메달, 명예칭호의 수여', '대사권의 행사'[45], '행정단위와 행정구역을 내오거나 고침' 등이 있다.

최고인민회의 상임위원회 위원장은 상임위원회 사업을 조직·지도하고, 국가를 대표하며 다른 나라 사신의 신임장과 소환장을 접수한다. 또한 최고인민회의 상임위원회는 위원 전원으로 구성되는 전원회의와 위원장, 부위원장, 서기장들로 구성되는 상무회의를 가지는데, 전원회의는 상임위원회의 임무와 권한을 실현하는 데서 제기되는 중요한 문제들을 토의·결정하며, 상무회의는 전원회의에서 위임한 문제들을 토의·결정한다. 최고인민회의 상임위원회는 정령과 결정, 지시를 내며, 자기 사업을 돕는 부문위원회를 둘 수 있고, 자기 사업에 대하여 최고인민회의 앞에 책임을 지도록 하고 있다.

3) 행정기구로서 내각

(1) 내각

내각은 최고 주권의 행정적 집행기관이며 전반적 국가관리기관(헌법 제123조)으로 총리, 부총리, 위원장, 상과 그 밖의 필요한 성원들로 구성되며 임기는 5년이다. 현재 내각은 총 39개 부서(3위원회, 31성, 1원, 1은행, 2국, 1부)로 구성되어 있다.

내각의 주요 임무와 권한은 다음과 같다(헌법 제125조). ① 국가의 정책 집행을 위한 대책 마련, ② 헌법과 부문법에 기초하여 국가 관리와 관련한 규정의 제정 또는 수정·보충, ③ 내각의 위원회, 성, 내각 직속 기관, 지방인민위원회의 사업 지도, ④ 내각 직속 기관, 중요 행정 경제 기관, 기업소를 내오거나 없애며 국가관리기구를 개선하기

45) 제9차 개정 헌법(2009년 4월 9일)에서 특사권의 행사는 국방위원회 위원장이 담당하는 것으로 수정되었다.

위한 대책 마련, ⑤ 국가의 인민경제 발전계획 작성 및 실행 대책 수립, ⑥ 국가예산 편성 및 집행 대책 수립, ⑦ 공업, 농업, 건설, 운수, 체신, 상업, 무역, 국토관리, 도시경영, 교육, 과학, 문화, 보건, 체육, 노동행정, 환경보호, 관광, 그 밖의 여러 부문의 사업에 대한 조직과 집행, ⑧ 화폐와 은행제도를 공고히 하기 위한 대책 마련, ⑨ 국가관리 질서를 세우기 위한 검열과 통제 사업, ⑩ 사회질서 유지, 국가 및 사회협동단체의 소유와 이익의 보호, 공민의 권리 보장을 위한 대책 마련, ⑪ 조약의 체결 및 대외 사업, ⑫ 내각 결정, 지시에 어긋나는 행정 경제 기관의 결정 지시를 폐지하는 것 등이다.

내각 총리는 내각 사업을 조직·지도하며 조선민주주의인민공화국 정부를 대표한다. 내각 성원 전원으로 구성되는 전원회의는 행정 경제 사업에서 제기되는 새롭고 중요한 문제들을 토의 결정하며, 총리, 부총리와 그 밖에 총리가 임명하는 내각 성원들로 구성된 상무회의는 내각 전원회의에서 위임한 문제들을 토의 결정한다. 내각은 결정과 지시를 내며, 자기 사업을 돕는 비상설 부문위원회를 둘 수 있고, 자기 사업에 대하여 최고인민회의와 그 휴회 중에 최고인민회의 상임위원회 앞에 책임을 지도록 하고 있다.

내각의 각 위원회와 성은 내각의 부문별 집행기관이며 중앙의 부문별 관리기관으로 내각의 지도 밑에 해당 부문의 사업을 통일적으로 장악하고 지도·관리한다. 내각 위원회·성은 지시를 내리는 한편, 위원회 회의와 간부회의를 운영하는데, 여기서는 내각 결정, 지시 집행 대책과 그 밖의 중요한 문제들을 토의·결정한다.

최고인민회의 제12기 제1차 회의에서는 김영일 내각 총리 외에 곽병기, 노두철(국가계획위원회), 오수용, 박영선, 박수길(재정성) 등 5명의 부총리가 선출되었고, 박의춘 외무상을 비롯하여 최근 신설된 것으로 알려진 수도건설부에 김용관이 임용되었다. 그러나 2010년 6월 7일 개최된 최고인민회의에서는 총리와 부총리급 그리고 일부 경제부처 장관을 교체하는 비교적 큰 폭의 내각 개편과 국방위원회 일부 인사를 단행하였다. 김영일 총리를 소환하고 최영림 평양시당 책임비서를 신임 총리로 선출하였다. 또한 부총리에는 강능수, 김락희, 리태남, 전하철 등 4명을 신임 부총리로 임명하였다. 또한 내각의 부총리 겸 기계공업상에 조병주, 내각 부총리 겸 전자공업상에 한광복을 각각 임명하였다. 아울러 2009년 화폐 개혁 등 경제정책의 실패에 대한 책임을 물어 경제부처 장관의 경질과 관련하여 경공업상과 식료일용공업상이 교체되었다. 그 밖에 체육지도위원장도 새로운 인물로 교체되었다.

(2) 공무원 제도[46)]

북한에서 공무원의 임용은 소속 기관장이 임명하는 형식을 취하고 있으나 실제는 당 조직의 사전 심사와 비준을 통해 결정된다. 임용 과정은 대학 졸업 시 각 부처별로 필요 인원을 조사하여 신원 조사(사상성 검토 및 친인척 관련 사항)를 통과한 자에 한해서 일정한 필기시험과 면담을 통해 합격 예정자를 선발하고, 해당 기관 당위원회는 합격 예정자 명단을 당 조직 지도부·간부부에 제출하여 당 심사를 거친 자를 최종 합격자로 결정하고 있다. 승진을 위한 직급별 최저 소요 연수는 보조지도원 → 지도원 → 담당지도원의 경우 각 3년씩, 담당지도원 → 과장의 경우에는 5년 정도가 소요되고 있으며 과장급 이상은 연한이 없다. 한편, 정무원에 대한 평정은 해당 당위원회 책임자가 행정책임자와 협의하여 1년마다 '평정서'를 작성하는데, 사상성과 행정업무 수행 실적이 주된 평가 기준이 되고 있다.

한편, 남북한의 공무원(정무직 포함) 위계를 보면 대략 다음과 같이 비교해 볼 수 있다. 북한 내각의 각 부서별로 위원장과 상은 남한의 장관에 해당한다. 제1부상은 차관급에 해당하며 부상은 차관보급이다. 그 이하에 일반 행정직 공무원의 직급으로는 국장, 부국장, 과장은 남북한이 유사하다. 북한에서는 과장 밑에 지도원이라는 직급을 두고 있는데, 이는 남한의 계장급에 해당하며, 가장 말단 보조지도원이 있다.

4) 사법, 검찰기관

북한에서는 재판소와 검찰소 등 사법기관이 조선노동당의 사법정책을 집행하는 프롤레타리아 독재의 강력한 무기로 기능하기 때문에 전적으로 조선노동당에 예속되어 있어, 독자적인 역할을 담당하기 어렵다.

(1) 재판기관

북한의 재판소 체계(헌법 제159조 ~ 제168조)를 보면, 중앙재판소를 정점으로 그 밑에 도재판소, 지방의 인민재판소로 구성되는데, 이와는 별도로 특별재판소인 군사재판소와

46) 북한에서는 인사와 관련하여 간부사업이라는 용어를 사용하고 있다. 또한 상급기관에서 하급직을 포함한 인사에 대한 합의를 비준이라고 한다. 이와 관련하여서는 최진욱, 앞의 책, pp. 165-217을 참조할 것.

철도재판소가 있다. 재판은 3급심제를 원칙으로 판사1명, 인민참심원 2명이 수행한다.

① 중앙재판소

중앙재판소(소장 : 김병률)는 최고인민회의에서 선출된 소장과 최고인민회의 상임위원회에서 선출된 판사와 인민참심원으로 구성되며, 북한의 최고 재판기관으로서 모든 재판소들의 재판 사업을 감독하고 사법 행정 사업을 지도·감독한다. 중앙재판소는 최고인민회의와 그 휴회 중 최고인민회의 상임위원회에 책임지도록 규정하고 있다.

② 도(직할시)재판소

도(직할시)재판소는 도(직할시)인민회의에서 선출된 판사와 인민참심원으로 구성되어 있다. 도(직할시)재판소는 자기 관할 도(직할시) 안의 인민들의 재판 사업을 감독한다. 아울러 도(직할시)재판소는 중앙재판소와 함께 하급 재판소의 재판 사업, 변호사 사업, 집행 사업, 공증 사업을 지도할 권한과 책무를 가지고 있다.

③ 인민재판소

인민재판소는 최하급 재판기관으로, 시(구역), 군인민회의에서 선거로 선출된 판사와 인민참심원으로 구성된다. 인민재판소는 자기 사업에 대하여 해당 시·군인민회의 앞에 책임을 지며, 중앙재판소와 도(직할시)재판소로부터 재판 사업에 대한 감독을 받고 중앙재판소의 지시에 따를 의무가 있다.

④ 특별재판소

북한에서는 특별재판소로서 군사재판소와 철도재판소를 두고 있다. 군사재판소는 인민군대와 인민보안부에, 철도재판소는 철도운수 부분에 조직되어 있다. 군사재판소는 인민군 및 인민경비대 군인, 인민보안원이 범한 죄, 군사기관, 사회안전부의 종업원이 범한 죄, 기타 법에 의하여 그 관할에 속하는 범죄 사건을 관장하고, 철도재판소는 철도운수 부분의 종업원이 범한 죄와 철도운수사업의 정상적 활동을 침해한 범죄 사건을 관장한다. 특별재판소도 중앙재판소로부터 재판 사업상의 감독과 사업행정상의 지도를 받는다.

(2) 검찰기관

북한 헌법에는 검찰소의 구성, 임무 및 내부관계 등에 관해 자세한 규정을 두고 있다(헌법 제153조 ~ 제158조). 북한의 검사도 범죄 수사와 공소 제기의 기능을 수행한다는 점에서 남한의 형사소송법상의 검사와 큰 차이가 없다. 재판 집행에 대한 지휘는 재판소에서 하며, 특히 북한의 검찰이 사회주의적 준법성의 유일성 확립을 위한 사법 감시의 기능을 수행한다는 점에서 우리와 근본적인 차이가 있다.

북한의 검찰소 조직체계를 살펴보면, 중앙검찰소(소장 : 이길송)가 검찰사업을 통일적으로 지도하며, 모든 검찰소는 상급검찰소와 중앙검찰소에 절대 복종하도록 함으로써 남한처럼 검찰동일체적 체제를 갖추고 있다.

(3) 변호사 제도

북한의 변호사 제도는 개인의 권익을 보호하기보다는 국가나 당의 이익을 옹호하고 관철하는 것을 우선으로 하고 있다. 이에 따라 북한의 변호사 제도는 실제에 있어 당과 국가의 정책이 주민들에게 정확히 침투되고 잘 실천되도록 하는 데 기여하도록 되어 있기 때문에 형식상으로 존재할 뿐이며, 그 본래의 기능과 임무를 제대로 실현하지 못하고 있다.

3. 북한의 정책결정 과정과 권력엘리트

1) 북한의 정책결정 과정

북한의 폐쇄적인 정치체제로 인해 정책결정 과정에서 다음과 같은 몇 가지 특징이 나타나고 있다. 첫째, 북한은 역할의 분화가 미흡하며, 소수의 권력엘리트 집단이 정책결정에 참여하고 집행을 담당하고 있어서 다원적 투입이 이루어지지 않고 있다. 문제 인식 단계에서부터 김정일 등 최고 지도자의 주관이나 가치관이 절대적 영향을 미친다고 하겠다. 둘째, 북한에서는 정책결정의 범위가 총체적으로 제한되어 있어 다양한 토론과정, 검토, 건의가 미흡한 편이며, 최고결정자만 정책을 결정하는 독재적 구조를 가지고 있다. 셋째, 북한에서는 공익을 기준으로 정책이 결정되기보다는 최고 지도자나 조선노동당의 이익이 우선시된다.

2) 권력엘리트의 충원 방식과 인적 구성

북한 사회에서 사회적 성공 또는 신분 이동에 필요한 결정적 요인은 일차적으로 조선노동당의 당원이 되는 길이며, 이를 위해서는 본인 자신의 생래적 성분이 뒷받침되어야 한다. 뿐만 아니라, 김일성사회주의청년동맹, 군대 등 소속단체의 추천과 소속단체의 입당 보증서 또는 당원의 보증서를 받아야 한다.

현재 북한의 권력엘리트는 노년층(항일 빨치산 세대), 장년층(3대혁명소조운동 지도세대), 청년층(3대혁명소조운동 참가 학생세대)의 3합(三合)구조로 되어 있다. 70 ~ 80대의 고령인 혁명 제1세대는 권력의 요직으로부터 퇴진하였고, 40 ~ 50대의 혁명 제3세대는 아직 권력의 중심부에 미치지 못하고 있는 것으로 파악된다. 현재 김정일 국방위원장을 축으로 하는 권력 핵심부에는 김정일과 젊은 시절부터 친분을 갖고 있는 대학 동기나 김정일이 거쳤던 조선노동당의 요직 가운데 하나인 조직지도부 출신 동료들이 다수 포함된 50 ~ 60대의 혁명 제2세대가 두각을 나타내고 있다.

권력 핵심층은 대부분 김정일 국방위원장의 친위세력으로서 최고 지도자에 대한 절대적인 충성심을 통해 그들의 지위를 보장받고 있다. 이들 권력엘리트들은 조선노동당의 영도체제라는 북한 사회의 특성에 따라 당중앙위원회를 비롯한 정치국 및 비서국, 그리고 권능이 강화된 국방위원회를 중심으로 중첩적으로 포진해 있다. 또한 내각에 대한 정책적 자율성이 확대되면서 소속 각료들도 새로운 권력엘리트로 부상하고 있다. 또한 최근 들어 김정일이 전문성을 중시하는 경향을 보임에 따라 경제, 외교, 기술, 행정 등의 영역에서 구소련의 해외유학파 등이 정책 요직에 충원되면서 권력엘리트의 색채가 비록 제한적이기는 하지만 다양화되는 경향도 나타나고 있다.[47)]

김일성 주석 사망 이후 북한 권력엘리트 내부에 변화가 시작된 것은 1997년 각 시·도의 농정 책임자인 농촌경리위원장을 전격 교체하면서 시작된 것으로 알려지고 있다. 평안남도·양강도·황해남도 등 6개 도·직할시 농촌경리위원장이 물러났는데, 퇴진한 이들은 60 ~ 70대 노년층이었으며, 그 빈자리는 전문적인 실력과 실천력을 겸비한 40 ~ 50대로 메워졌다. 곧이어 지방행정을 책임지는 도·군당 책임비서 및 인민위원장, 공장·기업소 지배인들이 곳곳에서 교체되었다. 각 도·직할시당 책임비서 및 인민위원장 가운데 새로운 인물의 구성이 80%를 넘어섰던 것으로 전해지고 있다.

권력엘리트의 세대교체는 1998년 7월 26일에 실시된 최고인민회의 제10기 대의원선거

---

47) 통일부 통일교육원, 『북한 이해』(2009), p. 48.

에서부터 두드러졌다. 대의원 687명의 64%에 해당하는 449명이 비교적 젊은 세대로 교체되었다. 제9기 대의원선거 때의 교체 폭 31.4%(214명)에 비하면 2배가 넘는다. 교체된 공장·기업소의 직장장·기사장, 협동농장 관리위원장, 경제기관 실무 간부 등이 대의원에 대거 발탁되었기 때문으로 풀이된다. 또한 제10기 최고인민회의 대의원 중 군부 인물이 107명을 차지했는데, 이 또한 제9기의 62명에 비해 약 2배가 증가된 것으로 나타나 선군정치 시대의 경향을 뚜렷이 드러냈다. 내각의 경우도 실무형의 간부들이 대거 발탁된 것으로 나타나고 있다.

2003년에 새로 출범한 제11기 최고인민회의 대의원의 경우도 교체 폭이 50%에 이르고, 김광린, 한성룡, 박남기 등의 경제 전문가가 부상한 것이 특징으로 꼽힌다. 대남 사업 관련 인사로서 정운업, 최승철, 김영성 등의 대의원 진출도 마찬가지이다. 군부 인사들의 경우에도 제10기에 비하여 다소 줄어들었지만 100여 명이 대의원으로 선출된 바 있다.[48]

Q. 북한 주민은 권력엘리트에 대해 어떤 생각을 가지고 있는가?
A. 조선중앙텔레비전이나 노동신문 등 주요 언론 매체들을 통해 나오는 뉴스를 통해 주요 인사들의 행적을 알 수 있다. 특히 김정일 국방위원장의 현지지도 때 어떤 인사가 수행하였는지에 대한 보도 내용을 통해 정보를 습득하고 있다. 최고 지도자 1인에게로 정치가 집중되는 면이 남한 사회와 같이 주요 정치인들에 대한 관심이나 지지와는 거리가 먼 것이 현실이다.

북한의 주석단(主席團) 서열은 통상 북한의 권력엘리트 변화의 흐름을 가늠해 보는 척도로 활용되고 있다. 북한의 주석단 서열은 지난 1994년 7월 김일성 주석 사망 이후 군부 인사들의 약진이 두드러진다. 『중앙일보』에 보도된 자료에 의하면, 1994년 김일성 시대에 조선노동당을 중심으로 내각과 군에 권력엘리트들이 고루 포진하던 것과 달리 2006년 김정일 집권 시기에는 군 출신의 약진이 두드러진다고 분석하고 있다.[49] 최근의 동향을 보면, 김영남 최고인민회의 상임위원장과 내각 총리를 제외하면 대부분 국방위원회

48) 통일부 통일교육원, 『북한 이해』(2009), pp. 48-49.
49) 「북한 파워 그룹 대해부」(상)~(중), 『중앙일보』, 2007년 1월 4일~5일, 관련 기사 참조.

및 군 인사들로 채워지고 있다. 이는 북한 사회에서 주창하고 있는 선군정치의 강조와 무관하지 않다고 할 것이다.

조선노동당의 간부들의 서열 변화를 살펴보면, 박성철(2008년 사망)과 김영주가 퇴진하였다. 그 대신, 당정치국 정위원인 김영남과 전병호 이외에도 최태복, 양형섭, 최영림 등 후보위원들이 주석단의 10위권 안팎의 서열을 유지하며 당정치국의 위상을 나름대로 유지하고 있으나, 예전과 비교할 때 그 위상이 다소 약화되었다는 평가가 이루어지고 있다. 이는 조선노동당의 핵심기구인 당정치국이 과거와 같이 권력 서열에 직접적인 영향을 미치지 못하고 있으며, 당중앙위원회가 개최되지 않는 등 조선노동당이 원활하게 작동하지 못한 데 기인한 것으로 볼 수 있다.[50)]

Q. 북한에서는 최고 지도자의 정책 결정이나 집행에 대한 비판이 가능한가?

A. 북한에서 최고 지도자의 잘못된 정책 결정이나 집행에 대한 비판이나 비난이란 있을 수 없다. 그러한 행위에는 처벌이 불가피하게 따르기 때문이다. 국가보위부 요원이나 그들이 일상생활 공간에 심어놓은 연락망 체계를 통해 감시를 당하고 있다. 그들이 누구인지 알 수도 없기 때문에 드러내놓고 비난을 할 수 없다. 다만, 1990년대 중반 이후 고난의 행군 시기에 경제적 어려움에 처하면서 아주 가깝고 신뢰할 수 있는 사람들끼리는 서로 눈치를 살피면서 최고 지도자에 대한 비난을 하는 경우는 있다. 아직도 북한은 최고 지도자에 대하여 어버이 수령, 위대한 수령님이란 존칭으로 부르지 않으면 처벌받는 세상이다.

4. 북한의 정치 문화와 정치사회화

1) 북한의 정치 문화

북한 정치 문화는 최고 지도자 1인에 의해 영도되는 중앙집권적 권위주의 독재체제로부터 영향을 받은 권위주의적, 가부장적 유교적 정치 문화가 강하게 작용하고 있다. 북한 주민들에게 주체사상을 중심으로 하는 통치 이념과 그에 기반한 사회주의 제도를 일방적으

50) 통일부 통일교육원, 『북한 이해』(2009), p. 49.

로 수용하도록 강요해 왔다는 점이 이를 뒷받침한다.

특히, 온 사회의 유기체적 구성과 그에 기반한 집단주의적 사회구조 위에 최고 지도자(수령)에 대한 우상화 작업은 절정을 이루고 있다. 뇌수인 수령에 의한 북한 사회의 영도는 '어버이 수령', '김일성, 김정일 장군'이라는 용어의 강요에서도 나타난다. 사회주의 대가정을 이룬다는 논리가 자리 잡고 있는 가운데 최고 지도자에 절대적인 충성을 하도록 동원되어 온 북한 주민들의 생활 방식에는 전근대적인 가부장적 문화가 내재되어 있다. 김일성과 김정일 부자로 이어지는 혈연에 기반한 권력 세습체제의 현실은 이를 뒷받침하기에 충분하다.

Q. 북한 주민들은 정치를 어떻게 인식하는가? 그리고 반정부 세력은 존재하는가?

A. 북한의 정치는 최고 지도자와 조선노동당에 모든 권력이 집중되어 있다. 헌법에서 천명하는 바와 같이 형식적인 삼권분립이 존재하지만, 실제로는 김정일 국방위원장에게 모든 권한이 집중되어 있다. 그러다 보니, 평범한 북한 주민들은 자신의 정치적 의사가 수렴되는 일은 거의 없다고 인식하고 있다. 또한 북한 주민 전체를 위한다는 명분을 내세우지만 기실 일부 특권층을 위한 정치 행위로 인식하고 있다. 정규 교육과정에서도 남한 사회처럼 정치 체계나 정치 과정에 대한 체계적인 학습이 이루어지지 않아, 일반 북한 주민들의 정치에 대한 관심은 거의 없다고 하겠다.
엄격한 조직생활과 통제 시스템, 그리고 서로를 감시하고 경계하는 분위기 속에서 누구를 믿어야 할지 모르는 불신이 팽배해 있는 곳이 바로 북한의 현실이다.
하지만 그 속에서도 독재체제를 무너뜨리려 정체를 숨긴 채 투쟁하는 사람들이 있다. 그들은 김일성·김정일을 비난하는 낙서를 하거나, 정치 행사장에 전기선을 끊기도 하고, 김일성의 초상화를 없애버리기도 하며, 쿠데타를 도모하기도 한 것으로 전해지고 있다.

앞에서 살펴본 바와 같이, 북한에서는 정치사상교양 등 각종 정치사회화 과정을 통해 주민들의 의식 깊숙이 침투한 주체사상과 같은 통치 이념의 일방적인 주입과 유일 사상체계의 확립을 요구하고 있다. 그 과정에서 북한 주민들은 최고 지도자에 절대적 충성과 맹목적 동원에 익숙해지도록 강요되며 그럼으로써 정치생활에 있어서 피동적인 태도를 형성하게 된다.

정치적 삶의 실제를 들여다볼 때, 대부분의 북한 주민들은 자신들의 이해관계에 기반을 둔 정책결정 과정에의 참여로서 정책의 입안과 그 결정 과정에서 배제되고 있다. 즉, 자신의 정치적 태도와 신념의 형성 과정에서 최고 지도자(수령)의 교시나 지시와 일치되도록 길들여져 왔고, 밑으로부터의 요구와 지지의 투입이 담보되지 않은 채 맹목적인 추종자로서의 역할에만 익숙한 신민형 인간으로 존재한다.[51] 따라서 대부분의 북한 주민들은 정치적 투입 구조에 있어서 무관심하며 역동적인 각종 정치 과정에 대한 정보가 없을 뿐만 아니라, 정치적 효능감도 기대하기 어려운 상황이다. 그저 당이나 국가기관에 의한 동원에만 익숙한 정치적 태도를 보여주고 있을 뿐이다.

한편, 김일성 시대의 4대 군사노선에 이어 김정일 정권이 출범한 이후에도 선군정치(사상)를 강조하는 사회적 기풍 속에서 군사주의적 정치 문화는 북한의 정치 문화의 또 다른 특징 중의 하나로 자리 잡고 있다. 적정 규모 이상의 군사비 지출을 포함하여 대규모의 정규군 및 비정규군을 보유하고 있는 북한의 군사적 현실을 통해서도 이를 잘 알 수 있다. 무엇보다도 각종 사회화 과정에 군사훈련 등이 자연스럽게 포함되어 있기 때문에 북한 주민들의 일상에서 군사주의 문화의 영향은 당연히 크게 나타날 수밖에 없는 것이다.

2) 북한의 정치사회화 과정

북한에서 정치사회화라는 말은 없다. 그 대신 정치사회화란 넓은 의미로 사회주의 교육 전반을 가리키거나, '정치사상 교양', '주체사상 학습' 등의 말이 있을 뿐이다. 북한에서 정치사회화 과정은 곧 '공산주의적 새 인간'을 만들어내는 것을 가리키며, '새 인간형'은 북한식 사회주의를 고수하고 발전시키는 원동력으로 간주되고 있다.

그렇다면, 북한에서는 주민들을 어떻게 '공산주의적 새 인간형'으로 만들까?

북한에서 정치사회화의 핵심은 '정치사상교양'이다. 북한 지도부의 인식은 정치사상교양이 '정권 투쟁', 곧 북한 체제의 존립 문제와 직결된다고 보고, 정치사상교양을 정치사업으로 규정하여 다른 모든 사업에 우선하도록 하고 있다.

---

51) 김창희, 『북한 정치사회의 이해』(서울: 법문사, 2006), p. 434.

(1) 정치사회화와 가정의 기능

초기 정치사회화 과정은 대체로 5세를 전후해서 시작하여 13세까지 이루어진다. 즉, 유치원(낮은반)에 들어가는 4세 무렵부터 소학교(6 ~ 9세), 그리고 중학교의 중등반(13세) 정도가 해당된다. 북한에서는 조기교육, 특히 학교전 교육을 통해 정치사상교양을 집중적으로 실시하고 있다.

이는 「어린이 보육교양법」에서 어린이들을 '공산주의 건설의 후비대'로 규정하고 있는 데서도 드러난다.[52] 정규교과목 중 '김일성 어린 시절 이야기'와 '공산주의 도덕' 등이 가장 중요한 과목이다. 또한 어린이들이 어울려 노는 '유희활동'에서조차 집단주의 정신, '국가에 대한 충성과 감사'가 강조되고 있다.

한편, 북한은 사회의 기본단위인 가정이 혁명화되어야만 사회 전체의 혁명이 가능하다고 보고, '가정의 혁명화'를 통한 사회적 기능을 강조하고 있다. 가정 혁명화의 주체는 자녀교육의 일차적 책임자인 어머니이자 남편에게 많은 영향을 주는 아내, 바로 여성이라고 규정하고 있다.

이처럼 북한에서는 사회의 혁명화와 자녀들의 정치사회화를 위해 가정의 기능을 매우 강조하고 있다.[53]

(2) 성인에 대한 지속적인 재사회화 과정

북한에서는 어린이나 청소년들만이 사회화의 대상이 아니라 성인들은 일생 동안 계속적인 사회화 과정에의 참여를 강요당하고 있다. 이 같은 재사회화는 북한식 표현으로 '학교전 교육과 학교 교육, 성인 교육의 결합과 병진' 원칙에 따라 진행되고 있다. 이는 정치사회화 효과의 일관성과 연속성을 유지하려는 의도에서 비롯된 것이다. 성인의 경우 각 직장이나 사회단체, 인민반 조직 등을 통한 독보회 개최, 각종 모임에서의 학습과 토론을 통한 비판의 일상화, 김일성 노작 발표 기념 모임 등을 통해 지속적인 재사회화가 이루어지고 있다. 예를 들어 각종 군중 동원 역시 이러한 범주에 포함될 수 있다.

---

52) 「어린이 보육교양법」 제1조에 규정되어 있다.
53) 이서행, 앞의 책, pp. 272-273 참조.

3) 정치사상교양의 주요 내용

(1) 정치사상교양의 주제

북한의 정치사회화 내용 중 '긍정적'인 주제는 '당 정책 교양, 혁명 전통 교양, 혁명교양, 공산주의 교양, 계급 교양, 사회주의적 애국주의 교양, 프롤레타리아 국제주의 정신, 사회주의 준법사상, 공산주의 도덕, 사회주의 생활양식' 등이다. 그리고 이들 주제들은 '인민을 주체사상으로 튼튼히 무장시키는 것'을 핵심으로 하고 있다. 반면, '부정적'인 주제로는 반미·반일·반남한과 반자본주의·수정주의 등이 있다. 특히 북한지도부는 구소련·동유럽의 사회주의 국가들의 체제 전환 이후 '제국주의자들의 사상문화 침투'와 '외부사조의 반동성과 유해성'을 경계하고 있다.

(2) 전통문화와 공산주의 도덕

북한은 사상교양의 수단으로서 '문화'를 강조하고 있다. 북한에서 '문화'는 혁명에 바탕을 두어야 하며, 혁명 수행에 이바지해야 한다는 기본 입장위에 있다. 특히 북한은 우리 민족의 전통적인 미풍양속에 이념적 해석을 가해, 소위 공산주의 도덕이라는 새로운 도덕관을 전파시켜 왔다. 이 도덕관은 전통적인 도덕관을 반동적이며 반사회적인 낡은 도덕으로 배제하였다. 예를 들어, 민속놀이에서조차 '문화성', '인민성', '집체성'이 담겨야 한다고 하여 전통문화 가운데 상당 부분을 없애거나 변형시키기도 하였다. 이는 정치사상교양 교육이 주민들의 문화생활 전반에까지 스며들어 있음을 보여준다. 하지만, 노년층의 구세대에게는 아직도 예의범절을 중시하거나 조상을 숭배하는 풍조와 상부상조 의식이 남아 있다고 한다. 전통문화가 완전히 단절된 것이 아니라 비공식 차원에서는 여전히 남아 있는 것이다.

그러나 신세대들에게는 전통적인 조상숭배의 정신 대신 김일성·김정일에 대한 충성심이 중요한 가치로 인식되고 있다. 하지만 갈수록 점증하고 있는 청소년들의 일탈 행위와 외부 사조의 유입에 대한 우려 때문에 북한 당국은 '청소년 교양 사업'에 주력하고 있다.

Q. 북한에서는 지도자들이 왜 공산주의를 고수하고 있다고 생각하는가?

A. 북한 주민들은 공산주의가 평등을 추구하기 때문에 경제적 불평등이 적고, 직장 배치를 국가에서 책임지기 때문에 실업자가 없다는 점 등이 좋다고 인식해 왔다. 물론, 우물 안의 개구리처럼 공산주의 교육을 일방적으로 받아온 영향이 클 것이다. 국가의 능력이 부족하여 배급이 제대로 이루어지지 않아 경제적으로 힘들어지면서, 서민층의 북한 주민들의 생각은 점차 바뀌고 있는 것으로 보인다. 새터민들의 경우 북한의 지도자들이 공산주의를 고집하고 있는 이유에 대해, 자본주의화되려면 개혁, 개방이 필요하고 이럴 경우 사회통제가 어렵기 때문에 공산주의를 계속 고집하고 있는 것으로 인식하고 있다.

제5절 북한의 지방행정

1. 북한의 행정구역

1) 개관

북한에서는 "행정구역의 신설, 변경 및 폐지는 최고인민회의 상임위원회의 권한에 속한다."(헌법 제116조 18)라고 규정되어 있다.

북한의 행정구역은 북한의 정권 수립 이후, 분단 이전과 비교해 볼 때 행정구역의 형태와 면적 및 명칭이 많이 바뀌었다. 북한 행정구역의 주요 현황을 살펴보면 1945년 해방 당시에 6도, 9시, 89군, 810 읍 · 면이었으나 1952년 12월 행정체계와 행정구역 개편을 통해 도(특별시), 시 · 군(구), 읍 · 면 · 리(동)의 4단계 행정구역 체계 중 면을 폐지하여 도(직할시), 시(구역) · 군, 읍 · 리(동 · 노동지구)의 3단계로 개편하였다.

이후에도 여러 차례의 변화 과정을 거쳤는데, 2009년 현재 북한의 행정구역은 2직할시(평양과 나선), 9도(강원도, 양강도, 자강도, 평안남도, 평안북도, 함경남도, 함경북도, 황해남도, 황해북도), 25시, 33구역, 147군, 2구, 2지구, 147읍, 3230리, 1137동, 267노동지구로 구성되어 있다.

〈그림 3-5〉 북한의 계층별 행정구역 조직도

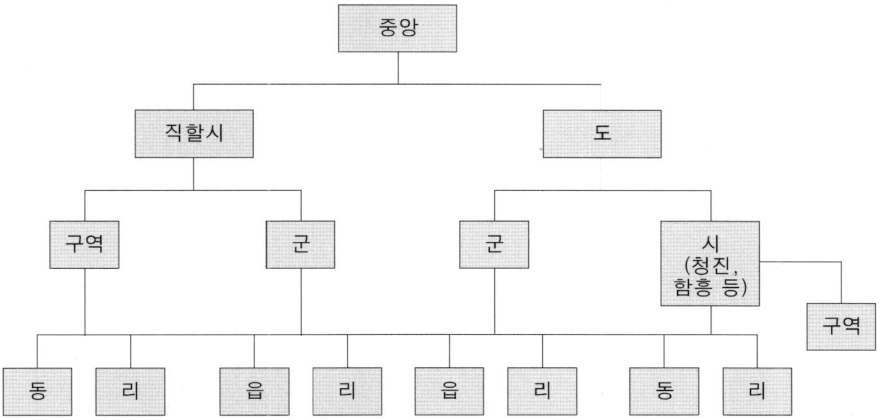

최진욱, 『현대 북한 행정론』(서울: 명인문화사, 2008), p. 115.

〈표 3-5〉 북한 행정구역 현황(2009년 기준)

직할시·도	시			군	
	도 소재	일반 시	수		
평양직할시			0	강남, 강동, 상원, 중화	4
나선직할시			0		0
강원도	원산	문천	2	고산, 고성, 금강, 김화, 법동, 세포, 안변, 이천, 창도, 천내, 철원, 통천, 판교, 평강, 회양	15
양강도	혜산		1	갑산, 김정숙(신파), 김형권(풍산), 김형직(후창), 대홍단, 백암, 보천, 삼수, 삼지연, 운흥, 풍서	11
자강도	강계	만포, 희천	3	고풍, 낭림, 동신, 성간, 송원, 시중, 용림, 우시, 위원, 자성, 장강, 전천, 중강, 초산, 화평	15
평안남도	평성	개천, 남포, 덕천, 순천, 안주	6	강서, 대동, 대안, 대흥, 맹산, 문덕, 북창, 성천, 숙천, 신양, 양덕, 영원, 온천, 용강, 은산, 증산, 천리마, 평원, 회창	19
평안북도	신의주	구성, 정주	3	곽산, 구장, 대관, 동림, 동창, 박천, 벽동, 삭주, 선천, 신도, 염주, 영변, 용천, 운산, 운전, 의주, 창성, 천마, 철산, 태천, 피현, 향산	22
함경남도	함흥	단천, 신포	3	고원, 금야, 낙원(퇴조), 덕성, 부전, 북청, 신흥, 영광(오로), 요덕, 이원, 장진, 정평, 함주, 허천, 홍원	15
함경북도	청진	김책(성진), 회령	3	경성, 길주, 명천, 무산, 부령, 새별(경원), 어랑, 연사, 온성, 은덕(경흥), 화대, 화성(명간)	12
황해남도	해주		1	강령, 과일, 배천, 벽성, 봉천, 삼천, 송화, 신원, 신천, 안악, 연안, 옹진, 용연, 은율, 은천, 장연, 재령, 청단, 태탄	19
황해북도	사리원	개성, 송림	3	곡산, 금천, 봉산, 서흥, 수안, 신계, 신평, 연산, 연탄, 은파, 인산, 장풍, 토산, 평산, 황주	15
2직할시 9도	25시			147군	

ㅁ 「북한 소식」(정치/행정), 북한자료센터 홈페이지(http://unibook.unikorea.go.kr), 2010년 9월 24일 검색.

2. 행정구역의 변천

1) 도(직할시)급 행정구역

북한의 행정구역 개편은 1946년 9월에 평양을 특별시 겸 직할시로 승격시키고 경기도에 있던 연천군 일부와 함남의 원산시, 문천군, 안변군을 분리하여 강원도에 흡수 통합한 것이 최초이다.

1948년 이후에는 북한 전역의 행정구역을 재조정하여, 농업·임업·광업·공업 개발 등의 지역적 특성 반영 및 국토의 효율적 관리라는 명분하에 면적이 넓은 행정구역을 2개 이상으로 세분하였다. 이에 따라 도 단위의 경우, 자강도와 양강도를 신설하고 황해도는 남도와 북도로 각각 분획하였다.

직할시의 경우, 평양(1946년)을 필두로 개성(1955년), 함흥(1966년), 청진(1977년), 남포(1979년 12월), 라선(2000년 8월) 등이 직할시로 개편되었다가 일반시로 환원되기도 하였는데, 현재 평양과 나선만이 직할시로 남아 있다.

〈표 3-6〉 도(직할시)급 행정구역 개편 내용

시 기	개 편 내 용
1946. 9.	·평안남도에서 평양시를 분리, 특별시 겸 직할시로 승격 ·경기도지역의 연천군 일부와 함남의 원산시, 문천군, 안변군을 분리, 강원도에 통합(강원도를 재정비)
1949. 1.	·평북 강계군, 자성군, 후창군 등 6개 군과 함남 장진군의 일부를 분리, 자강도(자성과 강계 사이의 도) 신설
1954. 10.	·황해도를 황해남도와 북도로 분리 ·함남의 혜산시와 보천군 등 8개 군과 함북의 백암군, 자강도의 후창군을 합하여 량강도(압록강과 두만강 사이의 도) 신설
1955.	·개성시와 개풍군, 판문군을 통합, 개성직할시로 승격
1960. 10.	·함흥시를 직할시로 승격('70.7. 일반 시로 환원)
1977. 11.	·청진시를 직할시로 승격('85.7. 일반 시로 환원)
1979. 12.	·남포시를 직할시로 승격
1993. 9.	·함북의 라진시와 선봉군을 합하여 직할시인 라진-선봉시로 승격
2000. 8.	·라진-선봉시를 직할시인 라선시로 명칭 변경

ㅁ「통일교실」(지리·행정)의 '행정구역 개편 일지'의 내용을 재구성한 것임.
ㅁ 조선일보 NK데이터베이스 홈페이지(http://nkchosun.com), 2010년 9월 24일 검색.

2) 군(시·구역)급 행정구역

북한은 1952년 12월 한국전쟁의 후유증으로 인한 복구 사업 및 변화된 환경에의 적응을 목적으로 행정체계와 행정구역을 획기적으로 개편하였다. 즉, 도(직할시), 시·군, 읍·면, 리(동) 등 기존의 4단계 행정구역 체계에서 면을 폐지하여 도(직할시), 군(시·구역), 리(읍·동·노동자구)의 3단계 행정구역 체계로 개편하였다. 한편, 정치·경제·문화의 거점으로써 군의 기능을 확대하여 종래의 94개 군을 168개로 증설하였다.

이후 수차례에 걸쳐 군의 통·폐합과 신설 또는 명칭 변경이 있었는데, 특기할 만한 사항은 1970년대 후반부터 김일성 부자의 가계 우상화와 관련된 명칭 변경을 들 수 있다.

〈표 3-7〉 김일성 부자 및 가계 우상화와 관련된 지명 변경

시 기	개 편 내 용
1977. 9.	·은덕군 : 종전의 경흥군 남부지역을 김일성의 공산화 은덕을 기린다는 뜻으로 개칭
1977. 9.	·새별군 : 종전의 경흥군 북부지역을 김정일을 상징하는 말로 개칭
1981. 8.	·김정숙군 : 종전의 신파군을 김일성의 전처 김정숙의 출생지를 기념하여 개칭
1981.10.	·영광군 : 종전의 오로군을 김일성의 현지지도와 관련하여 개칭
1981.10.	·선봉군 : 종전의 웅기군을 김일성과 함께 소련군이 최초로 들어온 곳이라는 뜻과 김일성이 현지지도 시에 경제 건설의 선봉이 되라고 교시한 것과 관련하여 개칭
1982. 9.	·락원군 : 종전의 퇴조군을 공산주의가 지상낙원이라는 뜻으로 개칭
1988. 8.	·김형직군 : 종전의 후창군을 김일성의 아버지인 김형직의 이름을 따서 개칭
1990. 8.	·김형권군 : 종전의 풍산군을 김일성의 삼촌인 김형권의 이름을 따서 개칭

ㅁ 『NK데이터베이스』, 조선일보사 홈페이지(http://nkchosun.com), 「통일교실」, ‘행정구역’, 2010년 7월 24일 검색 내용을 참고로 작성한 것임.

한편, 북한에서 군과 같은 기능을 수행하고 있는 행정구역으로는 도에 소속되어 있는 도 소재지를 포함한 일반시와 대도시(평양, 남포, 청진 등)에 소속되어 있는 구역이 있다. 그리고 북한에서는 도시화의 경향에 따라 과거에 군이었던 지역을 시로 변경하는 경우가 많았다.

3) 리(읍 · 동 · 노동자구)급 행정구역

북한 행정구역의 최하위 체계로서 리(읍 · 동 · 노동자구)가 있다. 리는 시(구역), 군 아래에 있는 농촌지역에 조직된 말단 행정구역이자 농업생산 단위이다. 북한은 1952년 12월 행정구역 개편 시에 리의 숫자를 10,120개에서 3,659개로 축소시켜 중앙에서 통제가 용이하도록 행정체계를 간소화하였다. 이 당시 군 소재지에 있던 리들은 읍으로, 도시에 있던 리들은 동으로 개칭되었다.

읍은 군의 소재지 역할을 하고 있지만 우리와는 다르게 리, 동, 노동자구와 같은 급으로 최하위 체계에 속한다. 동은 도시에 조직된 말단 행정구역으로서 주로 시, 구역에서 각종 직업에 종사하는 도시 근로자들이 거주하는 지역이며, 1개의 동에는 적게는 수십 개, 많게는 1백여 개의 인민반이 구성되어 있다.

한편, 노동자구는 우리의 행정체계와는 다른 북한의 독특한 행정구역으로, 1952년 12월 행정구역 개편 때 처음으로 등장(41개 노동자구)하였는데, 당시 기준은 공장 · 광산 · 임산 · 어촌의 리 중에서 400명 이상의 성인 인구를 보유하고 있고 65% 이상이 노동자로 구성되어 있는 지역이었다.

Q. 인민반장의 역할과 기능은 무엇인가?

A. 북한 주민들은 선군정치를 통해 외부에 대해서는 군대가 지탱하지만 내부는 인민반장이 지킨다고 말하기도 한다. 남한의 동(洞) 아래 반(班)에 해당하는 인민반을 책임진 사람으로서 주민을 감시하는 제일선에 있기 때문이다. 이들은 국가보위부의 눈과 귀의 구실을 하는 사람으로 평가되고 있다.

인민반 편제의 예를 들어 보면, 함흥시 동흥산구역 운흥1동에는 48개의 인민반이 있고, 한 개 인민반에는 대략 30가구가 속해 있다. 행정체계 상으로는 직속 상위기관이 동사무소, 구역(시 · 군) 인민위원회이지만 실질적인 주민 감시 등의 지시는 국가보위부, 인민보안서로부터 하달 받는다.

인민반장은 매일 아침 한 시간씩 동사무소에 들러 주민들의 동태를 보고하고 새로운 과제를 받은 뒤 집으로 돌아온다. 또한 일주일에 한두 번씩은 보안서에 나가 과업 수행 상황을 보고하고 새로운 과제를 지시받는다. 그중에서도 인민반별로 내려지는 파철 · 파병 · 파지 수집과 수매, 농촌에 보낼 분토(인분을 말려 흙과 섞은 거름)

생산 과제 해결이 중요하다. 한 겨울에 집집마다 30kg씩 분토를 생산해야 하니 전쟁이 따로 없다고 할 수 있다. 그 밖에도 송이 채취와 같은 경우도 월 30원씩 정량을 채워야 하는데, 주민들이 다른 생계 활동을 통해 현금을 지불하고 영수증을 받아 제출하는 사례도 있다.

인민반장은 출신성분이 아주 좋은 사람도 있지만 성분에 다소 흠집이 있는 사람들도 기용된다. 성분에 하자가 있을수록 그것을 만회하기 위해 더욱 열심히 하고, 비슷한 처지에 있는 사람들의 생리를 잘 알고 있기 때문에 주민 감시에 유용하다는 판단 때문이다. 1994년 김일성 사망 이전까지는 인민반의 감시가 먹혀들고 위세가 있었지만, 식량 배급이 끊기면서 장사가 활발해지자 인민반장의 위세도 한풀 꺾였다. 1990년대 후반 평양시의 인민반장은 월 70원의 월급을 받는 유급반장으로 각종 혜택을 받고 있었지만, 함흥시의 경우에는 월 30원이 지급되었다. 2006년의 경우 900원~1,000원 정도 월 급여를 받는 것으로 알려지고 있다. 평양시의 경우 인민반장의 고발에 의해 주민이 지방으로 쫓겨 갈 수도 있어서 그 위세가 대단하지만, 지방의 도시는 평양만 못하다.

3. 지방의 입법 및 행정기관

1) 지방인민회의

지방인민회의는 우리의 지방의회에 해당하지만, 우리와 달리 도(직할시)·인민회의와 시(구역)·군인민회의는 지방주권기관으로서의 위상을 갖고 있다(헌법 제137조). 각 급 지방인민회의는 임기 4년의 일반적, 평등적, 직접적 선거원칙에 의해 비밀투표로 선출된 대의원으로 구성되며, 그 임무와 권한은 다음과 같다. ① 지방의 인민경제 발전계획과 그 실행 정형에 대한 보고의 심의 및 승인, ② 지방예산과 그 집행에 대한 보고의 심의 및 승인 ③ 해당 지역에서 국가의 법을 집행하기 위한 대책 마련, ④ 해당 인민위원회위원장, 부위원장, 사무장, 위원의 선거 또는 소환, ⑤ 해당 재판소 판사, 인민참심원의 선거·소환, ⑥ 해당인민위원회와 하급인민회의, 인민위원회의 그릇된 결정 지시의 폐지 등이다.

지방인민회의는 위와 같은 임무와 권한을 수행하기 위해 매년 1~2회 정기회의와 대의원 3분의 1 이상의 요청이나 해당 인민위원회가 필요하다고 인정할 때 소집되는 임시회의를 개최하도록 되어 있다. 각 급 인민회의의 회의는 대의원 전원의 3분의 2 이상의 참석으로 성립되며, 지방인민회의는 결정을 내며, 의장을 선거하고 선출된 의장은 회의를 사회한다.

2) 지방인민위원회

우리의 지방자치단체의 집행부에 해당하는 지방인민위원회는 도(시), 시(구역), 군 단위의 행정 집행 기구이다. 과거 중앙인민위원회가 폐지됨으로써 그 지도도 받지 않게 되었다. 도(직할시)·시(구역)·군 인민위원회는 해당 인민회의 휴회 중에 지방 주권기관이며(이 점 또한 인민회의와 마찬가지로 남한의 그것과 차이를 보인다.) 해당 지방 주권의 행정적 집행기관(헌법 제145조)으로 규정되고 있다.

〈그림 3-6〉 북한의 지방 입법 및 행정기관 체계

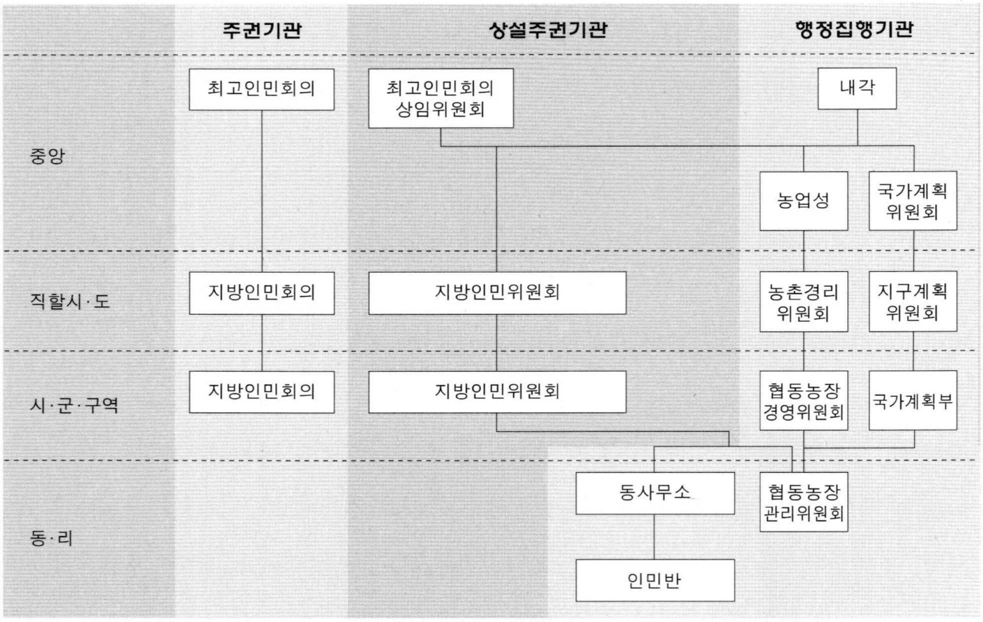

최진욱, 『현대 북한 행정론』(서울 : 명인문화사, 2008), p. 125 참조.

지방인민위원회는 위원장, 부위원장, 사무장, 위원들로 구성되며, 이들의 임기는 지방인민회의의 임원들의 것과 같은 4년이다. 지방인민위원회의 임무와 권한은 다음과 같다. ① 인민회의를 소집하기, ② 인민회의 대의원 선거를 위한 사업 실시하기, ③ 인민회의 대의원들과의 사업 실시하기, ④ 해당 인민회의와 상급 인민회의, 인민위원회, 내각과 내각위원회, 성의 법령, 정령, 결정 지시를 집행하기, ⑤ 해당 지방의 모든 행정 사업을 조직·집행하기, ⑥ 지방의 인민경제 발전계획을 작성하며, 그 실행 대책을 수립하기, ⑦ 지방 예산을 편성하고 그 집행 대책을 수립하기, ⑧ 해당 지방의 사회질서를 유지하고, 국가 및 사회협동단체의 소유와 이익을 보호하며, 공민의 권리 보장을 위한 대책을 수립하기, ⑨ 국가 관리 질서를 세우기 위한 검열·통제 사업 실시하기, ⑩ 하급 인민위원회 사업을 지도하기, ⑪ 하급 인민위원회의 그릇된 결정·지시를 폐지하며, 하급 인민회의의 그릇된 결정의 집행을 정지하기 등등이다.

지방인민위원회 전원으로 구성되는 전원회의는 자기의 임무와 권한을 실현하는 데 있어서 중요한 문제들을 토의·결정하며, 위원장, 부위원장, 사무장들로 구성되는 상무회의는 전원회의가 위임한 문제들을 토의·결정한다.

지방인민위원회는 결정과 지시를 내리며, 자기 사업을 돕는 비상설 부문위원회를 둘 수 있고, 자기 사업에 대하여 해당 인민회의 앞에 책임을 지며, 상급 인민위원회와 내각에 복종하도록 되어 있다.

3) 특별지방행정기관

지방의 주권기관의 행정적 집행기관에 속하지 않는 기관으로 각 지구계획위원회. 도 농촌경리위원회, 시·군 협동농장관리위원회, 도 건설위원회, 지방철도국, 도량공업위원회, 통계국 등이 있다. 이러한 기관들은 중앙행정기관과 지방주권기관인 해당 인민회의의 지도와 감독을 받지만, 인민회의 휴회 중에는 지방인민위원회가 지방주권기관으로 해당 지역 내의 기관, 기업소, 단체들의 사업을 지도하기 때문에 지방인민위원회의 지도와 감독을 받는다.

Q. 북한 주민들과 가장 밀접한 지방행정 단위는 어떤 모습인가?

A. 일반 주민들과 가장 밀접한 지방행정 단위는 시·군·구역의 인민위원회 아래에 있는 동과 리이다. 동은 다시 30~40개의 인민반으로 구성되어 있다. 동사무소에는 사무장을 포함한 2~3명의 지도원이 당 조직의 당비서와 부비서 및 약간의 부원들과 함께 근무한다. 인민반에서는 인민반장을 비롯하여 위생·세대주 부반장이 있고, 인민반은 한 주에 1~2회 가량 소집되며 주로 주부들이 이에 참석한다. 한편, 리에는 협동농장관리위원회가 설치되어 있는데, 행정적 기능보다 생산 단위로서의 기능을 더 많이 지니고 있다. 그러면서도 양자의 성격을 동시에 가지므로 동사무소보다는 규모가 큰 편이다. 한편, 리에는 하부 생산단위로서 작업반들이 있고, 그 밑에 다시 여러 분조가 있으며, 개별 농민들은 여기에 소속되어 있다. 협동농장관리위원회에는 관리위원장, 부위원장, 사무장, 기사장, 창고장 및 축산, 농산, 남새 등을 지도하는 5~6명의 지도원이 근무한다. 당 조직으로서 리당위원회는 당비서와 부비서(조직, 선전, 근로단체)가 있으며, 3~5명이 지도원이 청년동맹, 직맹, 농근맹, 여맹 등의 사회단체 조직을 맡아 관리하고 있다.

제6절 북한의 외교

1. 북한의 외교정책 전개 방향

1990년대에 들어 구소련과 동구권 국가들의 사회주의 체제가 해체되고 세계 여러 나라들이 교류와 협력을 통해 새로운 화해와 번영의 시대를 열어 가고 있는 가운데, 북한은 변화된 국제 정세에 적응하면서도 사회주의 체제와 김정일 정권의 생존을 위한 외교에 역량을 집중하고 있다. 특히 북한은 북핵 문제 해결을 비롯한 각종 외교적 현안들을 해결하기 위해 북·미 관계의 개선에 초점을 두는 한편으로, 중국과의 긴밀한 외교 관계의 추진을 위해 노력하고 있다. 북핵 문제로 교착 상태에 빠져 있는 북·미 관계의 해결과 진전을 통해 국제사회로부터의 고립에서 벗어나고 이어 일본과의 수교를 포함한 서방 국가들과의 수교 및 관계 정상화를 통해 자본과 기술을 유치함으로써 대내적인 경제적 위기 극복을 당면 과제로 안고 있다.

주체사상에 의하면, 정치에서의 자주를 확보하는 가운데 외교 부문과 관련하여 다음과 같은 입장을 표방하고 있다.[54] 먼저, 정치에서의 자주성을 보장하기 위해 대외관계에서 완전한 자주권과 평등권을 행사하여야 하며, 당과 국가의 자주성이 결국 대외관계에서 표현된다고 밝히고 있다. 또한 자주성에 기초하여 국제주의적 단결을 도모하는 가운데 조선노동당은 제국주의를 반대하며 식민지 민족해방운동과 국제 노동운동을 지지하며 사회주의와 공산주의에로 계속 나가며 내정 불간섭, 호상 존중, 평등과 호혜의 원칙을 지키는 기초 위에서 사회주의 나라들과 국제공산주의 운동의 단결을 강화하는 방침을 견지한다고 천명하고 있다. 이를 통해 대외관계에서 평등권을 고수할 것이며 자주성과 국제주의를 결합시키는 원칙을 견지할 것이라고 주장하고 있다.

2009년에 개정된 현행 헌법 제17조에서도 자주, 평화, 친선을 대외정책의 기본 이념[55]으로 표방하고 있는 가운데, 대외관계에 있어서 "평등성과 자주성, 상호 존중과 내정 불간섭, 호혜의 원칙을 대외 활동의 기본 원칙"으로 삼고 있다. 특히, 종전에 내세웠던 '마르크스-레닌주의와 프롤레타리아 국제주의 원칙에서 사회주의 나라들과 단결하고 제국주의를 반대하는 인민들과의 단결'이라는 기본 원칙을 '자주성을 옹호하는 세계 인민들과의 단결'로 수정함으로써 변화된 국제 정세를 반영하고 있다.[56]

한편, 1990년대 후반에 들어 북한은 미국 편향의 정책에서 벗어나 실리를 중시하는 가운데, 보다 적극적인 외교정책을 추진하였다. 실제로 북한은 1998년 9월 김정일 체제가 공식 출범하면서 대내정치를 정상화한 후, 보다 적극적으로 대외정책을 추진하기 시작하였다. 북한 외교는 이때부터 다변화되기 시작했다. 그동안 형성된 대미 관계를 지속적으로 유지·발전시키는 한편, 소원했던 중국 및 러시아와의 외교 관계를 복원하며, 대아시아 외교를 중시하는 가운데 유럽연합을 중심으로 한 서방 자본주의 국가들과의 관계 개선도 모색하는 등 전방위 외교를 추진하였다.

54) 김정일, 「주체사상에 대하여」 중 '주체사상의 지도적 원칙' 가운데 '정치에서 자주'의 일부를 참고할 필요가 있다.
55) 1980년 10월 13일에 개최된 조선노동당 제6차 당대회 총화보고와 1997년 6월 김정일의 노작 「혁명과 건설에서 주체성과 민족성을 고수할 데 대하여」에서도 자주·평화·친선을 외교의 기본 이념으로 제시하고 있다. 참고로 1990년 최고인민회의 제9기 제1차 회의에서 이념의 순위를 종전의 '자주·친선·평화'과 달리 '자주·평화·친선'으로 바꾸게 된다. 이는 과거 냉전 시대의 호전적인 이미지를 개선하기 위해 취한 조치로 보인다.
56) 통일부 통일교육원, 『북한 이해』(2009), p. 57.

1990년대 이후 북한이 추진해 오고 있는 외교정책의 추진 방향과 전략은 대체로 다음과 같이 세 가지로 요약해 볼 수 있다.

첫째, 북한 체제의 유지를 위해 1990년 초반 이후 미국을 상대로 펼친 북한 특유의 '벼랑 끝 외교(brinkmanship policy)'를 들 수 있다. 이는 지난 1993년 북한의 핵무기 개발 의혹으로 인해 미국의 대북한 압력이 강화될 때부터 구체적으로 나타났다. 즉, 1994년 10월 21일 채택된 북·미 간 제네바 기본합의서, 1998년 대포동 1호 발사와 금창리 핵시설 의혹 문제, 2006년 2차 북한 핵실험 및 미사일 발사 실험의 강행 등에서 잘 나타난다. 부시 정부의 출범 이후 오바마 정부에 이르기까지 북한의 벼랑 끝 외교는 주기적인 반복을 통해 구사되고 있다. 이와 같은 벼랑 끝 외교를 통해 북한은 미국으로부터 경제적 지원을 포함한 일련의 양보를 이끌어 내기도 하였다.

둘째, 북한 외교정책 추진의 또 다른 모습은 '실리외교'에서 찾아볼 수 있다. 북한의 외교정책은 냉전 시대, 즉 구소련과 동구권 국가의 사회주의 체제가 붕괴되기 전까지는 기본적으로 사회주의 이념에 바탕을 둔 이념 중시의 외교에 치중하였다. 그러나 이들 국가의 체제 붕괴와 함께 탈냉전의 국제적 환경이 조성되었고, 탈냉전 시대의 국제사회가 이념보다는 경제적 실리를 중시함에 따라 북한 역시 이러한 추세를 외면할 수 없었다. 북한의 실리외교가 구체적으로 드러난 한 사례로, 1998년 3월 14일 외교부 대변인이 중앙통신과의 회견을 통해 30%의 재외공관을 축소하기로 결정한 데서도 잘 나타나고 있다. 이는 과거 남한과 재외공관의 수를 경쟁의 잣대로 삼아 늘리려고 한 것과는 대조적인 모습이라 할 수 있다. 다른 한편으로, 북한은 1990년대 중반부터 극심한 경제적 어려움을 해결하기 위해 국제사회에 대해 경제적 지원을 요청하는 등 과거와는 다른 모습을 보여주기도 하였다.[57]

셋째, 북한은 국제사회의 다변화 추세에 맞추어 이에 부응하기 위해 아시아·태평양위원회와 같은 준민간기구를 앞세운 '민간외교'에도 주력하고 있다. 북한의 이러한 외교 방식은 아직 외교관계를 맺지 않은 서방국가와의 관계 개선 조치에서 두드러지게 나타나고 있다. 이는 북한이 사회주의 이념을 포기하지 않은 상태에서 서방국가들과의 관계 개선에 유리한 환경을 조성하기 위한 현실적 선택이라 할 수 있다. 특히 이 민간외교는 1995년 이후

57) 배한동 외, 앞의 책, p. 252 참조.

계속된 식량난 해소라는 차원에서 국제기구나 민간기구들에 대한 유대를 강화해 나가는 데서도 잘 나타난다.

북한은 미국을 비롯한 일본 및 유럽연합 등 서방과의 관계 개선을 통해 사회주의 체제의 안전에 대한 보장과 함께 경제적 실리의 획득이라는 다양한 목표를 동시에 추구하고 있다. 다른 한편으로, 중국, 러시아 등과는 과거 이데올로기에 의한 사회주의 동지적 유대가 약화된 상황에서 전통적 우호·친선관계를 유지·발전시키려 노력하고 있다. 북핵 문제의 해결을 위한 6자 회담이 난항을 겪고 있고 경제적 어려움이 가중되는 가운데 북한은 중국에 대한 정치적·외교적·경제적 유대를 더욱 강화하고 있고, 러시아와도 경제적 측면에서 협력을 적극적으로 추진해 나가고 있다. 그 밖에도 북한의 외교정책 전개 방향으로서 전반적으로 비동맹외교의 퇴조 속에서 대만, 태국, 인도네시아 등 동남아시아 국가와의 자원외교를 강화하고 있으며, 국제기구와 비정부기구들과도 1990년대 중반 이후 계속된 식량난 해소 차원에서 유대 강화를 도모하고 있다.[58]

이처럼, 1990년대 이후 북한의 외교정책 방향은 과거 이념이나 정치적 성격 위주에서 실리 및 경제를 강조하는 보다 현실주의적인 외교 노선의 길을 걷고 있다. 이를 통해 국제 사회의 외교적 고립으로부터 벗어나는 한편, 당면한 최대의 외교 현안과제인 북한 사회주의 체제의 보장과 경제적 어려움의 극복 등의 실리추구를 위한 다각적인 외교를 추진하고 있다.

2. 북한 외교정책의 결정 구조

북한의 대외정책 결정 과정은 최고 지도자를 중심으로 당중앙위원회 정치국에서 그 기본 방향을 결정하고 당중앙위원회 비서국 국제부에서 구체화하는 구조를 가지고 있다. 이어 결정된 외교정책을 최고인민회의가 추인하고, 구체적인 행정적 집행은 내각의 외무성이 관장하며 조선아시아태평양평화위원회와 같은 조선노동당의 외곽단체 및 민간단체 등이 함께 추진해 나가고 있다. 즉, 북한의 대외정책은 당 차원과 국가적 차원 그리고 민간외교 차원에서 이루어지고 있다. 사회주의 체제를 유지하고 있는 국가의 경우는 당이

58) 통일부 통일교육원, 『북한 이해』(2009), p. 58.

나 국가적 차원에서 관장하며, 체제 전환을 시도한 구 공산권 국가를 포함한 서방국가들과는 민간외교 차원에서 추진되고 있다.

구체적으로 북한의 주요 외교정책 결정 및 집행기구들을 살펴보면 다음과 같다.

〈그림 3-7〉 북한의 대외 정책 결정 및 집행 과정

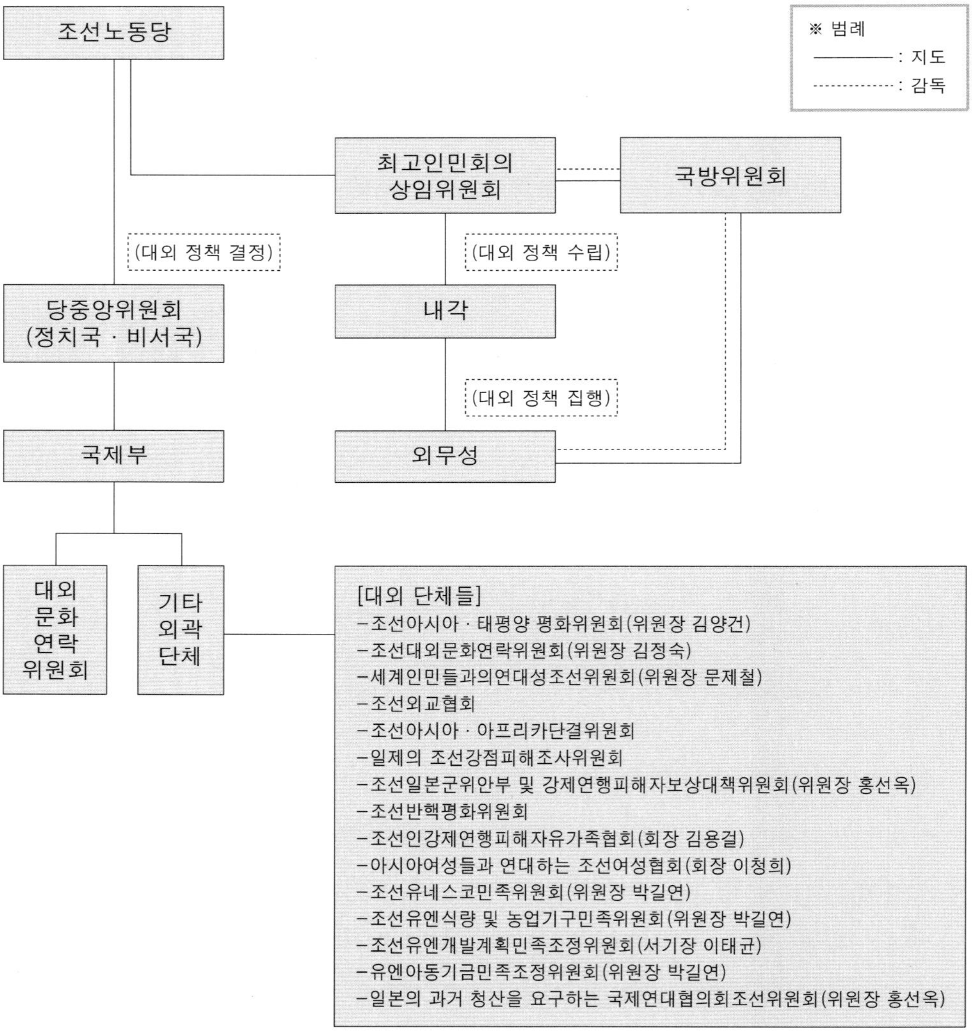

「북한 권력기구도」 중 '정당 · 단체', 북한자료센터 홈페이지(http ://unibook.unikorea.go.kr), 2010년 5월 24일 검색. 참고로 재작성함.

먼저, 당 국제부는 미수교 국가들의 정당들과 당 대 당 차원에서 외교활동을 전개한다. 그리고 최고인민회의가 각국의 의회 의원들과 개별 접촉을 통해 친선, 우호관계 유지 및 강화를 수행하며, 최고인민회의 상임위원회도 이 과정에 참여한다. 또한 내각의 외무성은 정부 차원에서 외국과의 국교 수립, 조약 및 협정의 체결, 재외공관 운영, 통상 및 친선 교류 등의 외교 업무를 수행한다. 한편, 2009년 개정 헌법에 의하면, 국방위원회 위원장도 다른 나라와 맺은 중요 조약의 비준 및 폐기를 포함하여 특사권을 행사하도록 하고 있다.[59)]

한편, 민간외교 차원에서는 조선노동당 외곽단체인 조선아시아태평양평화위원회 등이 맡고 있다. 그 밖에도 대외경제위원회가 대외 경제협력을 담당하고 있고, 민간 개별접촉 및 대외선전 활동을 위해 대외문화연락위원회, 국가별 친선협회 등의 조직도 그 기능을 수행하고 있다. 뿐만 아니라, 직업총동맹과 같은 직능별 민간단체들도 관련 분야에서 대외활동을 전개하고 있다.

3. 북한의 외교 실태

앞서 언급한 것처럼, 1990년대 중후반부터 북한은 '전방위 외교' 전략을 추구해 왔다. 그에 따라 현재 프랑스 등 일부 국가를 제외한 세계 160개 국가들과 수교를 맺고 있다. 이제 김정일 시대의 북한의 외교 실태를 미국, 일본, 중국, 러시아, 유럽연합(EU), 남한을 중심으로 살펴보면 다음과 같다.[60)]

1) 북한과 미국의 관계

1990년대 들어 구소련과 동구권 사회주의 국가들의 체제 전환으로 인해 강력한 단일 패권 국가로 부각된 미국 중심의 국제질서가 구축되면서 상대적으로 북한의 외교적 기반은 더욱 위축될 수밖에 없었다. 더구나 동북아지역에서 남한이 이른바 북방외교를 통해 중국

59) 2009년 개정 『헌법』, 제103조 4, 5항 참조.
60) 통일부 통일교육원, 『북한 이해』(2009), pp. 61-89.의 내용을 중심으로 필자가 재구성하여 서술하였음을 밝혀 둔다.

과 러시아와의 수교를 이루어냄으로써 북한으로서는 외교적 고립에 빠질 수밖에 없었다. 이에 따라, 북한은 미국과의 관계 개선(수교)을 최우선적인 정책 목표로 추구해 오고 있다. 그러나 부시 행정부의 대북 압박 및 고립정책에 맞서야 하는 북한은 핵무기 개발과 미사일 카드를 이용한 벼랑 끝 외교 전술을 통해 미국으로부터 북한 사회주의 체제에 대한 안전과 김정일 정권의 안위를 보장받으려 하였다. 특히, 국제 정세의 변화 기류 속에서 유일 강대국으로 부상한 미국과의 관계 개선 노력은 북핵 문제 해결 등을 둘러싼 국제사회의 대북 제재 조치의 해제뿐만 아니라 경제난 해결이라는 효과를 부수적으로 기대할 수 있기 때문에, 북한으로서는 불가피한 선택이었다고 하겠다.

북한은 지난 1993년 3월 핵확산금지조약(NPT)[61]의 탈퇴 선언과 함께 국제원자력기구(IAEA)의 핵사찰을 거부하는 등, 이른바 제1차 북핵 위기 상황을 연출하였다. 이 과정에서 북한은 벼랑 끝 외교 전술을 통해 미국과의 직접 협상을 시도하였고 그 결과물로서 1994년 10월에 북한의 핵개발 동결과 함께 미국 등으로부터 경수로 건설 제공, 북·미 간의 관계 정상화라는 '북·미 제네바 합의'를 이끌어 냄으로써 대미관계 개선의 계기를 마련하였다.

이후 평안북도 대관군 금창리의 지하 핵시설 의혹이 불거지면서 1998년 8월부터 북한과 미국은 협상을 벌였고, 1999년 3월 북한이 미국 측의 핵사찰에 대한 복수 현장방문을 허용하는 대신, 그 반대급부로 60만 톤의 식량을 제공받기도 하였다. 한편, 1999년 5월과 2000년 5월 미국의 현장방문단이 금창리 터널을 두 차례 조사함으로써 지하 핵 의혹 시설을 둘러싼 논란은 일단락되었다.

---

61) 핵확산금지조약(NPT)는 핵보유국의 핵무기, 기폭장치 및 그 관리의 제3자에 이양 금지, 비핵보유국의 그러한 무기의 수령 금지, 원자력 시설에 대한 국제 사찰의 인정 등 전면 완전군축조약에 관한 교섭을 성실히 행할 것 등을 규정한 국제조약이다. NPT는 1970년 3월 3일 발효됐으며 유효기간은 25년이다. 이 조약의 이행 상황은 5년마다 점검하도록 되어 있다. NPT는 핵보유국이 비보유국에 핵무기 그 자체, 재료, 정보 등을 제공하지 않을 것, 비핵보유국으로부터 핵무기 그 자체, 재료, 정보를 취할 수 없도록 하고 있다. 이 조약은 핵무기 확산 금지 원칙의 이행 여부를 강제하기 위한 수단으로 3조 1항에 국제원자력기구(IAEA)를 통한 '핵안전조치협정'의 가입을 의무화하고 있다. 또한 NPT 가입국은 18개월 이내에 핵 안전조치협정을 비준, 발효토록 강제하고 있는데, 한국은 1975년 정식 비준국이 되었다. 한편, 북한은 1985년 NPT에 가입하였고, 1991년 12월 한반도 비핵지대화를 남한과 합의한 후 1992년 1월 IAEA의 안전조치협정에 서명하게 된다. 최초 보고서에 의하면, 영변에 5MWe급 원자로에서 사용 후 연료봉 90g의 플루토늄을 얻었다는 북한의 주장과 수kg이라는 IAEA의 입장이 불일치하면서 특별사찰을 요구하게 되었다. 이에 불응하여 1993년 3월에 북한이 NPT를 탈퇴하게 되고 제1차 핵 위기가 발생하게 된다. 1967년 출범한 NPT는 25년간의 조약 발효 연장을 선언한 시점에서 여타의 다른 국가들에의 파급을 우려하고 있던 상황에서 북한의 NPT 탈퇴는 그 체제의 존속에 심각한 위협이 아닐 수 없었다. 한편, 북한은 1994년 6월 13일 IAEA의 탈퇴도 선언하게 된다.

한편, 미사일 문제와 관련하여서는 1999년 9월 '북·미 베를린합의'가 이루어지자 이에 대한 후속조치로서 미국은 북한에 대한 경제 제재를 일부 해제하기에 이르렀다. 북한도 미사일 재발사 유보를 밝히는 등 양국 간의 우호적인 분위 속에서 북·미 관계의 정상화에 대한 본격적인 협상도 이어졌다. 이 과정에서 클린턴 행정부는 1998년 11월부터 윌리엄 페리 전 국방장관을 대북 정책 조정관으로 임명하였고, 그 성과로서 남한과 일본과의 공조 하에 향후 북한이 핵무기와 미사일 등 대량살상무기(WMD)를 포기할 경우, 북한에 외교적·경제적 이익을 제공할 수 있는 틀을 마련함으로써 협상을 가속화시켰다. 이에 2000년 10월 조명록 특사의 미국 방문과 연이은 울브라이트 미국 국무장관의 평양 답방으로 외교대표부 설치, 실종 미군 신원 확인, 한반도 긴장 완화를 위한 구체적인 조치('북·미 공동 코뮤니케') 등 북·미 간의 현안들이 심도 있게 논의되었지만 클린턴 행정부의 집권 말기에 시간이 별로 없었다. 결국 2001년 1월 부시 행정부가 들어서면서 이는 실행에 옮겨지지 못한 채 새로운 국면을 맞이하게 되었다.

부시 행정부는 북한의 핵무기와 미사일 개발에 대한 검증, 재래식 무기 감축 문제를 강조하는 등 강경한 대북 정책을 표방하였다. 한마디로, 부시 행정부는 불량국가인 북한에 대해 적대시·무시, 고립의 정책을 선택하고 이를 적극 추진한 것이다. 부시 행정부의 8년간의 대북 정책은 결과적으로 북한에 추가적인 핵실험을 포함하여 핵무기와 미사일 개발의 시간만 안겨 주었다는 평가를 면하기 어려워 보인다.

그런데 부시 행정부의 이와 같은 대북 정책의 이면에 작용한 사건들이 공교롭게도 2001년에 일어나고 말았다. 즉, 미국은 2001년 '9·11 테러'라는 상황을 맞게 되었고, 10월 7일에는 아프가니스탄 사태를 계기로 대외정책의 기조를 반테러 협력에 둘 것을 강조하게 된다. 한편, 9·11 테러 이후 북한은 테러와 이에 대한 지원을 반대한다는 기본 입장을 천명하였으나 미국의 아프가니스탄 침공을 부당한 무력행사로 비판함으로써 북·미관계는 개선의 조짐과는 멀어지게 되었다.

더욱이 부시 대통령이 2002년 연두교서에서 이라크, 이란과 함께 북한을 미국과 세계 평화를 위협하는 '악의 축'을 이루는 국가로 규정하였고, 이에 대해 북한은 '선전포고'라고 반발하였다. 이어, 2002년 10월 제임스 켈리 미국 특사의 방북 때에는 북한의 농축우라늄 핵개발 의혹마저 제기되었으며, 미국은 북한이 새로운 핵개발 계획을 먼저 포기한 후에 북·미 대화가 재개될 수 있다는 입장을 표명하기에 이른다. 이에 대해 북한은 2002년 12월 제네바 합의 이후 국제원자력기구의 감시 하에 있던 핵 관련 시설의 동결을 해제하였고, 사찰관을 추방하는 등 강경한 조치를 취하였다. 2003년 1월에는 북한이 다시 핵확산금지조약 탈퇴를 선언하는 등 미국에 대해 강수를 두게 되었다.

이에, 미국은 북한의 핵개발 프로그램 보유 시인은 '북·미 제네바 합의', '한반도 비핵화 공동선언(1991년 12월 체결)' 등 쌍무적 약속뿐만 아니라, 핵확산금지조약과 국제원자력기구 핵안전협정 등 국제사회와의 합의에 대한 명백한 위반 행위이며, 북한의 핵 포기는 당연하고 기본적인 의무이기 때문에 별도의 보상이 필요 없다는 입장을 취하였다. 또한 미국은 대량살상무기를 생산·확산시키는 '불량국가'로서 북한의 핵 문제는 국제규범에 대한 도전이기 때문에, 평화를 수호하려는 국가들의 단합된 대응이 필요하며, 다자간에 해결되어야 할 문제라며 다자회담을 통한 문제 해결을 제안하였다. 그러나 북한은 핵 문제는 미국의 대북 적대시 정책과 정권 교체 음모에서 비롯된 것으로, 북한의 자주권과 생존권을 위협하는 장본인은 미국이기 때문에 오직 미국만이 이 문제를 해결할 책임과 능력을 가지고 있다고 주장하며 북·미 간의 양자 협상이라는 입장을 나타냈다.

한편으로, 북·미 간의 긴장이 고조되면서 한국과 중국을 비롯한 주변국들의 중재 노력이 시작되었다. 북한과 미국 그리고 중국이 참여하는 3자 회담이 2003년 4월 23~25일 중국 베이징에서 개최되었는데, 여기서 북한은 '새롭고 대범한 해결 방도'를 제안한 데 반해 미국은 북한의 '선 핵 포기'를 되풀이하면서 성과를 보지 못했다. 이에, 미국은 한국, 일본, 중국, 러시아 등 주요 국가와의 정상회담과 G-8 정상회담 등을 통해 북한이 "완전하고, 검증가능하며, 돌이킬 수 없는 방식(CVID)으로 핵을 포기"하도록 외교활동을 전개하는 한편, 대량살상무기의 확산 방지를 위한 '비확산안보구상(PSI)'을 통해 대북 압박의 강도를 높여 나갔다. 이에 대해 북한은 6월 18일 외무성 대변이 성명 등을 통해 미국의 다자회담 고집은 문제 해결의 여지가 없는 것이라며 "핵 억제력을 강화해 나가겠다."라고 천명하였다.

이러한 가운데, 중국과 남한 등 관련 국가의 외교적 노력에 힘입어 2003년 8월 27일부터 29일까지 베이징에서 남북한과 미국, 일본, 중국, 러시아가 참여하는 제1차 6자 회담이 개최되었다. 여기서 미국은 북한의 선 핵 포기에 따른 대가로 북한의 안전 담보 및 정치

·경제적 혜택 문제를 포함하여 북·미 간 관계 정상화를 위해서는 미사일, 재래식 무기, 위조화폐, 마약, 테러, 인권, 납치 등의 문제에 대한 논의가 필요하다는 점도 밝혔다. 한편, 중국은 한반도 비핵화와 북한이 제기한 안보 우려가 동시에 해결되어야 하며, 핵 문제의 평화적 해결을 계기로 한반도에 평화체제를 수립하여야 한다는 입장을 표명하였다. 러시아도 한반도 긴장을 해소하기 위한 긴급 대책과 상호 조치를 일괄적으로 작성하여 핵 문제 해결을 위한 로드맵을 마련할 것을 주장하였다. 일본은 북핵 문제와 함께 미사일, 일본인 납치 문제가 포괄적으로 해결되어야 한다는 입장을 견지하였다. 그리고 남한은 북핵 문제의 해결과 관련하여, 먼저 북한의 핵개발과 관련된 어떠한 시도도 용납하지 않으며, 북한 핵 문제를 대화를 통해 평화적으로 해결하는 것과 함께 남한이 적극적인 역할을 수행한다는 3대 원칙을 천명하기에 이른다.

이후 다자회담을 통한 북핵 문제 해결 등의 협상은 현재까지도 진행되고 있다. 북핵 문제 해결의 원칙, 목표, 내용 및 방법에 있어서 합의를 도출하기도 하였으나, 서로를 신뢰하지 못하는 가운데, 실행으로 옮겨지지 못하고 있다. 2004년 2월 25~28일 제2차 6자 회담에서 미국은 북한이 파키스탄의 지원을 받아 추진하고 있는 고농축 우라늄 프로그램을 폐기하고, 완전하고, 검증가능하며, 돌이킬 수 없는 핵 폐기를 거듭 강조하였다. 그리고 완전한 핵 폐기의 첫 단계 조치로서 한국, 중국, 러시아의 대북 에너지 지원에 반대하지 않는다는 입장도 밝혔다.

2004년 6월 23~26일에 개최된 제3차 6자 회담에서 미국은 보다 융통성 있는 2단계 해법을 제시하였다. 먼저, 초기 준비단계 3개월 동안 북한이 고농축 우라늄 핵개발 프로그램을 포함한 완전한 핵 폐기 원칙에 합의한 뒤 이를 전제로 핵개발을 동결하면, 한국을 비롯한 주변 국가들이 매달 수만 톤의 중유를 공급하고, 미국은 북한을 침공하거나 김정일 정권을 전복시키지 않겠다는 임시 안전 보장을 제공한다는 것이었다. 그 이후 2단계에서 북한이 모든 핵 프로그램을 완전하게 폐기하면 미국은 북한 체제의 항구적인 안전 보장을 제공하고, 북·미 국교 정상화를 추진하여 경제지원을 확대할 것이라고 밝혔다. 이에 대해 북한은 고농축우라늄 핵개발 프로그램에 대해 부인하며, '핵동결 대 보상 방안'을 내놓았다.

2005년 제4차 6자 회담에서는 연이어 개최된 1단계 회의(2005년 7월 26일~8월 7일)와 2단계 회의(2005년 9월 13일~16일)를 통해 북핵 문제 해결의 원칙과 목표를 담은 공동성명 발표에 성공함으로써 그 해결의 단초를 마련하기도 하였다. 제4차 6자 회담의 공동성명(9·19 공동성명)의 요지는 아래와 같다. 한편, '9·19 공동성명'으로 북핵 문제 해결의 가능성은 열렸지만 북·미 간의 불신이 상존하고 있는 상황에서 공동성명 채택 뒤 열린 제5차 6자 회담 1단계 회의(2005년 11월 9일~11일)는 미국의 대북 금융 제재를 둘러싼 신경전으로 진전 없이 결렬되고 말았다.

9·19 공동성명의 요지

1조 : 북핵 폐기 및 북한의 안보 우려 해소
- 북한은 모든 핵무기와 현존 핵 프로그램 포기
- 미국은 북한을 핵무기 혹은 재래무기로 공격·침공 의사 불보유
- 남한 내 핵무기 부재 확인
- 북한은 평화적 핵 이용 권리 보유, 여타국은 이를 존중하고 적절한 시기에 경수로 제공 문제 논의에 동의

2조 : 관계 정상화
- 북·미는 상호 주권 존중, 평화공존, 관계 정상화 조치
- 북·일 관계 정상화 조치

3조 : 대북 국제적 지원
- 에너지 교역 및 투자 분야 경제협력 증진
- 대북한 에너지 지원 제공 용의 표명
- 한국은 200만kW 전력 공급 제안 재확인

4조 : 한반도 및 동북아 안정과 평화 비전 제시
- 직접 당사국들 간 별도 포럼에서 한반도 평화 체제 협상 개최
- 동북아 안보 협력 증진 방안 모색

5조 : 이행 원칙
- '공약 대 공약', '행동 대 행동' 원칙에 입각, 단계적으로 상호 조율된 조치

이후 6자 회담이 교착 상태에 있던 중에 북한은 2006년 7월 5일 대포동 2호 미사일 발사로 위기를 다시 고조시킨 데 이어, 그해 10월 9일에는 2차 핵실험도 강행하였다. 그런가 하면, 10월 31일에 6자 회담 복귀 선언을 하였고, 급기야 12월 18일부터 22일까지 제5차 6자 회담 2단계 회의가 개최되었다. 그러나 13개월 만에 재개된 이 회담에서는 마카오 방코델타아시아은행(BDA)에 대한 금융 제재 문제가 불거지면서 별 진전을 보지 못했다.

이러한 상황에서 북한과 미국은 2007년 1월 16일부터 18일까지 베를린에서 6자 회담 수석대표 양자협의를 개최하여 6자 회담 재개 방안 및 '9·19 공동성명' 이행 방안에 대해 의견을 교환하면서 문제 해결의 실마리를 찾는 듯했다. 이어 2007년 2월 8일부터 13일까지 베이징에서 제5차 6자 회담 3단계 회의를 통해 '9·19 공동성명 이행을 위한 초기 조치'에 합의('2·13 합의')함으로써 한반도 비핵화의 평화체제 구축, 동북아 평화구조 정착을 지향하는 '9·19 공동성명'의 전면적 이행을 위한 제도적 틀이 마련되었다. '2·13 합의'의 주요 내용은 다음과 같다.

'2·13 합의'의 주요 내용

- 초기 단계 이행 계획 : 60일 이내
  - 재처리 시설을 포함한 현존 북한 핵시설 폐쇄 및 봉인, IAEA 사찰관 복귀
  - 모든 핵 프로그램의 신고 목록 논의
  - 북·미 관계 정상화 양자 대화 개시, 테러지원국 및 적성국 교역법 대상 제외 진전
  - 북·일 관계 정상화 대화 개시
  - 중유 5만 톤 상당 에너지 지원
- 5개 실무 그룹 구성 : 30일 이내 첫 번째 회의 개최
  - 비핵화, 북·미 관계 정상화, 북·일 관계 정상화, 경제·에너지 협력, 동북아 평화안보 체제
- 다음 단계 이행 계획 : 초기 단계 완료 이후
  - 핵 프로그램의 완전한 신고 및 핵시설 불능화
  - 중유 95만 톤 상당의 경제·에너지·인도적 지원 제공
- 6자 장관급 회담 개최 : 초기 단계 완료 이후
- 한반도 평화 체제 : 직접 관련 당사국 간 별도 포럼에서 협상

'2·13 합의'에 따라 2007년 3월 19일부터 22일까지 제6차 6자 회담 1단계 회의가 베이징에서 개최되어 북·미 관계 정상화, 북·일 관계 정상화, 경제·에너지 협력, 동북아 평화 안보 체제, 한반도 비핵화 등 5개 실무그룹 보고를 청취하고 초기 조치 이행 및 다음 단계 행동 계획에 대한 토의를 진행하였다. 또한 2007년 6월 그동안 6자 회담 합의사항 이행의 최대 걸림돌이었던 방코델타아시아은행(BDA) 금융 제재 문제가 해결 국면에 접어들자, 북한은 '2·13 합의'에 따라 국제원자력기구(IAEA) 관계자들을 초청하였고, 영변 5MW 원자로를 비롯한 핵시설 동결을 시작하였다.

이어 제6차 6자 회담 2단계 회의가 2007년 9월 27일부터 30일까지 개최되어 10월 3일 합의문이 공식 채택되었다. 6자 회담 의장국인 중국의 우다웨이 중국 외교부 부부장은 '9·19 공동성명과 2·13 합의에 따른 비핵화 제2단계 행동을 위한 공동성명'이란 제목의 합의문을 발표했다. 이에 따르면, 북한은 영변의 5MW 원자로와 핵 재처리 시설, 핵 연료봉 제조공장 등 3개 핵시설을 12월 31일 이전에 불능화해야 하며 핵 물질이나 핵 기술, 핵 지식을 이전하지 않겠다고 약속했다. '10·3 합의'의 주요 내용은 다음과 같다.

'10·3 합의'의 주요 내용

- 모든 북한 핵 시설을 연말까지 불능화
- 모든 북한 핵 프로그램 연말까지 신고
- 북한 핵 물질·기술·노하우의 이전 금지
- 북한에 대해 테러 지원국 명단 삭제 추진
- 북·미, 북·일 관계 정상화 노력
- 중유 100만 톤 상당의 경제·에너지 지원

그러나 북한은 한반도 비핵화를 위한 핵 프로그램 신고 목표 시한인 2007년 12월 31일을 넘겨 2008년 6월 26일 핵 신고서를 제출하였으나, 미국이 테러지원국 해제를 하지 않는다는 이유로 핵 불능화 중단을 선언하였다(8월 26일). 이에 미국은 2008년 10월 11일 부시 행정부 임기 100일을 앞두고 북한을 테러지원국에서 해제함으로써 해결 국면에 접어드는 듯하였으나, 북한이 12월 8일부터 11일까지 베이징에서 열린 6자 회담 수석대표회의에서 시료 채취를 포함한 북핵 검증의정서 채택을 거부함으로써 합의 도출에 실패하였고, 북핵 문제는 오바마 행정부로 넘어가게 되었다.

결국 그동안 진행된 6자 회담 '9·19 공동성명'은 북핵 문제 해결을 위한 ① 단계적 접근, ② '행동 대 행동'의 동시 행동 원칙을 통해 '한반도의 비핵화'와 '평화체제 구축'을 천명한 것이었다. 또한 '2·13 합의'(1단계)를 통해 '핵 폐기'를, '10·3 합의'(2단계)를 통해 '핵 불능화'를 꾀하였고, 3단계에 핵무기의 폐기와 핵 프로그램(시설, 능력)의 폐기를 추진하고자 하였다. 이제 남은 것은 당사국 간의 신뢰 회복을 기반으로 실행에 옮기는 일이다.

한편, 2008년 2월에는 김대중, 노무현 정부와 대북 정책의 기조를 달리하는 이명박 정부가 출범하였다. 새로 출범한 이명박 정부가 대북 정책 조정 국면에 들어간 상황에서 7월 11일 금강산 관광객 피격 사건이 발생하였다. 이후 장기간 남북한 관계의 경색 국면이 이어지고 있다. 특히 6자 회담이 공전되는 상황에서 이후 북한은 2009년 4월 5일 인공위성 발사에 이어 5월 25일 2차 핵실험을 강행하였으며,[62] 이는 추가 핵실험을 금지한 유엔 안보리 결의 제1718호(2006년 10월 14일 채택)에 대한 명백한 위반으로 유엔 등 국제사회의 제재에 직면하게 되었다. 북한이 2009년 1월 '6자 회담 복귀는 없다'는 입장을 표명한 이후, 같은 해 5월 북한의 핵실험 이후 6월 12일에 취해진 유엔 안보리 결의 1874호(각종 대북 제재 조치)의 채택에도 불구하고 2009년 10월 2일 중국 원자바오의 방북과 함께 2,000만 달러 이상의 대북 지원이 약속됨으로써 사실상 대북 제재의 종료 효과를 가져오기도 하였다.

또한 북한에 미국 여기자 2명이 억류된 상황에서 클린턴 전 미국 대통령의 전격적인 방북이 2009년 8월 4일에 이루어졌고 이들이 석방되면서 잠시나마 해빙의 징조가 포착되기도 하였다. 그러나 북한은 2009년 9월 3일에 우라늄 농축 성공을 발표하였으며, 10월 14~15일에는 단거리 미사일을 동해안과 서해안에서 각각 발사하는 등의 시위를 통해

---

62) 군사적인 측면에서 볼 때, 북한의 2009년 5월 25일 핵실험과 4월 5일 미사일 발사의 경우, 미국은 미사일 발사 기지를 포함하여 미사일 숫자도 감지하지 못하였다(50%만 파악되었다고 전함). 그런데 여기서 주목해야 할 사항은 북한의 핵 억지력에 대한 평가이다. 핵 억지력이란 적어도 3가지를 충족해야 한다. 즉, 핵무기 사용과 관련하여 ① 지휘체계(기지, 통신, 정보 등), ② 이격 능력 또는 반격 능력 및 ③ 운반능력이 전제되어야 한다. 북한에서 워싱턴까지 10~15분 이내에 대륙 간 탄도 미사일이 도달할 수 있다는 점에서 북한의 로켓 및 미사일 발사 실험 등은 운반 능력을 확보한 것으로 파악될 수 있다. 중국이 1968년 핵무기 보유와 위성 발사가 완료되면서 미국이 대만과의 수교 단절 및 중국과의 수교로 돌아선 것은 역사적 선례의 하나이다.

미국을 압박하였다.

한편, 이명박 대통령이 2009년 9월 21일 유엔 총회 참석차 방미 중에 '그랜드 바겐(Grand Bargain)'을 발표하였다. '9·19 공동성명'이 북핵 문제 해결을 위한 점진적이고 단계적인 해법인 데 비해, 이명박 대통령의 안은 북핵 문제의 '일괄타결'안으로서 북한이 핵무기와 핵 프로그램을 폐기하면, 미국과 남한이 북한 체제의 안전 보장과 경제적 지원을 하겠다는 것이다. 그러나 북한은 미국과 남한의 북핵 문제 해결안에 대해 근본적으로 불신하고 있다(제1차 핵위기 이후 제네바 회담 결과의 미이행 등). 즉, '선 핵 폐기'(부시 전 미국 대통령의 입장)와 이명박 정부의 '비핵·개방·3000구상'도 북한의 선 핵 폐기를 전제로 한다는 점에서 북한은 이에 강력히 반대하고 있는 것이다. 남북한 관계가 심각한 파국의 양상으로 치닫는 가운데 2010년 3월 천안함 피격 사건이 발생하였고 이 사건에 대한 입장 차이로 6자 회담을 통한 북핵 문제의 해결은 공전되고 있다.

과거 부시 행정부는 북한에 대한 대북 적대시 정책(정치, 경제적 고립·압박 정책)을 추진해 왔고, 이를 통해 북한을 굴복시키려는 의도를 감추지 않았다. 미국은 북한에 대해 근본적으로 평화공존체제를 구축하기보다는 정치·경제적 고립과 압박 정책, 그리고 군사적 고립·압박 정책의 2가지의 축을 통해 제재를 가해 온 것으로 볼 수 있다. 그런 가운데 북한은 이미 핵무기를 보유하였다고 선언하며 미국에 맞서고 있는 형국이다.

'9·19 공동성명'에서 볼 수 있는 바와 같이, 북핵 문제의 해결은 한반도의 정전체제의 해결, 즉 평화공존체제 구축으로 나아갈 수 있는 단초를 마련하게 된다. 만약 정전체제가 종식되고 평화공존체제(평화조약 또는 협정)가 형성되면 일체의 대북 적대 행위(기술적·법적 전쟁 포함)를 할 수 없게 된다. 이럴 경우, 미국의 동북아지역 또는 한반도에서의 패권 체제는 변화를 가져올 수밖에 없을 것이다. 그런데 문제는 미국이 이러한 상황을 받아들일지는 미지수이다.

북한에 대한 협상과 선의의 무시(지연) 정책과 '악의의 무시 정책' 사이에서 갈등하고 있는 오바마 대통령에게는 시간을 끌수록 그에 상응하는 막대한 대가를 지불해야 하는 이중의 부담으로 작용할 수도 있다. 이로 인해 미국의 국제적 지위 약화는 물론, 한·미·일 간의 군사동맹 체제의 약화에 따른 군부의 불만, 그리고 남한과 일본 등의 핵무기 개발의 또 다른 유혹과 계기를 제공할 수 있는 부담 등이 집권 초기의 오바마 행정부로서는 어려운 될 것이기 때문이다.

21세기는 아시아태평양의 시대라고 한다. 한반도 주변국의 정치·경제적 위상을 보더라도 이 지역은 향후 세계적인 주목을 받을 수밖에 없다. 특히 동북아 지역의 경우 G-2로 급성장한 중국의 경제와 이에 맞서는 유일 강대국 미국, 그리고 일본, 러시아 및 남한의 경제권이 서로 치열한 경쟁 다툼을 할 것으로 전망되기 때문이다. 특히, 그 성장 잠재력에 비추어 볼 때 중국의 동북 3성 지역과 러시아의 연해주 지역 일대가 새롭게 부상할 태세를 갖추고 있고, 남북한과 일본이 접하고 있기 때문이다.

그러나 한반도가 북핵 문제를 중심으로 냉전 기류에 휩싸여 있는 한, 이 지역의 경제 발전에 장애요인으로 작용할 가능성이 더 크다. 미국이 자국의 이익과 일치하는 전제조건 하에서, 즉 한반도에서의 지배력을 계속 확보하는 한에서 평화공존체제의 형성을 고집한다면, 당분간 북핵 문제 해결을 포함한 북·미 관계의 정상화는 난항을 거듭할 수밖에 없다. 또한 미국에 대한 대항세력으로서 중국과 러시아가 일정한 견제도 고려해야 할 변수가 될 것이다. 분명한 것은 미국에게 한반도의 분단 유지(현상 유지)에 따른 이익이 더 크다고 판단되는 한 미국은 이를 쉽게 포기하려 들지 않을 것이다. 마찬가지로 중국 또한 남북한간의 분단 유지가 자신들의 국익에 유리하다고 판단하는 한, 그리고 적어도 통일된 한국이 중국의 국익에 유리하게 작용하도록 압력을 가할 것이라는 점은 분명하다.

앞으로 미국은 주한미군의 유지(한미 군사동맹의 완화 포함)를 전제로 동북아의 균형자로서의 역할을 계속 희망할 것으로 전망된다. 미국은 계속하여 21세기 동북아지역의 안보에 핵심적인 기능을 담당하려 할 것이고, 이러한 가운데 북한의 비핵화는 물론 세계의 비핵화를 계속 추구하려고 할 것이다. 다만, 미국이 북한과의 관계 개선을 통하여 한반도에서의 영향력을 강화하고 북한의 지하자원 개발 등 경제 이익을 확보하려는 정책이 추구된다면 상황은 급반전할 수도 있겠지만 현재로서는 기대하기 어렵다. 오바마 행정부가 부시 행정부에 이어 대북 압박 정책을 포기하지 않고 강경한 태도로 접근한다면 이마저도 기대하기 어려울 것이고, 그렇게 될 경우 북한의 당면 최대 현안 과제인 미국과의 관계 개선과 그를 통한 경제 회복의 목표 달성은 불투명하게 될 것이다.

2) 북한과 일본 관계

북한과 일본의 외교 전략은 대략 다음과 같이 정리해 볼 수 있다. 먼저, 북한은 ① 일본으로부터 일제 식민지배에 대한 전쟁 배상을 받아 이를 북한의 심각한 경제난을 해결하는 데 이용할 수 있다. 나아가 일보의 자본과 기술 투자를 유치함으로써 다른 서방의 국가들도 파급 효과를 도모할 수 있을 것이다. ② 남북한 대결 구도에서 일본을 중립화함으로써 핵 문제나 미사일 문제 등과 관련하여, 한·일 간 및 한·미·일 간의 공조 체제를 방해하거나 저지할 수도 있다.

한편, 일본은 북한과의 관계 개선을 통해 ① 전방위 외교를 외교정책의 기조로 하고 있는 일본이 남북한에 대해서도 등거리 정책을 계속 추구하려 할 것이다. ② 북·일 수교에 대한 남한과 미국의 견제와 반대가 크게 완화되었고 이를 통해 북·일 관계를 정상화함으로써 북한에 대한 경제적 이익을 추구하려 할 것이다.[63] 더 나아가 동북아지역에서의 일본의 안보와 국제적 위상을 보장받으려는 외교정책도 고려해 볼 수 있을 것이다.

그렇지만 북한과 일본 양국 간에는 과거사 청산 문제와 일본인 납치 문제 등을 비롯한 많은 외교적 현안들이 근저에 가시밭처럼 놓여 있다. 무엇보다도 일본은 미국의 핵우산 아래 자국이 안주해야만 하는 상황 속에서 북한의 핵개발 문제나 미사일 문제 등이 일본의 국가 안보를 위협한다고 판단할 가능성이 크다. 오히려 이를 계기로 일본은 경제적 지위에 상응하는 자국의 국방력 강화를 핑계로 군국주의로의 지향을 숨기지 않고 있고, 북한은 이에 대해 새로운 제국주의적 안보 위협 요인이라고 반발하고 있는 형국이다. 특히 일본은 유사시법제의 정비를 통해 자국의 안보를 확보하려고 하고 있다. 물론 이는 북한의 반발을 사고 있다.[64] 이처럼 양국 간에는 넘어야 할 산이 많을 뿐만 아니라, 국제적 역학구도상으로도 북·미 관계 개선 이후에나 북·일 관계 정상화를 기대할 수밖에 없는 한계도 가지고 있다. 다만, 북핵 문제를 둘러싼 6자 회담의 틀 속에서 일본은 자국의 이익을 담보하는

63) 양국 간의 무역 거래 규모 현황을 보면, 2005년 기준으로 약 2억 달러 밑으로 떨어져 1977년 이후 최저치를 기록한 이래 최근 1천만 달러 이하의 규모로 대폭 감소하고 있는 추세이다. 일본인 납치 문제를 포함하여 북핵 문제 등에 따른 대북 경제 재재에 기반을 두어 급락하는 형국을 보여주고 있다.

64) 북한은 일본 정부에서 작성, 발표한 '유사시 법제에 관한 기본 방침'에 대해 "재침 책동"이라며 강한 우려감을 표시하였다. 2002년 2월 6일 북한 내각 기관지 『민주조선』은 논평을 통해 일본이 '유사시법제에 관한 기본방침'에 "무력 공격에 도달하지 않는 단계부터 적절한 조치를 취하는 것이 필요하다."라는 조항을 명시한 점을 들어 "일본 반동들은 자기들의 안전과는 상관없는 국제문제들까지 '유사시' 대상에 포함시키려 하고 있다."라고 비난하였다(『연합뉴스』, 2002년 2월 7일자 기사).

행보를 걸을 것으로 전망되지만, 당분간 양국의 긴밀한 관계 진전은 어렵다고 판단된다.

그동안 북한과 일본 간의 주요 외교 관계 실태를 정리해 보면 다음과 같다. 일본은 1950년대 중반부터 북한과 간접교역 형태의 경제교류를 시작하면서 양국 간의 국교 정상화 문제를 거론하기 시작하였으나 1970년대 초반까지 큰 성과가 없었다. 1969년 닉슨 독트린이 발표된 이후 1970년대에 들어서 동서 간의 데탕트와 미국과 중국의 관계 개선, 남북대화 추진 등을 배경으로 북한과 일본 간의 관계 개선 노력이 추진되었으나, 수교 문제는 1980년대까지 수면 위로 드러나지 못했다.

1991년 11월 평양에서 북·일 간 수교 교섭 제1차 회담을 시작으로 양국 간에는 8차례에 걸친 회담이 개최되었다. 수교 회담에서 양측은 한일 병합 조약의 효력과 한일 기본 조약의 적법성 문제, 일본의 식민지 지배에 대한 보상 문제, 북한의 핵사찰 문제, 재일 한인의 법적 지위 문제와 북송 일본인 처의 본국 왕래 문제, 그리고 일본인 납치 문제 등에서 현저한 입장 차이만 확인하였다. 1992년 6월에 일본은 북한 핵 문제의 해결 없이는 수교 교섭의 진전이 불가능하다는 입장을 보였고, 이에 대하여 1993년 11월에 북한은 교섭을 중단시키고 말았다.

1994년 10월 북·미 간의 제네바 합의가 채택된 이후인 1995년 3월 30일에 북한과 일본은 수교 교섭 재개에 합의하였으나, 일본의 적극적으로 나섰음에도 불구하고 북한이 소극적인 태도를 보임으로써 재개되지 못하다가, 1997년 8월에 가서야 베이징에서 교섭이 이루어졌다.

그러나 1998년 8월 북한이 일본 영공을 통과하는 대포동 1호 미사일을 발사함으로써 북·일 관계가 급격히 냉각되었고, 1999년에 들어서야 다소 완화되었다. 일본은 북한이 대량살상무기 개발을 중단할 경우 적극적인 경제원조와 외교관계 개선을 약속한 페리의 정책권고안에 따라 미국이 대북제재 완화를 발표하고 북한 역시 미사일 발사 유예를 선언한 데 편승하여 북한의 미사일 발사에 대응해 취했던 대북 제재를 해제하고 식량 지원을 재개하였다. 이에 대해 북한도 1999년 8월 정부 성명을 통해 일본과의 관계 개선 의지를 적극적으로 표명하였다. 같은 해 12월 무라야마 도이치 전 총리를 단장으로 한 일본 초당파 의원대표단의 방북으로 양국 간의 국교 정상화를 위한 북·일 간 회담 재개가 추진되었다. 이에 따라 양국은 2000년 4월 외교관계 수립을 위한 제9차 본회담을 평양에서 개최하였으며, 제10차 본회담은 같은 해 8월 일본에서 열렸다. 이후 제11차 본회담이 2000년 11월 베이징에서 개최되었지만 일본인 납치 문제, 북한의 과거 청산 요구 등으로 소기의 성과를 거두지 못하였다.

제11차 북·일 수교회담 이후 일본 경찰의 조총련계 은행 수색, 괴선박 사건 발생 등으로 북·일 관계가 다시 경색되면서 차기 회담 개최가 지연되다가, 2002년 7월 아세안지역 안보 포럼을 계기로 북·일 외무장관회담이 개최되었다. 이 회담에서는 북·일 간의 관계 정상화 조기 실현에 대한 원칙적 합의가 이루어졌고, 이후 양국의 국장급회담(2002년 8월)에서 미해결 현안 협의 등을 통해 정상회담의 기틀을 마련하였다. 이어 고이즈미 총리가 2002년 9월 17일 북한을 방문하면서 김정일 국방위원장과의 정상회담을 통해 정상회담 재개, 과거 청산 문제와 연계한 경협 문제 협의, 일본인 납치 문제 및 북핵 문제 등 안보 문제의 해결 등 주요 현안들을 포괄적으로 해결하기로 하고, 4개 항의 평양선언을 발표하기에 이르렀다.

이후 양국 간에는 수교회담이 개최되었으나 일본의 북한 핵 개발 포기 요구 및 일본인 납치 문제에 대한 입장 차이 등으로 난항을 겪었다. 이때 북한은 2002년 10월 15일 납치 생존자 5명에 대해 일시 고향방문을 허용하였고 이들의 일본 방문이 성사되었다. 이에 대해 일본 정부는 10월 24일 일본인 납치 피해자들을 북한에 귀환시키지 않고 일본에 영주 귀국시키겠다고 발표하면서 양국 관계는 냉각되었다.

2003년 4월 베이징에서 열린 미국, 북한, 중국 간의 회담에서도 핵 문제 해결의 진전이 없었고, 일본의 대북 여론 악화 등으로 대북 제재 필요성이 제기된 가운데, 6월에는 만경봉-92호 등 일본에 출입하는 북한 선박에 대한 일본 정부의 검사 활동이 강화됨에 따라 이 선박의 운항 일정이 조정되는 사건이 발생하기도 하였다. 북한은 일본 당국의 선박 검사 활동 강화와 2003년 6월 일본 국회에서 통과된 유사시법제 등을 '대북 제재', '조선에 대한 재침 야욕'으로 규정한 후 일본을 강력히 비난함으로써 양국 관계는 더 이상 진전을 보지 못했다.

2004년 5월 22일 김정일 국방위원장과 고이즈미 총리는 1년 8개월 만에 개최된 제2차 정상회담을 통해 2002년 10월 이후 중단된 국교정상화 교섭을 재개하기로 합의하였으며, 이 기간 중 양측은 납치 생존자 가족 8명 중 5명이 고이즈미 총리와 함께 일본으로 귀국하는 한편, '평양선언'이 준수되는 한 대북 제재 법안을 발동하지 않는다는 약속을 하는 등의 진전이 있었다. 이처럼 제2차 북·일 정상회담을 통해 고이즈미 총리나 김정일 국방위원장 모두 양국 간 최대의 정치적 부담이자 현안 이슈에 대한 부담을 완화시키고 향후 정세 변화에 대비하고자 하였다.

교착 상태에 빠져 있던 양국 간의 관계는 2005년 9월 제4차 6자 회담의 타결을 계기로 새로운 전기를 맞이하게 되었다. 같은해 11월 3~4일 베이징에서는 북·일 국교 정상화 회담이 1년 만에 재개되었고, 일본인 납치 생존자의 귀국문제와 가짜 유골 의혹 문제를 둘러싼 양국 간 협상이 진행되었다. 그러나 양국 정부는 상호 입장 차이만 확인하였다. 일본이 가짜 유골 의혹과 일본인 납치 생존자의 귀국 문제가 해결되지 않으면 국교정상화가 불가능하다는 입장을 표명한 가운데, 북한은 일본인 납치 문제가 모두 해결되었다는 태도로 맞섰고 급기야 실질적인 국교정상화의 진전 없이 끝났다.

이어 2006년 2월 들어 중국 베이징에서 열린 국교 정상화 회담도 서로의 입장 차이만 확인한 채 종료되었다. 특히 회담이 결렬된 이후 북·일 양국 간에는 대화채널의 단절과 상호 비난 공세의 강화로 대립 국면이 조성되었다.

한편, 2006년 7월 5일 북한의 미사일 시험 발사와 10월 9일의 핵실험 강행을 계기로 일본은 국제사회의 대북 제재에 주도적으로 참여하는 한편, 독자적인 대북 제재 조치를 잇따라 취하였다.

2007년 2월 13일 베이징에서 열린 제5차 6자 회담 3단계 회의를 통해 관계 당사국들이 '2·13 합의'에 합의함으로써 북·일 관계도 새로운 돌파구가 마련되었다. 양국은 북·일 관계 정상화를 위한 제1차 실무그룹회의를 2007년 3월 7~8일 양일에 걸쳐, 그리고 제2차 회의를 5월 6~9일까지 각각 개최하였지만, 역시 일본인 납치 문제, 과거사 청산 문제 등 주요 쟁점 관련 사항만 확인하는 데 그쳤다.

2008년 6월 11~12일에 베이징에서 개최된 북·일 국교 정상화 실무회의에서 북한은 '납치 문제는 이미 해결되었다'는 기존 입장을 바꾸어 납치문제의 해결을 위한 재조사를 실시할 것을 약속하고, 항공기 '요도호'의 납치범 및 가족을 일본 정부에 인도하는 것에 협력하기로 합의하였다. 일본은 대북 제재 조치 가운데, 인도적 물자 수송 선박에 한해 북한 선박의 일본 입항 금지 및 북·일 간 인적 왕래 금지 조치 해제 등을 위한 조치를 취할 것에 합의하였다.

그러나 2008년 9월에 출범한 아소 내각은 10월 10일 각료회의에서 10월 13일로 기한이 만료되는 '대북 경제 제재'의 시한을 6개월 연장하기로 결정하였고, 10월 15일 납치 문제의 해결을 논의하기 위한 특별 각료회의를 열어 납치 문제의 해결에 대한 의지를 강하게 표명하였다. 아소 정부의 대북 강경 정책에 대해 북한이 강하게 반발하면서, 북·일 관계는 다시 소강상태에서 벗어나지 못하였다.

이후 2009년 8월 30일에 실시된 일본 총선거에서 정권이 교체됨에 따라 민주당의 하토야마 유키오 내각이 출범하면서 양국 간의 관계 개선이 점쳐졌으나 남북한 간 관계 경색의 분위기 연출과 6자 회담의 공전 속에서 별다른 진전이 없었다. 공은 이제 2010년 6월 9일에 새로 출범한 나오토 내각에게 맡겨지게 되었다.

북한과 일본 간의 외교적 현안인 일본인 납치 문제와 과거사 청산 문제는 앞으로도 양국 간의 관계 정상화의 논의 과정에서 첨예한 대립각으로 작용할 가능성이 농후하다. 국제 정세의 변화 속에서도 미·일 간의 긴밀한 관계가 계속 유지되는 가운데 북·미 관계의 정상화가 이루어진 뒤에야 북한과 일본의 관계 정상화가 모색될 수 있을 것이기 때문에 단기적으로 양국 간의 관계 정상화는 어려워 보인다. 그러나 북·일 관계의 개선을 통해 북한이 일본으로부터 경제 발전에 소요될 자원을 기대한다는 점, 그리고 일본도 북한발 안보 문제를 해결하고 경기 침체의 돌파구를 마련해야 하는 당면 과제를 안고 있다는 점에서 양국 간의 관계 개선은 그 필요성과 함께 향후 전개 양상이 주목을 받을 수밖에 없다.

3) 북한과 중국의 관계

1990년대 들어서 구소련을 포함한 동구권 사회주의 국가들의 체제 전환과 함께 남한과 중국 간의 국교 수립(1992년 8월)마저 현실화되면서 북한은 국제적 고립에 직면하게 되었다. 더구나 중국이 북한과의 교역에 있어서 경화 결제를 요구하는 등의 조치를 취하면서 양국의 관계는 급속히 냉각되었다. 양국은 표면적인 동맹관계를 유지하면서도 내면적으로 불편한 관계를 유지할 수밖에 없었던 셈이다. 1991년 10월 김일성 주석이 중국을 방문하고 1992년 중국 양상쿤 국가 주석이 북한을 방문한 이후 2000년 5월 김정일의 비공식 중국

방문이 이루어지기까지 8년 동안 양국 간 공식적인 상호 방문조차 없었다는 점도 이를 뒷받침한다.

북한은 1998년 김정일 체제가 본격적으로 출범하면서 중국과의 관계 정상화를 최우선 정책 과제의 하나로 설정하였다. 2000년 5월 29일부터 31일에 걸쳐 장쩌민 중국 주석의 초청 형식으로 중국을 비공식 방문한 김정일 국방위원장은 양국 간의 관계와 개혁·개방 문제, 남북정상회담 등에 대한 논의를 통해 전통적인 양국 간 친선 관계를 더욱 발전시키기로 합의하였다. 여기서 중국은 북한에 식량과 원유, 석탄 등 물자를 추가로 무상 지원하는 데 합의하였다.

2001년 1월 15일부터 20일까지 김정일 국방위원장이 장쩌민 국가 주석의 초청 형식으로 중국을 다시 비공식 방문하여 양국 간의 상호 친선협조 관계를 보다 높은 수준으로 진전시키는 데 합의하였다. 특히 김정일 국방위원장은 상하이 푸동 지구의 첨단산업 기지, 금융 및 상업 시설 등을 시찰한 후 '천지개벽' 등 극찬을 한 것으로 알려지기도 하였다. 이처럼 두 차례에 걸친 김정일 국방위원장의 방북에 대한 답방 형식으로 장쩌민 중국 주석의 북한 공식 친선 방문이 2001년 9월 3~5일에 성사되었고, 남한과 중국 간의 수교 이후 다소 소원했던 양국 간에는 우호 관계 강화라의 기류가 형성되었다. 중국은 북한에 대해 쌀, 석유, 비료 등의 지원과 대북한 협력을 약속하였고, 남북한 대화와 북·미 및 북한과 유럽과의 관계 개선에 나설 것을 권유하였으며 북한과 중국 간의 당적 유대 강화를 통한 정치적 관계 발전 방안도 모색하였다.

2003년 후진타오 주석의 등장 이후에도 양국은 전략적 협력관계로 변화하였다. 후진타오 주석은 '전통 계승', '미래 지향', '선린 우호' 및 '협력 강화'라는 대북한 16자 방침을 천명하였고, 2004년 4월 19일부터 21일까지 김정일 국방위원장은 후진타오 주석의 초청으로 다시 중국을 방문하였다.

2005년 10월 28일부터 30일까지 후진타오 주석의 방북을 계기로 양국 관계는 외형적 복원을 넘어 실질을 도모하는 차원으로 전환되었다. 후진타오 주석은 10월 28일 김정일 국방위원장과의 정상회담에서 향후 북중 관계 발전의 4원칙을 천명하였는데, ① 고위층 상호방문 전통 지속, ② 협력적 내용이 담긴 교류 영역 확대, ③경제 무역 협력을 통한 공동발전 모색, ④적극적인 협력을 통한 공동이익 추구 등이었다. 따라서 양국은 과거와 같은 맹목적인 동맹 관계를 유지하는 것이 아니라 각자의 국가이익에 맞춰 관계를 재설정한다는 데 의견을 같이하였다. 북한은 당면한 경제적 어려움을 해소하고 나아가 국제사회의 확실한 지지 세력으로서 중국의 지원을 약속받고 중국은 동북아시아에서의 발언권 강화와 함께 한반도에 대한 영향력을 확대하기 위한 북한과의 연대를 선택한 것이다.

중국의 입장에서 볼 때, 북한과의 관계 개선 및 유지가 자국의 안보 문제를 비롯한 중국의 현실적 국가이익의 관점에서 필요한 것으로 판단하고 있기 때문으로 풀이되는데, 중국은 단기적으로 한반도의 평화와 안정 유지라는 기조 위에 남한과의 경제적 교류와 협력을 강화함으로써 자국의 경제 발전을 도모하는 한편으로 북한에 대해 변방외교 차원에서 정치·군사적 지원 정책을 계속할 의도를 드러낸 것이다.

이러한 중국의 실리외교는 북핵 문제 해결 과정에서 보여준 태도와도 연관이 있다. 1차 북핵 위기 때 중국은 국제사회와 협력하여 북한의 핵 문제 해결의지를 유도해 내기보다는 북한에 대한 편향적인 원칙적 입장 표명과 더불어 자신의 역할이 제한적임을 주장함으로써 가시적인 역할을 취하지 않았다. 그러나 2차 북핵 위기에 대하여서는 중국이 북핵 문제의 해결을 위한 실제적인 조치들을 취했고, 북핵 문제 해결을 위한 긍정적 역할을 하려는 의지를 강하게 표출하기도 하였다.

2006년 10월에는 북한의 핵실험을 계기로 정치, 경제적으로 긴밀해진 양국 관계가 다른 차원을 보이는 듯했다. 중국은 어느 때보다도 북한을 강하게 비난하고 유엔 안보리의 대북 제재안에 반대하지 않는 모습을 보여주었다. 그러나 이 가운데서도 중국은 대화와 협상을 통한 북핵 문제 해결 원칙을 유지하였고, 북한을 궁지에 몰고 갈 수 있는 전면적인 대북 제재에 대해서는 반대하는 입장을 분명히 하였다.

북핵 문제를 해결하기 위한 중국의 적극적인 중재자로서의 역할은 2007년 2월 13일 '2·13 합의'에서도 잘 나타난다. 이는 북·미 양자 틀을 통한 제네바 합의와 달리 6개국의 합의 이행을 담보함으로써 한반도 평화정착 및 동북아지역의 안보 구조 변화의 토대를 중국에 유리하게 가져가는 계기를 만들고자 한 것이다. 나아가 2007년 9월 27~30일에 개최된 제6차 6자 회담 2단계 회담에서 합의한 북한의 핵 불능화와 신고를 완료하며, 대신에 북한에 대해 중유 45만 톤을 제공하고, 50만 톤 상당의 발전 설비 자재를 지원하기로 하였는데, 여기에서도 남한과 더불어 중요한 역할을 하였다. 이처럼 중국의 북핵 문제 해결에 대한 활발한 중재 노력은 북한의 6자 회담 복귀에 결정적인 역할을 하면서 중국의 G-2 부상의 위상을 대내외에 천명하는 기반을 마련하고자 한 것이다.

2008년 6월 시지핑 국가 부주석의 방북 및 같은 해 8월 베이징 올림픽 참석을 위한 김영남 최고인민회의 상임위원장의 방중 등 양국 간의 최고위층의 인사 교류와 협력 강화는 양국 간의 긴밀한 외교관계를 잘 말해주고 있다. 2009년에도 양국은 '북·중 친선의 해'로 지정하고 양국 수교 60주년을 맞이하여 친선 우호 관계를 더욱 발전시켜 나가기로 하는 등 그 어느 때보다 양국의 동맹을 대내외에 과시하였다. 그 행보는 2010년에도 계속 이어지고 있는데, 천안함 사건을 처리하기 위한 국제사회의 공조에 대해 중국은 다소 미온적이거나 중립적인 위치어 서서 북한의 입장을 두둔하고 있는 데서 잘 나타나고 있다. 또한 2010년 8월 26일에 전격적으로 이루어진 김정일 국방위원장의 방중은 후계 체제 문제를 염두에 두고 중국의 지지를 확보하려 하였다는 점에서 김정일 정권 이후의 북한 체제에 중국이 깊숙이 관여할 수 있음을 암시하고 있다.

여기서 우리는 양국 간의 긴밀한 관계 유지의 밑바탕이 되고 있는 중국과 북한 간의 '조·중 상호우호협력조약'을 살펴볼 필요가 있다. 이 조약은 1961년 7월 11일 저우언라이(周恩來) 중국 총리와 김일성 주석이 서명한 것으로서, 주요 골자는 제2조에 담겨 있다. "이 조약을 맺은 쌍방 중 일방이 어떤 국가나 몇 개 국가 연합 세력의 무장 공격을 받거나 전쟁 상태에 빠지면 이 조약을 맺은 다른 일방은 즉각 전력을 다해 군사 및 기타 원조를 제공한다."라고 되어 있다. 이 조약은 체결 이후 한 번도 변경된 적이 없다. 또한 과거 북한과 구소련 간에 체결된 조·소 우호협조 및 상호원조조약(김일성과 흐루시초프 사이에 1961년 7월 6일 체결한 조약이다.)이 10년 경과 후 매 5년마다 갱신하도록 규정되어 있는 것과 달리, 중국과 북한 간에는 "조약 체결 당사국들이 변경이나 종식에 대해 합의하지 않을 경우 영원히 지속"하도록 규정하고 있다는 점에서 차원이 다른 양국 간의 혈맹관계를 엿볼 수 있다. 이는 과거 중국 공산당 정권의 수립 과정에서 북한이 지원을 아끼지 않았던 것과 한국전쟁 당시에 불리한 북한의 전황에 대해 중국군이 참전을 통해 패전의 위기에서 북한을 구출한 군사적 원조의 역사적 사례를 통해 다져진 것이기도 하다.

한편, 북한이 중국과의 기존 관계를 유지하려고 노력하는 배경과 이유는 대략 다음과 같다. ① 중국이 개혁·개방 정책을 적극적으로 추진하고 있지만 아직까지 정치적으로는 공산당 체제를 유지하고 있기 때문에 중국과 북한 간에 제한적으로나마 정치 이념적인 동질성과 유대가 지속되고 있고, 구소련이 붕괴된 이후, 국제적 고립이라는 상황 속에서 중국은 안보 면에서 북한의 유일한 전통적 동맹국이자 든든한 지원자이기 때문이다. 즉, 중국은 북한이 유엔 등 국제무대에서 효과적인 외교적 지지와 지원을 기대할 수 있는 거의 유일한 국가로 자리매김하고 있다. ② 북한은 현재 식량, 원유 등 전략물자의 공급 등 경제적인 측면에서 중국에 크게 의존하고 있다. 북한에 대해 가해지는 외부의 경제 제재 압력이 해결되지 않는 한, 북한의 대중국 경도 현상은 앞으로도 불가피할 것으로 전망되기 때문에 양국 간의 밀월 관계는 계속 지속될 것이다. ③ 국제적 역학 구도 측면에서 보더라도 한·미·일 3국에 대한 중국과 북한의 공통적인 안보 의식이 유지되고 있기 때문에 양국 간의 긴밀한 관계는 당분간 계속 유지될 가능성이 높다.

중국의 입장에서도 북한과의 기존 관계의 유지가 자국의 안보 문제를 비롯한 중국의 현실적 국가이익의 관점에서 긴요한 것으로 판단되고 있기 때문에, 중국은 단기적으로 한반도의 안정과 평화유지라는 기조 하에 북한에 대해 변방외교의 차원에서 정치, 군사적 지원 정책을 계속함으로써 대한반도의 영향력 유지를 추구하려고 할 것이다. 또 다른 한편으로 G-2 경제대국으로 성장한 중국은 경제적인 측면에서 남북한에 대해 실리외교 차원의 경제적 교류와 협력을 강화함으로써 자국의 경제 발전을 도모하려고 할 것이다. 이는 남한이 미국과 일본과의 교역 규모가 중국의 그것에 미치지 못하는 상황이 전개되고 있고, 특히 북한의 대외 교역 가운데서 중국이 73%를 차지하고 있는 현실이 잘 대변해 주고 있다. 앞으로도 중국은 G-2의 위상에 걸맞은 정치, 경제적 행보를 동북아지역에서 구현하려고 할 것이다. 이러한 틀 내에서 북한에 대한 중국의 정치·외교적 지원을 포함하여 경제적 지원이나 교류 협력의 강화는 당분간 유지될 것이다. 북한은 이에 편승하여 북핵 문제의 해법을 모색하거나 권력 승계 작업을 추진하여 나갈 것으로 전망해 볼 수 있다.

4) 북한과 러시아의 관계

냉전 시대에 북한은 정치, 군사, 이념 등 상당 부분을 구소련에 의지하였다. 그러나 1990년대 들어서 구소련이 해체되면서 새로 출범한 러시아와 북한 양국은 이전과 다른 행보를 걸을 수밖에 없었다. 1961년 7월 6일에 맺은 '조·소 우호협조 및 상호원조 조약'[65] 도 마찬가지의 운명을 맞게 되었다. 더구나 1990년 남한이 러시아와 수교를 이루어내면서 양국 간의 외교적 관계는 더욱 악화일로를 걷게 되었다.

그럼에도 불구하고 북한이 러시아와의 기존 관계 회복에 관심과 노력을 기울이고 있는 이유는 ① 무기 체계, 자원, 기술 등 여러 면에서 러시아에 대한 북한의 의존도가 높다는 점, ② 적극화되고 있는 러시아의 대한반도 정책을 이용할 필요가 있기 때문으로 풀이된다.

이에 대해 러시아는 ① 지리적으로 인접되어 있는 북한이 러시아의 안보 문제와 긴밀히 연계되어 있고, 무기 수출을 비롯한 상품시장으로서의 북한의 가치가 높다는 점, ② 북한과의 관계 악화에 따른 한반도에서의 러시아의 영향력 약화를 우려하고 있기 때문이며, ③ 최근 남한과 러시아 간의 경제, 기술 협력의 부진에 대한 러시아의 불만도 한 몫을 하고 있어서 러시아와 북한 간의 외교는 경제적 협력의 강화라는 방향으로 나아갈 것이다.

그러나 앞서 언급한 바와 같이, 북한과 러시아가 기존 관계의 회복을 추구하더라도 양국 간의 관계가 과거 냉전 시대와 같이 군사동맹 관계로 되돌아 갈 수 없음은 물론, 이전과 같은 긴밀한 우호·협력 관계의 회복도 한계가 있을 수밖에 없을 것이다. 왜냐하면 북한이 사회주의 체제를 고수하는 한, 러시아와 북한은 이념적으로 그리고 대내외 정책 기조에서 근본적으로 달라져 있기 때문이다.

1991년 12월 구소련이 11개의 독립국가연합으로 새로 출범하면서 북한은 즉시 모든 공화국들과 수교함으로써 새로운 관계 재정립에 나섰다. 특히 1995년 9월 7일 러시아가 '북한·러시아 우호협조 및 호상 원조 조약'을 더 이상 연장하지 않는다고 공식 발표하면서 양국은 군사동맹 관계에서 일반적인 국가 관계로 관계의 재설정이 불가피하게 되었다. 이에 따라 양국은 이념에 기초한 정치·군사적 동맹 관계로부터 경제협력의 파트너로 관계를 변화시켰다. 이러한 조치로 인해 1996년 4월 평양에서 제1차 '북·러 무역경제 및 과학기술협조위원회' 회의가 열렸다. 양국은 부총리급 인사를 수석대표로 외무·대외경제·농

65) 1961년 6월 29일부터 7월 10일까지 모스크바를 방문한 김일성이 흐루시초프 내각 수상과 7월 6일에 맺은 이 조약은 전문과 총 6개 조항으로 구성되어 있는데, 핵심 내용은 제1조에 나타나 있다. 즉, "체약 일방이 어떠한 국가 또는 국가연합으로부터 무력침공을 당함으로써 전쟁 상태에 처하기 되는 경우에 체약 상대방은 지체 없이 자기가 보유하고 있는 온갖 수단으로써 군사적 및 기타 원조를 제공한다."라고 천명함으로써 군사적 자동개입 조항을 명문화하였던 것이다.

업·철도·경공업·임업 등 경제 각 분야에서의 협력 방안을 모색하였는데, 그 결과 이 회의를 연례화하기로 합의하였다. 또한 이 회의의 후속조치 성격으로 1996년 11월 러시아의 나진·선봉 지대 투자 확대와 대북 원유 제공, 금속공업 제품 교환 등을 통한 양국 간 무역 확대를 목표로 한 투자 보장 협정도 체결하였다.

경제협력 관계가 본격화되면서 양국 간의 정치적 관계도 차츰 회복되었는데, 1997년 1월 21일 이인규 북한 외교부 부부장과 그레고리 카라신 러시아 외무 차관을 수석대표로 한 북·러 신조약 1차 회담이 열렸는데, 1998년 12월까지 평양과 모스크바를 오가며 네 차례의 실무회담이 진행되었다. 양국은 이를 통해 핵심 쟁점이었던 자동 군사 개입 조항을 폐기하고, 고려연방제 지지 조항을 삽입하지 않는다는 원칙에 합의하였다. 그리고 1999년 3월 17일 평양에서 '북·러 우호선린조약'에 가서명하고 2000년 2월 9일 정식 서명하였다. 새로운 조약 체결을 통해 1990년 9월 남한과 구소련 수교 이후 소원해진 북한과 러시아의 관계는 일반적인 국가 관계로 다시 출발하게 되었다.

'북·러 우호 선린 협조 조약'(2000년 2월 9일) 체결에 이어 같은 해 7월에는 푸틴 대통령이 사상 처음으로 북한을 방문하여 협력을 강화하는 기본 틀을 마련하였다. 양국 정상들은 2000년 7월 19일 평양에서 단독 및 확대 정상회담을 갖고 양국 간 협조와 상호 협력, 북한 미사일 문제 등을 내용으로 하는 11개 조항의 '공동선언'을 채택하였다. 이 공동선언에는 '북·러 우호 선린 협조 조약'이 양국 간의 전통적인 친선 관계와 선린, 상호 신뢰, 다방면적인 협조를 강화하여 동북아시아와 국제무대에서 평등하고 호혜적인 협조를 발전시키려는 서로의 염원을 표시하였다고 밝혔다. 이어 양국이 모든 침략과 전쟁 정책을 반대하고 군축과 세계 안정을 위해 적극 노력할 의향도 표명하였다.

김정일 국방위원장은 2000년 7월 푸틴 대통령의 방북에 대한 답방 형식으로 2001년 7월 26일부터 8월 18일까지 러시아를 공식 방문하였다. 특히 양국 정상은 '북·러 모스크바 선언'(2001년 8월 4일)을 통해 양국 간의 협력 관계 복원, 한반도 종단 철도와 시베리아 횡단 철도의 연결 사업, 미국에 대한 공동보조, 한반도 정세에 대한 합의를 내놓았다.

김정일 국방위원장은 2002년 8월 20일부터 24일에 걸쳐 러시아를 다시 방문하여, 블라디보스토크에서 푸틴 대통령과 정상회담을 개최하여 한반도의 평화와 안정은 물론 한반도 종단철도와 시베리아 횡단철도 연결 프로그램을 비롯한 양국 간 경제협력 확대를 위해 노력할 것에 합의하였다.

2004년 7월에는 라브로프 러시아 외무장관이 방북하여 2000년에 체결된 우호협력조약에 따른 관계 발전에 합의하였고, 김정일 국방위원장은 용천 철도 사고 당시 러시아 측이 제공한 3만 5천 톤의 식량 지원에 대해 감사 표시를 전달하였다.

2005년에도 양국은 정상 간 친서 전달이나 특사 파견, 고위인사 교류 등을 통해 기존의 선린 우호 관계를 유지하였다. 러시아는 북핵 문제와 관련하여 북한과 정기적으로 협의하였고 북한에 대한 에너지 제공이나 개발에 큰 관심을 나타냈다.

한편, 2007년 3월에 제4차 북·러 경제공동위원회가 6년 만에 재개되고 양국 차관급 협의회도 10월에 4년 만에 개최되는 등 실질적인 경제협력 방안들이 모색되었다. 2007년 2월 13일 북한 핵 문제 해결을 위한 협의와 같은 해 10월 3일 '9·19 공동성명을 위한 2단계 조치' 합의 과정에서도 북·러 간의 전통적인 선린관계 유지를 위해 러시아는 북한의 입장을 어느 정도 수용하는 입장을 표명하였다.

2008년 4월 24일 모스크바에서 야쿠닌 러시아 철도공사 사장과 김용삼 북한 철도상이 만나 양국 철도협력에 관한 협정과 합영 기업 설립에 관한 계약서에 정식 서명하였다. 두만강-나진 철도 재건, 나진항 컨테이너 터미널 건설, 인프라 구축, 핫산-나진 철도와 시베리아 횡단 철도 수송을 담당할 합영 기업 설립 등이 그 주요 내용이었다. 같은 해 10월 4일에는 북한과 러시아의 관계자가 참석한 가운데 핫산-나진 철도 및 나진할 현대화 사업의 착공식도 개최하였다.

향후 북한과 러시아 간에는 과거 냉전 시대처럼 군사적 동맹 관계로 되돌아갈 수 없는 근원적인 한계가 있음에도 불구하고, 양국은 북핵 문제 해결에 있어서 미국 주도의 영향력을 견제하고 국제사회의 여론 형성이나 협조에 있어서 러시아의 지지와 지원을 이끌어 내기 위한 북한의 외교 방향이 정해질 것이다. 러시아는 한반도 비핵화라는 정책 기조를 유지하는 가운데 6자 회담 틀 내에서 북핵 문제의 평화적 해결을 위한 노력을 지속할 것으로 전망된다.

한편으로는 양국 간의 관계를 자국의 경제적 이익을 추구하는 방향에서 모색할 것으로 전망된다. 특히 남북한 간에 경제협력의 진전이 전제될 때, 연해주 일대를 중심으로 한 러시아와의 3자간 공동 협력이 성사될 수도 있다. 대표적으로 시베리아 횡단 철도와 한반도 종단 철도 연결 사업이나 극동·시베리아에서 북한을 경유하여 남한에 도달하는 가스파이프 라인의 건설 사업 계획을 들 수 있다. 다만, 경제적인 측면에서 동북아지역에 대한 러시아의 강한 경제 발전 의지에도 불구하고 북한의 만성적 경제난 등으로 인해 북한과 러시아 간의 경제협력 관계는 당분간 큰 진전을 기대하기는 어려울 것으로 보인다. 특히 중국의 노동력 유입을 경계하는 러시아의 입장과 북한의 값싼 노동력이 연해주를 중심으로 공급되는 틀을 크게 벗어나지는 못할 것이다.

5) 북한과 유럽연합(EU)과의 관계

북한은 유럽 국가들과의 교류 확대 차원에서 1999년 9월 제54차 유엔 총회를 앞두고 영국 등 대부분의 유럽연합(EU) 회원국들에게 사상 처음으로 외무장관 회담을 제의하는 등 유럽연합 국가들과의 관계 개선의 속도를 높였다. 북한의 입장에서는 국제사회에서의 미국 주도의 대북 제재 차단이나 국제적 고립으로부터의 탈피는 물론 경제적 원조나 투자 유치 등의 측면에서 유럽연합이 매우 가치 있는 외교 대상임에 틀림없기 때문이다. 오히려 절박한 상황에서의 전략적인 외교적 선택이라고도 할 수 있을 것이다. 북한은 2000년 1월 4일 이탈리아와 대사급 외교관계를 수립하여 유럽연합에 대한 접근의 발판을 마련하였다. 같은 해 9월, 유럽연합 15개국 중 외교관계가 없었던 7개 국가를 대상으로 수교를 제의하였다.

유럽연합도 한반도 내 영향력 증대를 위해 북한에 다가갔다. 2000년 10월 제3차 아시아·유럽정상회의(ASEM)를 계기로 영국·독일·스페인 등이 대북 수교방침을 표명한 데 이어, 2001년 5월 2일 당시 유럽연합 의장국이었던 스페인의 페르손 총리를 단장으로 하는 유럽연합 대표단이 방북하여, 서방국가의 원수로서는 처음으로 김정일 국방위원장과 회담을 가졌다. 이 회담에서는 2003년까지 북한의 미사일 발사 시험 유예를 확인하였고, 북한 인권 문제를 논의하는 한편, 북한의 경제조사단의 유럽 파견 등에도 합의하였다. 그리고 5월 14일에는 유럽연합 집행위원회가 북한과의 수교를 결정했다는 성명을 발표하기에 이른다.

북한은 유럽연합 내의 개별 국가와의 관계 개선을 위해 영국(2000년 12월 12일), 독일(2001년 3월 1일) 등 2008년 말까지 프랑스와 에스토니아를 제외한 유럽연합 25개 회원국과 외교관계를 수립하였다.

그러나 북한 핵 문제는 북한과 유럽연합과의 관계에 있어서 부정적인 영향을 미치기도 하였다. 2002년 11월 당시 유럽연합 의장국이었던 덴마크의 묄러 외무장관이 “북한이 즉각 핵무기 개발 프로그램을 중단하지 않으면 북한과의 관계를 재고하지 않을 수 없다.” 라고 경고하기도 하였다. 또한 2003년 6월 유럽연합 정상회의에서 회원국 정상들은 대량 살상무기의 확산 방지를 위해 노력할 것을 촉구하는 성명을 발표하기도 하였다.

주지하다시피, 북한이 유럽연합과의 관계 개선에 걸림돌이 있다면 그것은 ‘인권’ 문제이다. 유럽연합은 북한과 정치 대화를 지속하고 인권 문제도 주요 의제로 다루었으나 북한의 개선 조치가 없자, 스위스 제네바 소재 유엔 인권위원회에 2003년부터 3년 연속하여 ‘북한 인권 상황에 대한 결의안’을 제출하였다. 유엔 인권위원회가 북한의 인권 침해 상황에 대해 규탄하고 인권 개선 노력을 촉구하는 내용의 대북 인권결의안을 채택한 것이다. 이에 유럽연합도 북한 인권 문제에 심각한 우려를 표시하는 한편, 북한 주민의 인권과 기본적인 자유 보장을 촉구하는 ‘북한 인권 상황에 대한 결의안’을 2005년 제60차 유엔 총회에 제출하였다. 이 결의안은 11월 17일 찬성 84표, 반대 22표, 기권 62표로 최초로 유엔 총회에서 통과되었다. 대북 인권결의안은 법적 구속력은 없으나 유엔 총회가 북한 인권에 대해 지속적인 조치를 취할 수 있는 근거가 된다는 점에서 북한에게는 적지 않은 부담으로 작용하고 있다.

그럼에도 불구하고 북한은 경제면에서 유럽연합 국가들과의 관계를 증진시키려고 노력하고 있다. 2002년 3월 유럽순방에 나선 이광근 무역상을 포함한 경제대표단이 벨기에·이탈리아·스웨덴·영국 등 4개 국가를 방문하여 자본주의 경제체제 시찰 및 운영 방안을 연구하였다. 또한 수시로 단기 연수생들을 유럽연합 국가들에 파견함으로써 교류 협력의 토대를 닦기 위해 노력하였으며, 2002년 12월에는 대외 결제 수단으로 미국 달러화 대신 유럽연합의 유로화를 사용하기로 결정한 바 있다.

한편, 유럽연합도 2004년부터 북한의 경제개혁에 관한 워크숍을 북한과 공동으로 개최해 오고 있다. 제1차 워크숍은 2004년 8월에 개최하여 북한의 경제 변천 과정을 개관하고 2002년 이후의 변화를 논의하였다. 제2차 워크숍은 2005년 10월 11일부터 14일까지 평양에서 개최되었는데, 경제운영에서 국가의 역할, 외국 투자 유치 전략, 국영기업과 농업의 구조조정 문제들을 다루었다. 북한 측에서는 경제 관련 부처와 기관들에서 약 100여 명, 유럽연합 측에서는 8개 회원국의 경제 전문가, 유럽연합 외교관과 평양 주재 외국기업 대표들이 참석한 바 있다.

2005년 11월 유럽연합의 '유엔 북한 인권 결의안'이 채택된 이후 약 15개월간 북한과 유럽연합 간의 정치 대화가 단절되었으나, 2007년 3월 유럽연합의 트로이카 대표단(유럽연합 집행위원회, 유럽연합 이사회 사무국, 독일)의 방북과 같은 해 10월 제3차 북한·유럽연합 경제워크숍이 평양에서 개최되는 등 관계 개선의 계기가 마련되기도 하였다.

북한이 유럽연합과의 관계 개선을 시도하는 이유로서 경제적 측면의 동기가 두드러진다. ① 유럽연합은 1995년부터 2006년까지 북한에 대해 3억 5천 4백만 유로에 달하는 인도적 차원의 지원을 하였다. ② 정치적 측면에서는 미국에 대한 견제 의도가 북한의 대 유럽연합 관계 개선의 주요한 요인으로 작용한 것으로 보인다.

반면에 유럽연합의 대북한 접근은 다음과 같은 이유들을 제시해 볼 수 있다. ① 북한의 인도주의적 지원 요청에 대한 접근이다. 1995년 '큰물피해대책위원회' 명의로 유럽연합을 비롯한 세계 여러 나라에 간곡히 식량지원을 요청한 바 있다. ② 경제적인 측면에서 볼 때, 향후 북한의 지하자원을 포함한 경제적 투자처로서 북한이 매력을 갖고 있기 때문이라고 하겠다.

6) 북한의 대남한 관계

김일성 주석 사망 이후 유훈통치 기간이 종료되고 김정일 정권의 내부적 기반이 어느 정도 다져진 후 북한은 1999년부터 주변 4대 강국과의 관계 재정립 시도를 비롯해서 유럽연합에 이르기까지 전방위적으로 대외관계 개선에 나서기 시작하였다. 이러한 과정에는 남북한 간의 관계 개선도 포함되었다.

북한은 1980년대 말까지만 해도 대남 전략을 공산화 혁명 전략의 틀 속에서 구사하였다. 그러나 탈냉전 시대의 도래와 함께 북한 내부의 자원 고갈, 외교적 고립의 심화라는 현실적인 어려움에 봉착하면서 대남 전략 면에서 더 이상 과거와 같은 강경 일변도의 혁명전략적 대응이 불가능하다는 것을 인식하였다. 사실 북한은 2000년부터 대외관계 개선에 적극 나서면서 국제사회로부터의 압력과 함께 다른 한편으로, 북한은 군사적으로 남한과 대치하면서도 체제 유지라는 생존 전략적 차원에서, 특히 경제적 측면에서 남한과의 교류와 협력이 필요하였다. 2000년 6월과 2007년 10월 두 차례에 걸친 남북정상회담의 개최는 이러한 북한의 변화된 대남 전략 구도를 잘 보여준 대표적인 사례라고 할 수 있다. 대체로 김대중-노무현 정부가 집권하는 8년 동안 북한의 유연한 태도로 인해 남북한 관계가 이전과 달리 새로운 국면을 맞게 되었던 것은 분명하다.

2000년 6월 남북정상회담이 개최되고 6·15 공동선언이 채택된 이후 북한의 가장 두드러진 변화상으로는 실리가 중시되고, 남한과의 교류·협력 사업을 확대하는 것은 물론, 비난 자제, 대남한 보도의 논조 변화, 국제무대에 활발히 나서게 된 점들을 들 수 있다. 2001년 초부터 북한 내에서 쇄신, 변혁, 혁신으로 일컬어지는 신사고 캠페인이 대대적으로 전개되면서 각종 변화가 눈에 띄기 시작했지만, 여기에는 남한 당국의 일관된 대북 화해 및 협력 정책과 유관국들의 지지 협조가 주요 계기로 작용하였다고 볼 수 있다. 특히, 미국의 외교적 압박이 가중되는 상황에서 북한의 숨통을 틔워줄 유일한 통로는 남한이라는 점에서 북한의 대남 정책은 경제협력을 중심으로 유연한 관계를 지속시키려 했던 것으로 풀이된다.

이 기간 동안 매우 제한적이지만 한반도 긴장 완화를 위한 조치들은 다음과 같다. 서해 상공을 통한 남북한 직항로의 개설, 남북한 군 사이에 군사분계선 일대에서의 상호간 비방의 중단, 개성공단 건설과 경의선 및 동해선 철도 연결 및 도로 개설 사업과 관련한 남북한 군사 실무 회담, 서해상 남북한 해군 간 통신 채널 개설 등 군사적 측면에서도 남북한 간의 긴장 완화를 위한 조치들이 잇따랐다. 그러나 이러한 조치들은 남북한 간의 직접적인 군사적 긴장 완화 및 신뢰 구축을 위한 본격적인 협상으로 발전하지 못하였다. 아쉽게도, 정전체제의 평화체제로의 전환을 이룩하지 못한 점이 그것이다.

한편, '6·15 공동선언'은 남북한 간 상호 신뢰 구축 및 긴장 완화를 통한 평화체제 구축, 경제·사회 분야의 교류 확대 및 인도주의 문제 해결 등을 주요 내용으로 하고 있으나 정치적 선언의 의미가 강하였고 국민적 합의 및 구체적 실현가능성이 미비하다는 점에서 한계를 보여주기도 했다.

또한 9·11 테러 이후 조성된 환경 변화를 이유로 우여곡절 끝에 금강산에서 개최되었던 제6차 회담이나, 북한이 일방적으로 무산시킨 후 2005년 6월에 10개월 만에 개최된 제15

차 회담 등의 사례에서처럼 2000년 6월 이후 2007년 말까지 합의된 회담이 중단되거나 연기된 경우도 20여 회에 달하는 등의 구조적인 문제점도 갖고 있다. 이처럼 북한의 일방적인 입장 변화에 따라 회담 개최 여부가 결정되거나 회담 자체가 무산되는 상황을 방지하고, 북한 측의 양속 이행을 구속력 있게 만드는 제도적 장치를 마련하는 것이 향후 남북한 간 관계 정상화에서 풀어야 할 숙제하고 하겠다.

특히 2008년 2월 이명박 정부 출범 이후 남북한 관계는 남한의 대북 정책의 전환과 함께 북한 내부의 체제 결속을 의도한 북한의 강경 태도가 겹쳐지면서 경색 국면이 전개되고 있다. 무엇보다도 북핵 문제나 미사일 문제들이 한반도의 안보 위기 상황을 연출하는 등 복잡한 상황의 전개는 화해와 교류협력의 확대·강화라는, 남북한 관계의 발전을 더욱 어렵게 만들고 있다. 북한은 이명박 정부 출범 후 1개월 정도 남한 정부의 대북 정책 변화 추이를 관망해오다 3월 말부터 대남 강경 조치와 비난을 시작하였으며, 4월부터는 『노동신문』 등 언론 매체를 통해 남한 대통령의 실명을 거론하면서 대남 비난을 강화하기도 하였다. 또한 2008년 3월 29일 남북 대화를 일방적으로 중단한 이후 남한 측의 거듭된 남북대화 개최 제의를 거부하였다. 특히 북한은 같은 해 7월 11일 금강산 관광객 피격 사건을 계기로 12월 1일부터는 남한 측 인원의 군사분계선 통행을 제한하고 개성공단 내 상주 인원을 제한하는 등의 조치를 취하기도 하였다. 더 나아가 2009년 1월에는 '전면대결태세', '군사적 대응조치' 운운하면서 "남북 간 정치군사적 대결상태 해소와 관련한 합의사항을 무효화하고, 남북기본합의서와 부속합의서의 서해 해상 경계선 조항을 폐기한다."라고 주장하였다.

또한 북한은 2009년 3월 30일부터 개성공단에서 근무하고 있던 남한 측 근로자를 억류하고, 접견과 변호인 참관 등 기본적 권리도 보장하지 않았다. 그리고 같은 해 5월 15일에는 일방적으로 개성공단에 적용하고 있던 토지 임대료와 사용료, 노임, 각종 세금 등 관련 법규와 계약의 무효를 선언하였다. 이후 금강산 지구 등에 진출해 있던 기업이나 남한의 국가 자산에 대한 동결 조치를 취하는 등 남북한 관계는 냉전 시대의 모습으로 되돌아가는 듯한 기운마저 감지되었다. 특히 2010년 3월 천안함 피격 사건을 계기로 남북한 관계는 경색 국면에서 벗어나지 못하고 있다. 남한 당국이 대북 심리전 확성기 재배치를 선언하고 설치를 강행하자 북한은 중대 포고 등을 통해 전면적, 군사적 타격 행동 진입 등으로 맞서고 있다. 따라서 이명박 정부의 대북 정책 수정이 전제되지 않는 한, 당분간 남북한 관계는 적어도 상당 부분 존체되거나 후퇴할 가능성이 커 보인다.

4. 북한의 선군외교

북·미 간에 북핵 문제 해결을 위한 조치들이 취해졌지만 난항을 거듭하고 있는데, 1993년 북한의 핵확산금지조약(NPT) 탈퇴 이후 시작된 북한의 대미 강압 외교를 '선군외교'로 바라보는 시각이 있다. 약소국의 대강대국 접근 정책은 일반적으로 균형(balancing)과 편승(bandwagoning)의 경향을 가지고 있는데, 북한이 제1차 북핵 위기 이후 대미 접근에 있어서 갈등과 협상을 되풀이하는 선군외교를 추진하게 된 결정적 요인은 역사적으로 형성된 북·미 관계의 구조적 특수성(적대 관계, 약소국-강대국 관계, 체제 이질적 관계, 남·북·미 3자 관계)인 것으로 보고 있다.[66)]

이른바 북한의 선군외교는 탈냉전 시대에 국제질서의 구조적 변화에 대응한 북한 지도부의 정책적 선택의 결과로서, 북한은 미국과의 접근을 통해 사회주의 체제의 유지와 북·미 관계 정상화 또는 수교를 이루어냄으로써 '한반도 내 세력 균형'을 회복하고자 의도하고 있다. 앞서 언급한 바와 같이, 북한은 미국의 무시 정책을 극복하면서 미국과의 협상을 유도하기 위해 벼랑 끝 외교 전략을 추진하였다. 북한은 대미 강제를 위한 첫 번째 실행 전략으로 벼랑 끝 외교 전략을 선택한 것이다. 북한의 선군외교가 탈냉전 시대 이후 미국에 순응하지 않고 갈등적인 강압 외교를 실행하는 약소국 외교 유형의 하나로 선택하고 있는 것이다. 즉, 북한의 대미 '정체성의 정치'는 벼랑 끝 외교 전략에 이어 한층 더 높은 긴장을 우발하는 맞대응 전략에서 극명하게 드러난다. '유화에는 혁명적 원칙으로, 강경에는 초강경으로' 대응하는 전략을 통해 이후 전개될 협상에서 자신의 원칙적 입장을 더욱 명료하게 과시하고, 미국으로부터 양보를 얻어 내려는 행태를 보여주고 있다.

결국 북한의 입장에서는 북한식 사회주의를 포기하지 않는 한, 그리고 미국의 대폭적인 양보와 대북 정책의 근본적인 변화가 전제되지 않는 한, 애초부터 북·미 관계의 구조적

66) 서훈, 『북한의 선군외교』(서울: 명인문화사, 2008) 참조.

특수성으로 인해 적대·갈등을 통한 협상이라는 딜레마는 피할 수 없다. 이러한 딜레마로 인해 대미 외교에 있어서 북한으로서는 공격적인 전략과 외교적 협상전략의 동시 채택을 고려하지 않을 수 없다.

북한의 입장에서는 탈냉전 이후 안보 위기를 느꼈을 당시 대외 환경 변화에 적응하는 데 이용할 수 있는 수단으로서 외부 자원이 거의 없었다. 이로 인해 내부 자원을 최대한 동원하는 데 중점을 군부에 둘 수밖에 없었는데, 이를 통해 외부의 위협에 대응하는 전략을 구사한 것으로 보인다. 당시 북한은 경제적으로도 위기 상황에 직면하고 있었고, 따라서 내부적으로 과대성장한 군사 부문이 거의 유일한 가용자원이었다고 볼 수 있다. 북한은 선군정치를 기치로 내세우면서 이를 중심으로 김일성 주석 사후 북한 체제를 재조직화하고자 하였다. 또한 현실적으로 북한은 가장 강력한 억지력을 가지면서도 경제적으로 비용이 적게 드는 핵무기 개발을 선택한 것으로 보인다. 물론 이것은 미국이 북한의 핵무기가 외부(국제 테러리스트 조직 등)로 유출(미사일 기술)되지 않는 범위 내에서 묵인한 것도 중요하게 뒷받침되었다. 또한 이는 결과적으로 북핵 문제가 교착 상태에 빠지는 가운데 북한의 대미 강압 외교의 일부 성공도 가능하게 하였다고 볼 수 있다.

북한은 김일성 사후 1995년부터 2000년까지의 총체적 위기 상황을 맞으면서 선군정치가 제도적으로 정착(1998년 이후 현재까지)되어 더욱 더 '군사화'되는 방향으로 나아갔고, 이러한 경향은 현재에도 지속되고 있다. 결국 북한은 탈냉전 이후 내부 체제를 '군사·안보 체제'로 재편하면서, 당면한 대내·외적 위기 상황을 벗어나려 하였다. '선군혁명노선' 그리고 '선군정치(사상)'는 이러한 선택 과정에서 나온 것이며, 대외적으로 '선군외교'를 앞세워 체제와 정권 안보를 확보하고 대내적으로 결집을 통한 위기 극복이라는 두 마리 토끼를 잡으려 한 것이다.

이처럼 북한의 선군외교는 '자주성과 생존권의 동시 수호'라는 북한의 '최고 이익'을 지키기 위한 전략으로 볼 수 있다. 그럼에도 불구하고 선군외교는 북한과 같은 약소국의 외교안보 전략으로서 작동하기에는 그 자체로 완결적이지 못한 한계점을 가지고 있다고 하겠다.

Q. 북한 주민들은 외교문제나 주변국(미국, 일본, 남한 등)에 대하여 어떻게 생각하고 있는가?

A. 북한의 외교는 일반 주민들과 거리가 멀어 보인다. 외교는 나라의 일로 외교관들의 몫이라고 생각하고 있다. 이는 대외적으로 개방되지 못한 상황에서 폐쇄적인 사회의 특성에서 기인한다. 외교적 문제에 대한 정보나 인식은 『조선중앙텔레비전』이나 『노동신문』 등의 보도를 통해 나오는 뉴스가 전부이다. 또는, 국경을 넘나드는 무역 관련 기업소 등의 일꾼들의 입소문을 통해 간접적으로 정보를 수집하기도 한다.

김정일 국방위원장 등 핵심 인사들이 중국 등을 공식 방문하는 등 공개적인 외교 사업에 대해서는 언론 보도를 통해 주민들에게 알려지지만, 나머지 외교 사업은 보통의 북한 주민들의 삶과는 거리가 먼 이야기이다. 외국인들이 관광 목적으로 평양등을 다니지만 북한 당국에 의해 "주체사상을 신봉하는 사람들의 방북" 정도로 선전된다.

북한 주민들은 미국이나 일본을 매우 싫어한다. 물론 북한은 현재 이들 양국과의 수교를 맺지 않은 상태이다. 또한 북한 당국은 각종 언론 보도를 통해 반미와 반일 감정을 고취하는 소재의 드라마 등을 제공함으로써 계급 교양을 해왔다. 북한에서는 주민들에게 어릴 때부터 미국이 남한을 제국주의적으로 지배하고 있다고 가르쳐, 미국에 대한 적개심이 상당하다. 일본에 대해서도 역사적으로 우리 민족을 침탈한 나라라고 알고 있기에 좋아하지 않는다. 특히 일본군 종군위안부 문제에 대한 드라마나 영화 등을 통해 증오심을 고취시키기도 하였다.

한편, 남한관과 관련하여서, 남한 당국을 미국의 앞잡이쯤으로 호도하고 있고, 북한 당국에 호의적이지 않다고 판단된 이명박, 김영삼 정부에 대해서는 '괴뢰도당'이라는 표현도 서슴지 않고 있다. 대부분의 북한 주민들에게는 북한 당국에 의해 남한이 경제적으로 어려움을 겪고 있는 것으로 선전해 온 탓에, 주민들 사이에는 남한에 대하여 별로 호의적이지 않은 시각이 팽배해 있었다.

그렇지만 고난의 행군 시기를 전후하여 미국이나 남한에서 'USA', '대한민국'이라고 명기된 쌀자루나 식용유 등이 일반 주민들에게까지 전달되면서 이러한 시각은 점차 변화되었다. 일부 고위층에 의해 남한이 잘 사는 나라라는 정보가 파급되었고, 이제는 의류 제품의 경우 남한제가 중국제보다 더 선호되는 상황이 되었다. 1990년대를 넘어서면서 대부분의 북한 주민들은 남한이 세계 경제 10위 권의 잘 사는 나라로 인식되고 있다. 다만 '민족의 반역자' 등의 표현에서와 같이, 2만 명에 달하는 새터민들에 대한 북한 당국의 비난을 포함하여 대남 적대시 정책이 유효한 가운데 북한 주민들에게 표면적으로 호의적인 남한관이 형성되기는 어려워 보인다.

제4장 북한 주민의 경제생활

제1절 북한의 사회주의 경제 건설 노선과 경제구조

북한은 독특한 사회주의 경제 발전 노선과 경제구조를 가지고 있다. 북한은 경제 부문에 대한 주체사상의 지도 원칙으로서 '경제적 자립'의 기반 위에 자립적 민족경제 건설 노선, 중공업 우선 정책과 농업·경공업의 병행 발전 정책, 군사·경제 건설 병진 정책 등을 추구해왔다.[1] 또한 북한은 이른바 '우리식 사회주의'의 표방을 통해 사회주의 계획경제체제를 고수하면서도 경제난의 현실을 극복하는 전략으로서 최근 실리사회주의 노선도 천명하고 있다. 특히 이 노선은 일견 자본주의와 사회주의의 중간 지점에서 사회주의 체제를 고수하면서도 현실적인 상황 속에서 어쩔 수 없이 시장경제의 원리 중 일부를 끌어안은 듯한 인상을 주고 있다.

그러나 북한 경제는 중공업 우선 정책 노선의 추구 등으로 인한 심각한 산업구조의 왜곡과 함께 생산성에 있어서 낙후성을 면하지 못하고 있다. 특히, 1990년대 들어서 빠르게 진행되고 있는 경제의 세계화 추세 속에서 비교우위를 갖지 못하는 경제구조 탓에 식량난을 비롯하여 에너지난, 원자재난, 외화난 등 이른바 '경제 4난'이라고 불리는 악순환이 되풀이되고 있고, 이제 북한 주민들의 팍팍한 경제적 삶은 일상이 되어버렸다.

특히, 경제난으로 국가의 배급 체계가 무너지자 북한 당국은 2002년에 '7·1 경제관리 개선 조치'[2]와 함께 장마당(시장)을 허용할 수밖에 없었다. 대부분의 주민들이 시장으로

1) 김정일, 「주체사상에 대하여」(1982년 3월 31일)의 주체사상의 지도적 원칙 중 '경제적 자립' 내용을 참조할 것.
2) '7·1 경제관리 개선 조치'는 2002년 7월 1일에 취해진 '실리' 위주의 경제정책을 의미한다. 주요 내용으로는 ① 경제 단위의 분권화·자율성의 확대와 독립채산제(자율처분권)의 강화, ② 노무관리의 변화와 물질적인 인센티브제의 도입, ③ 가격체계의 현실화(임금의 현실화 포함)와 가격제도의 다원화, ④ 유통망으로서 시장기능의 도입

뛰쳐나가 장사를 통해 연명하는 상황을 피할 수 없었기 때문이다. 이런 가운데 장사에 성공한 일부 신흥 부유층이 생겨나고 있고, 그나마 밑천을 날려버린 주민들은 '꽃제비'의 삶의 길로 접어드는 등 커져가는 빈부 격차가 새로운 사회문제로 대두되고 있다. 이에 북한 당국은 2009년 11월 30일에 화폐개혁이라는 특단의 조치와 함께 시장에 대한 제재와 단속을 강화하고 나섰지만 그 성과 여부는 불투명하기만 하다. 쌀값 등 물가가 고공행진을 하고 있고 일부에서는 '고난의 행군' 시기보다 더 어렵다는 견해마저 나오고 있기 때문이다.

한편, 이명박 정부 출범 이후 남북한 관계가 경색 국면에 접어들면서 남한의 비료와 식량 지원 등 외부로부터의 자원마저 수년째 끊긴 상황에서 북한 경제는 점점 더 중국 경제의 블랙홀에 빠져드는 느낌마저 주고 있다.

Q. 북한의 중앙 계획 경제 시스템의 비효율성은 어떻게 설명할 수 있는가?

A. 국가의 배급 체계가 제대로 작동할 당시의 북한의 계획경제 시스템은 이렇다. 예를 들어, 협동농장으로부터 쌀을 구매할 때에는 kg당 8원에 수매를 하고, 일반 주민들에게는 쌀을 살 수 있도록 배급표를 나누어준 뒤, 협동농장 구매 가격 대비 1/10인 kg당 80전에 공급하였다. 나머지 차액에 대해서는 국가가 다른 산업 분야 즉, 공장이나 기업소 등의 생산 활동을 통해 거둬들인 이익으로 충동하는 것이다. 그런데 이 과정에서 매년 국가가 중앙계획을 통해 단위 생산 기관의 생산량 등을 통제한다. 그렇지만 뜻밖의 수해를 입어 협동농장의 쌀 생산이 감소되어 당초에 국가가 할당해 놓은 생산 목표치에 도달하지 못한 상황에다, 공장에서도 에너지 등의 공급이 원활하지 않아 가동률이 떨어져 역시 생산 목표에 도달하지 못하였다면 이중의 어려움에 직면하게 된다. 더군다나 일련의 생산 과정에서 단위 생산 주체들이 당국의 눈치를 살피며 실제 생산 목표치를 부풀려 허수로 상부에 보고하게 되면 거품이 발생할 수밖에 없게 된다. 지금처럼 북한이 경제난에 빠지게 되면 중앙 계획경제 시스템은 총체적인 위기 상황에 노출될 수밖에 없다.

및 협동적·사적 상업 활동의 허용, ⑤ 보조금 제도의 폐지 및 재정·금융 부문의 개혁, ⑥ 새로운 경제특구(신의주, 개성, 금강산 등)의 추진 등이다. 이러한 7·1 경제관리 개선 조치는 공식경제 부문을 일부 활성화하고, 노동 및 산업생산성의 제고를 가져와 1999년 이후 경제 회복세를 유도해 나가는 데 일정한 역할을 한 것으로 평가되고 있다. [통일부 통일교육원, 『북한 이해』(서울: 통일부 통일교육원, 2009), pp. 159-169 참조.]

1. 북한의 3대 사회주의 경제 건설 노선

김일성 시대의 3대 사회주의 경제 건설은 자립적 민족경제 건설 노선, 중공업 우선의 불균형 성장 정책, 군사·경제 병진 노선이었다.

1) 자립적 민족경제 건설 노선

자립적 민족경제란 '나라를 부강하게 하고 인민생활을 높이는 데 필요한 중공업 및 경공업 제품들과 농업생산물들을 기본적으로 국내에서 생산하여 보장할 수 있도록 경제를 다방면으로 발전시키고 현대적 기술로 장비하며 자체의 튼튼한 원료기지를 닦아 모든 부문들이 유기적으로 연결된 하나의 종합적인 경제체계'로 정의된다. 다시 말해, 생산의 인적·물적 요소들을 자체로 보장할 뿐만 아니라, 민족국가 내부에서 생산·소비적 연계가 완결되어 독자적으로 재생산을 실현해 나가는 체계[3]를 말한다.

이는 과거 북한에서 인민 경제의 완전한 자립성을 구축하기 위해 사회주의 경제 건설에 필요한 최소한의 필요 원자재 및 자본재를 수입하기 위한 보완적 차원에서 대외무역 관계를 전개하였고 그것도 대부분 구소련 및 중국에 비중을 둔 것에서도 잘 나타난다. 수출은 원자재 및 자본재 수입에 필요한 외화 획득의 방편으로만 활용하였다. 그리고 이 과정에서 지속적으로 내부자원의 활용을 높이는 운동들을 벌였는데, 1960년대 중반 이후에는 원자재 국내 조달 비율을 60%에서 70%로 끌어올리는 운동을 벌이기도 하였다. 그 결과 북한의 대외무역 의존도는 10% 내외의 수준에 머무르기도 하였다.

그러나 1970년대에 접어들면서 남북한 체제 경쟁이 본격화되고 있는 상황에서 남북한 간의 경제력 격차가 서서히 역전되기 시작하였고 다급해진 북한은 서방의 차관을 매개로

---

3) 사회과학출판사, 『경제사전(2)』(평양: 사회과학출판사, 1985), p. 208.
아울러, 김정일의 논문 「주체사상에 대하여」에서도 "경제에서 자립의 원칙을 관철하자면 자립적 민족경제를 건설하여야 합니다. 자립적 민족경제를 건설한다는 것은 남에게 예속되지 않고 제 발로 걸어 나가는 경제, 자기 인민을 위하여 복무하며 자기 나라의 자원과 지기 인민의 힘에 의거하여 발전하는 경제를 건설한다는 것을 의미합니다. 이러한 경제를 건설하여야 나라의 자연부원을 합리적으로 종합적으로, 물질적으로 이용하여 생산력을 빨리 발전시키고 인민생활을 끊임없이 높일 수 있으며 사회주의의 물질기술적 토대를 튼튼히 쌓고 나라의 정치, 경제, 군사적 위력을 강화해 나갈 수 있습니다."라고 밝히고 있다. 또한, 현행 북한 헌법 제19조에서도 "조선민주주의인민공화국은 사회주의적 생산관계와 자립적 민족경제의 토대에 의거한다."라고 밝히고 있다.

한 기술 도입을 시도하였으나 큰 성과가 없었다. 이에 특단의 조치로서 1984년에는 합영법을 통해 외자의 유치를 시도하였으나 이마저도 기대에 미치지 못했다. 이어 1990년대 초반에는 중국의 개방 성과와 유엔개발계획(UNDP) 등에 힘입어, 나진과 선봉의 경제특구를 통해 반전을 노렸지만 이 역시 불발로 끝나고 말았다.

북한이 1990년대부터 본격적으로 불어 닥친 세계 경제의 변화, 즉 자본과 기술력을 앞세운 거대 기업들과 이를 부추기는 각국 정부의 조응에 대응하기에는 역부족이었다. 자본의 세계화 추세는 무한경쟁의 시장 개방을 동반하고 있음에도 불구하고 지나치게 폐쇄적인 북한의 자립적 민족 경제 발전 노선은 큰 틀에서 그대로 유지됨으로써 세계경제의 환경 변화에 능동적으로 대응할 수 없도록 만들었다. 특히 북한은 1990년대 이후 사회주의 경제권의 붕괴라는 환경 변화에서 살아남을 수 있는 경제 체질을 갖지 못하였던 것이다. 그뿐만 아니라, 자립경제의 구축을 위해 동시에 추진된 중공업 우선주의라는 불균형 성장전략은 소비재 경공업 부문의 낙후를 가져오는 결과마저 초래하였다.

과거 냉전 시대에 북한의 자립적 민족경제 건설 노선이 초기 경제 발전 단계에서 빠른 공업화를 달성하고 일시적으로 외부의 경제 환경 변화에 영향을 받지 않는 효과를 가져왔을지는 모르지만, 그 폐쇄적인 경제구조의 특성으로 인해 오늘날과 같은 세계 경제의 환경 속에서 적응하는 데는 한계가 있을 수밖에 없었다. 오히려 세계경제의 변화 추세와 역행하는 자립적 민족경제 발전 전략에 대한 집착은 북한 경제 침체의 주요 원인으로 작용하고 있는 것이다.

2) 중공업 우선의 불균형 성장정책

그동안 북한은 자립적 민족경제 건설을 전면적으로 구현하기 위한 수단으로 중공업 우선주의에 기초한 불균형 성장전략을 채택하여 왔다. 주체사상의 지도적 원칙 가운데 '경제에서 자립' 편에서는 "종합적으로 발전된 자립경제를 건설하자면 중공업을 우선적으로 발전시키면서 경공업과 농업을 동시에 발전시키는 노선을 견지하여야 합니다. 기계제작 공업을 핵심으로 하는 중공업은 자립적 민족경제의 기둥입니다. 이러한 중공업을 가져야 경제·기술적으로 자립할 수 있으며 경공업과 농업을 포함한 인민경제 전반을 현대적 기술에 기초하여 빨리 발전시킬 수 있습니다. 그리고 중공업과 함께 경공업과 농업을 동시에 발전시켜야 인민생활을 체계적으로 높일 수 있으며 중공업 자체의 발전도 다그칠 수 있습니다."[4]라고 밝히고 있다. 즉, 북한은 기본적으로 생산수단을 생산하는 중공업 부문의 선차적 발전을 통해 생산력을 높이고 동시에 농업과 경공업의 발전도 보장할 수 있다고 본 것이다. 이후 1993년부터 북한에서 내놓은 농업·경공업·무역제일주의도 자립적 중공업을 발전시키는 기초 위에서 가능할 뿐만 아니라 1998년부터 제창된 강성대국을 건설하는 바탕이 라고 보고 있다.

이처럼 북한이 중공업 우선주의에 기초한 불균형 성장 전략을 채택하게 된 것은 사회주의 계획경제를 처음으로 구축한 구소련의 영향이 컸다고 볼 수 있다. 구소련은 많은 내부 논쟁을 통하여 중공업 우선 성장 전략이 중앙집권적 사회주의 계획경제에 가장 적합하고 단기간에 급속한 경제성장을 이룩할 수 있으며, 나아가서 자본주의와의 체제 경쟁에서도 승리할 수 있다는 결론을 도출하였다.

이에 다른 사회주의 국가들과 마찬가지로 북한은 한정된 자원을 가지고 모든 산업을 일률적으로 발전시키려 하기보다는, 생산수단 부문을 집중적으로 육성시켜 여기서 산출되어 나오는 생산물을 다시 생산수단 부문에 재투자하는 것이 자본 축적률을 급속하게 높이고 국민소득도 보다 많이 창출할 수 있을 것이라고 보았다. 실제로 북한은 사회주의 계획경제의 핵심이 되는 생산수단을 공급하는 중공업 부문을 우선적으로 육성하여 급속한 경제발전을 이룩하려고 하였으며, 항상 재정투자 지출 중 70% 이상을 중공업 부문에 편중하여 지출하였다. 그리하여 북한의 산업구조는 구소련 등 다른 사회주의 국가들처럼 급속하게 중공업 부문 위주의 편중된 구조로 재편되어 나갔으며,[5] 북한에서는 1950년대 후반에서 1960년대 초반 사이에 단기적으로 비교적 높은 경제성장률을 기록하게 되었고, 1970년대 초반까지 남한 경제보다 비교 우위에 있었다.

그러나 북한의 공업 총생산 증가율은 북한이 추진했던 경제계획 기간별로 볼 때, 제1차 5개년 계획 기간(1957 ~ 1961년)과 제1차 7개년 계획 기간(1961 ~ 1967년)에 최고조에 이르렀다. 그러나 1970년대 중반부터는 차츰 둔화되어 갔고 급기야 1980년대 이후부터

4) 김정일의 논문「주체사상에 대하여」중에서 밝힌 것임.
5) 공업 부문이 전체 국민총생산에서 차지하는 비중이 1946년에는 23.2%에 불과하였으나, 1956년 40.1%, 1960년 41.3%, 1970년 57.3%, 1980년 63.6%, 1987년 60%로 확대되어 나가는 가운데, 공업 총생산에서 중공업 부문이 차지하는 비중은 1949년 51.7%, 1980년 69.0%, 1987년 67.3%로 크게 확대되었다.

정체·마이너스 추세로 돌아섰다. 이는 중공업 우선주의에 기초한 불균형 성장전략이 단기적으로 빠른 경제성장을 실현시키는 데 효율적이지만, 장기적으로는 경공업 및 농업과의 연계성 부족 그리고 경제 규고의 증가에 따른 시장 확대가 뒷받침되지 못하는 등 구조적 한계에 봉착함으로써 비효율성이 누적될 수밖에 없는 데서 비롯된 것이라 하겠다.

3) 군사·경제 병진 노선

냉전 시대에 구소련을 포함한 동유럽 사회주의 국가들은 자본주의 진영과의 체제 경쟁에서 힘의 우위를 확보하기 의해 군수산업의 육성과 사회주의 경제 건설을 동시에 추진하는 경제정책을 채택하였다. 특히 북한은 분단이라는 특수한 상황 속에서 군사·경제 병진 노선을 추구해 왔고 지금까지도 채택해 오고 있다. 북한에서 국방공업은 사회주의 체제를 보위하는 데 필요한 물질적 수요를 보장해 주는 것으로 인식되고 있다.

경제 발전과 군사력 강화를 동시에 추구하는 군사·경제 병진 노선은 1966년 10월 조선노동당중앙위원회 전체회의를 통해 공식적으로 채택되었다. 이 노선이 채택되면서 이후 북한 재정의 총 예산에서 차지하는 군사비 지출의 비중은 급격하게 증가하였고,[6] 북한의 산업은 점차 '군산복합형'으로 발전되어 나갔다. 특히 중화학기계, 화학공업을 중심으로 군수산업에 계열화됨으로써 군수산업과 민수산업 간의 구별이 어려울 정도로 변화되었다. 이로 인해 북한의 경제성장에는 커다란 제약 요인으로 작용하였을 것으로 보인다. 군수경제로 인한 북한 경제의 제약에 대해 이미 1970년에 김일성은 "솔직히 말해, 우리의 국방비 지출은 나라의 규모와 인구 면에서 볼 때 우리에게 너무 무거운 짐이었습니다. 만약 국방비의 일부분만이라도 경제 건설에 돌려졌더라면 우리 민족경제는 보다 빠르게 발전되고 우리 인민의 생활수준은 보다 더 개선되었을 것입니다."[7]라고 말한 바 있다. 그뿐만 아니라, 군수산업은 민수산업을 관리하는 '제1경제위원회'와 별도로 구성된 '제2경제위원회'에서 관리하도록 함으로써, 북한의 경제구조를 제1경제(민간경제)와 제2경제(군수경제)로

6) 1966년까지만 해도 북한 예산에서 군사비의 비중은 약 10% 정도였으나, 1967년~1971년에는 30% 이상 증액되었다. 1972년 이후부터는 세계적인 데탕트 추세와 남북대화의 시작으로 14~17% 사이로 편성되었으나, 실질적으로는 다른 예산에 은폐되어 축소 발표되고 있다. 많은 전문 연구기관들은 북한 예산에서의 실제적인 군사비 비중은 25~30%인 것으로 브고 있다.

7) 김일성, 『조선로동당 제5대회에서 한 중앙위원회 사업 총화보고』(1970년 11월 2일).

분리할 수밖에 없도록 만들었는데, 문제는 이 부분의 과대 성장이 민간경제 부문, 특히 소비재 생산 부문의 발전에 걸림돌로 작용하였다.

이러한 군사·경제 병진 노선은 김정일 시대로 접어들면서 경제적 어려움에도 불구하고 이른바 선군정치와 강성대국(군사강국) 건설의 강조 속에 유지되고 있다.

2. 김정일 시대 경제정책의 기본노선

김정일 시대의 북한은 선군의 기치 아래 경제 회복을 도모하는 전략을 구사하고 있는 가운데, '자립적 민족경제 건설 노선', '선군시대 경제 건설 노선', '실리사회주의 노선'을 주요 경제 발전 노선으로 제시해 오고 있다. 여기서는 이 가운데 '선군시대 경제 건설 노선'과 '실리사회주의 노선'에 대해서만 추가적으로 언급해 보기로 한다.

1) 선군시대 경제 건설 노선

김정일 시대에 강조되고 있는 선군시대 경제 건설 노선은, 국방공업을 우선적으로 발전시키면서 경공업과 농업을 동시에 발전시키는 경제 발전 전략으로 볼 수 있다. 이는 군사를 선행의 원칙으로 삼는 '선군'을 통해 국방공업과 중공업, 경공업 및 농업의 관계를 재설정하는 방향으로의 정책 전환을 의미하는 것이기도 하다. 1990년대 중후반 고난의 행군 기간을 거치면서 대내적으로는 북한 경제를 회생시켜야 하고, 대외적으로는 탈냉전의 시대적 흐름 속에서 외교적 고립 탈피와 북핵 문제로 촉발된 각종 안보 문제를 동시에 해결해야 하는, 이른바 북한식 사회주의 체제의 안위도 보전해야 하는 다중적 과제를 함께 해결하려는 시도이기도 하다. 이에 북한은 2002년 '7·1 경제관리 개선 조치'와 아울러 같은 해 9월에는 '선군시대 경제 건설 노선'을 들고 나왔다.[8]

북한에서는 국방공업 우선 건설 노선이 중공업 우선 건설 전략을 대체하는 것이 아니라 계승하고 있다고 주장한다. 즉, "선군시대 사회주의 경제는 국방공업과 민수생산으로 이루어져 있다. 국방공업에 선차적 힘을 넣고자 하는 이유는, 기존에 경제와 국방의 병진 건설 노선에 의해 국방공업·중공업이 북한 산업경제의 주요 부문으로 이미 구축되어 있고,

8) 통일부 통일교육원, 『북한 이해』(2009), p. 130.

경제 회복을 위해 기존의 경제적 토대들을 최대한 이용할 필요성이 있으며, 국방공업의 발전은 첨단과학과 기술을 발전시켜 다른 경제 부문의 발전을 추동할 수 있기 때문"[9]이다.

이러한 국방공업 우선 발전 논리는 계획경제의 분권화·자율화를 시도했던 2002년의 '7·1 경제관리 개선 조치'와 모순되어 보인다. 이에 대해 북한은 "국방공업을 우선 발전시킨다고 해서 경공업과 농업의 발전을 경시하거나 무시하는 것이 결코 아니라, 앞서 나가는 국방공업에 적극 따라 세우고자 한다."라고 강조하고 있다. 즉, 계획지표 선정에서 군수생산 지표와 민수생산 지표를 구분하고, 군수생산 지표를 우선 중시하는 계획과 사업을 진행해야 한다고 하면서도 민수생산 부문도 활성화해야 한다고 강조하는 것이다. 한정된 자원으로 군수공업 부문과 민수생산 부문의 경제 회복 및 발전을 동시에 도모할 수 없으므로 전자는 계획경제 시스템을 통해 국가적으로 관리하고, 후자는 일부 시장경제 기능의 도입을 결부시키는, 이른바 실리사회주의 노선에 따라 활성화하려는 의도를 갖고 있는 것이다.[10]

따라서 선군시대 경제 건설 노선은 북한의 체제 유지와 더불어 경제 회복도 동시에 도모하고자 하는 이중 전략적 차원의 경제정책 노선으로 평가될 수 있지만, 근본적으로는 1960년대 이후 북한의 주요 경제정책 기조 중의 하나인 군사·경제 병진 노선을 계승하는 것으로서 김정일 체제의 정책기조인 선군정치의 노선을 뒷받침하는 경제정책의 성격을 가지고 있는 것이다.

2) 실리사회주의 노선

경제난으로 인해 국가의 배급 체계가 중단될 수밖에 없었고 이로 인해 주민들이 생계 유지를 위해 시장으로 뛰어드는 현실을 북한 당국도 인정하지 않을 수 없게 되었다. 이러한 상황에서 북한은 2000년대 들어 경제 회복을 위해 북한의 '우리식 사회주의' 체제를 유지하면서도 계획경제 시스템의 모순을 개선하고자 새로운 경제정책 노선을 제시하였는데, 이것이 '실리사회주의 노선'이다. 한마디로 실리사회주의란 '사회주의 원칙을 지키는 가운데 가장 큰 실리를 추구하는 것'으로 설명해 볼 수 있다. 이는 사회주의와 자본주의의 중간 지대에

9) 박명혁, 「사회주의 기본 경제법칙과 선군시대 경제 건설에서 그의 구현」, 『경제 연구』(평양: 과학백과사전출판사, 2004), pp. 13-14.
10) 통일부 통일교육원, 『북한 이해』(2009), p. 131.

해당한다고 할 수 있다. 즉, 사회주의 원칙을 지키면서도 경제활동의 성과에 있어서 최대의 실리를 획득해야 한다는 것인데, 이는 기업소[11]·협동농장 등 각 경제 단위들이 집단적 이익을 우선하면서도 개별 단위의 실리를 추구하는 것을 경제활동의 목표로 삼는 것이다.[12]

청산리 정신과 대안의 사업 체계

먼저, '청산리 정신·청산리 방법'은 1960년 2월 김일성이 평안남도 강서군 청산리에 대한 현지지도를 실시하면서 비롯된 경제 관리의 기본 지침이다. '청산리 정신'은 사상적 측면을 강조한 당적·국가적 지도 방침이며, '청산리 방법'은 보다 구체적인 실천 방법에 초점을 맞춘 것이다. 즉, 윗 기관이 아랫 기관을 도와주고, 윗사람이 아랫사람을 도와주며, 늘 현지에 내려가 실정을 깊이 알아보고 문제 해결의 올바른 방도를 세우며, 모든 사업에서 정치 사업, 사람과의 사업을 앞세우고, 대중의 지각적인 열성과 창발성을 동원하여 혁명 과업을 수행하는 것이라고 설명할 수 있다.

대안의 사업체계란, 공업 부문에서 청산리 정신과 청산리 방법을 구현하기 위한 것으로서 주요 내용은 통일적이며 집중적인 생산지도 체계의 확립, 위에서 아래로 내려다주는 자재공급체계의 확립, 후방공급체계의 확립, 기업 관리 운영에서 공장과 기업소의 당위원회의 집체적 영도체계 확립 등이다. 즉, 대안의 사업체계는 각 공장과 기업소의 당위원회가 직접 생산을 책임지는 가운데, 당적 지도의 강화와 집단주의 정신이 강조된 공업 부문의 관리 형태로서 간부들이 근로자들과 함께 일하면서 생산을 독려하는 방식으로 생산력을 높이려는 북한의 경제 관리 체계라고 할 수 있다. 이 대안의 사업체계는 김일성이 1961년 12월에 평안남도 남포시 대안구역에 소재한 대안전기공장을 방문하면서 강조된 것이다.

---

11) 기업소란, 독자적으로 경영활동을 직접 조직·진행하는 북한의 경제단위로 정의할 수 있다. 기업소는 일정한 노력, 설비, 자재, 자금 등을 가지고 보상하고 타산을 맞추어 경영활동을 하고 있다. 북한은 공업생산 부문의 기업소가 공장, 광산, 탄광 등과 함께 인민경제의 기층 단위의 특성을 가지고 있는 것으로 보고 있다. 그러나 기업소가 경영 단위의 성격을 반영한다면 공장, 탄광, 광산 등은 생산의 조직기술적 특성을 반영하는 것으로 소개하고 있다. 또한 하나의 기업소가 하나의 공장일 수도 있고 몇 개의 공장이 합쳐 하나의 기업소로 될 수 있다.
북한은 1962년에 중앙의 국영기업소를 대상으로 그리고 1970년대 초부터는 지방 산업공장을 포함한 공업·농업 부문, 비생산적 부문인 유통 부문에 이르기까지 확대 실시하고 있다. 1984년 6월에는 다시 사무기관을 제외한 비생산부문의 기관이나 기업소에도 '완전독립채산제', '반독립채산제'의 형태로 독립채산제를 실시하도록 하였다.
'반독립채산제'란 대상 기업 또는 기관의 관리운영에 필요한 자금 중 일부는 자체 수입으로 충당하고 나머지는 국가예산의 지원을 받는 부분적 독립채산제를 의미한다. [북한연구소 편, 『북한대사전』(1999)을 참조.]

12) 통일부 통일교육원, 『북한 이해』(2009), p. 132.

북한은 7·1 경제관리 개선 조치를 시행할 당시, 21세기라는 새로운 경제 환경에 부응하여 "모든 문제를 새로운 관점과 높이에서 풀어나갈 필요가 있다."라고 강조하면서 계획경제의 틀 내에서 관리되는 시장경제 요소를 일부 도입하려 하였다. 이 때문에 이 조치가 발표될 당시, 실리사회주의 노선은 1980년대 초반 중국의 개혁·개방 정책과 유사한 것으로 평가되기도 하였다. 그러나 중국의 경우, '초급사회주의단계론'에 근거하는 기존 경제정책의 기조를 대체하는 1980년대 덩 샤오핑의 실용주의 경제 노선 채택과 1990년대 경제체제의 전환을 전격적으로 단행한 반면, 북한은 기존 경제정책 기조의 기본 틀을 견지함은 물론, 정치이념마저 계속 고수하고 있다는 점에서 큰 차이가 있다.

북한은 2008년 12월 15일 '동지애의 기치 높이 억세게 전진하자'라는 제하의 논설을 발표하였다.[13] 여기서는 수령 결사 옹위 정신을 바탕으로 하는 선군혁명 동지애를 통하여 강성대국의 대문을 열기 위해 매진할 것을 강변하고 있다. 또한 북한은 "'강계정신'[14]의 위력으로 부강 조국 건설에서 위대한 전환을 이룩하자"라는 제하의 『노동신문』 사설을 통해 주민들이 경제 건설 총진군에 나설 것을 독려하였다. 즉, 2012년 '강성대국의 대문'을 열기 위해서는 '강계정신'을 구현하여 핵무기보다 강한 인민들의 정신력이 과시되어야 한다고 강조한 것이다. 북한은 강계정신이 발의된 김정일 위원장 자강도 현지지도 10돌을 계기로 이를 재차 강조하면서, '주민들의 사상 이완'을 방지하고 동원 능력을 제고함으로써 2008년에 제시된 2008~2012년 '경제 강국' 건설의 목표 달성에 주민 역량을 최대로 결집하기 위한 것으로 해석된다.[15]

한편, 북한은 사회주의 체제 유지의 틀을 벗어나지 않는 범위 내에서 북한 당국의 판단에 따라 시장에 대한 통제를 병행하고 있다. 북한의 실리사회주의 노선은 2008년부터 다시

---

13) 『노동신문』, 2008년 12월 15일자.

14) 강계정신은 1998년 1월 16~21일에 김정일 국방위원장이 자강도 현지지도를 계기로 "자강도 인민들이 중소형 발전소 건설에서 혁신을 일으켜 다른 도의 모범의 될 것"을 강조한 데 기인하며, 이후에도 헌법개정, 실리주의 주창, 6·15 공동선언 전후 등 정세변화나 필요에 따라 '강계정신'을 강조하였다.

15) 참고로 이 논설에서는 2008년을 '역사적 전환의 해로 빛내기 위한 총공격전을 벌여나가는 격정적 시기'라고 정의하면서 '강계정신'을 통한 경제 건설을 독려하고, 1950년대 '천리마정신'이 북한을 자주·자립·자위의 강국으로 비약하게 했다면, "강계정신은 고난의 행군의 시련을 뚫고 우리식 사회주의의 명맥을 이었다."라며, "'강계정신'을 이어 성강과 나남의 봉화가 타오르고 태천의 기상이 나래 쳤으며 자강도의 모범 따라 도처에서 기술 개건과 생산 정상화가 되었다."라고 설명하였다. 특히, "2012년에 강성대국의 대문을 열기 위한 설계도를 펼치며, 올해 총진군에서는 강계정신을 구현하여 핵무기보다 강한 인민들의 정신력이 과시돼야 한다."라고 강조하였다(『노동신문』, 2008년 1월 16일자).

집단주의와 사회주의 계획경제의 우월성을 강조하고 경제정책의 보수화 경향을 나타내는 등 과거로의 회귀 움직임마저 보여주었다. 2009년 11월에 화폐개혁과 함께 단행된 시장에 대한 통제는 이 같은 맥락에서 이해될 수 있다. 이러한 통제는 이미 시장 원리에 노출될 수밖에 없었던 일반 주민들의 반발을 사기에 충분하다.

Q. 북한의 경제정책에 대해 주민들에게는 어떤 교육을 실시하고 있는가? A. 경제 건설 노선과 같은 경우는 노작 등을 통해 익히고, 해마다 발표되는 신년공동사설 등의 내용 가운데 당해 연도의 주요 경제 시책에 대하여 일반 주민들에게 교양시키고 있다.

3. 북한 경제의 구조와 특징

북한의 중앙 계획경제 체제는 생산수단의 집단적 공유라는 사회주의 경제 체제의 기반 위에 있다.[16] 중앙 계획경제 체제는 당국에 의해 전체 인민경제에 필요한 물자의 생산과 소비, 수요와 공급이 결정되는 것을 말한다.[17] 협동농장을 비롯하여 공장, 기업소 등 각 생산 단위의 생산량은 물론 기술자 및 과학자들의 연구개발까지도 거대한 국가적 계획의 한 부분으로 편입시켜 중앙으로부터의 지시 또는 명령에 의해 국가 경제가 작동하도록 되어 있다. 즉, 각 생산 단위들은 국가의 명령에 따라 생산 활동을 전개하고 이에 의거하여 소비생활을 하도록 되어 있다. 따라서 경제 주체들의 모든 활동과 국가의 전체 산업 편제는 조선노동당의 정책 방향에 따라 경제계획을 수립하고 그 집행을 감독하는 국가기구에 일원적으로 예속되어 지시나 통제를 받도록 되어 있다.

한편, 북한 경제의 특징 가운데 하나는 이원적 내지 다원적 구조로 되어 있다는 점이다. 앞에서 언급했던 것처럼 군수산업 부문이 집행부로서 내각 산하에 있는 '국가계획위원회'가 아닌 '제2경제위원회'라는 독자적인 국가기구에 의해 생산과 소비, 수요와 공급 등

16) 북한 헌법 제20조에서 "조선민주주의인민공화국에서 생산수단은 국가와 사회협동단체가 소유한다."라고 규정되고 있다.

17) 북한의 『경제사전』에서는 '계획경제'를 "유일적인 국가계획에 따라 계획적으로, 균형적으로 발전하는 사회주의 경제"라고 정의하고 있다.

전체 계획이 결정되어 자체적으로 경제활동이 이루어지는 구조로 되어 있기 때문이다. 내각의 산하 기구로서 '국가계획위원회'가 조선노동당의 지도·관리 하에 당의 정책을 반영하는 인민경제 계획을 수립·추진하고 있다면, '제2경제위원회'는 북한의 최고 권력기관인 국방위원회의 산하 기구로서 관련 업무를 담당하고 있다. 본래 북한의 군수산업 부문은 1960년대 중반까지만 해도 일반 산업 부문과 혼재되어 중앙 계획 당국의 계획 부문에 편제되어 있었다. 그러나 군수산업이 비대해지면서 1968년 내각 산하에 제2기계공업부를 만들어 그 집행 활동을 담당하도록 하고 조선노동당비서국에 군수담당비서를 신설하여 지도·관리하도록 하였다. 그러다가 1970년대 초엽에는 '제2경제위원회'를 새로 만들고 조선노동당 중앙인민위원회 군사위원회에서 총괄하도록 하였는데, 김일성이 "'제2경제위원회'는 제2정무원(현 내각)입니다."라는 교시를 내리면서 집행부와 별도로 독자적인 계획 부문으로 독립하게 되었다. 1993년에 들어와서는 아예 조선노동당의 통제를 받는 것으로부터 국방위원회의 직접 통제를 받도록 변경함으로써, 독자적으로 군수산업과 관련된 계획, 생산, 재정, 원자재 공급, 소비까지 담당하게 한 것이다.

이로써 북한의 경제는 민수산업(인민경제 부문)의 계획을 담당하는 '제1경제위원회'와 군수산업의 계획을 담당하는 '제2경제위원회'로 분리된 이원적 구조로 작동하고 있다고 할 수 있다. 그리고 일부 민수산업 부문의 기업소 중 군수산업과 연관되어 있는 기업은 '일용분공장', '일용공장'이라는 명칭 하에 '제2경제위원회'가 지시한 군수생산품도 함께 생산함으로써 결국 두 개의 중앙계획 기관으로부터 별개의 명령을 수행하도록 되어 있다.

그러나, 북한은 1990년대에 들어오면서 더욱 가중된 경제난 때문에 국가에 의한 계획경제 기능이 마비됨에 따라 계획 부문이 포섭할 수 없는 사경제 부분이 불가피하게 발달하게 되었다. 특히 국가의 배급 체계가 붕괴되면서 시장이 활성화될 수밖에 없는 상황이 전개된 것이다. 이 때문에 북한의 경제구조를 3중 경제구조라고도 한다. 1990년대 이전까지만 해도 북한 경제에 있어서 비계획경제 부문은 장마당(시장)을 중심으로 유통 부문에 한정되어 계획경제의 한계를 일부 보완하는 역할을 하고 있었다. 그러나 1990년대 심각한 경제난으로 계획경제 시스템 자체가 마비되면서 비계획경제 부문은 유통 부문 외에 생산경제, 금융경제 부문에서도 성장하게 되었다. 나아가 불법적으로뿐만 아니라, 합법적인 행위로도 북한 주민들의 장사 행위를 허용할 수밖에 없었다. 이와 같은 비계획경제 부문이 비대해짐으로 인해 1999년 4월에는 '인민경제계획법'을 제정할 정도로 계획경제 시스템에 큰 충격을 안겨 주기도 하였는데, 사회주의 체제 근간을 뒤흔들 정도로 시장에 대한 의존도가 높아지자 북한 당국이 이를 단속하는 사례도 발견되고 있다. 한 예로서 1999년 2월에 김정일 국방위원장이 직접 장마당에 대한 단속 조치를 내리기도 하였다. 또한 최근에도 2009년 화폐개혁 조치와 함께 일부 시장을 폐쇄하는 등의 조치가 내려지고 있는데, 당국의 정책적 판단에 따라 완급 조절이 이루어지고 있다. 북한 경제에 있어서 비계획경제 부문이 어느 정도 비중을 차지하고 있는지는 구체적으로 알 수 없지만 경제난이 해결되지 못하는 상황에서 대부분의 일반 주민들이 시장으로 향하게 될 것임은 분명하다.

한편, 북한 경제구조는 위에서 언급한 부문 외에도 조선노동당의 경제 부문이 별개로 존재한다. 이른바 '당 경제'란 조선노동당 재정경리부인 제39호실에 의해 운용되고 있는 경제 부문을 말하는데, 여기에는 최고 지도자의 권력 유지와 위세, 생활 유지에 필요한 기업소, 협동농장, 외화벌이 기관 등이 소속되어 운용되고 있다. 간혹 미국 등 외부에서 북한에 대한 경제 제재 조치를 취하는 경우 이 부분을 가장 먼저 다루고 있다.

제2절 북한 경제의 현황과 경제난의 해결 과제

1. 주요 경제 현황

1) 국민소득 및 경제성장률

북한의 경제규모[18]에 대한 한국은행의 조사 자료에 의하면, 2009년도 북한의 명목 GNI

---

18) 북한은 자본주의 국가와는 달리 '국민총생산'에 관한 총량 경제지표로서 '사회 총생산물'(GSP : Gross Social Product)과 '국민소득'(NMP : Net Material Product)이란 개념을 사용하고 있다. 북한에 따르면 '사회총생산물'이란 "일정한 기간 동안 사회의 모든 생산부문들에서 창조된 물질적 부를 전사회적 범위에서 개괄한 총량"이다. 그리고 '국민소득'은 "사회총생산 중에서 소비된 생산수단을 보상하고 그 나머지 부문, 즉 그해에 새로이 창조된 가치"라고 정의하고 있다. 그러므로 북한의 국민소득 개념에는 자본주의 국가와는 달리 비생산적 서비스 부문이 포함되지 않는다. 그러나 우리나라를 비롯한 국제정보·군사 분야 연구기관 등은 여러 가지 현실적 필요에 의하여 자본주의적 개념에 부합하는 북한의 총 GNI(Gross National Income)와 1인당 GNI를 추계하고 있다. 우리 정부는 1990년부터 UN의 국민계정체계(SNA : System of National Accounts)에 따라 북한의 국민소득을 추정·발표하고 있다. [통일부 통일교육원, 『북한 이해』(2009), pp. 134-135.]

는 28조 6천억 원으로 나타나고 있다. 이는 남한의 1,068조 7천억 원에 비해 1/37.3(남한의 2.7%)에 해당하는 수준이다. 그리고 1인당 GNI는 122.5만 원으로 남한의 2,192만 원에 비해 1/17.9(남한의 5.6%)에 불과하였다.

북한 경제는 1970년대 초반까지만 해도 상대적으로 고도성장을 기록하였으나 1970년대 중반 이후부터 '속도전'과 같은 주민들의 노력 동원에 기반을 둔 경제정책과 사회주의 계획경제 구조의 모순에 의한 경제의 비효율성 등이 누적되면서 서서히 저성장에 이어 경제침체의 길로 들어섰다. 특히 1990년대 이후부터는 사회주의 국가들의 시장경제 체제로의 전환에 따른 대외경제 관계의 단절과 내부적으로 식량난 등 경제 4난의 악순환으로 인해 1998년까지 매년 마이너스 경제성장률을 나타냈다. 이른바 고난의 행군기를 중심으로 기록한 실적들이다. 이후 대외 원조를 포함하여 남북한 경제 교류가 활성화되면서 플러스 경제성장률을 기록하던 북한은 2006년부터 다시 하향 추세로 돌아서고 있다. 즉, 2008년에만 3.1%를 기록하였고, 2006년 −1.0%, 2007년 −1.2%, 2009년에는 −0.9%에 그쳤다.

〈표 4-1〉 남북한의 주요 경제지표 비교 현황 (1990년 ~ 2009년)

구분	남/북한	단위	1990	1991	1992	1993	1994	1995	1996	1997	1998	1999
인구	북한(A)	천 명	20,221	20,495	20,798	21,123	21,353	21,543	21,684	21,810	21,942	22,082
	남한(B)	천 명	42,869	43,296	43,748	44,195	44,642	45,093	45,525	45,954	46,287	46,617
	(B/A)	배	2.1	2.1	2.1	2.1	2.1	2.1	2.1	2.1	2.1	2.1
명목 GNI	북한(A)	조 원	16.4	16.8	16.4	16.4	17.0	17.2	17.3	16.8	17.6	18.7
	남한(B)	조 원	186.6	225.7	257.1	290.1	339.3	397.5	446.9	488.5	476.2	523.4
	(B/A)	배	11.4	13.4	15.6	17.6	19.9	23.1	25.9	29.0	27.0	27.8
1인당 GNI	북한(A)	만 원	81.1	81.8	79.1	77.8	79.7	79.7	79.6	77.1	80.2	84.9
	남한(B)	만 원	435	521	588	656	760	881	982	1,063	1,029	1,123
	(B/A)	배	5.4	6.4	7.4	8.4	9.5	11.1	12.3	13.8	12.8	13.2
경제 성장률	북한(A)	%	-4.3	-4.4	-7.1	-4.5	-2.1	-4.4	-3.4	-6.5	-0.9	6.1
	남한(B)	%	9.3	9.7	5.8	6.3	8.8	8.9	7.2	5.8	-5.7	10.7
구분	남/북한	단위	2000	2001	2002	2003	2004	2005	2006	2007	2008	2009
인구	북한(A)	천 명	22,175	22,253	22,369	22,522	22,709	22,928	23,079	23,200	23,298	23,380
	남한(B)	천 명	47,008	47,354	47,615	47,849	48,082	48,138	48,297	48,456	48,607	48,747
	(B/A)	배	2.1	2.1	2.1	2.1	2.1	2.1	2.1	2.1	2.1	2.1
명목 GNI	북한(A)	조 원	19.0	20.3	21.3	21.9	23.8	24.8	24.4	24.8	27.3	28.6
	남한(B)	조 원	600.2	649.9	721.0	767.8	829.3	864.4	910.1	976.8	1034.1	1068.7
	(B/A)	배	31.6	32.0	33.8	35.1	34.8	34.9	37.3	39.3	37.9	37.3
1인당 GNI	북한(A)	만 원	85.6	91.2	95.4	97.4	104.7	108.1	105.8	107	117.4	122.5
	남한(B)	만 원	1,277	1,372	1,514	1,604	1,726	1,796	1,884	2,016	2,128	2,192
	(B/A)	배	14.9	15.0	15.9	16.5	16.5	16.6	17.8	18.8	18.1	17.9
경제 성장률	북한(A)	%	0.4	3.8	1.2	1.8	2.1	3.8	-1.0	-1.2	3.1	-0.9
	남한(B)	%	8.8	4.0	7.2	2.8	4.6	4.0	5.2	5.1	2.3	0.2

ㅁ 『보도·법령 자료』의 「북한 경제」 자료, 한국은행 홈페이지(http://www.bok.or.kr), 2010년 7월 24일 검색.

2) 산업 부문별 현황

최근 북한의 산업구조 및 공업구조에 대한 개황을 살펴 보면 다음과 같다. 먼저, 2008년 북한은 곡물, 전력, 석탄 등 기초부문 생산 증가와 이에 따른 제조업 가동률 상승 등으로 경제 전반에 걸쳐 생산 활동이 전년에 비해 비교적 활발했던 것으로 추정된다. 그러나 2009년에는 남북한 관계의 경색 국면으로 인해 오히려 2007년도의 수준으로 떨어지거나 현상유지 국면을 맞았다. 2009년도의 각 산업 부문별로 추이를 살펴보면, 농림어업 분야는 2008년 대비 감소 추세를 나타내고 있다 광업의 경우, 철광석은 감소하였고 비철금속은 현상유지를 기록하고 있다. 자동차, 강철, 시멘트, 비료, 화섬 등 주요 공산품 생산량은 대부분 2008년 대비 감소세로 돌아서고 있다.

북한의 산업구조는 농림수산업이 1990년대 이전에는 평균 25% 내외를 차지하다가 최근에는 30% 이상 상승하는 반면, 광공업 부문 비중은 한때 60%의 비중을 보이다 최근에는 25.4%까지 떨어져 대개의 모든 국가가 공업 발달 과정에서 겪게 되는 '산업구조의 고도화'에 역행하는 모습을 보여주고 있다. 이처럼 농림수산업 비중이 높아지고 광공업 부문의 비중이 낮아진 것은 식량난, 에너지난, 원자재난 등에서 비롯된 것으로 보인다.

그런데 북한의 산업구조에서 3차 산업 부문은 서비스 부문을 생산 활동으로 보지 않는 북한의 경제의 특성으로 인해 그 비중이 별로 높지 않았다. 다만, 2000년대 들어 이 부문의 비중이 높아지는 것은 실물경제를 뒷받침하는 상업, 유통, 금융, 보험, 서비스 부문 등의 생산 활동이 활발해졌기 때문이 아니라 대형 수력발전소, 고속도로, 주택 등 건설 부문에서의 실적이 높아졌기 때문으로 풀이된다.

한편, 중공업 대 경공업 비율이 거의 3 :1로 나타나는 북한 공업구조의 불균형 현상은 현재의 남한과 비슷하지만, 북한의 경우에는 남한과는 달리, 첫째, 총 국민소득 중 농업 부문의 비중이 증가하는 가운데, 둘째, 심각한 산업불균형의 진행과 더불어 나타나는 모습을 보이고 있다. 즉, 중공업 우선주의 성장전략 및 군사·경제 병진 노선에 의해 경공업 발달이 상대적으로 부진한 가운데 농업 부문의 비중이 증대하는 기형적 현상을 나타내고 있는 것이다. 이는 경제 4난의 악순환이 되풀이되는 가운데 공장과 기업소의 가동률이 떨어지는 상황 속에서 생존을 위한 먹을거리 생산에 매달릴 수밖에 없는 절박한 북한의 상황을 대변해 주는 것이라 하겠다.

북한의 곡물 생산량의 추이를 살펴보면, 지난 1990년대 중·후반 고난의 행군 시기에 400만 톤을 밑도는 수준이었다가 2000년대에 들어서 점차 회복되고 있지만, 여전히 400~450만 톤의 규모에 그치고 있다. 이는 곡가의 상승을 부채질하는 원인으로 작용하고 있고 고스란히 일반 주민들의 어려움이 되고 있다.[19] 최근 북한에서는 2005~2006년에 식량 생산량이 정점을 기록한 뒤에 2009년에는 다시 430만 톤 규모로 하락하고 있다. 이는 남한에서 지원되던 비료 지원의 차질이 큰 원인으로 작용한 것이라 추정되는 대목이다.

〈표 4-2〉 남북한의 농수산물 생산량 추이

구분		남/북한	단위	1990	1991	1992	1993	1994	1995	1996	1997	1998	1999
농수산물 생산량	곡물	북한(A)	만 톤	402.0	442.7	426.8	388.4	412.5	345.1	369.0	348.9	388.6	422.2
		남한(B)	만 톤	663.5	623.6	620.6	557.4	574.4	547.6	614.5	614.3	575.9	600.0
		(B/A)	배	1.7	1.4	1.5	1.4	1.4	1.6	1.7	1.8	1.5	1.4
	쌀	북한(A)	만 톤	145.7	164.1	153.1	131.7	150.2	121.1	134.0	150.3	146.1	162.9
		남한(B)	만 톤	560.6	538.4	533.1	475.0	506.0	469.5	532.3	545.0	509.7	526.3
		(B/A)	배	3.8	3.3	3.5	3.6	3.4	3.9	4.0	3.6	3.5	3.2
	수산물	북한(A)	만 톤	145.5	120.0	114.1	108.9	99.8	105.2	87.6	65.1	62.7	66.4
		남한(B)	만 톤	327.5	298.3	328.9	333.6	347.7	334.8	324.4	324.4	283.5	291.1
		(B/A)	배	2.3	2.5	2.9	3.1	3.5	3.2	3.7	5.0	4.5	4.4
구분		남/북한	단위	2000	2001	2002	2003	2004	2005	2006	2007	2008	2009
농수산물 생산량	곡물	북한(A)	만 톤	359.0	394.6	413.0	425.2	431.2	453.7	448.3	400.5	430.6	410.8
		남한(B)	만 톤	591.1	620.0	559.6	500.4	566.9	552.0	530.0	502.6	549.8	555.3
		(B/A)	배	1.5	1.6	1.4	1.2	1.3	1.2	1.2	1.3	1.3	1.4
	쌀	북한(A)	만 톤	142.4	168.0	173.0	172.0	180.0	202.4	189.4	152.7	185.8	191.0
		남한(B)	만 톤	529.1	551.5	492.7	445.1	500.0	476.8	468.0	440.8	484.4	491.6
		(B/A)	배	3.7	3.3	2.8	2.6	2.8	2.4	2.5	2.9	2.6	2.6
	수산물	북한(A)	만 톤	69.3	74.6	80.5	83.5	116.9	90.9	92.3	93.0	83.0	82.8
		남한(B)	만 톤	251.4	266.5	247.6	248.7	251.9	271.4	303.2	327.5	336.3	318.2
		(B/A)	배	3.5	3.6	3.1	3.0	2.2	3.0	3.3	3.5	4.1	3.8

ㅁ『보도·법령 자료』의 「북한 경제」 자료, 한국은행 홈페이지(http://www.bok.or.kr), 2010년 7월 24일 검색.

또한 북한의 주요 공산품 생산량의 추이를 살펴보면, 화섬을 제외하고 모든 부문에서 2009년도의 생산량이 전년도에 비해 감소 추세를 나타내고 있다. 한편, 원부자재 공급난에 처해 있는 북한의 광산물 생산량의 추이도 2000년대 들어 점차 회복세를 보여주고 있지만 2009년에는 전년도에 비해 큰 폭으로 하락세를 기록하고 있다.

19) 세계식량계획(WFF)에서는 현재 북한이 확보한 식량이 수요보다 25% 가량 부족하다고 보고, 식량위기 5단계 중 하위 두 번째인 '만성적 식량난' 상태로 분류하고 있다(『연합뉴스』, 2010년 7월 28일자 기사 참조).

〈표 4-3〉 남북한의 주요 공산품 생산량 추이

구분		남/북한	단위	1990	1991	1992	1993	1994	1995	1996	1997	1998	1999
주요 공산품 생산량	자동차	북한(A)	만 대	1.3	1.2	1.0	1.0	0.9	0.9	0.9	0.6	0.6	0.7
		남한(B)	만 대	132.2	149.8	173.0	205.0	231.2	252.6	281.3	281.8	195.4	284.3
		(B / A)	배	101.7	124.8	173.0	205.0	256.9	280.7	312.6	469.7	325.7	406.1
	강철	북한(A)	만 톤	336.4	316.8	179.3	185.9	172.8	153.4	120.8	101.6	94.5	124.3
		남한(B)	만 톤	2,312.5	2,600.1	2,805.5	3,302.6	3,374.5	3,677.2	3,890.3	4,255.4	3,989.6	4,104.2
		(B/A)	배	6.9	8.2	15.6	17.8	19.5	24.0	32.2	41.9	42.2	33.0
	시멘트	북한(A)	만 톤	613.0	516.9	474.7	398.0	433.0	422.0	379.0	334.0	315.0	410.0
		남한(B)	만 톤	3,357.5	3,833.5	4,265.0	4,689.4	5,163.5	5,513.0	5,726.0	5,979.6	4,609.1	4,815.7
		(B / A)	배	5.5	7.4	9.0	11.8	11.9	13.1	15.1	17.9	14.6	11.7
	비료	북한(A)	만 톤	88.9	80.4	77.5	90.1	73.8	67.6	53.6	43.1	39.2	57.2
		남한(B)	만 톤	375.2	362.7	400.0	411.3	433.9	430.1	429.4	398.3	355.4	369.1
		(B / A)	배	4.2	4.5	5.2	4.6	5.9	6.4	8.0	9.2	9.1	6.5
	화섬	북한(A)	만 톤	5.0	5.4	4.2	5.3	5.8	5.6	5.6	3.7	3.5	2.7
		남한(B)	만 톤	129.3	138.2	147.2	159.6	168.7	186.3	203.0	240.6	243.7	258.5
		(B / A)	배	25.9	25.6	35.0	30.1	29.1	33.3	36.3	65.0	69.6	95.7

구분		남/북한	단위	2000	2001	2002	2003	2004	2005	2006	2007	2008	2009
주요 공산품 생산량	자동차	북한(A)	만 대	0.7	0.6	0.5	0.5	0.5	0.5	0.4	0.5	0.5	0.4
		남한(B)	만 대	311.5	294.6	314.7	317.8	346.9	369.9	384.0	408.6	382.7	351.3
		(B / A)	배	445.0	491.0	629.4	662.1	770.9	822.0	872.8	888.3	765.4	878.3
	강철	북한(A)	만 톤	108.6	106.2	103.8	109.3	106.8	116.8	118.1	122.9	127.9	125.5
		남한(B)	만 톤	4,310.7	4,385.2	4,539.0	4,631.0	4,752.0	4,770.0	4,843.3	5,151.7	5,332.2	4,893.1
		(B / A)	배	39.7	41.3	43.7	42.4	44.5	40.8	41.0	41.9	41.7	39.0
	시멘트	북한(A)	만 톤	460.0	516.0	532.0	554.3	563.2	593.0	615.5	612.9	641.5	612.6
		남한(B)	만 톤	5,125.5	5,204.6	5,551.4	5,919.9	5,433.0	4,720.0	4,920.9	5,218.2	5,165.3	5,012.7
		(B / A)	배	11.1	10.1	10.4	10.7	9.6	8.0	8.0	8.5	8.1	8.2
	비료	북한(A)	만 톤	53.9	54.6	50.3	41.6	43.4	45.0	45.4	40.5	47.9	46.6
		남한(B)	만 톤	373.0	350.0	330.1	331.4	361.4	395.0	318.3	343.3	318.8	255.8
		(B / A)	배	6.9	6.4	6.6	8.0	8.3	8.8	7.0	8.5	6.7	5.5
	화섬	북한(A)	만 톤	2.9	2.7	2.6	2.6	2.5	2.8	2.9	3.0	3.0	3.0
		남한(B)	만 톤	264.6	234.4	230.2	224.1	197.8	165.8	145.7	144.1	133.0	134.6
		(B / A)	배	91.2	86.8	88.5	86.2	79.1	59.2	50.2	48.0	44.3	44.9

ㅁ 『보도·법령 자료』의 「북한 경제」 자료, 한국은행 홈페이지(http://www.bok.or.kr), 2010년 7월 24일 검색.

최근 북한의 산업구조에서 경공업 부문의 비중이 1970년대 수준으로 증가하고 있는 것은, 설비시설 규모가 큰 중화학공업 부문의 정상화가 애로를 보이는 한편, 폐자재 및 내부자재를 활용하는 8·3 인민소비품[20] 생산이 확대되고 '지방경제 활성화 방침'에 따라

지방경제가 상대적으로 활성화되고 있기 때문으로 보인다. 2000년도부터 북한은 눈에 띄게 지방의 축산단지 및 양어장, 닭공장 조성, 중소형 발전소 및 주택 건설, 탄광 확장, 각 도마다 '기초식료기지 조성' 등에 주력하고 있다.

또한 사회간접자본 시설의 여건을 살펴보면, 철도와 도로의 총연장이 2005년 이후부터 제자리걸음 수준에 머물고 있다.

〈표 4-4〉 남북한의 사회간접자본 투자 현황

구분		남/북한	단위	2000	2001	2002	2003	2004	2005	2006	2007	2008	2009
사회간접자본	철도총연장	북한(A)	km	5,214	5,224	5,235	5,235	5,235	5,235	5,235	5,242	5,242	5,242
		남한(B)	km	3,123	3,125	3,129	3,140	3,380	3,378	3,392	3,399	3,381	3,378
		(B / A)	배	0.6	0.6	0.6	0.6	0.6	0.6	0.6	0.6	0.6	0.6
	도로총연장	북한(A)	km	23,633	23,963	24,449	24,879	25,185	25,495	25,544	25,621	25,802	25,854
		남한(B)	km	88,775	91,396	96,037	97,252	100,278	102,293	102,061	103,019	104,236	104,983
		(B / A)	배	3.8	3.8	3.9	3.9	4.0	4.0	4.0	4.0	4.0	4.1
	항만하역능력	북한(A)	만 톤	3,550	3,550	3,550	3,550	3,690	3,700	3,700	3,700	3,700	3,700
		남한(B)	만 톤	43,044	46,959	48,651	51,009	53,278	54,458	69,213	67,287	75,862	80,053
		(B / A)	배	12.1	13.2	13.7	14.4	14.4	14.7	18.7	18.2	20.5	21.6
	선박보유	북한(A)	만 톤	85	85	81	88	90	90	90	80	86	84
		남한(B)	만 톤	615	659	764	750	884	872	1,180	1,393	1,471	1,392
		(B / A)	배	7.2	7.8	9.4	8.6	9.9	9.7	13.1	17.4	17.1	16.6
구분		**남/북한**	**단위**	**1990**	**1991**	**1992**	**1993**	**1994**	**1995**	**1996**	**1997**	**1998**	**1999**
사회간접자본	철도총연장	북한(A)	km	5,045	5,059	5,096	5,112	5,112	5,112	5,112	5,214	5,214	5,214
		남한(B)	km	3,091	3,091	3,092	3,098	3,101	3,101	3,120	3,118	3,125	3,119
		(B / A)	배	0.6	0.6	0.6	0.6	0.6	0.6	0.6	0.6	0.6	0.6
	도로총연장	북한(A)	km	23,000	23,000	23,219	23,219	23,219	23,339	23,369	23,377	23,407	23,479
		남한(B)	km	56,715	58,088	58,847	61,301	73,833	74,237	82,342	84,968	86,990	87,534
		(B / A)	배	2.5	2.5	2.5	2.6	3.2	3.2	3.5	3.6	3.7	3.7
	항만하역능력	북한(A)	만 톤	3,490	3,490	3,501	3,501	3,501	3,501	3,501	3,501	3,501	3,501
		남한(B)	만 톤	22,432	24,837	25,766	26,894	27,620	28,520	29,526	35,735	41,625	41,756
		(B / A)	배	6.4	7.1	7.4	7.7	7.9	8.1	8.4	10.2	11.9	11.9
	선박보유	북한(A)	만 톤	54	60	85	88	89	90	92	95	72	79
		남한(B)	만 톤	721	727	691	638	650	633	699	676	524	608
		(B / A)	배	13.2	12.1	8.1	7.3	7.3	7.0	7.6	7.1	7.3	7.7

ㅁ 『보도·법령 자료』의 「북한 경제」 자료, 한국은행 홈페이지(http://www.bok.or.kr), 2010년 7월 24일 검색.

20) 참고로, 북한에서는 주민들이 가장 필요로 하고 많이 사용하는 생활필수품을 '10대 인민소비품'이라고 부르고 있는데, 이는 간장·된장·소금·식용유 등 식료품과 세탁비누·치약·칫솔 등 위생용품 및 신발·내의·담배 등 공업용품을 말한다. 주민들이 인민소비품을 구입하는 절차는 세대당 지급된 식료품·공업품 구매카드를 지참하고 매월 인민반별로 지정된 일자에 동·리에 있는 식료품·공업품 상점에서 배급량 한도 내에서 구매할 수 있는데, 아껴서 사용하더라도 부족한 실정이다. 10대 인민소비품의 배급 기준은 계층별로 다르고 실제 공급량 또한 직장과 지역별로 상이하나 일반 주민에 대한 배급량은 따로 정해져 있다.

3) 유통구조

북한에서는 과거 국영 상점을 통한 유통망 이외에 나머지는 공식적으로 금지시켜 왔으나, 이제는 장마당 시장이 주요한 유통 구조로 자리 잡고 있다.[21] 장마당은 본래 농민시장에서 유래된 것으로서, 농민시장은 1950년 「북한의 농민시장에 관한 규정」에 의하여 허용되었는데, 대도시나 군 지역에서 협동농장이 쉬는 매달 1일과 11일, 21일에 농민들이 농장에서 생산한 채소나 참깨, 가내부업으로 키운 돼지나 닭고기 등의 잉여 농축산물을 거래하는 10일장 형식이었다.

그렇지만, 앞에서도 잠시 언급한 바와 같이, 이 농민시장은 북한의 경제사정에 따라 규제와 허용이 반복되었다.[22] 초기에 북한 당국은 이 장마당에서 개인이 경작한 채소나 가내수공업을 통해 만든 수공품을 매매할 수 있도록 하였으나 쌀과 같은 곡물거래는 금지하였다. 즉, 과거에는 이 장마당에서 식량이나 생필품을 거래하면 처벌을 했지만, 식량난으로 인해 1993년부터는 이것도 허용되었으며, 일일장으로 상설화되었다. 이처럼 장마당은 본래 특정 지역을 지정해 그곳에서만 장사를 하도록 했으나, 최근에는 지방은 물론 평양 등 대도시에도 사람들의 왕래가 잦은 곳이면 보따리 장사꾼들이 모여 좌판을 벌여 장마당을 형성하기도 하였다. 장이 서는 시간도 과거에는 주로 오전 10시부터 오후 6시까지였으나, 지금은 밤 9시 이후에도 장이 계속 열리기도 한다.

이 장마당에 나오는 매물에는 여러 가지 유형이 있다. 텃밭에서 가꾼 채소 등 잉여 농산물은 말할 필요가 없고, 주민들이 식량을 구하기 위해 집에서 들고 나온 이불이나 그릇 등도 있다. 중앙도매소 출하원과 출하도매소 물품 인수자가 짜고 빼돌린 물품, 간부들

---

21) 국제정보연구원 편, 『북한정보총람』(국제정보연구원, 1999). 통일부가 지난 1999년 1월 탈북자와 방북자 등 5백 명에 대한 면담조사를 토대로 발표한 바에 의하면, 북한의 장마당은 300 ~ 350개 정도에 이르며, 주민들은 대부분 주곡의 60%, 생필품의 70% 정도를 농민시장에서 구입하는 것으로 알려졌다. 북한 장마당에서 거래되는 식량과 생필품 등의 가격은 판매자와 구매자간 의 흥정에 의해 결정되며 북한 당국은 이에 직접 개입하지 않는다고 한다. 이 장마당에서 전문적으로 장사를 하는 사람들은 뇌물을 주고 여행허가증을 산 보따리 장사꾼들이 대부분이다. 노동을 할 수 없는 사람, 퇴직자, 가정주부들이 보따리장사의 주축을 이루지만, 이 중에는 뇌물을 주고 노동불능자로 판정받은 자와 휴가·출장 등으로 다른 지역을 오갈 수 있는 사람, 직장에 다니면서 짬을 내 장사를 하는 사람, 노인들은 물론 당 간부까지 끼여 있다고 한다. 장마당에서 보따리 장사를 하는 사람들의 수가 인구의 3 ~ 4%인 약 80만 명 정도로 추산되고 있는데, 장사를 하지 않으면 먹고 살 길이 없어 장마당을 통해 장사하는 사람들이 급증하고 있다.

22) 평양시의 경우도 2000년대 중반에 40여 개의 상설시장이 존재하였으나, 당국의 조치가 일관성을 보여주지 못하고 있다.

이 이를 눈감아주는 대가로 뇌물로 받은 물품, 군대나 돌격대 등에서 빼낸 식량이나 의료품 등이 장마당의 보따리장수들을 통해 판매되고 있다.

경제난이 심화됨에 따라 전문직종인 과학자, 의사, 기술자까지도 생계 유지를 위해 개인 돈벌이에 여념이 없다. 이들 과학자나 기술자들은 직장에서 물품 원료를 빼내거나 시장에서 구입한 다음 자신들이 보유한 기술로 생활용품을 만들어 장마당에 내다 팔기도 한다. 북한의 장마당에는 이들이 만든 생활용품들과 의약품 등도 나돌아, 돈만 있으면 구하지 못할 물건이 없다. 이제 장마당은 식량과 의류 물자 등이 유통되면서 주민들의 생존을 위한 유일한 방편으로 되어 있다.

최근에는 북한 전 주민들이 소비하는 쌀과 옥수수 등의 식량의 60%, 생필품의 80%가 장마당에서 거래되고 있다. 또 떡과 엿, 사탕은 물론 거래금지 품목인 술과 담배가 공공연히 매매되고, 금이나 골동품, 일본의 유명 브랜드 제품, 중국 등에서 들여온 전자제품도 이곳에서 거래된다고 한다. 물론, 이곳에서 거래되는 가격은 대부분 국정 가격보다 훨씬 비싼 값에 거래되고 있다.

Q. 북한 주민들의 계층별 경제적 삶의 모습은 어떠한가?

A. 고난의 행군 시기 이후 북한의 경제가 어느 정도 회복되면서 북한 주민들의 경제적 삶의 모습이 다양해지고 있다. 과거에 성분 토대를 기준으로 계층 구분하던 것과 달리 경제난이 가중된 이후 경제적인 수익으로 새롭게 구분되기도 한다. 상류층에 분류되는 사람들은 중국에 친인척이 있는 사람들로서 중국과의 무역 등 개방이 본격화되면서 국가적 규모의 거래를 할 수 있게 된 사람들이다. 그리고 각종 기업소의 무역일꾼, 외교관, 지역사회의 수매상점의 책임자들도 이 부류에 속한다고 한다. 중류층으로 분류될 수 있는 사람들로는 시장에 매대를 가지고 주로 의류품과 같은 공업제품이나 과일 등을 판매하여 수익을 올리는 사람들이다. '달리기조'와 같이 시와 도를 오가며 대규모 상행위를 하는 사람들도 이 부류에 포함된다. 또한 일명 강도식당이라고 불리는 식당을 크게 열어 영업을 하는 사람들도 여기에 포함된다. 그리고 공안부서(안전원이나 보위부)에 근무하는 사람들도 포함된다. 당원들 가운데는 도당 간부의 지도원과 같은 사람들 가운데 일부의 청렴한 사람들을 제외하고, 국가적으로 인정되지 않지만 그들의 부인들이 상행위를 하여 수익을 거둔 사람들이나

뇌물을 받아서 챙겨 부를 축적한 사람들도 이 부류에 속한다. 사실 노동자나 농민들은 밑천을 구하기 쉽지 않다. 이 가운데 상업에 성공한 일부의 사람들은 중국으로부터 중고 텔레비전이나 냉장고와 같은 가전제품을 들여와 장사를 해서 수익을 올린 뒤 1,000만 원대의 아파트를 구입한 사람들도 있다고 한다. 반면 하류층의 사람들은 장사 밑천이 별로 없기에 떡이나 국수와 같은 음식을 만들어 시장에서 파는데, 이마저도 장사가 잘 되지 않으면 소규모의 밑천을 날린 뒤 꽃제비로 전락하는 경우도 있다고 한다.

그런데 상업에 성공한 사람들의 공통점이 있다면 이들의 상행위가 그 규모가 클수록 당료나 관료들과의 든든한 인적인 네트워크를 소유하고 있거나 그들에게 뇌물 등 뒷거래를 통해 이루어지고 있다는 것이다.

북한 주민들의 장사 행위도 계층 부류에 따라 다양하게 나타나고 있다. 상류층의 사람들은 자본과 지위를 이용하여 무역상으로 변신한 뒤 큰 부를 취하고 있다. 중국으로 드나드는 동방호(중국 화물차)의 숫자에 따라 이들의 이윤이 책정되기도 한다. 한편, 북한에서는 신조어로 '달리기조'와 '햇빛조'라는 말이 있다. 달리기조는 도매상을 빗대어 부르는 말인데, 이들은 시와 도를 오가며 대규모 상거래를 한다. 햇빛조는 시장 등에서 소매업에 종사하는 사람들을 일컫는다. 그런데 햇빛조는 상대적으로 소규모의 이익을 바라보며 상행위를 하지만 달리기조보다 안정적이라는 말도 있다.

중류층 이상의 북한 주민들은 쌀밥을 먹고 살지만, 하류층의 사람들은 대부분 장마당에서 장사를 하면서 옥수수 가루로 죽을 쑤어 먹고 연명한다. 주민들의 인식도 많이 변화되어 초기에는 동정을 사기도 하였지만 점차 이들에 대해 국가의 배급이 중단된 것은 똑같은 상황인데 자신의 나태함이 원인이라는 시각으로 냉담해지고 있다고 한다.

한편, 북한의 유통구조 가운데 백화점에 대한 현황을 잠시 소개해 보자. 물론 백화점은 일부의 상류층 사람들이 이용하는 것임은 두말할 필요 없을 것이다. 북한의 백화점은 평양시에 평양 제1백화점, 낙원백화점, 광복백화점 등 11개가 있고, 개성, 남포, 신의주, 청진, 원산, 혜산 등 지방의 큰 도시에는 1~3개씩 있다. 백화점들은 보통 오전 10시부터 오후 6시까지 8시간 영업을 하고 지역별로 일주일에 하루는 영업을 하지 않는데, 평양시 대성 구역에 있는 대성백화점은 늦은 시간에 백화점을 찾는 사람들을 위해 별도로 야간 매장을 설치하여 오후 10시까지 운영하고 있다. 평양시에 있는 백화점들은 백화점마다 영업 방식이 다른데 대부분의 백화점에서는 국산과 수입 상품을 함께 판매하고 있지만 낙원백화점은 외제 수입 상품만 팔면서 판매대금을 외화로 받고 있다. 또한 광복백화점의 경우 평양시 인민위원회에서 1년에 한두 번 발급하는 상품구매권을 가지고 있는 주민들에게 유통기간이 지난 중국산 상품이나 수출 상품 중 불량품을 원가보다 조금 싼 가격에 판매하고 있다. 북한에서 가장 규모가 큰 백화점은 평양 제1백화점으로, 연건평 4만m^2의 10층 건물에 300여 종의 상품을 구비하고 있는데, 1~2층은 화장품, 가전제품, 사무용품, 학용품 등을 팔고, 3~4층은 의류, 내의, 신발 등 일용잡화를 취급하며, 5층은 미술품, 가구, 악기 등을 판매하고 있으며, 8~9층에는 식당과 청량음료실 등이 있다. 한편, 북한의 백화점들도 김일성 생일(4·15)과 김정일 생일(2·16) 등 특별한 경우에는 바겐세일을 실시하는데, 할인율은 대략 20% 정도인 것으로 알려져 있다.

4) 북한의 화폐

북한은 2009년 11월 30일 전격적으로 화폐개혁을 단행하였다. 1982년에 이어 17년 만에 시행된 것으로서 11월 30일부터 12월 6일까지 구 화폐와 신 화폐를 100 : 1의 비율로 교환한다는 것이 주 내용이었다. 단, 은행(저금소)에 저축한 돈은 10 : 1의 비율로 교환해 준다고 발표하였다. 이는 향후 북한 주민들의 저축을 장려하고 국가가 이를 경제 건설에 필요한 자금으로 동원하려는 의도로 파악되고 있다. 물론 이 기간까지 화폐를 교환하지 않으면 바꾸지 못한 돈과 불법적으로 다른 나라에 나가 있는 돈은 일체 무효가 된다고 밝혔다. 처음에는 구 화폐와 신 화폐의 교환 비율을 100 : 1로, 상한 금액을 10만 원까지로 한정하였으나 주민들의 반대가 심해지자 교환상한액을 15만 원, 저축금은 30만 원까지로 늘렸다. 그러다 10만 원까지는 100 : 1, 그 이상의 금액은 1000 : 1의 비율로 교환해준다고 최종 발표하였다.

이번 북한의 화폐개혁은 명목상 물가안정을 통한 사회주의 계획경제 체제의 유지를 위한 것이지만, 그 실상은 7·1 경제관리 개선 조치 이후 개인 상거래를 통해 거대한 부를 축적한 신흥 부유층을 단속하겠다는 의도도 깔려 있다고 하겠다. 100배 절상된 신 화폐의 가치가 향후 극심한 인플레이션으로 인해 폭락하면 결국 신흥 부유층이 쌓아 놓은 부는 순식간에 사라질 수밖에 없다. 이 같은 신흥 부유층의 몰락은 일반 노동자 등 경제적

중하위 계층에 반사적인 심리적 위안을 가져다 줄 수 있다는 계산이 가능해진다. 이를 통해 북한 당국이 경제적 어려움에도 불구하고 인민들의 지지 기반을 강화하는 계기로 삼을 수 있게 되는 것이다. 즉, 시장 경제적 요소가 도입되면서 빈부의 격차가 커지는 상황에서 불법행위나 시장거래를 통해 큰돈을 번 신흥 부유층에 대한 일반 주민들의 시선이 곱지 않은 상황에서 이를 활용한 것이다. 이렇게 되면 국가의 통제 기능이 강화되는 한편, 자연스럽게 시장의 기능은 당분간 축소될 수밖에 없고 국가를 위해 성실히 일하고 노동 보수를 받는 근로자들을 우대하게 되는 효과를 가져올 수 있다는 것이다.

물론 시장에 기대어 온 주민들에게는 이 조치가 국가가 재화의 공급을 책임지겠다는 전제가 충족되어야만 가능한 일이다. 그렇지 못한다면 뛰는 물가를 따라잡기 어렵게 되고 오히려 일반 주민들의 불만을 더욱 확대시키는 정책 실패를 경험해야 한다. 그런데 최근 식량난에 따른 쌀값의 폭등이 만만치 않은 것으로 전해진다. 7·1 경제관리 개선 조치 당시 국가가 지정한 쌀의 국정 가격이 kg당 45원 정도였지만, 2003년도에는 쌀값이 kg당 450원 정도였고, 2008년도에 이미 쌀값이 kg당 2,000원 수준이었다. 화폐개혁 직전의 쌀값은 kg당 2,200원으로 2002년에 비해 49배까지 뛰었던 것으로 알려져 있다.

이번 화폐개혁을 통해 노동자들의 평균 월급여로 신권 화폐 기준으로 약 4,000원을 지급하고 쌀 가격을 7·1 경제관리 개선 조치 이전 수준으로 되돌리면 노동자 한 사람 월급으로 대략 90kg의 쌀을 살 수 있어야 한다는 계산이 나오는데, 최근 북한에서 나온 사람의 이야기를 들어보면, 6개월여 지난 2010년 6월을 기준으로 쌀값이 kg당 450원 안팎에 거래되고 있다고 한다. 비록 명목 가치이기는 하지만, 갑자기 풍부해진 노동자들의 구매력과 만성적인 재화 공급의 부족이 서로 맞물리면 북한 시장의 물가는 결국 크게 인상될 수밖에 없는 효과가 나타난다는 점을 잘 보여주고 있다.

Q. 북한 주민(노동자)의 월평균 소득은 얼마인가?

A. 실리사회주의를 채택한 북한에서 주민들의 월 소득 격차가 크게 벌어지고 있으며, 당국이 공식적인 통계자료를 제시하지 않아 정확하게 일반 주민의 월평균 소득의 규모를 제시하기는 어렵다. 최근의 화폐 개혁 이후, 대략 남한 돈으로 계산할 때 58만 원 정도인 것으로 파악된다.

화폐개혁과 함께 새로 발행된 북한의 지폐는 5원, 10원, 50원, 100원, 200원, 500원, 1000원, 2000원, 5000원권 등 9종이다. 참고로, 2002년 7월 1일의 경제관리 개선 조치가 시행되기 전까지 북한에서는 조선중앙은행이 발행하는 지폐 6종과 주화 5종의 일반 화폐를 사용해 왔다.

Q. 북한의 은행 거래는 어떠한가?

A. 현재 북한에서 은행과의 주거래는 공장이나 기업소의 출납 부기원, 통계원들이 3년을 주기로 하여 직책을 맡아 은행 거래를 한다. 노임을 은행에 맡기는 경우가 대부분이다. 일부 무역회사와 같은 경우는 은행에서 대출 업무도 담당한다.
한편, 북한에서는 일반 주민들이 자발적으로 은행에 돈을 맡기는 경우가 거의 없다. 강제 저금이란 것이 있어서 월급에서 매월 얼마씩 공제하는데, 문제는 이것을 포함하여 저축한 돈을 필요한 때에 찾을 수가 없기 때문이다. 국가 경제 건설에 사용되기 때문에 기다려 달라는 대답이 전부이기 때문이다. 거기에다가 자신이 번 돈을 저금한다면 강도에게 돈을 쥐어 주며 잠깐 봐달라고 하는 식의 인식도 주민들 사이에 팽배해 있다. 이러다 보니, 대부분의 사람들은 '개인 금고'를 집의 장롱이나 가구 밑에 숨겨 놓고 든든한 자물쇠를 잠그고 은밀하게 모으고 있다.

한편, 환율에 있어서도 비현실적으로 높게 평가되어 온 북한의 화폐가치가 크게 평가절하 되었다. 북한은 기존에 고정환율제를 통해 달러당 130원(2009년) 내외를 공식 환율로 고시해왔으나, 7·1 경제관리 개선 조치를 통해 북한원 대 달러의 환율은 외국인을 대상으로 하는 경우 공식적으로 150원, 내부거래에서 적용되는 환율은 230원 정도로 100배가량 인상시켰다. 그러나 실제 암시장에서는 여전히 이보다 높은 가격에 거래되고 있다.

Q. 북한 돈과 남한 돈의 가치를 비교해 본다면?

A. 최근에 개최된 최고인민회의에서 공식적으로 북한의 환율을 달러당 130원 안팎에서 결정하고 있다. 그렇다면 달러를 기준으로 하여 남북한 간의 환율은 대략 남한 돈 1천 원이 북한 돈 1만 3천 원에 해당되지만 북한은 물건 값이 남한에 비해 상대적으로 싸기 때문에 남한의 돈보다 훨씬 더 유용하게 사용할 수 있다. 가령, 남한에서 쌀 20kg이 5만 원 정도인데, 북한에서는 2만 원 정도이다.

5) 북한의 재정 규모

북한 재정의 중요한 기능은 계획경제 운영에 대한 자원 배분 기능, 경제주체들에 대한 통제 기능, 소득 재분배 기능으로 요약할 수 있다. 북한의 재정은 자본주의 국가들보다 총 GNI에서 차지하는 비중이 월등히 높다. 사회주의 국가의 경우, 국가가 개별 기업의 자본형성 및 투자 외에 운영자금까지 부담하고 의료, 교육, 주택 등 '사회적 소비'[23]를 전적으로 책임지고 있기 때문이다. 그러나 북한의 경우는 다른 사회주의 국가들에 비해서도 이 비중이 매우 높은 것으로 알려져 있다.[24]

북한은 매년 4월에 개최되는 최고인민회의에서 '재정보고'라는 형식으로 내각의 재정상이 전년도 및 당해 연도의 국가 예산규모를 발표해 오고 있다. 그러나 경제난이 심각해지면서 1994년 제9기 최고인민회의 제7차 회의에서 1994년도 예산규모를 발표한 이래 5년간 재정 상황을 발표하지 않다가, 1999년 4월 8일 제10기 최고인민회의 제2차 회의에서 다시 재정 규모를 공개하기 시작하였다. 북한의 발표에 따르면, 1998년 북한의 재정 규모는 91억 달러였고 1999년도에는 92.2억 달러로서 재정 규모가 191.9억 달러였던 1994년도 이래 1997년도까지 연평균 21.9%씩 감소한 것으로 나타났다. 즉, 경제위기로 인해 1998년도 재정 규모는 1994년도에 비해 52.6%나 감소한 것으로 나타나고 있다. 이는 경제난에 따라 국가재정 활동이 축소되었음을 반영한 것인데, 이러한 재정 규모 축소는 곧바로 자본투자 위축으로 연결되어 마이너스 경제 성장을 가져오는 한 요인이 되기도 하였다.

2001년도 북한의 재정 규모는 97.6억 달러로서 전년도 결산 규모보다 약 2.0% 높게 편성되었다. 북한의 이러한 재정 규모는 남한의 약 1/8 규모였지만 남북한 대비 GNI 비율 1/27에 비해 보면 상당히 높은 수준이었다. 예컨대 남한의 경우 2000년도에 그 비율은 17.2%이었지만, 북한의 경우는 57.1%로 나타났다.

이와 같은 북한 재정 현황을 보면, 과거 균형재정을 운영해왔던 것과 달리, 1999년도부터 연속 적자재정을 운용하고 있는 특징을 볼 수 있다. 그리고 경제 회복을 위한 이른바 5대 선차 부문, 즉 전력, 농업, 석탄, 금속, 철도·운송 부문과 과학 기술 부문 등에 대한 예산 편성이 계속 증가 추세에 있는 특징도 보게 된다.

---

23) 북한은 이를 자신들의 예산 지출 항목에서 '사회적 시책비'로 부르고 있다.
24) 대외경제정책연구원,『2002 북한 경제 백서』(서울: 대외경제정책연구원, 2002), p. 232.

한편, 최근의 북한 재정 규모를 살펴보면 다음과 같다. 북한의 2008년 결산 자료를 보면, 수입 4,588억 북한원(35.3억 달러)[25),]지출 4,511억 북한원(34.7억 달러)[26)]으로 나타나고 있다. 수입은 계획 대비 101.6% 수행(2007년 대비 5.7% 증가), 지출은 계획 대비 99.9%가 집행되었고, 국방비로 지출총액의 15.8%인 713억 북한원(5.5억 달러)이 지출된 것으로 나타나고 있다. 또한 북한의 2009년 예산 규모를 살펴보면, 총 4,826억 북한원(34.2억 달러)으로 수입은 2008년 대비 5.2% 증가하였고, 지출은 2008년 대비 7.0% 증가하였으며, 국방비로 지출 총액의 15.8%인 763억 북한원(5.4억 달러) 규모로 나타났다.[27)]

〈표 4-5〉 남북한의 예산 규모 추이

구분	남 / 북한	단위	1990	1991	1992	1993	1994	1995	1996	1997	1998	1999
예산 규모	북한(A)	억 달러	166	172	185	187	192	N.A	N.A	91	91	92
	남한(B)	억 달러	388	426	427	464	535	668	727	673	523	677
	(B / A)	배	2.3	2.5	2.3	2.5	2.8	N.A	N.A	7.4	5.7	7.4
구분	남/북한	단위	2000	2001	2002	2003	2004	2005	2006	2007	2008	2009
예산 규모	북한(A)	억 달러	96	98	N.A	N.A	25	29	30	32.2	34.7	36.6
	남한(B)	억 달러	774	768	876	991	1,050	1,320	1,538	1,684	1,628	1,595
	(B / A)	배	8.1	7.8	N.A	N.A	41.8	45.5	51.8	52.3	46.9	43.6

ㅁ 『보도·법령 자료』의 「북한 경제」 자료, 한국은행 홈페이지(http://www.bok.or.kr), 2010년 7월 24일 검색.

6) 북한의 대외무역

(1) 북한의 대외무역 현황

북한의 무역 규모는 1960년 3.1억 달러, 1970년 7.4억 달러, 1980년 34.5억 달러, 1988년 52.4억 달러로 1980년대 말까지 꾸준히 증가하는 추세를 보였다.[28)] 그러나 1990년대 들어와 구소련을 비롯한 사회주의 국가와의 교역이 중단되거나 급락하면서 1998년에 14.4억 달러까지 내려갔다가, 1999년부터 회복 조짐을 보여 2000년 19.7억 달러로 증가하였고

25) 환율은 2008년에 130북한원 / 달러, 2009년에 141북한원 / 달러를 적용한 것이다(조선무역은행 고시 기준).
26) 재정흑자는 77억 북한원(0.6억 달러)이다.
27) 『북한 동향』, '최고인민회의 제12기 제1차 및 제2차 회의 개최 결과', 통일부 홈페이지(http://www.unikorea.go.kr), 2010년 7월 24일 검색. 참고.
28) 통일부 통일교육원, 『북한 이해』(2009), p. 140.

이 추세는 2001년에도 지속되었다.[29] 대한무역투자진흥공사(KOTRA)에 따르면, 상업베이스만으로 볼 때 북한의 대외교역은 수출이 6억 달러 수준, 수입은 15억 달러 수준으로 적자 폭이 2000년 5.9억 달러에서 9억 달러로 크게 증가한 것으로 나타났다.

이렇게 북한의 대외무역이 1999년 소폭 증가에서 2000년부터 대폭 증가하는 추세를 보이는 것은, ① 금강산 관광 등 남북 경협 사업에서 벌어들인 외화가 수입 결제에 투입되었고, ② 북한에 대한 국제사회의 원조가 계속되었으며, ③ 기계류 등 산업인프라 정비를 위한 설비투자 수요가 증가한 데 기인한 것으로 파악되었다. 이는 북한 내부의 산업생산력이 회복되어 외화 가득률이 높아져서가 아니라, 해외 부문으로부터의 무상원조 및 지원성 경제협력의 역할 그리고 이에 기초한 공장설비의 수입 증대 등이 복합적으로 북한의 무역 증대를 초래한 것으로 풀이된다. 실제로 북한의 대외무역 증가를 주도한 것은 수출이 아닌 수입임을 보게 된다. 즉, 대외무역이 증가하기 시작한 1999년 전년 대비 수출 증가율은 -7.9%이고 2000년도의 경우 그것은 8.0%이지만, 수입 증가율은 각각 9.3%, 46.5%로 나타나고 있기 때문이다. 대외무역이 대폭 증가하고 있는 2001년 상반기에도 이 경향은 변함이 없었는데, 수입의 증가율이 전년 동기 대비 117.7%(12.6억 달러)이지만 수출은 반대로 -7.5%(2.4억 달러) 증가세를 보였다. 2001년 상반기 북한의 수입액이 이렇게 대폭 증가한 데는 사실상 일본의 WFP를 통한 쌀 지원(5억 3,485만 달러)이 한 몫을 한 것으로 나타나고 있다. 즉, 2001년 상반기 북한의 일본으로부터의 수입이 전년 동기에 비해 215.7%나 증가하고 대일본 수출은 10.2%가 감소한 가운데, 대일본 수입도 쌀 지원액을 제외하면 오히려 전년 동기보다 34.1%가 감소한 것으로 나타나고 있는 것이다.[30]

최근 북한의 대외무역 규모를 살펴보면, 중국과의 교역 증가로 2008년에는 전년보다 크게 늘어난 38억 2000만 달러를 기록하기도 하였다. 수출은 11억 3000만 달러로 전년 대비 22.8% 증가했으며 수입은 26억 9,000만 달러로 전년보다 33.2% 늘었다. 이에

---

29) 1990년대 들어와 북한의 대외무역 감소를 처음 주도한 것은 구소련과의 교역 감소에서 비롯되었다. 1990년 25.7억 달러로 전체 북한 교역 규모의 절반 이상을 차지하고 있던 구소련과의 교역은, 양국 간 교역이 경화결제로 전환되고 무역협정이 폐기된 1991년도에는 전년 대비 약 1/5 수준에 불과한 4.6억 달러로 줄어들었고, 이후 계속 감소추세를 보여 2000년 4천여 만 달러 수준까지 떨어졌다. 구소련은 원유, 코크스 등 에너지, 기초원자재의 주된 공급원이었을 뿐만 아니라, 북한과의 장·단기 경제협정을 통하여 북한 경제와 밀접한 관련을 맺고 있었기 때문에 양국 간 교역의 부진은 단순한 무역 감소 이상의 충격을 북한 경제에 미쳤다.

30) 「2001년 북한의 대외무역현황과 특징」, 대한무역진흥공사 홈페이지(http://www.kotra.or.kr).

남한과의 격차는 2007년 248배에서 224배로 축소되었다. 남북한 교역 규모 역시 전년보다 1.2% 증가한 18억 2,000단 달러를 기록하였다. 원부자재 등이 개성공단으로 반출되었지만 민간과 정부의 대북 지원 규모가 크게 줄어 남한의 대북 반출은 전년 대비 14.0% 감소했다. 북한에서 반입한 물량은 위탁 가공 품목과 개성공단 생산품을 중심으로 전년 대비 21.8% 증가했다. 그러나 2009년에는 남북한 관계의 악화로 인해 무역 총액 규모도 34억 1천만 달러로 2008년어 비해 큰 폭으로 줄어들었다. 수출입 모두 감소세를 나타내고 있다.

〈표 4-6〉 남북한의 대외 무역 현황

구분		남/북한	단위	1990	1991	1992	1993	1994	1995	1996	1997	1998	1999
대외경제	무역총액	북한(A)	억 달러	41.7	25.8	25.6	26.5	21.0	20.5	19.8	21.8	14.4	14.8
		남한(B)	억 달러	1,343.6	1,533.9	1,584.1	1,660.4	1,983.6	2,601.8	2,800.5	2,807.8	2,255.9	2,634.4
		(B / A)	배	32.3	59.5	61.9	62.7	94.5	126.9	141.4	128.8	156.7	178.0
	수출	북한(A)	억 달러	17.3	9.4	9.3	9.9	8.6	7.4	7.3	9.1	5.6	5.1
		남한(B)	억 달러	650.2	718.7	766.3	822.4	960.1	1,250.6	1,297.2	1,361.6	1,323.1	1,436.9
		(B / A)	배	37.6	76.5	82.4	83.1	111.6	169.0	177.7	149.6	236.3	281.7
	수입	북한(A)	억 달러	24.4	16.4	16.2	16.6	12.4	13.1	12.5	12.7	8.8	9.6
		남한(B)	억 달러	698.4	815.2	817.8	838.0	1,023.5	1,351.2	1,503.4	1,446.2	932.8	1,197.5
		(B / A)	배	28.6	49.7	50.5	50.5	82.5	103.1	120.3	113.9	106.0	124.7
	대미환율	북한(A)	원 / 달러	2.14	2.15	2.13	2.15	2.16	2.05	2.14	2.16	2.20	2.17
		남한(B)	원 / 달러	707.97	733.60	780.84	802.73	803.62	771.04	804.78	951.11	1,398.88	1,189.48
구분		남/북한	단위	2000	2001	2002	2003	2004	2005	2006	2007	2008	2009
대외경제	무역총액	북한(A)	억 달러	19.7	22.7	22.6	23.9	28.6	30.0	30.0	29.4	38.2	34.1
		남한(B)	억 달러	3,327.5	2,915.4	3,146.0	3,726.4	4,783.1	5,456.6	6,348.5	7,283.3	8,572.8	6,866.2
		(B / A)	배	168.9	128.4	139.2	155.9	167.2	181.9	211.9	247.7	224.4	201.4
	수출	북한(A)	억 달러	5.6	6.5	7.4	7.8	10.2	10.0	9.5	9.2	11.3	10.6
		남한(B)	억 달러	1,722.7	1,504.4	1,624.7	1,938.2	2,538.4	2,844.2	3,254.6	3,714.9	4,220.1	3,635.3
		(B / A)	배	307.6	231.4	219.6	248.5	248.9	284.4	343.8	403.8	373.5	343.0
	수입	북한(A)	억 달러	14.1	16.2	15.2	16.1	18.4	20.0	20.5	20.2	26.9	23.5
		남한(B)	억 달러	1,604.8	1,411.0	1,521.3	1,788.3	2,244.6	2,612.4	3,093.8	3,568.5	4,352.7	3,230.8
		(B / A)	배	113.8	87.1	100.1	111.1	122.0	130.6	151.0	176.7	161.8	137.5
	대미환율	북한(A)	원 / 달러	2.19	2.21	2.21(1~6) 153(7~12)	145.00	139.00	140.00	141.00	135.0	130.0	134.2
		남한(B)	원 / 달러	1,130.61	1,290.83	1,251.24	1,191.89	1,144.67	1,024.31	955.51	929.20	1,102.59	1,276.4

ㅁ 『보도·법령 자료』의 「북한 경제」자료, 한국은행 홈페이지(http://www.bok.or.kr), 2010년 7월 24일 검색.

(2) 주요 국가별 무역 규모

2007년 10월 현재 북한의 주요 상대국의 무역 현황을 살펴보면 다음과 같다. 북한의 추가 핵실험(2006년 10월)에 따른 국제사회의 대북 제재 이후 북·태, 북·러, 북·일 간 무역이 급격히 감소하고 그 대신 대중국 무역은 증가하였다. 대북 경제 제재 조치가 계속되는 경우 북한 경제의 대중국 의존 경향은 더욱 심화될 전망이다. 좀 더 자세히 살펴보면 다음과 같다.

북한과 중국의 교역은 1990년대 초반에도 증가 추세를 나타냈다. 1993년의 경우 북한의 대중국 교역은 9억 달러로 전년 대비 28.6%가 증가하였다. 또한 중국은 당시 북한 원유 도입량의 77.2%, 곡물 도입량의 68%를 공급하고 있어서 구소련과의 교역 감소에 따른 충격을 어느 정도 완화시켜 준 것으로 나타나고 있다. 그러나 북한 측 교역 물자의 부족과 중국 측의 경화 결제 요구 등으로 인해 1994년도부터 대중국 교역 역시 감소하기 시작하여 1999년도에는 3.7억 달러까지 하락하다가 2000년에는 북한의 경제 회복 조짐에 따라 전년도에 비해 31.9% 증가한 4억 8천여만 달러로 나타나고 있다. 중국은 구소련과의 무역 관계가 급락한 이후부터 최근에 이르기까지 북한의 제1의 교역 상대국으로서 북한이 도입하는 식량, 원유 등의 주요 공급원이 되고 있을 뿐만 아니라, 경제 회복에 필요한 기계설비 등의 주요 수입처로 되고 있고 그 교역량이 꾸준한 증가 추세에 있다.

이후 북한과 중국 간의 2003 ~ 2007년 5년간의 무역 규모는 총 76억 달러 수준으로 매년 꾸준한 증가세를 보인 것으로 나타났다. 중국의 대북 수출이 51억 달러, 북한의 대중 수출이 25억 달러로 북한이 5년간 26억 달러의 적자를 본 것으로 파악되었다. 연도별로 보면 양국 무역 규모는 2005년에 15억 8,100만 달러에서 2006년에는 16억 9,960만 달러로 7.5% 증가했다. 한편, 2008년 북한과 중국의 무역 총액은 27억 8,000만 달러로, 2007년 19억 7,000만 달러에 비해 41.2% 급증한 것으로 나타났다.

한편, 2008년 양국 수교 60주년과 양국 교류의 해를 맞아 양국 간 무역은 더욱 활발하였던 것으로 풀이된다. 그런데 북한의 대중 수출은 7억 5,000만 달러로 전년 대비 29.7% 증가했지만 대중 수입액은 20억 3,000만 달러로 2007년에 비해 46%나 급증하여, 북한의 대중 적자는 12억 8,000만 달러로 사상 최고치를 기록했다. 북한의 적자 규모는 2004년에는 2억 1,000만 달러에 불과했으나 2005년 5억 8,000만 달러, 2006년 7억 6,000만 달러,

2007년 8억 1,000만 달러 등 매년 증가하고 있다. 북한이 중국에 수출한 품목 중 광물자원의 비중이 54.7%로 과반수를 차지했고 중국으로부터 수입한 품목은 전기기기 등 기계류가 다수를 차지했다. 북한의 대중 무역 규모와 적자 폭이 한꺼번에 커진 것은 각종 원자재 값이 상승한 데다 중국을 제외한 나머지 주변국들로부터 고립 현상이 심화되고 있기 때문으로 분석된다.[31)]

최근 중국의 『해관 통계』에 따르면, 2009년 5월 북·중간 무역 총액은 1억 9,170만 달러인 것으로 알려졌다. 이 같은 통계는 전년 동기 2억 510만 달러 대비 6.5% 감소한 것이라고 밝히고 있다. 이 가운데 대중국 수출액은 6,360만 달러(전년 대비 2.9% 감소)였으며 대중국 수입액은 1억 2,820만 달러(전년 대비 8.2% 감소)였다. 그리고 무역수지는 전년 동기 7,410만 달러의 적자 대비 12.8% 감소한 6,460만 달러 적자를 나타내고 있다.

2009년 5월 북·중 간 무역은 규모·구조의 측면에서 전년 동월 및 2009년 4월과 큰 변화를 보이지 않고 있다고 밝혔다. 2008년 5월과 비교하면 무역 규모가 소폭(7%) 감소하고, 무역 적자액이 다소 완화(13%)된 점이 특징이다. 2009년 4월과 비교하면 무역 규모(3% 감소)·적자(1% 증가)의 소폭 증감이 관측되지만, 미미한 수준이다. 수출입의 측면에서는 전년 동월과 비교하여 북한의 광물자원 및 철강재 수출이 증가하였고 식량 관련 품목의 수입이 증가하였다. 무연탄(160% 증가)·아연(2,370% 증가) 등의 광물자원과 선철(370% 증가)·철강제품 등의 (570% 증가) 수출액이 급증하였으며, 종자용 콩(3,017% 증가)·건어류(161% 증가) 등 식량 관련 품목의 수입도 증대한 것으로 나타나고 있다.

한편, 북한의 대외 교역 규모(남한 제외)로 볼 때, 남한을 제외하고 2위에 랭크되는 태국과의 무역 규모는 다음과 같다. 2008년 상반기 북한과 태국 사이의 무역 총액은 5,300만 달러를 기록하여 전년 동기 대비 45.4% 감소(태국 관세청 통계)한 것으로 나타났다. 이는 기계류 수출이 전년 동기 대비 85.2% 감소하여 대태국 수출 감소를 주도한 것으로 종이류·광학기기 수출은 각각 전년 동기 대비 64.7%, 82.1% 감소하였다.[32)] 고무류 수입이 전년 동기 대비 75.4% 감소하여 대태국 수입 감소를 역시 주도한 것으로 조사되었다. 알루미늄류·철강 수입은 각각 전년 동기 대비 98.8%, 100.0% 감소하였다.[33)]

31) 『연합뉴스』, 2009년 1월 19일자, 2월 23일자 기사.
32) 대태국 수출 규모 : 기계류 8만 달러, 종이류 80만 달러, 광학기기 20만 달러임.

2. 북한의 경제난과 그 해결 과제

북한의 경제난은 공급경제가 급격하게 위축됨에 따른 식량난, 에너지난, 원자재난, 외화난 등의 형태로 표출되고 있으며 이들은 하나의 악순환 고리를 형성하고 있는데, 그 구체적 내용들을 보면 다음과 같다.

1) 식량난

1990년대 이후 북한의 식량 생산량은 매년 350만 톤~400만 톤 내외로서, 수요량에 비해 공급 부족량이 평균 150만 톤~200만 톤 사이를 오가고 있다. 소위 '고난의 행군' 시기인 1995년~1998년 동안 가장 낮은 생산량을 보이다가[34] 점차 회복 추세를 보이고 있다. 그러나 최근에도 북한의 식량부족 문제는 여전히 진행형인데, 2008년 이명박 정부 출범부터 대북 정책이 수정된 데다 북한 핵실험 등 남북한 관계의 경색 국면 속에서 대북 쌀 지원이나 비료지원마저 중단되어 심각한 식량난이 가중된 것으로 보인다. 이를 반영하듯 최근의 한 발표에 의하면, 2010년 북한의 식량 부족분이 50만 톤에서 100만 톤 사이가 될 것이라는 예측도 있다.[35] 그동안 북한의 식량난 문제는 국제무대의 장으로까지 확대되어 국제 원조가 이루어지기도 하였다. 이런 정황을 미루어보건대, 향후 북한 체제의 안정 확보에 있어서 최우선 과제 가운데 하나는 안정적인 식량 확보에 있다고 할 수 있다.

그런데 1970년대 중반경부터 도입되었던, 이른바 북한의 '주체농법'[36]은 한 마디로 과학기술적 차원의 농법이라기보다는 식량 증산을 최대 목적으로 하는 식량 위주 및 토지집약적 농사체계로, 과다 비료 투입, 단작 체계, 밀식 재배 등으로 인해 토지 지력의 고갈 및 생산성 저하의 문제점을 가져오게 되었다. 이로써 '북한식 농정'의 실패, 사회주의적 집단영농 생산방식의 비효율성 등의 누적으로 이미 1980년대 중반경부터 진행되고 있었

---

33) 대태국 수입 규모 : 고무류 520만 달러, 알루미늄류 20만 달러임.

34) 농촌진흥청의 북한 곡물 생산 추정 통계에 따르면 북한의 곡물 생산량은 1992년 426만 톤 규모에 이르렀으나 매년 감소되어 큰 홍수가 있었던 1995년과 1996년에는 각각 345만 톤과 369만 톤 생산에 그쳤다.

35) 현인택 통일부 장관이 국회 외교통상통일위원회 전체회의에 출석하여 2009년부터 북한에 냉해 등으로 인해 북한의 식량 작황이 좋지 않다며 이같이 밝혔다(『YTN』, 2010년 6월 24일자 기사 참조).

36) 북한에 따르면, 주체농법이란 "우리나라의 기후풍토와 농작물의 생물학적 특성에 맞게 농사를 과학 기술적으로 짓는 과학농법이며 현대과학 기술에 기초하여 농업 생산을 고도로 집약화하는 집약농법입니다."(『김일성저작선집』, 제8권, p. 419)라고 규정된다.

다. 1980년대에 북한은 식량 생산량이 평균 415만 톤 정도에 불과하여 이미 평균 200여만 톤 정도의 부족을 겪고 있었다. 이에 1인당 배급량을 700g에서 456g으로 줄이고 부족 식량의 대부분을 구소련과 중국의 지원으로 충당하고 있었기 때문에 '식량문제'가 전면으로 부각되지는 않았다. 그렇지만 1990년대 들어와서는 경제난이 본격화됨에 따라 식량 문제가 계속 구조적으로 진행되었고 국가의 식량배급 체계도 흔들리게 되었다. 1990년대 들어와 사회주의 국가들의 체제 전환과 함께 이들 나라로부터의 경제 지원 단절, 농업 관련 물자와 기술 협력의 중단, 비료 등 농업원자재 생산의 감소 등으로 식량 생산이 급감하게 되었는데,[37] 1989년도에 비하여 1990년의 감소율이 쌀의 경우 32.5%, 옥수수의 경우 27.3%, 전체 26.8%일 정도였다. 이러한 상황에서 1993년 이후 연이은 자연재해마저 겪게 되어 결국 외부 지원을 받지 않으면 안 되는 상황으로 내몰리게 된 것이다.

이처럼 북한에서 식량 문제가 구조적으로 진행되자 국제사회는 1995년부터 본격적으로 북한에 식량을 지원하기 시작하였는데, 이로 인해 북한의 절대 식량 부족량은 점차 해소되어 400만 톤까지 접근해 갔다.

북한은 1996년까지만 해도 하루 300~350g의 곡물이 배급되었지만, 1997년에 이르러서는 하루 100~150g으로 줄었다고 한다. 이 때문에 이미 잘 알려진 바와 같이, 많은 사람들이 아사하였거나 영양실조 등으로 고생을 겪은 것으로 알려져 있다.

북한에서는 2005년도에 농업 부문을 사회주의 건설의 '주공전선'으로 선정하고 농업 부문에 대한 예산 지출을 전년 대비 32.2% 증액하는 등 식량 증산에 역점을 두어 454만 톤의 식량을 생산하기도 하였다. 이에 북한 당국은 2005년 10월 1일부터 평양 등 일부 지역에 대한 배급제 정상화를 시도하였으나 절대적인 식량 공급량의 부족으로 얼마가지 못하여 중단하고 말았다. 식량난의 일시적인 해소 조짐은 북한 스스로 해결하는 상황이 아니라 외부의 지원에 힘입은 것으로서 북한의 식량 문제는 계속 구조적인 문제로 남게 되었다.

2006년과 2007년에는 풍수해를 입어 2007년에 401만 톤 규모로 다시 생산량이 감소하였다. 이 때문에 북한은 2008년에 국제 곡물가 상승, 중국의 대북 곡물 수출 통제, 북한 당국의 장마당을 통한 식량거래 통제 정책의 시행까지 겹쳐, 일반 주민들은 심각한 식량난

37) 이와 관련하여, 통일부 통일교육원, 『북한 이해』(2009), p. 143 참조.

을 경험하게 되었다. 이처럼 북한의 식량 생산량의 규모는 연평균 400 ~ 450만 톤에 그침으로서 만성적인 식량난으로부터 자유롭지 못하고 있다.

한편, 그동안 식량 문제를 해결하기 위한 북한 당국의 노력이 몇 가지 형태로 진행되기도 하였다. 1996년부터 농업관리방식의 일부 개선책으로 도입되었던 '분조관리제'를 개선하여 협동농장의 20명 단위 분조를 7명 단위로 축소하고, 할당 생산량을 축소하여 잉여 농산물을 개인적으로 장마당에 판매할 수 있도록 허용하였을 뿐만 아니라, 1997년부터는 시범적으로 일부 협동농장에서 독립채산제를 도입하거나 협동농장 지배인을 농민들에 의해 선출하도록 하였다. 그리고 유엔개발계획(UNDP)이 세운 '북한농업재건계획' 하에 약 10여 만 정보가 넘는 경작지에서 이모작을 실시하거나(농촌경제연구원에 따르면, 북한의 이모작 면적은 1997 ~ 1998년 3만 8천 정보, 1998 ~ 1999년 7만 정보, 1999 ~ 2000년 10만 정보로 꾸준히 증가하는 추세에 있다고 한다.) '옥수수사이그루재배법'을 도입하여 그간의 식량 위주 단작 체계를 수정하고 있기도 하다. 특히 1999년도부터는 '적기적작' 및 '적지적작'을 강조하며 그동안 금과옥조처럼 오직 식량 위주의 작물 체계로 경작해 왔던 주체농법에 대한 개선도 시도하였을 뿐만 아니라, '감자농사 혁명'을 강조하여 옥수수 경작으로 인해 지력이 고갈된 밭 작물 대체 작업도 벌였다. 국제연합식량농업기구(FAO), 세계식량기구(WFP)에 따르면, 북한의 감자 경작 규모는 1998년 4만 8천 정보 1999년 17만 정보, 2000년 약 20만 정보, 2001년도는 40만 정보까지 늘릴 추세라고 하였다. 그렇게 되면 북한 전체 경작지의 약 1/6이 감자 경작지로 전환될 것으로 전망된다. 그리고 식량 문제 해결의 전도를 감자 생산에서 찾고, 2000년도에 농업성 산하에는 '감자생산국'을, 도 농촌경리위원회에는 '감자생산처'를 신설하고 감자 생산의 특화를 위해 각 군마다 1개 협동농장 1개 분조를 '감자분조'로 선정하였다. 또한 강원도(1998.10. ~ 1999.4. : 3만 정보), 평안북도(1999.10. ~ 2000.5 : 5만 5천 정보), 황해남도(2000.10. ~ 2002.2. : 10만 정보) 순서로 대대적으로 토지정리사업도 벌였다.

한편, 2002년 7·1 경제관리 개선 조치와 함께 협동농장에 대해 작목선택권, 초과생산물에 대한 자율처분권, 분조 단위의 자율구성권, 협동농장 지배인 선출권, 농업 노동력의 자율 배치권, 계절별 영농 활동 등 협동농장 경영 활동에 관한 권한을 일정 부분 이양하는 자율화 및 분권화 정책을 추진하기도 하였다. 이에 2004년에는 일부 지역에 노동 단위가

3~4명 수준에서 가족 영농이 가능한 '포전담당제'라는 제도 도입과 함께 협동농장의 일부 경작지를 기관·기업소에 나누어 주어 분배받게 하는 '6개월 농사제'를 실험적으로 도입하기도 하였지만, 실패로 돌아가 2006년 이후 폐지하였다. 그 밖에도 대대적인 토지정리 사업과 함께 주체농법에 기초한 식량 작물 위주의 단작 체계 및 밀식 재배도 수정하여 이모작 농사, 감자농사혁명, 콩 농사, 소식 재배, 다수확 품종 위주의 경작 등도 강조하였다. 또한 '기간공업과 농업에서의 3개년 연속계획'(2006~2008년)도 수립하여 여타 산업 부문에 비해 상대적으로 높은 예산 배분을 하기도 하였다.[38]

그렇지만 이러한 조치들은 사회주의적 집단영농 방식을 그대로 유지한 채 기술적·노력적 차원에서만 내려지는 개선 조치로서 근본적인 식량난 해결에 한계를 보여주고 있으며, 당분간 북한의 식량 문제는 지속될 것을 전망되고 있다. 이처럼 북한의 식량난은 집단농장식 생산체제로 인한 동기부여 제도의 결여와 이로 인한 농민들의 생산의욕 저하 등으로 노동 생산성과 토지 생산성이 극히 낮고, 단작과 집약 영농, 비료 과다 시비 등으로 인한 토양의 산성화 등에 기인하고 있다. 또한, 김일성 주체농업의 고수(예를 들어, 밀식재배와 다락 밭 건설)와 전체 국토의 80% 이상이 산지인 점, 위도와 해발 고도가 남한에 비해 상대적으로 높을 뿐만 아니라, 최근의 빈번한 냉해 및 홍수, 우박 피해, 일조량 부족, 조상현상(165~180일의 짧은 무상 일수) 등 자연 조건도 식량난 해결에 어려움을 주고 있다. 무엇보다도 남한을 포함한 각국의 대북한 식량 지원 중단이 장기화된다면 식량 수급에 심각한 영향을 줄 수밖에 없을 것이고, 중국에 대한 의존도만 키우는 상황이 계속될 수밖에 없다.

2) 에너지난

그동안 북한은 주탄종유(석탄에 크게 의존하고 원유를 보조적으로 사용하는 것)의 에너지 정책을 채택해 왔다. 자립적 민족경제 건설 노선에 의거하여 최대한 자체적으로 생산 가능한 에너지원을 이용하고자 하였던 것이다. 북한에서는 도입된 원유를 불요불급한 산업 부문, 수송용 그리고 일부 석탄화력발전소에서 착화용으로만 사용해 왔다. 그런데 북한의 에너지 공급량은 1990년대 들어오면서 큰 폭의 감소를 보였다. 그런데 북한의 공업구조는

38) 통일부 통일교육원, 『북한 이해』(2009), pp. 144-145.

에너지 다소비형인 중화학공업 중심으로 구성되어 있기 때문에 에너지 공급의 급격한 감소는 산업생산력을 떨어뜨리는 데 결정적 역할을 할 수밖에 없었다. 이에 따라 산업가동률이 30%의 수준까지 크게 떨어지고 말았다.

〈표 4-7〉 남북한의 에너지 산업 현황

구분		남/북한	단위	1990	1991	1992	1993	1994	1995	1996	1997	1998	1999
에너지산업	석탄 생산량	북한(A)	만 톤	3,315	3,110	2,920	2,710	2,540	2,370	2,100	2,060	1,860	2,120
		남한(B)	만 톤	1,722	1,506	1,197	944	744	572	495	451	436	420
		(B/A)	배	0.5	0.5	0.4	0.3	0.3	0.2	0.2	0.2	0.2	0.2
	발전 용량	북한(A)	만kW	714	714	714	714	724	724	739	739	739	739
		남한(B)	만kW	2,102	2,111	2,412	2,765	2,875	3,218	3,572	4,104	4,341	4,698
		(B/A)	배	2.9	3.0	3.4	3.9	4.0	4.4	4.8	5.6	5.9	6.4
	발전량	북한(A)	억kWh	277	263	247	221	231	230	213	193	170	186
		남한(B)	억kWh	1,077	1,186	1,310	1,444	1,650	1,847	2,055	2,244	2,153	2,393
		(B/A)	배	3.9	4.5	5.3	6.5	7.1	8.0	9.6	11.6	12.7	12.9
	원유 도입량	북한(A)	만 배럴	1,847	1,385	1,114	997	667	806	686	371	369	233
		남한(B)	만 배럴	30,837	39,930	50,938	56,056	57,371	62,495	72,193	87,342	81,909	87,409
		(B/A)	배	16.7	28.8	45.7	56.2	86.0	77.5	105.2	235.4	222.0	375.1
구분		남/북한	단위	2000	2001	2002	2003	2004	2005	2006	2007	2008	2009
에너지산업	석탄 생산량	북한(A)	만 톤	2,250	2,310	2,190	2,230	2,280	2,405	2,468	2,410	2,506	2,550
		남한(B)	만 톤	415	382	332	330	319	283	280	291	248	248
		(B/A)	배	0.2	0.2	0.2	0.1	0.1	0.1	0.1	0.1	0.1	0.1
	발전 용량	북한(A)	만kW	755	775	777	777	777	777	782	705	750	693
		남한(B)	만kW	4,845	5,086	5,380	5,605	5,996	6,226	6,551	6,827	7,249	7,347
		(B/A)	배	6.4	6.6	6.9	7.2	7.7	8.0	8.4	9.7	9.7	10.6
	발전량	북한(A)	억kWh	194	202	190	196	206	216	225	237	255	235
		남한(B)	억kWh	2,664	2,852	3,065	3,224	3,421	3,646	3,812	4,031	4,224	4,333
		(B/A)	배	13.7	14.1	16.1	16.4	16.6	16.9	16.9	17.0	16.6	18.4
	원유 도입량	북한(A)	만 배럴	285	424	438	421	390	383	384	383	388	381
		남한(B)	만 배럴	89,394	85,937	79,099	80,481	82,579	84,320	88,843	87,348	86,487	83,516
		(B/A)	배	313.7	202.7	180.6	191.2	211.7	219.9	231.4	228.1	222.9	219.2

□『보도·법령 자료』의 「북한 경제」 자료, 한국은행 홈페이지(http://www.bok.or.kr), 2010년 7월 24일 검색.

이와 같은 북한의 에너지 부족은 일차적으로 석탄 생산량의 지속적인 감소에 주요 원인이 있다. 즉, 북한의 에너지 공급 구조가 일반적으로 석탄 70%, 전력 16%, 유류 10%, 기타 4%로서 석탄에 대한 의존율이 아주 높았기 때문이다. 실제로, 북한은 자립경제 노선에 따라 풍부한 석탄 매장량을 기반으로 한 석탄 중심의 에너지 공업체계를 발전시켜 왔다. 그러나 북한 경제가 침체되면서 채탄 장비의 노후화, 탄광의 심부화, 신규 설비의 미도입, 자재의 공급 애로 등으로 이미 1980년대 중반 이후부터 석탄 생산량의 감소 조짐을 보이고 있었다. 즉, 1990년대 3,135만 톤으로 이미 감소하고 있었으며, 이러한 상황에서 사회주의 경제권이 붕괴하자 석탄 생산량은 더욱 하락하여 2000년에는 2,250만 톤으로서 1990년 대비 32.1%나 격감하였다. 최근 2009년의 경우도 석탄 생산량은 2,550만 톤 규모로 답보상태에 놓여 있다.

한편, 북한의 원유 도입의 급격한 감소도 에너지 부족 상황을 더욱 악화시켰다. 북한의 원유 도입량은 1990년에 1,847만 배럴이었으나 구소련으로부터 도입이 대폭 감소·중단됨으로써 2000년에는 285만 배럴에 그쳐 무려 84.5%나 하락하였다. 최근 북한의 주요 원유 도입선은 전적으로 중국에 기대고 있는 상황인데, 원유 도입량은 2008년 388만 배럴로서 이는 1990년에 비해 무려 79%나 감소한 것이다. 결국 이러한 상황이 북한의 에너지 산업과 함께 북한 경제 전반에 어떤 영향을 미쳤을지 충분히 가늠할 수 있다.

석탄 생산량과 원유 도입량의 감소는 전력 생산에도 심각한 영향을 미칠 수밖에 없었다. 곧바로 북한의 전력난으로 이어졌고 산업 부문을 포함하여 일반 주민들의 가정에 대한 전력 공급 체계가 심각하게 손상을 입게 되었다. 정전이 잦게 되고 전력에 의존하는 교통수단마저도 영향을 받을 수밖에 없는 악순환이 몰려올 수밖에 없었다.

전력 생산량도 1990년 이후 지속적으로 감소하고 있다. 주요 원인은 북한의 전력 생산구조가 수력 대 화력의 비율이 6 : 4로 수력의 비중이 높은 가운데, 화력발전소 대부분이 석탄 화력발전소로 석탄 생산이 지속적으로 감소하여 발전소가 정상적으로 가동을 하지 못한 데 있다. 여기에 저열탄의 대량 사용으로 화력발전소의 효율성도 크게 떨어지고 있는 실정이다. 수력발전소의 경우, 대부분의 시설이 일제 시대나 1950 ~ 1960년대에 구소련과의 경제협력 프로젝트에 의해 건설된 것으로서 발전 효율이 낮고 고장도 잦은 실정이다. 더욱이 최근에는 이상 기후로 댐의 담수율도 낮아 정상적인 전력 생산을 어렵게 하고 있는 상황이 전개되기도 하였다. 2000년의 발전량은 194억kWh로서 1989년에 비해 34%나 감소하였으며, 발전량은 실제 발전 능력의 25%에 불과한 실정이었다. 2008년의 경우에도 1989년에 비하여 19.4%가 감소한 255억kWh의 수준에 그치고 있다.

북한은 1998년 이후 전력난 해소를 최우선 과제로 삼고 있다. 이에 북한 당국은 경제난 극복에 에너지 문제, 특히 석탄 생산과 전력 생산의 증대가 핵심고리임을 인식하고 이를 해결하기 위해 '에너지 문제 해결 3개년 계획'(2003~2005년)을 세우고 노후화된 발전 설비들의 교체 및 개건·보수, 전력 및 석탄생산에의 자본·노동력·수송 등의 집중 배분 정책을 시행하는 한편, 2006년에는 8년 만에 다시 전기석탄공업성을 전기공업성과 석탄공업성으로 분리하기도 하였다. 중소형 발전소 건설과 함께 대규모 수력발전소 건설에도 박차를 가하고, 메탄가스 등 대용연료의 개발, 풍력·태양열·조력 등 대체에너지의 활용 방안도 모색하였다. 특히 2007년 이후부터는 원산청년발전소, 예성강청년1호발전소 등의 조기 조업과 더불어 북창, 동평양 화력발전소 등 핵심 석탄화력발전소들과 일부 탄갱의 기술 개선 및 설비 현대화에도 박차를 가하고 있다. 2008년도에는 6자 회담을 통한 북핵 불능화의 대가 일부를 중유가 아닌 발전설비들로 받아 보일러 등 노후화된 설비들을 일부 개선시켰다. 그 결과 석탄 생산과 전력 생산이 전년도(237억kWh)보다 어느 정도 늘었다. 2009년도의 발전량은 235억kWh 수준에 머물고 있다.

이처럼 북한의 에너지난은 자체적으로 해결하기 어려운 상황에 놓여 있고, 국제사회와의 경제적 협력 속에서나 해결이 가능한 것으로서 북핵 문제가 해결되지 않고 대북 경제제재 조치가 풀리지 않은 상황에서 에너지난은 앞으로도 당분간 해결되기 어려워 보인다.

3) 원자재난

북한 산업시설의 가동률을 크게 떨어뜨리는 요인 중의 하나는 원부자재의 부족이다. 원부자재의 부족은 무엇보다도 에너지 부족으로 인한 공장가동률 저하와도 맞물려 있다. 에너지 공급의 감소로 철강, 시멘트, 화학, 비료 등 에너지 다소비형 중화학공업 분야의 가동률이 크게 떨어지고, 이로 인해 산업생산이 전반적으로 위축된 것이라고 할 수 있다. 물론 북한의 원자재난은 과거 동구권의 사회주의 국가들로부터 들여오던 원자재공급원이 차단되거나 감소되는 등 외부조달원이 축소된 점도 주요한 요인이라고 할 수 있다.

한편, 철광석, 비철금속 등 북한의 주요 광산물 생산량은 2000년대에 들면서 서서히 회복 추세를 나타내고 있다. 철광석 생산의 경우는 중국으로의 수출이라는 점 때문에 채광량이 많이 늘어난 것으로 보인다. 그러나 시멘트를 제외한 철광석, 비철금속, 강철, 비료 등의 생산은 여전히 1991년도 수준을 회복하지 못한 것으로 나타나고 있다. 철광석의 경우 2009년의 생산량은 495.5만 톤인데 1991년의 816.8만 톤에 비해 크게 낮은 수치임을 알 수 있다. 비철금속의 경우 1991년에 22.7만 톤이었던 것이 2009년에는 9.1만 톤 수준이었으며, 강철도 1991년 316.8만 톤이었으나, 2009년에 125.5만 톤이었다. 비료 생산의 경우도 1991년 80.4만 톤에서 2009년에 46.6만 톤에 그치고 있다.

〈표 4-8〉 남북한의 광산물 생산량 현황

구분		남/북한	단위	1990	1991	1992	1993	1994	1995	1996	1997	1998	1999
광산물 생산량	철광석	북한(A)	만 톤	843.0	816.8	574.6	476.3	458.6	422.1	344.0	291.0	289.0	378.6
		남한(B)	만 톤	29.8	22.2	22.2	21.9	19.1	18.4	22.1	29.6	23.8	18.8
		(B/A)	배	0.0	0.0	0.0	0.0	0.0	0.0	0.1	0.1	0.1	0.0
	비철금속	북한(A)	만 톤	24.1	22.7	17.8	16.4	16.0	15.4	11.8	10.8	9.7	11.1
		남한(B)	만 톤	42.9	43.1	43.4	49.5	40.2	34.6	41.7	37.0	27.0	22.7
		(B/A)	배	1.8	1.9	2.4	3.0	2.5	2.2	3.5	3.4	2.8	2.0
구분		남/북한	단위	2000	2001	2002	2003	2004	2005	2006	2007	2008	2009
광산물 생산량	철광석	북한(A)	만 톤	379.3	420.8	407.8	443.3	457.9	491.3	504.1	512.6	531.6	495.5
		남한(B)	만 톤	16.3	2.3	15.7	17.4	22.6	21.3	22.7	29.1	33.3	45.5
		(B/A)	배	0.0	0.0	0.0	0.0	0.0	0.0	0.0	0.1	0.1	0.1
	비철금속	북한(A)	만 톤	9.6	9.2	8.7	9.4	9.8	10.7	8.6	9.2	9.4	9.1
		남한(B)	만 톤	19.7	17.4	14.3	11.5	15.1	15.8	18.0	19.8	23.1	12.7
		(B/A)	배	2.1	1.9	1.6	1.2	1.5	1.5	2.1	2.2	2.5	1.4

ㅁ 『보도·법령 자료』의 「북한 경제」 자료, 한국은행 홈페이지(http://www.bok.or.kr), 2010년 7월 24일 검색.

북한의 원자재난 역시 에너지 문제의 해결과 해외 자본 도입과 같은 획기적인 조처 없이 기존 설비의 정비나 보수에 그치는 '인민경제의 개선·현대화' 정책은 성공하기 어렵다고 하겠다.

4) 외화난

북한이 경제난을 극복하기 위해서는 외화난도 해결해야 할 과제 중의 하나이다. 북한은 1970년대 이래 외채 상환 불능 상태에 처해 있을 뿐만 아니라, 그동안의 자립적 민족경제 건설 노선 정책에 따라 외화가득산업이 많지 않은 상황이어서, 이 또한 해결이 쉽지 않아 보인다.

북한은 자립경제를 달성했다는 자신들의 주장과는 달리, 이미 해방 직후부터 경제 발전을 위해 해외 자본을 활용해 오고 있었다. 즉, 해방 이후 1970년대 중반까지 무상 원조 12.8억 달러, 유상 원조 34.7억 달러 등 총 47.5억 달러의 외자를 들여와 전후 경제 복구, 군사력 증강, 사회주의적 경제 개발 등에 투자했었다. 이 중 전체의 43%에 해당하는 20.4억 달러는 1960년대 이전에 구소련, 중국 등 사회주의국가들로부터 유·무상으로 들여온 것이고 12.4억 달러는 1970년대 초반 서방국가들로부터 들여온 것이었다. 그러나 이 외채 규모는 북한이 1970년대 후반 외채 상환 불능 사태가 발생하면서 누적되어 2000년 현재 그 규모가 124.6억 달러에 이르러 명목 GNI의 74.2%와 수출의 약 22배를 차지하고 있는 상황이었다.[39]

뿐만 아니라, 북한은 1980년 중반 모라토리엄 국가로 포함되어 국제신용도가 최하인 상태이다. 이에 서방 금융기관들은 북한에서 받지 못한 채무를 1994년부터 채권으로 만들어 국제금융시장에서 거래해 왔는데, 이 채권은 2009년 1월 현재 액면가의 1/10도 안 되는 가격에 거래되고 있을 정도로 국제 신용도가 매우 낮은 상태이다.[40] 따라서 북한이 외화난을 극복하기 위해서는 무엇보다 외채 상환 불능 상태부터 해결하지 않으면 안 되는 과제를 안고 있다.

제3절 북한의 대외 경제 개방 정책 과정과 과제

1. 대외 경제 개방의 추진 배경

북한의 경제정책이 자립적 민족 경제 건설 노선에 기반을 둠으로써 대외 경제 교류는 최소한의 필요 수준에 머무를 수밖에 없었다. 북한 당국은 대외무역을 국내 경제 발전을 위한 수단이 아니라, 각 나라가 지니고 있는 자연적·인위적 여건에 의해 불가피하게 발생하는 경제적 현상, 그리고 구소련을 중심으로 한 사회주의 국가들과의 경제 교류를 발전시

39) 통일부 통일교육원, 『북한 이해』(2009), p. 150.
40) 『자유아시아방송(RFA)』, 2009년 1월 31일자.

키는 정도로만 인식해 왔던 것이다.

1950년대 중반 중국과 소련 사이에서 등거리 외교를 통해 필요한 경제 원조를 얻으려는 정책이 중·소 분쟁으로 실효를 거두지 못하고, 중국의 문화대혁명 때문에 중국으로부터의 유상 원조도 중단되면서 북한으로서는 사회주의 국가 일변도의 대외경제 교류 정책을 재고할 수밖에 없었다. 그리고 북한의 경제 규모 확대에 따른 '내포적 공업화(Intensive Industrialization)' 추진을 위해 서방국가와의 대외 경제 관계가 보다 확대[41]되어 나갈 필요성이 제기되었다.

이에 북한은 1970년대 들어오면서부터 서방 선진 국가와의 경제협력 관계를 추진하기 시작하였다. 특히 대외지향적인 경제 개발 전략에 의해 급속한 경제성장을 보이고 있는 남한에 자극받아 대외무역 관계를 다변화할 필요성도 제기되었다.

그런데 북한이 1970년대부터 비사회주의 국가들과 대외경제 관계를 추진하려 했다는 점은 중요한 의미를 지닌다. 그 이유는 자본주의 국가들과의 대외경제 관계란 시장경제 원리에 따른 경제 거래를 할 수밖에 없었기 때문이다. 북한의 대외경제 개방은 이때부터 시작되었다고 할 수 있는데, 다음과 같이 3단계로 전개되어 왔다.

2. 대외 경제 개방 정책의 전개 과정

북한의 대외 경제 개방 정책의 추진은 크게 보아 1970년대의 서방국가로부터의 차관 도입, 1980년대 중반의 합영법 제정과 운영 및 1990년대 초반의 나진 선봉지구의 자유경제특구 지정 등으로 나누어 볼 수 있다.

1) 제1단계 : 서방국가로부터의 차관 도입

북한은 1961년~1967년 사이에 추진된 제1차 7개년 경제계획으로 '사회주의 공업국' 건설이 완료되었다고 판단하고 이를 보다 내포적으로 발전시켜 나가기 위해 1971년부터 시작된 제1차 6개년 경제계획을 의욕적으로 수립하였는데, 중공업과 국방산업 발전, 특히 기술혁명과 산업설비의 근대화를 주요 목표로 삼았다. 북한은 본래 중국과 소련의 원조를

41) 통일부 통일교육원, 『북한 이해』(2009), p. 156.

기대하고 이 계획을 수립하였지만, 의도한 만큼의 원조가 어려워지자 대외경제 관계의 전환을 모색하였던 것이다. 즉, 서방국가로부터 기술 및 대규모 설비 플랜트 등을 차관 형식으로 도입하는 제1차 대외 경제개방을 추진해 나간 것이다. 이로 인해 북한은 1960년대에 비해 1970년대 상반기에는 소련보다 서방 선진국가로부터 압도적인 차관 도입 실적을 보이게 되었으며, 무역 구성비 또한 1971년 공산권 80%, 비공산권 20%에서 1974년 공산권 40%, 비공산권 60%로 각각 역전되어 나타났다.[42]

그러나 1972년 불어 닥친 석유 위기로 북한이 수입하는 원자재 가격은 상승하는 반면 북한의 주요 수출 품목인 비철금속 등 수출 가격은 감소함에 따라 1975년부터 무역 대금을 결제하지 못함으로써 1976년부터 25억 달러 누적 채무 문제와 함께 '채무 불이행'(Default)이라는 상황을 맞게 되었다. 북한의 채무불이행은 1976년 일본에 채무 상환 연기를 요청한 것으로부터 시작되었는데, 이에 일본은 1976년, 1979년, 1983년 세 차례에 걸쳐 약 800억 엔에 이르는 채무 상환을 연기해 주기도 하였다. 제1단계 대외 경제 개방의 실패로 인해 북한은 1980년대 들어오면서 대외 경제 개방 정책의 획기적인 전환을 꾀하게 되었는데, 그것은 합영법의 제정이었다.

2) 2단계 : 합영법의 제정과 합영 사업의 실시

북한이 1970년대 초반부터 대외 무역 차관에 의존하면서 대외 개방적인 협력을 추진하였으나 큰 성과를 보지 못하자, 경제 성장의 둔화를 탈피하고 외국 자본의 직접 유치를 추구하게 되는데, 1984년 9월 최고인민회의 상설회의의 결정으로 합영법을 제정하게 된다. 북한의 기업과 외국인 투자자가 공동으로 투자하고 운영하며 투자 몫에 따라 이윤을 분배하는 방식을 채택하였다. 북한이 이러한 형태의 합영 기업을 허용한 것은 단순한 전 인민적 소유제 및 협동적 소유 하에서 일부 부분적으로나마 자본주의적 형태의 기업도 허용하는 것으로서, 단순히 서방과의 대외 경제 교류 필요성만을 인식하였던 1970년대 대외 경제 개방 정책보다는 크게 혁신된 것이었다.

북한이 이처럼 합영법을 통해 대외 경제 개방 정책을 추진하게 된 배경은 다음과 같다. 즉, 북한이 '차관 도입 정책'에서 '외국인 투자를 적극 유치하는 정책'으로 전환한 것은

42) 통일부 통일교육원, 『북한 이해』(서울: 통일부 통일교육원, 2004), p. 162.

첫째, 차관 도입에 비해 외국인 투자 유치가 외채에 대한 부담을 상대적으로 덜 수 있고, 둘째, 외국인 투자 유치는 기술 도입도 용이하게 하여 외화 획득을 용이하게 한다는 점, 셋째, 중국의 대외 경제 개방 정책이 성공함으로써 외국인 투자 유치 정책의 장점에 주목하게 된 점, 넷째, 합영 사업은 시장경제 요소를 도입하지 않고도 사회주의 계획경제의 통제하에서 관리될 수 있다는 점, 다섯째, 남한의 고속 경제 성장에 따라 1980년대 들어와 무역 규모 및 경제력 면에서 남북한 간의 격차가 벌어진 것도 주요한 요인이었다.

그러나 북한이 당초 의도했던 서방국가로부터의 합영 사업 유치는 사실상 실패로 끝나고 말았다. 북한의 대외신용도 추락과 무역 대금 미결제 문제로 인해 성과를 거두지 못했던 것이다. 유일하게 프랑스와 합영 사업 제1호로 체결되었던 양각도 호텔 건설 사업도 북한 측의 무리한 요구로 중단되고 말았다. 결국 북한은 조총련계 기업들과의 합영 사업에 역점을 두게 되는데, 조총련 기업들과의 합영 사업은 1986년 소위 김일성 주석의 '2·28 교시'에 의해 1992년까지 추진되어 나갔다. 합영법에 의한 조·조 합영 기업 수는 정확하게 파악되지는 않지만 약 100여 개 정도이고 건당 평균 투자액이 약 100만 달러로서 거의 2/3의 기업들이 주로 1차 산업과 경공업, 식당·상점 등 서비스업에 치중하였던 것으로 알려져 있다. 가장 성공적인 것으로 알려져 있던 모란봉 합영회사의 경영자였던 전진식 씨는 이미 1993년 12월 일본 TBS 방송과의 인터뷰에서 정상 가동 중인 합영회사가 20개사 정도밖에 안 된다고 말한 바 있다.[43]

결국 북한이 획기적인 대외 개방 정책으로 선택했던 1980년대 합영법 제정과 합영 사업의 실시는 '조·조 합영'의 형태로 그치면서 실패로 끝났다. 북한의 합영법 실험의 실패는 첫째, 원자재 및 에너지 공급이 불안정하고 사회간접자본 시설이 정비되어 있지 못하는 등 투자 환경이 열악했고, 둘째, 북한 내수시장이 구매력을 갖지 못하는 등 협소하였다는 점, 셋째, 통신과 금융 등 각종 법 제도가 갖추어지지 못한 가운데 북한의 낮은 대외 신용도도 한 몫을 하였다. 넷째, 남한 기업의 투자 제한도 한 요인이었으며, 다섯째, 무엇보다도 경제 관리 체계의 경직성이 외국인 투자의 확대를 어렵게 하는 요인으로 작용하였다.[44]

---

43) 조·조 합영회사들에 대한 구체적인 소개는 신지호, 『북한의 개혁·개방』(서울: 한울아카데미, 2000) 참조.
44) 배한동 외, 『새로운 북한 이해』(대구: 경북대학교출판부, 2003), p. 154-155.

3) 3단계 : 나진·선봉 경제특구의 설립

합영법이 실패하자 북한은 새로운 대안을 모색하여야 했다. 더욱이 1990년대 들어와 사회주의 국가들이 체제를 전환하자 이들 국가들과의 '우호무역'이 사라지고 대외적으로 고립되면서 북한은 정책적 변화를 선택하지 않을 수 없게 되었다. 마이너스 경제성장이라는 경제위기에 부딪히면서 새로운 형태의 외자 유치 정책, 즉 1980년대 합영 사업의 한계를 뛰어넘을 수 있는 대외 경제개방 정책의 필요성을 감지할 수밖에 없게 된 것이다. 이에 북한은 그 대안으로 경제특구 정책을 추진하였다. 그리하여 북한은 1991년 12월 28일 나진·선봉지구에 경제특구를 지정하여 보다 적극적인 경제 개방 정책을 추진하였다. 정무원 결정 74호를 통해 이 지역 621km^{2}을 경제특구로 지정하는 한편, 투자국가의 개방, 합영, 합작, 외국인 단독 기업 허용, 투자한 자본과 재산 및 소득에 대한 법적 보장, 청진항을 자유무역항으로 지정하는 것은 물론, 소득세의 감면 등 각종 특혜 조치를 발표하였다.[45]

그런데 북한이 새로운 대외 경제 개방 정책으로 경제특구를 지정, 시행하려는 것은 이러한 경제 여건의 변화 때문만은 아니었다. 당시 국제사회에서는 1990년 7월부터 냉전체제 이후 동북아지역의 발전을 위한 협력방안의 하나로서, 두만강 유역의 3개국 북한, 중국, 러시아와 관련 국가 간에 '두만강개발계획(UNDP 프로젝트)'이 본격적으로 논의되고 있었으며, 중국과 러시아가 이에 커다란 관심을 표명하고 있었다. 북한 역시 이 계획에 적극 동참할 필요가 있었으며, 이를 토대로 경제 회생의 발판을 만들고자 하였다. 그리고 북한으로서는 경제특구정책의 커다란 성공으로 두 번째 개혁·개방 단계로 진입하려는 중국의 사례에도 주목하지 않을 수 없었다.[46]

나진·선봉 경제특구의 내용은 1단계(1993 ~ 2000년)에 인프라 확충, 국제 중계 수송기지 및 관광기지 육성을 중점 개발 목표로 설정하였고, 여기에 52억 6,656만 달러가 소요될 것으로 추정하였다. 2단계(2001 ~ 2010년)에서는 종합적인 국제 교류의 거점 도시 건설 계획으로 총 17억 2,190만 달러가 소요된다는 계획을 수립하였다.[47]

---

45) 통일부 통일교육원, 『북한 이해』(2004), p. 165.
46) 통일부 통일교육원, 『북한 이해』(2004), p. 165.
47) 이와 관련하여서는, 배한동 외, 앞의 책, pp. 157-158을 참고할 것.

그러나 1994년 김일성 주석 사망 이후 북한 내부의 정치·사회적인 불안정, 기초 인프라의 부족, 남한 기업 참여의 배제 등으로 인해 2000년 12월 말 현재까지 이 지역에 대한 투자는 6억 5,000만 달러의 계약 체결과 1억 2천만 달러의 투자 실적을 보이는 데 그치고 말았다. 그나마도 그 대상이 대부분 호텔, 식당, 운수·상업 등 서비스 부문에 치중되어 있고 화교자본이 거의 2/3 정도, 일본 자본 중에서도 조총련계의 자본이 약 20% 정도로 서방 선진국 자본의 투자는 10%도 안 되는 것이었다.[48] 이는 계획경제 시스템의 근본적인 개혁이 뒷받침되지 못하는 '모기장식 개방 전략'으로 인해 당초 목표했던 성과를 얻기 어려웠다.

나진·선봉 경제특구 정책은 이러한 위축에도 불구하고 북한의 대외 경제 개방 정책에 중요한 전환점이 되었다. 그것은 외국인 직접 투자유치의 필요성을 현실화하여 직접 실험하고 독자적인 시장경제 단위도 허용하였으며, 이를 뒷받침할 수 있는 많은 외국인 투자 관련법들을 제정하였다. 이로써 여타 지역에서의 외국인 투자를 위한 제도적 장치들을 만드는 계기가 되었다는 점이다. 북한은 나진·선봉에 외국인 투자를 적극 유치하기 위해 우선 과거 합영법의 내용을 대폭 개정하고 외국인 투자기업들이 북한에 보다 다양한 형태로 투자활동을 할 수 있도록 외국인투자법, 외국인합작법, 외국인기업법, 외국인투자기업 및 외국인세금법, 외국인투자기업노동규정, 경제무역지대법, 토지임대법, 대외경제계약법 등 외국인 투자 관련법을 60개 가까이 제정·정비하였으며, 법 조항을 수시로 베트남이나 중국 등과 경쟁할 수 있는 수준으로 수정하였다.

북한으로서는 남한과의 경제교류 협력의 상징으로서 금강산 관광 사업, 개성공단 사업 외에도 신의주(2004년 8월 폐지) 등이 새로운 경제특구[49]로 지정되어 활성화된다면 북한의 대외 경제개방 정책은 새로운 단계로 접어들게 될 수도 있을 것이다.

48) 통일부 통일교육원, 『북한 이해』(2004), p. 166.

49) 금강산, 개성, 신의주 특구의 추진을 북한의 대외 경제 개방 4단계로 볼 수 있다. 이 가운데 금강산 관광사업과 개성공단 사업은 다음 절에서 논하기로 한다.

제4절 남북한 경제 교류·협력 현황과 과제

남북한 간의 3대 경제협력 사업인 금강산 관광 사업, 개성공단 사업 및 철도와 도로 연결 사업이 김대중과 노무현 전 대통령 재임 기간 동안 활발하게 추진되다가 이명박 정부가 들어서면서는 이들 사업이 중단되거나 답보상태에 빠져 있다.

1. 남북한 간의 교역 현황

남북한 간의 교역은 초기에 해외중개상을 통한 간접교역 형태로 시작되었으나 1990년대 중반부터 남북한 교역 당사자 간에 직접 계약을 체결하여 거래하는 직접교역 형태로 전환되었다. 특히 김대중 정부 이후 추진된 대북 화해협력 정책은 남북한 간 교역 규모를 증가시키는 데 큰 영향을 미쳤다. 2001년부터 남북한 간의 경제 분야 교류와 협력이 본격화되면서 2009년까지 남북한 간 교역액은 총 101억 6,800여 만 달러로 집계되고 있다. 그러나 최근 남북한 관계의 경색이 본격화된 이래 2009년에는 16억 7,900여만 달러로 오히려 전년 대비 하락하였다.

유형별 남북한 교역액 현황을 보면, 2005년부터 2009년까지 일반 교역 및 위탁가공의 반입을 포함하여 개성공단, 금강산 관광, 경공업 협력 등의 반입이 급신장세를 보여주었다. 유형별 남북한 교역액은 2008년 현재 9억 3,200만 달러의 규모를 나타내고 있다. 2009년에는 전년도 대비 반입은 약간 늘었지만 반출은 6천만 달러 정도 줄어든 것으로 나타나, 경색 국면에 접어든 남북한 관계를 반영하고 있다. 반출의 증가는 개성공단 입주업체 증가에 따른 원부자재 반출 및 생산품 반입의 증가, 위탁가공교역의 활성화 등에 따른 것으로 보인다.

남북한 간 교역에 참여하고 있는 업체의 수는 1991년에 56개사에 불과하였으나, 2000년에는 536개사, 2008년에는 760개사로 꾸준히 증가해 왔다. 개성공단의 경우도 2007년 42개사에서 2008년 193개사로 교역 업체 수가 전년 대비 80%나 증가하는 성장세를 보여주고 있다.

〈표 4-9〉 남북한 간 교역 현황(연도별 남북 교역액 현황)

(단위 : 백만 불)

구분 \ 연도	1989~2000	2001	2002	2003	2004	2005	2006	2007	2008	2009	계
반입	1,618	176	272	289	258	340	520	765	932	934	6,104
반출	909	227	370	435	439	715	830	1,032	888	745	6,626
계	2,527	403	642	724	697	1,055	1,350	1,798	1,820	1,679	12,694

ㅁ 『정책자료』의 「통일부 자료실」(통계자료), 통일부 홈페이지(http://www.unikorea.go.kr), 2010년 9월 24일 검색.

〈표 4-10〉 유형별 남북교역액 현황(최근 5년)

(단위 : 백만 불)

구분	남북 교역 유형 \ 연도	2005	2006	2007	2008	2009
반입	일반 교역·위탁가공	320	441	645	624	499
	경제협력 (개성공단·금강산관광·기타·경공업 협력)	20	77	120	308	435
	비상업적 거래 (정부·민간 지원/사회문화 협력/경수로 사업)	0	1	0	0	0
	합계	340	520	765	932	934
반출	일반 교역·위탁가공	100	116	145	184	167
	경제협력 (개성공단·금강산 관광·기타·경공업 협력)	250	294	520	596	541
	비상업적 거래 (정부·민간 지원/사회문화 협력/경수로 사업)	366	421	367	108	37
	합계	715	830	1,032	888	745

ㅁ 『정책자료』의 「통일부 자료실」(통계자료), 통일부 홈페이지(http://www.unikorea.go.kr), 2010년 9월 24일 검색.

2. 개성공단 사업

개성공단 사업은 황해북도 개성시 일원에 총면적 65.7km^2(2,000만 평)에 공장구역 26km^2(800만 평)에 생활·관광·상업구역 등 40km^2(1,200만 평)이 들어서는 대표적인 남북한 경제협력 사업이다. 남한 측에서는 2004년 10월 개성공단 사업지원단을 구성·운영하였는데, 개발 사업 주요 계획 수립·조정, 입주 기업 지원 대책 등을 시행하고 있다. 북한 측에서는 중앙특구개발지도총국이 개성공업 지구 내 사업을 지도하고 있다. 그리고 종합 행정, 법·제도 정비, 기반시설 관리 및 기업 경영활동 지원 등 개성공업지구의 관리 업무를 총괄하는 기관으로 개성공업지구관리위원회가 구성되어 활동하고 있다.

개성 공단 사업은 2000년 8월 22일 현대아산과 북한 간의 합의로 시작되어 그동안 남북한의 사업자 및 당국자 간 협의를 거쳐 2003년 6월 30일 1단계 330만m²발이 착공되어 2006년 6월 개성공단 1단계 부지 조성 공사가 완료되었으며, 2007년 10월까지 용수시설, 폐수처리시설, 폐기물 매립 시설을 완공한 이후 2007년 12월말 기반시설 준공 및 분양 등 1단계 개발이 완료됨으로써 본격적인 운영에 들어갔다. 이후 2008년 12월에는 제1차 아파트형 공장이 준공되었다.

현재 개성공단에는 한국전력이 10만kW의 전력을 제공하고 있고, 한국통신은 입주 기업의 증가에 따라 2008년 2월에 기존 653회의 통신시설을 700회선으로 증설하여 전화, FAX 서비스를 제공하고 있다. 향후 본 단지에 대한 원활한 통신 공급을 위해 9,917.4m^2 규모의 통신센터를 건립하고 인터넷과 이동전화를 개통하여 국내 환경과 동등한 수준의 통신 공급도 추진할 계획이다.

한편, 2004년 12월에 첫 제품이 생산된 이래 2010년 4월말까지 개성공단의 총 누적 생산액은 8억 9천만 달러를 기록하고 있으며, 이 가운데 15.3%인 1억 3천70만 달러를 수출한 것으로 알려지고 있다. 개성공단의 북측 근로자들의 현황도 2005년에는 7,621명이었으나 2008년에 3만 명을 넘어선 데 이어 2009년에는 4만 명의 시대를 돌파하였다. 2010년 7월말 현재 44,400명인 것으로 파악되고 있고,[50] 입주 기업체는 2010년 9월 13일 현재, 121개 업체가 가동 중이다.

현재 개성공단에서 일하는 북한의 근로자들은 주당 48시간의 법정 근무를 하고 있으며, 월급은 100달러 수준인 것으로 알려져 있다. 그 밖에도 개성공업지구관리위원회 내에는 영유아 보육시설을 지원할 수 있도록 200명 수용 규모로 2008년 11월 제211차 남북교류협력추진협의회의 의결을 거쳐 9억 원의 소요예산을 확보해 놓은 상태이다. 그 밖에 13개 업종 21개의 업체가 통일부의 협력사업차 승인을 받아 편의시설을 운영 중이다. 편의시설 가운데는 음식점이 가장 많고, 호텔, 은행, 편의점, 기념품 판매점, 도소매점, 차량정비소 등이 있다. 이외에도 개성공업지구 내에는 그린닥터스 개성 협력병원에 8명의 상근 요원이

50) 『중앙일보』, 2010년 6월 23일자 기사.

진료를 담당하고 있다.

개성공단 사업은 2008년 3월 29일 북한이 남북한 당국 간 대화를 중단한 이후, 같은 해 7월 금강산 관광객 피격 사건 및 12월 1일 북한의 육로 통행 제한조치 등에도 불구하고 꾸준히 성장세를 보여주고 있다. 최근 통일부가 '천안함 대응 조치'[51]의 후속조치로 2010년 6월 14일 개성공단의 생산·경영 활동을 위한 물품을 포괄적 승인 품목으로 인정하는 공고문을 내면서 신규 투자나 투자 확대에 대해서는 일일이 승인을 받도록 함으로써 개성공단에 입주한 기업들의 불편도 커지고 있는 것으로 알려졌다.

〈표 4-11〉 개성공단 가동 기업 수 및 생산액 현황

(단위 : 개, 만 달러)

연도 구분	2005	2006	2007	2008	2009	2010
가동기업 수	18	30	65	93	117	121
생산액	1,491	7,373	18,478	25,142	25,647	18,613

ㅁ가동 기업 수는 2010년 8월 말 기준이며, 생산액은 2010년 7월 말 기준임.
ㅁ『정책자료』의 「통일부 자료실」(통계자료), 통일부 홈페이지(http://www.unikorea.go.kr), 2010년 9월 24일 검색.

〈표 4-12〉 개성공단 근로자 현황

(단위 : 명)

연도 구분	2005	2006	2007	2008	2009
북측 근로자	7,621	11,189	22,538	38,931	42,561
남측 근로자	490	791	785	1,055	935
합계	8,111	11,980	23,323	39,986	43,496

ㅁ통일부 홈페이지(http ://www.unikorea.go.kr).

3. 남북한 간의 운송 현황

한편, 남북한 간 운송체계 현황을 살펴보면 다음과 같다. 먼저, 2005년 12월말 경의선 구간(문산-개성, 27.3km)과 동해선 구간(제진-금강산, 25.5km)의 남북한 간 철도 연결 사업이 완공되었고, 2007년 4월 남북경제협력추진위원회 제13차 회의의 합의를 통해

51) 정부는 2010년 3월 26일 서해상에서 침몰한 천안함 사건을 북한군의 소행으로 보고 2010년 5월 24일에 개성공단을 제외한 남북한 교역 중단, 유엔 안보리 회부, 대북 심리전 재개 등의 대북 강경 조치를 취하였다.

2007년 5월 17일 남북한 열차 시험 운영이 실시되었다. 아울러 2007년 10월 남북정상회담과 남북총리회담 합의를 통해 2007년 12월 11일부터 경의선 도라산역과 북한의 판문역 간에 남북 화물열차가 정기적으로 운행하게 되었다. 화물열차는 토요일과 일요일을 제외하고 주 5회 정기적으로 오전 9시에 도라산역을 출발하고, 오후 2시에 북한 판문역을 출발하여 되돌아오는 방식으로 운행되었다. 당초 12량의 차량을 편성하여 운행할 예정이었으나, 2008년 2월 1일부터는 남북한 간 합의에 따라 화물이 있을 경우에는 화물이 있는 화차만, 화물이 없을 경우에는 기관차와 차장차만 운영하였다. 그러나 2008년 12월 1일 육로 통행 제한 조치에 따라 2008년 11월 28일 이후 운행이 중단되었다. 화물열차는 2007년 12월 11일부터 2008년 11월 28일까지 총 222회를 운행하였다. 이 중 남한에서 북한으로 반출된 컨테이너는 24량 235톤이고 북한에서 남한으로 반입된 컨테이너는 7량 75톤이며 주로 개성공단 관련 반출입 물자를 수송하는 데 그쳤다.

그리고 2005년 8월에 발효된 '남북해운합의서'와 '남북해운합의서의 이행과 준수를 위한 부속합의서'에 근거하여 남한의 인천, 군산, 여수, 부산, 울산, 포항, 속초 등 7개항과 북한의 남포, 해주, 고성, 원산, 흥남, 청진, 나진 등 7개 항 간에 해상항로가 개설되어 남북한의 국적선이 운항되었다. 2005년 8월 15일을 계기로 북한 선박의 제주해협 통과가 허용되었으나 2010년 천안함 사건 이후 남한 당국의 조치에 의거하여 차단되었다.

남북해운합의서 발효 이후 2008년 12월까지 북한 선박은 남한 측의 해역을 총 947회 운항하였으며, 이 중 북한에서 남한으로의 운항은 514회, 남한 측 해역을 통과하여 북한에서 북한으로의 운항은 433회였다.

한편, 남북한 간 항공 운송량은 2000년 남북정상회담을 계기로 서울과 평양 간 서해를 우회하는 직항로가 개설된 이후 남북 관계 상황에 따라 증가와 감소를 반복하였다. 남북한 간 항공기 운항 횟수는 2000년에 43회를 기록한 이래, 2001년에 19회, 2002년에 67회, 2003년에 112회였다가 2004년에는 28회, 2005년에 208회, 2006년에 88회, 2007년에 153회를 기록했다. 2008년에는 남북한 당국 간 회담이 중단되고 민간단체의 교류 행사가 감소함에 따라 편도 기준 남북한 항공기 운항 횟수도 총 64회로 전년 대비 71.9% 감소하였다.

4. 남북한 간 관광 협력 사업 추진 현황

3대 남북한 경제협력 사업 중에 하나인 금강산 관광 사업은 지난 1989년 11월 18일에 처음으로 해상을 통해 시작된 이후 2003년 육로를 통한 관광 사업으로 전기를 맞게 되었다. 2008년 3월 17일에는 승용차를 이용한 금강산 관광이 가능해지는 등의 조치가 이어짐으로써 관광객 수도 획기적으로 증가되었다. 그러나 그해 7월 금강산 관광객 피격 사건이 발생하여 7월 12일 중단될 때까지 총 193만여 명이 금강산 관광을 다녀온 것으로 집계되고 있다.

금강산을 제외하고 개성 및 평양 관광 사업도 추진되었다. 2005년 8월 현대아산과 조선아시아태평양평화위원회는 개성 시범관광에 합의하고 같은 해 8월과 9월 3차례에 걸쳐 시범관광도 실시하였다. 2007년 11월 3일 현대아산과 조선아시아태평양평화위원회 간 '남북관광협력에 관한 합의서'를 체결하면서 2007년 12월 5일부터 개성 관광을 시작하였다. 2008년 10월 15일에는 개성 관광객이 10만 명을 넘어섰으며 같은 해 11월 29일 개성 관광이 중단될 때까지 11만 549명의 관광객이 개성을 방문하였다. 한편 평양 시내 관광도 2,299명이 다녀온 것으로 집계되었다.

〈표 4-13〉 금강산 관광객 현황

(단위 : 명)

연도	1998 ~1999	2000	2001	2002	2003	2004	2005	2006	2007	2008	2009	계
해로	158,628	213,009	57,879	84,727	39,902	449	–	–	–	–	–	552,998
육로	–	–	–	–	34,432	267,971	298,247	234,446	345,006	199,966	–	1,381,664
합계	158,628	213,009	57,879	84,727	74,334	268,420	298,243	234,446	345,006	199,966	–	1,934,662

ㅁ『정책자료』의 「통일부 자료실」(통계자료), 통일부 홈페이지(http://www.unikorea.go.kr), 2010년 9월 24일 검색.

〈표 4-14〉 평양 및 개성 관광객 현황

(단위 : 명)

연도	2003	2004	2005	2006	2007	2008	2009	계
개성 관광	–	–	1,484(3회)	–	7,427	103,122	–	112,033
평양 관광	1,019(9회)	–	1,280(9회)	–	–	–	–	2,299

ㅁ『정책자료』의 「통일부 자료실」(통계자료), 통일부 홈페이지(http://www.unikorea.go.kr), 2010년 9월 24일 검색.

5. 북한의 지하자원과 남북한의 공동 개발 과제

주지하다시피, 현재 남한은 선진 국가 그룹 중에서 자원이 가장 빈약한 나라에 해당한다. 남한의 광산물 자급도는 2007년 기준으로 10% 정도에 머물고 있다. 특히 금속광물의 자급도는 1%에 지나지 않는다. 남한은 이에 따라 매년 총 수입액의 5%에 해당하는 광물원료를 해외에서 수입해 오고 있다.

그러면 북한은 어떠한가. 남한과 정반대로 세계적인 자원 잠재 부국으로서 국토의 80%에 걸쳐 200여 종의 유용한 광물자원이 분포되어 있으며, 대한광업진흥공사의 추정에 따르면, 북한의 광물자원 가치는 3,719조 원으로 남한의 18배에 달한다.

북한의 주요 지하자원의 현황을 정리해 보면 다음과 같다.[52] 마그네슘의 원료가 되는 마그네사이트 매장량은 40억 톤으로 세계 1위이다. 마그네슘의 무게는 철의 25%에 불과하고, 가공성이 철보다 훨씬 뛰어나 자동차, 가전제품, 선박 등 고급 철강제품 생산에 필수적인 재료이다. 워낙 경제적 가치가 커 '백금'으로 불리기도 한다. 현재 세계 선박 건조량 1위를 고수하고 있는 남한에는 선박 건조에 필수적인 이 마그네사이트가 전혀 매장돼 있지 않아 전량 외국에서 수입하고 있다. 철광석 매장량은 50억 톤으로, 인도의 철광석 매장량(100억 톤)의 절반에 해당하는 상당한 수준이다. 그 밖에도 금, 무연탄, 아연, 석회석, 갈탄 등의 매장량도 세계 10위 안에 드는 것으로 광업진흥공사 쪽은 평가하고 있다. 원자력 발전 연료인 우라늄 매장량은 약 400만 톤으로 추정된다. 이는 현재 우라늄 매장량 세계 1위인 호주의 130만 톤보다 훨씬 많은 양이다. 참고로 우라늄은 석유파동으로 최근 가격이 급등하고 있다.

문제는 이 엄청난 천연자원들을 중국이 독점적 지위를 활용해서 헐값에 싹쓸이 하고 있다는 것이다. 자원외교를 활발하게 펼치고 있는 중국은 무산 철광·용등 탄광·혜산 동광·평양 인근 몰리브덴 광산과 황해 유전에 대규모로 투자한 상태이다. 중국 기업들은 2001년부터 북한 양강도 등에서 금과 아연을 채굴해 왔고, 최근에는 석탄·철광석·몰리브덴·아연 등으로 개발 품목을 점점 늘리는 것으로 파악되고 있다. 특히 아시아 최대 노천광산

52) 대한광업진흥공사, 「북한 광물 자원 부존 및 개발 현황」, 『광업 진흥』, 2005년 2월호(대한광업진흥공사, 2005), pp. 16-19 참조.

인 함경북도 무산철광에 대해서 50년간 채굴권을 확보한 것으로 알려져 있을 뿐만 아니라, 매년 철광석 1,000만 톤을 수입하고 있다. 중국은 압록강 수풍발전소에서 생산한 전기도 공급받고 있다. 특히 북한은 중국에 '우호 가격'으로 지하자원을 판매해 국제 시세의 3분의 1에도 못 미치는 것으로 알려졌다. 중국은 원자력발전의 필수 원료인 우라늄을 확보하기 위해 대북 자원외교를 강화하고 있다. 북한의 채굴 가능한 우라늄 매장량은 세계 총 매장량에 육박하는 400만 톤에 달하며 총 매장량은 무려 2,600만 톤인 것으로 추정된다.[53]

반면, 가공 수출 무역국인 남한은 석회석을 제외한 대부분의 광물을 거의 100% 가량 외국으로부터 수입해 오고 있다. 이런 가운데 남한의 대북한 광산 투자는 지극히 미미한 수준이다. 지금까지 정촌 흑연 광산과 개성 인근의 화강암 석재 개발 등 2개 사업에만 투자했을 뿐이다. 이 외에 2005년 남북한 당국 간 합의를 토대로 현지조사를 마친 함경남도 단천 지역 광산 공동 개발 사업이 있다. 하지만 남북한 정치적 상황으로 볼 때 이 사업의 성공 가능성은 크게 높지 않다.

특히 이명박 정부 들어 남북한 간 경색 국면이 장기화하면서 남한은 북한에 지하자원 공동 개발 문제를 꺼내지도 못하고 있다. 이 같은 틈을 타 중국 등 제3국은 북한의 지하자원에 눈독을 들이고 있다. 중국은 최근 대북 경협 4대 분야에 북한의 광산자원 개발을 포함시켰으며, 미국은 1990년대 후반 대북 경제 제재 완화 조치 당시에 북한산 마그네사이트 수입을 허용했다. 일본·유럽연합(EU)도 북한의 지하자원에 관심이 많다.

북한은 지난 2005년 7월 열린 제10차 남북경제협력추진위원회에서 남북한 경협 사업을 제기한 바 있다. 예컨대, 남한이 북한 주민들의 일상 생활용품 공급에 절대적으로 필요한 경공업 원자재를 제공해주면, 남한이 북한의 지하자원 개발에 투자할 수 있도록 보장해줄 것이니 북한 측의 몫으로 경공업 원자재 대가를 상환하라는 것이었다.

이러한 가운데 남북한 경제 교류 협력이 중단되면서 지금은 남북한 간에 공동 광산 개발은커녕 개성공단 등 기존 경협 사업마저 위축되고 있다. 이 같은 상황은 앞으로 당분간 지속될 것으로 보인다. 남북한 경제 협력의 이상적인 모델로서 남한이 북한의 지하자원 개발에 참여하는 것이지만, 아직까지 기회를 살리지 못하고 있다. 남북한이 각각 비교우위가 있는 경공업 제품과 지하자원을 서로 교환하면 양측에 모두 이익이 될 것이다.

---

53) 『뉴스메이커』, 2008년 8월 12일자 기사.

〈표 4-15〉 남북한 광물자원 매장량 및 잠재 가치 비교

광종	단위	매장량		잠재 가치(억 원)		남한 수입 의존율(%)
		남한	북한	남한	북한	
금	천 톤	0.03	1 ~ 2	4,690	234,500	98.49
은	천 톤	1.175	3 ~ 5	2,960	10,077	87.54
동	천 톤	41	2,155	551	28,961	100
납	천 톤	305	6,000	1,174	23,095	99.96
아연	천만 톤	0.044	1 ~ 2	2,648	90,273	100
철	억 톤	0.197	20 ~ 40	4,849	738,426	99.49
중석	천 톤	100	200 ~ 300	869	2,173	100
몰리브덴	천 톤	10	1 ~ 3	2,086	417	100
망간	천 톤	123	100 ~ 300	208	65	100
니켈	천 톤	–	10 ~ 20	–	36	100
흑연	천 톤	1,837	6,000	11,834	38,652	99.36
석회석	억 톤	65,478	1,000	652,486	9,964,965	0.65
고령토	천 톤	74,357	2,000	11,438	308	10.07
활석	천 톤	5,451	600	5,451	600	54.73
석면	천 톤	511	13	552	14	–
형석	천 톤	345	500	530	768	100
중정석	천 톤	712	2,100	755	2,227	99.84
마그네사이트	억 톤	–	30 ~ 40	–	1,260,000	100
무연탄	억 톤	3,353	117	247,216	8,626,386	57.09
유연탄	억 톤		30		1,853,400	100

ㅁ 20종 광물의 잠재 가치 합계: 남한은 950297억 원, 북한은 22875343억 원(북한이 남한의 24배).
ㅁ 남북한 금속광물 매장량은 금속 기준으로 동일하게 환산함.
ㅁ 대한광업진흥공사 조선중앙통신사 자료.

제5장 북한 주민의 사회생활

제1절 조직생활

1. 북한 사회구조의 특징

1) 집단주의적 사회관

북한은 집단주의에 기초한 조직적 통제사회의 특징을 보여주고 있는데, 북한 주민들은 일생 동안 통제된 조직생활의 틀에 매여 살아가고 있다. 무엇보다도 북한의 사회생활에서의 지배적인 원리는 '집단주의'라고 할 수 있다. 집단주의는 집단 전체의 이익을 개인의 그것보다 우선시하는 행동양식으로, 특히 사회주의 체제 속에서는 사회생활의 기초가 된다.

한편, 북한의 집단주의는 주체사상과도 밀접하게 연계되어 있다. 주체사상은 노동자 계급인 인민대중의 사회와 함께 구성원 모두의 이익을 위해서 삶을 영위해야 하는 공산주의 사회를 지향한다. 따라서 주체사상에서 개인은 사회 전체의 이익을 위해서집단에 종속되어야 하고, 특히 주체사상은 수령 중심의 사회가 되어야 한다는 논리로 발전한다. 이는 사회정치적 생명체론에서 더욱 구체화되는데, 인민대중은 조선노동당을 중심으로 하는 집단적인 조직생활 속에서만 개개인의 가치를 찾을 수 있음을 말한다.[1] 즉, 수령·당·인민대중이 하나의 통일체를 이루며, 개인은 사회정치적 생명체의 일개 구성원으로서 집단과 결부되어 있다. 그렇기 때문에 개인은 집단 속에서만 자주적이며 창조적인 생명력을 발휘할 수 있게 된다.[2] 결국 주체사상이 추구하는 이상사회의 구현을 위해서는 개인이 집단에 종속되어야 하는 것이다.

---

1) 배한동 외, 『새로운 북한 이해』(대구 : 경북대학교출판부, 2003), p. 194.
2) 오기성, 『전공윤리』(서울 : 엑스퍼트월드, 2002) p. 558.

북한의 헌법에서도 집단주의는 직접 명시되어 있다. 헌법 제63조에는 “조선민주주의인민공화국에서 공민의 권리 및 의무는 ‘하나는 전체를 위하여, 전체는 하나를 위하여’라는 집단주의 원칙에 기초한다.”라고 되어 있고, 제81조에서는 “공민은 인민의 정치사상적통일과 단결을 견결히 수호하여야 한다. 공민은 조직과 집단을 귀중히 여기며 사회와 인민을 위하여 몸 바쳐 일하는 기풍을 높이 발휘하여야 한다.”라고 규정되어 있다.

하지만 이러한 집단주의는 인간의 존엄성과 개성을 억제하여, 사회 발전을 저해하게 된다. 사회주의 체제에서는 당의 혁명 목적을 달성하기 위해서 개인의 자유 및 권리나 사적인 이익을 제한하는 것을 기본 원칙으로 삼고 있기 때문이다. 또한 집단주의가 갖는 문제점으로는 획일적 형식주의와 각종 통제 수단에 의한 인간의 소외, 기계화 현상이 나타나거나 관료주의·기회주의·보신주의 등의 사회적 병폐도 발생할 수 있다는 데 있다.

이처럼 집단주의는 북한 주민들의 생활양식이자 삶의 최고 가치로 추구된다. 북한의 사회제도 및 정책의 기본적 원칙이자, 주민 생활양식과 의식을 지배하는 원리[3]로서 집단주의가 자리 잡고 있는 것이다. 교육기관을 비롯한 각종 사회화 과정을 통해서도 집단주의가 강조되고 있고, 모든 조직단체와 군중집회 등에서도 집단주의가 또아리를 틀고 있다.

2) 사회 계층 및 계급

북한 사회는 계급정책을 기본으로 삼고 있다. 북한은 사회주의 체제의 구축과 효율적인 주민 통제를 위해 의도적인 계층구조 개편 작업을 추진해 왔다. 조선노동당 규약 전문에서는 “조선로동당은 온 사회의 혁명화·노동 계급화·인테리화를 추진한다.”라고 명시하고 있다.[4] 그리고 헌법 제8조에서도 “조선민주주의인민공화국의 사회제도는 근로인민대중이 모든 것의 주인으로 되고 있으며 사회의 모든 것이 근로 인민대중을 위하여 복무하는 사람 중심의 사회제도이다. 국가는 착취와 압박에서 해방되여 국가와 사회의 주인으로 된 로동자, 농민, 군인, 근로인텔리를 비롯한 근로인민의 리익을 옹호하며 인권을 존중하고 보호한다.”라고 규정하고 있다.

이처럼 북한이 궁극적인 목표로 삼는 사회는 전 구성원이 노동자 계급화 되는 것이다.

---

3) 배한동 외, 앞의 책, p. 194.
4) 조선노동당, 『조선노동당 규약』, 「전문」(1980.10.10.)

그러나 현실적으로 북한 사회에는 정권 유지와 사회 통제를 위해 계급을 구분하고 있고, 권력 분화에 따른 불평등 정책을 추구하면서도 반혁명 분자에 대한 색출 및 감시 강화를 명분으로 내세우고 있다. 일례로 북한은 해방 후 무계급사회를 건설한다는 명목 하에 지주 및 자본가의 땅과 재산을 몰수했다. 그리고 새로운 계급 생성의 금지를 위해 생산수단의 사적 소유도 금지시켰다.[5] 아울러 북한은 주민 통제를 위한 수단으로 계급정책을 적극적으로 시행하였다. 즉, 1958년부터 수차례에 걸친 성분 조사사업을 실시하였고, 1967년에 주민재등록사업의 결과를 바탕으로 3년간에 걸쳐 분류하였다. 주민의 계급적 배경 및 사회활동 등을 기준으로 3계층 51개의 부류로 나누었다. 모든 북한 주민을 출신성분과 당성(黨性)이라는 기준에 따라 분류한 후, 각각의 집단은 의식주 배급에서부터 사회생활의 모든 영역에 걸쳐 차별대우를 받도록 하였다.[6]

북한의 3대 계층은 핵심 계층, 기본 계층 및 적대 계층으로 각각 구분된다. 먼저, 북한의 핵심 계층은 국가 체제를 이끌어가는 통치 집단이 포함된다. 이 계층은 북한의 최고 지도층(김일성·김정일 및 그 가족·친척)과 고급 간부 등으로 구성된다. 이들은 각종 분야(진학·승진·배급·거주·의료)에서 특권을 누리며, 봉건적 세습 집단체계를 형성하고 있다. 둘째, 기본 계층은 북한 사회의 중간계층에 해당한다. 여기에는 일반 노동자·기술자·농민·사무원 등이 포함된다. 이들은 제한된 수입과 배급식량으로 생활을 영위하였다. 셋째, 적대 계층은 이른바 불순(不純)·반동(反動)분자로 낙인찍힌 주민들이다. 이들은 대학 진학, 조선노동당 입당 등의 자격이 원천적으로 제한된다. 심지어 이 부류의 사람들은 결혼 배우자를 선택하는 데 있어서도 현실적인 제약이 뒤따른다. 또한 북한 당국은 주민성분 조사 사업을 실시하면서 계급 정책의 주요 과제로서, 기본 계층과 적대 계층에 대한 경계 강화 및 사상교육에 두었는데, 특히 1970년대에 들어서 3대혁명 소조운동을 통해 인민의 혁명화·노동계급화를 추진하면서, 반혁명적 요소에 대한 철저한 독재를 실시하였다.[7]

이와 같은 북한의 사회계층 구조의 특성들은 다음과 같이 정리해 볼 수 있다. 먼저, 사회계층의 그 구조가 인위적으로 형성되었다는 점이다. 북한은 토지개혁·산업 국유화

---

5) 오기성, 앞의 책, p. 557.
6) 이와 관련하여서는 배한동 외, 앞의 책, p. 197을 참조할 것.
7) 오기성, 위의 책, pp. 195-198.

·협동 농장 등을 통해 의도적으로 농민·노동자 계급을 양산하였다. 또한 북한의 계층 구조가 체제 존립을 위해 인위적으로 형성·발전되어 왔으므로, 이를 근본적으로 수정하기는 힘들다. 둘째, 계층 구분에 따라 차별화된 사회적 대우를 하고 있다. 그리하여 사회적 선택에서 개개인의 능력이나 개성은 경우에 따라 제약 요인이 되기도 한다. 셋째, 새로운 사회적 불평등을 창출했다. 북한은 비록 자본가 계급을 소멸시켰지만, 다른 한편에서는 계급별로 차별화한 불평등 구조를 만들었다. 넷째, 계층 간의 이동이 개인의 노력 등으로 가능하지 못하는 점도 지적해 볼 수 있다. 즉, 계층 간의 이동이 개인의 능력보다는 당이나 국가가 정한 기준에 의해서 가능하도록 하였기 때문이다.[8)]

〈표 5-1〉 주민의 성분 분류 및 계층에 따른 대우[9)]

계층	부류	대우
핵심 계층 (28%)	노동자, 고농(머슴), 빈농, 사무원, 노동당원, 혁명 유가족, 애국열사 유가족, 8·15 이후 양성된 인텔리, 피살자 가족, 전사자 가족, 후방가족, 영예군인 등	·당·정·군 간부 등용 ·타 계층과 분리 및 특혜 조치(진학, 승진, 배급, 거주, 진료 등에서 특혜 조치)
동요(기본) 계층 (45%)	소·중산인, 수공업인, 소공장주, 하층·중산층 접객업자, 무소속, 월남자 가족, 중농, 민족자본가, 중국·일본 귀환민, 8·15 이전 양성된 인텔리, 안일·부화·방탕한 자, 접대부 및 미신숭배자, 유학자 및 지방유지, 경제사범 등	·각종 하급간부 및 기술자로 진출 ·극소수는 핵심 계층으로 승격
적대 계층 (27%)	8·15 이후 전락 노동자, 부농, 지주, 친일·친미주의자, 반동 관료배, 천도교 청우당원, 입북자, 기독교·불교·천주교 신자, 출당자, 철직자, 적 기관 복무자, 체포·투옥자 가족, 간첩 관계자, 반당·반혁명 종파분자, 처단자 가족, 출소자, 정치범, 민주당원, 자본가 등	·유해, 중노동에 종사 ·입학, 진학, 입당의 봉쇄 및 탄압 ·제재·감시·포섭 대상으로 분류 –제재: 강제이주 및 격리 수용 –감시: 지정하여 항시 동태 감시 –포섭: 집중적 교양 ·극소수 기본계층으로 재분류(자녀)

ㅁ통일부, 『2002 북한 수첩』, p. 77. ; 배한동 외, 『새로운 북한 이해』, p. 197을 참고로 재작성함.

Q. 최근에는 출신성분의 토대가 다소 완화되고 있는가?

A. 경제난이 가중되면서 적대계층을 중심으로 성분의 토대에 대한 정책이 다소 완화되고 있다. 오히려 경제적 부의 축적 정도에 따라 새로운 사회계층이 자연스럽게 형성되는 느낌을 준다. 그럼에도 불구하고 출신성분의 토대는 결혼대상자를 선택하거나 출세에 있어서 여전히 영향을 미치고 있다.

8) 배한동 외, 위의 책, p. 199.
9) 배한동 외, 앞의 책, p. 197.

3) 사회통제 구조

사회주의 체제를 채택하고 있는 사회는 대체로 그 구성원들에 대한 통제를 엄격하게 하고 있다. 특히 북한 사회에서는 다른 나라의 그것과 달리 매우 조직적이고, 철저하게 이루어지는 특징을 보여주고 있다. 그 가운데서도 사상적인 통제를 통해 사회구조의 안정성을 도모하고 있다. 뿐만 아니라, 조선노동당에 의한 당적 통제와 국가안전보위부, 인민보안부(과거에는 인민보안성, 사회안전부 등으로 불렸다.) 등 각종 공안 기구를 통한 통제, 각종 사회단체에 의무적으로 가입하여 활동해야 하며, '사회주의법무생활지도위원회', '생활총화', '인민반' 등의 조직생활을 통한 통제, 배급제 운영을 통한 경제적 통제, 출신성분과 계층분류를 통한 사회적 통제에 이르기까지 다차원적으로 주민들을 통제하고 있다.

(1) 정치사상교육을 통한 통제

북한에서는 사회주의 체제에 적합한 인간을 양성하기 위한 노력을 지속적으로 추구해 왔다. 북한이 목표로 하는 '사회주의적 인간상'은 노동을 사랑하고, 집단주의를 지향하며, 혁명적인 인간이다. 아울러 주체사상에 투철하여 당과 수령에 복종하는 인간상을 말하고 있다. 사회주의 건설을 위해서는 인간 개조가 필요하고, 이를 위해서는 사상교육이 중요하다고 판단한 것이다. 이에 북한에서는 사회주의 체제의 이념을 인민들에게 교육하고, 국가가 요구하는 인간을 길러내기 위해 사상교육을 실시하는 등 북한 주민에 대한 통제를 강화해 왔다. 앞에서 언급한 바와 같이, '유일 사상 체계 확립 10대 원칙'에 대한 학습과 실천의 강요는 이러한 통제 메커니즘의 하나라고 할 수 있다.

북한의 사상교양은 사상·기술·문화 혁명 추구를 내용으로 하는 3대 혁명소조운동을 통해서도 추진되었다. 이 중 가장 중요시한 것은 '사상혁명'인데, 사상혁명은 사회 전체를 혁명화·노동계급화 하는 인간 개조 사업을 말한다. 이는 공산주의자로서 갖추어야 할 사상·정신적 특질과 가치의식 등을 확립하는 것을 기본 내용으로 하고 있다. 그리고 이러한 사상혁명을 주도하는 조직은 조선노동당이며, 당은 혁명과 건설을 추동하는 데 맞게 사상 혁명을 끊임없이 발전시켜 나가야 할 임무를 지니고 있다.[10]

---

10) 배한동 외, 위의 책, pp. 200-201.

(2) 각종 공안 기구 등을 통한 통제

한편, 북한 주민들의 동향을 감시 및 감독하는 기관으로는 국가안전보위부·인민보안부·법무생활지도위원회 등이 있다. 이러한 기관들은 주민들의 사상 동태를 감시하고, 이른바 반당·반혁명 세력을 색출해 내는 임무를 띠고 있다. 좀 더 자세히 언급해 보면 다음과 같다. 먼저, 국가안전보위부는 국방위원회 산하기구로서, 평양의 본부와 각 도·시·군 단위에 조직되어 있다. 이 기구는 정치사상범에 대한 감시·구금·체포·처형 등을 결정한다. 또한 이 기구에서는 반혁명분자들을 수용하는 특별독재대상 구역을 관리하고 있다. 이러한 수용소는 북한 전역 10여 곳에 설치되어 있으며, 여기에 수용된 사람들은 비인간적인 처우를 받게 된다.

둘째, 인민보안부는 공공질서의 유지 및 강화, 그리고 국가의 재산 보호 기능을 수행한다. 이 기구는 주민들의 사상 동향을 감시·적발하고 처벌하며, 개인의 신원 조사를 실시하고 사생활도 감시한다. 인민보안부에서는 반국가·반혁명 행위의 처벌 및 노동교양소의 운영 관리의 임무를 맡고 있다.

셋째, '법무생활지도위원회'에서는 주민들의 준법 분위기를 조성하는 역할을 맡고 있다. 주요 임무로는 각종 사회 및 경제사범에 대한 징계 및 처벌, 각종 규정 및 법률의 유권(有權) 해석 등이 있다. 또한, 북한에는 재판에 의해 형이 확정된 자를 수감하는 '교화소'도 있다. 그리고 노동을 불성실하게 수행한 사람과 기술지도를 잘못한 '하부일꾼' 등의 노동자들을 단기간 집단수용하는 '69호 노동교화소'도 있다.[11]

이러한 상황 속에서 각 기관은 직장이나 단체·조직마다 정보원을 별도로 두어 운용하고 있다. 이른바 '정보원'은 출신성분이 좋은 사람들 중에서 선발하며 이들에게 비밀리에 임무를 부여하여, 정기적으로 주민보고서를 제출하도록 하고 있다. 이에 일반 주민은 누가 정보원인지를 알 수 없고, 항상 언행을 조심해야만 한다.[12] 그 밖에 인민반을 통해서도 주민에 대한 통제와 감시가 이루어지고 있다. 이처럼 북한 사회는 주민에 대한 감시망이 복잡하게 얽혀져 있다.

---

11) 오기성, 앞의 책, pp. 559-560.
12) 배한동 외, 앞의 책, p. 206.

(3) 조직생활을 통한 통제

북한 사회는 조선노동당의 당적 지도에 의해 전체 사회가 획일적으로 통제되고 있다. 모든 사회 조직은 조선노동당을 정점으로 하나의 계통을 이룬다. 조선노동당은 최고 권력기관이며, 다른 모든 기관이나 단체를 지도·감독한다. 모든 조직은 열성당원들로 구성되어 있고, 모든 기관 및 단체에는 당 조직이 침투해 있다. 한편, 중앙당 조직으로부터 말단의 당세포에 이르는 계층별 당 조직을 운영하고 있는 조선노동당은 일반 주민들을 직접 통제하기도 한다.[13] 그리고 조선노동당과 주민을 연결하는 매개체로는 '직업 총동맹', '김일성 사회주의 청년동맹' 등의 각종 사회단체가 있다. 모든 주민들은 자신의 직업·성별·나이에 기초하여, 각종 단체에 가입해야 하며, 이를 통해 주민들의 조직생활이 이루어진다. 물론 이러한 조직생활의 필요성은 집단주의적 사회관에서 파생된 것이다.

각종 사회단체에 소속된 북한 주민들은 정기적인 '생활총화'에서 자신의 일체의 생활을 드러내며, 자아 및 상호 비판을 하게 되어 있다. 이들 단체들은 전국 단위로 조직화되고 상설화되어 있다. 이처럼 북한은 사회단체 생활을 통해 구성원을 통제함으로써, 주민들의 의식구조나 생활양식의 동질화를 유도해낸다. 결국 북한 주민들은 특정 문제에 대한 자율적인 사고 혹은 비판능력이 제한되며, 체제 순응적인 사고를 하도록 강요되고 있다.[14]

(4) 사회 통제 구조의 특징

이상의 내용을 종합하면, 북한 사회통제 구조의 특징을 다음과 같이 정리해 볼 수 있다. 첫째, 각종 사회통제 기제의 작동이 철저한 통치 이념(주체사상)을 바탕으로 하고 있다. 통제의 근거나 명분은 사회주의 혁명의 구현이자 주체사회로의 지향이다. 즉, 조선노동당이나 국가 조직은 신성 불가침한 주체사상을 구현하는 하나의 수단에 불과하다. 둘째, 통제 구조가 중층 복합적이며, 그 기구들이 매우 다양하다. 당·국가기구·사회단체 등이 복잡하게 얽혀 일반 주민들을 통제하고 있는데, 더욱이 북한의 어떤 조직이든 당의 하부조직들이 활동하고 있다. 결국 주민들은 당 조직과 잠시라도 떨어져서 존재할 수 없는 것이

13) 조선노동당 규약 제9장 '당과 느동(대중의 조직)'에서는 근로대중의 조직을 정치적인 조직으로서의 성격과 함께 당의 외곽 조직으로 규정하고 있다.

14) 배한동 외, 앞의 책, pp. 201-203.

다. 셋째, 사회통제의 기제는 정치체제의 유지와 연계되어 작동한다. 북한에서 개개인은 철저하게 사회통제의 대상이여, 그 통제는 궁극적으로 최고 지도자에 대한 절대 복종을 요구하는 방향으로 나아가고 있다. 넷째, 주민 통제의 방법이 다양한데, 주민 생활의 모든 면에서 통제가 미치지 않는 곳이 없다. 이로 인해 북한 주민들의 사고방식 및 생활양식 등이 집단주의의 기반 위에 획일화되어 가고 있다.[15]

Q. 북한의 각종 (신분)증명서는 어떤 것이 있는가?

A. 북한 주민들이 가지고 다니는 신분증은 출생증, 공민증이 있으며 이 외에 평양시민증, 당원증, 학생증, 기관신분증, 맹원증 등이 있다. 공민증은 만 17세 이상 모든 주민들이 필수적으로 지녀야 할 신분증명서로서 인민보안부에서 발급하는데, 여기에는 이름·성별·민족별·출생지·거주지·결혼관계·혈액형이 기재되어 있고, 1998년에 전면 갱신된 공민증에는 출생일과 결혼일이 '주체 00년'으로 표기되고 있으며 혈액형란이 추가되었다. 공민증은 본인이 사망하면 가족들이 거주지 동사무소의 공민등록대장에서 삭제한 후 분주소에 반납하도록 되어 있다. 그리고 기타 증명서로는 평양시민증은 1994년에 최초로 인민보안부(당시 사회안전부)에서 평양에 거주하는 만 17세 이상 주민들에게 발급하고 있으며, 1997년에 갱신한 바 있는데, 이 시민증에는 성명·출생일자·거주지·출생지·결혼관계·혈액형이 기재되어 있다. 또한 노동당원은 노동당에서 발급해준 당원증을, 각 급 기관·기업소 종사자들은 소속 기관에서 발급한 신분증을 가지고 다녀야 한다. 이 밖에도 모든 주민들은 사회단체에 의무적으로 가입해야 하는데, 각 단체에 가입한 단원과 맹원들에게 소속 단체명으로 된 증명서를 발급해 준다.

2. 북한의 주요 사회단체

북한에서는 요람에서 무덤까지 일생을 조직생활로 시작하여 그것으로 마감한다고 할 수 있을 정도로 주민들은 다양한 조직생활을 의무적으로 경험해야만 한다. 북한의 주요 사회단체로는 소년단으로부터 시작하여 김일성사회주의청년동맹, 농업근로자동맹, 민주여성동맹, 직업총동맹 등이 있다.

15) 배한동 외, 위의 책, pp. 206-207.

우리의 초등학교에 해당하는 소학교에 들어가면 2학년 때(만 7세) 소년단에 의무적으로 가입해야 하는데, 약 350만 명의 단원이 가입되어 있는 것으로 추산된다. 소년단 단원을 '붉은 넥타이'라고 부르기도 하는데, 이들이 붉은 색 머플러를 하고 다니기 때문이다. 소년단의 입단식은 북한의 최대 명절인 2월 16일(김정일 생일)과 4월 15일(김일성 생일) 그리고 소년단 창단기념일인 6월 6일(1946년 6월 6일 창립) 등 3차례에 걸쳐 진행된다. 그런데 소년단 단원은 소학교 2학년 학생들이 모두 한꺼번에 가입하는 것이 아니라 성적이 우수하고 모범적으로 생활하여 주위 동료들로부터 신망을 받는 어린이부터 입단하게 된다. 따라서 먼저 입단한 학생은 자부심을 갖고 생활하지만 그렇지 못한 학생들은 열등의식을 갖기도 한다. 입단식도 큰 강당 등 대규모 집단시설에서 개최하는데, 소년단 깃발 앞에서 소년단 선서를 하고 입단맹세를 받아 읽게 한 뒤 붉은 머플러와 휘장을 달아주는 의식을 갖는다. 이 입단식에는 시·군·구역 간부들을 포함하여 항일 빨치산 운동이나 국가에 공헌한 훈장 수여자들이 참가하여 직접 소년단 단원에게 붉은 머플러를 매어 준다. 소년단의 조직체계를 보면, 학교별 소년단은 조직담당위원장과 사상담당위원장 등 학생 간부들이 활동하고 있다. 소년단에 입단하게 되면 학교 소년단위원회의 지시를 받고 실천하는 등 조직적으로 학교생활을 하게 된다. 학급별로는 간부들이 특정 과업(토끼 기르기, 폐품 수집 등)을 수행하도록 요구하고, 학생들은 조를 편성하여 이를 시행한다. 또한 소년단의 날인 토요일에는 분열행진을 하고 학급별 생활총화에 참여하여야 한다.[16]

이후 중학생으로서 만 14세 이상의 북한 주민이면 의무적으로 가입해야 하는 김일성사회주의청년동맹에 편입된다. 그리고 30세까지 조선노동당으로 입당(만 18세에 입당이 가능하다)하지 못하면 직업총동맹, 농업근로자동맹, 민주여성동맹으로 옮겨 집단생활을 하게 된다. 각자의 직업에 따라 노동자는 직업총동맹(세부 직업별로 산하의 직업동맹에 가입한다.)으로, 농민은 농업근로자동맹으로 적을 옮긴다. 여성의 경우, 입당을 하지 못한 상태에서 결혼을 하고 직장에 나가지 않는 전업주부가 되면 나이와 관계없이 민주여성동맹으로 각각 소속을 옮기게 되며 농촌지역의 경우는 농업근로자동맹에 소속된다.

직업총동맹과 농업근로자동맹, 민주여성동맹의 조직생활은 당세포의 조직생활만큼 강도가 강하지는 않지만, 조직생활을 하지 않아도 되는 사람은 없다. 같은 직장에 근무하는

16) 통일부 통일교육원, 『북한 이해』(서울: 통일부통일교육원, 2009), pp. 221-222.

근로자라고 하더라도 자신의 소속에 따라 조선노동당과 김일성사회주의청년동맹, 직업총동맹의 구성원으로서 별도의 조직생활을 하게 된다.[17]

한편, 북한 주민들의 조직생활 실태를 살펴보면, 크게 강연회와 학습회, 생활총화 등으로 구성된다. 강연회란 조선노동당의 유일사상 체계를 튼튼히 세우고 당의 정책을 관철하기 위한 선전선동사업으로 수요일 저녁에 실시하는 경우가 많아 '수요강연회'라고 부르기도 한다. 학습회는 대상별 수준에 맞추어 간부반과 당원반, 근로자반으로 구분한 뒤 다시 당원반과 근로자반을 높은반과 낮은반으로 세분하여 당의 정책과 북한 최고 지도자의 교시와 혁명노작 등을 학습하게 된다. 학습과정안 하나를 마치면 각 학습반에서는 그 반에 소속된 사람들이 얼마나 학습했는지 알아보는 학습총화를 실시한다. 생활총화는 자신의 생활을 반성하면서 결점과 과오를 스스로 비판하고 다른 사람의 잘못에 대해서 비판한 뒤 개선할 점을 찾는 모임으로서, 대체로 1주일에 한 번씩(주총화) 조직별로 개최한다. 생활총화를 할 때에는 '당의 유일사상 체계 확립 10대 원칙'을 비롯하여 김일성 부자의 교시 및 '말씀'을 근거로 자아비판과 상호비판을 한다.[18] 그런데 이 생활총화는 대개 참석한 조직원 가운데 2/3 이상이 토론에 참여할 때까지 계속 진행된다.

1) 김일성사회주의청년동맹

김일성사회주의청년동맹(청년동맹)은 1996년까지 '사회주의노동청년동맹(사로청)'으로 불렸던 단체이다. 이 청년동맹은 1946년 1월 17일 창립된 '북조선민주청년동맹'이 1951년 '남조선 민청'을 통합하여 '조선민주청년동맹'으로 개칭하여 활동하였다. 이후 1964년 5월 5차 대회에서 '사회주의노동청년동맹', 소위 사로청으로 개칭하여 30여 년간 활동하여 왔다. 김일성이 사망한 후 1997년 1월 지금의 명칭으로 변경하여 오늘에 이르고 있다. 이 청년동맹의 성격에 대하여 조선노동당 규약에서는 혁명 과업을 직접 계승하는 청년들의 혁명적 조직이며 당의 전투적 후비대로 규정하고 있다.[19] 즉, 군대와 공장, 기업소 및 농어

---

17) 통일부 통일교육원, 『북한 이해』(2009), p. 224.
18) 통일부 통일교육원, 앞의 책, pp. 224-225.
19) 「조선노동당」 규약 제9장 '당과 노동대중의 조직'의 제56항에는 "근로대중의 조직들은 광범한 근로대중의 정치조직이며 항일혁명투쟁의 영광스러운 전통을 계승하는 당의 외곽조직이다. 근로대중의 조직들은 광대한 대중의 사상교양이며, 당과 대중을 연결하는 인전대이며 당의 충실한 보조자이다. 사회주의로동청년동맹원은 우리의 혁명 과업을 직접 계승하는 청년들의 혁명적 조직이며 당의 전투적 후비대이다. 근로대중의 조직들은 당

촌의 청년들을 당의 사상체계로 무장시켜 노력 동원의 선봉적 역할을 수행하고 김일성과 김정일 부자 세습체제를 강화하는 데 중추적 역할을 수행하는 것을 그 목적으로 한다.

청년동맹의 조직체계를 살펴보면, 도와 시·군에 청년동맹위원회가 설치되어 있고, 군과 인민보안부 등에도 이와 별도로 청년동맹위원회가 설치, 운영되고 있다. 청년동맹에 가입할 수 있는 자격 요건은 만 14세부터 30세에 이르는 청년·학생·군인·직장인들이며, 그 가입이 의무화되고 있다. 현재 맹원 수는 약 500만 명으로 추산된다.

한편 북한에서는 매년 신년공동사설이 발표되면, 언론, 내각, 지역별, 각종 사회단체별로 공동사설 과업 관철을 위한 결의대회를 개최하고 있는데, 청년동맹의 경우도 예외가 아니다.

Q. 북한에서 청소년들의 조직생활은 어떠한가?

A. 소학교의 경우 9세가 되면 소년단 조직에 가입된다. 먼저, 2월 16일에 학급에서 우수한 성적을 가진 학생들이나 학급의 간부들이 먼저 소년단에 가입하게 된다. 나머지 학생들은 학업 성취도 등에 따라 나누어 가입시키는데, 6·6절에는 대부분 소년단에 편입시키게 된다. 소학교의 반장은 분단위원장이라 하며 성적이 우수해야 하고 선생님으로부터의 신망이 두터워야 하지만, 경우에 따라서 부모가 재력이 있고 열성인 경우에도 반장이 되는 사례가 많다고 한다. 각 급 학교에서는 필요한 물자를 직접 구하여 해결하여야 하기 때문에 재력을 가진 부모들의 자녀가 반장이 되는 것을 선호한다고 한다.

중학생이 되어 만 14세부터는 '김일성사회주의청년동맹'에 가입하게 되어 있다. 학급을 경유하여 학교나 시와 군의 청년동맹에서 청년동맹의 가입을 위해 혁명 노래를 비롯하여 당 유일사상 체계 확립 10대 원칙, 김일성주의란 무엇인가, 청년동맹의 의무와 권리 등에 대한 사항을 암기하여 테스트를 거친 후 비로소 청년동맹의 멤버십을 취하게 된다. 낙제하면 재심의를 받아야 하므로 이 때문에 상당수의 학생들은 심한 스트레스를 경험하게 된다고 한다. 중학교의 반장은 초급단체 비서라고 불린

의 지도하에 자기의 사업을 진행한다."라고 밝히고 있다. 아울러 제57항에는 "근로대중의 조직들은 동맹원들 속에서 당의 유일사상체계를 튼튼히 꾸리며 동맹대열을 강화하며 조직생활과 사상교양사업을 강화하고 혁명화를 통해 동맹원들을 당두리에 결속시키며 3대혁명붉은기쟁취운동과 사회주의경쟁운동을 전개하며 동맹원들을 혁명과 건설에 적극 동원한다.", 제58항에는 "각 급 당 조직들은 로동대중의 간부 대열들을 강화하고 근로대중 조직의 모체를 통하여 대중과의 사업체계를 수립하며 근로대중의 특성에 맞게 사업 방향과 방법을 정확히 제시하며 그들이 자발적으로 자기 임무를 수행하도록 감독하여야 한다."라고 규정되어 있다.

다. 청년동맹의 구성원들은 조선노동당 당원이 아닌 경우 그리고 토대가 좋지 않은 사람들에 대해서 종래에 30세까지 편입되었으나 35세까지도 늘려 계속 소속을 두게 하는 경우도 있다고 한다.
소학교와 중학교에는 예술 학급을 두거나 기악 소조와 같은 조직체를 운영하기도 한다. 그 밖에도 학교별로 역점을 두고 집중 육성하는 스포츠 소조도 있다. 배구 소조, 육상 소조, 축구 소조 등을 육성하고 있다.
한편, 중학교 5학년부터는 붉은 청년 근위대에 편입되는데, 학교 자체가 소대, 중대, 대대, 연대 등 준군사조직처럼 편성된다. 이들은 사격 및 제식훈련 등을 경험하게 된다. 이러한 조직 편제는 대학생들의 경우도 예외가 아니다.
그리고 학생들 사이에서 패싸움을 벌이는 조직이 있기는 하지만 남한 사회처럼 조직적인 폭력배들과 연결되는 불량 청소년 조직은 구성되기 어렵다고 한다.

2) 농업근로자동맹

농업근로자동맹(농근맹)은 농업 부문의 대중조직으로서 1946년 1월 31일 설립된 '북조선 농민동맹'이 1951년 2월 11일 '조선농민동맹'으로 발족되었다가, 1964년에 '사회주의 농촌 문제에 관한 테제'가 발표되면서 '농업근로자 동맹'으로 개칭·조직되어 오늘에 이르고 있다.[20] 농근맹은 농민들의 이익을 보호하는 것을 기본적인 목적으로 하지만, 실질적으로는 조선노동당의 정책과 지시에 따라 농민들이 이를 철저히 이행하도록 감시·통제하고 농민들의 노동력을 최대한 동원하기 위한 단체라고 할 수 있다. 이 단체는 농민들을 대상으로 '농근맹해설강사회의'와 '선전일꾼회의'를 수시로 개최하여 사회주의 농촌 건설, 농촌의 사상·기술·문화의 3대 혁명 추진, 사상교양사업 강화 등을 꾀한다.

현재 농근맹의 맹원 수는 약 130만 명에 이르고 있고, 조직체계로는 중앙에 천리마운동부·조직부·선전부·국제부 등을 두고 있으며 각 시·도, 시·군에 농근맹위원회를 설치해 놓고 있다.

한편, 농근맹의 규약에 따르면, "조선로동당의 영도 밑에 자기의 모든 활동을 조직, 전개하는 당의 믿음직한 보조자며, 당과 우리나라 농업 부문의 근로대중을 연결하는 인전대"라고 규정하고 있어서, 농민의 권익을 옹호하고 보호하기 위한 단체의 성격보다는 조선

20) 이정희, 『북한 요론』(서울: 문현사, 1987), p. 140.

노동당의 지시를 철저히 수행하고, 다른 한편으로 농민들을 감시, 통제하는 기능을 담당하고 있는 것이라고 할 수 있다.[21)]

3) 민주여성동맹

민주여성동맹(여맹)은 1945년 11월 11일에 설립된 '북조선민주여성동맹'이 1951년 1월에 개최된 남북 조선여성동맹 합동, 중앙위원회에서 조선민주여성동맹으로 통합·개칭되어 활동해 오고 있는, 북한 근로 여성들의 대중조직이다. 다만, 북한 당국은 여맹이 강반석(김일성의 모)에 의해 1926년 12월 조직된 '반일부녀회'를 모체로 하는 것이라고 주장하고 있다. 여맹 역시 최고 지도자의 지시와 조선노동당의 각종 정책을 관철하는 데 중점을 둔다. 여맹은 이를 위해 여성들에 대한 정치사상 학습을 강화하고 여성 인력의 확대 및 고급화를 위한 각종 사업을 추진하고 있다.

여맹은 중앙에서 말단까지 행정적 단위로 구성되어 있고 각 직장 단위에도 여맹조직이 구성되어 있다. 여맹원들은 타 단체에 속하지 않은 만 31세부터 55세까지의 일반 여성을 가입 대상으로 한다. 또한 여맹은 북한 여성들의 공산주의 사상교양을 강화하여 여성의 정치의식과 문화 수준을 높이고, 사회주의 건설에서 여성들의 효과적인 동원을 강조하고 있다.[22)]

여맹은 연중 상하반기 각 1회 정도 중앙위원회 전원회의를 열고 당면한 현안을 토의하고 있다. 여맹 중앙위 전원회의는 여맹중앙위원회 위원들과 도(직할시), 시(구역)·군 여맹 간부들이 참석하고 있고, 약 20만 명이 가입되어 있는 것으로 추산되고 있다.

4) 직업총동맹

직업총동맹(직총)은 1945년 11월 30일 결성된 '북조선직업총동맹'을 모체로 하는 북한의 근로자 단체로서, 북한의 전 노동자, 사무원들의 조직으로서 조선노동당과 정부의 정책을 실행에 옮기고 지원하는 대중조직체이다. 즉, 직총 규약 제1장에서는 조선노동당의 옹호자이며 당의 영도 하에 자기의 모든 활동을 전개한다고 되어 있다.[23)] 직업총동맹은

---

21) 김창희, 『북한 정치사회의 이해』(서울: 법문사, 2006), p. 255.
22) 김창희, 앞의 책, p. 257.

그 산하에 금속화학공업, 전기석탄공업, 경공업, 상업 등 10여 개 산업별 직업동맹(직맹) 조직으로 구성되어 있으며, 약 160만 명이 가입되어 있는 것으로 추산된다. 그 가입 대상은 농맹과 여맹 등 다른 단체에 가입한 대상자를 제외한 30세 이상의 모든 노동자와 기술자, 사무원 등으로 구성되어 있다. 직총의 조직체계로는 하부조직으로 시·도, 시·군에 직맹위원회를 두고 있다.

직총은 조선노동당의 통제 아래 당의 정책을 실천하는 전위대 역할을 수행한다. 형식상 남한의 노동조합처럼 노동자와 사무원의 조직체로 되어 있으나, 실제로는 당의 완전한 통제 속에 당의 정책을 선전, 집행하고 근로자에 대한 사상교양사업을 전개하는 등 당과 대중을 연결하는 당의 외곽단체의 성격을 띠고 있다. 통상 1년에 2~3회 소집되는 전원회의와 수시로 개최되는 선전 일꾼회의를 통해 현안문제를 안건으로 토의한다.

5) 그 밖의 활동: 군중집회 등

북한에서는 다양한 군중집회 등이 열리기도 한다. 대표적으로 매년 초에 신년공동사설이 발표되면 각 행정 계층 단위를 포함하여 신년공동사설에서 밝힌 주요 당 정책이나 국가시책을 관철하기 위한 대규모 군중집회가 열린다. 그 밖에도 각종 행사 때마다 개최되는 군중집회에 북한 주민들이 동원된다.

북한의 보도 자료를 통해 대표적인 군중집회의 예를 들어보자. 북한은 2006년 2월 23~24일간 평양에서 '제3차 3대혁명붉은기쟁취운동[24] 선구자대회'를 개최하였다고 평양방송이 보도하였다.[25] 주요 내용을 보면, 보고·토론(26명 토론자 참석)을 통해 지난 30년간 사상·기술·문화혁명운동의 성과를 총화하고 향후 활동방향을 제시하고 있다. "선군의 기치 따라 3대혁명의 불길을 더욱 세차게 지펴 올려 강성대국의 모든 전선에서 일대 비약을 이룩하자"를 전투 구호로 제시하고 있다.

---

23) 김창희, 위의 책, p. 254.

24) '3대혁명붉은기쟁취운동'은 1975년 조선노동당중앙위원회 제5기 제11차 전원회의(1975년 11월 19일)에서 결정된 것으로서, 3대혁명(사상·기술·문화혁명) 추진을 뒷받침하기 위해 제시된 대표적인 노력 경쟁 운동으로 1975년 12월 1일 함경남도 단천군 검덕광산에서 궐기모임을 통해 북한의 모든 공장·기업소로 확산시킬 것을 호소함으로써 시작되었으며, 김일성·김정일 생일, 당 창건일 등을 기념하여 모범 단위를 대상으로 최고인민회의 상임위원회 '정령'을 통해 '3대혁명붉은기'를 수여하여 왔다.

25) 『조선중앙방송』 및 『평양방송』, 2006년 2월 24일자 기사.

북한의 3대 혁명

· 사상혁명 : 투철한 혁명적 수령관, 수령 결사옹위 정신, 혁명적 군인정신 및 선군사상 등이 속한다.

· 기술혁명 : 과학 기술에 기초한 자력갱생원칙, 인민경제의 개건·현대화, 실리적인 경제 사업 전개 등이다.

· 문화혁명 : 군인문화를 본보기로 한 선군문화, 교육의 질 개선, 군사중시 기풍 확립 등을 강조하고 있다.

북한은 최근 3대혁명붉은기운동 30년을 맞아 이 운동을 사회주의 건설을 위한 최고 수준의 대중운동임을 재차 강조하는 가운데, 선군혁명 구현을 위한 대중적 운동으로 승화·발전시켜 나갈 것을 독려하여 왔다. 이 '제3차 3대혁명붉은기쟁취운동 선구자대회'는 1986년 제1차 선구자대회(1986년 11월 18~23일) 및 1995년 제2차 선구자대회(1995년 11월 29~30일) 이후 10여 년 만에 개최되는 것으로, 3대혁명붉은기쟁취운동을 발기한 김정일 위원장의 업적 찬양에 주안점을 두면서 이 운동을 선군시대 강성대국 건설을 위한 당적 사업으로 더욱 심화 발전시켜 나갈 것을 촉구한 것이 특징이다. 북한의 이 대회의 개최는 그간의 주요 성과를 동 운동의 산물로 집중 부각시킴으로써 3대혁명붉은기쟁취운동을 주도해 온 김정일의 업적을 찬양, 김정일 중심의 체제 안정 및 내부결속을 도모함과 동시에 인적 내부 동원을 극대화하여 농업증산, 인민경제 개건·현대화 등 올해 신년공동사설에서 제시된 주요 과업의 철저한 관철을 독려하기 위한 것이었다.

제2절 교육체계

1. 북한의 교육정책

1) 교육 이념과 목표

북한의 교육 제도는 사회주의 체제 유지에 필요한 인재 양성을 일차적인 목적으로 삼고 있다. 북한의 교육 목적은 “건전한 사상의식과 깊은 과학기술 지식, 튼튼한 체력을 지닌 믿음직한 인재를 키우는 것”으로 ‘교육법’ 제1장 제3조(1999년 8월 채택, 2000년 4월 최고인민회의 제10기 3차 회의에서 승인)에 명시되고 있다. 이는 1977년 김일성이 공포한 ‘사회주의교육에 관한 테제’[26]에 근간을 두고 있는데, 북한 사회주의 교육 전반의 기본 방향과 지침을 제시하고 있다. 또한 북한의 헌법을 포함한 교육 관련 법규에 명시된 교육의 목표와 이념에도 잘 나타나고 있다.

교육 문제와 관련한 북한 헌법의 주요 내용들

제43조 : 국가는 사회주의교육학의 원리를 구현하여 후대들을 사회와 인민을 위하여 투쟁하는 견결한 혁명가로, 지덕체를 갖춘 주체형의 새 인간으로 키운다.

제44조 : 국가는 인민교육사업과 민족 간부 양성 사업을 다른 모든 사업에 앞세우며 일반교육과 기술교육, 교육과 생산로동을 밀접히 결합시킨다.

제45조 : 국가는 1년 동안의 학교전 의무교육을 포함한 전반적 11년제 의무교육을 현대과학 기술 발전 추세와 사회주의 건설의 현실적 요구에 맞게 높은 수준에서 발전시킨다.

제46조 : 국가는 학업을 전문으로 하는 교육체계와 일하면서 공부하는 여러 가지 형태의 교육체계를 발전시키며 기술교육과 사회과학, 기초과학 교육의 과학리론 수준을 높여 유능한 기술자, 전문가들을 키워낸다.

제47조 : 국가는 모든 학생들을 무료로 공부시키며 대학과 전문학교 학생들에게는 장학금을 준다.

제48조 : 국가는 사회교육을 강화하며 모든 근로자들이 학습할 수 있는 온갖 조건을 보장한다.

제49조 : 국가는 학령전 어린이들을 탁아소와 유치원에서 국가와 사회의 부담으로 키워준다.

제73조 : 공민은 교육을 받을 권리를 가진다. 이 권리는 선진적인 교육제도와 국가의 인민적인 교육시책에 의하여 보장된다.

26) 「사회주의 교육에 관한 테제」에서는 “사회주의 교육의 목적은 사람들을 자주성과 창조성을 가진 공산주의적 혁명인재로 키우는 것이다. … 사회주의 교육학의 기본원리는 … 사람들을 공산주의 혁명 사상으로 무장시키며 그에 기초하여 깊은 과학지식과 건강한 체력을 가지도록 하는 것이다.”라고 천명하고 있다.

여기서 북한이 교육 시스템을 통해 길러내고자 하는 인간형은 사회주의, 공산주의를 위하여 헌신적으로 투쟁하는 공산주의적 인간이며, 혁명적인 사상과 자연 및 사회에 대한 깊은 지식과 건강한 체력을 갖추고 있는 인간이다. 그렇지만 공산주의적 새 인간이 갖추어야 할 혁명사상, 과학지식, 체력 등의 요소 가운데 가장 강조되는 것은 역시 혁명사상이다. 과학지식과 체력도 어떤 목적에서 어떻게 활용되는가가 사상에 의해 결정된다고 보기 때문이다. 그 혁명사상의 주요 내용은 주체사상, 당 정책 및 혁명 전통 교양, 공산주의에 대한 신념과 혁명적 낙관주의 등이고, 과학 기술 교육은 선진 과학 기술의 성과를 체득시켜 주기 위한 교육이며, 체육 교육은 노동과 국방의 의무를 감당할 수 있도록 육체적 준비를 갖추는 교육임을 의미한다. 따라서 북한의 교육 목표는 '공산주의적 새 인간'[27]으로서 '주체형의 인간'을 양성하는 데 있다. 주체형의 인간이란 구체적이고 적극적으로 노동하는 인간, 김일성사상으로 무장된 인간, 사회적 이익을 추구하는 인간, 그리고 공산주의 건설을 위한 혁명적 낙관주의를 갖는 인간을 의미한다.[28]

결국 교육을 통해 달성하고자 하는 목표는 학생들을 혁명화, 노동계급화, 공산주의화하여, 넓게는 사회주의 혁명과 건설, 좁게는 김일성과 김정일 등 최고 지도자에 복종하는 충직한 인재를 양성하는 데 있다. 이처럼 북한의 교육은 '당과 수령에 충직한 공산주의 혁명 인재 양성'이라는 목표 아래, 개인의 발전보다는 사회주의 건설 등 국가가 필요로 하는, 지·덕·체를 갖춘 '공산주의적 새 인간'을 길러내는 교육정책을 일관되게 추구해 오고 있지만, 집단주의에 기반한 공산주의 국가에서 혁명에 필요한 사람을 육성하고 있는 것이다.[29]

2. 북한의 교육 편제

북한의 교육제도의 원리는 이론과 실천 또는 교육과 생산의 결합 원리, 학교교육과 사회교육의 결합 및 병진, 당적 지도의 강화, 일반 교육과 기술 교육의 결합, 혁명유자녀 및 특기자 우대 원칙[30] 등이 있다.

---

27) 공산주의적 새 인간이란 김일성의 주체사상으로 무장된 인간, 사회주의와 공산주의 혁명을 위하여 필요한 인간을 의미한다.

28) 통일부 통일교육원, 『북한 이해』(2009), p. 180.

29) 배한동 외, 앞의 책, p. 225.

한편, 북한은 1975년부터 사회의 모든 성원들을 공산주의적 인간으로 키우기 위한 전민 교육 차원에서 유치원 높은반(1년)을 포함하여 소학교(4년), 중학교(6년)의 11년제 의무교육을 실시해 오고 있다. 그러나 최근 경제난이 가중되면서 북한 당국은 실제로 학교 운영에 필요한 비용이나 물품을 학부모로부터 수시로 징수하는가 하면 '학생 의무노동제'를 실시하거나, 무보수 노동으로 교육의 대가를 받아내고 있다.

Q. 경제난 이후에 학교 교육도 붕괴되었다는데, 어떠한 상황인가?

A. 한창 배워야 할 어린아이들의 고사리 같은 손에는 장사를 하느라고 물 컵이나 고춧가루 봉지가 쥐어져 시장 바닥을 헤매고 있다. 사회주의 교육 테제가 발표된 이후 무상 의무교육이 시행되고 있지만, 경제난으로 인해 학교에 가지 못하는 학생들은 생계에 매달리게 되는데, 무상 의무교육제도 때문에 학교에 가지 않더라도 졸업장을 수여하는 경우도 발생하고 있다.

1) 교육 편제

북한의 교육 편제는 크게 '일반교육체계', '성인교육체계', '특수교육체계'로 구분할 수 있다. 먼저, 일반 교육체계에 의한 북한의 학제는 학교전 교육, 초등교육, 중등교육, 고등교육으로 구분된다. 학교전 교육으로는 탁아소(0 ~ 4세), 유치원 2년(낮은반 1년, 높은반 1년)으로 되어 있고, 초·중등교육으로 소학교(구 인민학교)[31] 4년, 중학교(구 고등중학교)[32] 6년을 거치게 된다. 고등교육으로는 대학 4 ~ 6년, 단과대학 3 ~ 4년, 고등전문학교 2 ~ 3년, 박사원·연구원 2 ~ 3년으로 각각 나뉘어 있다. 이 가운데 만 5세의 유치원 높은반 1년부터 시작하여 소학교와 중학교 과정 등 총 11년 동안 의무교육이 실시되고 있다.

30) 이에 따라 교육에 있어서도 성분 차별 정책이 적용되어 출신성분이 나쁜 적대계층(전체 주민의 27%) 자녀들은 학업성적이 좋아도 원하는 대학에 갈 수 없도록 원천 봉쇄해 왔다.

31) 1946년 3월 5일 5년제 초등교육이 실시되었고, 1953년 7월 11일 교육기간이 4년으로 단축되었으며, 1956년 4월부터 의무교육이 실시되었다. 그리고 2002년 9월부터 소학교로 개칭되었다. 김창희, 위의 책, p. 267.

32) 북한은 1959년에 기술 교육을 강화하는 방향으로 인민학교(4년), 중학교(3년), 기술학교(2년), 고등기술학교(2년), 대학교(4 ~ 5년)으로 개편하였다. 1967년에는 산업화의 진전에 따른 기술인력 요청에 부응하기 위해 중학교와 기술학교를 통합한 5년제 중학교로 학제 개편을 단행하고 9년제 기술 의무교육제를 실시하였다. 1970년대에는 중학교를 5년에서 6년으로 늘리면서 10년제 의무교육을 실시하다 1975년부터 11년제 의무교육을 시행해 오고 있다. [김계동 외, 『남북한 비교론』(서울: 명인문화사, 2006), p. 241.]

〈표 5-2〉 남북한 현행 학제 비교

구분	유치원	초등학교	중학교	고등학교	대학교	대학원
남한	1 ~ 3년 (자비)	6년 (의무)	3년 (의무)	3년 (자비)	4 ~ 6년	석사, 박사
북한	1년 (의무)	4년 (의무)	6년 (의무)		4 ~ 6년	박사, 학사 (2 ~ 4년 과정의 박사원)

북한의 학교 취학 현황을 살펴보면 다음과 같다. 먼저, 취학 전 아동의 경우, 1991년을 기준으로 6만여 개의 탁아소, 유치원에 166만 명의 아동을 수용하고 있다. 이 가운데 유치원은 1990년 중반 이후 약 24,000개에 약 140만 명이 수용되어 있는 것으로 추정된다.[33] 소학교는 도시지역의 경우 1 ~ 2개 동에 1개, 농어촌지역의 경우 리 단위에 1개교 정도가 설치되어 있는데, 전국적으로는 2000년을 기준으로 4,810개교 163만여 명 규모이며, 중학교는 중등반 4년, 고등반 2년으로 세분되며 설치 기준은 소학교와 동일하며 전국에 4,840개교 227만여 명 정도이다.[34]

> Q. 북한에서도 대학 입학에 대한 열기가 높은가?
>
> A. 북한에서는 군사 복무, 조선노동당 입당, 대학 졸업을 모두 갖춘 사람을 최고로 꼽는다. 따라서 대학 입학도 중요하지만 무엇보다 군사 복무를 마치는 것이 중요하다. 군사 복무를 마치고 입당한 제대군인에게는 대학 졸업장만 손에 쥐면 탄탄한 미래가 보장된다고 볼 수 있다. 하지만 시간만 지나면 저절로 졸업장을 손에 쥐는 것이 아니라 그 과정에서 엄청난 경제적, 정신적 압박을 받게 된다.
>
> 북한 대학의 학제는 일반 대학교 4년, 전문학교 3년, 의과대학 6년제로 운영되고 있다. 간호원학교 등 기능공을 양성하는 학교는 2년제로 운영된다. 해운대학과 같은 2년제의 전문대학이 운영되기도 하며 정치 및 군사 부문의 특수 대학이 별도로 운영되고 있다. 그 밖에도 경제전문학교, 경공업전문학교 등의 교육기관들이 있다.
>
> 출신성분이나 실력이 함께 작용하여 남한의 수능시험에 해당하는 예비시험을 치른 후 당에서 진학할 수 있는 대학을 정해주고 다시 해당 대학에서 치르는 시험을 통해 최종 합격자를 선발한다. 현재 대졸자의 비율은 남성이 60% 수준이며 여성(10 ~ 20%)보다 많으며 전체적으로 40 ~ 50% 정도가 대학을 진학하고 있다.

33) 이용자, 「북한 유아 교육 실태와 협상 형태에 미친 영향 연구」, 『협상연구』, 제12권 제1호(한국협상학회, 2006), p. 89.
34) 김계동 외, 앞의 책, p. 253.

고등교육 기관에는 일반 고등교육기관(학업을 전문으로 하는 고등교육)과 성인 고등교육기관(일하면서 배우는 고등교육)이 있다. 일반 고등교육기관에는 종합대학, 단과대학, 고등전문학교, 특수대학이 있고, 성인 고등교육기관으로는 공장대학, 농장대학, 어장대학, 일반대학 야간부, 방송통신대 등이 있다. 북한의 고등교육기관으로는 김일성종합대학, 김책종합대학, 고려성균관 등 3개의 종합대학을 비롯하여 대학교 280개가 있고, 체육 및 예술 전문학교와 기술계 전문학교 600여 개에 학생 수는 총 31만 명 정도로 추정된다.

2) 특수 목적 교육체계

북한에는 특수 계층 자녀들이 다니는 특수층 자녀 교육기관과 외국어 및 과학·예체능 분야의 인재를 집중적으로 육성하는 교육기관들이 있다. 특수층 자녀교육기관으로는 평양 만경대혁명학원, 강반석혁명유자녀학원, 새날혁명학원, 해주혁명학원 등이 있다.[35]

만경대혁명학원은 당·정 고위 간부 자녀들에게만 입학이 허용되는 예비 간부 양성기관으로 11년제이고, 정원은 900여 명이다. 이들은 졸업 후 김일성종합대학을 진학하거나 당·정·군의 초급 간부로 기용된다. 만경대혁명학원은 1947년 10월에 인민무력부 산하의 교육기관으로 설립된 북한 최고의 혁명학원이다. 중앙당 부부장급 이상 고위 간부와 항일 혁명투사의 자녀들이 소학교 졸업 후에 입학하게 된다. 이 외에도 특별한 공이 있거나 대규모 공장 및 기업소의 지배인과 기사장 자녀들에게도 입학의 기회가 주어진다. 별도의 선발 시험 없이 입학하며, 6학년까지는 중학교와 같고, 7~8학년은 군사 교육과 기술 교육 위주로 진행한다. 강반석혁명유자녀학원은 남포혁명학원으로 창설되어 천리마학원 칭호를 받은 1972년 강반석혁명학원으로 개칭하였고, 11년제이며 학생수는 700여 명에 이른다. 이곳은 여성 정치 간부들을 양성하기 위해 설립된 4년 과정의 여자대학이다. 강반석혁명학원, 강반석정치대학으로 불리다 1992년 8월에 강반석유자녀대학으로 개칭되었다. 해주혁명학원도 천리마학원 칭호를 받았으며 11년제이고 학생은 700여 명이다.

북한도 국가 경쟁력을 확보할 수 있는 인적 자원의 확보의 필요성 때문에 어학과 과학 영재 교육 및 예체능 등을 위해 특수학교의 설치 및 확대를 추구하고 있다. 먼저, 외국어

35) 이하의 내용은, 통일부 통일교육원, 『북한 이해』(2009), pp. 188-191. ; 전영선, 『북한의 사회와 문화』(서울: 도서출판 맥락, 2005), pp. 141-143, p. 150. ; 김창희, 앞의 책, pp. 276-277. 등을 참고로 재작성한 것임.

분야 특수학교로는 평양외국어학원이 있는데, 6년제이며 1,800여 명의 학생이 재학 중이며 영어·일본어·독일어·러시아어·중국어·아랍어·스페인어 등 총 20개 학급으로 편성되어 있다. 간부 자녀 등 출신성분이 양호하고 외국어 소질이 있는 자를 매년 300명씩 선발하여 교육하고 있다. 또한 각 도에도 외국어학교가 있는데, 신의주, 함흥, 원산, 청진, 강계, 평성, 혜산 등 각 도에 1개소가 설치되어 있고 학생 수는 학교별로 400~500여 명 정도이다.

과학 분야에도 1983년부터 우수인력 양성을 위한 새로운 정책의 일환으로, 1983년 9월 평양 제1(고등)중학교가 개교하였고, 그 후 도청 소재지의 이름을 딴 제1중학교 12개가 설치되었으며, 1999년 4월 전국의 시·군마다 설치함으로써 총 2,100여 개로 확충되었다. 이들 학교는 과학 기술 전문 인력의 조기 양성을 위한 특수과학 영재학교로 평양 제1중학교의 경우 학생 수 약 2,000명이며 6년제이다. 관련 대학으로는 6년제 과정의 평성이과대학도 있다.

예체능 분야 특기자를 양성하는 예능계 학교는 학생을 출신성분, 사상성에 따라 선발하는데, 체육학교와 공예학교는 4년제이고, 음악·무용·조형예술학교는 11년제이다.

Q. 북한의 주요 학교 행사에는 어떤 것들이 있는가?

A. 『노동신문』 등의 독보회를 가지는 것 외에도 토요일에는 생활총화를 갖는다. 청년동맹의 경우, 초급단체 비서가 주도하는 총회를 가지며, 각 학교의 사로청위원회는 매월 1회 특정 주제에 대한 보고회 등의 전체 학생들이 모여 학교단 총회와 같은 집회행사를 가진다.

그 밖에도 합창경연 대회와 같은 예체능 분야의 행사를 진행하기도 하고, 경기장이나, 광장과 같은 넓은 장소에 모여서 각종 대회와 같은 행사를 통해 간부들의 토론과 만세 삼창의 순으로 집회를 개최한다. 공화국 축구선구권대회가 열리면 일반 학생들은 관전과 함께 응원을 하기도 한다.

소학교의 경우 6·6절이나 태양절에는 소년단이 사열 행진을 하기도 한다.

Q. 북한에서 학생들의 소풍 모습은 어떠한가?

A. 남한 사회와 같은 소풍의 풍경은 찾아볼 수 없다. 대신 하루를 택하여 산행을 다녀오는 것이 전부이다. 봄철에 등산을 하면서 축구 등과 같은 체육 프로그램을 운영

하는 것이 전부이다. 우천 시에는 도시락을 먹으면서 체육행사를 가지기도 한다. 한편, 중앙이나 도급에서는 야영소를 두어 우등생들을 대상으로 야영 체험학습 프로그램을 운영하기도 한다. 원산의 경우, 해양소와 같은 장소에서 이러한 경험을 쌓게 하고 있다.

3) 성인교육 체계

성인교육 체계를 주요 종합대학과 분야별 특수 교육기관을 중심으로 소개하면 다음과 같다.[36] 첫째, 북한의 최고·최대 규모의 종합대학은 김일성종합대학이며, '민족간부양성기지'로 불리고 있다. 평양시 대성구역 용남동에 위치하고 있는데, 김정일 국방위원장을 비롯하여 고위 당료나 관료들이 배출되었다. 1946년 7월 8일 북조선인민위원회 결정에 따라 10월 1일 개교하였으며, 총 부지 면적은 1백56만m^2이고 본교사(1만 3천5백m^2), 제1교사(4만 6천m^2), 제2교사(5만 2천m^2)를 비롯한 기본 건물과 1천2백 석 규모의 열람실과 연구실을 갖춘 과학도서관·자연박물관·출판사·인쇄공장 등의 부대건물로 이루어져 있다. 이 밖에 기숙사(1만 명 수용), 병원 및 종합 편의시설을 갖추고 있는데, 이들을 모두 합친 건축물 총 면적은 40만m^2에 이르고 있다.

설립 당시에는 7개 학부, 24개 학과, 30개 학급에 교수 60명, 학생 1,500명이었으나 현재는 문학대학과 컴퓨터과학대학, 법률대학, 재정대학에 이어 평양의학대학, 평양농업대학, 계응상농업대학 등 3개의 단과대학이 편입되어 모두 7개의 부속대학을 갖고 있다. 그리고 50여 개 학과, 80여 개 강좌, 6백여 학급에 1만 2천 명(야간·통신부 5천 명 별도)이 재학하고 있다. 교직원 수는 2,500여 명이다. 또한 산하에는 역사연구소·경제학연구소·철학연구소·법학연구소·어문학연구소·물리학연구소·생물학연구소·화학연구소·지질학연구소·동위원소연구소 등 10개의 연구소와 50개의 연구실 및 박사원을 두고 있으며 교수·부교수·박사·준박사 등 1,200명의 교수와 연구원이 근무하고 있다.

학생들은 전체 교과과정의 40%에 이르는 정치 과목을 필수적으로 이수토록 되어 있다.

---

36) 전영선, 앞의 책, pp. 143-152. ; 조정아·이춘근, 「북한의 고등교육 개혁과 이공계 대학 교육과정」, 『북한연구학회보』, 제12권 제1호(북한연구학회, 2008), pp. 207-233 참조. ; 위키백과 홈페이지(http://ko.wikipedia.org), 2010년 9월 24일 검색.

이와 함께 군사학도 필수적으로 이수해야 하는데, 총 1,200시간으로 짜여 있다.[37]

한편, 내각의 부부장급 1/3 이상이 이 대학 출신인데 이 대학에서 지난 50년간 55,000명의 간부를 배출한 것으로 전해지고 있다. 입학을 위해서는 가장 우수한 당성 외에도 입학시험 과목으로 국어·외국어·수학·물리·화학·김일성 혁명 역사 등 5개 과목을 치러야 한다. 김정일은 1996년 10월 창립 50주년을 맞아 축하 서한 '혁명 발전의 요구에 맞게 대학교육을 강화할 데 대하여'를 전달하였으며, 같은 해 11월에 용남산에 높이 4미터 길이 12.5미터의 화강석 명제비 '조선아 너를 빛내리라'를 건립했다.[38]

김일성종합대학의 경우 행정체계상으로는 내각 교육성에 직속되어 있고 조선노동당으로부터는 비서국의 과학교육부를 통해 통제를 받고 있다. 대학 총책임자로 총장이 있고 그 아래로 제1부총장, 교무부총장, 과학부총장, 경리부총장 등 4명의 부총장이 있다. 제1부총장은 노동당 대학당위원회의 책임비서가 겸하고 있는데, 당 조직과 학생단체를 관장하고 대학 내 모든 정치 문제와 사상 문제를 책임지고 있다. 교무부총장은 교무행정 전반을, 과학부총장은 연구 활동에 관한 업무 일체를, 경리부총장은 물질적인 교육 조건을 뒷받침하고 있다. 대학 최고의 협의기구는 각 학부장들과 행정부서 책임자 및 당과 사회단체 책임자들로 구성되어 있다.

둘째, 북한의 3대 종합대학 가운데 하나로 북한 최초의 기술대학이자 최대의 공업종합대학으로서 김책공업종합대학이 있다. 과학 기술 분야의 최고 수준의 대학으로 알려져 있으며 평양시 중구역 영광거리에 소재하고 있다. 1948년 9월 27일 김일성종합대학의 공학부, 철도공학부를 모체로 하여 창설되었다. 창립 당시 대학 명칭은 평양공업대학이었으나, 한국전쟁이 진행 중이던 1951년 1월 전사한 전선사령관 김책의 이름을 따서 김책공업종합대학으로 개칭하였다. 1988년 10월 개교 40주년 때 김책공업종합대학으로 승격되었다.

학생 수는 1만 명, 교직원은 2,000명인데 이 숫자는 개교 당시보다 19배가 늘어난 것이다. 시설로는 6층짜리 1호 교사와 각 5층 규모의 2·3호 교사를 비롯해 종합강당(2,000석), 각종 실습공장 및 실험실(54개), 도서관(장서 60만 권) 등의 시설을 갖추고 있다.

19개 학부에 80여 개 강좌가 개설돼 있으며, 학과는 주로 공과계열로 원자로공학과

---

37) 『노컷뉴스』, 2010년 6월 11일자 기사.
38) 북한연구소 편, 『북한대사전』에서 발췌한 것임.

· 지구물리탐사학과 · 금속재료학과 · 정밀기계학과 · 핵전자공학과 · 전자자동화학과 · 물리학과 · 기계학과 · 지질학과 · 선박학과 · 광업학과 · 금속기계학과 · 체신학과 · 전기학과 · 건재학과 · 공업경영학과 등이 있다. 최근 과학 기술 발전 추세에 따라 200여 개 실험실습과목이 새로 개설되었으며 컴퓨터 프로그램학과도 신설되었다. 이 밖에 1956년 창설된 연구원을 비롯해 박사원 · 연구소 등도 설립되어 있다. 1981년부터 부지 및 교사 확장공사를 추진, 12년 만인 1993년 1월 완공함으로써 총 부지 면적이 2배(기존 20만m^2)로, 건물 면적은 15만 2,000m^2가 더 늘어났다.

대학 총책임자인 총장 아래 3명의 부총장을 두고 있으며, 행정체계상으로는 내각 교육성의 지시를 받고 있다. 한편, 이 대학 현판은 김일성의 친필을 새긴 것으로 유명하다. 1972년 4월과 1988년 9월에 '김일성훈장'을 받았다.

셋째, 경공업 분야의 최고 대학으로서 고려성균관이 있다. 개성시에 위치한 이 대학은 1992년 8월 고려의 성균관을 계승한다는 취지에 따라 개성경공업대학이 종합대학으로 승격하면서 고려성균관으로 개칭되었다. 학교의 특성에 따라 경공업 부문, 실생활에 적용되는 실용적 연구를 통해 북한 경공업의 발전을 도모하는 것을 목표로 삼고 있다.

넷째, 과학 기술 인력 양성의 핵심기지로서 평양이과대학도 있다. 1967년 1월에 설립된 이 대학은 전자자동화학부, 수학학부, 물리학부, 생물학부 등의 8개 학부와 콤퓨터센터 등 4개 연구소를 갖춘 북한 최고의 과학 기술대학으로 평양시 온정구역에 위치하고 있다.

다섯째, 대외사업 전문가 양성을 목적으로 하는 평양외국어대학이 있다. 이 학교는 1993년에 김일성종합대학 외국어학부에서 분리되어 설립된 북한 유일의 4년제 외국어전문대학이다. 2,000명 정도의 학생들이 수학하고 있는데, 대부분이 평양외국어학원 출신이고 10% 정도는 지방의 중학교에서 올라온 학생들로 구성되어 있다. 영어, 러시아어, 일본어, 독일어, 불어, 중국어, 아랍어 등의 전공이 있다. 참고로 1964년 1월 조선노동당중앙위원회에서 외국어 교육을 대폭 강화하는 결정을 채택하면서 러시아어와 영어를 중학교 제1외국어로 지정하여 학교별로 선택하게 하였으나 영어의 중요성이 점차 높아지면서 1975년부터는 러시아어와 영어를 병행 교육하다 점차 영어 위주로 전환하였다. 그 밖에도 대외사업에 필요한 전문가의 양성을 위해 평양, 청진, 함흥, 신의주에 제한되었던 6년제 외국어학원을 각 도마다 확대하여 설립 · 운영하고 있다.

3. 북한의 교육 내용

북한의 학교 교육과정은 「사회주의 교육에 관한 테제」에 근거하여 정치사상 교육, 과학기술 교육, 체육 교육(지·덕·체)이 중점적으로 다루어지도록 되어 있다. 정치사상교육은 김일성과 김정일의 혁명 역사와 활동의 내용을 가르치고, 과학 기술교육은 일반 과학과 전문 기술을 중심으로 가르치며, 체육교육은 노동과 국방에 필요한 체력 향상을 그 목적으로 삼고 있다.[39)]

구체적으로 학교 급별 교육과정의 내용은 다음과 같다. 먼저 탁아소의 경우, 만 2세가 넘은 유아는 '젖떼기 반'에서 집단 양육되고 만 4세 미만은 '높은반'으로 가서 가요, 유희, 그림찾기 등의 프로그램을 통해 김일성 부자를 찬양하는 내용을 교육받는다. 만 4세가 되면 유치원에 들어가 김일성·김정일 부자에 대한 충실성에 기본을 두고 주체사상 교양 등의 정치사상교양과 함께 으리말과 셈세기 교육 등 지적 교육을 받는다. 그 밖에 노래와 춤, 그리기와 만들기를 통한 정서 교육과 체조 등을 통한 체육 교육도 실시된다.[40)]

소학교의 경우, 정치사상 고육, 과학 기술 교육, 체육 교육, 예능 교육, 국방 교육, 외국어 교육으로 세분화된다. 2008년 9월부터는 3학년 이상의 학생들이 영어 및 컴퓨터 조기교육을 실시하도록 하고 있다. 4년 동안 '경애하는 수령 김일성 대원수님 어린 시절', '위대한 영도자 김정일 원수님 어린 시절'과 최근에는 '항일 여성영웅 김정숙 어머님 어린 시절'을 포함하여, 일반 교과목으로 '사회주의 도덕', '수학', '국어', '자연', '위생', '음악', '체육', '도화공작', '영어', '컴퓨터' 과목 등 13개의 과목을 이수하도록 하고 있다. 정치사상 과목은 주당 1시간씩 배정하고 있고, 국어가 전체 수업 시간의 1/3, 수학 과목이 1/4로 두 과목의 비중이 전체의 57%에 이른다.[41)]

중학교에서는 재학 6년 동안 모두 23개의 과목을 교육하도록 되어 있는데, 소학교에서 배운 내용을 좀 더 확대·심화시켜 다루고 있다. 예를 들어, 정치사상 과목으로는 '위대한

---

39) 배한동 외, 앞의 책, p. 232.

40) 이용자, 앞의 논문, pp. 90-95.

41) 통일부 통일교육원, 『북한 이해』(2009), pp. 188-189.
소학교와 중학교의 각 교과서별 목록은 통일부 북한자료센터 홈페이지(http://unibook.unikorea.go.kr)의 『자료실』의 '북한 교과서 목록'을 참고하기 바람.

수령 김일성 대원수님 혁명 활동'과 '위대한 수령 김일성 대원수님 혁명 력사'로 분리하여 가르치고 있다. 그 밖에 '현행 당 정책' 과목이 중학교에 추가되어 교육되고 있고, 그 밖에 국어 과목은 '문학', '한문'으로, 수학 과목은 '대수', '기하'로, 사회과 과목은 '력사'[42], '지리'[43]로, 자연 과목은 '물리', '화학', '생물'로 나누어 가르치고 있다. 아울러 도화공작 과목은 '미술'과 '제도'로 분리되며, 실습 과목이 추가되어 있다.[44]

한편, 대학의 교육과정을 살펴보면, 전공과목별로 차이는 있지만 정치와 경제 부분에 대한 과목들은 전공에 상관없이 공통으로 이수해야 하는데, 주체사상 교육, 당 정책 교육, 혁명 전통 교육과 함께 이들은 당에 대한 충실성과 김정일에 대한 충성심을 고취시키는 데 목적을 두고 있기 때문이다. 구체적인 과목으로는 '주체 철학', '혁명 역사', '주체정치경제학' 등이 있다. 그리고 군사학이 20%를 차지하고 있다. 그러나 최근 북한에서는 대학교육을 과학·기술과 외국어를 강화하는 방향으로 대폭 개편하고 있는데, 과학이나 기술과 관련된 상당수 많은 과목이 개설되고 실험·실습이 강화되는 한편, 각 대학에서 2~3개의 외국어를 습득하기 위하여 '외국어 교수 요강'을 개정하기도 하였다.[45]

4. 북한의 교육 행정 체계

북한의 교육 행정 체계는 조선노동당, 내각, 학교 등으로 구성되는 3원 구조로 되어

---

42) 북한에서는 마르크스-레닌주의의 유물사관에 기초하여 조선노동당의 유일사상인 주체사상으로부터 파생된 역사인식의 틀인 '주체사관'에 입각하여 역사를 인식한다. 한편, 남한과 다른 역사적 시대 구분을 하고 있는데, 다음과 같다. 원시시대는 선사시대로부터 고조선 성립 이전까지이며, 고대는 고조선 건국부터 진국의 멸망까지, 중세는 고구려 성립부터 1850년대 말까지로서 구체적으로는 고구려사, 백제사, 전기 신라사, 후기 신라사, 고려사, 조선사로 구분한다. 근대사는 1860년부터 1925년까지이며, 현대사는 김일성이 혁명 활동을 개시한 시점이기도 한 1926년을 그 출발점으로 삼고 있다.

43) 북한의 지리 교과서를 분석한 논문에 의하면, 북한의 중학교 지리 교육과정은 하나의 독립된 교과로서 남한보다 비중 있게 다루고 있다는 특징을 보여주고 있다. 한편, 지리 교육과정은 저학년부터 고학년에 이르기까지 자인지리학의 기본 지식, 한국의 자연환경과 지하자원, 우리나라 각 지역의 생활, 세계지리, 자연지리의 심화 지식 등으로 심화 학습되도록 설계되어 있다. 다른 교과서도 비슷하겠지만, 북한의 지리교육의 학습 목적이 사회주의 혁명과 건설을 위해 준비되고 있다는 인상을 지울 수 없다. 김일성 부자가 우상화되고 있는데, 중·소단원의 첫머리에 지리학의 주요 개념들이 '김일성 교시'와 '김정일 말씀'의 현식을 빌어 제시된다는 점이다(자세한 내용은 이전, 「북한의 지리 교과서에 대한 일고찰: 북한의 고등중학교 지리교과서 1990년판과 2000년판 분석을 중심으로」, 『한국지역지리학회지』, 제11권 제6호(한국지역지리학회, 2005), pp. 607-619을 참조할 것.).

44) 통일부 통일교육원, 『북한 이해』(2009), pp. 189-190.

45) 김창희, 앞의 책, p. 271.

있다. 당은 지시와 감독을 하고, 내각의 교육성을 비롯한 각 급 교육 행정 조직들은 당의 지침에 따라 구체적인 교육정책을 관장하며, 일선 학교는 현장에서 학생들을 직접 교육하는 업무를 각각 담당하고 있다. 즉, 교육정책의 수립과 총괄적 지도는 조선노동당중앙위원회 산하의 과학교육부가 담당하며, 그 집행 및 교육과 관련된 행정의 총괄은 내각 산하의 교육성에서 이루어지며 각 급 교육기관(학교)은 당과 내각의 지도 아래 교육을 실시하고 있다. 따라서 북한의 교육 행정은 사실상 당의 지도에 의해 수립되고 교육 행정 조직들을 통해 집행된다고 볼 수 있다.

좀 더 구체적으로 각 교육 행정 체계를 살펴보면 다음과 같다.[46]

먼저, 조선노동당은 북한 체제의 특성상 내각이나 일선 학교에 대해 우선적인 권한을 갖고 인사나 교육문제를 다루고 있다. 이에 따라 모든 학교는 형식상 교장이 학교 운영의 책임을 지고 있지만, 일선 학교에 파견된 당 위원회 위원장인 부교장이 실권을 행사하고 있다. 학교장은 학교의 책임자로서 행정과 재정을 총괄하는 업무를 수행하고 있고, 부교장은 교원들의 조직생활을 관리하며 교수·교양 사업과 사상교양 사업을 담당하고 있다.

둘째, 내각의 교육성 산하에는 보통교육부와 고등교육부가 있다. 보통교육부에서는 유치원, 소학교와 중학교, 교원대학을 관장하며, 고등교육부에서는 일반대학과 사범대학 등을 관장한다. 교육성은 교육지침을 각 시·도의 인민위원회 교육처로 하달하고, 인민위원회 교육처는 다시 그 산하의 시·군·구역의 인민위원회의 인민교육과로 전달한다. 그 다음에 다시 이 교육지침이 일선 학교 현장에 최종 전달되어, 비로소 정책의 집행이 이루어진다.

셋째, 이처럼 일선 교육현장의 각 급 학교는 당과 내각의 지도와 통제를 통해 교육을 실시하고 있다. 학교의 행정조직으로는 학교장과 학교 단위 초급당위원회 위원장인 부교장, 그리고 각 분과와 경리주임 등으로 구성되어 있다. 중학교에서는 교과별 분과가 조직되어 있고, 소학교에서는 학년별로 분과가 조직되어 있다. 그 밖에 각 급 학교에는 교원사회단체, 학생사회단체(소년단, 청년동맹) 등의 조직이 있다.

46) 통일부 통일교육원, 『북한 이해』(2009), pp. 181-182. ; 김계동 외, 앞의 책, pp. 227-237 참조.

5. 학교생활의 실제

1) 청소년의 학교생활

북한에서는 엄격한 조직생활이 모든 생활의 기초를 이루고 있으므로 청소년들의 학교생활도 조직화·집단화되어 있다. 성, 연령, 사회계층, 지역 등에 따라 조금씩 차이가 있지만 청소년들의 일상생활은 일반적으로 조선노동당과 교육 행정 당국에서 하달된 지시에 따라 이루어진다.

소학교와 중학교의 수업은 오전 8시부터 시작하기 때문에 학생들은 대개 7시에서 7시 30분 사이에 집을 나선다. 도시에서는 통학 거리가 먼 학생들은 버스로 통학을 하기도 하지만, 대부분 학생들은 걸어서 통학한다.

학생들은 동네의 일정한 장소에 모여서 인원 확인과 복장 검사를 마친 후에 함께 등교하기도 한다. 개인행동을 했을 때에는 상급생이나 담임교원에게 벌을 받을 수도 있다. 학급장이나 학생조직장의 지휘로 소학교와 중학교 학생들은 줄을 서서 합창을 하면서 학교로 간다. 학교 정문에 도착하면 소년단이나 청년동맹위원회 간부들로 구성된 규찰대가 공부할 준비 상태, 머리와 복장 검사, 특히 김일성 배지 착용 여부에 대한 검열을 한다.

학교의 일과는 아침 모임에서부터 시작된다. 전교 학생들이 학급별로 줄을 서서 '배움의 천릿길' 달리기를 한다. 달릴 때는 두 패로 나누어져, '배움의 길', '천릿길'이라는 함성을 번갈아 지르면서 학교 운동장까지 달린다. 그 다음에는 인민보건체조를 하고, 학교장이 전날에 일어난 비판 대상거리를 발표하고 훈계한다. 이때 잘못한 학생들은 앞에 나가 비판과 벌을 받는다. 일주일에 한 번씩 청결·위생 검열도 하게 된다. 학급장이 인원 점검을 한 후, 줄을 서서 교실로 들어간다.

학교 수업은 소학교가 하루에 4 ~ 5시간, 중학교 중등반은 6 ~ 7시간, 고등반은 6 ~ 8시간 정도 한다. 수업 시간은 소학교와 중학교 중등반은 45분 수업에 15분 휴식하며, 고등반은 50분 수업에 10분간 휴식한다. 학교는 12시 35분까지 5교시 수업을 마치고, 오후 2시 20분까지(1시간 45분간) 점심시간을 갖는다. 12시부터 점심시간인데, 집이 가까운 학생들은 집에 가서 먹고 오기도 하지만은 집에서 준비해 온 곽밥(도시락)을 먹기도 한다.

저심식사 후 3시 15분까지 6교시 정규 수업이 끝나면 담임교원의 지도하에 일일 또는 주간 생활총화 시간을 가진다. 이 시간에는 하루 또는 한 주일 동안의 생활을 반성하고 앞으로의 생활에 대한 결의와 각오를 발표한다. 학생 스스로가 자신의 잘못을 이야기하고 반성하기도 하나, 대부분 학급반장이나 학습반장들이 적은 것을 발표하여 비판한다.

생활총화가 끝난 후, 자율학습 또는 과외학습이 시작되어 집체복습과 개별적인 학습, 그리고 학업성적이 부진한 자들에 대한 집중학습이 이루어진다. 복습 끝에는 시험총화가 있어 그 총화에서 통과되지 못하면 늦게까지 교실에 남아 있어야 한다.[47] 또한 학생들은 수학·외국어·예체능 등의 소조 활동을 하는데, 방과 후 2～3시간 정도 한다.

Q. 각 급 학교 학생들의 일과는 어떤가?

A. 7시 30분까지 학교에 등교하여 독보 시간을 가진 후 8시부터 오전 수업이 진행된다. 중학교의 경우, 45분 4교시 오전 수업을 마치면 12시부터 2시까지 점심식사 시간을 가진다. 오후 수업은 4시까지 되어 있으나 경제난이 시작되면서 각종 노동에 동원되어 잘 이루어지지 않는 경우도 많았다고 한다. 소학교 학생들은 주로 청소 등과 같은 일에 동원되지만 중학교 학생들의 경우는 인근 지역의 농촌 밭 김매기, 철로의 자갈을 정리하는 철도 지원 사업을 나가기도 한다. 북부지방의 추운 곳은 동절기에 쌓인 눈얼음을 깨는 작업에 동원되기도 한다. 학생들은 각종 수매 사업에 동원되는데, 파지나 파철 등의 수집에 동원된다. 중학생들의 경우 매년 호프 꽃따기 동원, 들쭉 따기 동원, 감자 동원 등 각종 노력 동원에 1개월 내지 1.5개월 가까이 농사일에 동원되기도 한다.

입학식이 있는 4월 1일부터 8월 1일까지 1학기를 진행하고 9월 1일부터 12월 하순경까지 2학기 수업을 한다. 여름 방학은 1개월 정도이지만 겨울 방학은 2월 중순까지 상대적으로 길다. 동절기의 경우 기숙사의 난방 문제 등으로 인해 15일씩 '약초 방학'과 같은 수단을 통해 방학을 연장하기도 한다.

한편, 북한의 교과서를 잠깐 소개해 보기로 한다. 1980년대와 현재의 북한의 교과서를 비교해 놓은 사진을 보면, 칼라로 잘 만들어진 1980년대 교과서와, 교과서라기보다 노트 같은 허름한 지금의 교과서를 통해 북한의 경제 사정의 변화를 알 수 있다. 그리고 소학교

47) 박성희, 『북한 청소년의 생활』(서울 : 공보처, 1995), pp. 50-52.

1학년 학생의 교과서에조차 거침없이 등장하는 전쟁, 군사, 반미 등과 관련한 거친 단어들과 김일성 부자 우상화, 남측에 대한 부정적 인상이 드러나는 내용들은 이질감을 느낄 수 있는 대목이다. 한편, 2006년 12월에는 유네스코 한국위원회와 대한교과서(주)가 남한에서 초등학교 교과서를 찍던 윤전기를 북한에 기증하기도 하였다.

(1) 7·15 최우등상

'7·15 최우등상'은 북한 청소년들에게 김정일에 대한 충성심 고취와 학습의욕의 향상을 목적으로 1987년 7월 15일 제정된 상훈을 말한다. '7·15'의 상훈 명칭은 그 제정 날짜를 붙인 것이다. 북한의 주장에 의하면 이 상의 제정 배경은 김정일이 평양제1(고등)중학교 전신인 남산고등중학교 재학 중(1957년 9월 ~ 1960년 8월)에 '천재적 학구욕으로 수천 권의 책을 독파한 것을 후대들에게 체득시키기 위한 것'에 있다고 선전한다.

이 상이 제정된 직후 북한의 평양제1(고등)중학교에서는 가장 먼저 '7·15 최우등상 쟁취 운동'의 전개를 촉구하는 궐기집회가 열렸으며, 곧 이어 각지의 (고등)중학교로 확산되었다. 이 상의 대상자는 품행이 단정하고 전자·물리·수학·화학·외국어 과목에서 우수한 성적을 올린 학생을 선발하고 있다. 또한 북한의 학교에서는 '7·15 최우등상'을 본뜬 '7·15 최우등학급' 및 '최우등분단'도 시행하고 있다.[48] 그러나 이 상은 실질적인 성적 우수자에 대한 평가보다도 김정일에 대한 충성심을 더욱 더 중시한다는 점에서 북한 학생들의 사상성·혁명성·충실성 유도가 본래적 의도라고 하겠다.

(2) 그 밖의 학교생활 모습

북한 소학교에서는 남한과 달리 학년마다 학급의 구성원들이 변하지 않는다. 물론 담임선생님도 변화가 없다. 한편, 학급의 반장들이 있다. 반장은 학업 성적이 우수하고 품행이 방정한 학생으로서 담임선생님의 신망을 받는 학생이 맡게 된다. 그러나 최근에는 경제난으로 인해 학교로부터 각종 부과 금품이 많아서 경제력이 있는 학부모의 자녀들을 선호하는 경향도 일부 나타난다고 한다.

북한의 학생들이 치르는 시험 방법과 관련하여서는 남한과 같은 오지선다형의 시험은

48) 전영선, 앞의 책, p. 142.

없다. 모두 주관식 시험으로, 학생들은 선생님의 말씀이나 교과서 등의 내용을 외워서 직접 쓰는, 이른바 서술형 주관식 시험을 치른다. 시험 성적은 최우등, 우등, 보통, 낙제의 4가지로 구분된다.

아울러 북한에서는 교원들의 권위가 강하다. 학생들이나 학부모로부터 교원들은 존경심과 함께 여러 가지 예우를 받고 생활한다.

Q. 학생들의 봉사 활동은 어떤 것이 있는가?

A. 북한에는 강제 동원되는 활동의 하나로 '농촌 지원 전투'라는 것이 있다. 소학교 학생부터 대학생에 이르기까지 일정 기간 동안 농촌 일손을 돕는 활동 기간이 정해져 있다. 대학생의 경우 봄철에는 40~60일, 가을철에는 30~40일 정도 동원된다. 김일성종합대학, 김책공업대학, 김형직사범대학과 같은 경우는 봄철에 30~40일, 가을철에는 20~30일간 동원되기도 한다. 기간이 확정되고 대학마다 배정 지역이 발표되면 대학별로 '사회주의 경쟁 요강'을 작성하고 군대 형식으로 대오를 편성하여 활동한다. 학생들을 연대부(대학) - 대대부(학부) - 중대부(학년) - 소대(학급)로 나누어 활동하게 된다.

Q. 농촌 지원 전투의 하루는 어떻게 진행되는가?

A. '조기 작업'과 '야간 작업'이 있다. 새벽 4시 30분에 기상하여 새벽 5시부터 7시까지 작업을 하는데, 보통 모뜨기(모내기)를 한다. 야간 작업은 그날 마치지 못한 일을 보충하는데, 끝나는 시간은 저녁 10시~11시가 되기도 한다. 농사일 외에 자기 순번이 되면 해당 지역의 '혁명사상연구실 정성 사업'을 진행해야 하며, 숙소의 김일성, 김정일 초상화 뒷면에 종이를 새로 바르거나 습기 방지 주머니도 만들어 달아야 한다. 대개 참여하는 학생들은 "앞으로 00일 남았다."라며 날짜를 세다가 결국 "앞으로 00끼 남았다."라면서 철수 날짜를 기다린다.

2) 북한의 대학생 문화

북한 대학생들의 대학 문화와 관련한 특징들을 북한자료센터의 '북한 대학 문화 시리즈'의 내용을 중심으로 정리해 보면 다음과 같다.[49] 먼저, 북한의 대학에는 남한 대학들처럼

49) 『북한 소식』, 「분야별 북한 동향(사회/문화)」, 통일부 북한자료센터 홈페이지(http://unibook.unikorea.go.kr),

자신의 취미, 성격, 취향에 따라 조직되는 동아리 모임이 없다. 북한 당국의 입장에서 보면 이러한 동아리는 '반당 종파주의 온상인 분파 모임'으로서 숙청 대상이다.

둘째, 신입생 환영회라는 모임도 없다. 남한의 대학생처럼 환영회를 열고 술을 마시며 노는 것을 북한 대학생들은 꿈에서조차 상상할 수 없다. 북한의 각 급 학교들 중 신입생 환영식이 열리는 것은 소학교 1학년에 입학할 때뿐이다. 그것도 소학교 학생들이 나란히 늘어선 곳으로 가방을 메고 들어갈 때 박수를 치는 것이 전부이다.

셋째, 북한 대학생들에게도 축제는 있다. 물론 남한 사회의 대학에서 그려지는 그러한 성격의 축제는 아니다. 축제는 오직 정치적인 축제로서 김일성과 김정일 생일, 조선노동당 창건일 등 정치적인 기념일에 맞춰 그 대상을 찬양하고 흠모하는 '충성의 노래 경연대회'나 '충성의 편지 이어달리기', '충성의 시 낭송 모임', '축하문 채택 모임' 등 정치성만이 강조된 형식적인 축제일 뿐이다.

넷째, 북한 대학생들에게 자치활동의 꽃인 모꼬지라는 것은 찾아볼 수 없다. 남녀 대학생들이 학기 초마다 민박이나 야영장 등에 가서 모꼬지를 갖는다는 것은 북한 학생들에게는 상상할 수 없는 일이다. 이러한 개념은 북한 용어로는 '풍기문란'에 해당한다. 경치 좋은 곳에 가서 자유토론도 하고 술도 한잔씩 마시고 하는 것은 '부르주아적 날라리 근성'의 표본일 뿐이다.

다섯째, 북한 대학들에 조직이 있다면 하나는 소위 학급 조직이 있다. 생활 범위가 좁은 북한에서는 한 학급 동창생 간의 우의가 더욱 두텁다고 할 수 있다. 다른 하나는 군사화된 조직이 있다. 북한의 모든 대학들은 연대, 대대, 중대, 소대로 짜여 있다. 연대장, 대대장, 중대장은 모두 군 복무 경력이 있어야 한다. 학생들은 식사를 하러 갈 때나 대열 연습을 할 때 학습 조직으로 하는 것이 아니라 군대 조직인 대대, 중대 단위로 한다.

여섯째, 식사와 관련하여서는 과거 학교 내의 기숙사 시설 등에서 식권을 내고 식사를 하였지만 경제난이 가중되면서 식량 공급이 중단되어 일정 기간 동안 휴교를 하는 경우도 있었다고 한다.

일곱째, 북한 대학에서는 재학 기간에 공개적으로 애정 관계를 가질 수 없으며 결혼도 해서는 안 된다. 남한에서 하는 미팅이라는 것도 아는 사람을 통해 간혹 집단으로 하는

2010년 7월 23일 검색.

경우는 있지만 일정 수준의 그것을 넘지 못한다.

여덟째, 북한에서는 음란 영화나 비디오를 보는 것을 일절 금지하고 있다. 건전한 사회주의 사상을 해치는 자본주의 부르주아 사상을 퍼뜨리기 때문이란 것이다. 외국 영화는 일주일에 한두 번 정도 만수대 텔레비전 프로에서 건전하고 혁명적인 중국, 쿠바, 구소련 등의 영화를 방영하거나 우방국가의 국경절 즈음해서 평양 시내 영화관들에서 그 나라의 영화를 상영하는 정도이다. 그러나 자본주의국가 영화의 상영은 철저히 금지한다. 또한 텔레비전에서 방영되는 외국 영화는 보기는 해도 복사는 안 된다. 북한에서는 외국 노래를 들어서도 안 된다. 외국 소설도 국가 검열 기관에서 검열한 것만 읽어야 한다. 위반할 때는 사상적으로 변질됐다는 딱지가 붙는다. 보위부와 안전부 등에서 검열을 하는 경우도 있으며 단속되면 엄중한 처벌을 받기도 한다.

아홉째, 북한에는 일반 주민들이나 대학생들을 위한 노래방, 커피숍, 주점, 볼링장과 같은 대중 놀이 공간이 없다. 놀이 공간이라면 유희장과 유원지들이 고작이다. 대학생들은 명절, 공휴일 때면 학급 단위로 청량음료, 당과류 등을 준비하여 유원지에 가지고 가서 먹고 마시며 휴식의 한때를 보낸다. 청량음료, 당과류는 사기 힘들기 때문에 한 달 전부터 각자 분담한다. 휴식은 주로 나무 밑에서 카드놀이를 하든지 아니면 대동강 등 유원지에서 보트를 타며 시간을 보내는 것이 전부이다. 특히 남학생들 사이에서 제일 성행하는 오락은 카드놀이다. 그렇지만 몰래 해야 한다. 대학생들이 공개적으로 카드놀이를 하는 것을 엄금하고 있기 때문이다.

6. 교원 양성 체계

북한에서는 남한의 '교사'나 '교수'를 통칭하여 '교원'이라고 하며, 이들을 선생님이라고 부른다. 대학 교원의 경우는 '교수'라고 부르기도 한다. 북한에서의 사범교육의 목적과 사명은 후대들을 주체형의 공산주의 혁명가로 육성시킬 혁명화된 교육자를 양성함으로써 온 사회의 주체사상화에 이바지하는 데 있다. 북한의 교원 양성 기관은 4년제인 사범대학과 3년제인 교원대학이 있는데, 제1사범대학에서는 중학교 고등반 교원을, 제2사범대학에서는 중학교 중등반 교원을 양성하며, 각 시·도마다 1~2곳에 설치하며, 총 19개가 분포되어 있다. 제1·2교원대학에서는 유치원 교양원과 소학교 교원을 각각 양성하고 있으며, 각 도·직할시에 1개씩 총 13개가 있다. 또한 탁아소에 종사하는 보육원을 양성하는 기관인 '보육원양성소'는 중학교 졸업자로서 주로 사회 경력이 있는 부녀자들을 대상으로 선발하며, 교육 기간은 1년으로 총 20개가 있다. 1990년대부터는 사회경력자 중 6개월~1년 단기 과정의 교원양성소를 거쳐 교원이 될 수도 있다.[50)]

이들 대학에서는 부족한 교원의 충당을 위해 주간의 정규교육 이외에 통신·야간교육 등을 실시하고 있으며 교원에 대한 재교육의 실시 및 단기 강습 등을 조직·운영한다. 북한의 주요 교원 양성 기관으로는 '김형직사범대학', '김정숙사범대학', '삼흥대학' 등을 들 수 있다.

> Q. 북한에서 교원 양성 시스템은 어떠한가?
>
> A. 각 시와 도별로 1개의 교원 양성 기관들이 설치되어 교원들이 양성되고 있다. 특히 김형직사범대학이나 김정숙사범대학과 같은 유명한 4년제 대학에서 중등교사들이 양성되고 있다. 유치원 교양원이나 소학교 교원은 3년제의 교원대학에서 양성된다.

7. 교육 관련 주요 시설로서 인민대학습당[51)]

평양의 중심부에 있는 전민학습의 대전당이라고 불리는 인민대학습당이 있다. 이 인민대학습당은 1982년 4월 1일에 창립되었고, 김일성 광장의 축에 맞게 남산재의 높은 언덕에 자리 잡고 있다. 인민대학습당은 주체사상교양과 과학 기술·문화·지식 보급의 거점으로서 온 사회의 인텔리화의 중심기지이며 근로자들의 통신종합대학으로서의 기능을 수행하고 있다. 즉, 인민대학습당은 모든 근로자들을 영생불멸의 주체사상과 최신 과학 기술로 무장시켜 온 사회의 인텔리화를 실현하며 나라의 과학 기술을 발전시키는 데 적극 이바지하는 것을 기본 사명으로 하고 있다.

---

50) 김창희, 앞의 책, pp. 275-276.

51) 『북한 소식』, 「분야별 북한 동향(사회/문화)」, 통일부 북한자료센터 홈페이지(http://unibook.unikorea.go.kr), 2010년 7월 23일 검색.

1973년 12월 13일, 김일성 주석은 기관청사가 아니라 인민을 위한 큰 도서관을 건설하도록 그 터전을 잡았고, 1974년 10월 3일에는 조선노동당중앙위원회 정치위원회에서 새로 지을 건물의 이름을 '전민이 다 와서 공부하는 곳'이라는 뜻에서 '인민대학습당'으로 결정하였다. 그 후 1981년 9월 26일과 1982년 4월 1일 현지지도를 비롯하여 여러 차례의 교시를 통하여 인민대학습당을 노동당시대의 대기념비적 건축물로 건설하도록 당부하였다. 인민대학습당은 1979년 12월 2일에 착공하여 1년 9개월이라는 짧은 기간에 완공되었으며, 김일성 70회 생일날에 개관되었다.

제3절 가정생활

1. 가정생활

북한의 가정에서도 가족애의 표현과 같은 가족 구성원 간의 의사소통을 포함하여 일상의 생활 모습은 여느 사회와 마찬가지이다. 다만 북한 사회의 특성상 정치성이 보다 강조되고 있다는 점을 제외하면 그러하다. 그런데 북한에서의 가정은 혈연적 의미와 함께 '사회주의 혁명'을 수행하기 위한 집단적 의미를 지니고 있다. 즉, 가정은 공산주의 혁명을 수행하는 데 필요한 하나의 세포조직이라는 뜻을 함축하고 있다. 북한의 가족법에서 부모는 자녀를 혁명가 및 공산주의적 인간으로 키우는 것을 주요 의무로 규정하고 있다.[52)]

북한은 혁명 이념에 부합하는 새로운 가족 질서를 형성하기 위하여, 그리고 1950년대 사회주의 개혁 정책과 1960년대 사회주의 공업화 정책을 추진하면서, 종래의 전통적 대가족제도를 해체하고, 여성들의 사회적 해방과 남녀평등권의 실현(남녀평등법, 1946년)을 추구하여 왔다. 그러나 여성해방의 실질적 내용은 여성 전체가 사회적 노동에 복귀하는

---

52) 조선민주주의인민공화국 가족법(1990년 10월 24일 최고인민회의 상설회의 결정 제5호)을 채택한 후 두 차례에 걸쳐 수정 보완되고 있다. 1993년 9월 23일 최고인민회의 상설회의 결정 제35호로 수정 보충, 2004년 12월 7일 최고인민회의 상임위원회 정령 제808호로 각각 수정 보충되었다. 한편, 가족법 제1조(가족법의 사명)는 다음과 같이 규정하고 있다. "조선민주주의인민공화국 가족법은 사회주의적 결혼, 가족제도를 공고 발전시켜 온 사회를 화목하고 단합된 사회주의 대가정으로 되게 하는 데 이바지한다."

것을 의미하며, 이를 위해 가족의 개념과 형태를 집단주의체제에 알맞은 형태로 변형시키려 한 것이다. 현재 북한에서는 3 ~ 6명 내외의 핵가족 또는 부부 중심의 2세 대가족이 전체의 8할을 차지하고 있다.[53]

북한 정권 수립 초기에는 소련식 사회주의를 모델로 하여, 일제 및 반봉건 잔재를 청산하고 마르크스-레닌주의에 입각한 사회주의 건설을 추구하였다. 이에, 토지개혁과 함께 남녀차별과 장유유서 사상 등의 유교적 전통문화를 청산해 나갔다.[54] 그리하여 가장을 중심으로 하는 서열구조와 동족집단의 조상숭배 관념은 배제되고, 그 대신 소위 '사회주의적 가족'의 개념으로 대체시켰다. 또한 가족제도의 변형은 호적제도를 말살하는 것으로부터 진행되었는데, 호적제도와 친족 개념이 봉건사회의 잔재라고 이를 폐지하고 공민증제도를 1946년 9월 1일부터 시행해 오고 있다. 한편, 친족 범위를 6촌까지로 제한함과 동시에 주민 행정에 대한 기능을 강화하여 주민들의 동태를 정확히 파악할 수 있도록 하였다. 그리고 1940 ~ 1950년대의 사회주의적 개혁정책(토지사유제 폐지, 재산상속제 소멸 등)과 1960년대의 사회주의 공업화정책의 시행으로 가족 중심의 경제적 기반이 무너지고 가부장적 위계질서의 파괴와 함께 대가족제의 붕괴가 초래되었다.

Q. 북한의 가족의 수는 얼마나 되는가?

A. 북한의 대체적인 가족 구성원의 수는 3, 4명이 보통이다. 자녀를 1, 2명 낳기 때문에 출산율이 낮은 편이다. 아이가 출생하면 주거지의 분주소에 가서 출생신고서를 받아서 인민반장의 확인 절차를 거쳐 동사무소에 가서 출생등록을 하며 다시 분주소에 출생신고서를 제출한다. 출생신고서에는 출생지, 성명, 생년월일, 성별, 부모의 이름 등을 기재한다. 남한처럼 백일잔치는 하지 않지만 돌잔치는 치르는 편이다.

따라서 북한은 가정이 인간적인 삶의 터전이기에 앞서 당의 통제 단위로써 당적 과업을 촉진하는 매개 집단으로서의 도구적 의미를 지닌다. 또한 북한은 가정의 혁명화를 표방,

53) 김창희, 앞의 책, p. 230.

54) 조용관, 「북한 가족정책의 변화와 전통적 가족문화」, 『복지행정연구』, 제14호(안양대학교 복지행정연구소, 1998), pp. 290-297. ; 전상인, 「북한의 가족정책 변화 연구」, 『여성가족생활연구』(명지대학교 여성가족생활연구소, 1995), pp. 120-157 참조.

전래의 전통적 가정을 낡은 생활 방식의 온상지로 규정하고, 새로운 사회주의 건설을 위해서는 낡은 사상과 관습을 제거해야 한다고 주장한다. 이로 인해 북한은 가정을 '온 사회를 사회주의 대가정'으로 만들기 위한 '사회의 기층 생활 단위', '최저 생산 단위'로 규정하고 있으며, '사회주의 혁명 이론의 학습장'으로서 기능하도록 하고 있다.[55]

Q. 북한의 가정에서는 어떤 것을 훈육하는가? A. 여러 가지 기본예절을 배우고, 부모에 대한 효도, 이웃 간 예절, 인사법 등을 배우지만 제일 먼저 배우는 것은 김일성 부자에 대한 감사와 충성이다.

북한의 가족 정책은 시간대의 변화에 따라 그 양상을 달리하였다. 북한은 해방 후 초기에 사회주의 개혁 정책과 함께 호적제도를 봉건 사회의 잔재로 보고, 이를 대체할 '공민증' 제도(17세가 되면 남한의 주민등록증처럼 취득한다.)를 신설하였다. 또한, 1960년대 초반부터 사회주의 경제활동의 강화와 가정의 혁명화를 위해 노력하게 된다. 1970년대 북한은 경제의 진전으로 여성의 경제활동 참여가 더욱 필요해졌다. 이에 따라 주체사상을 통한 인간 개조 및 가정의 혁명화를 강조한다. 따라서 해방 이후 1980년까지 북한은 사회주의적 가족 원리에 기초한 반봉건적 가정의 혁명화 정책을 실시한 것이다.[56] 하지만 1990년대 이후 경제난이 가중되면서 북한 여성들이 장마당 등 시장으로 나가 생계를 살피는 일이 다반사가 되면서 여권의 신장도 두드러지고 있다. 아울러 "여자는 황소라네"와 같이, 슈퍼우먼으로 살아가고 있다. 즉, 장사와 가사를 함께 책임지는 여성의 모습을 빗대어 부르고 있는 것이다.

한편, 어린이들은 사회 및 국가의 부담에 의해 집단적으로 양육됨으로써, 여성들의 사회생활 여건이 보장된다. 하지만 실제로는 1980년대 이후 확대된 가부장적 가족 정책으로, 가족 관계는 수직적이다. 따라서 가사 노동은 여성의 몫이 된다. 남편은 주인, 부인은 아랫사람의 역할을 맡는다(북한에서 남편은 '세대주'라고 불리고, 부인은 '아내, 아낙네'라고 불린다). 물론, 이것도 가정마다 차이는 있다. 굳이 차이가 있다면 남한과 비교하여 볼 때 남한의 30년 전의 가부장적인 사고 구조가 일부 가정에 남아 있다고 할 수 있다.

55) 배한동 외, 앞의 책, pp. 218-219 참조.
56) 조용관, 앞의 논문, pp. 297-304 참조.

Q. 북한에도 가정 내의 남녀차별이 있는가?

A. 법적으로는 남녀평등법이 있지만 일반 가정에서는 유교적 분위기가 강하기 때문에 어른이나 남자에 대한 권위가 중시되는 등 가부장적인 문화가 남한 사회보다 상대적으로 팽배해 있다. 북한은 유교적 분위기가 강하기 때문에 주로 여자가 자녀 양육과 가사를 많이 한다고 보면 된다. 그렇지만 이것도 가정마다 다소 차이가 있다. 맞벌이 부부가 대부분인 가운데 경제난 때문에 상행위를 통한 생계 유지에 여성들의 노동력이 동원되는 등 사회적 진출이나 그 역할 비중이 점차 커지고 있어서 과거보다 여성들의 목소리가 점점 커져가고 있다.

한편, 북한 주민들의 하루 일과는 연령이나 직업에 따라 다르게 나타나지만, 통상 하루 일과는 오전 6시경에 기상을 하여 아침식사나 출근 준비를 한다. 오전 7시 30분경까지는 직장에 출근하게 되는데, 출근 후 독보회 및 당의 지시사항 전달 그리고 생활총화 등 당정치 사업을 수행한다. 독보회는 약 30분간 진행되는데, 직장에 따라 약간씩 다르다. 최근 들어 생활총화 시간이 일과 후에서 일과 전으로 변경되기도 한다. 오전 정규 작업은 8시에서 12시까지 진행된다. 점심식사는 직장과 집이 가까운 경우는 집에 가서 먹기도 하고 먼 경우에는 대체로 도시락을 싸 와서 동료들과 함께 먹는다. 점심시간 이후 오침시간이 1시간 가량 행정직, 전문직, 사무직 등 직종에 적용되어 왔으나 2000년대 들어서는 사실상 폐지되었다. 8시간 노동에 의거하여 오후 5시경이면 오후 일과를 마치고 귀가하게 된다. 퇴근 후 주민들은 텃밭을 가꾸는 경우도 있는데, 저녁식사를 마치면 여가시간을 갖기도 한다. 주로 텔레비전을 보는데, 여성의 경우는 빨래 등 가사를 하기도 한다. 텔레비전 시청 등 여가시간이 끝나면 북한 주민들은 대개 오후 10시경에 취침하게 된다.

Q. 주민들의 이웃과의 사교 생활은 어떠한가?

A. 6시 전후에 직장에서 일과를 마치면 가까운 이웃이나 직장 동료들의 집에 모여 음식을 해서 나누어 먹기도 하고, 시장이나 상점 등에 가서 쇼핑을 하기도 하며, 일부는 함께 모여 남한의 영화물을 비밀리에 시청하기도 한다. 생일 파티를 즐기는 경우도 있다. 형편이 좋은 경우는 생일 떡을 돌리기도 한다. 남한 사회처럼 계 모임과 같은 것은 없다. 일요일인 휴식일에는 가까운 이웃들이 모여 농마국수를 해 먹거나 화투놀이를 함께 한다.

2. 식생활

1) 식량 배급의 중단

현재 북한은 식량난으로 공식 배급 체계가 사실상 중단된 상태이다. 1990년을 전후하여 배급 체계가 정상적으로 작동하지 않은 것으로 알려져 있다. 1998년 말 북한 당국은 평양의 모든 기관과 직장에 공문을 보내, 1999년부터 평양에도 식량 배급을 중단하니 기관별 또는 개인별로 식량 문제를 해결하라고 통보하기에 이른다.[57] 이후 2005년 평양시를 비롯하여 일부에서 재개 움직임이 있었으나 여의치 않았다.

북한 주민들은 오전 8시경에 직장에서의 일과를 시작하게 되는데, 여성들의 경우 아침식사 준비를 해야 하므로 6시경에 기상한다. 아침식사는 집안 사정에 따라 다른데, 대부분의 일반 주민들은 잡곡밥이나 강냉이밥을 주식으로 한다. 그나마 나물국, 배추김치, 무생채가 일반적 찬이며, 계란 부침이나 소시지를 곁들이는 주민은 생활 형편이 나은 경우이다. 한편, 저녁식사의 경우도 아침식사와 비슷하지만, 국수, 감자, 고구마 등으로 해결하기도 한다.[58]

> Q. 물 부족도 심하다던데 어느 정도인가?
>
> A. 아파트에 사는 사람들이 물이 나오지 않아 한 번 쓴 물은 다시 정화해서 두세 번 쓰고 마지막에는 화장실용으로 버린다. 북한에는 "번대 맞아라"라는 말이 있다. 이처럼 물이 나오지 않아 볼일을 볼 수 없게 된 사람들이 신문지에 용변을 보고 20~30층 높이에서 그대로 버리면서 외치는 소리가 있을 정도이다. 수자원 문제뿐만 아니라, 상수도 관로 현황을 살펴보면, 어느 지방 도시의 경우 지하 2미터 지점에 상수도 관로가 매장되어 있는데, 동절기가 되면 동파가 되어 물을 사용하지 못하는 사례도 있다고 한다.

57) 통일연구원에서 발간한 『1999년 북한 인권 백서』에 의하면, 북한의 공식 배급 체계는 특수계층의 생존보장에 그치고 있는 형편이며 일반 가정의 경우 식량의 70% 이상을 암시장 등지에서 자체적으로 조달해야 하는 실정이었다.

58) 통일부 통일교육원, 『북한 이해』(2009), pp. 217-219.

2) 식량난으로 인한 모습들

식량난이 가중되면서 북한에서는 정규 군인들에 대한 배급도 전방이나 특수부대를 제외하고는 2+1 식단체제로 하루 두 끼는 밥, 한 끼는 죽으로 생활하고 있다. 평양에서도 일반 주민들의 평균 곡물 소비량이 1인당 하루 100~200g으로 대폭 줄어들었는데, 이마저 제대로 배급되지 않는다. 국영상점도 간장, 된장, 소금, 술 등 일부 품목을 제외하고는 판매할 물건이 없어 휴업 상태에 놓여 있다. 이리하여 사람들의 왕래가 잦은 곳에서는 장마당이 형성되어, 북한 주민들은 이 장마당에서 먹을 것을 구하기 위해 가구마다 가재도구나 과거 혼수품으로 장만했던 이불, 그릇까지 내다 팔아 식량을 구하기도 했으나 이런 것도 없는 일반 주민들은 장마당을 이용할 수도 없는 처지이다. 이곳에서 가재도구를 팔아 식량을 구했던 일반 주민들도 이제는 이마저 동이 나 더 이상 식량을 구입할 방도가 없어진 상황이다.

Q. 북한 주민의 식생활 모습은 어떠한가?

A. 일반 하층 주민들은 옥수수가 섞인 밥, 채소죽 등을 먹고 연명하며, 중간 계층은 하루 식비 3,000원~5,000원 정도의 반찬을 먹고 산다. 상류층은 하루 식비 3만 원 정도의 반찬을 해서 먹고 산다.

북한 군인들의 중국인 민가 식량 약탈도 부쩍 늘어나고 있다. 또 원정리~선봉군 간의 도로변에는 먹을 것을 찾아 떠돌아다니며 절도 소매치기 등을 일삼는 이른바 '꽃제비' 수백 명이 떼를 지어 지키고 있다가 중국화물 운송차량이 지나가면 한꺼번에 달라붙어 약탈하는 사건이 빈번하게 발생하고 있다. 한편, 북한은 봄이나 여름철이면 송이버섯, 느타리버섯, 도라지, 더덕, 두릅 등의 산나물을 외화벌이를 명분으로 기관이나 기업소, 학교 등에 할당하여 수집하도록 강요하고 있다. 가을에는 도토리를 수집하기 위해 공장이나 학교가 문을 닫고 도토리 줍는 일에 노동자와 학생들을 동원하기도 한다. 북한 당국은 개구리와 메뚜기도 주민들에게 잡아 오라고 할당량을 정해주니, 주민들은 개구리나 메뚜기를 잡아먹기도 어려운 처지이다.[59]

59) 『북한 소식』, 「분야별 북한 동향(사회/문화)」, '식생활 실태, 통일부 북한자료센터 홈페이지(http://unibook.

3) 북한의 지역별 음식문화

북한의 대표적인 4대 음식은 평양냉면, 평양온반, 평양(대동강)숭어국, 녹두지짐 등이다. 각 지역별로 특색 있는 음식은 다음과 같다.[60)]

북한의 지역별 특색 있는 음식

- 평양시 : 평양 냉면, 대동강 숭어국, 평양 온반, 평양 쟁반, 평양 어죽, 갈비국, 갈비구이, 뱀장어구이, 평양군밤
- 양강도, 자강도 : 감자농다국시, 감자떡, 당면, 감자농마강정, 강냉이가루강정
- 함경남북도 : 가자미식혜, 감자농마국사, 강냉이농마지짐, 장국밥, 태식, 방어반찬, 감자떡, 귀밀떡, 갓김치, 함흥 국수
- 평안남북도 : 노치, 가지나물, 가지순대, 가지김치, 녹두지짐
- 황해남북도 : 해주 비빔밥, 칼국수, 메밀국수, 녹두묵, 녹두농마국수, 도미국수, 숭어찜
- 개성 : 보쌈김치, 편수, 설렁탕, 추어탕, 경단, 우메기, 약밥, 신선로 등이다.

북한에는 비교적 여러 종류의 술이 있다. 북한의 술은 대부분 알콜 도수가 높은 편인데, 북한 사람들은 맥주와 술을 따로 구분할 정도로 도수가 높은 술을 즐긴다. 남한의 백화점 등에서도 볼 수 있는 북한의 오가피술이나 강계 포도주 등은 40도 남짓 되지만, 60도가 넘는 것도 있다.

대표적인 술은 들쭉술, 인풍술, 개성고려인삼술, 평양술, 검은모루, 불로술, 황구렁이술, 가시오가피술, 아달산술, 보드카, 장뇌삼술, 금술, 백두산 영지술, 왕찔광이술 등 비교적 다양하다. 그 중에서도 백두산 들쭉술은 가장 널리 알려진 술이다. 백두산 지역 및 고산지역에만 자생하는 들쭉이라는 열매를 가지고 만드는 술로 손님맞이 술로 인기가 대단하다.[61)] 그런데 최근에는 북한의 농촌 지역을 중심으로 부락 단위로 술을 자체적으로 제조하여 타 지역으로 유통시키는 경우도 늘어나고 있다고 한다.

---

unikorea.go.kr), 2010년 7월 23일 검색.

60) 북한자료센터에 소장된 「자랑스런 민족음식 : 북한의 요리, 한마당, 1989년」에서 발췌한 내용임.

61) 통일부 통일교육원, 『북한 방문 길라잡이』(서울: 통일부 통일교육원, 2000) 참조.

북한에서 생산되는 담배는 겉모양에 따라 필터가 있는 여과(려과)담배, 필터가 없는 궐련, 말아서 피우는 마라초(엽초) 등 세 가지로 구분된다. 상표별로는 30여 종에 이른다. 당정 간부에게 지급되는 고급 담배로는 칠보산, 홍초. 평양, 낙원, 금강, 개선문 등이 있다. 대성담배공장에서 생산하는데, 고려호텔 등지에서 판매된다. 평양담배공장에서 생산하는 중간급 담배로는 대극장, 대동문, 휘파람새 등이 있다. 일반 주민들은 해당화, 갈매기, 제비 등을 주로 피우며, 어떤 경우에는 직접 종이에 마른 담배초를 넣은, 이른바 '마라초'를 피운다.

> Q. 북한의 술, 담배 등의 품질은 어떠한가?
> A. 용성 맥주를 비롯하여 이름난 업체들이 생산하고 있다. 담배의 경우도 아리랑 등의 여과 담배들이 생산되고 있다. 최근에는 장백산, 별 등 중국제 담배들이 많이 유통되고 있다. 술을 전문적으로 제조하는 동네들이 생겨나서 생계를 이어가는 경우도 있다.

북한에도 콜라 등의 청량음료들이 생산되고 있다. 북한의 청량음료로는 사이다, 용성콜라, 신덕탄산물, 신덕샘물, 과일단물(주스), 맥주, 얼음보숭이(아이스크림) 등이 있다. 주민들은 주로 식당이나 노상의 간이판매대에서 사 먹는데, 대부분의 지역에 자동판매기는 아직까지 없다. 간이판매대에서 단물과 탄산수는 2000년 초반에 한 잔에 10전~1원 30전이며 얼음보숭이는 5원, 식당의 경우 탄산수 30~60전, 사이다 90전, 과일단물 90~1원 30전, 맥주는 1병에 1원 20전~2원 85전에 판매되었다.[62]

> Q. 북한 학생들도 아이스크림(얼음보숭이)을 즐겨 먹는가?
> A. 아이스크림 한 개당 값이 좋은 것은 100원이고 그보다 덜 맛있는 것은 50원 정도 한다. 25원짜리도 있다. 아이스크림 한두 개 사는 값이 거의 옥수수 1kg의 값에 버금가기 때문에 먹을 엄두를 내지 못한다. 혹여 하나 사 먹고 들어가면 큰 자랑거리가 된다. 한편, 북한 아이스크림의 품질을 살펴보면, 개인 장사꾼이나 국영 생산업체도 규정된 재료를 쓰는 것이 아니라 저가의 밀가루에 설탕이 아까워 사카린을 쓰는 경우도 있다고 한다. 멀겋게 끓인 밀가루 죽에 사카린 원료를 정확한 기준도 없이 어림짐작으로 집어넣는 경우도 있다. 그리고 찹쌀가루에 100% 설탕으로 만들었다고 속여 판다. 그래서 급성대장염에 걸리는 사람들이 여름철에 많이 발생한다.

62) 통일교육원 편, 『북한 방문 길라잡이』(2000.4).

4) 최근 언론 보도를 통해 본 북한의 식생활 문화

북한은 2009년부터 명절 상품 공급 사업에 땅콩사탕이 포함된다고 보도하였다.[63] 북한은 매년 설, 김정일 생일(2·16), 김일성 생일(4·15) 등에 국가적 차원에서 주민들에 대한 명절 상품 공급 사업을 진행하고 있는데, 명절 상품은 명절 상품 공급 지표에 따라 생산되어 국영식료품상점 및 국영공업품상점에서 국정가격으로 판매되고 있다. 평양시 인민위원회의 경우 당과류(과자·사탕·엿·껌 등), 술(맥주 등), 사이다, 기름 등의 식료품과 담요, 운동화, 장화, 비옷 등의 생활필수품을 공급하고 있다.

평양기초식품공장[64]에서 복합조미료인 '소고기효모맛내기'와 '맛내기간장'을 새로 연구 완성하여 생산을 시작하였다고 보도[65]하였다. 이 '효모맛내기' 생산 보도는 북한이 금년도에 중점을 두고 있는 '인민소비품의 지표 확대와 질 향상'을 통한 주민들의 '삶의 질' 개선 노력의 본보기적 성과의 제시와 아울러, 과학 기술과 연계한 '자력갱생' 노력의 성공 사례로서 이를 전파하려는 의도로 보인다. 화학조미료의 사용량은 세계적으로 증가하는 추세에 있으며 특히 동양권 국가들이 주로 사용하는 종합조미료는 북한에서도 '과다 사용 부작용을 소개'[66]할 정도로 사용량이 늘어나고 추세이다.

북한은 『조선신보』를 통해 "올해(2008년)부터 국산 '속성국수'(인스턴트라면)가 인민들에게 널리 공급될 전망"이라고 보도하였다.[67] 이 보도에 의하면, 특히 '라면' 생산 재개를 경공업부문의 첫 번째 주제로 선택하였다는 점에서 의미가 있다. 북한은 공동사설에서 '인민소비품'의 품질 개선과 품종 다양화를 강조[68]한 바 있으며, 이번 '라면' 생산 재개가 주민들의 식생활 개선에 다소나마 기여하게 될 것으로 전망하였다. 한편, 북한은 1970년대 말 재일교포 사업가가 투자한 평양 '애국국수공장'에서 처음으로 라면을 생산하였으며, 2000년 10월에는 '대동강즉석국수공장'(조선보통강상사와 홍콩 리달무역공사가 합영한

63) 『조선신보』, 2009년 2월 3일자 기사.

64) 비교적 최근(2000.12.14.)에 생산을 개시하여 상대적으로 현대적 설비를 보유하고 있는 기초식품공장으로 된장, 간장, 식용유, '맛내기', 발효간장 등을 주로 생산하고 있다.

65) 『조선신보』, 2008년 3월 25일자.

66) 북한 교육 잡지 『인민교육』(2007년 2호)는 "노인, 어린이, 임산부, 환자 등이 '맛내기'를 삼가야 할 사람들"이라고 화학조미료의 부작용을 자세히 소개하고 있다(『연합뉴스』, 2007년 6월 19일자 기사).

67) 『조선신보』, 2008년 2월 10일자 기사, 「조선의 인민생활제일주의」 연속보도 중 제1회.

68) "경공업 부문에서는 인민소비품의 지표를 끊임없이 확대하고 그 질을 높은 수준에서 보장하여 인민들의 수요를 원만히 충족시켜야 한다."라고 밝혔다.

‘보통강양해합영회사’)에서 ‘봉지즉석국수’(봉지라면)와 ‘고뿌즉석국수’(컵라면)를 생산하고 있다.

3. 의생활

1) 의생활 실태

(1) 의생활의 모습[69)]

1970년대까지만 해도 북한에서는 ‘천리마시대와 사회주의 생활 양식’이라는 구호 아래 획일적으로 통일되어, 나성은 인민복에 레닌모를, 여성은 흰 저고리에 검정 통치마, 한복을 입었다. 이후 1979년 4월, 김일성의 교시에 의해 대도시 주민들은 양장을 하기 시작하였다.[70)] 과거 북한의 배급 체계가 유지될 때 북한의 의류 공급은 4호대상 이상에 대해서는 원활하였지만, 노동자나 학생들은 김일성·김정일 생일선물로 노동자는 2～3년에, 학생들은 3～5년에 한번 꼴로 작업복이나 교복의 배정표를 받아 구입하였다. 기사나 교원들도 3～4년이 지나야 양복지 1착을 구입할 수 있는 배정표를 받았고, 사무원이나 농민들은 인민반을 통하여 공급카드를 배부 받아 의복을 구입하였다. 지금은 인민들이 각자 돈을 주고 장마당(시장)을 통해 구입하고 있다.

북한 주민들의 양복과 양장 차림도 주로 평양을 비롯한 대도시의 특권층 주민들에 국한되어 있다. 일반 주민들은 양복을 구하기도 어렵고 가격도 너무 비싸기 때문에 엄두가 나지 않는다. 일반 주민들은 비교적 밝은 색상의 잠바차림이 대부분이며, 1980년 중반 이후 보급되어 쉽게 구할 수 있는 ‘츄리닝’을 평상복으로 입거나 지금도 인민복 또는 작업복을 입는다. 여성들 역시 옷과 옷감을 구하기도 어려워 지방에서는 지금도 국방색이나 검정색 옷을 입고 있는 것이 일반적이지만 이것도 최근의 경제난에 따른 의류 공급의 중단으로 제대로 구입해 입기 어려운 실정이다. 그나마 최근에는 중국을 경유하여 장마당 등에 남한제 남방 등이 유통되고 있다. 상표가 떼어져 있지만 북한 주민들은 남한제를

69) 『북한 소식』, 「분야별 북한 동향 (사회/문화)」, ‘의생활 실태’, 통일부 북한자료센터 홈페이지(http://unibook.unikorea.go.kr), 2010년 7월 23일 검색.
70) 배한동 외, 앞의 책, p. 210.

금방 알아차린다고 한다. 물론 가격은 중국산보다 비싸게 유통되지만 더 선호된다고 한다.

한편, 내의류는 1년에 1 ~ 2회 공업품공급카드를 배정 받아 국영상점에서 구입하는데, 물량 부족에 따른 품귀로 인민반에서 제비뽑기를 통해 구입 대상자를 선정하기도 하였다. 양말도 공급물량이 부족해 겨울철에만 착용하지만 이것도 없어 노동자나 농민들은 겨울에 헤어진 의류나 베 조각으로 발을 싸 감고 지내는 경우가 대부분이다.

북한 여성들의 옷차림 중에는 미니스커트라는 것이 없다. 여름에는 대개 무릎 아래 10cm 정도 내려오는 치마와 블라우스를 입고 겨울에는 바지를 입는다. 바지는 다리가 짧은 조선인의 체격에 어울리지 않고, 바지를 외출복으로 입는 것은 일제의 잔재라고 하여 외출 시 바지 착용을 금하여 평양 등 대도시에서는 원칙적으로 바지를 입지 못하게 되어 있다. 최근에는 장마당에 대한 통제의 일환으로 여성들의 바지 착용을 금지시키기도 하였다. 가정에서는 헐렁한 통바지를 많이 입는데, 이 바지를 입고 나갈 경우 소액의 벌금을 물기도 한다.

(2) 신발의 종류와 공급 부족

아래에 소개된 내용은 2000년 이전 북한의 경제가 극심하게 어려울 때의 이야기이며, 형편이 나아진 요즘은 돈만 있으면 중국제 신발 등을 시장에서 쉽게 구할 수 있다.

북한에서 생산되는 신발의 종류는 남성 구두 1종, 운동화 2종, 여자편리화 1종, 비닐신 1종이라고 한다. 북한 주민들은 평양보통강신발공장에서 나온 비닐신을 가장 좋은 신발로 생각한다고 한다. 제일 인기 있는 신발은 운동화나 편리화라고 하는데, 이것은 얇은 고무바닥에 한 겹의 천을 붙인 것이지만 이것도 공급물량이 부족해 비싼 가격으로 구입해야 한다.

또한 신발은 공장제와 임가공 제화로 나뉜다. 공장제는 공장에서 생산된 제품을 말하고 임가공제화는 개인이 주민들로부터 자재를 받아 임가공하여 생산한 것을 일컫는다. 공장에서는 자재 부족으로 제대로 가동되지 않고 있어 임가공 직장을 두거나 또는 조합 형식의 임가공신발을 만들도록 권장하고 있다.

일반 주민들은 조합의 임가공을 주로 이용하는데, 일반 주민들이 가정에서 누빈 신발갑피와 낡은 신에서 신발고무창을 분리해 가져오면, 이 고무창을 신발공장에서 평평하게 눌러와 여기에 신발갑피를 붙여 가마에 쪄 완성한다. 이 임가공신발은 품질이 조악할 수밖에 없어 보름 정도 신으면 옆면이 터지거나 밑바닥이 갈라진다고 한다. 신발이 떨어져 신을 수 없게 되면 신발 밑창 고무를 떼어 공급카드와 함께 들고 가 공업품상점에서 구입하지만 이것도 공급 부족으로 구입하기가 어렵다. 신발을 살 때에도 상점에서 안면으로 사거나 장마당에서 비싼 가격으로 사야 한다. 임가공신발도 공장에서 신발창을 찍어줄 때 많은 요금과 뇌물을 요구해 일반 주민들로서는 그나마 임가공신발을 신는 것도 결코 쉽지 않다고 한다.

이처럼 공급 의류나 신발이 태부족이다 보니 북한 주민들은 주로 장마당에서 의류와 신발을 구입한다. 그러나 장마당의 가격이 매우 비싼 편이다.

2) 북한의 헤어스타일[71]

(1) 헤어스타일에 대한 규제

북한은 옷차림과 함께 북한 주민들의 머리 스타일을 다양하게 권장해왔다. 1990년 북한의 대중 월간지 『천리마』 10월호는 김정일의 지적이라고 하여 얼굴형과 체격, 나이, 직업, 계절 등에 어울리는 단정하면서도 소박한 사회주의적 스타일을 권장하였다.

남성들은 머리를 깎을 때 얼굴이 계란 모양이 되도록 하는 것이 좋고 얼굴이 네모형인 사람은 윗머리를 높이고 옆머리를 부풀게 하고, 세모형은 윗머리를 둥글게 이마 양편의 머리는 약간 길게 하는 것이 좋다는 식으로 얼굴형에 따른 스타일을 소개하고 있다. 남자군인들은 1993년 3월 준전시, 훈련시, 전시 수행능력 강화를 명분으로 전사들은 삭발을, 사관들은 0.7mm, 군관들은 스포츠형으로 머리 형태를 통일시켰다.

여성들의 머리모양에 대해서는 학교를 졸업한 후 사회에 진출하는 여성들은 머리를 살짝 지져 밑머리에 파마기를 있게 하고 핀이나 띠로 단장하는 것이 좋고, 나이가 든 처녀들은 머리를 굵게 지져 굽실굽실한 파도 모양이 생기게 하여 빗거나 머리핀으로 장식하도록 하는 등 연령과 얼굴형 체형에 따른 스타일을 권장하였다. 한편, 여성들의 헤어스타일은 청춘머리, 함박꽃머리, 수국화머리, 대학생머리 등이 유행하기도 있다. 청소년들 사이

71) 『북한 소식』, 「분야별 북한 동향(사회/문화)」, 통일부 북한자료센터 홈페이지(http://unibook.unikorea.go.kr), 2010년 7월 23일 검색.

에는 구름머리, 갈매기머리, 송이머리 등 20여 가지가 넘는 형태가 유행하고 있다. 최근 북한 당국은 여성들에 대하여 파마는 가능하지만 노랑색 등의 염색을 포함하여 뒷머리를 길게 하거나 풀어헤치지 못하도록 하고 있다.

한편, 북한에도 평양을 중심으로 이·미용원이 있는데, 고위층 인사의 가족들은 멋을 내기 위해 이 시설들을 이용하여 마사지 등을 받기도 한다.

(2) 신분에 따른 헤어스타일

북한 여군들의 머리 형태는 기존의 단발머리에서 스포츠형 머리로 모두 바뀌었다. 특무상사 이하의 여자 병사들은 머리 형태를 모두 스포츠형으로 바꾸었다. 앞머리는 눈썹을 가리지 않고, 옆머리는 귀를 덮지 않도록 하며 뒷모습을 볼 때는 남녀 구별이 안 된다. 여자 군관들은 단발머리로 통일하였고, 파마도 약간 곱실거리는 정도만 할 수 있도록 하였다.

다음은 학생들의 헤어스타일 통제와 관련한 내용이다. 남자 중학생은 앞머리가 2 ~ 3cm, 대학생은 3 ~ 4cm가 넘지 않도록 하며, 이를 위반한 학생들에 대해서는 노동교화소에서 최장 6개월씩 교화 훈련을 시키고 있다.

Q. 북한 주민의 의생활은 어떠한가?

A. 과거에는 배급을 통해 옷을 구입하였으나 현재는 물자 부족으로 배급이 잘 이루어지지 않아 암시장을 통해 물건을 구입해야 한다. 북한에도 유행하는 패션이 있지만 물자가 풍부하지 못하기 때문에 자본주의 국가처럼 다양한 유행이 창출되는 것은 아니다. 현재 북한에서는 중국제 옷이 대부분이며 남한제 옷이 제일 인기가 있는데, 대부분 남한에서 온 중고 옷이며 암거래를 통해 유통되고 있다. 헤어스타일과 관련하여 일반 어른도 길이에 제한을 받고 있다. 남한에 비해 자유롭지 못한 실정이다.

3) 최근 언론 보도를 통해 본 북한의 의생활 실태

북한은 2009년 3월 8일에 있게 될 최고인민회의 대의원선거를 앞두고 시민들 속에서 전례 없는 의상열풍이 불고 있다고 보도한 바 있고,[72] 같은 해 7월 8일 북한은 '평양제사공장'을 '김정숙평양제사공장'으로 개칭한다는 최고인민회의 상임위원회 정령 제150호를 발표하였다.[73] 최고인민회의 상임위원회는 김정숙의 제사공업 발전에 쌓아 올린 불멸의 업적을 후손만대에 전하기 위해 이와 같이 결정하게 하였다고 전한다.

참고로 평양제사공장(평양시 평천구역 소재)은 주로 견사·재봉사 등을 생산하고 있는 공장으로서 연간 700여 톤의 견사 생산능력을 보유하고 있는 것으로 알려져 있다. 최근 이 공장은 우수한 생산실적을 달성하였으며, 김정일 현지지도(2009년 1월 15일)를 전후로 생산 공정의 현대화를 추진 중인 것으로 보도되고 있다. 2009년도 1/4분기에는 계획대비 151.2% 초과 달성하였으며,[74] 6월 말에는 전년 동기 대비 161% 증산을 실현[75]하는 등 높은 생산 실적을 달성하였다고 알려져 있다. 또한, 생산 공정 현대화는 2009년 1월 중순경 기계 설비를 60~70% 갱신하였고 2009년 내 모든 설비의 갱신을 목표로 추진하고 있으며, 공장 내 모든 생산 공정의 현대화를 실현할 경우 생산량을 2.7배까지 증산 가능한 것으로 보도되고 있다.[76] '평양제사공장'에 '김정숙' 이름을 수여한 것은 김일성 주석 사망 15돌에 즈음한 김일성 가계 우상화 의도와 함께 최근 추진 중인 150일 전투와도 관련이 있는 것으로 보인다. 또한 김정숙의 인민생활 향상을 위한 업적을 부각시키는 한편, 최근 평양제사공장의 설비 현대화 및 증산 노력을 더욱 독려하기 위한 것으로 평가된다.

한편, 북한은 평양화장품공장[77]에서 생산하는 '은하수' 화장품의 수요가 급증하고 있다고 보도하였다.[78] '은하수' 화장품에는 키토산 살결물(화장수 : 스킨로션), 알로에 살결물, 쑥 살결물, 알로에 크림, 쑥 크림 등 12종의 기능성 건강화장품이 있는 것으로 알려져 있다. 북한의 대표적인 화장품 생산시설은 신의주화장품공장[79]과 평양화장품공장이며, 최근 평양화장품공장에서는 기능성 화장품인 '은하수' 화장품을 생산하고 있다.

---

72) 『조선신보』, 2009년 2월 21일자 기사.
73) 『조선중앙방송』, 2009년 7월 9일자 기사.
74) 『조선중앙방송』, 2009년 3월 18일자 기사.
75) 『조선신보』, 2009년 7월 9일자 기사.
76) 『조선신보』, 2009년 1월 16일자 기사.
77) 평양화장품공장 : 1957년 설립된 화장품 공장으로, 화장품직장, 세수비누직장, 치약직장 등에서 비누, 치약, 각종 화장품, 향수, 샴푸 등을 생산하고 있다.
78) 『조선신보』, 2008년 12월 2일자 기사.
79) 신의주화장품공장 : 1962년에 설립된 후 2001년 남신의주로 이전하였으며, 화장품직장, 비누직장, 치약직장 등에서 100여 종의 관련 제품을 생산하고 있다.

4. 주생활

1) 주생활 실태[80)]

(1) 주택의 부족

북한의 주택 형태를 보면, 도시지역에는 아파트나 2~3세대용 연립주택 등이 주류를 이루고 있다. 농촌지역에는 문화주택, 한옥식 구옥, 하모니카 연립주택이 많다. 북한은 평양과 지방 도시를 중심으로 대규모 아파트건설계획을 세우고 공사를 추진해 왔으나 기술 수준도 낮은 데다 주민들의 노력 동원에 의하여 추진되었던 결과 공사의 부실 문제가 매우 심각한 상태이다. 더욱이 최근에는 북한의 심각한 경제난으로 자재 수급도 되지 않아 공사가 제대로 추진되지 않고 있으며, 주민들의 주거 공간 부족은 날로 가중되고 있는 실정이다.

주민들이 주택을 배정 받기 위해서는 우선 입주증을 교부 받아야 하는데, 이 입주증을 받는 데 3년 이상이 걸리기도 한다. 신혼부부가 주택을 배정 받는 데도 통상 4~5년 이상 걸린다. 이에 따라 결혼 후에도 부모의 집에 같이 기거하며, 부모와 신혼부부가 단칸방에서 동숙을 하는 경우가 많다. 심지어 방 한 칸에 부모, 자녀, 손자녀 등 3대가 동거하거나 장모, 처남, 처제가 한 방에 기거하는 경우도 있다고 한다.

(2) 난방 등 연료 부족과 단전·단수

난방이나 취사연료로는 대도시 아파트에서는 석유나 가스 또는 인근 화력발전소에서 나오는 폐연료를 사용하나, 중소도시나 농촌에서는 갈탄, 구멍탄, 석탄, 나무 등을 사용한다. 이러한 연료 역시 배급제인데 구공탄을 사용하는 가정에는 한 달에 60~70장, 석탄은 연 2.5톤 가량을 배급받아 사용한다. 전기와 수돗물도 공급되지만 단전·단수가 매우 잦다고 한다. 남쪽 지방보다 추운 북한에서는 긴 겨울을 나기가 쉽지 않은데, 연료를 구하기 위해 나무를 마구잡이로 채벌하고 있고, 주민들의 경우 땔감을 구하기 위해 직접 산으로 돌아다니거나 장마당 등에서 돈을 주고 구입해야 한다.

---

80) 『북한 소식』, 「분야별 북한 동향(사회/문화)」, '주생활 실태', 통일부 북한자료센터 홈페이지(http://unibook.unikorea.go.kr), 2010년 7월 23일 검색.

Q. 난방의 어려움은 어느 정도인가?

A. 평양시의 사례를 들어보면, 평양에서는 그나마 평양시화력발전소와 동평양화력발전소 등에서 나오는 온수로 난방을 보장했다. 그런데 전력난과 수송수단의 부족으로 발전소들은 멈추었고, 난방 관로가 삭거나 막히는 것을 방지하기 위하여 당국은 냉수를 그 관에다 흘려보냈다. 그러니 양말을 두어 켤레나 신고 슬리퍼를 신어도 바닥에 5분 이상 서 있지 못할 정도였다. 평양시가 이러하다면 나머지 중소도시 지역의 경우는 매우 심각하다고 할 수 있다.

(3) 생존을 위한 주택 매각

최근 경제난과 식량난이 심각한 가운데 이사를 가는 경우뿐만 아니라, 식량을 비롯한 가재도구를 구입하기 위한 방편으로 주택을 파는 일이 많다고 한다.

일반 주민이 자의로 주택을 지을 경우 국가에 헌납하도록 강요한다. 일반 주민은 자기가 집을 지어도 입주권을 받아야 그 집에서 살 수 있다. 따라서 주택을 지은 주민들은 입주권을 발급받으려 수단방법을 가리지 않으며 이 과정에서 비리가 만연하고 있다.

입주권을 가지고 살다가 이사를 하는 경우에는 그 입주권을 관할 관서에 반납하여야 하나, 1988년경부터 주택입주권의 불법 매매가 성행하여, 돈은 있으나 집이 없는 주민에게 입주권을 음성적으로 사고파는 사례가 빈번하다고 한다. 현재 주택에 대한 개인소유는 인정되지 않지만, 최근 주택난이 심각해지면서 북한 당국도 이를 묵인하는 경향이다. 특히 최근에는 주택배정에 참여하는 시·군 관련 부서 요원들까지 입주권의 음성적인 불법 매매 거래에 참여하고 있다. 입주권 매매가 성사되면 주택관리 담당원에게 보통 거래액의 10%를 뇌물로 준다고 한다.

(4) 부유층과 간부들의 자기 집 짓기 붐

북한에서도 재일북송교포나 해외동포 실업가 또는 당 간부들을 중심으로 자기 집 짓기가 제한적으로 인정되는데, 이들이 헌금을 내면 주택의 건축과 그 소유권을 인정해 준다. 헌금 액수가 많을 경우에는 건축자재 수입도 허용하고 주택의 규모도 제한하지 않는다고 한다. 또 당 간부들과 군대 고위 간부들도 이들의 영향을 받아 현직에 있으면서 뇌물을 긁어모아 국가소유의 땅에 불법으로 집을 짓는 일이 많다고 한다.

Q. 북한 주민의 주생활은 어떠한가?

A. 과거에는 국가가 인민들의 주택을 배정해 주었다. 평균 수명이 늘어나서 노인층이 두터워지는 반면 경제난으로 인해 국가가 신규 주택을 건설하지 못하는 가운데 신규 주택에 대한 수요를 충족하지 못하는 상황이 발생하고 있다. 이에 새롭게 결혼하는 자녀들의 주택문제를 해결하는 데 신경이 쓰일 수밖에 없다. 주택을 구입하지 못하는 경우에는 한 가구에 여러 세대가 함께 모여 사는 경우도 발생하게 된다. 이렇게 되다 보니 주택에 대한 수요는 증가하는 데 비해 국가의 공급이 이를 따르지 못하면서 주택 가격의 상승은 불가피할 수밖에 없다. 원칙적으로 주택을 사고팔지 못하도록 되어 있지만 현재 북한에서는 경제난이 가중되는 가운데 재물을 모은 부유층들은 주택을 사들이고 있다.

특히 시장이나 장마당 등 장사에 뛰어든 대부분의 인민들은 상행위를 하기에 좋은 위치의 주택을 구입하려고 하고 있고 이에 대한 수요가 몰리면서 주택 가격을 부채질 하고 있는 것이다.

현재 주택은 상속이 사실상 허용되고 있다. 이 때문에 상속 자산을 두고 자녀들 간에 불협화음이 발생하는 경우도 발생한다고 한다. 사이가 좋은 형제들은 주택을 처분하여 골고루 나누어 갖거나 보다 작은 규모의 주택을 구입하여 사는 경우도 있다. 2007년경의 평양의 경우 평양의 좋은 아파트들은 5만 달러 정도로 거래되었고, 국경지대를 중심으로 한 도시지역(신의주, 혜산, 청진 등), 예를 들어 어느 도시의 경우 그 위치에 따라 25평 정도의 아파트가 2000만 원 가량에 거래되고 있다고 한다. 타 지역의 같은 평수의 아파트보다 가격이 훨씬 비싼 것으로 나타나고 있다. 이는 교통이 편리한 곳을 중심으로 장사를 할 수 있는 길목 좋은 곳에 위치한 경우에 해당된다. 또한 이 지역의 생활수준이 높아진 데서도 기인한다. 2000년대를 전후한 집값의 변동 폭이 수십 배로 뛴 경우도 있다고 한다. 한편, 도시의 3~4평 규모의 낡은 집이나 농촌의 경우 텃밭 크기에 따라 다르지만 '땅집'으로 불리는 주택의 경우 100~300만 원 가량 매매가가 형성되고 있다. 이러다 보니 부유하지 못한 사람들은 집을 구입할 엄두를 내기 어려운 것이 현실이다.

2) 최근 언론 보도를 통해 본 북한의 주생활

북한은 평양 만수대거리에서 1,000세대 규모 살림집 건설이 본격적으로 추진되고 있다고 보도하였다.[81] 평양시 건설지도국 산하 건설기업소는 올해(2008년) 7월부터 1950년대 전후 복구시기에 건설된 살림집들을 허물고 1,000세대 규모의 살림집을 건설하는 공사를 진행하였다고 한다. 보도 내용을 보면, 평양 보통문 주변 4개 구획에서 7~18층짜리 건물 26개를 건설할 예정인데, 살림집은 3~5칸짜리이고 평균크기가 150m^2이며, 양복장·이불장·책상 등의 가구가 설치될 예정이다. 탑·반원·톱날 형식의 살림집 건물 외에 독특한 건축 양식을 가진 탁아소·유치원·상점·식량공급소 등 각종 시설도 건설 중이라고 알려져 있다. 2008년 현재 기본골조공사의 70%가 완료되었으며, 겨울에는 내부공사를 집중적으로 진행할 계획이며, 내각과 국가계획위원회의 조직사업에 따라 금속공업성·건재공업성·임업성 및 중앙기관이 건설자재를 보장한다고 보도하였다. 참고로, 북한은 2008년 신년공동사설에서 "혁명의 수도 평양시 건설을 통이 크게 내밀어야 한다."라고 강조한 이후, 김일성 출생 100주년인 2012년을 목표로 평양시에 10만 세대 살림집 건설을 본격적으로 추진하고 있는 것으로 알려져 있다. 평양시는 2001년에는 3만 세대 살림집 건설, 2007년에는 1만 세대 살림집 건설 추진하고 있다. 평양시의 10만 세대 살림집 건설 사업은 1990년대 중반 '고난의 행군' 시기 이후 심화된 주택난을 해소하기 위한 것으로 추정된다.

5. 직장생활

북한에서의 직장은 기본적으로 국가에서 배정한다. 헌법 제70조에 의하면, "공민은 로동에 대한 권리를 가진다. 로동 능력 있는 모든 공민은 희망과 재능에 따라 직업을 선택하며 안정된 일자리와 로동 조건을 보장받는다. 공민은 능력에 따라 일하며 로동의 량과 질에 따라 분배를 받는다."라고 규정하고 있다.[82] 그러나 실제 개인의 취업 진로는 주로 당의

81) 『조선신보』, 2008년 11월 13일자 기사.

82) 북한 헌법 제31조에서는 "조선민주주의인민공화국에서 공민이 로동하는 나이는 16살부터이다. 국가는 로동하는 나이에 이르지 못한 소년들의 로동을 금지한다."라고 규정하여 미성년의 노동을 금하고 있다.

계획 및 출신성분·당성에 따라서 정해진다. 직장은 시·군 인민위원회의 노동과에서 시·군내 기업소나 공장·간척지·탄광·협동 농장 등으로 배치한다. 일단 직장이 배치되면 시·군 노동과에서 파견장이 나와 사람을 데려간다. 이처럼 북한에서의 직장은 국가가 보장해주므로 '평생직장 개념'이 일반화되어 있다. 그러나 직장 선택 시 개인의 적성이나 선호도가 고려되지 않고, 제한된 직장 이동으로 문제점이 적지 않다.

> Q. 북한의 직업관은 어떠한가?
>
> A. 경제난의 여파로 돈을 많이 벌 수 있는 직종이 선호되고 있다. 무역을 포함한 상업을 통해 부를 축적할 수 있는 사람들이 선호된다. 여성들의 경우 경제적 능력이 있는 일명 '장마당 처녀들'은 뭇 남성들이 자신들의 반려자로 선호한다. 교원들은 상대적으로 여성을 제외하고 남성의 경우는 천한 직업으로 분류된다.

북한 주민들의 하루 일과는 오전 8시경에 시작하여 오후 5시경이면 공식적 일과를 마치고 귀가한다. 북한 주민들의 직장에서의 노동 시간은 헌법에서 규정되고 있는 바와 같이 8시간 노동제를 원칙으로 한다. 하지만 노동의 강도와 특수 조건에 따라 6·7시간제도 허용한다.[83] 하지만 실제 노동 실태는 이와 다르며, 노동 시간은 13시간 정도이고, 그중 2시간은 '작업총화' 시간으로서 정치학습 시간이다. 그러나 최근 경제난 등으로 인해 직장에 따라서는 생활총화를 오전에 갖는 경우도 있으며, 퇴근 이후에는 장사나 텃밭을 경작하는 일에 종사하기도 한다.

북한에서도 직장인들에게 휴가를 보장한다. 북한 헌법에는 "노동자·사무원·협동농장원들은 해마다 14일간 정기휴가와 직종에 따라 7~21일간의 휴가를 받는다."라고 규정하고 있다.[84] 일반적으로 고급 간부를 위한 휴양소, 중견 간부와 모범 노동자·열성 당원을 위한 일반 휴양소 및 정양소가 존재한다. 노동자들이 가지는 공휴일제는 각 직장마다

---

83) 북한 헌법 제30조에서 "근로자들의 하루 로동 시간은 8시간이다. 국가는 로동의 힘든 정도와 특수한 조건에 따라 하루 로동 시간을 이보다 짧게 정한다. 국가는 로동 조직을 잘하고 로동 규률을 강화하여 로동시간을 완전히 리용하도록 한다."라고 규정하고 있다.

84) 북한 헌법 제71조에 의하면, "공민은 휴식에 대한 권리를 가진다. 이 권리는 로동시간제, 공휴일제, 유급휴가제, 국가비용에 의한 정휴양제, 계속 늘어나는 여러 가지 문화시설들에 의하여 보장된다."라고 규정하고 있다.

일주일에 한 번씩 쉬는 날이 있다. 4대 명절 — 음력설·한식·단오·추석 — 은 휴무일이지만, 그 대신에 명절을 전후한 일요일에 노동을 해야 한다. 하지만 김일성·김정일의 생일은 북한의 최대 명절로, 이틀간의 공휴일이 부여되기 때문에, 노동자들이 그동안 휴식할 수 있다.

Q. 북한 주민의 직업생활은 어떠한가?

A. 북한에서는 남한보다 출근 시간이 다소 빠르다. 7시에 노동자 사이렌이 울린다. 8시경에 각 직장에 출근하여 조회를 가진다. 목요일에는 오전 7시 30분부터 1시간 가량 생활총화를 가지며, 토요일에는 강연회를 가진다. 직장마다 차이는 있지만 대개 8시 30분 또는 9시부터 오전 일과가 시작되며 12시부터 2시간 가량 점심식사 및 휴식시간을 갖는다. 보통 가정과 직장 사이의 거리가 가깝기 때문에 점심식사를 가정에서 하는 경우도 있다. 직장과 거리가 먼 경우는 도시락을 사와서 식사를 하기도 한다. 어떤 경우는 직장인들끼리 단체로 외식을 하는 경우도 있다. 주로 농마국수를 잘하는 음식점 등에서 식사를 한다. 공장 등에서는 휴식시간에 집단으로 체조를 하거나 태권도 수련을 하는 경우도 있다. 어떤 경우는 윷놀이를 하면서 휴식을 취하기도 한다. 오후 2시경에 업무가 재개되어 저녁 6시까지 진행된다. 대부분의 공장이나 기업소에서 야근이라는 것은 거의 없고 실제 공장에 남아 있어도 크게 할 일이 없기 때문에 대개 6시에 퇴근한다. 대신 일요일에 다른 농장 지원이나 까벨선(빛섬유 전화선) 묻기와 같은 부업들을 시키기도 한다. 이럴 경우 실제로 주말이 보장되기 어려운 경우도 발생한다.

북한 주민들은 퇴근한 후 귀가하여 텔레비전을 시청하거나 취미생활 등의 문화생활을 즐긴다. 가까운 직장 동료들끼리는 주로 동료의 집에서 요리를 하여 술을 마시거나 화투놀이 등 오락을 함께 즐기기도 한다.

제4절 의료체계

1. 북한의 보건, 의료정책의 주요 내용

북한 헌법에서는 북한 주민들의 무상치료에 대하여 규정하고 있고,[85)] 「조선민주주의인민공화국 의료법」(2000년 8월 10일 최고인민회의 상임위원회 정령 제1693호로 보충)을 통해 구체적인 의료 보장체계를 규정하고 있다. 무상치료제, 의사담당구역제, 예방의학적 방침에 의한 건강 보호 및 고려의학(한방)과 양의학의 융합 등이 그 핵심을 이루고 있다.

좀 더 구체적으로 살펴보면 다음과 같다. 먼저, 의료법 제3조에서 "조선민주주의인민공화국에서 의료사업은 완전하고 전반적인 무상치료제에 기초한다. 국가는 무상치료제에 의한 혜택이 인민들에게 원만히 차례지도록 한다."라고 규정하고 있다. 이는 그동안 북한이 남한과의 체제 비교 때마다 무상교육제도와 함께 자랑으로 여겨왔던 무상치료제의 근거를 천명한 것이다. 또한 제4조에서는 북한 의료 보장체계의 또 다른 특징으로서 의사담당구역제에 관한 규정을 두고 있는데, "의사담당구역제는 인민들의 건강을 책임지고 보장하는 우월한 주민건강관리제도이다. 국가는 의사담당구역을 바로 정하고 의료일꾼의 책임성과 역할을 높여 의사담당구역제를 철저히 실시하도록 한다."라고 밝히고 있다. 뿐만 아니라, 제5조에서는 국가가 예방을 치료에 앞세우고 위생방역사업과 환경보호사업을 통해 예방 의료에도 노력할 것을 천명하고 있다. 제6조에서는 의료사업이 인간생명을 다루는 중요한 과학 기술사업으로 규정하면서, 국가는 의료사업의 전문화 수준을 높이고 의학기술을 발전시키며 의료사업에 앞선 과학 기술을 받아들이도록 노력한다는 내용도 포함시키고 있다. 특이하게도 제7조에서는 "고려의학을 적극 받아들이는 것은 의료사업을 높은 단계에 올려 세우기 위한 중용방도이다. 국가는 고려의학과 신의학을 옳게 배합하여 발전시키고 치료 사업에 고려치료방법을 효과적으로 적용하도록 한다."라고 하여 한방과 양의의 융합을 강조하고 있다. 한편, 제9조에서 국가는 의료부문에 대한 투자를 계통적으로 늘려

85) 헌법 제72조에서는 "공민은 무상으로 치료받을 권리를 가지며 나이 많거나 병 또는 불구로 로동 능력을 잃은 사람, 돌볼 사람이 없는 늙은이와 어린이는 물질적 방조를 받을 권리를 가진다. 이 권리는 무상치료제, 계속 늘어나는 병원, 료양소를 비롯한 의료시설, 국가사회보험과 사회보장제에 의하여 보장된다."라고 규정되어 있다.

그 물질기술적 수단을 현대화하고 물질적 보장사업을 개선 강화하도록 규정하고 있지만, 경제난 이후에 어려움을 겪고 있다.

한편, 의료법 제5장에서는 의료사업에 대한 당국의 지도와 통제에 관한 규정을 두고 있다. 제42조에서는 “의료사업에 대한 지도통제를 강화하는 것은 국가의 보건정책을 정확히 집행하기 위한 중요요구이다. 국가는 현실발전의 요구에 맞게 의료사업에 대한 지도통제를 강화하도록 한다.”라고 밝혀 당국의 의료사업 분야에 대한 지도와 통제의 법적 근거를 밝히고 있다.

의료사업에 대한 지도는 내각의 통일적인 지도 아래 중앙보건지도기관이 수행하며(제43조), 보건지도기관과 지방정권기관도 의료 활동과 의료부문에 대한 물질적인 보장사업을 지도한다(제44조). 아울러 지방정권기관과 해당기관은 필요에 따라 의료기관을 신설, 통합, 분리하거나 없앨 수 있는데, 이 경우 중앙보건지도기관의 승인을 받아야 한다(제45조). 한편, 제46조에서는 “국가는 의료기술을 발전시키기 위하여 의사급수를 정하며 전문의사인정위원회를 조직한다. 의사급수를 정하고 전문의사인정위원회를 조직하는 사업은 중앙보건지도기관 또는 해당기관이 한다.”, 그리고 제47조에서는 “국가계획기관과 노동행정기관, 자재공급기관, 화학공업기관, 재정은행기관은 의료사업에 필요한 노력, 설비, 자재, 의약품, 의료기구, 자금을 제때에 보장하여야 한다.”라고 밝히고 있다. 또한 제49조에서는 “의료사업에 대한 감독·통제는 보건지도기관과 해당 감독통제기관이 수행하고, 보건지도기관과 해당 감독통제기관은 의료사업에 대한 감독 통제 사업을 강화하여야 한다.”라고 규정하고 있다.

이제 북한의 주요 의료 정책 시스템과 그 운영 실태에 대하여 구체적으로 살펴보기로 한다.[86]

1) 무상치료제와 의사담당구역제의 실시

위에서 언급한 바와 같이, 북한의 「의료법」에 의하면 국가가 모든 공민에게 완전한 무상치료의 혜택을 주며 모든 의료봉사는 완전히 무료이고 주민들이 언제 어느 곳에서나

86) 이와 관련하여 선행 연구들이 많지 않다. 여기서는 이미경·정우곤, 「북한 사회보장제도의 실증적 연구: 의료보장제도의 운영 실태를 중심으로」, 『북한연구학회보』, 제7권 제1호(북한연구학회, 2003), pp. 209-234. ; 김충렬, 「북한 의료제도에 관한 연구」, 『통일 문제연구』, Vol. 20, No. 1(조선대학교 통일 문제연구소, 2005), pp. 103-126.의 내용을 바탕으로, 새터민에게 자문하여 재구성한 것임.

불편 없이 치료를 받을 수 있는 법적 권리를 가지고 있다는 것을 규정하고 있다. 또한 북한은 전반적인 무상치료제의 실시를 위해 의사 인력 양성, 의사 담당구역제 실시, 농촌진료소의 병원화 등을 추진하였으며 그 결과 세계 어디에서도 찾아볼 수 없는 가장 선진적이며 인민적인 전반적 무상치료제도를 확립했다고 주장해 왔다.

그러나 경제난 속에서 두상치료제의 실제는 크게 다른 것으로 알려지고 있다. 예를 들면, 모든 근로자들은 기본임금의 1%씩을 '사회보장비'로 지출하며 노동자나 사무원의 부양가족으로서 직장을 다니지 않는 사람은 약값 명목으로 치료비를 내야 한다. 뿐만 아니라, 농민들이 도시로 이송되어 치료를 받을 경우에도 치료비를 지불하는 등 완전하고 전반적인 무상치료제가 실시되고 있지는 않다는 점이다. 또한 전국 농촌진료소가 모두 병원화되지도 않았다. 특히, 경제난이 심각해지는 가운데 의료기관들의 시설 낙후, 의료품의 부족이 일상화되었고, 의료시설 이용의 계층적 차별 등으로 인해 북한의 무상치료제는 실제에서 법 규정대로 구현되고 있지 않다. 일부에서는 환자가 필요한 의료기구나 약품을 장마당 등을 이용해 구입하는 것으로 알려지고 있고, 치료에 대한 대가를 금품으로 지불하는 경우도 있다고 한다.

한편, 1960년대 초반부터 실시된 의사 담당구역제란 전체 주민이 일생 동안 담당구역 의사들로부터 체계적·전면적인 건강관리를 받을 수 있게 하는 건강관리 책임제이다. 이 제도에 따르면 담당구역사업을 맡고 있는 병원 및 진료소의 의사들은 주간 근무시간의 절반 이상을 담당구역에 나가 위생선전·위생개조·소독·예방접종 등 위생 방역사업을 조직, 집행하며 검진·상담 등을 계획적으로 하도록 되어 있다.

그러나 실제에 있어서 북한의 의사들은 1주일에 한 번 정도 자신의 담당구역에 나가 보건진료 활동을 하며 1명의 의사가 200명에서 300명, 농촌에서는 500명 내외를 대상으로 진료활동을 해야 하므로 법규와는 다소 거리감이 존재할 수밖에 없다. 따라서 정상적인 의사 담당구역제 실시가 어려운 실정이라고 하겠다.[87]

또한, 북한은 예방의학적 방침에 의한 건강보호를 실현하기 위한 구체적인 사업을 다음과 같이 규정하고 있다. 즉, 위생 선전사업 및 교양사업 강화, 위생문화적인 생활환경 및 노동조건 조성보호, 인민경제 모든 부문에서의 공해현상 방지, 가로수 및 녹지조성과

87) 이미경·정우곤, 앞의 논문, pp. 227-228.

대기·강하천·토지 등의 오염방지, 탁아소·유치원에서의 과학적인 어린이 건강관리 및 위생관리, 체육의 대중화, 전염병 예방을 위한 방역대책 수립, 의사 담당구역제 실시 등이 그것이다.

북한은 당의 예방의학적 방침에 의하여 국가의 무상치료제도가 철저히 실현되고 있다고 선전해 왔으며, 이러한 방침의 실천적 관점에서 보건사업에의 대중동원을 원칙적으로 강조하고 있다. 그러나 현실적으로 주민들의 보건사업에의 참여는 적극적·자발적이기보다는 당국의 지시와 강요에 의한 형식적이며 수동적·소극적인 것으로 나타나고 있다.

아무튼 경제난 속에서 북한 의료시설의 부족 및 의약품의 부족 등 의료서비스에 대한 주민들의 불만은 커져 가고 있는 것이 현실이다.[88)]

2) '주체의학'의 발전 : 고려의학과 양(洋)의학의 융합

북한은 고려의학을 주체적인 민족의학이라고 하여 양의학과 마찬가지로 중요시하고 있으며 고료의학과 양의학의 융합을 통한 이른바 '주체의학'의 확립을 강조하고 있다. 이에 따라 북한은 고려의학의 육성 및 발전을 위해 각지에 고려병원 및 고려약국을 설치 및 운영하고 있을 뿐만 아니라, 의학대학과 약학대학에 고려의학부와 제약과를 두어 고려의사와 고려약사(한약사)를 양성하고 있으며, 약초재배사업과 야생약초 채취 및 보호 증식사업을 전 군중적으로 전개하여 고려약 생산 증대를 도모하고 있다.

북한은 주민의 체질적 특성과 습관, 지리적 환경, 문화 및 경제적 여건에 맞는 주체적인 민족의학으로 예방에 유용하며 종합적인 치료 효과를 발휘하는 우월한 의료 서비스라고 설명하고 있다. 그러나 북한의 보건·의료 실태로 미루어 볼 때 북한이 고려의학 육성 및 발전을 추구하는 실제 이유는 부족한 의료 시설 및 기술과 질적으로 조악하고 양적으로 부족한 의약품 사정에서 비롯된 것이라 하겠다. 그러나 고려의학과 양의학의 균형발전 및 혼합 진료체제는 나름대로 효과적인 면도 있다.[89)]

---

88) 이미경·정우곤, 위의 논문, pp. 229-233.
89) 통일부 통일교육원 편, 『통일문답』(서울: 통일부통일교육원, 2001)에서 발췌한 내용임.

2. 북한의 의료시스템 실태

1) 북한의 병원 시스템과 운영

북한의 의료시스템을 살펴보면, 도 인민병원, 시·군 인민병원, 개별 동마다 진료소를 두고 있다. 시·도급 의료체계를 보면, 도 인민병원 외에도 도산원, 도 소아병원, 도 구강예방원 및 도 고려병원(남한의 한방병원)과 같은 전문병원 시설들이 있다. 그리고 시·군 병원과 동별 진료소 사이에는 종합병원들이 있고, 전염병예방원(결핵과 장티푸스예방원, 정신질환자를 수용하는 정신병원 등)도 있다.

도인민병원은 전문 진료과목별로 나뉘어져 있다. 예를 들면, 외과의 경우에 정형외과, 흉부외과, 복부외과, 일반외과로 구분되고 내과의 경우에는 순환기내과, 소화기내과, 호흡기내과로 나뉜다. 그 밖에도 피부과, 신경과, 비뇨기과, 종양과 등이 있다. 또한 동의(東醫)과도 있다.

한편, 시·군급 병원은 외과, 내과, 산부인과, 소아과, 고려의학과 등으로 비교적 단위가 작다. 그리고 그 이하의 종합병원에는 외과와 내과로만 나뉘어져 있다. 주로 단층의 작은 건물을 병원시설로 사용하고 있다. 동별로 마련된 진료소의 경우 7평 내외의 규모의 의료시설에 외과와 내과의 의료진 3～4명이 근무하고 있다.

2010년 2월부터 평양과 지방 병원들을 광섬유통신케이블로 연결한 '원격의료서비스시스템'을 가중 중이라고 선전 보도한 바 있다. 즉, 김만유병원을 중심 거점으로 전국의 9개 도 인민병원을 연결하고 있다는 것이다. 참고로 지난 2008년에는 김만유병원과 평안북도인민병원, 만경대구역병원을 연결하였다. 북한은 이 원격의료서비스시스템을 통해 환자 진단, 상담, 의사 및 보건 관계자 교육, 그리고 수술지도 등의 4대 사업을 목표로 하고 있다고 밝히고 있다. 북한은 2010년 신년공동사설을 통해 '인민생활 향상'의 일환으로 '무상치료제, 무료의무교육제를 비롯한 인민적 시책 확대'를 주요 과제로 제시한 바 있다. 북한은 보건성과 체신성이 협력하여 2012년까지 이 시스템을 각 시·군 단위까지 확대할 계획이라고 한다.[90]

현재 북한의 의료체계는 의료장비 및 시설의 노후화, 의약품 및 기타 물품 부족 등으로

---

90) 『조선신보』, 2010년 3월 17일자 기사.

평양을 제외한 지역병원 및 진료소는 정상적인 운영이 어려운 실정에 있다. 일부 진단용 의료품이나 약품을 환자가 직접 구입하여 치료에 활용하는 사례가 많은 것으로 알려지고 있기 때문이다.

〈표 5-3〉 북한의 의료기관의 형태

지역	병원 형태	병상 수	의사 수(명)
직할시·도	대학병원 중앙병원 각 1개소 40여 개 가운데 1/2이 평양에 밀집	1,000 ~ 2,000	200
시·군	인민병원 1 ~ 2개소	100 ~ 200	50
리, 노동자구	인민병원, 진료소 1 ~ 2개소	5 ~ 20	10
작은 리, 동	종합진료소 1개소	1 ~ 2	1 ~ 2
3급 이상 기업소	산업(인민)병원 1개소		
4급 이하 기업소 협동농장	진료소 1개소		
전문 병원	결핵, 간염, 구강, 고려의학 시·군 이상 1개소		

ㅁ김충렬, 「북한 의료제도에 관한 연구」, 조선대학교 통일 문제연구소, 『통일 문제연구』, Vol. 20, No. 1(2005), p. 113. 재인용.

Q. 북한의 의료 서비스의 실제는 어떠한가?

A. 북한의 의료체계는 아직도 무상으로 치료를 해주도록 되어 있다. 그러나 의약품들이 제대로 공급되지 않기 때문에 입원 환자나 중증 환자들은 일부 의약품을 시장과 같은 곳에서 별도로 구입하여 치료하고 있다. 예를 들어 엑스레이 필름 같은 경우도 환자 본인이 직접 사오거나 항생제와 같은 경우도 치료 기간 전부를 보장해 줄 수 없으므로 그 부족분을 본인이 충당하여야 한다. 약품의 경우 돌격대 등에서 흘러나온 것들이 시중에 유통되고 있다.

북한의 무상의료보장 시스템이 존재하기는 하지만 노동 능력이 없는 사람들 가운데 의사나 병원의 확인이 있어야만 가능한 일이며 지금은 월급이나 배급을 줄 형편이 못되기 때문에 무보수 노동을 하기 싫어 많은 사람들은 조금 아픈 것을 내세워 사회보장을 받고 출근하지 않고 장사 등 자영업을 하려고 머리를 쓰곤 한다.

2) 북한의 의료인

북한의 의료법 제48조에서는 "의학과학연구기관과 해당 교육기관은 의학과학 연구기지를 튼튼히 꾸리고 의료부문에서 나서는 과학 기술적 문제를 풀기 위한 과학 연구 사업을 강화하며 의사를 비롯한 의료부문의 기술자, 전문가를 전망성 있게 양성하여야 한다."라고 규정하고 있다.

북한은 의료인을 상급 보건일꾼과 중등 보건일꾼으로 구분하고 있다. 상급 보건일꾼은 의사·고려의사·준의사·조산원·약제사 등이며, 중등보건일꾼은 간호원·보육원 등이다. 그 양성 과정은 다음과 같다.[91)]

의사는 각 시·도의 의학대학을 졸업하여 의사자격증을 취득한 자이다. 의사는 예과 1년과 본과 6년의 의학대학 전 과정을 이수하여야 하며, 재학 중 의사자격 취득에 필요한 각 과목별 시험에 합격하면 졸업과 동시에 의사자격이 부여된다. 별도의 의사자격시험은 없다. 그리고 고려의사는 의학대학에 설치된 4년 과정의 고려의학부를 졸업하면 그 자격을 취득하게 된다. 의학대학에는 또 위생학부가 개설되어 있어 그 과정을 졸업하면 위생의사의 자격을 부여받는다. 준의사는 각 시·도에 설립돼 있는 의학전문학교를 졸업한 사람이다. 준의사는 의학대학의 야간 또는 통신학부에 수학하여 의사자격을 취득할 수 있다.

약사는 의학대학의 약학부나 약학대학에서 양성된다. 고려약사는 의학대학 약학부 및 약학대학에 설치된 고려제약과를 졸업한 자에게 그 자격이 부여된다. 간호원과 조산원 등은 각 시·도의 2년제 보건간부학교에서 배출된다. 보건간부학교에는 간호과, 조산과, 조제과, 보철과 등이 설치돼 있어 각 과정을 수료하면 간호원, 조산원, 조제원의 자격을 취득한다. 또 1년제의 간호학교와 간호원 양성소에서도 간호원이 배출되며, 시·군별로 보육원 양성소가 있어 보육원을 양성하고 있다.

북한은 1970년대 이후 의료인력 확충에 주력하여 왔다. 북한의 의료법에서는 의료인을 전체 인민을 사회주의 건설에 적극 참가하게 하는 인간생명의 기사이며 영예로운 혁명가로 규정하고 있다. 그러나 의사에 대한 대우는 그리 좋은 편이 아니다. 의사들의 월급은 과거 75원 정도 수준이었다. 외과의사가 받는 매월 수술수당도 고급담배 한 갑 가격(30원)에도 미치지 못하는 20원에 불과해 의과대학생들은 외과의를 기피한다고 한다. 의사 선호도

91) 김충렬, 앞의 논문, pp. 116-117.

1위는 산부인과인데, 그 주된 이유는 임신중절로 뇌물을 받을 수 있기 때문이라는 게 탈북자들의 증언이다. 의사에게도 1인당 봄에 10kg, 가을에 15kg 등 25kg의 약초 채취가 할당되는데, 일부 의사들은 약초 할당량을 채운 뒤 장사에 나서기도 한다. 이는 나머지 의료인들의 경우도 비슷한 상황이다. 경제적 여력이 있는 의료인들은 장마당 등에서 약초를 돈으로 구입해 내기도 한다.

〈표 5-4〉 북한 보건의료 인력별 양성 기관 / 기간

의료 인력	양성 기관	양성 기간
의사	11개 (각 도 단위) 의학대학	7년(예과 1년, 본과 6년 6개월)
동의사	의학대학 고려의학부	6년 6개월
위생의사	의학대학 위생학부	6년 6개월
약제사	의학대학 약학부	6년 6개월
부의사(준의사)	11개 고등의학전문학교	3 ~ 4년
준의	11개 의학전문학교	2년
	11개 보건간부학교	1년 8개월
약제사	고려약학대학	5년
	11개 보건간부학교	2년
간호원	11개 보건간부학교	2년
	간호학교 및 간호원양성소	1년
조산원	11개 보건간부학교	2년
보육원	보육원 양성소	3개월

ㅁ김충렬, 앞의 논문, p. 117.

한편, 한 보도에 의하면, 2010년 3월 4일에 세계보건기구(WHO)는 남한 정부와 함께 북한 내에서 수천 명의 의료 인력을 양성하고 현대적인 의료 장비를 공급하며 병원시설을 개선하는 등의 공동 프로젝트를 추진한 결과 북한의 의료상황이 점차 개선되고 있는 것으로 나타났다고 밝혔다. 이 보도에 의하면 현재 북한은 130가구에 한 명 꼴로, 약 9만여 명의 가정의를 확보하게 된 것으로 추정된다.[92]

92) 라로슈 세계보건기구(WHO) 사무차장은 2006년부터 남한 측의 기금 지원으로 진행된 프로그램에 따라 북한의 임신부 사망률이 2005년 이후 20% 이상 감소했다고 말했다. 그리고 멜버른 대학의 연구결과를 인용, 지원 프로그램이 시행된 지 2년 후 수술 중 사망 환자의 수가 73.4% 줄었고, 설사 환자 역시 감소 추세에 있다고 밝혔다. 세계보건기구는 지난 2006년부터 우리 정부의 지원을 받아 조산소와 신생아실, 소아과 등에서 근무할 6천여 명의 의사와 간호사를 양성하는 등 북한 의료체계 개선을 지원하는 사업을 진행 중이며, 현재까지

Q. 북한의 의료진의 양성 시스템과 대우는 어떠한가?

A. 한편, 의료진의 양성은 의과대학 졸업반이 되면, 전공 선택을 하게 된다. 1학부(외과), 2학부(내과), 동의과로 구분된다. 의과대학은 각 시·도마다 1개씩 설치되어 양성된다. 남성과 여성의 의사 비율은 비슷하며, 외과는 주로 남성들이 내과는 여성들의 구성 비율이 높다.

의사라는 직종은 북한에서도 선망의 대상이다. 급료가 많지는 않지만 사회적 지위가 상대적으로 높은 편이다. 또한 의사들은 개별적으로 진료를 나가기도 하는데, 부유층이나 당 간부 등에 특별히 가정치료를 하는 경우가 있다. 이 경우 금품을 대가로 지불하는 경우가 많다.

그 밖에 의학전문학교가 3년 과정으로 개설되어 있는데, 구강과, 약학과, 조산원학과, 의학과 등으로 구분되어, 간호사를 비롯하여 조산원 등의 조무사 등이 양성된다. 2006년 기준으로 간호사의 경우 1,300원부터 경력에 따라 2,000원 수준의 급료를 받았으나 이 돈은 쌀 3~4kg 정도를 구입하는 수준이다. 그래서 어떤 경우는 급료만큼의 돈을 대신 너고 다른 일을 찾아 나서기도 한다. 간호사들의 경우 4급부터 3-4년마다 승급 시험제도가 있는데, 승급이 되면 100원씩 급료가 인상된다.

3) 최근 언론 보도를 통해 본 북한의 의료

평양제약공장[93]에서 '아스피린피막 알약'을 새로 생산하여 주민들의 건강증진에 이바지하고 있다고 보도하였다(3.11, 국제). 평양제약공장의 '아스피린피막 알약' 생산은 의학과학원 약학연구소가 지난 2006년 11월 자체 개발[94]한 아스피린 피막재료('초산프탈산섬유소')를 약품 생산에 직접 적용한 사례로서, 이번 보도는 최근 들어 활발하게 추진하고 있는 '고려약' 표준화사업 성과[95]와 더불어 제약 부문의 과학 기술-생산현장 연계[96] 성공 사례를 부각하려는 의도로 보인다. 그러나 북한은 전반적인 의료체계가 열악한 상황에서,

---

3,020만 달러가 집행됐다(『연합뉴스』, 2010년 3월 5일자 기사).

93) 평양 선교구역 소재, 페니실린정·테라마이신·주사약 등과 '고려약'(한약)을 주원료로 한 합성의약품·합성호르몬제 등을 주로 생산한다.

94) 『조선신보』는 의학과학원 약학연구소가 생산원가가 수입산에 비해 수십분의 1에 불과한 초산프탈산섬유소를 연구 완성하였다고 보도하였다(『조선신보』, 2006년 11월 14일자 기사).

95) 최근 '엑스제' 표준화, 콩단백을 이용한 '피막화' 등 '고려약' 표준화사업을 추진하여 성과를 거두고 있다고 보도된 바 있다(『조선중앙방송』, 2008년 1월 12일자 기사 등).

96) 북한은 최근 들어 '신년공동사설'에서 '과학 기술의 역할 제고'를 경제 분야 4대 과제 중 하나로 제시한 가운데 과학 기술과 경제 발전의 연계 강화를 추진 중이다.

'고려의학'에 대한 의존성이 커지고 있는 점(전체 치료 비율의 80% 수준)을 감안하여 한의학에 대한 정책적 지원을 강화하는 등 보건의료체계 개선을 위해 노력하고 있으나, 자체 노력만으로 근본적인 변화를 가져오기는 어려운 상황이다.

북한은 의료기구공업의 기술갱신이 국가적인 사업으로 추진되고 있다고 보도하였다.[97] 북한의 의료기구공업의 기술 갱신은 "전반적 무상치료제의 우월성을 발휘하기 위한 물질적 토대를 다지는 중요한 사업"으로서 진행되고 있다. 국가투자에 의하여 김일성종합대학, 김책공업종합대학, 국가과학원, 평양기계대학의 연구사들이 동원되어 추진되고 있다. 보건성 정정길 국장은 "나라의 전반적인 경제가 상승궤도에 들어서면서, 의료 기구를 전문으로 생산하는 공장에서도 기술개건과 생산 활성화가 이루어지고 있다."면서, "2008년에는 2007년에 비하여 전반적인 의료기구공업의 생산이 120%로 장성하였다."라고 언급하였다.

제5절 교통과 통신

1. 교통수단

북한의 주요 대중 교통수단은 시내·외 버스, 전차, 택시, 평양의 경우 지하철[98]이 대표적인데 일반 주민들 가운데는 상류층의 경우 제한적으로 자가용을 이용하고 있고, 일부 주민들은 자전거를 개인 교통수단으로 활용하기도 한다. 자전거 면허증 제도가 있고, 자전거에는 자동차처럼 번호판을 부착해야 한다.

1) 버스

시내버스는 여자 차장이 있었으나 최근에는 없는 경우가 많다. 평양에서 인접 군을 여행할 경우에는 시내버스를 이용할 수 있다. 시내버스를 이용할 때는 승차는 후문으로

---

97) 『조선신보』, 2008년 12월 20일자 기사.

98) 통일부 북한자료센터 홈페이지(http://unibook.unikorea.go.kr), 『북한 / 통일 정보』의, '사회 / 문화'에 수록된 북한의 대중 교통수단의 내용을 참조한 것임.

하차는 앞문으로 하여야 하며, 요금을 낸 다음 받은 차표는 하차 시에 반납하여야 한다.

시내버스의 배차 간격은 지하철과 같이 출퇴근 시에는 2 ~ 3분, 평상시에는 10분 간격으로 운행된다. 1961년부터 평양을 포함한 주요 도시에 대량 운송이 가능한 연결버스(모체버스와 연결차량으로 구성)를 운행하고 있다.

한편, 평양과 신의주, 원산, 만포, 사리원, 남포시 등 주요 도시 간에는 시외버스가 운행되고 있으나 운행 횟수는 그리 많지 않다. 운행 횟수가 적은 것은 근본적으로 배차 간격이 긴 탓도 있으나 도로사정이 열악하여 시간당 최고 60 ~ 70km 정도의 속도를 낼 수밖에 없기 때문이다.

> Q. 일반 서민들의 교통수단은 어떠한가?
>
> A. 북한에는 차를 소유하고 있는 사람이 거의 없다. 일반 서민들은 버스나 철도를 주로 이용한다. 물론 평양시의 경우에는 지하철이나 택시를 이용할 수 있지만 지방의 경우에는 그러하지 못하다. 한편, 북한 주민들은 자전거를 많이 이용하지만, 이것마저도 자전거가 귀하기 때문에 자전거에 번호판을 달아 사용하고 있다. 분실을 막는 방책으로 쓴다. 그리고 자전거의 뒷좌석에는 사람이 타고 다니지 못하게 하여 안장이 없다.

2) 북한의 철도와 평양의 지하철

북한에서는 철도가 기간 고통수단이다. 북한이 지형적으로 산악이 많고 유류가 부족하므로 철도를 적극 개발하였다. 일제 강점기에 건설된 철도망을 기초로 43개 노선으로 구성되어 있고, 대부분의 노선은 여객 수송보다 공업용 원자재와 농수산물을 주로 수송하는 산업 철도이다.[99] 전체 교통수단의 85% 내외를 담당하고 있다. 총 연장 5,214km의 서해안, 동해안 및 동서 횡단축의 철도를 구축하고, 나머지 내륙 교통수단들이 보조적으로 운수를 담당하고 있다. 경제난이 가속화되면서 철도를 이용한 수송이 많은 차질을 빚고 있다. 북한의 철도는 내각의 철도성에서 관리하고 있으며, 지역별로 철도관리국을 두어 업무를 담당하고 있다.

---

99) 김연규 외, 『남북한 교통망 연결을 위한 기초 조사 – 육상 교통을 중심으로 –』(서울: 교통연구개발원, 2000), p. 20.

평양 시민들이 흔히 '지하궁전'이라고 일컫는데, 한편 평양의 지하철은 1961년 인민경제 7개년 계획 기간 중에 건설을 시작하여 1973년 9월 제1단계 공사로 천리마선(6개 역, 12km)이 개통되었다.(참고로 서울의 지하철 1호선은 1970년 8월 15일에 개통되었다) 그 후 제2단계 공사로 혁신선(9개 역, 20km)이 1978년 9월에 완공되었고, 3단계로 만경대 노선(2개 역, 2km)이 1987년 9월 완공되었다.

1990년 현재 평양의 지하철은 3개 노선(남북으로 뻗쳐 있는 천리마선 : 봉화 ~ 부흥)에 17개 역이 설치되어 있고 노선 총연장은 34km에 달한다. 평양 지하철은 지하 100 ~ 150m (서울 지하철은 10 ~ 20m)에 위치하고 있기 때문에 모든 역에는 지상과 승강장 사이에 에스컬레이터가 설치되어 있다.

지하철의 각 역은 지하궁전이라고 불리어지고 있는 데서 짐작할 수 있듯이, 상당히 호화롭게 치장되어 있다. 모든 역이 각기 독특한 외양을 지니고 있으며 내부는 대리석 돔형으로 축조되어 각종 벽화는 물론 이른바 모자이크와 샹들리에로 장식되어 있다. 이처럼 평양의 지하철은 화려하고 웅장한 규모로 건립되어 있어서 외국인의 관광 명소이기도 하다. 평양 지하철은 객차 내부마다 김일성과 김정일의 초상이 게시되어 있다.

〈그림 5-1〉 평양의 주요 교통수단

지하철 운행 시간은 오전 5시 30분부터 오후 11시 30분까지이며, 출퇴근 시는 평균 2~3분 간격으로, 보통 때는 5~6분 간격으로 배차된다. 지하철의 일일 평균 이용객 수는 30만 내지 40만 명 정도에 불과하기 때문에 출퇴근 시간을 제외하고는 한산한 편이다. 운행 속도는 평균 시속 40~50km이다.

3) (무)궤도전차

평양 시내에서는 시내버스, 택시 외에 사회주의 국가에서 흔히 볼 수 있는 무궤도전차가 운행되고 있다. 이들 중 대중교통의 주 역할을 하고 있는 것은 무궤도전차로서 주요 간선도로를 운행하고 있으며, 시내버스가 보조수단으로 주 번화가와 외곽지역 및 인근 시·군과 연결 운행되고 있다. 무궤도전차는 통칭 '대형 전기버스'라고 불리는데, 대형과 소형 두 종류가 있으며 대형은 약 100명, 소형은 약 50명이 탑승할 수 있다. 무궤도전차의 승하차 방식이나 운임은 일반버스와 같다.

무궤도전차 외에, 최근 건설된 주택들이 밀집되어 있는 통일거리, 광복거리를 지나는 대중교통수단을 마련하고 평양, 서평양, 동평양을 연결하는 대량 교통망을 갖추기 위해 궤도전차 공사가 추진되고 있다. 현재 만경 대구역 성산역에서 대동교를 거쳐 사동구역 송신역까지의 20km 구간이 1991년 4월 15일 개통되었으며 문수거리와 토성(개성 고속도로 진입로) 간 12km 구간과 대동교와 성산 간 14km 구간의 궤도전차 선로 부설 2단계 공사가 1992년 4월 완공되어 운행 중이다.

4) 택시[100)]

북한은 1987년 7월 평양에서 개최된 '제13차 세계청년학생축전'을 앞둔 시점에 교통수단을 확충하고 북한을 방문하는 외국인이나 해외교포들을 대상으로 관광 등 외화벌이 사업의 방편으로 택시 운행을 시작하였다. 다만 북한은 외부문물의 유입을 방지하고 외국인들의 주민 접촉을 최소화하기 위해 외국인 전용 택시와 일반 주민들이 이용하는 택시를 분리하여 영업하고 있다.

---

100) 『시사 자료』, 「북한 일반 상식」, 경기도 교육정보연구원 홈페이지(http://www.kerinet.re.kr), 2010년 7월 23일 검색.

북한에서 운행되는 택시는 일제 도요다·닛산·크라운, 스웨덴제 볼보, 독일제 벤츠 등 외국에서 수입한 600~700여 대를 사용하고 있는데, 흰색·청색·회색 등 3가지 색상으로 되어 있으며 차량번호는 '평양 50 - XXX'로 표시되어 있다. 평양 시내에서는 전화(45615, 33428, 42007)를 이용하여 택시를 호출할 수도 있다.

외국인 전용 택시는 노란색 바탕에 검은 숫자로 된 번호판을 부착하고 있으며, 기본요금과 대기료는 각각 '외화와 바꾼 돈' 6원이고 요금은 주행거리 1km당 '외화와 바꾼 돈' 1원이며 사전에 예약할 경우에는 북한 돈으로도 지불이 가능하다. 호텔에는 소속택시가 항상 대기 중이어서 쉽게 이용할 수 있으며, 도로변의 택시 승차장에서도 택시를 잡을 수 있다.

한편, 일반 주민들이 이용하는 택시는 1992년 일본 조총련 회사와 합작으로 '광동합작회사'를 설립하고, 일제 중고차를 도입하여 영업을 개시하였는데, 회색바탕에 검은 숫자로 된 번호판을 부착하고 있으며 기본요금과 대기료, 주행거리 1km당 요금은 외국인 전용 택시와 동일하다.

1993년부터는 신의주·원산·청진 등 대도시 지역에서도 택시를 운행하고 있으나, 일반 주민들은 요금이 너무 비싸서 이용하지 못하고 대신에 재력이 있는 화교·북송 교포들이나 일부 부유층들이 주로 이용하고 있다.

5) 항공

북한은 국내외 여행을 통제하고 있어서, 일반 여행객들을 대상으로 한 항공 수요가 많지 않고, 민간 항공 시설도 매우 열악한 상황이다.

북한 유일의 민간항공은 고려항공(Air Koryo)이다.[101] 원래 명칭은 조선항공(朝鮮航空)이었으나 1992년 10월 1일 현재의 명칭으로 바뀌었다. 항공사 마크는 한반도를 상징하는 날아가는 두루미 모습을 형상화한 것이다. 고려항공은 2000년 8월 남북한 이산가족상봉단을 싣고 평양과 서울을 왕복해 북한 국적기로는 처음으로 승객을 싣고 남한으로 오기도 했다.

한편, 북한에는 순수 민간 여행객을 위한 국내 항공 노선은 없으며, 공무 수행을 위한 승객을 위해 평양-함흥-청진 노선이 운행되고 있는 것으로 알려져 있다. 국제 항공노선은

---

101) 고려항공과 관련한 내용은 정락인닷컴의「북한의 유일한 민간항공 '고려항공' (http://jeongrakin.tistory.com/560)의 내용을 참고한 것임.

1959년 2월에 평양-베이징 노선 개설 후 하바로프스크(1974년), 모스크바(1983년), 동베를린(1987년), 소피아(1989년), 방콕(1993년), 마카오(1996년) 등으로 확대되었다. 그러나 1990년대 후반에는 평양-북경 노선을 제외하고는 수시로 결항하여 정기항로 유지가 어려운 형편이다. 2006년에는 유럽연합 집행위원회가 안전 기준 미달을 기준으로 고려항공의 역내 취항을 금지시켰다.[102)]

공항시설로는 2000년 남북정상회담 이후부터 우리에게 익숙한 평양으로 통하는 관문인 국제공항으로서 순안비행장이 평양 도심부에서 약 20km 정도 떨어진 외곽지에 위치하고 있으며 소규모 공항을 포함하여, 33개 공항시설이 있으나 대부분 군용비행장을 겸한 간이 공항이다. 이곳은 활주로와 공항시설 부족으로 소형 여객기와 헬기 이착륙이 가능하다. 북한이 보유한 국제선 민항기는 구소련 시절에 들여온 소련제 비행기가 많아 최근 교체 중인 것으로 알려져 있다.

Q. 북한에 자동차가 그리 많지는 않다고 알고 있는데, 주차 문제는 어떠한가?

A. 북한에는 알려진 바와 같이 차가 그리 많지 않기 때문에 개인 보물로 여겨진다. 그 귀한 보물을 밖에 버리다시피 주차하는 것은 도둑에게 그냥 가져가라는 것이나 마찬가지이다. 그래서 북한에서는 개인은 물론 국가기관까지도 전용 주차장이 있으며 두툼한 쇠문에는 자물쇠를 두 세개씩 채워 놓는다. 단 몇 분 주차할 때에도 반드시 돈을 주고 사람을 붙여 놓을 정도이다. 그렇지 않으면 각종 부품이나 타이어, 때로는 차량 전체가 없어지는 경우가 있다. 이 때문에 북한의 차량들은 순정품 차종이 별로 없고, 외형과 엔진, 타이어, 각종 부속이 모두 다른 종류이며, 심지어 로고까지 남의 것을 훔쳐 붙일 정도이다. 한편, 북한에서는 차량이 많지 않은 가운데 교통안전 시설이나 교통신호 체계가 잘 갖추어져 있지 않기 때문에 교통사고가 많이 발생한다. 최근(2010년 7월 2일)에 빚어진 개성공단 내 통근버스 간 교통사고의 경우도 전조등을 켜지 않은 차량과 관련한 사고가 일어난 것이다. 또한 사고가 발생하면 별도의 보험제도가 없어서 당사자가 알아서 처리한다.

102) 『서울신문』, 2006년 3월 23일자.

6) 북한의 교통문화

북한에는 우리처럼 자동차가 많지 않지만 과속, 차선위반, 음주운전 등 교통법규 위반자에 대한 단속이 상시적으로 실시되며, 적발자에 대해서는 벌금을 부과하거나 면허정지, 차량몰수 등의 처분이 내려진다. 그리고 북한의 교통안전 규정에는 운전자는 항상 운전자격증(운전 면허증, 1~4급)과 차 기술 검사증(차량 등록증), 운행증(먼거리 운행증 포함)을 반드시 휴대하여야 하며 음주운전은 물론 흡연운전도 금지하고 있다.[103)]

한편, 도로교통 단속은 '인민보안부'가 하고 있는데, 평양시의 경우 '평양시 인민보안국 교통지휘대'가 총괄하며 각 지구 교통지휘대는 교통순찰차와 오토바이 순찰대가 있고 교통지휘대에는 5~6개의 교통초소가 있어 교통단속을 실시하고 있다. 교통법규 위반 시 단순 접촉사고나 경미한 법규위반의 경우 벌금 부과, 즉결 처분이 내려지며 운전면허증 하단의 5칸에 매회 구멍을 뚫어 5개가 모이면 면허가 취소된다. 벌금 기준을 보면 중앙선 위반, 신호위반, 금지구역 출입은 각 50원, 과다매연, 과적, 승차인원(5명) 위반, 차세척(세차) 불량은 각 20원, 방향지시등 위반, 안전띠 미착용, 백미러 미부착, 운행증 미소지자는 각 10원의 벌금이 부과된다. 그러나 음주운전이나 대인사고 시에는 처벌수위가 높은데 음주운전은 벌금 50원에 면허취소와 자동차 강제압수를, 대인사망 사고의 경우에는 운전면허증의 영구박탈과 자동차 몰수, 1~3년의 노동교화형이 부과된다.

한편, 북한에도 평화자동차공장이 있다. 남북한이 공동출자한 합영회사(남한이 70%, 북한조선련봉총회사 30%)가 2002년 4월에 연간 1만 대 규모의 남포 공장을 완공하고 7월부터 승용차 '휘파람'을 생산하였고, 2003년 9월부터는 미니밴인 '뻐꾸기'도 생산하고 있다.[104)]

2. 북한의 통신

북한에서는 남한의 사회간접자본으로서 통신 개념보다 상위의 개념으로 체신이라 부르고 있다.[105)] 북한의 체신사업은 우편통신, 전기통신, 방송 등 3대 부문으로 분류하고 있는데,

103) 전영선, 앞의 책. pp. 105-106 참조.

104) 전영선, 앞의 책, p. 107.

105) 북한의 체신에 대한 언급을 보면, "통신, 방송을 통하여 정치, 경제, 문화, 군사 등 사회생활의 모든 령역에서 이루어지는 련계를 신속 정확히 지어 주고 소식을 제때에 전달하여 주는 나라의 신경이라고 말할 수 있다. 우리

통신서비스 공급의 유형에 따라 적용되는 범위를 살펴보면 다음과 같다. 우편통신은 편지, 소포, 송금, 저금 및 정기간행물 배포를, 전기통신은 유·무선 전신·전화를, 방송은 유선방송, 무선방송, 텔레비전 방송 등을 담당한다.[106)]

북한 당국은 1946년 2월에 조직된 북한 임시인민위원회 산하에 체신국이 발족되면서 북한의 체신이 처음으로 체계화되었다. 이후 북한의 행정조직이 수차례 개정되면서 체신분야의 직제도 종전 중앙인민위원회 산하의 철도성과 해운 및 육운성을 통합하여 교통체신위원회로 바뀌었다가, 1976년 12월 다시 중앙위원회에서 체신부로 분리되었다. 1980년대 들어서 북한은 산업화가 더 이상 진전되지 못하자, 기존의 공업화 전략을 일부 수정하여 국내·국제 통신시설 확장 및 현대화를 추진하기 시작하였고, 제3차 7개년 개획(1987~1993년)의 일환으로 체신 운영의 과학화에 역점을 두었다. 1990년대에는 낙후한 통신기반시설을 현대화하고 부족한 통신시설을 확충하기 위해 노력하였으며, 체신부와 산하 기관들은 '단기간 안에 전신·전화와 우편통신의 현대화 수준을 높이기 위한 조직 사업'도 추진하였다. 1992년에는 유엔개발계획의 지원 아래 평양에 광케이블 공장을 건설하여 광통신망 구축에 필요한 광케이블을 자체적으로 생산·공급하였다. 2000년대 들어서는 대내적으로 통신의 광케이블·디지털화, 컴퓨터 통신망 구축, 이동 통신 기지국 증설, 휴대전화 개통 등 통신망의 현대화와 과학화에 주력하고 있다.

현재 북한에서는 체신부 산하 조직으로 각 도에 체신처를 두고 있으며, 각 도 단위의 체신처에 각각 1개씩의 전신전화국과 우체국이 있다. 또한 각 시·군에는 체신소, 각 리와 노동자구에는 체신분소가 편성되어 있다.

나라 사회주의 체신은 당의 로선과 정책을 제때에 알려주고 그 관철을 위한 당과 국가의 통일적인 지도를 보장하며 인민대중의 자주적이고 창조적인 생활에 이바지하는 중요한 수단이다. (중략) 지난 기간 우리나라의 체신부문에서는 당의 체신정책을 관철하기 위한 투쟁을 힘 있게 벌려 나라의 통신과 방송 사업을 원만히 보장하였으며 체신을 새로운 높은 단계에로 발전시킬 수 있는 튼튼한 토대를 마련하여 놓았다. 전기통신부문에서는 당과 국가의 지휘통신망과 산업전화통신망이 튼튼히 꾸려지고 현대적인 설비를 갖춘 국제위성통신국이 새로 일떠 섰다. 방송 부문에서는 방송의 출력이 높아지고 주파수가 늘어났으며 온 나라의 유선방송화와 텔레비죤화가 실현되고 그 성과가 더욱 공고히 되였다. 현 시기 우리나라의 체신을 발전시키는 데서 나서는 가장 중요한 과업은 당의 체신혁명의 요구에 맞게 체신의 현대화를 힘 있게 다그치는 것이다. 체신의 현대화는 통신 및 방송설비와 운영수단의 현대화이다. 앞으로 우리나라의 체신은 보다 현대화되여 사회주의경제 건설과 인민들의 복리증진에 더욱 믿음직하게 복무하게 될 것이며 온 사회의 주체사상화 위업수행에 더욱 참답게 이바지하게 될 것이다."라고 밝히고 있다. [『조선대백과사전』, 21권(백과사전출판사, 2001년), p. 408.]

106) 황성진 외, 『북한 방송통신 부문 및 남북 방송통신 교류 협력 현황 보고서』(서울: 정보통신정책연구원, 2009.12.), pp. 93-94.

1) 통신설비와 통신망

(1) 국내·국제 통신

국내통신망은 평양을 중심으로 도 → 시·군 → 리로 종적으로 연결된 중앙집중체제로 구성되어 있으며, 다른 지역들과 평양 간의 스위치는 수동식 교환기가 주종을 이루고 있다. 한편, 시외전화의 지역번호도 남한의 것과 비슷한 시스템을 갖추고 있다. 예를 들어 평양은 '02', 남포는 '039', 개성은 '049', 청진은 '073' 등이다. 시내전화의 경우 북한의 유선전화 주회선 수는 2007년 기준으로 118만 회선으로 추정되며, 이는 남한의 약 1/20의 수준이다. 2000년 들어 일부 재력가들도 전화를 들여 놓아 전화 보급률이 다소 높아지고 있다. 북한에서 통신의 역할은 사회주의적 이상이나 주체사상, 그리고 혁명 이념을 전달하고 경제계획을 수행하기 위한 수단으로 보기 때문에, 개인용 전화 설치 및 사용은 당·정 및 특급 기업소 등의 고위 간부들에게만 허용되고 있다.[107]

국제통신망은 구사회주의권의 국가들과는 비교적 잘 갖추어져 있는데, 특히 평양~북경·모스크바를 연결하는 무선망과 신의주~북경, 청진~블라디보스토크를 연결하는 유선망이 갖추어져 있다. 그리고 서방국가와는 평양~싱가포르, 평양~홍콩, 평양~일본 간의 단파 무선과 중국의 북경 지구국을 중계지로 하는 간접통신망이 주로 사용되고 있다. 전화 요금은 위성을 이용한 통신 때문에 3분 통화에 10유로 정도로 비싼 편이다.

텔렉스 시설은 1980년대 대외무역의 중요성을 인식하여 일본, 구서독으로부터 텔레타이프를 도입해 지방 관공서, 주요 기업소, 무역상사 등에 설치되어 있다. 팩시밀리는 여러 개의 무역상사가 공동으로 이용하는 방식으로 보급되고 있으며, 아직 전보도 많이 활용된다.

Q. 전화시설의 보급은 어떠한가?

A. 일반 서민 가정에는 전화가 설치되어 있지 않은데, 보급률이 20% 수준에도 미치지 못한다. 다만 지방의 경우도 적지 않은 가설비 등(30만 원 정도)을 물고 전화를 사용하는 경우도 있다. 관공서나 병원 등과 같은 기관들에서도 주요 부서를 제외하고 외부에서 직접 연결되는 전화선로가 많지 않은 상태이다. 다만 시외전화의 경우 과거와 달리 최근에는 디지털 교환기로 직접 통화가 가능한 것으로 알려져 있다. 공중전화기의 경우도 평양시에는 많이 가설되어 있으나, 지방의 경우에는 많지 않다.

107) 황성진 외, 위의 보고서, pp. 100-105.

(2) 이동전화

북한의 최초 이동통신은 1998년 7월 나진·선봉지역에 무선호출 1,500회선과 이동전화 500회선을 설치한 것에서 비롯된다. 2002년 8월부터 동북아전기통신회사가 평양지역에서 안테나 기지국을 설치하고 주위 4km로 전화를 발신해 통화 시험을 하는 등 이동전화 시험 운용을 거쳐 2002년 11월 11일부터 유럽의 GSM 방식으로 서비스를 북한지역 내에서만 사용하도록 하였다. 북한의 이동통신 사업은 2007년까지 북한 전역에 통신망을 구축한다는 계획으로 시설 확장에 주력하여 2003년까지 기지국 50개가 건설되었으며, 평양시와 각 도의 소재지, 주요 도르 지역을 중심으로 이동전화가 개통되었다. 북한의 이동전화 가입자는 2002년 11월에 3,000명이었으나 2004년 휴대전화 사용 금지 조치가 내려질 때까지 3만여 명으로 추정된다.[108]

(3) 북한의 컴퓨터 통신

신북한도 정보통신 분야의 투자에 무관심한 것은 아니어서 광섬유 케이블 구축에 열을 쏟고 있는 것으로 알려져 있고, 1996년에는 평양시의 전화분국과 평성시, 동해안과 서해안을 연결하는 연장 700km의 광섬유 케이블을 설비한 것으로 알려져 있다. 광케이블망 자체가 전국 60여 개 시·도·군으로 연결되어 있기는 하지만 전국적으로 연결되어 있지 않다.

김정일 국방위원장도 “사회주의 체신은 당의 노선과 정책을 제때 알려주고 당과 국가의 통일적 지도를 보장해주는 중요한 수단”이라고 규정한 바 있다. 최근 2000년 5월 방중 시 중국 IT 산업의 중심인 중관촌(中關村)을 방문했고, 컴퓨터 첨단산업에 대해 지대한 관심을 보이고 있는 것으로 알려져 있다.

① 북한 청소년의 컴퓨터 사용 실태

북한 컴퓨터의 역사를 거슬러 올라가보면 첫 시작은 1982년 일본 등에서 주요 부품을 가져다 8비트급의 마이크로컴퓨터인 ‘봉화4’를 생산하면서부터이다. 북한은 1983년에 국가과학원과 김책공업대학교에 전자계산기 관련 연구소를 만들었다. 당시에는 북한에서 컴퓨터를 지칭하는 초기 용어로 ‘전자계산기’라는 단어를 사용하였다. 지금은 ‘콤퓨터’라고

108) 이와 관련하여 황성진 외, 위의 보고서, pp. 108-112를 참조할 것.

부른다. 2년 뒤에는 평양과 함흥에 전자계산기단과대학을 신설하였다. 1986년에는 김일성대학에 '콤퓨터센터'를 세우기도 했다.

아직도 북한의 컴퓨터 보급률은 높지 않다. 컴퓨터 생산 자체가 아직 초보단계이기 때문이다. 또한 컴퓨터 보급도 주요 국가기관이나 대학, 연구소 등에 집중되어 있다. 일반 청소년들이 가정에서 컴퓨터를 다룬다는 것은 제한된 고위 간부나 부유층 자제들 외에는 어려운 실정이다. 그러나 최근 김정일 국방위원장의 지시로 각 시·도에서 제일가는 제1고등중학교에서는 우선적으로 컴퓨터교육 과정이 실시되고 있으며, 일부 학교에서도 컴퓨터를 접할 수는 있다고 한다.

현재, 북한의 컴퓨터 산업을 보면, 컴퓨터 하드웨어 생산은 부진한 실정이지만, 반면 평양이과대학, 김일성종합대학, 평양·함흥 컴퓨터기술대학 등을 통해 컴퓨터 프로그래머들을 많이 양성하고 있으며, 평양정보센터나 조선컴퓨터센터에서 소프트웨어용 프로그램들이 활발히 만들어지고 있다. 북한이 가장 경쟁력을 갖춘 소프트웨어는 인식시스템 관련 분야로 꼽힌다. 실제로 남북정상회담 기간에 북한의 조선컴퓨터센터에서 마이크로 말을 하면 정확히 글자가 모니터에 입력되는 음성인식 프로그램을 선보여 우리 측 방문객들을 놀라게 한 적이 있으며, 바둑 프로그램은 세계대회에서 2회 연속 우승을 하기도 하였다. 물론 오락게임도 있는데, 대표적인 것이 국가과학원 수학연구소가 개발한 '청개구리' 시리즈와 '드래곤'인데, 이것은 울타리 안을 달리고 있는 공룡을 쏘아 잡는 게임이라고 한다.

한편, 1990년 평양전자계산기운영회사에서 한글문서 편집 및 인쇄 프로그램인 '창덕'을 개발하였고 그해 10월에는 평양시 만경대구역에 연건평 2만 3000m^{2}의 대지에 현대적인 건물을 지어 조선컴퓨터센터(KCC)를 만들었다. 1992년부터는 일반 고등중학교 6학년 수학 교과서에도 '프로그램 작성법'이 한 개의 장으로 실렸다. 이때는 베이직, 포트란, 파스칼 등의 언어를 활용한 프로그램 작성법을 주로 가르쳤다. 하지만 대다수 학교에 컴퓨터가 없었기 때문에 학생들은 종이에 자판을 그려 익히기도 하였다. 이후 1996년 드디어 북한의 첫 인터넷 사이트인 '내나라'가 개통되었고, 이듬해 중앙과학 기술통보사의 홈페이지 '광명'도 개설되었다. 이 두 사이트의 출현은 북한 인터넷 발달사에 한 획을 그은 중요한 사건이었다. 이들 사이트는 초기에는 매우 협소하고 기술 부족으로 정상적으로 운영되지 않아 사람들의 주목을 받지 못했지만 2000년대에 들어서면서 입소문을 타며 비약적으로 발전하였다. 북한의 공식적인 인터넷 웹사이트의 운영은 2001년 10월에 개설한 '실리뱅크'로서 중국 심양에 서버를 두고 외부와 평양 간 이메일 서비스를 제공하였다. 북한 당국은 원하는 사람에 한해 개인별 '메일복수(이메일 계정)'도 할당해 주었다. 물론 이메일을 주고받기 위해선 발신인과 수신인 모두 같은 망에 연결된 컴퓨터를 사용해야 하며 이메일 내용은 보위부에서 검열할 수 있도록 하였다. 2006년 보위부의 조치로 가정집에서 전화로 인터넷에 접속하는 것이 차단되기 전까지만 해도 이들 사이트에서 가장 인기 있던 것은 채팅방이었다. 아래 사진은 '광명' 사이트에서 제공하는 전자우편 창이다.

현재 북한에서 사용되는 컴퓨터는 펜티엄4급이고 펜티엄3급도 일부 있다. 북한의 공식 상점에서 새 컴퓨터를 팔긴 하지만, 비싸기 때문에 대체로 사람들은 중고 제품을 구입한다. 이는 대부분 중국을 통해 들어오는데, 삼성, LG, 삼보 등 남한의 제품도 많다. 이런 까닭에 밀수로 들여온 남한제 컴퓨터에 남한에서 저장된 자료가 그대로 들어 있는 경우가 종종 있다고 한다. 컴퓨터 가격은 2010년 3월 현재 펜티엄 4급 중고가 150~250달러 정도이다. 불과 7~8년 전만 해도 800달러는 줘야 했지만 가격이 많이 떨어진 상태이다. 북한에서 중산층 4인 가구가 1년 동안 사는 데 약 400~500달러를 소비한다는 점을 감안한다면 이 정도 가격은 부유층이면 얼마든지 살 수 있는 가격이다. 생활수준이 높은 사람들은 중국에서 사양이 더 높은 최신식 컴퓨터를 구입하기도 한다.

Q. 북한의 컴퓨터 보급 정도는 어떠한가?

A. 지방의 경우 컴퓨터가 있는 집은 거의 없는데, 중국 등에서 수입해 온 컴퓨터를 20~30만 원 가량 주고 구입하고 있다. 최근에는 각 학교에는 컴퓨터 2대 정도가 비치되어 있다. 또한 평양의 일부를 제외하고 지방의 경우 일반 주민들이 사용할 수 있는 인터넷은 전혀 연결되어 있지 않다.

이처럼 북한에서 컴퓨터는 돈만 있으면 구입이 가능하지만 가정집에 설치하려면 당국의 까다로운 승인 과정을 거쳐야 한다. 우선 컴퓨터를 어디서 구입했는지를 증명할 수 있는 서류(영수증)를 갖추어야 한다. 밀수로 하드디스크를 몰래 들여오는 것을 막기 위해서인데 이 과정은 무척 까다롭다. 영수증을 받으면 가장 먼저 할 일은 국가보위부 27국인 '전파감독국'에 가서 '반전파검사'를 받는다. 이는 시스템 내에 이상한 발진을 일으키는 기능이 있는지를 검사하는 일이다. 반전파검사에서 합격하면 해당 시·도의 보안서에 가서 설비 등록을 하고 등록증을 받아야 한다. 등록증이 나오면 마지막으로 출판총국의 검열국에 가서 하드디스크 검사를 받아야 한다. 반사회주의적 자료나 '황색' 바람을 몰고 올 수 있는 야한 동영상 및 사진이 있는지를 검열하는 절차이다. 모든 검열 절차가 끝나면 이를 증명하는 확인증을 주는데, 이를 컴퓨터에 붙여야만 비로소 사용할 수 있다.

실제에 있어서는 관료에 대한 '뇌물'공세나 인적 관계를 앞세워 컴퓨터 구입과 관련한 각종 증명 영수증을 얼마든지 구할 수 있다고 한다. 뇌물을 주지 않으면 합법적으로 구입한 컴퓨터도 검사를 통과하기가 쉽지 않기 때문이다. 또한 북한에서는 보위부 또는 보안서에서 불시에 가택 수색을 하는 경우가 있는데, 이때 컴퓨터에서 금지된 자료들이 나오면 컴퓨터를 압수당하고 심한 경우엔 형사 처벌까지 받을 수 있다. 복잡한 등록 절차와 불시 검열에도 불구하고 부유한 북한 가정에는 컴퓨터가 급속히 확산되는 추세이다. 예전에는 TV나 자전거가 있어야 잘사는 집으로 꼽혔다면 이제는 컴퓨터나 전화기가 집에 있어야 그 축에 끼일 수 있다. 현재 평양에서 공공기관이나 기업소의 컴퓨터를 제외하고도 가정집에 있는 컴퓨터만 20만 대로 추정된다고 한다. 물론 지방은 이보다 보급률이 많이 떨어지겠지만 그래도 대도시들에는 컴퓨터가 상당히 많이 보급되어 있을 것으로 추정된다.

일상의 언어 중에도 남북한의 언어는 다소간 차이를 보이지만, 컴퓨터 관련 용어도 예외는 아니다. 몇 가지 예를 들어 보면 다음과 같다. '태운다'라는 표현이다. 북한에서는 컴퓨터에 프로그램을 깔아놓는 것을 '태운다'고 표현한다. 남한에서는 이를 '로딩' 또는 '다운로드'라고 한다. 가장 기초적인 'Computer'도 남한에서는 '컴퓨터'로 사용하지만, 북한에서는 '콤퓨터'로 쓴다. 이에 따라 남한에 '컴맹'이 있다면, 북한에는 '콤맹'이 존재한다. 또한 북한에서는 영어로 된 바이러스 'virus'를 '비루스'라고 읽으며 종종 컴퓨터를 '콤'으로 줄여 사용하기도 한다.

② 북한의 컴퓨터 운영체계 : 붉은별

2010년 3월에 남한 언론에 북한이 자체 개발한 것으로 알려진 리눅스 기반의 컴퓨터 운영체계 '붉은별'이 자세히 공개된 바 있다. 리눅스의 장점은 뛰어난 보안성에 있다. 북한은 마이크로소프트(MS)의 윈도(Windows) 운영체계를 사용할 경우 발생할 수 있는 보안

문제 등에 대처하기 위해 독자적 운영체계를 개발해왔고, 그 결과물이 바로 붉은별이다. 붉은별은 MS와는 기술적으로 완전히 다른 운영체계지만 겉모습과 사용 환경은 여러모로 비슷하다. 데스크톱 기본 화면에 있는 '휴지통'이 '회수통'으로, '내 컴퓨터'가 '나의 컴퓨터'로 적혀 있는 정도가 윈도우와의 차이점이다. 이는 윈도우에 길들어 있는 사용자들이 쉽게 적응하도록 하기 위해 만든 것으로 보인다.

가. 웹브라우저 : 내나라

붉은별의 응용프로그램 중 가장 눈에 띄는 것은 웹브라우저인 '내나라'이다. 인터넷과 별도로 운영되는 북한의 폐쇄적 네트워크 특성을 반영하듯 북한 컴퓨터엔 '내나라 BBS'가 설치되어 있다. BBS(Bulletin Board System)는 일종의 내부 게시판으로 남한에서 1998년 무렵까지 사용됐던 PC통신과 비슷한 것이다.

나. 응용 프로그램

남한에서 사용되는 윈도의 'MS 오피스'에 해당하는 응용프로그램에는 붉은별의 '통합사무프로그램 우리'가 있다. 여기에는 '문서처리체계 서광', '선전물' 등이 들어 있다. 그러나 각각 MS 워드, 파워포인트와 같이 그 구성이나 사용 환경은 유사한 부분이 많다.

다. 백신 프로그램

붉은별에는 또한 '클락새 2.0'이라고 하는 백신 프로그램도 들어 있다. 백신 프로그램을 북한에서는 '비루스 왁찐'이라고 한다. 한편, 평양방송은 5월 9일, 이메일을 통해 전파되는 신종 컴퓨터 바이러스 '러브'가 전 세계에 급속도로 전파되어 막대한 해를 입히고 있다고 보도했는데, 이렇듯 해외 인터넷망에 접속하지 않은 북한이 컴퓨터 바이러스에 관심을 보인 것은 인터넷 개방을 앞둔 고민을 보여주는 것이라고 하겠다.

③ 북한의 인터넷

북한은 인터넷의 외국과의 연결에도 관심을 가져, 2007년 9월 11일에는 국제 인터넷 주소 관리 기구(ICANN)로부터 북한의 국가 도메인으로 'kp'를 최종 승인받기도 하였다.[109] 북한이 경제·실리적 목적에서 광케이블망 구축과 국제 도메인 확보 등 외부와의 인터넷 연결을 꾸준히 준비해 왔지만, 컴퓨터 보급률의 저조와 정보 공개를 우려한 인터넷 사용 제한 정책으로 전반적인 인터넷의 활용도는 매우 낮을 것으로 예상된다. 한편, 신의주,

---

109) 황성진 외, 앞의 보고서, pp. 118-120.

남포, 해주, 라선 등 북한 주요 도시들이 인터넷으로 연결되어 있다. 모뎀속도는 처음에는 56kbps 정도였는데, 이는 남한의 1997~98년 당시의 속도와 유사한 수준이다. 이는 2000년대 초반까지는 북한의 인터넷 발전 속도가 남한과 5~6년밖에 차이나지 않았음을 보여주는 것이다. 여기에 광케이블의 기술 상태가 좋지 않고 네트워크 전 구간에 부설된 신호증폭시설의 불량도 많아 서버-클라이언트의 접속이 자주 끊어지는 문제가 수시로 발생하였다. 이에 북한은 2004년부터 2007년까지 인터넷 개통과 개방을 목표로 본격적인 인터넷 인프라를 재구축하고 시설 보완공사를 진행하였다. 인터넷 전용으로 전역에 광케이블 백본망(backbone network : 저속의 브랜치랜 망들을 서로 연결하거나 분산된 통신장치들을 통합하기 위한 통신 선로 시설)을 새로 부설하고 랜카드 결합방식의 ADSL망도 새롭게 구축했다. 이런 공사를 거쳐 '광명' 망의 경우 데이터 전송속도가 평양에서는 70~80Mbps로, 지방에서는 파일 업·다운로드 속도가 10Mbps까지 높아졌다고 한다. 물론 이 속도는 남한처럼 가정집에 들어가는 전송 속도가 아니고 관공서를 연결한 전용회선의 속도이다. ADSL 공사 이전에는 컴퓨터의 하드디스크에 깔린 게임만을 갖고 놀 수 있었지만, 공사가 진행된 2004년 이후에는 광명망 내에서 MMORPG(다중접속 역할 수행 온라인게임)를 할 수 있게 되었다고 한다. 그러나 전송 속도가 높아졌다 해도 여전히 북한 내부의 수요를 충족시키기엔 역부족이라 하겠다.

가. 자유 게시판과 홈페이지

북한에서 채팅 다음으로 인기가 있는 것은 '전자게시판'(자유게시판)이다. 이곳에서 북한 누리꾼들은 최신 정보와 지식, 경험 등을 공유하고 다른 누리꾼의 도움을 받는다. 자료실에는 일반 사람에게 도움이 되는 IT지식과 여러 분야의 상식이 많이 올라오기 때문이다.

북한 인터넷 사용에서 눈길을 끄는 것은 도메인 대신 복잡한 숫자로 이뤄진 프로토콜(IP)로 인터넷 주소를 표기한다는 점이다. 남한에서 도메인은 'http://www.○○○.co.kr'처럼 영문 또는 한글로 표시되는 인터넷 주소를 말하는데, 북한에서는 영문 대신 'http://10.76.1.11'이나 'http://191.168.1.101'과 같은 숫자들이 홈페이지 주소이다(참고로 각각 '내나라'와 인민대학습당 홈페이지 '남산'의 북한 내부망의 주소이다). 북한이 숫자로 된 도메인을 사용하는 이유는 라우터나 네임서버와 같은 필요한 설비들이 없기 때문이다. 인터넷 사용자들은 주소가 복잡한 숫자로 되어 있음에도 불구하고 북한에서 인터넷을 하려면 ‘내나라’나 ‘광명’ 같은 기본 사이트의 주소 정도는 외우고 있어야 한다. 북한에서 인터넷 주소를 갖고 있는 곳은 수천 개에 달하는 것으로 알려져 있는데, 주요 대학들과 도서관들, 중앙과학 기술통보사, 발명총국, 국가망정보센터와 같은 국가 주요기관, 외화벌이 회사들과 중요 공장 기업소 등이 자체 홈페이지를 갖고 있다. 심지어 금성1, 금성2 종합중학교들도 홈페이지가 있다. 여기에 김일성종합대학이나 김책공업대학과 같은 큰 종합대학은 홈페이지에 강좌까지 세분화되어 게시하고 있다. 특히 과학 기술 분야 전문가를 양성하는 메카라고 할 수 있는 김책공업대학은 인터넷 활용도도 북한에서 제일 높은 수준이다.

그러나 북한에는 아직 구글이나 야후 같은 검색사이트가 없다. 인민대학습당이나 중앙과학 기술통보사 홈페이지에 가면 각종 자료 목록을 검색할 수 있지만 실제 내용을 볼 수는 없다. 인터넷에 올려놓은 자료라고 하더라도 이는 암호를 알고 있는 극소수 사람에게만 열어놓기 때문에 일반인은 직접 도서관에 가야 한다.

한편, 각종 회사 홈페이지에 들어가면 자세한 상품 소개도 볼 수 있다. 『노동신문』과 『평양신문』도 인터넷으로 볼 수 있다. 주요 체육경기 결과나 일정까지 확인할 수 있는데, 이는 TV에서는 불가능한 것이다. ‘려명’이라는 이름의 홈페이지에는 인터넷을 통한 휴대폰의 서비스가 연결되어 있다. 현재 재일본조선인총연합회 기관지 조선신보사에서는 북한을 대리해 조선중앙통신 홈페이지를 운영하고 있으며, 중국에 있는 범태평양조선민족경제개발촉진협회는 조선인포뱅크를 개설, 북한 정보를 회원제로 제공하고 있다.

나. 북한 청소년들의 채팅

북한 청소년들에게도 인터넷 상의 채팅방의 존재는 호기심 충족과 즐거움을 주기에 충분했을 것이다. 대부분의 초기 네티즌이 부유층 자제들이어서 사교계가 없는 북한에서 채팅방이 이를 대신하기도 하였다. 초기에는 채팅을 즐기는 것 자체가 부유층 자제의 상징이었다. 집에 컴퓨터가 있고, 이를 인터넷과 접속해주는 집 전화가 있다는 것은 웬만한 부를 가지지 않고서는 어림없는 일이었기 때문이다. 당시 북한의 인터넷은 모뎀형식으로 집전화로 연결된 것이었는데, 너도나도 채팅에 뛰어드는 바람에 평양에선 집으로 전화를 걸면 ‘통화중입니다’라는 안내음이 나오기 일쑤였다고 한다. 또한 인터넷을 통해 부잣집 도련님과 아가씨가 오작교를 놓는다는 소문이 퍼지면서 어느 정도 경제력이 있는 집의 자제들은 컴퓨터를 무엇보다 가지고 싶어했다. 그리고 이러한 경향으로 인해 북한의 인터넷은 엄청난 파급 효과를 가져왔다.

북한에서도 플래시몹[110]에 해당한다고 볼 수 있는 인터넷을 통한 실제 모임이 이루어졌다. 2006년 6월, 조선컴퓨터센터(KCC)의 홈페이지인 '내나라'(북한 최초의 홈페이지)의 게시판에 한 누리꾼이 "내나라 개설 10주년 기념일에 평양체육관에서 네티즌의 체육경기를 발기한다."라는 내용의 글을 올렸다. 그리고 이 글을 보고 10주년 기념일 당일 평양체육관에 무려 300여 명의 누리꾼이 모였다. 사실 이전에도 인터넷을 통해 불특정 청년들이 모여 축구나 농구경기를 하는 일이 종종 있었다. 처음에는 소규모의 모임이었기에 당국이 별다른 제재를 가하지 않았지만 이들의 규모가 점차 커지면서 당국으로부터 곱지 않은 눈초리를 받게 되었다. 결국 이 사건은 국가보위부의 통제를 받게 되었다. 북한에서는 당국이 허가하지 않은 모임을 엄격히 금지하고 있고, 지역마다 정도가 다르기는 하지만 평양은 특히 심한 곳이다. 비공식적 자리에서의 삼삼오오 모임을 금지하던 체제에서 인터넷이라는 가상의 공간을 이용해 300여 명이 모임을 갖는 이들을 건전치 못한 회색분자로 간주하였던 것이다. 더구나 모임 장소인 평양체육관에서 10분 가량만 걸으면 조선노동당 중앙위원회 청사가 나오기 때문에 보위부는 이날 긴급 출동하여 누리꾼들을 해산시키고 체육경기를 무산시켰다.

이 모임의 강제해산 뒤에는 인터넷 사용에 대한 대대적인 검열이 뒤따랐다. 당시 채팅방에선 남한 말투를 쓰는 것이 하나의 유행이 되어 있었고 당국의 의도와 다른 내용의 게시물도 적지 않았다. 이에 보위부는 이 사건을 계기로 북한의 인터넷망에서 채팅방을 모두 폐쇄하였다. 또 당시 북한에 우후죽순처럼 생겨나던 PC방들도 모두 폐쇄시키는 조치를 단행하였다. 가정집의 전화 모뎀을 이용한 개인의 인터넷망 접속도 금지시켰다. 이에 따라 인터넷망 접속은 기관을 통해서만 이루어질 수 있게 되었다. 결국 최근 가정집의 컴퓨터는 게임이나 하고 동영상을 보는 용도로 전락하고 말았다.

다. 북한의 해킹

인트라넷 성격의 제한된 인터넷 안에서도 북한 네티즌들끼리는 서로 해킹을 주고받는

110) 플래시몹(flash mob)이란, 불특정 사람들이 특정 장소에 모여 깜짝쇼를 벌인 뒤 흩어지는 행동을 말한다. 보통 인터넷을 통해 사람들이 시간과 장소를 약속한 후 일정 시간 동안 일종의 퍼포먼스를 하게 된다.

일까지 일어난다고 한다. 북한에서 해킹을 해 보았다는 한 탈북자는 자신이 해킹에 발을 내딛은 계기가 다른 해커의 공격을 받은 뒤부터였다고 말했다. 그는 "어느 날 한참 채팅을 하고 있는데, '내가 누군지 아니?'라는 메시지 창이 뜨고 시간이 59초에서 점점 줄어들더니 콤퓨터가 꺼지는 것이었습니다. 다시 켜도 1분 안에 또 꺼지더군요. 순간 비루스를 먹었구나 하는 생각이 들었는데, 당시 태우고 있던 비루스 방어 프로그람도 동작하지 않았습니다. 할 수 없이 다시 체계를 태우고 보니 일부 파일들이 파괴되고 자료구역까지 비루스가 먹은 상태였습니다. 그 후부터 방화벽 프로그람을 구해 사용했습니다. 제 친구도 해킹을 당했는데, 자기도 해 보겠다면서 전문기관에서 해킹 프로그람을 구해왔습니다. 콤에 대해 좀 아는 사람들은 누구나 사용할 수 있는 것입니다. 이 해킹 프로그람을 사용하면 망에 연결된 콤퓨터들의 주소가 나타났는데, 그 가운데서 아무거나 선택하여 아무 화일이나 지우거나 상대방을 놀려주는 테스트화일을 복사해 넣으면 됩니다. 북한 인터넷 망에선 이런 아마추어들의 해킹이 계속되고 있습니다."라고 했다. 최근 국내의 한 보도를 보면, 북한에서는 조선콤퓨터센터에만 800명의 해커들이 양성되고 있는 것으로 알려지고 있다.[111] 북한은 라오스와 함께 인터넷의 보급과 이용률이 가장 낮은 나라로 분류되고 있지만, 미국 국방성과 관련된 인터넷 사이트를 가장 많이 검색하는 나라로도 알려져 있다.

라. 북한의 PC방

인터넷 열기를 타고 2000년대 초반 평양을 포함한 전국 각지에 '정보통신기술판매소'라는 명칭을 단 PC방까지 생기기 시작했다. 2002년 5월에 한국의 (주)훈넷과 북한 장생무역총회사의 합작법인인 조선복권합영회사가 개설한 평양PC방은 20여 평의 규모로 10대의 PC를 설치하여, 인터넷 상의 각종 웹사이트를 방문할 수 있고, 이메일도 사용할 수 있게 하였다. 그러나 PC방의 주이용자는 국제기구 주재원, 언론인, 외교관 등으로, 일반 주민의 이용에는 제약이 있는 것으로 알려져 있다.[112]

---

111) 『중앙일보』, 2010년 6월 26일자 기사.
112) 황성진 외, 앞의 보고서, pp. 117-118.

제6절 언론매체

1. 언론·출판

1) 언론정책

북한에서 언론은 "김일성의 교시와 김정일의 방침을 해설 선전하고 옹호 관철하며 프롤레타리아독재를 가일층 강화하고 인민들의 정치사상적 통일과 단결을 강화하는 데 복무"하도록 규정하고 있다. 북한 헌법 제67조에서는 "공민은 언론·출판·집회·시위와 결사의 자유를 가진다."라고 밝히고 있다. 언론의 자유에 대해 명시하고 있지만, 북한에서 언론의 자유는 "인민대중을 사회주의 건설에 더욱 힘차게 다그치는 데 이바지"할 때만이 보장받을 수 있다고 못 박고 있다. 북한의 언론은 이러한 언론의 자유에 한하여 대중의 지도자 및 안내자 또는 교사로서만이 그 존재가치가 인정된다. 따라서 북한의 모든 언론매체에 부과된 으뜸가는 임무는 당 정책 및 혁명 사업을 선전·옹호하는 데 있다.

2) 언론매체 현황

북한은 신문의 사명에 대해 "모든 사회성원들을 주체형의 공산주의자로 만드는 데 이바지하는 것"으로 규정하고 있다. 이러한 기본 인식에 따라 북한의 신문들은 대부분 관보의 성향을 띠고 있다. 북한의 신문학 이론서인 '신문리론'에서는 신문의 기능으로 ① 이데올로기 무장을 위한 선동선전자적 기능, ② 사회주의 혁명을 위해 대중을 조직하는 조직자적 기능, ③ 공산주의적 인간을 양성하는 문화교양자적 기능을 제시하고 있다. 이는 신문이 수령과 당의 방침을 주민들에게 연결시켜주는 정치사회화의 도구, 계급투쟁의 사상적 무기로 동원되고 있음을 보여주는 것이다. 북한은 이른바 '주체언론'의 관점에서 신문이 견지해야 할 원칙으로 노동계급성과 당성의 원칙, 인민성과 대중성의 원칙, 진실성과 전투성의 원칙을 제시한 바 있다.[113] 이처럼 북한의 신문들은 당과 대중을 연결하는 중요한 수단으로서 당원들과 근로인민대중을 주체형의 공산주의 혁명가로 교양 개조시키고, 그들에게 당의 방침과 의도를 해설 침투시키며, 그들이 당이 제시한 길로 나아가도록 이끌어 주어야

113) 「시사백과」, '신문', 조선일보사 홈페이지(http://nkchosun.com), 2010년 7월 23일 검색.

하는 임무와 역할을 맡고 있다. 그렇지만 신문들마다 고유한 성격과 구체적인 임무를 가지고 있어서, 그 특성과 역할을 책임 있게 수행해야 한다.[114)]

북한의 중앙 일간지로는 조선노동당의 기관지로서의 『노동신문』과 최고인민회의 상임위원회 및 내각의 기관지인 『민주조선』이 있다. 대체로 북한에서는 기관별로 발행하는 신문들은 격일간이나 주간지 형태로 발행하며, 발행 부수는 많지 않다. 청년동맹의 기관지인 『청년전위』와 조선인민군 기관지인 『조선인민군』이 있으며 공장·기업소 발행의 공장신문과 각 대학 발행의 대학신문 등의 하급신문과 해외홍보용인 영자지로는 매주 토요일 발행되는 『평양타임스 : The Pyong Yang Times』가 있다. 이 가운데, 매년 1월 1일 신년공동사설이 발표되는 신문은 『노동신문』, 『조선인민군』, 『청년전위』이다. 또한 체육 기사만을 보도하는 일간 체육신문이 최근 발간되고 있는 것으로 알려졌다. 그 밖에 『철도신문』, 『건설신문』, 『교원신문』과 같이 내각의 각 부처에서 발간하는 기관지들과 공장·기업소가 발행하는 신문이 있다.[115)] 한편, 평양시당에서 발간하는 『평양신문』이 있고 그 밖의 지방지로는 각 도(직할시)당위원회와 도(직할시)인민위원회의 기관지 15개가 발행되고 있다.

북한 언론매체는 속보 경쟁을 하지 않고 사건사고를 보도하지 않는다는 당국 보도지침에 따라 이 원칙을 엄격히 준수하고 있다. 따라서 신문의 기사내용도 거의 동일하며 다만 정치적인 해석의 강도만 조금씩 다르다. 대부분의 기사는 조선 중앙통신에서 공급하는 기사를 전재하고 있기 때문에 논설이나 해설 등에 조금씩 차이가 있을 뿐이다.

기사 작성도 당에서 사전검열을 하며 기자나 편집원들의 기사는 각자의 당에 대한 충실성을 검열 받는 과정으로 규정되어 있어 다양한 접근보다는 누가 더 당의 지침에 충실한가가 중요하다. 각 부서에서 작성된 기사는 먼저 소속부장, 편집부국장과 편집국장, 부주필과 주필의 검열을 단계적으로 거친 다음 내각 직속의 출판지도총국 신문과의 검열을 통과해야만 최종단계인 조선노동당 중앙위원회 선전선동부 신문과의 검열을 받을 수 있다.

신문들은 전날 낮 12시경에 기사 작성과 편집이 완료되어 오후 5시경 초판이 인쇄되어

---

114) 김영주, 「북한 신문의 분류 체계와 기본 내용」, 『동북아연구』, Vol. 1, No. 1(경남대학교 극동문제연구소, 1995), p. 78.

115) 전영선, 앞의 책, p. 287 참조. 그 밖에 북한의 주요 공장, 기업소도 자체로 신문을 발행하고 있다. 김종태전기기관차공장에서는 『붉은기』를, 경성도자기연합기업소는 『도자기』를, 그리고 황해제철연합기업소는 『쇠물』을 각각 발간하고 있다.

대개 다음날 10시에서 14시 사이에 정해진 배포 선에 따라 우편으로 독자들에게 배달된다.

북한의 잡지로서는 노동당의 이론지인 『근로자』를 비롯하여 『조선문학』, 『조선무역』, 『대중과학』, 『조선예술』 등 각 분야별로 30여 종이 발행되고 있다. 이중 『금일의 조선』, 『조선무역』, 『천리마』 등 8종은 외국어판으로서 해외에 배포하고 있다. 특히 최근에는 국제문제 시사전문 월간지인 『국제생활』을 창간, 발행하고 있다.

한편, 방송과 관련하여서는 1985년 조선중앙방송위원회에서 발간한 『방송 리론』에 의하면, 방송은 주체사상의 선전 선동 도구 및 직접적인 동원을 위한 도구로 규정되고 있다. 즉, "방송이란, 대중적이며 종합적인 보도 선전 수단이며, 힘 있는 사상 문화 교양 수단이며, 방송이 당의 목소리이고, 또 당은 방송을 통하여 수령님의 사상과 당의 방침을 내외에 선전하며, 광범한 군중을 혁명 투쟁과 건설 사업에로 힘 있게 불러일으키고 있는 매체다." 라고 규정하고 있다. 초창기 북한의 방송은 마르크스-레닌주의의 언론관을 추구하며 인민에 대한 선전·선동의 수단으로 활용되었으나, 현재는 주체사상 중심의 언론관으로 바뀌어 '주체사상의 방송', '혁명의 방송'으로 성격이 규정되고 있다.

그리고 북한의 방송은 ① 이데올로기 무장을 위한 선전·선동 기능, ② 사회주의 혁명을 위한 조직·동원의 기능, ③ 공산주의형 인간을 양성하는 문화·교양의 기능을 수행하고 있다.

한편, 북한의 방송은 조선노동당과 내각의 이원체제로 운영되고 있다. 모든 방송을 총괄 관장하고 있는 조선중앙방송위원회가 표면적으로 내각의 문화성 산하기구로 있지만(방송 시설의 운영권은 내각의 체신부가 갖고 있다.), 실질적으로는 조선노동당의 선전선동부와 통일선전부가 방송의 내용과 편성 업무를 관장할 뿐만 아니라, 방송국과 각 방송위원회의 책임자에 대한 인사권을 행사하고 있다. 그리고 지방방송은 각 시·도당 선전부 직속의 시·도 방송위원회에서 관장하고 있다.[116]

북한의 방송 현황은 다음과 같다. 라디오 방송으로는 『조선중앙방송』, 평양방송이 있고, 음악을 통한 대남선전용으로 평양FM방송, 조선노동당비서국 통일전선부에서 관장 운영하는 대남방송인 '구국의 소리방송' 등 4종류의 라디오방송이 있다. 그리고 원산·개성·남포·사리원 등 10개소의 지방방송국이 있고 10개의 유선방송국, 200개의 군·구역방송국, 4,300여 개의 방송실이 있다. 텔레비전 방송으로는 조선중앙TV, 만수대TV

116) 황성진 외, 앞의 보고서, pp. 47-52.

와 대남방송을 목적으로 한 개성TV 등 3개가 있다.

북한의 통신사로는 국영통신사인 조선중앙통신사가 유일한데, 국내외 정보를 지도 총괄함으로써 북한 언론매체의 중추를 이루고 있다.

〈표 5-5〉 남북한 방송 현황 비교

구분		남한	북한
소유 체계		공영, 민영	국영
방송의 역할		민주적 여론 형성, 국민 문화의 향상	선전, 선동, 조직 수단
방송 개시 시기	라디오	1927년 경성방송국	1945년 조선중앙방송
	TV	1957년 KORCAD-TV	1969년 평양TV
	컬러TV	1980년	1974년
	뉴미디어방송	케이블: 1995년, 위성방송: 2001년	위성방송: 1998년
TV 가시청률		98% 수준	미상(낮은 수준으로 추정)
방송국 현황	라디오	KBS 등 수십 개	조선중앙방송 등 4개
	TV	전국: KBS 등 4개 지방: KBS, MBC, 지역민방 등	조선중앙TV 등 3개
	뉴미디어방송	케이블: 117개국, 위성: 1개 DMB: 수도권 6개, 지역: 13개	위성방송
해외방송 언어 수		13개 이상	9개
TV 방식(방송 표준 방식)		NTSC(M)	PAL(D)

ㅁ김학천 외, 「남북 통일 대비 방송 통합 방향 정책 연구」, 한국전파진흥원, 한국무연진흥공사 위탁연구 03(2007).

2. 북한의 신문과 잡지 개황

1) 북한의 신문[117)]

북한의 주요 신문으로는 『로동신문』(노동신문, 조선노동당 기관지, 1945년 11월 1일 『정로』라는 제호로 창간), 『민주조선』(조선민주주의인민공화국 최고인민회의 상임위원회 및 내각 기관지, 1946년 6월 4일 창간), 『청년전위』(김일성사회주의청년동맹 기관지, 1946년 4월 20일 창간), 『평양신문』(1957년 6월 1일 창간), 『소년신문』(1946년 5월 5일 창간),

117) 여기서는 『북한 소식』, 「분야별 북한 동향」, '북한 신문의 개황', '북한 신문의 종류', '북한의 신문기자 채용 및 관리', 통일부 북한자료센터 홈페이지(http://unibook.unikorea.go.kr), 2010년 7월 23일 검색 내용을 토대로 정리한 것임.

『문학신문』(1956년 12월 6일 창간), 『새날』(1928년 1월 15일 창간), 『조선인민군』(1948년 7월 10일 창간) 등이 있다. 이 중 『로동신문』과 『민주조선』은 북한의 양대 일간지라고 할 수 있다. 『로동신문』이 150만 부, 『민주조선』이 60만 부를 발행한다. 그 외의 신문들은 발행 부수 1만 부 내외의 소규모이다.

북한에서 언론에 대한 최종적인 통제기관은 당중앙위원회 선전선동부이고 신문의 경우는 선전선동부 신문과의 감시, 감독을 받으며, 국내 출판물에 한해서 내각 산하의 출판총국 신문과의 행정적인 감시 등을 받아 이중적인 통제를 받고 있다.

북한의 신문들은 내용상으로 구별되는 특징이 없고, 단조로운 표현과 고시적인 광고를 제외하면 광고란이 없다는 점이 그 특징이라고 할 수 있다.

북한은 1960년대 초까지 용지 전량을 소련으로부터의 수입에 의존하다가 1961년 길주제지공장이 가동되면서부터 자체공급이 가능해졌으나 그 질이 그다지 우수하지는 못하다. 신문의 발행 횟수나 면수(대체로 4~6면)가 적은 것은 용지 생산의 저급함에 기인한다고 보아야 할 것이다.

신문의 배포는 당이나 정부의 고위 간부들을 제외하면 가정배달은 별로 없으며, 대체로 우편 배달원이 학교, 협동조합, 직장 등 독자군이 존재하는 사회단체로의 집단배달을 원칙으로 하고 있다.

(1) 노동신문

노동신문은 조선노동당의 기관지로, 북한에서 최고의 권위와 영향력을 지니고 있는데, 북한 당국의 공식 입장을 대변하는 신문이다.[118] 주체사상을 지도적 이념으로 삼고 주체혁명의 위업을 완성시키는 데 적극 이바지하는 것을 그 사명으로 삼고 있다. 이며 조선노동당 중앙위원회 기관지이다. 신문의 논조와 성격은 곧 북한 언론을 상징한다고 볼 수 있다. 현재 조간으로 주 7회 매일 6면을 연중무휴로 발간하고 있으며 발행 부수는 150만 부에 이르는 것으로 추정되고 있다. 노동신문의 1면 상단 중앙에는 『로동신문』이라는 한글제호가 쓰여 있고 그 바로 밑에 조선노동당기관지라는 글자가 배열되어 있다.

신문의 편집 내용을 보면, 1~4면까지는 정치, 경제, 문화 등 북한 내부의 소식이 실려 있고,

118) 김영주, 앞의 논문, pp. 79-80을 참조할 것.

5～6면은 남한의 실상이나 통일 논조 및 대남 관계 기사와 국제 뉴스 등을 다루고 있다.[119]

노동신문사에는 10여 개의 부서가 있는데, 남북회담이나 대남선전기사 작성을 담당하는 '남조선부'를 두고 있는 것이 특이하다. 직원 수는 편집국 소속 약 100여 명의 기자를 포함하여 300명 정도가 일하고 있는 것으로 알려지고 있다. 최고책임자는 책임주필인데 기자동맹 위원장을 겸하고 있어서 정치적 비중이 크기 때문에 대개 당의 고위 핵심 인물이 기용된다. 신문의 편집 형태는 전면 가로쓰기를 채택하고 있으면서 모든 글자들을 한글로 쓰고 사진과 활자들은 거의 흑백으로만 인쇄돼 있어 지면 구성이 딱딱하고 단조로운 느낌을 주고 있다.[120] 또한 남한의 신문과는 달리 제목에 동사(動詞)를 많이 사용하며 '컷'을 일체 사용하지 않는 특징을 보이고, 가장 큰 특징은 생활정보기사나 광고가 전혀 없다는 점과 속보성이 중시되지 않는 점이다. 특히 북한의 사건 사고는 지침에 의해 단 한 줄도 보도하지 않게 되어 있고, 실제로 이를 다루는 면이 없지만 남한의 반정부 시위나 노동쟁의, 양심수 정치범문제, 부정적인 사건사고 등은 한 면을 할애하고 있다.

신문은 당정의 간부들에게는 직접 배포되지만 일반 주민들은 개인적인 구독이 아니라 직장, 기관 단위의 '독보회' 등을 통해 단체로 보게 되어 있다.

(2) 민주조선

1945년 8월 평남인민위원회 기관지로 만들어진 『평양일보』에서 비롯되었으며, 1948년 9월 북한 정권이 창건되면서 현재의 위치로 자리를 잡았다. 창간 일자는 1946년 6월 4일로 되어 있는데, 이때 북조선 임시인민위원회의 일꾼들을 대상으로 하는 기관지의 성격을 가졌었기 때문이다.[121]

정부기관지라는 특성으로 인해, 편집 내용에 있어 비교적 최고인민회의나 내각에서 채택한 법령 또는 결정사항 등이 많이 게재되고 있다. 기본 사명은 "인민정권기관 일군들과 국가경제기관 일군들을 수령의 혁명사상, 주체사상으로 무장시키며 그들을 당과 수령의 두리에 굳게 묶어 세워 당 정책 관철에 힘 있게 조직 동원함으로써 온 사회의 주체사상

---

119) 김창희, 위의 책, p. 278.
120) 전영선, 위의 책. pp. 287-283.
121) 김창희, 앞의 책, p. 279.

위업에 적극 이바지하는 데 있다."라고 규정되어 있다. 김일성도 이와 관련하여 "인민정권의 법령, 규정 및 국가의 정책을 군중 속에 해설 침투시켜 그들을 국가 정책 실행에로 동원하는 데 있다."라고 천명한 바 있다.[122)]

주요 조직으로는 책임주필을 최고책임자로 해서 그 아래 2~3명의 부주필을 두고 있고, 편집국 내에는 인민행정부, 공업부, 농업부, 교육문화부, 국제부 등 9개의 부서가 만들어져 있다.

『민주조선』은 연간 312회에 걸쳐 6면이 발행된다. 『노동신문』이 주로 당의 이념 실천이나 방향을 선도해 나간다면, 이 신문은 그 실천 방안이나 정책 등을 해설해 주며 새로운 법령 등을 공고하기도 한다.

(3) 청년전위

김일성사회주의청년동맹(청년동맹) 기관지로서 1946년 1월 17일 '민주청년'이라는 이름으로 간행되기 시작했다가 1964년 5월 12일 '로동청년'으로 바뀌었다. 1997년 1월 사회주의노동청년동맹(사로청) 대표자회에서 사로청이 김일성사회주의청년동맹으로 개명되면서 신문 제호도 '청년전위'라는 이름으로 바뀌었다.

이 신문은 청소년들을 주체형의 공산주의 혁명가로 교양하기 위한 유일사상 교양 자료, 혁명 교양·공산주의 교양 자료들을 많이 게재하는데, 청년들의 돌격대적 역할과 청년동맹 일꾼들의 사업 경험들을 소개하기도 한다.

편집위원회와 편집국, 그리고 청년생활부, 공산주의교양부 등 9개 부서로 조직되어 있다. 기사 내용은 『노동신문』에서 제기하고 있는 여러 가지 사안들을 청소년층에 맞게 청소년과 결부시켜 소화한 것들이 대부분이다.

신년사를 대신한 공동사설이 1998년도를 제외하고 1995년부터 게재되어 오고 있다. 일요일을 제외하고 매일 4면씩 발행되고 있고, 발행 부수는 45만 부 정도이다.

(4) 조선인민군

조선인민군의 기관지로서 일간 형태로 발행되고 있는데, 조선인민군 군인들을 독자층으

122) 김영주, 앞의 논문, p. 81.

로 하고 있다. 전군 주체사상화를 위한 군 장병들의 사상무장을 강화하는 한편, 당이 제시한 군사정치적 과업 수행에 헌신하도록 고무, 추동하는 것에 편집 방향을 두고 있다.[123] 따라서 김정일 국방위원장의 동정, 김 부자 관련 글, 당 군사노선 및 정책, 김정일 국방위원장의 지시 관철 등의 내용으로 꾸며지고 있다. 특히 이 신문의 주요 임무는 조선인민군 당위원회의 결정사항을 전군에 신속하게 전달시키고, 3대혁명붉은기쟁취운동을 강화하는 데 있다.

주요 조직으로는 편집위원장인 책임주필 밑에 편집위원회가 있어 월 2회 이상 소집되어 편집 방향과 발행계획 등을 主로 결정한다. 『조선인민군』 역시 1995년부터 신년사를 대신해 매년 1월 1일 발표되는 공동사설을 군 대변지 자격으로 게재하고 있다.

(5) 평양신문

평양시당 기관지로 1957년에 창간됐다. 평양 시내뿐만 아니라, 북한 전역에 배포되고 있으며 평양 시내에는 가판도 있다. 국문판(4면) 430만 부, 영어 불어판(8면) '평양타임스' 3만 부가 발행되며 월요일은 휴간한다.

발행 목적은 "정치, 경제, 문화의 모든 면에서 평양시가 전국의 모범이 될 데 대한 수령님의 교시를 관철하기 위한 투쟁에로 수도의 당원들과 근로자들을 조직, 동원하는 것"이다. 이에 따라 편집도 『노동신문』과 거의 대동소이하며, 평양시에 관련된 것만 국한되지 않고 각지의 주요 소식도 함께 다루고 있다. 『노동신문』이나 『민주조선』, 『청년전위』에 비해 격은 떨어지지만 내용의 짜임새와 다양성에서 앞서기 때문에 이들 3대 신문보다 가독률이 훨씬 높다. 참고로 이 신문은 2005년 1월에 홈페이지가 개설되었다.

수도 신문의 특성으로 인해, 당 기관지나 정부 기관지와 달리, 일부 대외 문제나 수도 생활의 이모저모, 정세 문제 등 다양한 소식들을 흥미 있고 여유 있게 편집하며, 상품 안내 광고나 상점·식당 및 극장의 안내 광고를 게재하기도 한다. 또한 체육 소식이나 텔레비전 프로그램 안내도 취급한다.[124]

---

123) 김영주, 위의 논문, p. 82.
124) 김영주, 위의 논문, pp. 83-84.

(6) 지방지 : 도(道) 일보

각 도당위원회 기관지로 도내의 근로자들을 대상으로 발간되는 지방신문이다. 도 일보는 일간지로 4면이 발간되고 있으며 발행 부수는 대개 4 ~ 5만 부 정도이다.

북한에서 발간되는 도 일보는 『평남일보』(1950년 12월 12일), 『평북 · 일보』(1945년 11월 27일), 『함남일보』(1945년 11월 15일), 『함북일보』(1945년 11월 20일), 『자강일보』(1949년 3월 11일), 『량강일보』(1955년 1월 1일), 『강원일보』(1945년 12월 28일), 『황남일보』(1945년 9월 6일), 『황북일보』(1945년 9월 6일), 『개성신문』(1952년 2월 19일) 등 10개가 있다. (괄호 안의 날짜는 창간일임.)

도 일보는 일찍이 김일성의 관심 표명과 함께 독자층이 대개 노동자나 농민 등 생산자 대중이라는 점 때문에 직관성이 높은 자료와 함께 글을 더욱 짧고 알기 쉽게, 그리고 흥미있게 다루도록 하고 있다.[125)]

(7) 기타

그 밖에도 우리 사회에 익숙한 『조선신보』가 있다. 이는 재일 조총련의 기관지로서, 조신신보사가 일본에서 발행하고 있다.

한편, 『새날신문』이 있는데, 이는 청년, 학생들을 대상으로 발간하는 '새날소년동맹'의 기관지이다. 북한은 청년중앙회관에서 『새날신문』[126)] 창간 80주년을 기념하는 중앙보고대회를 개최(2008년 1월 14일)하고 당의 사상적 기수로서 기자 · 편집원들의 본분을 강조하였다.[127)] 이번 중앙보고대회에서는 김일성의 『새날신문』 창간을 통한 혁명 업적을 부각, 선전하여 김일성 부자에 대한 충성심을 유도하고, 기자, 편집인들의 선각자 및 사상적 기수로서의 본분을 강조하고, 새 세대들을 충직한 선군 혁명 위업의 계승자로 교양하는 사명과 임무를 수행할 것을 촉구하고 있다.

125) 김영주, 위의 논문, p. 85.

126) 『새날신문』은 1928년 1월 15일 김일성이 '새날소년동맹'의 기관지로 창간하였다고 선전하고 있는 바, 현재 「청년동맹」 중앙위원회에서 청년, 학생들을 대상으로 발간하고 있다.

127) 『조선중앙방송』, 2008년 1월 14일자 기사.

2) 북한 잡지[128)]

(1) 근로자

북한 조선노동당중앙위원회 이론기관지로 매월 30만 부씩 발행되고 있다. 펴내는 곳은 조선노동당 출판부서 산하의 근로자사이다. 인쇄는 평양종합인쇄공장에서 맡고 있다. 크기는 4×6배판, 분량은 90쪽 내외이며 지질은 중지질이다. 표지는 빨간 바탕에 잡지의 이름인 근로자라는 글자가 청색으로 쓰여 있으며 그 위에는 '전 세계 로동자들은 단결하라'는 구호가 적혀 있다.

임무와 기능은 당 간부를 주 대상으로 수시로 제기되는 당의 시책과 그 관철을 위한 방도를 제시할 것, 당의 노선과 정책을 꾸준히 선전할 것, 김일성의 유일사상체계 확립에 기여할 것, 당 간부와 당원 근로대중의 공산주의 교양에 이바지할 것, 당중앙위원회의 조직 선전자 역할을 할 것 등이다. 이에 따라 이 이론지에는 당 정책 홍보와 집행을 위한 논설이 주로 실리고 있다.

(2) 천리마

북한의 유일한 대중 교양 잡지로, 문학예술종합출판사 천리마 편집위원회에서 월간으로 발행하고 있다. 지난 1959년 초 천리마운동의 대중화를 목적으로 발행되기 시작하였으며, 임무와 기능은 인민들의 공산주의 교양에 이바지할 것, 당의 노선과 정책, 특히 수시로 제기되는 시책을 선전하며 그 관철을 위한 투쟁에로 인민들을 고무할 것, 인민들이 사회주의 경쟁운동에 적극 참여하여 노력혁신을 일으키도록 추동할 것 등이다.

잡지의 표지에는 대개 북한 사회의 '행복한 모습'을 담은 사진이 게재되고 있고 그 아래에는 잡지의 이름인 천리마와 펴낸 곳인 천리마사의 이름이 적혀 있다. 뒷면에는 대개 북한 지역의 명승지 사진이나 그림이 실려 있고 아래쪽에는 정기간행물 번호와 천리마 동상의 그림이 게재돼 있다. 앞뒤 표지 안쪽에는 주로 성과작으로 꼽히는 대중가요의 가사와 악보가 실려 있는데, 1989년 이후에는 체제 찬양 및 이의 고수를 다짐하는 내용의 노래가 많이 게재되고 있다.

---

128) 여기에 소개된 내용은 『북한 소식』, 「분야별 북한 동향」, '북한 잡지', 통일부 북한 자료센터 홈페이지 (http://unibook.unikorea.go.kr), 2010년 7월 23일 검색 내용을 중심으로 게재한 것임.

가사의 내용은 크게 체제 찬양, 통일 문제, 일반 생활상식 등으로 나뉘고 있으며, 이 같은 기사들은 수기, 기행문, 혁명 유물 소개, 지상연단, 시, 연재소설, 만평 등의 형태로 게재되고 있다. 한때 여성들의 옷 입는 방법, 화장법, 머리 모양 갖추는 방법 등에 관한 기사가 연재되기도 하여 흥미를 끌기도 했다.

이 밖에 북한의 명승지 및 유적에 관한 기사와 '무엇이든지 물어보세요', '위생지식', '체육상식', '아시는지요' 등의 짤막한 상식코너가 고정적으로 실리고 있으며 사진은 앞뒤 표지를 포함, 대개 20컷 내외가 게재되고 있다.

이 잡지의 인쇄는 평양종합인쇄공장에서 맡고 있다. 이 잡지를 펴내는 문학예술종합출판사는 문예물 전담 출판사로 단행본과 문예 관련 잡지들을 발간해 내고 있다. 지난 1961년 3월 작가동맹출판사, 국립문학예술서적출판사, 조선음악사, 조선미술사 등이 통합돼 발족했으며 현재 『천리마』를 비롯, 『청년문학』, 『조선문학』, 『조선영화』, 『조선예술』 등의 월간지와 시문학, 극문학 등의 계간지를 발행하고 있다. 사장 아래 편집위원회와 15개 부서를 두고 있다.

Q. 북한의 신문이나 잡지 발행 상황은 어떠한가?

A. 어려운 경제난으로 인해 종이 품귀 현상이 발생하였다. 병원의 처방전도 자체 생산하여 사용하는 경우도 있고, 옥수수를 활용한 종이로 만든 '강냉이책'도 있다. 이 경우 재질이 떨어질 수밖에 없다. 신문은 과거 경제상황이 좋았을 때에는 인민반별로 배부되었으나 현재는 급격히 줄었다. 신문 종이를 담배종이로 사용하는 사례도 늘어나고 있다. 잡지는 『과학의 세계』, 『조선예술인』 등을 제한된 수요자층에 한정하여 발간하고 있다. 대표적으로 발행되고 있는 신문이나 잡지에는 『시대잡지』, 『대학생』, 『새세대』, 『소년신문』 등이 있다.

3. 북한의 신문기자 채용 및 관리

북한은 기자를 "신문, 잡지를 비롯하여 방송, 통신에 기사를 쓰거나 보도할 내용을 편집하는 일 등을 하는 출판보도 일꾼"이라고 정의내리고 "진보적 기자는 선진사상의 옹호자,

전파자이며 사회 여론의 대변자, 조직자"라고 규정한다.

북한의 신문기자 수는 대략 4,000명 정도로 추산된다. 대강 신문사당 50~100명 정도의 기자가 있으며, 기자 채용은 대체로 김일성종합대학의 어문학부에 설치되어 있는 신문학과와 여타 대학의 어문학과 졸업생 중에서 문장력이 좋은 학생을 학교 성적이 참작되어 학교장이 추천하면 당중앙위원회의 선전선동부에서 엄격한 사상 검토와 가정환경 조사를 거쳐 임명하는 제도를 취하고 있다. 경우에 따라 고등학교 졸업자 중에서도 당에서 선발하여 임명하는 경우가 있다.

기자로 채용되면 우선 지방지에서 4~5년간 경험을 쌓은 후 중앙지에 진출하는 것이 거의 관례로 되어 있다. 기자들에게는 등급 차별제를 실시하고 있는데, 근무연한과 능력에 따라 6급으로부터 1급까지의 차등이 있다. 기자로 채용된 후 몇 개월간의 견습 기간 동안은 견습기자라고 해서 무급 기자이고, 6급 기자는 중앙공급대상 6호에, 4~5급 기자는 7호에, 2~3급 기자는 8호에, 그리고 1급 기자는 9~10호에 해당하는 상대적으로 좋은 대우를 받는다.

북한은 기자 관리에 있어 기자들의 사기를 진작시키기 위해 소위 '인민기자', '공훈기자' 칭호를 부여해 오고 있다. 이 제도는 1971년 11월 29일에 정령으로 공포되었다. 인민기자에게는 증서와 더불어 '국가훈장' 제1급을 수여하고 공훈기자에게는 증서와 노동훈장을 각각 수여한다.

북한에는 정식 기자 외에 기자의 보조 역할을 하는 통신원들이 있는데, 이들은 일정한 언론사에 대해 속해 있는 것이 아니라 그들이 소속하고 있는 공장이나 농장의 생산이나 생활 문제를 신문사에 통보해 주는 역할을 한다. 예컨대 노동통신원 및 청년통신원 제도가 그 제도이다.[129)]

4. 북한의 방송 개황

북한의 방송은 방송 시설 확장 및 복구기(1945~1960년)와 사상 교양 확립기(1961~1970년) 및 주체사상 방송 확립기(1971~현재)로 나눌 수 있다.[130)] 북한은 1945년 10월

129) 유재천, 『북한 언론의 이해』(서울: 공보처, 1995)에서 발췌한 것임.

14일 김일성이 평양시 환영군중대회에서 행한 연설을 『조선중앙방송』인 평양방송이 실황 중계함으로써 개시되었다. 이날을 기념하기 위해0 1970년 10월 14일 최고인민회의 상임위원회는 이 날을 '조선민주주의인민공화국 방송절'로 제정하는 정령을 발표한 바 있다.

한국전쟁으로 모두 파괴되었던 방송시설을 1955년 4월 9일을 계기로 확장하기 시작하여, 1967년 12월 『조선중앙방송』을 제1중앙방송(대내방송), 제2중앙방송(대외 및 대남방송)으로 분리하였고, 다시 1972년 11월 10일에 각각 '조선중앙방송' 과 '평양방송'으로 개칭하였다.

라디오 방송과 더불어 북한 사회의 또 다른 중요한 방송체계는 유선방송이다. 현재 전체의 99.4%가 유선방송망에 연결되어 있어 유선방송의 전국화가 이루어져 있다. 유선방송은 그 즉시성과 일방성으로 인해 초기 사회주의 건설의 목표에 부합하는 효과적인 방송매체로 이용되고 있다. 라디오 방송은 각 가정의 주방에 위치하는 공간을 중심으로 스피커가 달려 있으며, 소리를 줄이거나 키울 수는 있어도 끌 수 없도록 되어 있다. 주요 뉴스를 중심으로 라디오 방송을 내보내고 있다.

한편, 북한의 TV 방송은 1961년 12월 31일 조선노동당 제4차 대회의 전야제에 첫 시험 방송을 실시하였고, 1963년 3월 3일 '조선중앙텔레비전방송국'으로 개국하면서 시작되었다. 1971년 4월 15일 대남 선전용인 '개성텔레비전방송국' 을 개국하였고, 남한보다 이른 1974년 4월 15일부터 컬러텔레비전 방송을 시작하였다. 1983년 12월부터는 만수대 TV가 개국되어 제한적이나마 외국 영화, 주로 동구 공산권 영화를 방영하고 있는 등 방송에서 오락 프로그램이 등장하고 있다는 점은 북한 방송의 큰 변화라고 볼 수 있다.

그러나 북한 방송의 성격은 김일성 유일체제를 공고히 하기 위한 정치사상적 교양자이며 문화교양자인 것이다. 현재 북한의 방송은 '주체사상의 방송'이며 '혁명의 방송'이라는 성격을 부여받고 있다. 북한의 방송은 김일성 유일체제를 공고히 하기 위한 조선노동당이 선전선동 매체로서 언제나 당의 정책 목표, 즉 체제 조건적 정책 목표를 구현하는 도구이다.

특히 김정일은 1995년 11월 언론매체에 보낸 친필 서한을 통해 언론매체가 사상교양 및 통제 기능을 강화해 체제 결속에 앞장서 줄 것을 촉구함으로써 다시 한 번 이러한 언론의 역할을 분명히 했다. 북한의 방송체계는 당과 내각의 이원체제로 되어 있으며

---

130) 황성진 외, 앞의 보고서, pp. 50-52 참조.

표면상으로는 내각 직속의 '『조선중앙방송』위원회'에 의해 운영되고 있다. 조선방송위원회 산하에는 각 도(직할시) 방송위원회가 있고 그 아래에 시, 군(구역) 방송위원회가 있으며 그 하부기관으로 유선방송 중계소가 있다. 따라서 모든 방송 내용은 당의 지도, 감독에 따라 조선방송위원회의 검열을 거친 것이며, 방송국은 검열된 내용만을 방송하고 있다.

북한은 1961년 9월 11일 제4차 당대회 이후 TV 방송국 건설 계획을 수립하여 1963년 3월 평양텔레비전 방송국을 개국한 뒤 1970년 4월 김일성 생일을 기해 조선중앙TV로 명칭을 바꿨다. 1971년 4월 15일에는 대남선전용으로 개성TV 방송국을 개국했으며 1973년 12월 4일에는 평양시민과 외국인들을 대상으로 토요일과 일요일에 영화, 스포츠 등을 주로 방영하는 만수대TV 방송국을 개국하였다. 1997년 2월 16일에는 김정일 생일을 기해 대남 선전용인 개성TV방송을 없애고, 대남방송은 조선중앙TV 방송을 그대로 받아서 방송하고 대내방송은 조선교육문화TV를 신설하여 방송하고 있다. 한편, 북한은 1999년 10월 10일 조선노동당 창건 54돌을 맞아 위성 중계방송을 시작했다. 최근에는 방송 내용이 일부 변화를 보이고 있다. 주민들의 시청률 제고를 위해 흥미와 관심을 유발하는 드라마를 황금시간대(20 : 30 ~ 21 : 30)에 편성하면서 주제도 당, 수령, 체제 우월성 외에 '신사고, 대외관계' 등을 추가하고 드라마 내용도 남녀문제, 주민생활, 사회적 갈등에 관한 문제 등 날로 다양해져가고 있다. 조선중앙TV는 남한에서 개최된 '2002 월드컵 축구경기대회' 및 '부산아시안게임' 등 주요 경기내용을 보도와 함께 녹화 방송하였으며, 2002년 9월 평양 봉화예술극장에서 개최된 '남북교향악단 합동연주회'를 최초로 남북한 동시 생중계를 하기도 하였다.

현재 북한 주민들은 열악한 텔레비전 수상기 보급과 전력난으로 텔레비전을 통한 정보 획득에 많은 어려움을 겪고 있다. 이제 라디오방송과 텔레비전방송으로 나누어 살펴보자.[131)]

1) 조선중앙방송

북한의 가장 대표적인 라디오방송으로, 평양시 모란봉구역 전승동에 위치하고 있다. 주민들을 대상으로 한 대내용과 외국 청취자를 위한 대외용으로 나뉘어 있다. 1945년 10월 14일 개국한 평양방송국을 전신으로 하고 있으며, 평양방송(1946년 5월), 북조선

131) 이와 관련하여, 황성진 외, 앞의 보고서, pp. 56-58, pp. 84-86을 참조.

중앙방송(1948년 2월) 등의 이름을 거쳐 1948년 11월 현재의 명칭으로 확정됐다. 1967년 12월부터 제1중앙방송(대내용)과 제2중앙방송(대외·대남용)으로 분리 운영하였는데, 1972년 11월 10일 오전 5시를 기해 조선 제1중앙방송은 '조선중앙방송'으로, 조선 제2중앙방송은 '평양방송'으로 개칭되었다. 개국일이 10월 14일인 까닭은 김일성이 이날 평양 귀환 연설을 했기 때문이다. 개국 초기에는 1개 파장으로 하루에 3시간씩 방송했으나, 현재는 중파 3채널, 단파 4채널로 하루 22시간씩 방송하고 있다.

대외방송으로는 하루에 조선말 방송 8시간, 중국어 방송 6시간, 러시아어 방송 4시간, 영어 방송 16시간, 프랑스어 방송 12시간, 일본어 방송 10시간, 스페인어 방송 6시간, 아랍어 방송 6시간 등으로 편성되어 있다.

방송 시간은 오전 5시부터 다음날 새벽 3시까지이며 프로그램의 구성은 대략 교양 60%, 보도 25%, 오락 15%로 나뉘어져 있다. 뉴스 보도는 관영 매체의 내용을 그대로 인용·보도하고, 김일성 부자의 우상화와 관영 매체의 논평을 반복적으로 방송하고 있다. 교양프로그램은 주로 사회주의제도의 우월성과 수령의 영도력 및 주체사상을 찬양하는 내용이며, 오락프로그램은 혁명적인 시, 소설, 음악 및 스포츠, 소식 등으로 구성되어 있다. 뉴스프로그램은 조선중앙통신, 『노동신문』 등 관영 인쇄매체의 보도와 사설, 논평기사 등을 대부분 그대로 인용, 보도하고 있고, 뉴스의 첫머리에는 거의 100% 수령(김일성, 김정일)의 동정이 차지하고 있다. 이 밖에 계층별로 유치원 시간·소년단 시간·초병 시간 및 근로자들과 청년들을 위한 방송도 따로 진행하고 있다.

2) 평양방송

평양방송도 대남 및 대외 전문방송으로 당 대남사업부에서 관장하고 있는데, 9개 국어를 통해 하루 23시간 30분씩 방송하고 있다. 방송 시간은 아침 6시부터 그 다음날 아침 5시 30분까지이며, 방송 내용은 북한체제의 우월성과 한국 사회상 비난이 주류를 이루고 있다.

'방송통신대학 강좌' 등 사상교육용 고정 프로그램을 설치한 것이 특징이다. 이 밖에 '재일동포들에게 보내는 방송', '남조선 청년학생들에게 보내는 방송', '남조선 국군장병에게 보내는 방송' 등 특수한 내용의 프로그램도 고정 편성돼 있다.

3) 평양FM방송

평양FM방송은 1989년 1월 개국한 음악 위주의 대남 청소년 심리전 방송으로, 개성과 해주에 중계소가 있다. 방송 시간은 평일에는 오후 9시부터 그 다음날 새벽 5시까지 8시간, 공휴일은 24시간이다.

프로그램의 비율은 대개 혁명가곡 40%, 고전 명곡 40%, 민요 및 가곡 10% 정도로 구성돼 있다. 혁명가곡은 북한의 혁명가곡이 약 55%, 독일 곡이 15%, 러시아 곡 10%이고, 고전 명곡으로는 베토벤, 브람스, 비발디, 모차르트, 멘델스존의 작품이 많이 소개되고 있다. 그 외 문예물은 김일성의 항일 빨치산 투쟁을 찬양하는 내용과 한·미 정부를 비난하는 내용의 연속극이 주류를 이루고 있다.

4) 구국의 소리 방송

구국의 소리 방송은 1967년 3월 평양 순안에 개설된 '남조선 해방 민주민족 연맹방송'에서 시작되었는데, 이른바 한국민족민주전선(한민전)의 대변 방송이다. 한민전은 지난 1969년 '통일혁명당 목소리 방송'으로 개칭되었다가, 통일혁명당이 1985년 7월 27일 이름을 바꾼 것인데 그 직후인 1985년 8월 8일 이 방송도 통일혁명당 목소리 방송에서 현재의 이름으로 개칭되었다.

당 통일선전부(대외연락부)의 지도 아래 한민전 산하의 칠보산 연락소(평양시 흥부동 소재)가 이 방송을 관장하고 있는 것으로 알려져 있다.

북한은 이 방송이 남한 내에서 방송되는 것처럼 위장하기 위해 남한 출신 입북자를 방송요원으로 활용해 왔는데, 1982년 독일유학 중 입북한 이창균이 고문, 1968년 통혁당 사건의 주범 김종태와 입북한 이진영이 소장, 부소장을 맡은 바 있다.

또한, 1969년 12월 강릉에서 납북된 대한항공 여승무원인 성경희, 정경숙 등과 프랑스 유학 중 1985년경 입북한 허흥식 등 7~8명의 입북자들이 북한 사람들과 함께 방송요원으로 일하며, 특히 허흥식은 영어 방송을 담당해 왔다.

5) 조선중앙텔레비전(TV)

1963년 3월 3일 평양TV방송국으로 개국한 북한의 대표적인 TV방송이다. 1970년 4월

15일 현재의 이름으로 바뀌었고, 1974년 4월 15일 김일성의 62회 생일을 기해 컬러방송을 시작했고, 흑백방송도 유지하고 있다. 프로그램 편성은 보도, 정치선전, 경제선전, 교육, 문화, 체육문예물, 영화 등으로 이루어져 있으며, 평양, 사리원, 해주, 원산, 함흥 등 14개소에 설치된 송신소를 통해 북한 전역에 PAL 방식으로 송출하는 유일한 전국 종합 채널 방송이다.

방송은 평일 6시간, 일요일과 공휴일에 11시간 30분씩 주당 총 47시간 30분간 송출되고 있다. 주요 프로그램으로는 영화(기록영화, 선전영화, 영화뉴스), 뉴스, 음악, 스포츠, 어린이, 교양 순으로 편성되고 있다. 또한, 정치선전에서는 수령과 당의 위대성 부각에 중점을 두고 있고, 경제선전에는 당의 정책 관철에로 대중을 추동하는 현지보도, 현지방송, 축하무대 등이 많이 편성되고 있다.

6) 조선교육문화TV방송

조선교육문화TV방송은 1997년 2월 16일 김정일의 55회 생일을 기해 개국된 방송으로, 가시청권은 평양 일원이다. 평일에는 3시간, 일요일과 명절에는 10시간씩 방송한다. 교육문화TV방송의 주요 프로그램은 '중학생 교육 방송시간', '텔레비전 방송대학'이 있으며, '유치원 시간', '소년단 시간' 등도 함께 편성되어 있다. 한편, '사회문화 시간', '위생과 건강', '알아맞히기 경연', '가요 경연', '국제체육 소식', '문예작품 감상', 'TV소설', '텔레비전 음악서사시' 등의 프로그램도 편성되어 수시로 방송되고 있다.

이처럼, 프로그램은 크게 ① 외국와 강좌와 기초 교육, ② 과학 지식과 일반 상식, ③ 사회 문화 생활, ④ 국내외 스포츠 소식, ⑤ 영화 및 예술 공연 등으로 이루어져 있다.

7) 지역 TV방송 : 만수대TV방송, 개성TV

한편, 토요일(4시간)과 일요일(10시간 정도)에만 방영되는 만수대TV방송은 1983년 12월 1일 개국했으며, 평양시민 및 외국인 대상으로 예술 공연과 영화를 주로 방영하는 문화프로그램 전문방송이다.

참고로, 지방 TV인 개성TV는 지난 1971년 4월 15일 개국했고, 북한의 다른 TV와는 달리 한국과 같은 NTSC방식으로 전파를 송출, 대남선전을 위한 TV방송으로 운영되었으나, 1997년 2월 15일 중단됐다.

Q. 텔레비전에서는 무엇을 방송하는가?

A. 텔레비전 방송 채널은 전국 공통으로 조선중앙텔레비전이 있다. 조선중앙텔레비전의 방송 편성표에 의하면 영화나 드라마도 한 편씩 보여주고, 최고 지도자를 중심으로 한 각종 정치 뉴스를 중심으로 전하고 있다. 그 외에 개성과 평양에만 나오는 채널이 각각 하나씩 있다. 하루 종일 방송하는 것은 아니고 오후 5시부터 시작하여 밤 10시경까지 방송된다. 이것도 전력난이 심각할 때에는 제대로 시청하기가 어렵다.

5. 북한의 통신사[132)]

북한에는 통신사가 하나밖에 없다. 즉, 직속의 조선중앙통신사가 유일하다. 외국통신을 수신해서 각 신문과 방송에 제공하는 등 그 기능은 외국의 여타 통신사와 비슷하지만, 북한의 정치·외교·행정·경제 등에 관한 모든 뉴스는 조선중앙통신만이 할 수 있기 때문에 모든 신문이나 방송은 독자적인 취재를 할 수가 없고 통신사가 제공하는 뉴스만을 획일적으로 보도한다.

또한 국내의 뉴스 제공 외에 영어, 프랑스어, 러시아어, 스페인어 송신 등 11개 주파수를 이용하고 있으며, 일간 『조선중앙통신』, 『사진통신』, 『영문통신』, 『로문통신』, 『불문통신』, 『서문통신』 등도 발간하고 있다.

『조선중앙통신』은 1946년 12월 소련의 타스통신을 모방하여 만들었고 1949년 중공 정권 수립 이후 신화사통신과 긴밀한 관계를 맺어 왔기 때문에 이들의 체계와 활동에서 영향을 많이 받았다. 이 중 대표적인 것이 외국의 정보를 일반 주민들에게는 통제하면서도 당·정 기관의 간부들에게만 제공하는 이른바 『참고통신』이라는 것이 있다. 『참고소식』, 『백색타스』, 『적색타스』, 『참고통신』 등은 외국의 소식뿐 아니라 북한에 대한 외국 언론의 보도 내용까지를 싣고 있다.

『조선중앙통신』은 북경과 모스크바는 물론, 알제리, 쿠바, 인도네시아 등에 특파원을 두고 있다. 사장 아래 5명의 부사장과 1명의 주필이 있어 2원 체제로 운영되고 있으며,

132) 여기에 소개된 내용은 『북한 소식』, 「분야별 북한 동향」, '북한 통신', 통일부 북한자료센터 홈페이지 (http://unibook.unikorea.go.kr), 2010년 7월 23일 검색 내용을 게재한 것임.

근무인원이 모두 550명이나 되는 북한 최대의 언론기관이다.

조선중앙통신은 대남선전을 하는 데에 필요한 자료들을 전문적으로 수집하고 있다. 남한에서 발행되는 신문과 그 밖의 간행물을 위시하여 일본 등 외국에서 나오는 신문, 잡지 등을 대남선전의 자료로 이용하는 등 대남선전의 전문기관으로서의 역할을 수행하고 있다. 중앙통신의 발행국은 반월간인 『국제생활』과 북한이 외부에 공개하는 몇 가지 자료의 하나인 『조선중앙연감』을 매년 발간하고 있다. 사옥은 평양 모란봉 구역에 자리 잡고 있다.

조선중앙통신사는 다른 사회주의 국가들과 마찬가지로 정무원의 직속기관으로 되어 있으나 그 운영에 있어서는 조선노동당중앙위원회 선전선동부의 실질적인 지휘·감독을 받고 있는데, 당과 행정부의 통일적 관리를 통해 선전선동의 목적을 수행한다.

조선중앙통신사의 공식상의 대표는 사장이다. 정부 기관의 장을 사장으로 지칭하는 것은 북한의 경우 흔치 않은 일이지만 대외적인 영향을 고려해서 사장으로 한 것으로 보인다. 사장은 사(社)를 대표하는 것으로 되어 있으나 실질적으로 중심적인 위치를 차지하는 것은 당을 대표해서 당과 통신사 간의 연결을 담당하고 있는 정치국으로서, 당 관계 업무를 전담할 뿐만 아니라, 사실상 전반적인 업무를 지시, 통제하고 있다. 이 통신사의 편집 사무를 총괄하는 것은 주필이고 부주필이 그를 보좌하고 있다. 주필 밑의 조직으로는 보도처와 조사처의 2개 처와 대외보도편집국, 국내보도편집국, 사진보도편집국, 남조선보도편집국, 국제보도편집국의 5개 편집국이 있다. 또한 이 통신사에서는 사회주의권과 제3세계권의 통신사들과 '보도 교환 및 상호 협조에 관한 협정'을 맺고 서로 뉴스를 교환하고 있다.

또 조선중앙통신사는 해외, 북한, 한국에 관한 보도기사를 제작하여 국내외 언론에 제공하는 한편, 해외통신에서 들어오는 뉴스를 수신하여 이를 북한의 신문, 방송 등에 제공하는 업무를 수행하고 있다.

제7절 군대 생활

1. 북한군의 성격과 기능

1) 북한군의 성격

북한의 조선노동당 규약 전문에는 "조선노동당의 당면 목적은 공화국 북반구에서 사회주의의 완전한 승리를 이룩하여 전국적 범위에서 민족해방과 인민민주주의 혁명 과업을 완수하는 데 있으며, 최종 목적은 온 사회의 주체사상화와 공산주의 사회를 건설하는 데 있다."라고 규정하고 있다. 아울러 북한의 군, 즉 조선인민군은 '조선노동당의 혁명적 무장력'이며, 당과 수령, 조국과 인민을 위해 서슴없이 생명을 바칠 수 있는 진정한 혁명전사가 되어야 함을 밝히고 있다.[133)]

따라서 북한의 군대는 남북한 간의 군사적 대치 상황이 종료되지 않는 한, 당의 군대, 혁명의 군대, 수령의 군대라는 성격을 가지고 있다. 대내적으로는 최고 지도자를 수호하는 역할과 함께 남한에 대해서는 '남조선 혁명과 해방을 통한 전 한반도의 공산화'라고 하는 당과 수령의 정치적 목적을 실현하기 위한 무력수단으로 규정되고 있다.[134)]

2) 북한군의 기능

북한이 '무력에 의한 한반도 적화혁명'이라는 목표 수행을 위해 채택한 군사정책의 기조는 4대 군사노선이다. 이는 북한 헌법 제60조에서 "국가가 군대와 인민을 정치 사상적으로 무장시키는 기초 위에서 전군 간부화, 전군 현대화, 전민 무장화, 전국 요새화를 기본으로 하는 자위적 군사노선을 관철한다."라는 데서 드러나고 있다. 북한군의 특징을 요약하면, 방어보다는 혁명 목표를 추구하기 위한 일관된 공격형 전투 서열 유지, 병력 통제와 관리를 위한 끊임없는 정치사상 반복교육, 과도한 지하 진지 건설 및 유지 등에 있다.[135)]

---

133) 조선노동당 규약 제7장 '조선인민군대 내 당 조직' 46조에서는 "조선인민군은 항일무장투쟁의 영광스러운 혁명 전통을 계승한 조선로동당의 혁명적 무장력이다."라고 밝히고 있다. 아울러 현행 북한 헌법 제59조에서는 "조선민주주의인민공화국 무장력의 사명은 선군혁명 로선을 관철하여 혁명의 수뇌부를 보위하고 근로인민의 리익을 옹호하며 외래침략으로부터 사회주의 제도와 혁명의 전취물, 조국의 자유와 독립, 평화를 지키는 데 있다."라고 천명하고 있다.

134) 통일부 통일교육원, 『북한 이해』(2009), p. 95.

한편, 김정일 시대의 북한의 군은 선군정치를 표방[136]하는 가운데 군사력을 통한 외교 협상이나 대내적으로 체제 유지에 엄청난 비중을 두고 있다. 1998년 9월 5일 최고인민회의 제10기 제1차 회의와 2009년 4월 개최된 최고인민회의 제12기 제1차 회의에서는 김정일 국방위원장을 각각 재추대하였고 국방위원회가 전반적 국방관리기관으로서 국방 부분 중앙기관의 신설, 폐지 권한을 보유하고 국방위원장은 일체의 무력을 지휘 통솔하는 데에서 나아가 국방 사업 전반을 지도할 수 있게끔 권한을 강화했다.

북한군의 규모는 정규군 119만 명은 물론 교도대 60만여 명, 노농적위대 570만여 명, 붉은청년근위대 100만여 명 등을 포함하여 보위사령부, 인민보안성, 속도전청년돌격대 등 준군사부대 40만여 명 등을 포함한 동원 가능한 예비병력 770만여 명으로 추산된다. 그런데 북한군은 최근 경제난 극복과 공안 통치를 위해 상당수의 군 병력을 각종 경제 건설 현장과 치안 유지에 투입하는 등 선군정치의 기치 아래 각종 사회주의 건설과 혁명 사업에 동원되고 있다.

2. 북한군의 조직과 제도

북한 헌법에서 규정되고 있는 것처럼 북한의 최고 군사지도기관은 국방위원회이며, 국방위원회 위원장이 일체의 무력을 지휘 통솔하고 국방사업의 전반을 지도한다(헌법 제106조). 조선노동당의 지도 아래 놓이는 것도 국가 체제의 특성상 당연한 것이다.

북한군의 조직을 살펴보면, 국방위원회는 예하에 인민무력부와 국가안전보위부를 두고 있다. 이 중 인민무력부는 사실상 군사 부문의 집행기구로 국방위원회의 직접 지도와 통제를 받고 있다. 인민무력부는 예하에 양대 축을 이루고 있는 총참모부와 총정치국을 두고 있다. 총참모본부는 군사지휘 계통이며, 총정치국은 당적 지도를 받아 군을 지도하는 정치지도 계통이다. 국방위원회의 직접적 통제를 받는 인민무력부 총참모부가 실제적인

135) 통일부 통일교육원, 『북한 이해』(2009), p. 97.

136) 최근의 신년공동사설(2009년)에서 언급되고 있는 내용의 일부를 인용해 보면 다음과 같다. "선군의 위력을 백방으로 강화하여 사회주의 강성대국 건설을 군사적으로 확고히 담보하여야 한다.", "인민군대 내에서는 위대한 김정일 동지를 수반으로 하는 혁명의 수뇌부를 목숨으로 사수하자는 구호를 더욱 높이 들고 나가야 한다." 등이다.

군사 지휘체계의 주축을 이룬다. 북한은 참모총장이 지상군의 각 군단, 전차군단, 포병군단, 경보교도지도국과 해·공군 사령부를 직접 지휘, 통제하는 단일군 지휘체계를 갖추고 있다. 현재 김정일은 조선노동당 총비서, 인민군 최고사령관, 국방위원회 위원장으로서 북한의 무력 일체를 장악하고 군정권과 군령권을 동시에 행사하고 있다. 필요 시에는 총참모부 작전국장에 직접 작전명령을 하달하는 단독 지휘축선도 보유하고 있다.[137]

북한군 내의 각 급 부대에는 군사 계통의 참모부, 정치계통의 정치부, 보위 계통의 보위부가 각각 설치되어 있다. 각 급 단위에는 당 조직이 구성되어 군에 대한 정치 사업을 수행한다. 이는 실질적으로 당이 군에 대한 통제 기능을 행사하는 것을 의미한다. 인민군대 내 중앙에는 '조선인민군 당의원회'가 있고, 연대급 이상에 '당위원회', 중·소대 단위에는 '당세포' 및 '당분조'가 각각 조직되어 있다. 당위원회와 별도로 군대 내에 정치기관을 조직해 놓았는데, 대대급 이상 부대에는 정치부가 설치되어 있다.[138]

이들 정치기관들은 각기 사단과 연대 단위에 정치위원, 대대 이하 단위에는 정치지도원을 파견하여 작전·훈련 등 모든 군사 업무와 근대 내 정치 사업을 조정·감독하고 있다. 아울러 모든 명령서에 정치위원의 서명이 있어야 효력이 발생하도록 하는 부서제도를 실시하고 있다.

한편, 연대급 이상 부대에 있는 정치위원은 군정치조직과 별개로 당비서국에서 직접 통제 및 관여하고 있다. 이러한 감시·견제장치 가운데 지휘관들의 업무와 생활을 평가하는 당 조직부의 권한이 가장 강하다. 인민군 일반 사병들은 약 20%가 당원이나 특수부대는 약 40%가 당원으로 추정되고 있다.

또한 북한군 내에는 부대 단위에 따라 '김일성사회주의청년동맹'이 조직되어 있는데, 이는 각 급 당 조직과 정치기관의 지도 밑에 비당원을 조선노동당에 결속시키기 위한 조직을 두고 있다. 그러나 군 내부의 갈등을 줄이기 위해 관병일치, 당사일치, 상하일치를 강조하고 있다.

이처럼 북한 군대 내에 이중 삼중의 감시·통제조직을 갖추고 정치사상교육을 중시하는 것은 군의 성격이 전시 국가 관리 체제에서 영토 및 체제 보전의 임무를 넘어서 최고

137) 통일부 통일교육원, 『북한 이해』(2009), p. 99.
138) 조선노동당 규약의 제7장 '조선인민군대 내 당 조직'의 내용을 참조할 것.

지도자와 조선노동당의 군대로서 혁명 목표 달성과 최고 지도자에 대한 보호 임무를 동시에 수행하기 때문이다. 또한 통수권자의 입장에서도 군대를 분리 통제하는 것이 권력 유지 및 지휘 통솔에 유리한 배경도 있다.

한편, 북한군은 계급을 '군사칭호'라고 부른다. 이는 "군인의 군사적 전문 부문과 자격 및 상하급 관계를 규정하는 국가가 제정하는 칭호"라고 북한 조선말사전에서 정의되고 있다. 즉, '군인의 명예에 대한 호칭'이라고 할 수 있다. 더 나아가 북한에서는 군사칭호에 대해 "위대한 수령 김일성 원수님과 당의 높은 정치적 신임과 배려에 대한 믿음의 표시이다."라고 그 의미를 부각시키고 있다. 북한의 군사칭호는 1952년 12월 31일 최고인민회의 상임위원회에서 최초로 제정되었는데, 그 내용을 보면 원수, 장령, 군관으로 대별하고, 원수에는 조선민주주의인민공화국 원수, 조선민주주의인민공화국 차수를, 장령에는 대장, 상장, 중장, 소장, 군관에는 대좌, 상좌, 중좌, 소좌, 대위, 상위, 중위, 소위로 각각 구분하였다.

〈그림 5-2 북한군 조직도〉

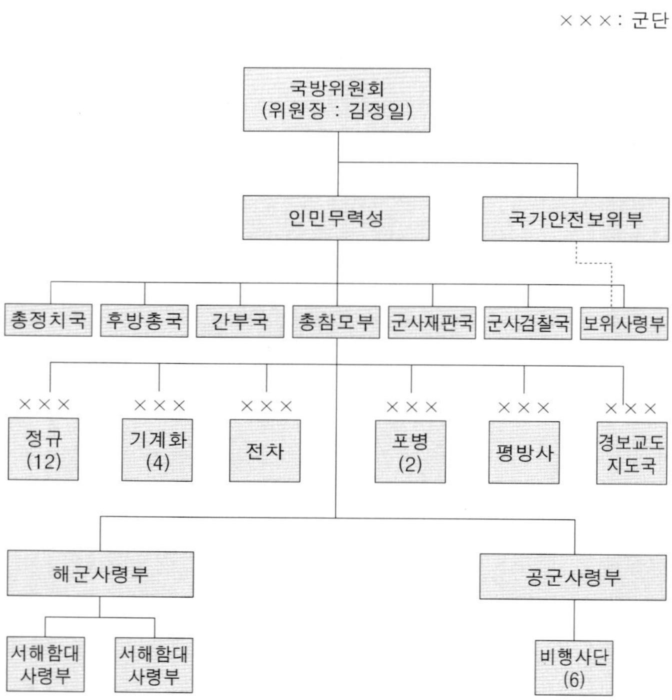

국방부 편, 『2008 국방백서』(서울: 국방부, 2009), p. 24. 재인용.

〈그림 5-3〉 북한군 군대 계급 일람

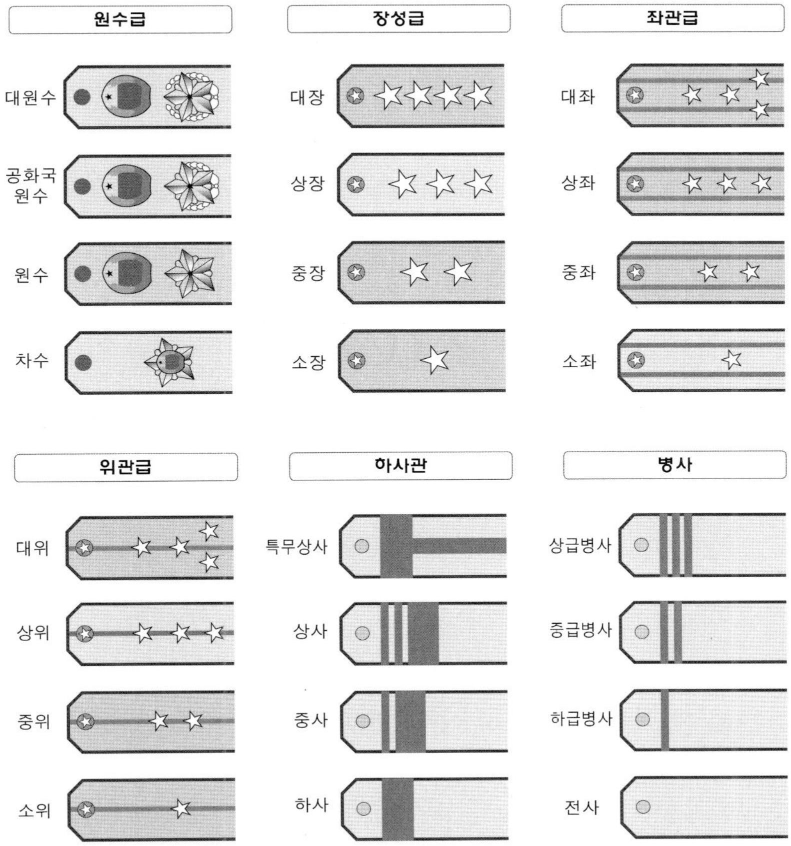

이후 몇 차례의 개정 보완을 통해 현재 북한 군인의 계급 체계는 군관[139]과 하전사로 크게 구분된다. 군관 15종, 하전사 6종으로 나뉘는데, 남한 사회의 그것과 일부 차이가 있다. 군관은 장성급과 상·하급 군관으로 다시 구분된다. 먼저 장성급으로는 원수급에 대원수, 원수, 차수가 있는데, 1992년 4월 13일 김일성 80회 생일을 앞두고 김일성을 대원수로 추대하였고, 1994년 김일성 사망 이후 대원수는 공석이다. 김정일 국방위원장은

139) 군관은 3년 이상 근무한 사병 중 성분이 좋고 당성이 강한 자를 중·대대장의 추천으로 선발하여 최종 군단 당위원회 심사에서 확정한다. 임관 후 중위 진급에는 4~6년이 걸리지만 장성은 최저 복무 기간 없이 최고사령관 명령으로 진급한다. 군관은 소대장 28세, 중대장 35세, 사단장 52세로 연령정년제를 두고 있다. 군 지휘관은 김일성군사종합대학과 강건종합군관학교 등 각종 군사학교를 통하여 양성되는데, 본과는 2~4년의 과정으로 되어 있다. [통일부 통일교육원, 『북한 이해』(2009), pp. 102-103.]

1991년 12월 24일 당중앙위원회 제6기 제19차 회의에서 인민군 최고사령관으로 추대된 데 이어 1992년 4월 20일 군 창건 기념 60돌에 원수로 전격 추대되었다. 장성급(남한 사회의 장성급)에는 대장, 상장, 중장, 소장 등 모두 4종이 있다. 인민군 최고사령관으로 추대된 김정일은 매년 김일성 부자의 생일, 당 창건일 또는 휴전 협정 체결일 등을 기념하여 장성을 진급시키고 있는데, 북한 장성급 장교들이 이 시기에 진급하고 있다. 상급군관(남한 사회의 영관급 장교)에는 대좌, 상좌, 중좌, 소좌가 있으며, 하급군관(남한 사회의 위관급 장교)에는 대위, 상위, 중위, 소위가 있다. 하전사(남한 사회의 부사관에 해당됨)의 경우에는 특무상사, 상사, 중사, 하사가 있다. 만기 후 장기 복무를 하는 초기복무하사, 중사, 상사도 있다. 일반병은 상등병(상급병사, 중급병사, 초급병사)과 전사로 나뉜다.[140)]

3. 병역제도와 북한 주민의 군대생활

먼저, 북한 주민의 의무 복무연한에 대해 살펴보면, 남한 사회에서는 현재 의무 병역 복무 기간이 2년이지만 북한에서는 복무연한이 1958년 내각 결정 148호에 의거하여 지상군은 3년 6개월, 해군과 공군은 4년으로 정하였지만 실제로 7~10년 동안 근무하고 있다. 1995년부터는 10년 근무 연한제를 실시하였는데, 특수부대 병력은 13년 이상의 장기 복무를 해야 하며, 주특기나 특별지시에 따라 사실상 무기한 근무해야 하는 경우도 있다. 특히 2003년 3월에 최고인민회의 제10기 제6차 회의에서 '전민군사복무제'를 법령으로 채택하여 남자는 10년, 여성의 경우에는 지원 시 7년으로 의무 복무 기간을 단축하고 징집 연령층을 중졸자 17세 이상 25세 이하로 조정하였으나, 과거 병역기피자나 28세 미만의 병역 미필 남자는 무조건 징집하도록 조치를 취하였다.[141)]

북한의 군 입대와 휴가에 대해 살펴보면, 북한에서는 각 행정구역별로 군사동원부에서 의무 복무 병사들의 입대 여부를 결정한다. 북한의 대부분의 젊은이들은 14세가 되면 초모대상자로 등록되고 만 15세가 되면 군 입대를 위한 2차례의 신체검사를 받는다. 졸업하는 해의 4월에 사단 또는 군단에 입대하게 된다. 신체검사의 합격 기준은 신장 150cm,

140) 통일부 통일교육원, 『북한 이해』(2009), pp. 105-106.
141) 통일부 통일교육원, 앞의 책, pp. 101-102.

체중 48kg이었으나 식량난 등으로 인해 각각 148cm, 43kg으로 하향 조정되어 시행되고 있다. 전문대학 졸업자도 역시 졸업하는 해에 입대하고 졸업 후 공장이나 기업소에 취직한 자는 대개 근무한 지 3년이 되기 전에 징집된다. 그러나 신체검사 불합격자, 적대 계층 자녀, 성분불량자(반동 및 월남자 가족 중 친가 6촌 및 외가 4촌 이내, 월북자 및 정치범 가족, 형 복무자 등) 등과 함께 특수 분야 종사자 및 정책수혜자(안전원, 과학 기술·산업필수요원, 예술·교육행정요원, 군사학 시험 합격 대학생, 특수·영재학교 학생, 부모가 고령인 독자 등)들은 정책적 배려를 이유로 군 입대에서 제외되고 있다. 특히 과학 기술 분야의 전공자는 입대 후에도 전공을 활용하기 위해 조기 제대시키는 경우도 적지 않다.[142]

북한에서는 군 복무가 사회생활에서 큰 영향을 미칠 수 있다. 특수부대, 통신, 정찰 병종으로 가게 되면 조선노동당의 입당도 용이할 뿐만 아니라, 대학 추천도 받을 수 있고, 제대 시에는 보다 나은 직장을 가질 수 있기 때문이다.

징집된 사람들은 평양역이나 각 지방의 역사에 모여 군 열차 승차 편성을 받은 뒤 함께 출발한다. 주로 친한 친구들 사이에서는 열차 탑승 후 "영실이만 걸리지 말고 제대로 와라."라는 덕담을 해준다. 이때의 영실이는 영양실조의 준 말로 '영실이', '강영실', '허약 3단' 등의 여러 가지 표현으로 불리고 있다.

북한 군인의 평일 기준 내무 생활은 이렇다. 오전 6시에 기상하여 7시부터 청소 및 식사를 하며, 오전 9시부터 12시까지는 정치상학(김일성과 김정일 부자의 교시, 당 노선, 사상, 보안) 등을 한 후 점심식사를 하게 된다. 오후 1시부터 1시 30분까지 무기를 청소한 후, 오후 2시부터 6시까지 군사상학(훈련 및 작업)을 하게 되어 있다. 오후 7시부터 저녁식사를 한 후, 오후 9시 40분에 취침 인원 및 무기 점검을 한 후 오후 10시에 취침하도록 하고 있다. 한편, 군사 복무 기간 중에는 규정상 연 1회의 정기휴가(15일)가 허용되고 표창 수여 또는 결혼이나 부모 사망 시 10~15일 간의 특별 휴가제도가 있으나 실제로는 잘 지켜지지 않는다. 휴가는 부모의 사망 시나 부대에서 필요한 물자를 가져오기 위해 형편이 넉넉한 사람들이 휴가를 나오지만, 그렇지 못한 사람은 10년 동안 한 번도 나오지 못하게 된다. 게다가 북한 당국이 군 조직을 확대하는 경우에는 제대 시기가 조정되어 연한을 넘겨 13년까지 복무하는 경우도 있었다고 한다.[143]

---

142) 통일부 통일교육원, 위의 책, p. 101.

군 복무 지역과 부대 배치 상황을 보면, 고향에서는 절대 군 복무를 할 수 없다. 하지만 돈만 있으면 고향에서 출퇴근하는 정도의 군 생활을 하는 사람도 있다. 가장 여건이 안 좋은 부대는 1군단과 5군단으로 휴전선 지역의 군부대로 입대를 앞둔 청소년들에게는 공포의 대명사로 꼽히는 곳이다. 중국 국경과 인접한 지역에 나가려면 북한 돈 20만 원, 평양의 호위총국 군부대에 가려면 30만 원 등의 뇌물이 필요한 것으로 알려지고 있다.

최근 들어 북한군의 식량 배급 실태는 매우 심각한 것으로 알려져 있다. 원칙적으로 주식은 배급이 이루어지고 있으나 부식은 구매하거나 부대 자체에서 해결하도록 함으로써 각 단위 부대마다 영농, 어로, 채취 등의 활동을 병행할 수밖에 없다. 돼지나 염소를 직접 기르는 경우가 많다는 것이다. 어느 부대든 충분하지 않지만 특히 휴전선 부근 쪽의 부대는 영양실조에 걸린 장병이 많고 전염병이 만연하기도 하는 등 심각한 수준이다. 교통 여건이 좋지 않아 물자들이 제대로 보급되지 못하는 경우가 더욱 그러하다. 이 지역 군인들에게는 '1000이삭 옥수수 먹기 운동'이 철칙으로 되어 있으며, 한 해 가을에 1000이삭의 옥수수를 먹지 못하면 그해 겨울엔 영양실조에 걸릴 수밖에 없다는 것이다. 군부대의 사정에 따라 다르기는 하지만, 소금을 넣은 시래깃국에 옥수수 가루를 풀어 배식이 이루어지는 경우도 있다. 일부 부유층의 주민들은 해당 부대의 군관이나 정치지도원들을 매수하기도 한다.

Q. 북한 주민의 군대생활은 어떠한가?

A. 북한에서 말하는 일명 선군정치 시대에 군사 복무의 여부가 사회적 진출에 유불리를 가늠하기 때문에 대부분의 사람들은 군사 복무를 이행하게 된다. 조선노동당의 당원이 아닌 경우에는 군사 복무 중에 입당할 가능성도 있고 전역 후에는 대학으로의 진학 기회가 열릴 수도 있으므로 군사 복무를 피해가기 어려운 것이 현실이 되고 있다. 한편, 군부대에 대한 김정일 국방위원장 등의 현지 지도가 활발한 가운데 기현상도 벌어진다고 한다. 현지 지도가 있기 전 며칠 전부터 갑자기 배식의 질이 달라진다는 것이다. 계란이나 식량을 쌓아두고 전시하는가 하면 영양실조에 걸린 사병들을 소개시키기도 한다. 그런데 간혹 이 과정에서 눈가림이 발각되어 해당 부대의 지휘관들이 처벌을 받는 해프닝이 벌어진다는 것이다.

143) 통일부 통일교육원, 위의 책, p. 104 참조.

제6장 북한 주민의 문화생활

제1절 언어생활

1. 북한의 언어관

이 책의 제2장에서도 언급한 바와 같이, 새터민들은 남한 사회에 적응하며 살아가는 가운데 '언어'의 이질성(억양, 외래어 등)으로 인해 불편을 겪는다고 호소한다. 그렇다면 북한 사회의 언어생활 모습은 어떠한가? 남한의 그것과 어떤 점이 다른가?

먼저 북한의 언어관을 살펴보면 다음에서 잘 나타나고 있다. "사람들이 사상을 나타내며 서로 교제하는 데 쓰는 중요한 수단으로 인식하고 있다. 민족을 이루는 공통성의 하나이며, 나라의 과학과 기술을 발전시키는 힘 있는 무기이며 문화의 민족적 형식을 특징짓는 중요한 표징으로 된다. 언어는 혁명과 건설의 힘 있는 무기로써 사람들의 자주적이며 창조적인 생활에 힘 있게 복무한다." 즉, '고유한 우리말을 적극 살려 쓰는 사람'이 유식하고 민족적 긍지와 자부심, 애국심이 높은 사람이며, 이처럼 '자기 민족의 언어를 사랑하는 것이 곧 애국자이며, 공산주의자'라는 것이다.[1)]

북한의 언어정책의 흐름을 살펴보면 다음과 같다. 해방과 함께 전국적으로 나랏말 보급 운동이 일었고, 그 가운데 조선어학회의 '한글 맞춤법 통일안'이 그 규범이 되었다. 당시 북한에서는 문맹 퇴치 운동과 한자 폐지 사업을 주요 언어정책으로 채택하였고, 1946년 하반기부터는 한자를 쓰지 않았다. 『노동신문』에서 순한글 기사를 싣고, 공문서에서도 한자가 사라져 갔는데, 1948년부터 본격화되었다. 또한 언어 정화 사업을 추진하면서 한자어, 일본어, 외래어를 정리하는 작업도 병행하였다. 특히, 한자어는 고유어로 대체하는

1) 전영선, 『북한의 사회와 문화』(서울: 맥락, 2005), p. 181.

작업을 중점적으로 추진하였다. 그런데 북한에서는 1954년 '조선어 철자법'을 제정하면서 '한글 맞춤법 통일안'과 차이를 보이기 시작하면서, 남북한의 언어 사용의 이질화가 시작되었다고 할 수 있다.[2)]

1964년에는 김일성에 의해 조선어 관련 첫 번째 담화가 제시되었는데, 스탈린의 언어이론과 주체사상이 결합되면서, 이른바 주체언어이론이 등장하였다. 「조선어를 발전시키기 위한 몇 가지 문제」(1964년 1월)와 「조선어의 민족적 특성을 옳게 살려 나갈 데 대하여」(1966년 5월)라는 김정일의 담화가 그것이다. 매우 강력하면서도 급격하게 추진된 언어정책의 강령으로서 적용된 1964년의 담화 내용은 문자 개혁에 반대하고, 한자어는 고유어를 중심으로 하며, 외래어의 정리를 필요로 하며, 일정한 기간만 한자를 사용하고, 단어 형태의 표시에 대한 문제들을 중심으로 담고 있다. 또한 이러한 언어정책을 추진하는 가운데, '우리말을 정리하며 새 말을 만들어 내는 것을 통제하는 기관'으로 어문학연구소를 지정하는 한편, 언어학자들의 역할을 강조하였다. 1964년의 담화는 종전의 문맹 퇴치 운동의 차원이나 한자 사용의 폐지와 다른 어휘 정리 사업(말 다듬기 사업)으로서의 의미를 담고 있었다. 이 어휘 정리 사업은 그 정리 대상으로 첫째, 고유어와 뜻이 같은 관계에 있는 외래적 어휘, 둘째, 어렵고 우리말답지 않게 이루어진 한자말, 셋째, 사상 의식 생활에 부정적 영향을 미치는 어휘들이었다.

한편, 1966년의 담화는 1964년에 제시한 주제와 관련하여 구체적인 정책 시행의 범위와 방향, 추진의 속도마저 지시하고 있다. 특히, '서울말을 표준으로 할 수 없다'고 하여 지적만 했던 것에서 나아가, '혁명의 수도이며 요람지인 평양을 중심으로 하고 평양말을 기준'으로 하는 '문화어'의 명칭을 부여하였다. 결국 최고 지도자의 언어정책은 '민족의 융성 발전과 사회적 진보를 위한 힘 있는 무기인 언어를 지켜 내고 발전시킴이 없는 민족적 번영을 이룩할 수 없으므로, 민족어를 지켜내기 위한 투쟁은 바로 혁명과 건설을 위한 무기를 지켜내기 위한 투쟁이며, 민족적 존엄을 지켜내기 위한 투쟁'으로 정리되며, 실생활에서 자리하게 되었다.[3)]

2) 이석주, 「북한의 언어정책」, 『한성어문학』, Vol. 8(한성대학교 한성어문학회, 1989), pp. 2-4.
3) 이기동, 「북한의 언어정책과 연구 내용에 대한 고찰」, 『우리어문연구』, 제31집(우리어문학회, 2008), pp. 44-56 참조.

1960년대 이래, 추진된 말 다듬기 사업은 어휘 부문에서 외래적인 요소를 가급적 줄이고, 이에 따른 고유어의 확대를 꾀하는 어휘 정리가 주된 사업이었는데, 그 전제로서 요구된 것은 민족적 특성을 살려야 하고, 당성과 노동계급성 및 인민성을 반영하여야 하며, 과학성이 보장되어야 하는데, 말 다듬기가 언어학적인 근거를 마련해야 한다는 등의 전제를 갖고 있었다.

2. 북한 언어의 변화와 특징

북한의 문화어 말 다듬기 사업의 주요 원칙 등을 통한 북한 언어의 변화와 특징을 다음과 같이 열거해 볼 수 있다.[4)]

첫째, 한자어는 한글 고유어로 대체하고 고유어가 없을 때에는 풀이말로 한다. 이신작칙(솔선수범), 만부하 만가동(완전가동), 직관물(전시물), 손님맞이방(응접실), 바다물미역(해수욕), 내굴쏘임(훈연), 젖먹임칸(수유실), 찬물미역(냉수욕), 일본새(능력) 이닦이약(치약), 빨래집(세탁소), 더운물흐름(난류), 푸른차(녹차), 내민대(발코니), 짐승그림(동물화), 서로말(대화), 찬단물(냉차), 닭알(계란), 돌다리(석교), 구경칸(관람홀), 견줌무게(비중), 균죽이기(살균), 가라앉힘약(진정제), 남새(채소), 큰물(홍수), 달품(월급), 이닦이약(치약), 닭공장(양계장), 들모임(피크닉), 검밝기(명암), 흐름길(회로), 사진종이(인화지), 붙어살이(기생), 엉겨맞히기(응결), 마당질(타작), 차마당(주차장), 물결움직임(파동), 따라난병(합병증), 바투보기눈(근시), 열내림약(해열제), 설사멎이약(지사제), 건넘선(횡단선), 세운돈(적립금), 어김돈(위약금), 짐승그림(동물화), 지붕마당(옥상), 쇠관악기(금관 악기), 나오기(등장), 소리너비(음역) 등이 그 예다.

둘째, 외래어는 고유어로 대체하며, 새로 들어오는 외래어는 그때그때 우리말로 고치는데, 이 가운데는 스포츠 용어도 많이 포함되어 있다. 손기척(노크), 살결물(스킨로션), 얼음보숭이(아이스크림), 기계적 장치부분(하드웨어), 엠아르아이(자기공명영상), 도는네거리(로터리), 물맞이칸(샤워실), 주름막(커튼), 주머니종(삐삐), 소리판(레코드), 꽃댕기(리본), 가락지빵(도넛), 나뉜옷(투피스), 노래춤묶음(버라이어티 쇼), 노래이야기(오페라), 끌신(슬

4) 전영선, 앞의 책, pp. 183-191의 내용을 중심으로 재작성한 것임.

리퍼), 모서리뽈(코너킥), 순간타격(스파이크), 던지기뽈(서브), 긴연락(롱 패스), 중앙으로 꺾어차기(센터링), 못신(스파이크, 축구화), 등이다.

셋째, 정치용어는 사상교육에 활용하기 위해 한자어라 할지라도 수정을 금한다. 수령, 지도자, 주체사상, 강성대국, 영도, 유일사상, 인덕정치 등의 용어이다. 풀어서 사용할 경우 음절이 길어지며, 강한 어감이나 응집력이 약해지기 때문이다.

특히, 북한의 언어들 가운데는 '총대 중시', '결사 옹위' 등과 같이 전투적인 용어가 많다. 그리고 직설적이고 격렬한 표현을 서슴지 않고 사용한다. 예를 들어, "계급적 민족적 원쑤들을 폭로하며 원쑤들에 대한 인민들의 증오와 적개심에 대하여 쓸 때에는 놈들의 가슴팍을 면바로 찌르는 서리발같이 날카롭고 예리한 문체로 써야 한다."와 같은 표현이 있다. 또한 김일성이나 김정일에 대해 지나친 경어를 사용한다. 예를 들어, '위대한 수령 김일성 동지', '꿈결에도 뵙고 싶은 경애하는 아버지 김정일 장군님' 등이다. 이는 언어가 사회주의 혁명의 도구로 사용되고 있다는 점을 잘 나타내 준다.

넷째, 과학 기술 용어 및 대중화된 한자어·외래어는 그대로 사용한다. 다만, 외래어를 불가피하게 사용할 경우 그 나라 발음을 따른다. 예를 들어 '도이췰란드(독일)', '단마르크(덴마크)', '메히코(멕시코)', '인디아(인도)', '캄보쟈(캄보디아)' 등이 대표적이다.[5]

다섯째, 발음상에서 두음법칙을 인정하지 않고 있는데, 한자어의 어두에서 'ㄹ', 'ㄴ'을 원음대로 적는다. '력사', '녀자', '료해(이해)', '락원', '로인' 등이 대표적인 예이다.

여섯째, '원쑤', '뚝'과 같이 된소리가 많다. 화법에서는 문장을 짧게 나누어 발음을 분명하게 하면서도 억양이 있어 강한 효과를 낸다. 그리고 명령형, 선동형, 감탄형 등의 문체를 많이 사용한다. 이러한 효과는 띄어쓰기에 있어서 남한과의 차이를 보여주게 된다.

일곱째, 접사의 결합과 어근 합성에 의한 조어가 많으며, '-데 대하여'나 '할 대신에' 등과 같은 특수 구문이 많다.[6]

여덟째, 억양이 뚜렷하게 나타나는데, 높은 데서 낮은 데로 떨어지는 억양이 반복된다. 이는 앞서도 언급한 바와 같이, 남한 사람들이 새터민을 금방 알아보는 한 요인이 되기도 한다.

---

5) 전영선, 위의 책, pp. 183-186.
6) 전영선, 위의 책, p. 190.

3. 남북한 언어 비교

남북한 간의 언어 차이의 양상은 크세 네 가지 유형으로 나눌 수 있다. 첫째는 '남새', '일 없습네다'와 같이 남북한 사이에 완전히 다른 말을 사용하는 경우이다. 둘째, 같은 어휘로 사용하지만 의미가 큰 차이를 보이는 경우도 있다. '사변'이라는 말은 북한에서 '역사적으로나 사회적으로 큰 의미가 있는 일'이라는 뜻으로 긍정적인 의미로 사용되는 반면, 남한에서는 그 반대이다. 셋째, 부분적으로 공유하는 점이 있으면서도 다른 의미가 포함되는 경우이다. '동무'라는 말이 대표적이다. 친근하게 쓰이던 동무라는 어휘가 분단으로 인해 이념적으로 받아들여지게 된 것이다. 북한에서는 이 말에 정치사상적인 의미를 부여하였고 남한에서는 이에 대한 거부감으로 사용을 기피하게 된 것이다. 넷째, 남한에서 쓰이는 호칭이 북한에서 다른 의미로 쓰이는 경우이다. 북한에서는 가족 호칭과 관련하여 언니의 남편을 '아저씨'라고 부른다. 남편을 다른 사람들에게 '세대주'라고 하기도 한다. '시형'은 남편의 친형을 가리키는 용어이다. '고모사촌'은 남한의 고종사촌에 해당한다.[7]

남북한 간의 언어 차이를 어휘 비교[8]를 통해 살펴보면 다음과 같다.

〈남한 말〉	〈북한 말〉	〈남한 말〉	〈북한 말〉
가감법	더덜기법	가을뿌림	가을붙임
가막부리	부리촉	가출	탈가
가발	덧머리(가발)	각색	옮겨지음
가사	집안거두매	각선미	다리매
가시광선	보임광선	각주	아래붙임
가연성	불탈성	각질	뿔질
가연성 가스	불탈가스	간통 사건	부화사건
가용성	풀림성	갈고리눈	갈구리눈
가위바위보	가위주먹(돌가위보)	갈잎큰키나무	잎지는키나무

(계속)

7) 전영선, 위의 책, pp. 191-193.

8) 여기에 수록된 내용은 통일부 북한자료센터 홈페이지(http://unibook.unikorea.go.kr)의 『북한 / 통일 정보』의 '북한용어'에 수록된 내용을 중심으로 새터민의 검토를 통해 재구성한 것임.

(앞에서 계속)

〈남한 말〉	〈북한 말〉
감광제	빛느낌약
감미료	단맛감(조미료)
강낭콩	당콩
갖춘탈바꿈	완전모습갈이
같음표	같기표
개간	땅일구기
개간지	일군땅
개고기	단고기
개기 월식	옹근월식
개기 일식	옹근일식
개기식	옹근가림
개복 수술	배열기(개복수술, 개흉술)
개표	표찍기
거름종이	거르기종이
거북	거부기
거위	게사니
건널목	건늠길
걷어붙이다	거드치다
걸귀	걸구
검도	격검
검산	셈따지기
검문소	차단소
검표	표보기
견인선	끌배

〈남한 말〉	〈북한 말〉
견인차	끌차
결빙	얼음얼이
결전장	판가리싸움터
겹세로줄	복종선
경보	걷기경기
경사각	비탈각
경사도	비탈도
경사면	비탈면
경작지	갈이땅
경지	부침땅
계단논	다락논
계란	닭알(계란)
계란말이	색쌈
계모	후어머니
계선부표	배맬부표
계영	이어헤기
고모	고모어머니(고모)
고모부	고모아버지(고모부)
고물	보숭이
골	꼴
골대	꼴문대
골막염	뼈막염(골수염,골막염)
골문	꼴문
골인	꼴인

(계속)

(앞에서 계속)

〈남한 말〉	〈북한 말〉	〈남한 말〉	〈북한 말〉
골절	뼈부러지기(골절)	굴광성	빛굽힘성(빛의굴절)
골키퍼	문지기	굽실굽실	굽석굽석
곯아떨어지다	노그라떨어지다	권투 글러브	타격장갑
공	뽈	궐련	마라초
공금 횡령	탐오랑비	귀고리	귀에고리(귀걸이)
공무원	정무원	귀빈석	주석단
공생	함께살이(껴살이)	귀소 본능	돌아오기본능
공염불	말공부	규율	규률
공전	헛돌이	근삿값	가까운값
공중 회전	허공돌기	근해	가까운바다
공휴일	휴식날	근해 어선	가까운바다고기배
관광 버스	유람뻐스	근호	뿌리기호
관다발	관묶음	급료	생활비(노임)
관절통	뼈마디아픔(관절홍)	기가 막히다	억이 막히다
괄약근	오무림살(괄약근)	기생	붙어살이
교각	사귐각	기성복	지은옷(기성옷)
교미	쌍붙임	기역	기윽
교육용 완구	공부놀이감	기울기	비탈도
교잡	섞붙임	김매기	풀잡이
교환 법칙	바꿈법칙	깃발	기발
구문	두전	까까머리	막머리
구비 문학	인민구두창작	까발리다	까밝히다
구전	두전	깡보리밥	강보리밥
국도	나라길	깨어지다	깨여지다
군인 가족	후방가족	꼬맹이	조꼬맹이

(계속)

(앞에서 계속)

〈남한 말〉	〈북한 말〉	〈남한 말〉	〈북한 말〉
꽁보리밥	강보리밥	내항	아낙마디
꾀병	건병	내해	안바다
꾸러미	꾸레미	내화 구조	불견딜구조
꿈나라	잠나라	내화성	불견딜성
끝물	막물	냇둑	내뚝
끼니	때식	냇물	내물
나이테	해돌이	냉대하다	미우다
나이프	밥상칼	냉동선	얼굼배
나침반	라침판	냉랭하다	랭랭하다
낙숫물	처마물	냉상	랭상
낙엽 교목	잎지는키나무	냉소	찬웃음
낙엽수	잎지는나무	냉수욕	찬물미역
낙원	락원	냉장고	랭동고
낙착	락착	냉차	찬단물
낚시찌	동동이	냉채	랭채
난시	흩어보기	너새	동기와
날씨	날거리	넓죽	납작납작
날짐승	새짐승	네트	배구그물
남회귀선	남쪽되돌이선	네트 터치	그물다치기
낮교대	낮대거리	노동	로동
낮은음자리표	낮은표	노동력	로동력
내각	아낙각	노동자	로동자
내수성	물견딜성	노두	로두
내습성	누기견딜성	노려보다	지르보다
내야수	안마당지기	노송	로송

(계속)

(앞에서 계속)

〈남한 말〉	〈북한 말〉	〈남한 말〉	〈북한 말〉
노천	로천	다스림	다스름
노크	손기척	다운	맞아넘어지기
녹말	농마	다이너마이트	남포약
녹비 작물	록비작물	다이빙	뛰여들기
녹조류	풀색마름식물	다항식	여러마디식
녹차	푸른차	단거리달리기	짧은거리달리기
논(의)하다	론(의)하다	단모음	홑모음
논리	론리	단비	꿀비
논리 변수	론리변수	단성화	한성꽃
농구	롱구	단식	홑식
농맹아	롱맹아	단자음	홑자음
농지 정리	포전정리	단항식	홑마디식
농탕	롱탕	달걀	닭알
농필	롱필	달걀찜	닭알두부
높은음자리표	고음기호	담즙	열물
뇌물	꾹돈	당화	삭기
누누이	루루이	대각	맞은각
누룽지	가마치	대검	날창
누추하다	루추하다	대검찰청	중앙검찰소
눈총	눈딱총	대법원	중앙재판소
눈치	눈기	대분수	데림분수
뉘앙스	뜻빛갈	대소수	데림소수
늦가을	마가을	대열	대렬
늦여름	마여름	대중 가요	군중가요
다사다망하다	다사분망하다	대통	대꼭지

(계속)

(앞에서 계속)

〈남한 말〉	〈북한 말〉	〈남한 말〉	〈북한 말〉
댐	언제	드디어	드디여
댓돌	퇴돌	드라이크리닝	화학빨래
덤	더넘이	드레스	나리옷
덤핑	막팔기	드문드문	도간도간
덴마크	단마르크	드므	드무
도넛	가락지빵	들창코	발딱코
도루묵	도루메기	등식	같기식
도수로	끌물길	등호	같기표
도시락	곽밥	디딜방아	발방아
도약경기	조약경기	따발총	따바리
도움닫기	밟아달리기	딸기잼	딸기단졸임
도착하다	가닿다	떡고물	떡보숭이
도화선	불심지	뚝배기	툭수리
독장수셈	독장수구구	띄어쓰기	띄여쓰기
돋을새김	뚫음새김	띳장	띠장
돌연변이	갑작변이	라디오	라지오
돌풍	갑작바람	러시아	로씨아
동둑	동뚝	레일	레루
동심원	한중심원	레프트 윙	왼쪽날개
동의어	뜻같은말	로터리	도는네거리
동해	얼굼피해	롤러	굴개
되넘기	되거리	루마니아	로므니아
두레박	드레박	리그전	연맹전
둔각	무딘각	리듬체조	예술체조
뒷산	뒤산	리벳	맞머리못

(계속)

(앞에서 계속)

〈남한 말〉	〈북한 말〉	〈남한 말〉	〈북한 말〉
리본	댕기	멧돼지	메돼지
리본체조	댕기운동	멱서리	멱들이
리볼버	나간권총	명도	밝음도
링	고리운동, 륜	명란젓	알밥젓
마구잡이	마구다지	명령문	시킴문
마라톤	마라손경기	명수	이름수
마분지	판종이	명암	검밝기
마애불	벼랑부처	모노드라마	독연극
마찰	쓸림	모눈종이	채눈종이
마찰음	스침소리	모락모락	몰몰
막간극	사이극	모세관	실관
막눈	막난눈	모음 탈락	모음빠지기
막대그래프	막대도표	모이주머니	멱주머니
만만하다	만문하다	모자이크	쪽무이그림
만수기	물찬때	모직	털실천
만장일치	일치가결원칙	모질음	모지름
만화영화	그림영화	모터사이클	모터찌클
맞벌이 가정	직장세대	몽타주	판조립
매스게임	집단체조	무따래기	무뜨라기
매트	체조깔개	무상 교육	면비교육
맷돌	망돌	무선 호출기	주머니종
머릿살	머리살	문맹자	글장님
멀리뛰기	너비뛰기	물구나무서기	거꾸로서기
메뉴	료리차림표	물컵	물고뿌
메트로놈	박절기	뭉게구름	더미구름

(계속)

(앞에서 계속)

〈남한 말〉	〈북한 말〉	〈남한 말〉	〈북한 말〉
뮤지컬	가무이야기	방수	물막이
미드필더	중간방어수	방습	누기막이
미역국을 먹다	락제국을 먹다	방조제	미세기뚝
미지수	모르는수	방직공장	직포공장
민간요법	토법	방화	불막이
민간인	사회사람	방화벽	불막이벽
민속놀이	민간오락	방화탄	불끌탄
밑도 끝도 없이	머리꼬리없이	배면뛰기	누워뛰기
바닷가	바다가	배열	배렬
바닷말	바다마름류	배영	누운헤염
바둑이	바둑개	배우자	짝씨
바람둥이	련애군	백미러	후시창
바위틈	바위짬	백일해	백날기침
바티칸	바띠까노	백토	흰흙
반딧불이	불벌레	뱃대끈	배때끈
반박음질	반땀침	뱃살	배살
반죽음	얼죽음	버라이어티 쇼	노래춤묶음
반짇고리	바느질동고리	버튼	자동단추
반환점	돌이점표식	벌집	벌둥지
받들어총	영접들어총	벙어리장갑	통장갑
발헤엄	발헤염	베란다	내밈대
밟다듬이	발더듬이	베레모	둥글모자
밥벌레	밥도적	벼락부자	갑작부자
방 청소	방거두매	변태	모습갈이
방부제	썩음막이약	별똥	별찌

(계속)

(앞에서 계속)

〈남한 말〉	〈북한 말〉	〈남한 말〉	〈북한 말〉
보각	보탬각	분출구	뿜이구멍
보온성	따슴성	분풀이	밸풀이
보호조	보호새	불구대천지원수	대천지원쑤
복	보가지	불꾸러미	불꾸레미
복대	배띠	불도저	평토기
복막	배막	불쾌하다	불카하다
복직근	배곧은살	붉은피톨	붉은피알
볶음밥	기름밥	브래지어	가슴띠
볼	뽈	블라우스	양복적삼
볼멘소리	볼먹은소리	블로킹	막기
볼펜	원주필	비닐하우스	비닐온실
봇도랑	보도랑	비밀 아지트	비트
봇돌	보돌	비바람	빗바람
부등호	안같기기호	비열하다	비렬하다
부력	뜰힘	빙수	단얼음
부생	썩은데살이	빨랫방망이	빨래방치
부수다	마스다, 부시다	빼기	덜기
부스스하다	꾸시시하다	삐삐	주머니종
부전지	붙임쪽지	사과잼	사과단졸임
부종	붓기	사람대이름씨	사람대명사
부착	붙기	사례 발표회	경험교환회
부착력	붙을힘	사무직 근로자	근로인테리
부표	띄움표	사분음표	사분소리표
부화율	알깨움률	사실혼 부부	뜨게부부
분유	가루젖	사이짓기	사이그루

(계속)

(앞에서 계속)

〈남한 말〉	〈북한 말〉	〈남한 말〉	〈북한 말〉
사인	수표	석호	바다자리호수
사포	갈이종이	설태	혀이끼
산란	알낳이	성년	자란이
산란기	알낳이철	성어	엄지고기
산책로	거님길	세밀화	잔그림
산패	산썩음	세탁소	빨래집, 화학빨래집
살구잼	살구단졸임	센터 포드	중앙공격수
살충제	벌레잡이약	센터 하프백	가운데중간방어수
삼각근	삼각살	센터링	중앙으로 꺾어차기
삼투압	스밈압력	셋방살이	동거살이
상행	올리방향	소괄호	작음묶음표
상형문자	모양글자	소등	등불끄기
상호간	호상간	소매치기	따기군
새참	일참	소수	씨수
새치기	사이치기	소시지	칼파스
색깔	색갈	소프라노	녀성고음
샛바람	새바람	손가방	들가방
생리통	달거리아픔	손뼉	손벽
생활 필수품	인민소비품	솔	쏠
샴페인	샴팡	수캐미	병사개미
샴푸	머리비누	수력	물힘
서명	수표	수면제	잠약
서브	쳐넣기	수상스키	물스키
서사시	이야기시	수제비	뜨더국
서수	차례수사	수중발레	예술헤염

(계속)

(앞에서 계속)

〈남한 말〉	〈북한 말〉	〈남한 말〉	〈북한 말〉
수화	손가락말	시세포	보는세포
숙달	익달	시신경	보는신경
숙박계	객부	시옷	시읏
숨박꼭질	숨을내기	시축	첫차기
슛	차넣기	시트	하불
스님	중선생	식목일	식수절
스위치	전기여닫개	실격	자격잃기
스카이 라운지	전망식당	실내 수영장	실내물놀이장
스커트	양복치마	쌍기역	된기윽
스크랩북	오림책	쌍떡잎	두싹잎
스타 플레이어	기둥선수	쓸개	열주머니
스트레이트	곧추치기	쓸개즙	열물
스파이크	때리기, 룩상신	아가리	아구리
스프레이	뿌무개	아니꼽다	야시꼽다
슬라이딩 태클	미끄러져 빼앗기	아리송하다	새리새리하다
슬리퍼	끌신	아이스크림	얼음보숭이
습곡	땅주름	아찔하다	아질하다
승마 경기	마술경기	안갖춘꽃	불완전꽃
승무원	렬차원	안갖춘탈바꿈	불완전모습갈이
승선	배타기	안쓰럽다	안슬프다
시	씨	알다	료해하다
시각	보는각	알뿌리	살진뿌리
시럽	진단물	압정	납작못
시리아	수리아	앙가슴	동가슴
시비걸다	걸고들다	앞갈망	앞감당

(계속)

(앞에서 계속)

〈남한 말〉	〈북한 말〉	〈남한 말〉	〈북한 말〉
애니메이션	그림영화	언덕	잔메
애연가	담배질꾼	에스컬레이터	계단승강기
앵무새	팔팔아	에필로그	맺음이야기
야간 경기	등불게임	엘살바도르	쌀바도르
야뇨증	밤오줌증	여남은	여라믄
야단법석치다	오구탕치다	여학생	녀학생
야맹증	밤눈증	여행	려행
야외 무대	바깥무대	역산	거꿀셈법
양각	오름각, 쳐든각	연골	삭뼈
양계장	닭공장	연골어류	삭뼈물고기
양껏	배껏	연등	탈등
양면	량면	연락	련락
양배추	가두배추	연못	련못
양성모음	밝은모음	연습	련습
양성화	두성꽃, 짝꽃	연시조	이음시조
양수	물올리기	연애	련애
양식	량식	연애 결혼	맞혼인
양심	량심	연유	졸인젖
양정	량정	연일연야	련일련야
양쪽	량쪽	연재	련재
어근	말뿌리	열도	줄섬
어긋나기	어기나기	열팽창	열불음
어림짐작	어방치기	염색	물들이기
어묵	튀긴고기떡	염색체	물들체
어부	어로공	엽록체	풀색체

(계속)

(앞에서 계속)

〈남한 말〉	〈북한 말〉	〈남한 말〉	〈북한 말〉
엿기름	길금	외떡잎 식물	한싹잎식물
영락없다	락자없다	외래어	들어온말
영점	령점	외접원	바깥닿이원
예	례	외치다	웨치다
예각	뾰족각	왼배지기	왼궁둥배지기
예방	미리막이	요통	허리아픔
예절	례절	용병술	령군술
오른배지기	오른궁둥배지기	용상	추켜올리기
오른안걸이	오른덧걸이	용수로	댈물길
오버네트	그물넘기, 손넘기	용오름	룡올림
오버타임	네번치기	용틀임	룡틀임
오전	낮전	용해도	풀림도
오토바이	모터찌클	우곡	비물골
오프사이드	공격어김	우울증	슬픔증
오후	낮뒤	우유	소젖
온난전선	더운전선	운석	별찌돌
온음	옹근음	운행표	다님표
온음표	옹근소리표	운형자	구름자
온통	전탕	워킹	걸음어김
올려본각	쳐든각	원양어선	먼바다고기배
올바로	옳바로	원피스	외동옷
와이퍼	비물닦개	월동	겨울나이
왕복 여비	안팎려비	위	우
외각	바깥각	위통	위아픔
외기권	바깥권	유모차	애기차

(계속)

(앞에서 계속)

〈남한 말〉	〈북한 말〉
유성	별찌
유채색	빛갈색
육교	륙교
윤번	륜번
융모	부들털
융털	부들털
은닉죄	숨긴죄
은유법	말바꿈법
은행원	은행경제사
음성 모음	어두운모음
음지	능쪽
응고	엉겨굳기
응달	능달
응접실	손님맞이방
응혈	엉긴피
의붓아버지	후아버지
의식주	식의주
의존명사	단위명사
의태	모양닮기
의태어	모양본딴말
이끗	리끗
이단 평행봉	높낮이평행봉
이두박근	팔두머리살
이면 경계	리면경계
이명	귀울이
이복형	이모형
이분음표	이분소리표
이빨	이발
이산가족	리산가족
이식 수술	옮겨붙이기수술
이앙기	모개미꽂는기계
이월	조월
이유	리유
이음씨	이음말
이자놀이	변놓이
이정표	리정표
이제	인차
이젤	그림버티개
이종사촌	이모사촌
이통	귀쏘기
이해하다	료해하다
인금	인끔
인력	끌힘
인방	린방
인상	끌어올리기
인수인계	넘겨주고받기
인용어	들임말
인칭대명사	사람대명사
인프런트 킥	깎아차기
인화성	불당김성

(계속)

(앞에서 계속)

〈남한 말〉	〈북한 말〉
인화점	불당김점
인화지	사진종이
일개미	로동개미
일광욕	해빛쪼이기
일교차	하루차
일모작	한그루짓기
일	해빛쪼임
일조	해비침
일조 시간	해비침시간
일조량	해쪼임량
일주시차	하루보임차
일직 장교	직일군관
임산	림산
임신하다	태앉다
입덧	입쓰리
입장표	나들표
입주권	입사권
자기 수양	자체수양
자기장	자기마당
자망	걸그물
자수	수놓이
자신감	자신심
자연자원	자연부원
자유투	벌넣기
자유형	뺄헤염

〈남한 말〉	〈북한 말〉
자음동화	이웃닮기
작전 타임	분간휴식
잔소리	진소리
잠기	잠내
잠수	무잠이
잠수부	무잠이
잡곡밥	얼럭밥
장모	가시어머니
장신구	치레거리
장인	가시아버지
재생 고무	되살린고무
잼	과일단졸임
잽	선손치기
적응증	알맞은증
적혈구	붉은피알
전기밥솥	전기밥가마
전엽체	원잎체
전지	옹근장
절도범	훔침범
접두사	앞붙이
접속사	이음말
접영	나비헤염
정각기둥	바른모기둥
정사각형	바른사각형
정삼각형	바른삼각형

(계속)

(앞에서 계속)

〈남한 말〉	〈북한 말〉	〈남한 말〉	〈북한 말〉
정수	웅근수	중간 색	사이색
정육면체	바른륙면체	중괄호	대괄호
정차	차멎기	중소기업	중세소업
정치망	덤장그물	즉결 재판	즉일선고제
제비꽃	씨름꽃	증인	증견자
제자리걸음	선자리걸음	지레김치	지럼김치
제초제	풀약	지방	기름
조마조마하다	오마조마하다	지수	어깨수
조울병	기쁨슬픔병	지시대명사	가리킴대명사
족발	발쪽찜	지역 방어	구역막기
졸부	갑작부자	지표면	땅겉면
종결어미	맺음표	지하도	땅속건늠굴길
종착역	마감역	지하수	땅속물
좌골	앉음뼈	지혈제	피멎이약
좌현	왼배전	지형	땅생김
주민등록증	공민증	직무유기죄	직무부집행죄
주스	과일단물	직접인용법	바로옮김법
주워대다	주어대다	직접 프리킥	직접벌차기
주워듣다	주어듣다	진눈깨비	진눈까비
주차장	차마당	진열대	벌림대
주춧돌	터돌	진폭	떨기너비
주택	살림집	집단 구타	모두매
줄달음	장달음	집 둘레	집두리
줄자	도래자	집적집적	지부렁지부렁
줄표	풀이표	집합	모임

(계속)

(앞에서 계속)

〈남한 말〉	〈북한 말〉	〈남한 말〉	〈북한 말〉
짙은 화장	진단장	치통	이쏘기
짝사랑	외짝사랑	친정 나들이	집나들이
쪼가리	쪼박	칠삭동이	일곱달내기
창	창바라지	침강	바다잠기기
창란젓	밸젓	침엽수림	바늘잎나무숲
창의	창발	카스테라	설기과자
창자	밸	칼라	목달개
창피하다	열스럽다	캄보디아	캄보쟈
채소	남새	캐러멜	기름사탕
채송화	따꽃	캠페인	깜빠니야
채혈	피뽑기	커튼	창가림막
책상다리	올방자	컨테이너	짐함
천막	풍막	컵	고뿌
천연기념물	자연기념물	컷	쪽그림
첫머리	첫끝	코너킥	구석차기
청유문	추김문	코너 플래그	구석기발
초등학교	인민학교	코허리	눈허리
촌뜨기	촌바우	콤팩트	분첩갑
최대공약수	련속나눔셈	크낙새	클락새
출아법	싹나기법	클로즈업	큰보임새
출입문	나들문	킥오프	첫차기
충혈	피모임	탁상일기	탁상일력
층적운	층더미구름	탄성	튐성
치관	이머리	탄젠트	탕겐스
치석	이돌	탈구	뼈어김

(계속)

(앞에서 계속)

〈남한 말〉	〈북한 말〉	〈남한 말〉	〈북한 말〉
탈색	색날기	파마머리	볶음머리
태양열	해빛열	파속	물결속도
태업	태공	파스텔화	분필그림
탭댄스	타프춤	파운데이션	보정속옷
탱크	땅크, 탕크	파일북	종이끼우개
터널	차굴	파장	물결길이
터키	토이기	파지	헌종이
테너	남성고음	파찰음	터침소리
톱밥	나무밥	판정승	점수이김
통꽃	합친꽃	팔레트	갤판
통풍	바람갈이	팔방미인	사방미인
퇴비	풀거름	팔분음표	팔분소리표
투과성	나듬성	팔찌	팔목걸이
투사지	비침종이	팥고물	팥보숭이
투수	넣는사람	팬터마임	몸짓극
투약구	약내는곳	팽창	부피불음
투포환	철추던지기	페널티킥	11메터벌차기
투피스	나뉜옷	페달	발디디개
튀김	튀기	페이지	페지
튜브	뜰주머니	페인트	속임동작
트랙터	뜨락또르	펜싱	격검
트레일러	도레라	편절	쪼각마디
틀림없다	거의없다	평영	가슴헤염
파	화	평점	평정
파고	물결높이	폐수	버림물

(계속)

(앞에서 계속)

〈남한 말〉	〈북한 말〉	〈남한 말〉	〈북한 말〉
폐지	폐지	하중	짐무게
포환던지기	철추던지기	한솥밥	한가마밥
폴란드	뽈스카	한약	동약
표백분	바램가루	합성어	합친말
표절	도적글	항공로	비행기길
표준어	문화어	해독약	독풀이약
푯돌	표돌	해류	바다흐름
푸석이	푸서기	해식	바다깎기
풀장	물공원	해열제	열내림약
풋거름작물	록비작물	해저터널	물밑굴
풋내기	생둥이	해조	바다마름류
풍매식물	바람나름식물	해코지	남잡이
풍식	바람깎기	핸들링	손다치기
풍치	바람이	허우대	키대
프라이팬	지짐판	헝가리	웽그리아
프레임	흐렘	헤딩	머리받기
프롤로그	머리이야기	헤딩슛	머리받아넣기
프리킥	벌차기	헤엄	헤염
플러그	이발때	헬리콥터	직승비행기
피동형	입음상	헹가래	헤염가래
피뢰침	벼락촉	현미	황정미
피망	사자고추	현상	깨움
피톨	피알	혈구	피알
필터 담배	려과담바	혈액형	피형
필통	필갑통	혐기성	산소꺼림성

(계속)

(앞에서 계속)

〈남한 말〉	〈북한 말〉	〈남한 말〉	〈북한 말〉
형광 표백	흰색더내기	확성기	고성기
형부	아저씨	환기	공기갈이
형언하기 어렵다	이름못하다	활용형	풀이형
호우	무더기비	횃불	홰불
홀딩	머물기	회전의자	둥글의자
홍조식물	붉은마름식물	효과를 얻다	은(을)내다
홍조소	붉은마름색소	후광	빛너울
홑닿소리	홑자음	훈제	내굴찜
화가	그림버티개	훗국	후국
화물열차	짐렬차	휘돌리기	다리휘돌리기
화법	말하기법	휴화산	멎은화산
화장수	살결물	흙손	바르기흙손
화장실	위생실	흡수성	포수성
화장지	위생종이	흡연실	담배칸
화전	부대밭		

제2절 예술 활동

1. 분야별 예술 활동

1) 문예정책

북한은 문학예술에 대해 근로 대중을 정치사상적으로 교양하며, 온 사회를 혁명화, 노동계급화하는 데 복무하는 수단으로 규정하고 있다. 예술성을 지향하기보다는 당국이 제시하는 이념을 전달하는 데 주안점을 두고 있다.[9]

북한은 초기 카프(KAFF) 계열의 문학을 계승하면서 사회주의적 사실주의 창작 방법을 중요시하였던 것으로부터 비롯된다. 사회주의적 사실주의는 "사회주의적 예술은 현실을 반영하고 대중이 이해할 수 있으며 사회적 영향을 고려, 스스로 사회적 목표를 세우는 예술이다."라고 정의된다. 창작의 형식적인 측면에서 사실주의를 기반으로 하고 내용 면에서는 사회주의적 경향성으로서 당성, 계급성, 인민성을 중시하는 것이다. 북한의 문예는 본질적으로 민족적 형식에 사회주의적 내용을 담아내는 것으로서 혁명적인 내용, 계급적인 내용을 민족적인 정서와 그에 따른 형식으로 표현함으로써 인민들을 공산주의적 혁명사상으로 무장시키고, 열렬한 혁명가로 교양하는 데 이바지하는 것을 주도하고 있다.[10]

북한의 문예정책과 관련한 이론들로서는 주체문예이론, 종자론, 군중예술론 등으로 구분할 수 있다. 한편, 문예이론 속도전, 종자, 인민성의 원칙을 들 수 있는데, 속도전은 최대한 빠른 시간 내에 예술적으로 수준 높은 작품을 만들어 내는 선전 선동과 관련되고, 종자는 작품의 사상 및 예술적인 핵으로서 시대와 혁명의 요구에 맞는 좋은 종자를 골라 우수한 유기적 작품을 구성하는 것을 골자로 하는 내용을 말하며, 인민성의 원칙은 형식성과 관련된 것으로서 인민의 감성을 민족적 형식에 담아내는 것을 말한다.[11] 먼저, 주체문예이론은 김일성의 주체사상에 바탕을 둔 문예이론으로서 사회주의적 사실주의 문예관, 기본

---

9) 북한 헌법 제52조에서는 "국가는 민족적 형식에 사회주의적 내용을 담은 주체적이며 혁명적인 문학예술을 발전시킨다. 국가는 창작가·예술인들이 사상예술성이 높은 작품을 많이 창작하며 광범한 대중이 문예 활동에 널리 참가하도록 한다."라고 규정되어 있다.

10) 배한동 외, 『새로운 북한 이해』(대구: 경북대학교출판부, 2003), pp. 238-239.

11) 전영선, 앞의 책, pp. 241-244 참조.

이념, 창작 방법 등 모든 문학예술의 기본 원리를 김일성 유일사상에서 찾는 이론이다. 유일사상의 핵심은 김일성 부자의 유일지배체제를 정당화하는 데 있으므로 이에 입각한 문학예술의 기본원리와 창작방법은 지도자에 대한 충성을 바탕으로 한 전형을 창조하는 것이다. 또한 주체사상에 바탕을 둔 주체문예이론은 민족성의 계승, 즉 항일혁명문예의 전통과 민족의 문화유산을 중시하고 있다. 이에 따라 모든 문학예술은 민족적 형식에 사회주의적 내용을 담아야 한다. 민족적 형식이란 김일성이 항일 유격대 시절에 창작했거나 지도했던 형식을 의미하고, 사회주의적 내용은 낡은 것을 없애고 새 것을 창조하는 투쟁, 착취 계급과 자본주의의 모순 폭로 그리고 사회주의의 옹호를 의미한다. 따라서 모든 작품은 김일성의 혁명사상을 토대로 주체사상의 관철을 위해 투쟁하고, 혁명 투쟁의 관점에서 노동계급의 이해관계를 반영하며, 인민대중의 감성에 맞게 혁명사상으로 무장해야 한다.

둘째, 종자론은 주체문예이론에 기초하여 예술 창작에 임하도록 요구하는 일종의 실천 강령에 해당한다. 북한의 『문학예술사전』에 의하면, 종자론은 "김일성의 주체적 문예사상을 창작, 실천하는 과정에서 당에 의하여 독창적으로 밝혀진 문예이론의 새로운 개념"이며, "작품의 핵을 이루는 종자는 그 작품의 가치를 규정하는 근본문제로 되며 창작가는 종자를 똑바로 잡아야 자기의 사상, 미학적 의도를 정확히 전달할 수 있고 작품의 철학성을 보장할 수 있다."라고 규정하고 있다. 여기서 종자란 소재와 주제, 사상을 유지적인 연관 속에서 하나로 통일시키는 작품의 기초이며 핵이고, 종자의 선택에 있어서 가장 중요한 것은 최고 지도자의 교시와 그 구현인 당 정책의 요구라고 규정된다. 따라서 종자의 핵심은 사상성 즉 수령의 교시와 당 정책에 충실하게 부합하는 것이라고 하겠다.

셋째, 군중예술론은 창작의 주체가 군중이나 집단임을 강조하여 대중의 참여를 고무하는 이론이다. 김일성은 "공산주의적 문학계술을 건설하는 과정은 문학예술 건설에서 근로자들의 수준을 전문 작가 예술인들의 수준에 끌어올리며 군중 문학예술을 전문예술의 수준에 끌어올리는 과정"이라고 하면서, "문예 활동에서 전문일꾼 본위로 나가려는 경향을 철저히 경계하여야 하며 창작 사업에서 신비주의를 바수고 문학예술을 군중적으로 널리 발전시켜야 한다."라고 주장한 바 있다.[12]

12) 통일부 통일교육원, 『북한 이해』(2009), pp. 200-201.

2) 문예단체

북한에서 문예인들의 작품 활동은 집단적으로 이루어진다. 조선노동당과 행정기관(문화상), 그리고 여러 문예인 단체가 공동으로 창작하도록 되어 있다. 조선노동당 선전선동부는 작품의 내용이나 작가의 작품 활동을 지시·감독하고, 문화성은 작가들의 창작 여건을 조성해 주도록 되어 있다. 즉, 당정 기관에 의한 검열과 통제를 받도록 되어 있다. 그리고 문예인들은 각기 자신의 분야에서 해당 문예 단체를 통해 작품 활동을 하고 있는 셈이다.[13] 북한에는 예술인의 조직체이자 문학·예술을 총괄하는 단체로서 '조선문학예술총동맹(문예총)'이 있다. 문예총 산하에는 조선작가동맹·조선미술가동맹·조선무용가동맹·조선음악가동맹·조선영화인동맹·조선연극인동맹·조선사진가동맹 등 7개 동맹이 있다. 또한 각 부문별 중앙예술단체로서 국립민족예술단, 만수대예술단, 국립연극단, 피바다가극단, 조선인민군협주단, 평양교예단, 국립교향악단 등이 있다. 각 공장과 기업소 및 협동단체 등에는 예술소조가 조직되어 있다. 근로 인민대중들의 예술 활동은 이러한 소조를 통해 이루어진다. 예술소조는 문예총과 별개의 군중문화단체로 활동하지만, 소조원들의 창작품은 각 동맹의 기관지에 발표되기도 한다.[14]

한편, 작가들은 생산 현장에 투입되어 공연 등의 예술 활동을 공훈(배우), 인민(배우) 등의 공훈·인민예술가로서 칭호를 수여받기도 한다. 인민배우의 경우는 고급 자가용을 국가로부터 하사받는 등 명예와 함께 각종 사회적 특혜를 받고 있다.

이제 조선문학예술총동맹을 비롯하여 각 장르별 문예단체들을 소개해 보기로 한다.[15]

(1) 조선문학예술 총동맹(문예총)

문예총은 김일성에 의해 이룩되었다는 혁명 문학예술의 전통을 계승하고 조선노동당의 문예정책 관철을 위해 투쟁할 것을 그 설립 목적으로 삼고 있다. 북한의 모든 작가·예술인들은 의무적으로 문예총과 그 산하 동맹에 가입해야 하는데, 그렇지 않으면 자격을 인정받지 못한다. 따라서 북한의 작가·예술인들은 문예총과 그 산하동맹에 소속된 조직인으로서

---

13) 배한동 외, 앞의 책, p. 241. ; 통일부 통일교육원, 『북한 이해』(2009), p. 202.

14) 배한동 외, 위의 책, p. 242.

15) 『북한 소식』, 「분야별 북한 동향(사회/문화)」, '문화 예술 단체', 통일부 북한자료센터 홈페이지(http://unibook.unikorea.go.kr), 2010년 7월 23일 검색. 내용을 중심으로 재작성한 것임.

주제의 구성 단계로부터 선정, 작업기간이나 분량 및 작품 평가에 이르기까지 동맹을 통해 하달되는 조선노동당의 지시에 따라야 한다. 즉, 문예총은 모든 문학예술 활동이 당의 정책과 주체사상에 충실하도록 문학예술 업무를 조직·운영하는 실질적 통제기구이며, 전업 문예인의 등용과 축출까지도 결정한다. 문예총은 당중앙위원회 선전선동부의 지도·통제를 받으며, 내각 문화성의 행정적 관리 아래 그 문예작품의 생산계획까지 하달 받고 있다.

문예총은 해방 직후 구소련군 당국과 북한 집권자들이 당시 북한지역에 있던 평양예술문학협회를 강제 해산하고 1946년 3월에 '북조선 문학예술가동맹'을 결성, 그 해 10월에 각 부문별 동맹을 두는 '북조선 문학예술총동맹'으로 개칭한 것이 그 모체이다. 그 후 1951년 '남조선 문학단체 총연맹'과 합하여 '조선문학예술 총동맹'으로 단일조직으로 개편하였다. 1953년에는 이 조선문학예술총동맹이 발전적으로 해체되고 작가동맹, 작곡가동맹, 미술가동맹의 3개로 개편되었는데, 1961년 문예총 결성대회에서 다시 이들 3개 단체를 통합하여 조선문학예술총동맹으로 개편하여 오늘에 이르고 있다.

(2) 국립 민족예술단

국립 민족예술단은 1947년 평양모란봉예술단에서 출발하였으며 그 구성원은 음악인, 연극배우, 무용단 등 500여 명이다. 이 예술단은 1985년 평양예술단으로 확대 개편하였고, 그 후 1992년 '국립 민족예술단'으로 그 명칭을 바꾸었다. 이 예술단은 봉화예술극장을 주 무대로 하여 김일성 부자의 우상화 등을 주제로 한 작품들을 공연했는데, 이들이 창작공연한 가극 「춘향전」은 북한 문화예술의 대표적인 중요 작품으로 알려져 있다.

(3) 만수대 예술단

만수대 예술단은 1946년 창립된 평양가무단이 1969년에 현재의 명칭으로 변경한 단체이다. 이 예술단은 음악인들과 연극배우, 무용단과 관현악단 등 300여 명으로 구성되어 있다. 1992년에 공연한 혁명가극 「꽃 파는 처녀」가 이 조직의 대표적인 작품이다. 이 예술단은 김일성의 주체적 문예사상과 김정일의 문예방침을 활동의 지침으로 삼고 이를 예술적으로 구현하여 북한 사회의 주체사상화를 실현하는 것을 기본 사명으로 하고 있다. 동평양대극장을 주 무대로 활용하고 있다.

(4) 국립 연극단

국립 연극단은 1946년 창립되었던 중앙예술공작단을 모체로 한다. 국립 연극단은 국립연극극장을 전용극장으로 하여 지금까지 100여 편의 장막극과 270여 편의 중·단막극을 공연하였다. 이 연극단은 김일성의 혁명역사와 김일성 가계를 묘사한 작품을 비롯하여 사회주의 건설, 군사, 사상 등을 주제로 하는 작품들을 창작하고 공연함으로써 북한 주민들을 사상적으로 교양하는 것을 주된 임무로 한다. 이들의 대표적인 연극으로는 「성황당」이 꼽힌다.

(5) 피바다 가극단

피바다 가극단은 1946년 창립된 북조선가극단이 1971년에 현재의 명칭으로 개칭된 단체다. 피바다 가극단은 김일성의 항일혁명투쟁 시기에 나왔던 작품들을 혁명가극으로 각색하여 근로자들의 혁명 교양에 기여하는 것을 기본 사명으로 하고 있다. 그 공로로 1972년에 김일성훈장을 받기도 했다. 이 가극단의 대표적인 작품으로는 혁명가극 「피바다」를 들 수 있으며, 주요 활동 무대는 평양대극장이다.

(6) 조선인민군 협주단

조선인민군 협주단은 1947년 조선인민군대의 보안간부훈련대대협주단으로 창립되었다가 1948년 조선인민군 협주단을 거쳐 1972년 조선인민군연극단을 통합하면서 종합예술단체로서의 체제를 갖추었다. 조선인민 군협주단은 혁명가극 「당의 참된 딸」의 창작 공연과 「밝은 태양 아래에서」를 공연한 이후 북한 가극 예술의 터전을 잡았다. 단원은 300여 명이며, 4·25문화회관을 주 공연장으로 사용하고 있다.

(7) 평양 교예단

평양 교예단은 1952년에 창립되었으며 평양교예극장을 주 무대로 하면서 지방으로 소규모 이동식 천막극장 무대를 통해 순회공연을 자주 가진다. 외국 방문공연도 수차 있었는데, 외국 서커스 축전 및 대회에서 최고상을 수상하기도 하였다. 현재 300여 명의 교예배우로 구성되어 있으며, 주요 공연 종목으로는 공중그네비행, 밧줄타기, 방망이재주, 금환재주, 동물교예, 요술 등이다.

(8) 국립 교향악단

국립 교향악단은 1946년 창립된 중앙교향악단이 1956년에 현재의 명칭으로 개칭한 것으로 관현악을 중심으로 하는 북한의 대표적인 대규모 악단이다. 교향곡의 연주회를 중심으로 하는데, 대표적인 교향곡 「피바다」, 「꽃 파는 처녀」, 「수령님은 영원히 우리와 함께」 등을 연주하였다.

(9) 여성 기동예술 선동대

북한에는 각 읍·구·동 단위로 가두여성들로 편성되어 활동하는 여성 기동예술 선동대들이 1,500여 개 있다. 평양시의 경우에는 각 동별로 280여 개의 여성 기동예술 선동대가 조직되어 있다. 이들은 주로 경제 건설 현장과 농촌에서 근로자들과 농민들의 사기 진작을 위해 각종 예술 선동 활동을 펼치고 있다.

(10) 평양 학생 소년 예술단

2000년 5월 24일부터 30일까지 평양 학생 소년 예술단(단장 : 최휘 김일성사회주의청년동맹 비서)은 평양시 소학교 학생들과 중학교 학생들로 구성된 만경대학생소년궁전 예술소조원들과 전국에서 선발된 어린이들로 구성하였다.

평양시 학생소년들의 과외활동기관인 만경대학생소년궁전 예술소조는 예술체조소조, 손풍금소조, 조선무용소조, 음악소조, 전자기악소조 등으로 이루어져 있다.

특히 리진혁 군과 김철 군은, 1999년 말 평양에서 열린 '민족통일음악회'에 참가한 미국 록가수 로저 클린턴이 이들의 장구 연주와 꽹과리 연주 소리를 듣고 박수를 치며 탄성을 질렀을 정도로, 두 소년의 기량이 남달랐던 것으로 전해진다.

1998년 5월 평양에서 남한의 리틀엔젤스 예술단과 함께 공연을 갖기도 했던 이 평양 학생 소년 예술단은 북한 예술인들의 산실이기도 하다. 지난 1991년 9월 열린 일본의 공연에서 「나는야 꽃봉오리」, 「조국의 사랑은 따사로워라」 등을 부르기도 했던 북한 최고의 가수 중의 한 명인 보천보전자악단의 인민배우이자 가수 전혜영과 프랑스 공연에서 남자 독무 「공차기 신나요」를 잘 추어 인기를 끈 평양음악무용대학의 김경진도 이곳 출신이다.

평양학생소년예술단은 1999년에는 8월 16일부터 8월 말까지 중국 국제우호연락회 초청으로 중국을 방문해 베이징을 비롯한 여러 도시를 돌며 공연을 하였다. 이 예술단은 지난 1975년 아르헨티나에서 첫 공연을 가진 이후 지금까지 40여 개 나라에서 1,500여 회에 이르는 공연을 한 것으로 알려져 있다. 단원 수는 300여 명이다.[16]

3) 북한 문예의 특성

북한의 문예 특징은 네 가지로 정리해 볼 수 있다.

첫째, 북한의 문예는 문학과 예술을 의미한다. 이는 북한의 문예 작품들이 서사적 내용을 중심으로 사회주의적 사실주의의 창작 원칙에 입각하여 만들어지는 특징을 보여주고 있다. 둘째, 북한의 문예 작품은 여러 장르가 한데 어우러지는 장르 복합적인 작품이 많다. 셋째, 그러다 보니 대개 대작 중심의 예술 활동이 이루어지고 있다. 넷째, 창작 방식에 있어서 전형성을 특징으로 하는데, 전형적이거나 모범이 되는 작품을 대표로 선정하고 이 작품의 창작 방식을 따른다.[17]

작가·예술인들은 창작 활동을 수행함에 있어서 조선노동당의 계획적인 통제에 따른다. 창작 활동의 주요 내용은 전 작품에 걸쳐 김일성 부자의 업적을 중심으로 우상화하거나, 사회주의 건설, 계급투쟁을 위한 교양, 당 정책선전을 위한 사상성의 구현 등 순수예술의 추구보다는 목적의식적 사상교양의 표현으로 일관되어 있다. 즉, 미의 창조보다는 당 정책의 선전·선동에, 창작보다는 모방에, 예술성·추상성보다는 사상적 표현에 주력해야 한다. 북한의 문예활동에서 중요한 것 중의 하나는 '예술소조'의 운영이다. 예술소조는 지역별 그리고 공장·기업소·협동농장 등의 생산직장별·부대별·학교별·기관별로 광범위하게 조직되어 있다. 이들 소조들은 노동자들의 휴식시간을 이용하여 음악·무용 등의 공연활동을 벌이는데, 이러한 공연활동을 통해 김일성 부자에 대한 우상화와 당 정책을 선전하고 노동 의욕을 고취시키는 선전활동을 수행한다.

---

16) 연합뉴스, 『2001 북한 연감』(2001)에서 발췌한 것임.
17) 전영선, 앞의 책, pp. 248-252 참조.

Q. 북한 주민들의 각종 예술 관람은 어떤 것이 있는가?

A. 음악과 관련하여서는 보천보 전자악단과 왕재산 경음악단과 같은 조직이 있는데, 전자는 고전적인 풍의 음악을, 그리고 후자는 서양식의 댄서풍의 음악을 주로 선보인다. 평양의 교외단과 국립연극단과 같은 조직을 통해 서커스와 아리랑 공연 등을 볼 수 있다. 미술 전시회는 2·16과 같은 특정 기념일에 선전화나 수채화와 같은 작품들이 전시된다.

음악과 미술 관람에는 도나 시급 단위의 행정적 지시나 당의 지시에 의해 주민들이 조직적으로 동원되기도 한다.

4) 북한의 대중가요[18)]

북한의 대중가요는 창작과 보급이 당국의 방침에 의해 이루어지고 있다. 노래 곡조는 대부분 행진곡풍이며 내용도 체제 선전 및 노동의욕 고취 등 당의 정책을 구현하는 데 목표를 두고 있다. 과거 북한의 음악은 김일성의 교시에 의한 조선음악의 중요한 원칙에서 한 발짝도 벗어나서는 안 되며 벗어날 수도 없었다. 다시 말해, 음악은 인민을 위한 것이 되어야 한다는 것이었다. 그러나 1990년대 들어 북한 음악도 변화가 일기 시작했다. 경쾌한 리듬과 사랑을 주제로 한 노래들이 나오기 시작했다.

1990년대에 들어서면서 선전·선동적 내용의 혁명가요 외에 남녀 간의 애정을 소재로 한 노래들이 보급되기 시작하였다. 우리에게 익히 알려진 곡들로 1990년에 나온 '휘파람'과 1991년에 나온 '처녀시절', '날보고 눈이 높대요', '여성은 꽃이라네', 그리고 1992년에 보급된 '모르는가 봐' 등이 있다. 이 중에서 전혜영이 부른 '휘파람'은 1990년대 초 남한의 대학가에서 불린 적이 있었다. '휘파람'은 북한 정권 수립 초기에 나왔다가 노랫말에 혁명성이 없다는 이유로 1990년대 초반 잠시 금지곡이 됐으나, 다시 규제가 풀려 북한에서 꾸준히 인기를 모으고 있는 노래이다. 남한 주민들에게 익숙한 '휘파람'과 '반갑습니다'의 가사를 소개하면 아래와 같다.

18) 『북한 소식』, 「분야별 북한 동향(사회/문화)」, '북한의 대중 가요 및 가사', 통일부 북한자료센터 홈페이지 (http://unibook.unikorea.go.kr), 2010년 7월 23일 검색.

휘파람

작사 조기천, 작곡 리종오

1.

어젯밤에도 불었네 휘파람 휘파람

벌써 몇 달째 불었네 휘파람 휘파람

복순이네 집 앞을 지날 땐 이 가슴 설레어

나도 모르게 안타까이 휘파람 불었네

2.

한번 보며는 어쩐지 다시 못 볼 듯

보고 또 봐도 그 모습 또 보고 싶네

오늘 계획 300을 했다고 생긋이 웃을 때

이 가슴에 불이 인다오 이 일을 어찌하랴

(후렴)

휘휘휘 호호호 휘휘 호호호

휘휘휘 호호호 휘휘 호호호

반갑습니다

작사·작곡 리종오

동포 여러분 형제 여러분~

이렇게 만나니 반갑습니다

얼싸 안고 좋아 웃음이야

절싸 안고 좋아 눈물이지

오~오~ 닐리리야

반갑습니다. 반갑습니다.

반갑습니다. 반갑습니다.

5) 북한의 인기 가수들[19]

앞서 살펴본 '휘파람'이라든지 '반갑습니다'와 같은 노래들은 남녀노소 할 것 없이 누구나 즐겨 부르는 노래이다. 당연히 이 노래를 부른 가수 전혜영(1992년에 인민배우가 됨)과 리경숙(공훈배우)은 북한 최고 인기가수의 영예를 누리고 있고, 젊은 세대는 물론 노인들에 이르기까지 모두가 그들의 열렬한 팬이다. 이외에도 북한 주민들의 사랑을 독차지하고 있는 가수로는 '인민배우' 김광숙과 렴청을 비롯해 '공훈배우' 리분희(대표곡: '여성은 꽃이라네'), 조금화(대표곡: '아직은 말 못해') 등 10여 명이다. 전혜영, 김광숙, 리분희, 조금화, 리경숙은 보천보전자악단에, 렴청은 왕재산경음악단에 소속되어 있다.

북한 대중가수들의 화려한 등장은 빛나는 조연 격인 이 전자악단들이 존재했기에 가능한 일이었다. 남쪽의 그룹사운드에 해당하는 북한의 악단은 '보천보'와 '왕재산'이 양대산맥을 이루고 있다. 이 가운데서도 1985년에 조직된 보천보전자악단은 전문 기량을 갖춘 연주자, 가수, 작곡가로 꾸려진 북한 최초의 현대판 팝 앙상블이라고 할 수 있으며, 왕재산경음악단도 남녀의 사랑을 소재로 한 경쾌하고 율동 섞인 노래를 단골로 삼고 있다. 보천보전자악단은 북한 최고 지도자의 총애를 받고 있어 주로 평양 시민이나 당·정·군의 고위층을 대상으로 공연하는 일종의 '왕립악단'에 해당한다. 따라서 이 악단이 연주하거나, 소속 가수들이 부르는 노래들은 거의가 북한을 대표하는 것들로 보면 무리가 없다. 왕재산경음악단도 평양이나 해외에서 가끔 연주 실력을 선보이기는 하지만 주로 일반 대중을 대상으로 하거나 지방 기업소를 돌며 공연하는 경우가 많다. 일반 주민들은 왕재산경음악단 소속 가수들이 부르는 노래들을 더 친밀하게 느끼는 것으로 알려져 있는데, 가수 렴청은 이 경음악단의 대표적인 가수이다.

북한 가요 창법과 관련하여, 과거 김일성 주석이 "조선 사람의 목소리는 본래 아름다운데 고운 처녀가 허스키한 목소리를 내는 것은 정말 듣기 흉하다."라고 말한 적이 있는데, 이 때문에 특히 민요를 부르는 북한 가수들은 대개 콧소리가 섞인 맑고 밝은 목소리로만 노래를 하는 것이라고 한다.

전통도 살리고 인민대중이 밝고 희망찬 노래에 대한 믿음을 갖게 한다는 취지라고 한다.

---

19) 『NK데이터베이스』, 「문화/예술」의 '음악'편, 조선일보사 홈페이지(http://nkchosun.com), 2010년 7월 23일 검색 내용을 참조로 함.

북한에서 허스키한 목소리는 '색정과 부화(간통)·방탕을 조장하는 자본주의적 음성'이라 하여 금기시하고 있다.

Q. 북한의 유명 연예인은 어떤 대우를 받는가?

A. 북한에서는 연예인이라고 부르지 않고, 공훈배우나 인민배우라고 부른다. 북한에서 인민배우는 조선노동당 부부장급 이상(남한의 장관이나 차관급)에 해당하는 대우를 받는다. 최근에는 벤츠 자가용을 지급받았다는 이야기도 전해져 그들의 삶의 수준을 엿볼 수 있다. 인기 있는 배우가 있지만 김일성, 김정일 외에 다른 누군가를 우상화하여 좋아해서는 안 된다. 따라서 남한처럼 오빠부대나 팬클럽 같은 것은 없고, 배우를 보기 위해 열광적으로 행동하는 경우는 없다. 그렇게 행동하면 비판받게 된다. 한편, 남한처럼 개그(북한에서는 재담 또는 연극이라고 함)를 전문으로 하는 배우도 있다. 굳이 비교해 본다면 서커스단에서 피에로 역을 담당하는 배우가 존재한다.

Q. 북한에서는 문화재 보호 활동을 어떻게 하는가?

A. 1960년대 말 김일성·김정일 유일사상체계 확립 시기에 실시된 '민족문화유산 말살 정책'으로 보호되지 못하던 문화재가 김정일의 지시로 보호정책으로 전환되어 현재 180여 개의 국보급 유적과 1,680여 개의 보존 유적이 등록되어 관리되고 있다. 즉, '문화유물보존지도국'에서 총괄하고 각 지방단위의 '문화유적관리소'에서 관리하고 있다. 김정일은 매년 4월과 11월을 '민족문화유산보존주기'로 제정하고 주변 지역 주민들이나 학생들을 동원해 정리 및 대청소를 실시한다. 2~3년 주기로 목재 부분에 페인트칠을 하기도 하며, 새둥지를 헐어버리는 작업도 진행한다. 1999년 북한 당국은 50건의 국보급, 53건의 유물과 유적, 499건의 천연기념물, 73건의 사적과 18건의 명승지가 있다고 발표하기도 하였다.

Q. 현재 북한의 국보 1호는 무엇인가?

A. 1998년 대동문은 국보 1호의 자리를 평양성에 넘겨주었다. 그리하여 대동문은 평양시 중구역 학생들의 놀이터로 활용되고 있다. 어린이들의 놀이시설이 부족한 실정에서 대동문이나 연광정 같은 유물들은 어른들의 통제를 받지 않는 특별한 공간이어서 더욱 선호되는 장소이기도 하다. 대동문은 현재 국보 4호까지 밀려났다.

제3절 북한 영화[20)]

1. 북한 영화의 특성과 이론

대개 사회주의 국가에서는 호소력을 강하게 가지고 있는 문화·예술적 장르를 중요시하고 있다. 영화는 일반 대중들에게 혁명 사상 등을 전달하는 데에 상당한 효력을 미치기 때문에 구소련 및 동유럽 국가, 그리고 북한과 같은 사회주의 국가에서는 예술분야 가운데서도 매우 중시하였다. 특히 북한에서의 영화는 한마디로 김일성과 김정일의 사상을 찬양하는 가장 유용한 방식으로 인식되고 있다. 북한에서는 영화를 '직관예술'이라 하여 선전과 선동 효과를 증진시키는 데 있어서 가장 효과적인 수단이라고 보고 어떤 예술장르보다 중요시하고 있다. 북한에서는 영화가 건전한 오락의 육성이나 문예 발전이라는 측면보다 인민대중을 사상적으로 무장하여 혁명적으로 교양하여 자주적 실현을 위한 투쟁에로 조직적으로 동원하는 계급 혁명의 사상적 무기로 인식하고 있다. 또한 영화도 사회주의적 사실주의의 창작 방법에 의거하여야 하며, 당의 정책과 노선을 관철하는 데 주안점을 두고 있다. 때문에 김일성 부자의 우상화나 체제 옹호를 위한 선전 차원에서 제작되고 있다.

따라서 북한은 비교적 짧은 시간에, 오랜 기간의 역사적 사실들과 사건들을 화면을 통하여 직관적으로 생동하게 보여 주는 측면에서 영화의 의미를 매우 강조하고 있다. 영화는 대중을 사상적으로 무장하여 혁명적인 교양을 습득하도록 하는 데 매우 유용한 매체로서 문학작품보다는 스크린을 통한 영화매체를 보다 중시하고 있다. 그것은 장편소설, 혹은 대하소설을 읽는 것과 같은 장엄한 이야기를 영화가 단시간에 보여줄 수 있는 특성을 지니기 때문이며, 인간의 생활을 화면을 통해 생동감을 가지고 전달할 수 있기 때문이라는 것이다. 50부작 장편 영화인 「민족과 운명」과 같은 경우가 여기에 해당한다.

---

20) 『자료마당』, 「북한 영화」, 통일부 북한자료센터 홈페이지(http://unibook.unikorea.go.kr), 2010년 7월 23일 검색 내용을 토대로 재작성한 것임.

2. 북한 영화의 내용

북한의 예술 영화는 예술성·오락성보다 매우 단조롭고 도식적인 경향이 짙은 정치 선전·선동 차원의 내용으로 구성되어 있다. 그 주제는 주로 조선노동당이 계획한 것으로서 주로 김일성 부자의 우상화나 충성심 제고, 주민들의 노력 동원, 인민군 투쟁 찬양 등이다.

원래 북한 영화는 좋은 인물과 나쁜 인물의 대립 속에서 좋은 인물이 승리하는 구도로서, 나쁜 인물 역은 미군, 일본 제국주의자, 지주 그리고 자본가 등으로 설정되어 있다. 그러나 오늘날의 영화는 김정일의 지시로 좋은 인물을 통한 감화를 추구한다. 북한 영화는 1960년대 천리마 운동 이후 대형화되어 20편까지 이어지는 대작 시리즈 등 방대한 작품 제작을 위주로 하였다. 하지만 대작이 주는 효과가 해외 영화제에서 외면받자 1984년 이후로는 그 규모를 줄이고, 영화의 서정성과 사실성을 강화하는 방향으로 나아갔다. 그 예로 북한 영화 '소금'이 모스크바 영화제에서 수상한 것을 들 수 있다. 1990년대에 들어 북한 영화는 동구 사회주의 국가들이 체지 전환을 하면서 사회주의 체제 유지를 위한 자주성을 확보하기 위해 변모하게 된다. 그래서 북한은 영화를 통해 자본주의 사회의 부패상을 인식시키며, 최고 지도자의 인덕 정치를 드러내기 위해 1992년부터 다시 50부작 영화 '민족과 운명' 같은 대작 시리즈를 제작하여 상영하였다.

그러나 지금까지 상영된 북한 영화 중에 인기를 끌었던 영화들은 정치성이나 사상성이 비교적 적고, 줄거리가 다른 영화들보다 흥미로운 것들이다.

3. 북한 영화의 제작

북한 영화는 기본적으로 정치적 선전선동을 목표로 하고 있다. 소재에 상관없이 어떤 영화를 보더라도 북한 체제가 대단히 만족스러우며, 최고 지도자로서 김일성은 최고로 자애로우며, 미국은 지극히 잔인하다는 내용이 반드시 포함되어 있다. 중요한 것은 그러한 내용들이 포함되어 있는 것이 아니라 문자 그대로 주장되고 있다는 점이다. 예를 들어서 어떤 내용의 영화든지 주인공이 한번쯤 김일성 장군의 자비로움 혹은 용맹함을 대사로 표현하면서 감격에 겨운 표정을 짓는다. 그러는 가운데 정치적 선전구호가 나오는 것은 자연스러운 현상이 되었다.

북한에서 시나리오를 영화문학이라고 하는데, 영화문학 작가가 감독보다 우위에 있다. 영화를 감독의 작품으로 보는 자본주의적 견해와는 사뭇 다르다. 창작과정에서 감독의 자의적인 변형을 통제하기 위해서 이러한 풍토를 조성하였다고 한다. 결과적으로 이야기 전개 위주의 작품들이 많다고 볼 수 있다. 뿐만 아니라, 시나리오 위주의 창작에 따라 북한 영화는 대부분 단순한 구조를 갖고 있다.

북한은 다른 사회주의 국가들과 마찬가지로 '사회주의적 사실주의'를 예술이론의 기본으로 삼고 있다. 사실주의라는 낱말이 의미하고 있듯이 북한예술에서 추상의 개념은 당연히 없다. 영화에서도 상상력이 동원되는 작품들은 없으며, 역사적 사실성을 정확히 묘사하도록 유도한다. 그렇다고 해서 북한 영화에서 나오는 장면이 현실과 일치하는 것은 아니다. 왜냐하면 사회주의적 사실주의는 있는 그대로를 반영하는 것이 아니라 사실에 기초해서 바람직한 전형을 창조하여야 하기 때문이다.

역사적 사건을 다루는 북한 영화의 관점, 즉 사관(史官)은 고정되어 있다. 사회주의 국가의 역사관을 유물사관이라고 이야기하지만 북한에서는 유물사관보다 우위에 있는 주체사관이 있다. 조선시대를 소재로 한 시대물들은 민중의 입장에서 이야기가 전개되고 있으며, 근대 이후의 역사물들은 김일성의 필연적인 등장을 예고하고 있다. 또한 민중적인 혹은 민족적인 영웅들도 각자 한계를 지니고 있지만 이를 극복한 사람이 김일성이라는 것이다.

한편, 북한의 영화는 시나리오에서부터 감독, 배우 선정, 제작 과정, 심지어 영화 보급에 이르기까지 최고 지도자(김정일)가 직접 관여하거나 당의 간섭을 받게 되어 있다. 영화인들은 그 창작 활동의 계획에서부터 소재, 주제에 이르기까지 당 선전선동부의 검열과 지시를 받도록 되어 있다. 예술인들의 단체인 조선 영화인 동맹도 회원들의 권익보다 영화 관계자들을 당에 예속시켜 당의 정책을 인민대중에 매개하는 기능을 수행할 뿐이다. 한편, 영화 제작은 조선예술영화촬영소, 조선4·25예술영화촬영소, 조선기록영화촬영소, 조선과학교육영화촬영소가 있다. 이 가운데 조선예술영화촬영소가 최대의 규모를 가지고 배우 양성의 기능을 겸하여 수행하고 있다. 조선4·25예술영화촬영소는 조선인민군 총정치국 소속으로 주로 군사전쟁영화를 제작한다. 한편, 조선2·28예술영화촬영소도 영화와 드라마 등을 제작하고 있다.

한편, 영화인의 전문양성교육기관으로는 평양연극영화대학이 있는데, 여기서는 영화 전문가 외에도 방송인, 사진 촬영가 등 영화 매체 전문 종사자들이 양성되고 있다. 그리고 영화 배우들 가운데서도 다른 장르와 마찬가지로 그 공적과 능력에 따라 '공훈배우'와 '인민배우'의 칭호가 수여되기도 한다. '인민배우'는 조선노동당 부장급(장관급)의 보수와 대우를 해 주는 것으로 알려져 있다. 대표적으로 오미란(사망), 홍영희, 김정화, 최창수 등이 있다.

끝으로, 영화 시설과 관련하여, 북한에서는 도시와 지방 및 산간 오지를 포함하여 약 1천 개의 영화관이 있는 것으로 알려져 있다. 북한 영화가 갖는 특성상 대중에 대한 사회화 매체로서의 중요성을 잘 말해주고 있는 것이다.

그런데 북한 영화관은 영화 상영 외에도 가극, 연극, 서커스 공연이 함께 열릴 수 있는 문예 시설로서 비교적 큰 규모의 극장으로는 만수대 예술극장, 평양대극장, 조선인민군교예극장, 평양교예극장, 동평양대극장, 국제영화회관, 봉화예술극장, 함흥대극장 등이 있다.

4. 북한 영화의 종류

북한의 영화는 크게 기록영화, 예술영화, 과학영화 및 만화영화 등으로 세분할 수 있다.[21] 이 중에서 우리가 일반적으로 이야기하는 영화, 즉 극영화는 예술영화에 속한다.

먼저, 기록영화는 북한 체제의 우월성을 입증하고 선전하기 때문에 매우 중요시되고 있으며, 이 때문에 다른 장르의 영화들보다 상대적으로 많이 제작되고 있다. 기록영화는 문헌영화, 행사기록영화, 주제기록영화, 시보영화 등이 있으며 이것은 세부적인 주제와 연관하여 수령의 형상을 창조하고 수령을 결사 옹위하는 작품, 수령에 대한 인민들의 충성심과 효심을 불러일으키는 작품, 당의 혁명업적을 수록한 작품, 당의 정책 관철을 위한 근로자들의 투쟁, 사회주의 조국통일의 염원을 표현한 작품 등으로 구분된다. 이와 같은 기록영화는 과장된 표현과 사건의 조작을 통해 북한의 역사를 기록하고 이로써 당과

21) 이와 관련하여 김창희, 『북한의 사회와 문화』(서울: 도서출판 맥락, 2005), pp. 284-285를 참조할 것.

수령의 절대적인 입지를 표현하고 있다. 하지만 기록은 언제까지나 사실과 진실을 표현해야 한다는 조건이 우선적으로 필요하다는 관점에서 볼 때 북한의 기록영화는 신빙성과 진실성이 떨어진다.

둘째, 예술영화는 기록영화와 비교해 볼 때, 주제와 내용의 측면에서 별반 다를 것이 없지만 영화의 표현 장치와 기법에 있어서 다소 차이를 보이고 있다. 기록영화와 다르게 예술영화는 '원형에 기초하여 형상'한다는 차이점을 가지고 있다. 다시 말해서, 내용적 측면은 기록영화와 원형이 같지만, 허구성을 가미하여 갈등 장치를 새로이 구성한다는 점에서 차이점을 가진다. 역시 예술영화에서도 김일성 부자의 우상화나 북한 체제의 옹화와 같은 정치적 의도를 숨기지 않고 있다. 인민에 대한 사상교양을 영화를 통해 하고 있는 것이다. 결국 북한 예술영화의 주제도 대체로 김일성 부자에 대한 우상화 및 충성심 제고, 주민의 노력 동원 선동, 한미 모략 비방, 인민군의 용감성 찬양 등에서 벗어나지 못하고 있다.

셋째, 과학영화는 당의 정책적 요구를 띠고 있는 영화만이 존재하는 것이 아니라 순수 과학영화도 제작된다는 점을 특기사항으로 지적할 수 있다. 그럼에도 불구하고 과학영화가 일정한 한계를 지니는 이유는, 우선 당의 노선과 정책상 현실적으로 의의 있는 과학기술적 문제들을 다루어야 하기 때문이다. 물론 자연현상과 사회현상에 대한 순수한 과학영화가 존재하기는 하지만, 이러한 장르의 영화는 급격히 작품의 양이 줄어들고 있는 실정이다.

넷째, 아동영화(만화영화)는 어린이들을 공산주의적 인간으로 육성하기 위한 목적성을 가지고 있다. 민족제일주의 정신과 애국주의 사상을 고취시키고, 공산주의 도덕 교양을 위해 절실한 문제를 다룸으로서 혁명적 투지를 고양시키며, 나아가 지적인 교양을 학습하기 위해 제작된다. 세부적으로 지형영화, 인형영화, 그림영화 등으로 나누어지며 공산주의 도덕을 다룬 보편적인 내용이 주류를 이룬다. 대표적으로 「영리한 너구리」, 「소년장수」 등의 작품이 있다. 그러나 만화영화의 경우는 다른 종류의 영화들과 달리, 추성성을 배제할 뿐만 아니라 정치성의 노골적인 표현이 자제된다는 점에서 차이가 있다.

주제별 북한 예술 영화

① 항일무장투쟁을 소재로 한 영화 : 일제강점기 민주지방에서 김일성의 유격대 활동을 소재로 한 영화이다. 1960년대 이후 북한에서 '항일혁명문학'이 문예이론으로 확립됨에 따라 영화뿐 아니라 소설에서도 가장 많이 취급되는 소재이다. 대표적인 작품들로 「유격대 5형제」, 「한자위단원의 운명」, 「첫 무장 대오에서 있었던 일」, 「조선의별」 연작 등이 있다.
② 노동을 고취시키는 영화 : 국가건설과정, 전후복구과정에서 주민들의 노력을 동원하기 위해서 만들어진 영화이다. 이 계열의 영화들은 시기에 관계없이 꾸준히 제작되고 있다. 「로동가정」, 「개척자들」, 「군당지도원」, 「언제나 한마음」 연작 등이 이에 포함된다.
③ 전쟁을 소재로 한 영화 : 한국전쟁을 중심으로 북한인민군의 용맹성이나 미군의 잔인함을 부각하는 영화들이다. 「월미도」, 「장산리 녀성들」, 「적후의 진달래」, 「이름 없는 영웅」 연작 등이 있다. 직접 전쟁을 다루지 않으나 미국이나 남한의 간첩을 색출하는 첩보영화들도 이 범주에 속한다고 할 수 있다.
④ 김일성, 김정일 일가를 우상화하는 영화 : 김일성을 중심으로 아버지 김형직, 어머니 강반석, 동생 김철주, 부인 김정숙 등을 소재로 한 영화이다. 기계의 우수성을 부각하기 위해서 만든 영화로서 「영생」이, 그 밖에 「친위전사」, 「혁명전사」, 「려명」, 「기다려다오」 등의 작품이 있다.
⑤ 남한을 비판하는 영화 : 남한 체제의 문제점, 남한 주민들이 북한을 사모하는 마음, 남한 상류계층을 비판하는 영화들이다. 「성장의 길에서」 연작, 「어머니의 소원」, 「민족과 운명」 연작이 대표적인 작품이다.
⑥ 기존의 작품들을 재창작한 영화 : 이 범주는 두 가지로 나눌 수 있다. 첫 번째로 항일유격대 시절에 주민들을 선무하기 위해서 공연되었던 작품들을 영화화한 것으로서 혁명가극으로 유명한 「피바다」, 「꽃 파는 처녀」 등의 작품이 이에 포함된다. 둘째로 고전작품들을 영화로 재창작한 것들로서 「홍길동」, 「일지매」, 「춘향전」, 「림꺽정」 연작 등의 작품이 있다.
⑦ 사회주의 현실을 충실하게 묘사한 영화 : 일상생활에서 주민들이 당과 국가에 충성하는 작품, 북한 체제의 고마움을 깨닫는 작품, 기존의 잘못된 관습을 극복하는 과정을 묘사하는 작품 등이 있다. 「신혼부브」, 「해운동의 두 가정」, 「나의 아버지」와 같은 작품이 여기에 속한다.

5. 대표적인 북한 영화

북한 영화는 김일성을 주인공으로 한 「내 고향」(1949)을 사실상 출발점으로 삼고 있는데, 가부장적 권위에 바탕을 둔 스토리 중심의 멜로드라마라는 기본 틀을 충실하게 지킨다. 지도자의 현명한 영도와 세심한 배려, 인민의 절대적 존경과 충성은 자상하면서도 엄한 아버지와 성실하며 의젓한 자식 같은 관계를 만든다. 영화 속 주인공들은 예외 없이 보다 나은 사회를 건설하며 지도자의 가르침을 충실히 따를 것을 다짐한다.

한편 대표적인 북한 영화를 김일성, 김정일 체제를 중심으로 그 전개 과정을 통해 소개해 보면 다음과 같다. 김일성 체제기에 해당하는 기간 동안 김일성의 혁명 역사와 활동을 형상화한 영화들 가운데는 그의 항일빨치산 투쟁을 형상화한 영화로서 불후의 고전적 명작으로서 「성황당」, 「혈분만국회」, 「딸에게서 온 편지」, 「3인 1당」, 「경축대회」와 혁명가극 「피바다」, 「꽃 파는 처녀」, 「당의 참된 딸」, 「밀림아 이야기하라」, 「금강산 노래」 등이 있다.[22)]

이후 김정일 후계체계의 구축이 시작되는 과정(1973년부터 1980년까지)에서 주체사상이 김일성주의화를 추구하고 있던 상황에서, 이른바 '주체문예의 전성기' 동안 1973년 4월 11일 당시 조선노동당 선전선동부장이었던 김정일이 주체시대에 적합한 영화를 만들기 위해서는 문학예술 혁명을 일으켜야 한다고 주장하며 새로운 문학예술을 건설할 수 있도록 '우리 식의 문학예술이론'을 제시한 저술 『영화예술론』을 펴내기도 하였다. 이전부터 김정일은 선전선동부의 당료로 일하면서 다수의 영화 제작에 관여하였다. 1967년 조선노동당 문화예술지도과장이었던 김정일은 백두산창작단을 설립하여 「피바다」(1969년), 「꽃 파는 처녀」(1972년), 「금희와 은희의 운명」(1975년), 「누리에 붙는 불」(1977년), 「사령부를 떠나서」(1979년), 「백두산」 전·후편(1980년), 「소금」(1985년) 등을 제작하였다.[23)]

한편, 1970년대까지 북한 영화의 주조는 항일투쟁 역사나 이념선전, 권력기반 강화 등을 강조했으나 1980년대 이후에는 청춘남녀의 사랑이나 도시와 농촌간의 갈등, 무능한 무사안일을 조장하는 관료주의적 타성 등의 문제점을 다루는 경우도 늘어나고 있다. 「춘향전」

---

22) 민병욱, 「김정일 체제기 북한 예술영화 연구」, 『공연문화연구』, 제13집(한국공연문화학회, 2006), pp. 159-160.
23) 김윤지, 「김정일의 '영화예술론'과 북한 영화」, 『한양대학교 대학원 논문집』(한양대학교, 2006), pp. 31-61. ; 김창희, 앞의 책, pp. 285-286 참조.

전·후편(1980)이나 「사랑 사랑 내 사랑」(1984) 같은 영화들이 고전에서 사랑을 끌어낸 경우이고, 「내가 사랑하는 처녀」(1992)나 「자매들」(1994)은 계층적 신분이나 개인의 이해관계를 떠난 '건전한 사랑'의 현대적 모습을 제시한 경우에 든다. 1970년대를 풍미했던 예술영화 「피바다」와 「꽃 파는 처녀」의 경우, 영화 속의 주인공들처럼 살며 일하자는 기치 아래 1973년 초부터 각 생산단위에 작품 속의 주인공들을 전형으로 한 '피바다 근위대원'과 '꽃 파는 처녀 근위대원'이 조직되었다. 예술작품 속에서 구현된 '주체형의 인간'을 현실로 연장시키려는 이러한 시도는 북한 문학예술의 중심과제로 추진되기도 하였다. 당에서 지정한 영화는 직장, 학교별로 의무적으로 감상하지 않으면 안 된다. 영화를 본 후에는 '영화실효투쟁'이라 하여 감상을 서로 이야기하는 토론회가 열리며, 어떻게 하면 영화의 주인공과 같이 될 수 있을까 의견을 고환한다. 영화 주제가를 부르는 경연이 열리며, 중요한 영화의 대사는 프린트하여 학습 자료로 사용하며, 유명한 것은 암기하도록 요구 받기도 하였다.[24)]

이후 숨은 영웅형상영화가 등장하였는데, 이것은 '당과 수령을 위하여 조국과 인민을 위하여 한 평생을 묵묵히 바쳐 성실하게 일하는 숨은 애국자들, 공로자들, 하급당원을 비롯하여 일반 주민들의'고상한 사상적 풍모와 실천적 모범을 형상화한 영화가 김정일의 후계체제시기에 나타났다. 이는 사회적으로 진행되었던 '숨은 영웅 따라 배우기 운동'과도 맥을 같이한다. 이에는 「도라지 꽃」(1987년), 「밀림이 설레인다」(1997년 ~), 「이어가는 참된 삶」(2002년), 「생의 흔적」(1989년), 「꽃에 깃든 사연」(1992년), 「봄을 안고 사는 처녀들」(1993년) 등이 있다. 이후 본격적인 김정일 체제시기가 시작되면서 선군정치의 강조와 함께 등장한 영화들로서는 「명령만 내리시라」(1996년), 「여성중대장」(1996년), 「복무의 길」(2001년), 「여병사의 수기」(2003년) 등이 있는데, 조선인민군 4·25예술영화 촬영소를 중심으로 '수령결사옹위정신'으로 김정일 체제를 확립하고 군사력을 강화하려고 제작한 것들이다. 그 밖에 일반 주민의 일상생활을 소재로 한 가족영화들도 등장하였는데, 「대동강에서 만난 사람들」(1993년), 「도시처녀 시집 와요」(1993년), 「어머니는 포수였다」(1994년), 「청춘이여」(1995년), 「해운동의 두 가정」(1996년), 「나의 가정」(2000년) 등이 있다. 그리고 조선민족제일주의를 바탕으로 한 다부작 영화 「민족과 운명」을 통해 일반 주민들에게 북한의 사회주의 제도가 인민의 낙원임을 강조하는 것이기도 하다.[25)]

24) 『NK데이터베이스』, 「문화/예술」, '영화', 조선일보사 홈페이지(http://nkchosun.com), 2010년 7월 23일 검색.

주요 북한 영화에 대한 자료들은 북한자료센터 홈페이지(http://unibook.unikorea.go.kr)에서 제공하고 있다. 주요 줄거리와 스틸 컷을 소개하고 있으며, 여기에 소개되고 있는 영화들은 절차를 거쳐 대출도 가능하다.

6. 최근 언론을 통해 본 평양국제영화축전

북한은 2008년 9월 26일 제11차 평양국제영화축전(2008년 9월 17~26일)을 마치고, 중국 영화 「집합나팔소리」를 최우수 영화로 선정하였다고 보도하였다.[26)] 북한은 1987년 9월 이후 2년 주기로 비동맹권과의 문화교류 증진을 위해 동 행사를 개최해 왔고 최근에는 서방권으로도 문호를 확대하고 있다. 제10차 평양국제영화축전(2006년 9월 13~22일)에는 세계 38개국에서 73편의 작품이 출품되었고, 2007년에는 40여 개국 70여 개 단체가 참가하였다. 제11차 평양국제영화축전에서는 촬영상과 미술상을 수상한 「속죄」는 2008년 아카데미 영화제에서 음악상을 수상한 작품으로 「어톤먼트(Atonement)」라는 제목으로 우리나라에도 소개된 바 있다.

〈표 6-1〉 제11차 평양국제영화축전 수상작

부 문	제 목 (국적)	부 문	제 목 (국적)
최우수 영화상	집합나팔소리(중국)	장편예술영화 기술상	집합나팔소리(중국)
장편예술영화 연출상	집합나팔소리(중국)	기록 및 단편영화 연출상	아르헨티나 동북지역의 음악문화(독일)
장편예술영화 문학상	주선(이란)	기록 및 단편영화 구성상	꾀꼴새가 부른 노래(조선)
장편예술영화 촬영상	속죄(영국)	기록 및 단편영화 촬영상	우리의 행성(영국)
장편예술영화 남자배우 연기상	좋은 아버지 좋은 남편이 되기는 헐치 않다(보스니아-헤르체고비나)	축전 국제심사위원회 특별상	빈병들(체스코), 원명원(중국)
장편예술영화 여자배우 연기상	주선(이란)	축전조직위원회 특별상	운명의 희롱(러시아), 따뜻한 정(중국)
장편예술영화 미술상	속죄(영국)	특별상영상	화폐위조자들(독일), 장거리 운전수 무하(러시아), 비투스 소년(스위스), 저 하늘의 연(조선), 오로르 공주(프랑스), 강북의 좋은 사람(중국), 엘리자베스 1세(영국)
장편예술영화 음악상	강의 이야기(인디아)		

25) 민병욱, 앞의 논문, pp. 160-186.
26) 『조선중앙방송』, 2008년 9월 27일자 기사.

한편, 북한은 김일성 생일을 기념하여 '제1차 태양절 기념 전국예술축전'을 4월 10일부터 18일까지 평양에서 진행하며, 그동안 국제행사로 치러 온 '4월의 봄 친선예술축전' 행사를 '전국예술축전'과 번갈아 격년제로 치를 것이라고 보도하였다.[27]

주요 내용을 보면, '제1차 태양절 기념 전국예술축전'은 '전국전문가예술축전', '전국예술선전대축전', '전국기동예술선동대축전', '전국근로자예술축전'등 4개 부문으로 나누어 진행되었다고 보도하고 있다.[28] 이는 중앙과 지방의 전문예술단체들, 그리고 노동자·농민·사무원·부양가족 등 전국의 근로자들과 해외동포예술단체들도 참가하게 되었다. '제1차 태양절 기념 전국예술축전'은 '위대한 수령님은 영원히 우리와 함께 계신다는 신념과 의지를 만방에 과시할 뿐만 아니라, 주체예술발전에서 새로운 전환을 일으키고 경애하는 장군님의 현명한 영도에 따라 사회주의 강성대국 건설을 다그쳐 나가는 우리 인민의 혁명적 대진군을 힘 있게 추동하게 될 것'이라고 보도하고 있다. 해마다 4월에 평양에서 세계 각국의 예술인들이 참가하여 진행되던 '4월의 봄 친선예술축전'이 2년에 한 번 열리게 되고, 앞으로는 국내축전과 국제축전이 번갈아 진행되게 되었다고 보도되었다.[29]

격년제로 개최될 '전국예술축전'은 전 인민적인 예술축전이라는 특징이 있으며, 규모와 내용 면에서 종전의 관례를 벗어난 매우 성대한 축전이다. 북한은 김일성 생일(4·15)을 국제적 명절로 부각시키고, 김정일 체제의 안정성을 대내외에 과시하고 체제의 결속을 강화하기 위해 '1982년부터 각국 예술단을 초청하여 매년 '4월의 봄 친선예술축전'을 개최해왔다. 이번에 북한이 국제 행사를 격년제로 변경하고 국내행사와 번갈아 치르게 되는 것은 비록 북한의 "'전국예술축전'이 성대한 축전이 될 것"이라는 주장에도 불구하고, 매년 국제행사 개최에 따른 비용 부담이 가중된 결과로 보인다.

그 밖에도 북한은 "최근 내각에서 저작권자 활동보장·권리보호 및 저작물 이용 시 엄격한 제도, 질서 확립을 위해 '저작권법 시행규정'을 채택 결정을 발표했다."라고 보도하

27) 『노동신문』, 2008년 3월 18일자 기사, 『조선신보』, 2008년 3월 22일자 기사.

28) 북한의 '예술선전대'는 경제선동공연을 중심으로 활동하면서 예술소조의 활동을 지원하는 역할을 담당함. '기동예술선전대'는 시간과 장소에 구애됨이 없이 기동적으로 활동하는 예술선동집단으로서 간단한 악기를 가지고 간편하지만 선동성이 강한 예술선동공연을 진행하고 있다(『노동신문』, 2008년 3월 18일자 기사).

29) 『조선신보』, 2008년 3월 22일자 기사.

였다.[30] '저작권법 시행규정'은 "저작권이 창작자의 인격적·재산적 권리임을 명시"하고, 저작권 사업 관련 구체적인 내용과 적용 대상 등에 대한 규제 등을 포함하고 있다. 북한은 2001년 4월에 최고인민회의 제10기 4차 회의에서 저작권법을 새로 제정(총 6장 48조)하였으며, 2006년 2월에 상업적 목적의 경우 공개 자료도 저작권 대상임을 명시하는 등 일부 조항을 개정한 바 있다. 금번 '저작권법 시행규정' 채택은 기존 저작권법의 집행을 위한 세부규칙을 명문화, 저작권 보호 범위를 보다 구체화함으로써 북한 저작물의 대외 유출·복제출판에 적극 대처하려는 조치로 평가된다.

Q. 북한 주민들은 영화 관람을 어떻게 하는가?

A. '민족과 운명'과 같은 유명한 영화는 집체적 관람이 이루어지기도 한다. 기록영화와 같은 경우도 마찬가지이지만 나머지 예술영화들은 개인별로 관람한다. 또한 선전대를 통해 영화를 볼 수 있도록 시스템이 갖춰져 있는데, 지방의 경우는 예술극장이나 문화회관 등에서 영화를 상영한다.

제4절 스포츠 생활

1. 체육정책의 방향과 목적

북한의 체육의 특징은 국방 체육의 대중화와 그리고 생산 노동과 체육 활동의 결합, 체육에 대한 당의 통제와 획일화, 스포츠 외교 활동의 적극화라고 할 수 있다. 주민의 사상교양의 일환으로 또한 노동력과 군사력을 강화할 다목적의 필요성에 의해 마련된다. 이는 남한의 건강유지나 여가생활의 성격과는 다소간 거리가 있다. 즉, 북한은 체육을 "신체를 다방면적으로 발전시키며 집단주의 정신과 혁명적 동지애, 굳센 의지, 규율준수에 대한 자각성과 책임성 등 고상한 사상과 도덕적 품성을 배양함으로써 국방력을 강화하고 사회주의, 공산주의 건설을 성과적으로 수행하는 데 이바지하기 위한 것"으로 정의하고 있다.

30) 『민주조선』, 2007년 11월 2일자 기사.

체육을 통해 인민대중을 혁명과 건설, 그리고 국방에 이바지할 수 있는 공산주의적 인간으로 육성하려는 목적을 두고 있는 것이다.[31] 북한 헌법 제55조에서도 "국가는 체육을 대중화, 생활화할 데 대한 방침을 관철하여 전체 인민을 로동과 국방에 튼튼히 준비시키며 우리나라 실정과 현대 체육기술 발전 추세에 맞게 체육기술을 발전시킨다."라고 밝히고 있다.

한편, 이러한 기본적인 시각에 따라 북한의 체육정책은 체육의 대중화·생활화를 통한 노동과 국방에 대한 기여, 학교교육의 전문화 및 1인 1기의 소유, 체육에서의 '사상·투지·속도·기술전' 방침 관철 등에 기초를 두고 있다. 따라서 북한 체육의 기본정책은 체육을 통하여 인민대중을 '혁명과 건설, 그리고 국방에 이바지할 공산주의적 인간'으로 육성하는 데 있다고 할 수 있다. 뿐만 아니라, 각종 국제 경기대회에서 좋은 성적을 거두어 그들 체제의 우월성을 과시하려는 의도도 있다.

2. 체육정책의 주요 추진 현황

북한의 체육과 관련된 행정 조직으로는 중앙의 국가체육위원회를 비롯하여, 시·도 단위의 체육지도위원회, 그리고 시·군 단위에 체육구락부가 있다. 그런데 이들 조직의 특징은 우수 선수의 양성과 선발 등의 사업을 담당하는데, 체육 공로자에 대해서도 '인민 체육인'과 '공훈 체육인'의 칭호를 수여하고 있다.

한편, 북한이 엘리트 체육 정책의 기조를 가지고 있어서 체육 활동을 하기 위한 학교체육 시설들은 열악한 상황인 것으로 알려지고 있다. 그리고 청소년들은 키 크기 운동을 장려하고 있다.[32] 최근 북한은 김정일의 지시에 의거하여 매월 둘째 일요일을 '체육의 날'로 지정하고 각 지역 및 각 급 단체별로 각종 체육경기를 가질 것을 결정함으로써 주민들의 조직성과 규율성을 높이고 집단주의 정신을 배양시킬 것을 독려하고 있다. 또한 10월 둘째 일요일은 '체육절'로 지정하여 대중 생활체육을 장려하고 있다.

현재 북한의 성인들의 생활체육은 국방체육[33] 위주로 전환되고 있는 것으로 보인다.

---

31) 안민석, 「북한 주민의 여가 생활과 체육 활동에 관한 연구」, 『한국체육학회지』, 제41권 제2호(한국체육학회, 2002), p. 123.
32) 안민석, 위의 논문, pp. 123-124.
33) 1959년 2월 '스포츠·국방·노동'의 3대 요소를 모두 충족시킨다는 명분으로 국방체육을 창안하였다. 사격·도

이에 따라 명절날이나 각종 기념일의 체육경기에서도 국방체육 종목이 중심이 되고 있다. 그리고 보편적으로는 건강 태권도와 대중 율동 체조가 보급되고 있는데, 이는 별도의 체육 시설과 용구가 없이도 가능하기 때문으로 풀이된다.[34] 한편, 구기 종목 가운데 북한 주민들에게 인기가 있는 것은 축구와 탁구이고, 그 다음으로 배구가 농구가 있다.

3. 체육인의 양성 과정과 포상제도

북한의 체육인에 대한 선발을 살펴보면 다음과 같다. 조기 발견을 통한 집중교육과 각종 경기에서 두각을 나타낸 선수들을 발굴하는 두 방법을 병행하고 있다. 유망주의 조기발굴은 선수선발 전문 코치가 자질이 있는 어린 선수들을 대상으로 실시하는 적성검사를 통해 이루어지며, 이들은 소학교 때부터 기능보다는 기본기 중심의 훈련을 받는다. 특정한 체격이나 체력의 기준에 따라 선발하여 각 시·군의 구락부에서 교육을 시키는데, 대부분의 국가대표는 여기에서 선발하여 집중 육성한다. 국가대표는 국가종합체육관에서 큰 대회가 있을 때마다 선수들을 훈련시키며, 종목별 훈련은 (훌륭한 시설을 갖춘) 평양의 안골체육관에서 한다. 선수들의 숙소는 호텔급이다.[35] 공식적인 신인 발굴 및 국가대표 선발 행사는 종목별 공화국선수권대회와 매년 8월 전국체육구락부 소속원을 대상으로 벌어지는 전국체육구락부 체육경기대회, 체육 선수단(체육단) 및 선수단의 리그전 등을 통해서이다.

1) 북한의 체육인 양성 과정

북한에서 체육인들은 다음과 같은 양성 과정을 거친다.

(1) 중앙체육학원과 체육전문학교

소학교에서 우수한 체육특기를 가진 학생들이 입학하는 8년제 초급 체육 전문 교육기관

하·장애물 통과 등의 종목을 전 주민에게 보급하였으며 1962년 12월 당중앙위 4기 5차 전원회의에서의 '4대 군사노선' 채택과 더불어 그 중요성과 필요성이 강조되었다.

34) 안민석, 앞의 논문, pp. 128-129.

35) 성문정, 「북한 엘리트 체육의 실태」, 『스포츠과학』, Vol. 75(체육과학연구원, 2001), p. 80.

으로서, 1977년 12월에 개교하였으며 남포 체육촌(평남 남포시) 내에 자리 잡고 있다. 이 학원은 우수 선수들을 양성하기 위한 방안으로 소학교 아동 가운데 체육에 소질이 있는 어린이를 선발하여 사상 훈련과 체육훈련을 병행시켜 교육하고 있으며, 개인의 소질에 따라 축구, 농구, 배구, 탁구, 핸드볼, 육상 등 25개 종목을 교육하고 있다.[36)]

체육전문학교는 각 도에 설치되어 있던 스포츠학교를 없애고 1972년부터 각 도 단위에 1개교씩 설치된 3년제 체육전문학교로, 중학교를 졸업한 체육특기자 중에서 선발하며, 졸업자는 소학교 체육담당 교원이나 각 도 대표선수단에 배치되어 선수 생활을 계속하게 된다.

(2) 조선체육대학

조선체육대학은 1958년 9월 1일 평양체육대학으로 출범한 북한 유일의 체육대학으로 체육 분야의 최고 교육기관이다. 우수 선수뿐만 아니라, 고급 체육지도자를 배출하고 있으며, 코치를 양성하는 5년제의 지도자 학부와 체육교원을 양성하는 4년제 사범학부 및 집단 체육학부로 구성되어 있다. 개교 이래 8,800여 명의 체육 교원과 체육 전문가를 키워낸 것으로 알려져 있는데, 이들이 각 급 학교와 체육지도기관을 비롯한 여러 단위들에서 체육 발전에 핵심적인 역할을 담당하고 있다.[37)]

2) 각종 포상제도

북한의 체육인에 대한 포상은 최고 명예 칭호인 '인민체육인', '공훈체육인', '체육명수', '체육혁신자' 등으로 구분한다. 이 같은 명예칭호는 당의 체육정책을 높이 받들고 체육기술을 발전시키는 데 큰 공로가 있는 자와 올림픽 및 세계선수권대회 등 주요 국제대회에서 우수한 성적을 거둔 자에게 수여한다. '인민체육인' 및 '공훈체육인' 칭호를 수여 받은 자는 평양 거주 및 입당 등의 특혜는 물론 노후에 연금을 지급 받을 수 있으며, 특히 '인민체육인'의 경우 주택(APT), 고급승용차 및 포상금을 받는 등 파격적인 대우를 받고 있다.[38)]

---

36) 『파스칼대백과』, '중앙체육학원'(검색 항목), 야후 백과사전 홈페이지(http://kr.dic.yahoo.com/search/enc), 2010년 7월 23일 검색 내용 참조.

37) 『중앙일보』, 2008년 8월 28일자 기사.

38) 이와 관련하여, 전영선, 앞의 책, pp. 311-314를 참조할 것.

4. 각종 체육대회

북한에서 개최되고 있는 각종 체육대회는 김일성 부자 생일, 노동당 창건일, 정권 창건 기념일 등 북한의 주요 기념일을 전후하여 개최되고 있다. 북한이 매년 정기적으로 개최하고 있는 주요 체육대회는 김정일 생일 기념의 '백두산 상 체육경기대회'와 김일성 생일 기념의 '만경대 상 체육경기대회'와 '종목별 공화국선수권대회', 체육활동 대중화를 위한 '인민체육대회' 등을 들 수 있다.[39)]

5. 체육시설

북한은 체육의 대중화·생활화를 위해 각종 체육시설의 건설에 주력해 왔다. 특히 1989년 7월 평양에서 개최된 제13차 세계청년학생축전을 계기로 평양의 청춘거리에 종합체육단지인 안골체육촌을 건설한 데 이어, 능라도·양각도 등에도 국제 규모의 대형 경기장을 건설하였다. 따라서 북한의 주요 체육 시설은 평양에 집중적으로 산재해 있으며, 그 밖에 남포를 비롯한 각도에 3~5만 명 수용 능력의 경기장을 보유하고 있다. 북한의 주요 실내체육관으로는 평양체육관·평양빙상관·창광원수영장이 있으며, 옥외경기장으로는 김일성경기장, 5·1경기장, 양각도축구경기장, 동평양경기장, 평양야구장 등이 있다. 종합체육단지로는 1개의 옥외 종합운동장, 10개의 실내체육관, 피로회복관, 서산호텔, 체육인 식당 등으로 구성되어 있는 안골체육촌이 있다.

대표적인 경기장 시설인 5·1경기장은 1989년 5월 1일 준공된 경기장으로, 평양 능라도에 위치하고 있으며, 연 건축면적이 20만 7천m^2이고 수용 인원은 15만 명이다. 부대시설로 인조 잔디와 나이트 조명시설 및 3개의 축구 훈련장, 각종 실내 연습장을 갖추고 있다. 거대한 꽃송이 모양의 독특한 지붕을 가지고 있다. 착공 당시에는 능라도 경기장이라 불렸던 이 경기장은 4월 29일 중앙인민위원회 정령에 의해 '인민대경기장'으로 개명되었다. 그러나 이틀 뒤인 5월 1일, 정식 준공식에 앞서 중앙인민위원회는 정령을 새로 발표, 이 경기장 이름을 '5월 1일 경기장'으로 확정하였다. 이 경기장은 군중대회 집회 장소로도

39) 이와 관련하여, 전영선, 위의 책, pp. 314-316을 참조할 것.

활용되고 있는데, 바로 이곳에서 제13차 세계청년학생축전 개·폐막식과 평양국제 체육 및 문화축전이 진행되었다.[40]

6. 인기 체육 종목

북한에서 가장 인기 있는 스포츠는 축구와 탁구이고, 다음으로 배구, 농구 등이다. 일반 종목으로는 복싱과 마라톤도 인기가 높다. 배구는 북한이 정책종목으로 채택하여 집중 육성하고 있는 종목의 하나이다. 현재 각 도, 시, 군에는 배구 구락부가 90여 개소가 있으며 일반 팀도 평양시 체육선수단을 비롯하여 26개에 달한다. 이들 팀은 지역별로 A조(12개 팀)와 B조(14개 팀)로 구성, 매년 2월과 4, 6, 10월에 대회를 갖고 챔피언을 가린다.

대중 스포츠로서 태권도가 인기를 끌고 있는데, 1992년 9월 태권도 전용 체육관인 태권도 전당을 평양시 안골 체육촌 내에 완공하였다. 또한, 북한은 1994년 3월 평양 청춘거리 민족씨름 경기장에서 열린 TV민족씨름경기를 최초로 중앙텔레비전을 통해 녹화 중계하기도 하였다.[41]

Q. 북한의 체육시설은 어떤 것이 있는가?

A. 각 도의 도 소재지에는 경기장이 하나씩 있고 소학교나 중학교의 운동장이 매우 넓은 편이다. 축구장도 설치되어 있고, 농구장, 배구장 등이 동시에 설치되어 있어서 운동하기에 편리하고 각 기업소의 마당에도 배구장이나 농구장들이 설치되어 있다. 북한에서는 국가적으로 체육을 대중화시키려고 노력하고 있다. 아울러 북한에서는 태권도와 같은 종목에 대해 축구와 마찬가지로 인기가 높다.
1995년 발표된 북한 예술영화 「청춘이여」에는 북한의 체육시설이나 선수들의 훈련체계를 포함하여 북한의 체육시스템에 대한 정보가 자세히 소개되고 있다. 특히 태권도를 비롯하여 축구, 농구, 역도, 예술체조, 싱크로나이즈 종목 등을 중심으로 소개하고 있다.

40) 북한연구소 편, 『북한대사전』(1999)에서 발췌한 내용임.
41) 『북한 소식』, 「분야별 북한 동향(사회/문화)」, '북한 체육 중 인기 종목', 통일부 북한자료센터 홈페이지 (http://unibook.unikorea.go.kr), 2010년 7월 23일 검색.

제5절 여가 생활

1. 북한의 휴가

북한의 휴가는 헌법(제71조)과 사회주의노동법(제65조)이 규정한 대로 연간 14일의 정기 유급휴가 등을 받을 수 있다.[42] 그러나 최근에는 경제난으로 대부분 공장·기업소가 가동되지 못하여 결근이 잦고 더욱이 배급 체계가 중단되면서 개인적으로 식량을 구하고자 직장에 출근하지 않는 경우가 많다고 한다. 직장에 소속되어 있더라도 임금에 상응하는 물품을 제공하는 조건으로 직장 대신 장사나 다른 생계활동을 하기도 한다. 이런 상황 탓에 휴가라는 의미도 과거와 다른 양성을 보여주고 있다.

각 직장마다 생산성을 높이고자 정기휴가 이외에도 휴양권이 주어지고 있는데, 일부 노력영웅 칭호를 받은 선택된 근로자에게만 기회가 있고, 일반 근로자들이 이를 사용하기란 어렵다. 이 밖에 북한 주민들도 설날, 추석 등 우리 민족 고유의 명절이나 또는 북한 당국이 정한 국경일인 노동당 창건 기념일, 김일성·김정일 생일 등 공휴일을 즐기고 있다.[43]

2. 일반 주민들의 여가 생활

북한 주민들은 직장생활은 물론 사회단체 조직원으로 활동해야 하기 때문에 시간적 여유를 갖기가 힘들다. 통상 아침 6시에 기상하여 오전 8시부터 오후 6시까지 직장에서 근무한다. 작업 총화나 학습회에 참여해야 하기 때문에 저녁 6시가 넘어야 직장에서 귀가할 수 있으며, 귀가한 후에도 인민반에서 실시하는 각종 노력동원 사업과 가정 외화벌이 사업 그리고 사상교양 사업에 참여해야 한다.

또한 일상적인 일과와는 별도로 체제 유지를 위해 주민들의 자유로운 활동을 엄격히 통제하고 있을 뿐 아니라 이른바 자력갱생의 원칙에 따른 경제 발전 방식을 추진함에 따라 직장생활과는 별도로 주민들을 수시로 각종 건설현장 등에 동원하고 있다.

---

42) 안민석, 앞의 논문, p. 122.

43) 통일부 통일교육원, 『열리는 통일 신나는 미래』(서울: 통일부 통일교육원, 2000) 참조.

이러한 정치·사회적 여건으로 인해 여가를 즐길 수 있는 공간과 시설도 절대적으로 부족한 실정이다. 그리고 여가 생활을 위해 마련된 시설마저도 개개인이 자신의 취향에 맞춰 마음대로 즐길 수 있도록 허용되지 않는다. 국가에서 제시한 범주 내에서만 극히 제한적으로 허용되기 때문이다. 특히 서민들의 경우 경제난 이후에는 일 년 내내 장마당 등에서 장사를 해야 하는 상황이므로 여가생활을 즐길 여유조차도 갖기 힘들다.

과거에는 북한 주민들이 비교적 자주 즐길 수 있는 여가생활로는 영화 감상과 음악 감상 등이 있다. 그러나 그 역시 개인적으로 즐기기보다는 공장, 기업소, 협동농장 등 직장단위로 하여 매주 수요일로 정해진 '문화의 날'에 단체로 이루어지는 것이 통례이기 때문에 엄격한 의미에서는 업무의 연장으로 볼 수 있었다. 이것도 경제난 때문에 영화 제작 및 보급이 원활하지 않아, 이러한 문화생활을 누리기도 힘들어졌다.

공휴일에 공원이나 유원지를 찾는 것도 북한 주민들의 빼놓을 수 없는 대표적인 여가생활의 하나로 들 수 있다. 그러나 대도시를 제외하고는 유기시설이 제대로 갖추어져 있지 않아 평양 등 대도시 주민들만의 특권일 뿐이다.

평양시의 경우 대성산유원지, 쑥섬유원지, 능라도휴식구, 문수유회장, 모란봉공원 등의 유원지 및 공원이 있다. 이 중 대성산유원지가 가장 규모도 크고, 사람들이 많이 찾는 곳이다. 날씨가 좋을 경우 이곳에는 약 5만 명의 인파가 모여든다고 한다. 한편, 지방에서는 직장이나 지역 단위 문화회관을 중심으로 탁구대 등 간단한 체육 및 오락시설이 갖추어져 있다.

북한 주민들이 가장 손쉽게 즐기는 오락수단은 장기이다. 실제로 북한은 『천리마』 등 대중잡지를 통해 장기 묘수풀이 등을 게재하는 등 주민들의 장기에 대한 관심을 자극하고 있다. 그리고 바둑은 1989년 8월 '바둑협회'가 결성된 이후 매년 전국 규모의 바둑대회를 개최하고 있는데, 바둑 유망주를 중국과 일본 등지에 연수시키는 등 관심의 대상이 되고 있다. 그러나 아직 일반 대중에게는 그리 많이 보급되지 않았다.

오히려 일반 대중에게는 윷놀이와 주패놀이 및 화투놀이가 비교적 성행하는 것으로 알려져 있다.[44] 직장이나 이웃 및 친지들이 모이면 대개 여성들은 윷놀이를, 남성들은

---

44) 전영선, 앞의 책, p. 263.
이 밖에 낚시, 등산, 사냥 등도 북한 주민들이 즐기는 취미 생활의 하나이다. 그러나 이러한 것은 일부 특정 계층에 한정된 것으로서 보편적인 것이라고는 할 수 없다.

주패놀이나 화투놀이를 즐긴다. 북한 주민들 네댓 명만 모이면 주패(트럼프)판을 벌인다. 카드는 구하기가 가장 용이한 중국식 트럼프(56장짜리)가 주로 사용된다. 기차 칸은 물론이고 공원·캠퍼스 내에서 남녀노소 가릴 것 없이 주패놀이로 내기를 하는 장면을 심심찮게 볼 수 있다는 게 새터민들의 얘기다. 주민들은 주패를 가지고 술이나 담배 등 내기도박을 하기도 하지만, 돈 노름을 하는 경우는 거의 없다. 이런 유의 취미 또는 여가 활동을 하지 않는 경우는 집에서 텔레비전을 시청하며 시간을 보내기도 한다.

한편, 북한은 1980년대 말 이후 바둑을 비롯해 야구, 소프트볼, 볼링, 프로권투 등의 자본주의적 스포츠를 도입하는 한편, 만경대학생소년궁전 등에 전자오락실을 갖추고, 평양 등지에는 디스코텍을 개설하는 등 취미 오락 생활의 폭을 넓혀가고 있다. 1995년 6월에는 평양 중구역 창광지구에 팽이, 낚싯대, 장기판, 스케이트, 밧줄, 널판, 윷쪽과 윷판 등을 전문으로 판매하는 '오락기구 직매점'이 등장하였다. 그리고 북한에서는 평양 등지의 주요 호텔에서 노래방이나 맥주집이 등장하기도 하였고, 1999년경에는 당구와 포켓볼도 유행했다고 한다.[45)]

한편, 북한의 어린이들은 어떤 놀이문화를 갖고 있을까? 북한의 어린이들은 방과 후에 동네 친구들과 어울려 경제적 부담이 없고 시설과 공간이 필요하지 않은 자연물을 이용하거나 몸으로 하는 놀이를 주로 하고 있다. 남자아이들은 여럿이 모여 술래를 정해서 하는 '다리뛰어넘기', '말타기', '소타기'와 '땅따먹기' 등을 즐겨하고 있으며 어린이들이 제일 좋아하던 '딱지치기'와 '구슬치기'는 종이난과 물자난을 겪으면서 자연적으로 없어지고 있다. 여자아이들의 경우에는 '고무줄놀이', '자갈잡기'(공기놀이), '아바이놀이'(숨바꼭질), '실놀이' 등을 하고 있으며 농촌의 소녀들은 가까운 산에 가서 산나물이나 열매 등을 따먹으면서 놀기도 한다. 간부계층이나 부유층의 아이들은 각 도별로 설치된 학생소년궁전이나 문화회관에서 컴퓨터게임을 즐기기도 한다.

Q. 어떤 취미 생활을 하고 있는가?

A. 가정형편에 따라 다르다. 상류층 사람들은 볼링도 하고 수영도 즐긴다. 하지만 북한의 경제사정이 좋지 않기 때문에 돈이 많이 드는 취미는 가지기 어렵다. 따라서 취미 생활이라는 것이 다양하지 못하다.

45) 전영선, 위의 책, p. 266.

Q. 휴가(여가) 시간이 많은가?

A. 북한에서는 원래 휴가가 보름 정도이지만(헌법상 14일) 고난의 행군기에 들면서 식량 구입의 명목으로 장사를 해서 돈을 벌 능력이 되는 사람은 하루당 얼마씩 기업소에 자신의 급료에 해당하는 돈을 내고 한 달 또는 두 달씩 시간을 받는 경우가 많았다. 고난의 행군이 끝난 이후부터는 휴가의 개념이 거의 사라지고 직장에 출근을 안 하면 무작정 장사하거나 일명 무직자로 전락하는 사람들이 많아졌다. 당국에서도 공장이나 기업소가 가동되지 않고 배급을 줄 수 없게 되자 직장인들에게 출근을 강요할 수 없게 되었다.

학생들의 경우 수업을 마치면 단체체조 연습을 하거나, 소조(작은 모임이란 뜻)활동을 통해 동아리활동을 한다. 또 농번기에는 농사일을 돕기 때문에 많은 여가 시간이 있는 것은 아니다. 성인들의 경우는 각 지역마다 조성해 놓은 공원시설을 산책하는 정도로 제한되고 있다.

성인들은 경제가 어려워지면서 명절과 같은 휴식일을 제외하고 대부분 평소에는 장사를 통해 돈벌이를 하기 때문에 여가 생활을 기대할 수 없고 장마당에서 아침 일찍부터 저녁 늦게까지 장사에 여념이 없다. 명절 같은 날에는 기념탑이나 동상 같은 곳에 꽃다발을 들고 가서 인사하고 사진을 찍으며 친구나 친척 집에 가서 인사드리거나 함께 모여 포커놀이나 화투놀이(남한과 똑같은 형태의 중국제 화투를 사용한다.)를 하며 부인네들은 윷놀이를 하는 것이 전부이다.

3. 북한의 휴양시설

북한의 공원 및 유원지 중 대표적인 것은 다음과 같다.[46)]

1) 공원

평양시에는 개선청년공원, 중앙동물원, 중앙식물원 등이 있다. 개선청년공원은 1984년 7월 25일에 조성되었고, 규모 및 시설 현황은 다음과 같다. 부지 면적 400,000여m^2에 모란봉을 배경으로 하여 동방식공원과 유희공원을 겸비하고 있다. 진동회전방, 회전의자,

46) 『북한 소식』, 「분야별 북한 동향(사회/문화)」, '북한의 휴양 시설', 통일부 북한자료센터 홈페이지(http://unibook.unikorea.go.kr), 2010년 7월 23일 검색.

회전오토바이, 전기자동차, 관성탄차, 대활차 등 10여종의 유희시설과 인공폭포, 분수, 연못, 만물상형의 돌산과 모란대, 은사각, 청수정의 3개 정각이 있다.

중앙동물원은 평양시 대성산 서쪽기슭에 위치하고 있는데, 1959년 4월 30일 평양동물원으로 설립되었으며 1977년 7월 4일 중앙동물원으로 개편되었다. 부지면적 270여 정보의 방목장, 2만 수천m^2의 동물사가 있으며, 연못, 동물놀이장 등을 포괄하고 있다. 또한 동물원연구소, 동물먹이 생산을 위한 농장과 목장, 먹이가공공장, 단기교육기관 등이 있다. 수용 동물은 한반도의 동물들을 위주로 400여 종, 4000여 마리가 있다.

중앙식물원도 평양시 대성산 서쪽 기슭에 자리 잡고 있는데, 1959년 4월 30일 평양식물원으로 설립되어 그 후 1974년 2월 12일 중앙식물원으로 개편되었다. 식물원에는 2,000여 종의 식물이 있으며, 식물원 구역 안에는 식물분류원, 수목원, 화초원, 약초원, 식물자원구, 과수품종원, 경제식물도입구, 원림풍치구, 재배시험장과 나무모밭 등이 있다.

한편, 평양시 밖에 있는 주요 공원 시설은 다음과 같다. 먼저, 평안남도 안주시에 위치한 칠성공원은 1975년에 개원하였다. 부지 면적 15정보로 칠성연못이 있는 물풍치구역(7정보)과 녹지구역(8정보)으로 구분되어 있으며, 물풍치구역의 연못에는 7개의 섬을 연결하는 다리들과 8각정이, 녹지구역에는 인공폭포와 여러 개의 가산, 칠성각, 휴식각 등이 있다. 그 외에도 강안공원, 남포백화원, 동방식공원, 함흥청년공원, 관상원, 상매산공원, 새덕산공원, 옹진식물원, 원산동물원, 인풍공원, 자남산공원, 청년공원, 함흥동물원 등이 있다.

2) 유원지[47)]

주요 유원지 현황을 보면 평양에 대성산유원지, 만경대물놀이장, 만경대유희장 및 보통강유원지 등이 조성되어 있다. 대성산유원지는 평양시 대성산에 위치하고 있다. 부지면적 2,000여 정보에 동물원과 식물원이 있다. 소문봉에는 성곽, 장수봉에는 정각, 잉어못, 사슴못, 장수못, 구룡못, 형제못 등이 있으며, 동천호와 미천호가 있다. 시설로는 대관람차, 관성열차, 관성탄차, 보트장과 수영장 등 유희시설이 있으며, 40여 리의 윤환도로가 있다. 그리고 평양시 만경대 송산 기슭에 자리 잡은 만경대물놀이장은 1985년 7월 9일에 개원하였다. 부지 면적 56,000m^2에 미끄럼물놀이장 840m^2, 파도물놀이장 1,140m^2, 흐름물놀이장

47) 이와 관련하여, 전영선, 앞의 책, pp. 266-270을 참조할 것.

2,160m^2와 샤워장과 분수 등을 이용한 각종 물놀이장들과 식당, 상점 등 편의 봉사 시설이 있다. 또한 평양시 만경대에 있는 만경대유희장은 부지 면적 600,000m^2이며, 약 80대의 오락기구와 물놀이장, 동물원, 식물원, 유람코스, 씨름장, 낚시터, 그네터 등이 있다. 끝으로 평양 시내의 보통강변에 자리하고 있는 보통강유원지는 1960년대 개원하였는데, 약 10km 구간에 총 넓이 약 300여 정보로, 이 중수역이 차지하는 넓이는 100여 정보이다. 이 구역 내에 8개의 크고작은 섬과 3개의 호수가 있으며, 6개의 다리가 가로지르고 있다. 이 유원지에는 누정, 청량음료점, 뱃놀이터, 물차놀이터, 성인오락장, 어린이놀이터, 어린이공원, 소동물사 등의 시설이 있다. 평양시 문수거리 대동강기슭에 위치한 문수유희장도 있다. 부지면적 150,000m^2이며 비행판, 우주비행선, 2중회전반, 회전그네 등의 유희시설이 있다.

한편, 지방의 주요 유원지 현황을 보면, 함경남도 원산시 송도원에 유원지가 조성되어 있는데, 넓이는 500여 정보로 규모가 서로 다른 10여 개의 사업구역들과 하나의 주입구와 두 개의 보조입구를 가지고 있으며, 중심적 사업구역은 대중정치문화교양 구역, 소년단야영소구역, 장덕산유람 구역, 해수욕장 구역, 동물원과 식물원 구역, 화초원 구역, 동방식공원 구역, 솔밭 구역, 휴양소 구역, 관리경영 구역 등으로 구분되어 있다. 이 유원지에는 다리와 보도, 강안도로가 있으며, 소나무와 잣나무를 비롯한 여러 종류의 식물들이 있다. 이 외에도 기암유원지, 룡약산유원지, 능라도유원지, 마전유원지, 와우도유원지, 문수유희장, 백운산유원지, 송도원물놀이장, 순화강유원지, 신흥유원지 등이 있다.

제6절 명절과 기념일

1. 명절[48)]

1) 국가 명절

북한의 명절은 크게 8대 국가명절과 4대 민속명절로 나뉜다. 국가명절은 국가 사회적으

48) 『북한 소식』, 「분야별 북한 동향(사회/문화)」, '명절', 통일부 북한자료센터 홈페이지(http://unibook.unikorea.go.kr), 2010년 7월 23일 검색 내용을 토대로 재작성한 것임.

로 경축하는 사회주의 명절을 말한다. 그리고 명절 외에 다수의 기념일이 있다.

국가명절은 설날(1 · 1)과 김정일 생일날(2 · 16), 김일성 생일날(4 · 15), 국제 노동자절(5 · 1), 해방의 날(8 · 15), 북한정권 창건일(9 · 9), 당 창건일(10 · 10), 헌법절(12 · 27)의 8일이다. 이중 설날을 제외한 7가지를 사회주의 7대 명절이라고 한다.

김일성 생일은 1962년 4월 15일 김일성의 50회 생일 때부터 임시공휴일로 지정된데 이어 56회 생일인 1968년부터는 정식 명절 공휴일로 지정되었으며, 60회 생일인 1972년 환갑을 계기로 민족 최대의 명절로 격상되었다. 김정일 생일은 1975년 2월 16일 김정일의 33회 생일을 임시공휴일로, 그 다음해인 1976년에 정식 명절 공휴일로 지정되었으며, 1986년부터는 생일 다음날까지 공휴일로 연장하였고, 1995년부터 민족 최대의 명절로 격상되었다. 이 명절에는 특별 배급품이 지급되는데, 사탕, 과자, 돼지고기 등이 주류를 이룬다. 따라서 북한 주민에게는 그 외의 민속명절은 하루 쉬는 정도로 기억되는 날들이다.[49]

특히 김일성의 생일에는 충성의 편지 이어달리기, 배움의 천리길 답사 행군, 4월의 봄친선예술축전, 만경대상 체육대회, 중앙사진전람회 등의 각종 행사가 전국 각지에서 연례화되어 왔다.

김정일의 생일에는 정일봉 달리기, 2 · 16경축 영화 상영 주간, 2 · 16경축 미술전시회, 중앙연구토론회, 소년단전국연합단체대회, 전국청년학생집회, 백두산 상 체육 경기 등의 행사가 북한 전역에서 치러진다.

북한은 김정일의 공식 권력승계 이후 처음인 1999년 2월 16일 자신의 57회 생일을 맞아 이러한 여러 가지 행사를 벌였는데, 심각한 경제난과 식량난에도 불구하고 매우 성대하게 치렀다. 김정일은 생일인 16일 당일 제682군부대 동계훈련장과 제991군부대 예하 여성 고사총중대를 시찰하고, 평양에서는 조선소년단 전국연합단체대회가 열려 각 도 소년단 대표단과 평양시 학생들이 참가한 가운데 조선소년단 입단식이 진행됐다. 생일 축하 전야제로 청년중앙회관에서 평양 청년학생들의 야회가, 전승 광장에서는 별도로 인민무력부의 경축 야회가 열렸다.

49) 통일부 통일교육원, 『북한 이해』(2009), pp. 229-230.

Q. 국가의 최대 경축일과 김일성 부자의 우상화는 어떤 관계가 있는가?

A. 제대로 된 사회주의 국가라면 '공화국창건기념일(9월 9일)'이나 '당 창건기념일(10월 10일)'을 최고 경축일로 삼는 것이 당연하지만, 최고 지도자의 유일영도체제에 의해 운영되는 북한 체제의 특성상 김일성 부자의 생일이 국가의 최고 경축일로 기념되고 있다. 최근에는 김일성 생일(4월 15일, 태양절)보다 '위대한 장군님 탄생일'로 불리는 김정일의 생일(2월 16일)을 더 큰 행사로 부각시키고 있다.

Q. 그럼, 김정일 국방위원장의 생일에는 어떤 것들을 하는가?

A. 조선노동당 간부들은 자신의 충성을 표시하기 위한 각종 '보고대회'에 제출할 각종 (경제적) 성과를 부각시키는 데 골몰한다. 농촌지역의 경우, 당 조직과 행정기관에서는 거름생산계획 달성을 위해 인민들을 동원한다. 주민들은 2월 초부터 열리는 각종 행사에 무조건 참석해야 하는데, 1일부터 날짜를 정해서 '위대한 영도자 김정일 동지 혁명 활동 사적관' 참관을 진행한다. 그리고 출근하자마자 작업 시작 전 20분 동안 김정일 찬양 선전 자료들을 정독해야 하며, 노래 등도 배워야 한다. 즉, 토요일(북한에서 매주 토요일은 정치 강연회 날)이면 생활총화 후 강연회와 김정일 어록 학습을 2~3시간씩 진행한다. 그 밖에도 '충성의 이야기모임', '충성의 노래모임'을 진행하여 14일~15일 이틀 동안 공연을 벌이기도 하고, 당국에서는 TV, 신문, 방송을 통해 김정일을 우상화한 '혁명 전설', '혁명 일화' 등을 대대적으로 선전한다.

Q. 김정일의 생일날은 평소와 무엇이 다른가?

A. '장군님의 선물'이라고 하여 당 간부들에게는 선물세트(양복감 1벌, 고급 술, 귤, 사과, 각종 조미료 등)를 지급하고, 노동자의 각 가정에도 이틀 분의 식량 배급과 술 한 병, 식용유 한 병 등이 전달된다. 어린이들에게는 1kg 정도의 과자세트(사탕, 과자, 껌, 강정 등) 등이 공급된다. 당국의 지시에 의해 각종 기업소나 공장 등에서 이에 필요한 물자들을 조달하여 제공하게 된다.

Q. 대대적인 특별 행사에는 어떤 것이 있는가?

A. '백두밀영 답사 행군대'를 조직하는데, 이는 '김일성사회주의청년동맹(사로청)'에서 공장마다 청년 1만 명 정도를 선발하여 행군하는 행사를 개최한다. 2월 10일에 양강도 혜산시에 집결하여 김정일이 태어난 곳이라고 선전하는 삼지연군 백두밀영까지 700여 리 길을 일주일간 행군하는 등의 행사를 갖는다. 이 과정에서 많은 사람들이 추위에 떨어야 해서 동상에 걸리기도 한다. 대학생의 경우, 7월에 혜산에서 백두산까지 15일 동안 행군을 하기도 한다.

2) 민속 명절

민속명절은 설과 음력설, 한식, 단오, 추석이다. 음력설과 한식, 단오, 추석은 1967년 김일성이 봉건 잔재라는 지시에 의하여 배척되었으나, 1972년 남북대화가 시작되면서 추석에 조상 묘에 성묘를 하도록 허용했고 1988년에 휴무일로 지정했다. 그리고 이어 이산가족 찾기 운동과 해외동포들의 방문 등을 계기로 1989년부터 음력설과 단오를 휴무일로 지정해 명절로 부활시켰다.[50)]

북한의 설은 신정이다. 새해 첫날에는 새벽부터 김일성 동상이나 석고상을 찾아 충성을 맹세하며 만수무강을 비는 것으로 시작된다. 식량난으로 떡국을 만들어 먹는 일은 없어졌으며, 웃어른을 찾아 세배하는 풍습도 없어진 지 오래다. 그 대신, "새해를 축하합니다."라고 인사말을 나눈다.[51)]

설과 추석에는 농촌은 물론 일부 도시민 가운데 차례를 지내는 풍습도 남아 있다. 다만 추석날에는 거주지 시·군을 넘어 다른 지역으로 성묘를 가는 것은 묵인되고 있다.

한편, 북한에서도 씨름을 비롯하여 몇몇 민속놀이가 맥을 이어가고 있다.[52)] 북한은 1950년대에는 일반 주민들에게 씨름과 그네, 줄다리기를 장려하였으며, 1960년대 이후에는 군중적 집단놀이라고 하여 종래의 민속놀이를 새로운 형태로 변형하기도 하였다.

북한은 우리의 전통적인 민속놀이에 대해 "민족적 형식에 사회주의적 내용을 담은 새로운 민족적 풍습으로 빛나게 계승 발전되고 있다."라고 한다. 그네뛰기와 활쏘기를 민속체육의 경기종목으로, 널뛰기를 곡예의 한 종목으로 채택하였다. 노동절이나 정권 창건일 등 특별한 기념행사 때에는 극장이나 야외에서 농악을 공연한다. 노동자들이 직장에서 체육대회를 개최할 때는 줄다리기와 씨름 경기를 거의 빼놓지 않는다.

북한의 사회과학출판사가 출간한 『조선의 민속』은 전래의 민속놀이를 경기놀이·겨루기놀이·가무놀이·어린이놀이 등 4가지로 분류하고, 동국세시기·고려사 등의 고서를 인용해 놀이의 방법과 유래, 각 시대별 변화된 모습을 그림과 함께 소개하고 있다.

경기놀이에는 씨름, 널뛰기, 그네뛰기, 줄다리기, 활쏘기, 말타기, 격구 등이 포함돼 있다.

---

50) 전영선, 앞의 책, pp. 221-223.

51) 통일부 통일교육원, 『북한 이해』(2009), p. 231.

52) 이하의 내용은 『북한 소식』, 「분야별 북한 동향」, '북한의 민속놀이', 통일부 북한자료센터 홈페이지 (http://unibook.unikorea.go.kr), 2010년 7월 23일 검색한 자료임.

이들 놀이의 대부분이 인민들에 의하여 창조돼 계승 발전해 왔으며, 게으르고 나태한 양반 통치배들은 이들 놀이들을 유흥거리로 삼았지만 인민들은 언제나 노동을 통해 단련된 체질에 맞는 씩씩하고 용감한 놀이들을 즐겨해 왔다고 주장하고 있다.

그리고 1994년 3월에는 처음으로 텔레비전 민속씨름경기를 개최하고 중앙 TV를 통해 녹화 중계하였다. 이 경기는 체급과 관계없는 무제한 개인경기로 치러졌다. 매트 위에서 치러진 것이 특이하지만, 통상적인 씨름규칙을 적용하는 등 전체적으로 우리의 민속씨름 경기와 유사하게 진행되었다. 이 경기의 우승자에게는 황소나 송아지 한 마리씩 상품으로 수여하였다.

겨루기 놀이에 대해서는 남녀노소를 불문하고 누구나 즐길 수 있는 대중적인 오락으로 윷놀이를 꼽고 있다. 이 윷놀이는 조선의 가장 보편적인 민속놀이의 하나이며 설명절의 대표적 오락이라고 설명한다. 또 바둑과 장기는 사람들의 사고력을 높여주는 유익한 놀이라고 하여 마을회관과 직장에 바둑판과 장기판을 비치해 두고 있다.

가무놀이에는 농악놀이, 불꽃놀이, 화전놀이, 강강술래, 길쌈놀이, 탈놀이, 꼭두각시놀이 등이 포함되어 있다. 이중에서 특히 중시하는 것이 농악인데, 김일성은 농악에 대하여 민간 무용의 하나로서 군중성이 있고 낙천적이며 흥미 있는 좋은 무용이라고 지적한 바 있으며, 노동절이나 정권창건일 등 특별한 기념행사 때에는 극장이나 야외에서 농악을 공연한다.

어린이 놀이에는 연띄우기, 팽이치기, 썰매타기, 숨바꼭질, 공기놀이, 줄넘기, 바람개비 놀이 등이 있다. 이들 어린이 놀이에 대하여 이런 놀이를 통하여 추위와 더위를 물리치고, 투지와 인내력을 키운다고 평가한다. 그러나 자치기나 말 타기 놀이에 대해서는 사람을 다치게 하는 등 유익성이 적고 위험한 놀이로 보고 있다.

〈표 6-2〉 북한의 명절

날짜	명칭	날짜	명칭
1월 1일	(양력) 설(신년)	5월 1일	국제노동자절(5·1절)
(음력)1월 1일	(음력) 설	7월 27일	조국해방전쟁승리 기념일
(음력)1월 15일	(음력) 정월대보름	8월 15일	해방 기념일
2월 16일	김정일 생일	(음력)8월 15일	(음력) 추석
3월 8일	국제부녀절	9월 9일	정권 창건일
4월 15일	태양절(김일성 생일)	10월 10일	조선노동당 창건일
4월 25일	인민군 창건일	12월 27일	헌법절

ㅁ 통일부 통일교육원, 『북한 이해』(2009), p. 230에서 재인용.

Q. 설날에 많이 하는 놀이(풍습)에는 어떤 것이 있는가?

A. 주로 윷놀이를 하거나 공원 등지에서 사진 촬영을 한다. 그리고 지총(명절 때 중국에서 터뜨리는 폭죽 알)놀이라는 것도 있는데, 일종의 화약놀이이다. 300원이면 중국산 지총 70알을 살 수 있다. 그것으로 지나가는 처녀들 옆에 터뜨려서 놀라게 하는 놀이이다. 한편, 4대 명절에는 축구, 농구대회가 열리기도 하는데, 축구 경기의 경우 도 단위의 축구대회가 개최되며 시민들이 응원에 동원되기도 한다. 경기장에는 경품 추점을 통해 텔레비전이나 자전거 등을 전달하기도 한다.

2. 그 밖의 기념일

북한의 주요 기념일로는 기계절(2.20.), 반일 3·1인민봉기일(3.1.), 농업근로자절(3.5.), 국제부녀절(3.8.), 어부절(3.22.), 보건절(4.5.), 식수절(4.6.), 체신절(4.8.), 철도절(5.11.), 국제아동절(6.1.), 소년단창립일(6.6.), 지방공업절(6.7.), 조국해방전쟁발발일(6.25.), 탄부절(7.7.), 조국해방전쟁승리기념일(7.27.), 청년절(8.28.), 교육절(9.5.), 노동당창건일(10.10.), 방송절(10.14.), 출판절(11.1.), 광주학생사건 기념일(11.3.), 화학공업절(12.6.) 등 모두 30일이다. 이 밖에 김정일은 1993년 7월 휴전 40주년을 맞아 휴전협정조인일인 조국해방전쟁기념일을 제2해방의 날(7.27.)로 지정해 민족적 명절로 격상했다.

3. 결혼식

북한에서 결혼은 가족법(제9조)에서 결혼 가능 연령을 남자 18세, 여자 17세로 규정하고 있지만, 대체로 남자 29~30세, 여자 24~25세 정도가 적령기인 것으로 알려지고 있다. 또한 1970년대까지만 해도 중매결혼이 주류를 이루었지만, 1980년대부터 연애결혼이 증가 추세에 있다.[53] 그리고 이혼은 재판에 의해서만 가능하며, 자녀가 있는 여성은 재혼하지 않는 것으로 알려져 있다. 결혼식은 일반적으로 공휴일이나 근무시간 외의 시간을 택해 신랑 집이나 공공장소, 직장 회의실 등에서 거행된다. 평양에는 결혼예식장이

53) 김창희, 『북한 정치 사회의 이해』(서울: 법문사, 2006), pp. 247-248.

경흥거리에 있는 경흥관과 대동강 구역에 있는 결혼예식장 두 곳에 있는데, 경흥관은 미국 달러나 일본 엔화를 가진 특수계층만 이용하는 곳이며, 대동강구역의 예식장은 간부 자녀들과 부자들만이 이용한다. 지방의 경우는 결혼예식장이 별도로 없고 대부분 자택에서 친지를 모아 놓고 예식을 거행한다.

평양에서는 보통 신랑 측 가족과 신부 측 가족이 한 곳에 모여 결혼식을 올리거나, 오전에는 신랑이 신부 집에서 결혼식상을 받고, 오후에는 신부가 신랑 집에서 결혼식상을 받는 형태로 진행된다. 신랑과 신부가 신부 집에서 나와 신랑 집으로 가면서 개선문이나 만수대 등지에서 기념사진을 찍고, 김정숙과 김일성가족의 묘가 있는 대성산 열사릉에 참배한다고 한다.

결혼식날 신랑은 테트론 양복을 입고 왼쪽 가슴에 김일성 배지를 달고, 신부는 연분홍빛 한복을 입고 오른쪽 가슴에는 꽃을 왼쪽 가슴에는 김일성 배지를 다는 것이 일반적이다. 결혼식의 사회와 주례는 결혼 당사자의 직장 책임자 또는 당과 사회단체의 간부, 협동농장관리자가 맡는다. 신랑 신부가 동시에 입장하면 주례는 하객들을 기립시켜 "오늘 신랑 ○○○ 동무와 신부 ○○○ 동무는 친애하는 지도자 동지의 따뜻한 배려로 부부로서 결합하게 됩니다."라고 성혼 선언을 한다. 이어 신랑 신부가 "지도자 동지에 대한 충성의 한길에서 영원한 부부로서 혁명의 가정을 꾸려 나갈 것을 다짐합니다."라고 서약함으로써 식은 끝나게 된다.

결혼식이 끝나면 신랑 신부는 3 ~ 4일의 휴가를 얻어 신혼살림을 꾸리는데, 신혼여행은 거의 가지 못하며, 인근에 있는 김일성 동상이나 기념탑 또는 유원지 등을 찾아 헌화하고 경례하거나 기념사진을 함께 찍는 것이 관행으로 되어 있다.

결혼식 때 혼수는 신랑 측이 신부의 손목시계, 반지, 옷감, 화장품, 신부의 가족과 친척에게 줄 옷감을 준비한다. 신부 측은 신랑의 손목시계와 옷감, 이불채, 옷장, 이불장, 찬장, 부엌세간, 시부모와 형제의 예단, 책걸상을 준비한다.

그리고 고위 당 간부를 비롯한 상류층에서는 신부의 혼수품 품목으로서 예전부터 '5장 6기'라는 말이 있다. 5장이란 옷장, 이불장, 찬장, 책장, 신발장을 말하며, 6기란 텔레비전 수상기, 세탁기, 녹음기, 냉동기, 재봉기를 일컫는다. 북한에서는 이런 가전제품을 마련해 오는 신부가 가장 인기 있다고 한다. 경제난에 시달리는 일반 주민들로서는 외국에서 송금을 해주는 친척이 있는 경우를 제외하고는 이런 혼수품을 구입하기란 엄두조차 내기 어렵다.

Q. 출신성분이 결혼할 때 어느 정도 중요한가?

A. 북한에서는 노동자들이라도 가정의 출신성분이 좋거나 집안에 간부가 있으면 보안서나 보위부 등 공안당국을 통해 약혼 대상자의 성분에 대해 사전에 알아본다. 만약에 모르고 결혼했어도 자기 집안 발전에 지장이 된다고 생각할 경우 이혼을 시키거나 당사자 서로가 헤어지기 싫어 이혼을 하지 않으면 직위에서 해임시키기도 한다. 심한 경우 농촌이나 탄광으로 추방을 보낸 실례도 있다.

Q. 결혼 상대자로 인기가 높은 배우자는 어떤 부류인가?

A. 먼저 결혼 상대자로 인기가 높은 남성 배우자로는 1990년대의 식량난 등 경제적 어려움이 가중되었을 때에는 '조선노동당 입당, 군사 복무, 대학 졸업'을 마친 남성이 최고의 신랑감이었다. 그러나 최근에는 주로 3등급으로 나눈다. 1등급은 '3외'에 포함되는 남자들로 '외국에 드나드는 남자, 외화벌이 회사에 다니는 남자, 외국에 나갈 가능성이 높은 남자'가 해당된다. 2등급은 부모가 높은 간부이거나 돈 많은 집 남자이고, 3등급은 부모가 권력은 없지만 사람이 똑똑해서 군사 복무를 마치고 입당해서 자기 힘으로 대학에 다니는 남자들이다. 이러한 부류에 속하지 못하는 남자들은 자신과 처지가 비슷한 부류에서 배우자를 선택한다.

한편, 여성 배우자의 경우도 마찬가지로 3등급으로 나뉜다. 1등급은 부모가 권력이 있고 돈이 많은 집으로 가시집(처갓집) 덕을 보려는 남자들이 하나의 유행으로 자리잡을 정도이다. 2등급은 부모가 힘이 없는 경우 본인이 똑똑해서 제 밥벌이를 할 수 있는 대학 졸업 여성들이다. 김일성종합대학, 평양외국어대학, 평양의학대학 정도면 금상첨화이고, 사범대학 졸업 후 교원을 하는 여성들은 현재까지 훌륭한 신붓감으로 꼽힌다. 3등급은 부모가 권력도 없고, 집에 돈도 없고, 대학도 졸업하지 못했지만 생활력이 강해 장사를 잘하는 여성들이다. 북한에서 여성들의 외모는 결혼 상대를 고를 때 얼마나 영향을 미칠까? 권력, 학벌, 돈을 초월해서 모든 남성들에게 특급 여성으로 손꼽히는 부류가 있는데, 그들이 바로 외모가 출중해 중앙당 5과에 뽑힌 여성들, 영화배우나 무용배우 및 가수들이다. 5과 여성들은 높은 간부들의 기쁨조나 전화 교환수로 근무하다가 25살이 되면 입당시켜서 호위총국 군관들이나 당 부원들과 결혼시키고 집과 살림살이를 마련해 준다. 이들은 간부 집 며느리로 시집가서 큰 호사를 누리며 살게 된다.

Q. 북한 주민들의 결혼 연령은 어떠한가?

A. 현재 북한에서는 남성의 경우 32세, 여성의 경우 28세 내외로 과거에 비해 늦어지고 있는 추세에 있다. 과거 여성의 경우는 23세가 금이고 24세가 은이라고 불렸던 것이 지금은 많이 늦어지고 있는 것이다. 남성의 경우 중학교를 졸업하고 군사 복무를 수행한 후 대학을 졸업하는 등의 일정을 감안해 보면 30세 안팎의 연령이 된다. 한편, 북한에서는 약혼식을 올리게 되면 농장에 일하러 나가지 않아도 된다. 약혼식을 올리면 1일 배급 300g짜리 부양가족(가두여성)으로 편성되어 농장 출근의 의무가 없어지고 본격적인 장사의 길에 나갈 수도 있다. 이렇다 보니 특히 젊은 처녀들은 신랑의 외모나 배경에 크게 신경 쓰지 않고 남자만 생기면 약혼부터 해버리는 경우가 적지 않다. 이 때문에 농촌 지방에는 19살, 20살짜리 기혼 여성이 흔한데, 결혼을 고된 노동에서 해방되기 위한 피신처로 생각하는 것이다. 북한에서는 중매를 통한 결혼이 연애결혼보다 많다고 하는데, 대개 중매를 선 사람에게 별도의 선물을 건네기보다는 잔칫날 특별히 풍성한 음식을 대접한다.

Q. 북한의 결혼식은 어떤 절차로 진행되는가?

A. 먼저 약혼식이라는 사전 절차가 있어서 약혼식 날에는 남자가 예단을 준비해야 하는데, 예단은 모두 신부의 것을 위주로 신부가 입을 속옷부터 겉옷, 반지, 화장품 세트, 결혼식에 입을 예복(한복 옷감) 등을 가지고 여자 집에 찾아가서 친척들이 모여 앉은 가운데 인사를 나눈다. 지방의 경우 남한처럼 특별한 결혼예식장과 같은 장소는 없고 각자의 집에서 치른다. 대신 신부는 결혼식 날에 시부모를 비롯한 시댁 식구들의 가족들에게 양복지나 옷감들 또는 시중에서 제일 비싼 옷 한 벌 등으로 예를 차리고 부유한 신부들은 신랑의 시계와 신랑의 옷들을 준비해 가지고 간다. 결혼식은 주로 유식일과 점쟁이에게 점을 쳐서 길을 택하여 날짜를 정한다. 중류층의 경우 결혼식 비용은 2005년을 기준으로 40~50만 원 가량 소요되는데, 가정 형편에 따라 천차만별이다.

결혼식날에는 먼저 신랑이 예복을 차려입고 주로 관용차를 빌려 승용차를 타고 신랑 쪽 친척들을 대동하여 신부 집에 와서 큰 상을 받고 신부를 데리고 가는 의식을 치른다. 즉, 북한에서는 결혼식을 두 번 치른다. 먼저 신부의 집에서 잔치를 치르는데, 잔칫상 앞에서 신랑신부가 서로 술잔을 나누고 맞절을 한 다음 양가 부모들께 술을 붓고 절을 하면 끝난다. 그리고 난 후 신랑 집으로 떠나서 똑같은 예식을 치른다. 이 과정에서 주로 혁명전적지나 김일성 동상과 같은 곳에 가서 인사를 하고 신랑 집에 가서 신부가 큰상을 받는 식으로 진행된다. 이후 3일이 지나고 나서 음식을 장만해 친정집 나들이를 하는 절차를 거친다. 남한 사회에서 생각하는 신혼여행이라는 것은 없고 대신 김일성 동상에 꽃다발을 헌화하고 기념사진을 찍는 것은 필수이다. 사진 촬영 장소로 가장 인기가 있는 곳은 평양시의 경우 만수대 예술극장이고 그 외 5·1경기장, 주체사상탑 등인데 그 이유는 시설이 잘 꾸려져 있어 사진이 멋지게 나오기 때문이다. 그 밖의 지역에서는 공원과 같은 시설에서 야외 촬영을 한다. 결혼을 하게 되면 휴가는 1주일 정도이지만 대개 3일 정도 쉬고 출근하며 남한의 신혼여행과 같은 행사는 없다.

Q. 혼인신고 절차는 어떻게 되는가?

A. 북한에서는 결혼식을 올린 후 정해진 기간 안에 해당 보안서(경찰서)의 주민등록과에 찾아가 혼인신고를 해야 한다. 이때 신랑과 신부는 결혼 서약문을 함께 낭독해야 한다. 결혼 서약문의 내용은 김정일에게 충성을 맹세하고, 사회의 한 세포로서 가정을 잘 꾸려나가며, 서로 믿고 의지하여 혁명의 한 길을 함께 가겠다는 내용으로 구성되어 있다. 한편, 이혼은 가능하며 재판 절차를 거치지만 남한처럼 쉽지는 않으며 이혼율도 높지 않다.

4. 회갑연

북한에서는 정권 수립 이후 사회주의 건설을 위한 물자절약이라는 명분으로 회갑을 일체 금지하였다. 주민들 사이에서 몰래 회갑을 치르기도 했으나 1961년 김일성이 '60청춘 90환갑'이라는 교시를 내리기도 하였다. 그러나 1970년대 이후 김정일의 권력후계체제를 굳히는 과정에서 주민들에 대한 인덕정치 차원에서 회갑을 맞거나 70, 80, 90, 100세를 맞는 노인들에게 생일상을 차려주면서, 회갑연이 당국의 묵인 아래 부활되었다. 1990년대 이후에는 김정일이 노인들에게 생일상을 차려주기도 하였다. 회갑에는 종래 친척과 이웃이 조금씩 모아주는 쌀 등으로 간소하게 치렀으나, 북한 당국 역시 아직도 '60청춘 90환갑'이라는 주장을 되풀이하고 있는 데다 식량난이 겹쳐, 북한 주민들이 스스로 회갑잔치를 하는 경우는 극히 적다. 설사 한다고 해도 조촐하게 가족이나 친지들과 함께한다. 주로 쌀밥에 돼지고깃국을 먹는다.[54]

5. 장례식

장례는 주로 1~2일장으로 하며, 3일장은 거의 없다고 한다. 최근에는 경제난과 식량난으로 당일 장례를 치르는 것이 관행화되었다고 한다. 북한에서는 교통 및 통신수단이 여의치 않아 비교적 멀리 떨어져 있는 가족이나 친척에게 간신히 부고를 전한다고 하더라도 제때에 도착하여 장례를 치르기 힘든 경우도 발생한다고 한다.

과거에 직계존속의 사망 시 상주에게는 3일간의 공식 휴가가 주어지며 장례보조금 10원과 쌀 1말이 배급되기도 하였지만 최근의 경제난으로 이것도 흐지부지되고 있다. 장례절차는 사망자의 유가족들이 관할 분주소(파출소)이나 동인민위원회에 신고하면, 도시에서는 국영 장의사인 녹화사업소나 편의협동조합에서, 농촌에서는 협동농장에서 장례를 치러준다.

상복은 따로 만들어 입지 않고 팔에 상장이나 검은 천을 두르는 것으로 대신한다. 장례 시 일반 주민들은 시신을 나무판자에 뉘어 헝겊으로 둘둘 말아 운구한다. 시신의 운구는 50년대까지만 해도 상여를 썼지만 요즘은 트럭이나 소달구지 등으로 하며 상여나 꽃 장식 등은 일체 없다. 운구 시 곡은 금지되어 있으나 맏 상주가 곡을 하는 경우도 있다고 한다.

한편, 1970년대에는 화장이 강요되었으나 1980년대 이후 매장이 일반화되었다. 매장은 대개 해당 군 소재의 공동묘지에 묘소관리인이 지정해주는 곳에 하며 통상 봉분을 짓는다. 경제적 여유가 있는 사람은 비석을 세우기도 한다. 묘지면적이 늘어나자 북한당국이 화장을 권장하고 있으나, 주민들의 반대가 심하며 화장은 잘 하지 않는다. 한편, 특권층의 간부가 사망하면 장의위원회가 조직되며, 많은 사람들이 동원되어 성대하게 장례를 치르기도 한다.[55]

6. 제사

북한에서는 한국전쟁 때까지는 전통적인 풍습에 따라 제사를 지냈으나 휴전 후부터 제사가 금지됐다. 6·25 전쟁에서 사망자가 많아 제사를 명분으로 주민들이 모이게 되면 체제를 비난하는 모임이 되고, 제사를 통해 씨족관념이 강해져 종파사상과 분파주의를 조장하는

54) 통일부 통일교육원, 『북한 이해』(2009), pp. 220-221.
55) 김창희, 앞의 책, p. 248.

폐단이 있다는 것과 함께 물자 낭비를 조장한다는 것이 제사 금지의 주요한 이유였다.

그러다가 1960년대부터는 제사의 금지가 북한이 주장해 왔던 민족문화의 계승이라는 방향과 어긋나고 제사를 통해서 주민들의 불평과 불만을 완화할 수 있다는 차원에서 부분적으로 허용했다. 또 1988년 추석부터 4대 민속명절이 부활되고 휴무일로 정하면서 성묘와 벌초를 인정하고 있다. 최근 김일성의 3년 탈상제 이후 종전의 제례행위에 대한 갖가지 규제는 무의미해졌다.

다만 북한은 제사를 허용하면서도 전통적인 제례 대신 소위 '사회주의적 제사'라는 새로운 방식을 강요하고 있다. 1974년 김일성이 "제사를 지내는 것은 죽은 사람을 잊지 않기 위한 것이므로, 제삿날에 무덤에 꽃을 갖다 놓거나 가족들이 한자리에 모여 경건한 마음으로 죽은 사람의 지난날 투쟁을 회상하고 그가 다하지 못한 일을 살아있는 사람들이 하자는 결의를 다지는 것이 좋다."라고 연설한 이후 제사 방식이 크게 변질되었다.[56]

그 이후 북한에서는 제삿날에 제사상을 차리지 않는다. 제삿날에 친척들이 모여 밥, 생선, 나물 등 일상적인 음식을 차려 놓고 김일성과 김정일 초상화 앞에 먼저 절을 하고 조상을 추모한다. 축문의 낭독이나 큰절은 하지 않고 다만 서서 묵념을 한다고 한다.

> Q. 각종 경조사에 대한 주민들의 모습은 어떠한가?
>
> A. 결혼식, 환갑연이나 장례식과 같은 일이 생기면 직장 동료들이 단체로 얼마간 부조금을 마련하기도 하고 개인적인 친소관계에 따라 개별 부조금을 전달하기도 한다. 초상이 나면 직장 동료들이 단체로 문상을 가기도 한다.
>
> 각종 경조사에 참여하는 친척들을 살펴보면, 원거리에 있는 먼 친척을 제외하고 대개 5, 6촌 정도의 가족 친지들이 모여 함께 처리한다고 한다.
>
> 한편, 제사를 지내는 경우는 집집마다 다소 문화적 차이가 있는데, 어떤 경우는 자시(밤 11시부터 1시 사이)에 제사를 지내는 경우도 있고 저녁시간에 지내는 경우도 있다. 비교적 풍요로운 가정에서는 제삿날에 제사음식을 이웃과 나누어 먹기도 한다. 설날에는 집에서 차례를 지내지만, 추석에는 제수를 마련하여 성묘를 올린다고 한다. 경조사의 경우는 생활수준마다 많은 차이를 보이고 있고 전통적인 의식이나 문화는 많이 사라졌지만 그 명맥은 아직도 간소화되어 이어지고 있다.

---

56) 김창희, 위의 책, p. 249.

제3부
새터민과 남북한 통일 문제

제7장 – 새터민과 통일 문제

제8장 – 새터민의 통일 문제에 대한 인식

제9장 – 다시 새터민을 생각하며 :
새터민과 함께하는 통일 교육 프로그램

제7장 새터민과 통일 문제

제1절 남북한의 통일 정책과 통일 방안

1. 남한의 역대 정부별 통일 정책과 통일 방안

남한의 통일 정책은 통일 민족국가의 건설을 목표로 통일 환경을 변화·유도하면서 남북한 관계를 관리 및 개선해 나가려는 정부의 정치적 선택인 동시에 그것의 구체적 표현이라고 할 수 있다. 그리고 통일 방안은 통일에 대한 정부의 입장, 통일의 원칙, 통일에 대한 접근방식 등을 포함하여 행동 지침과 행동 계획으로 구체화한 밑그림에 해당한다.[1)]

분단 60여 년의 역사 속에서 남북한의 통일 정책의 분기점은 1970년대 초반 7·4 남북공동성명의 채택에서 비롯되었다고 할 수 있다. 현실적으로 존재하는 북한 체제에 대한 인정 및 대화 상대로서의 인정에 기반을 두어 통일에 대한 인식에 있어서도 당위론적 차원에서 머무르던 것과 달리 현실적 차원으로 변화시켰다. 나아가 2000년대 접어들면서 역사적인 남북정상회담의 개최는 남북한 관계에 새로운 전기를 맞는 분수령이 되기도 하였다.

남한의 대북한관의 변화 과정을 살펴보면 1950년대에는 전쟁도발자이자 적이었고, 1960년대에는 적이자 체제 경쟁자였다. 1970년대에는 본격적으로 남북한이 체제 경쟁기에 돌입하였고, 1980년대에는 동포이지만 적으로 바라보았다. 1990년대 들어서면서는 적이면서 동포로 인식되었고, 2000년대에 들어서면서 화해와 협력, 안보위협의 대상으로 인식되었다. 이에 따라 북한 정권에 대한 호칭에 있어서도 각각 '괴뢰도당', '공산괴뢰', '공산집단' 및 '북한정권'으로 변화하였다. 그리고 노무현 정부 시절에 오면 군사 부문에서

1) 통일부 통일교육원, 『통일 문제의 이해』(서울: 통일부 통일교육원, 2000), pp. 75-76.

북한을 '주적'으로 간주하였던 것을 철회하여 국방백서에서 사라지기도 하였다. 그러나 이명박 정부가 출범하면서 남북한 관계가 경색국면으로 접어들었고 주적 개념이 다시 등장하였다.

참고로 이러한 각 정부별 대북관의 변화에 맞추어 통일 교육의 내용도 크게 1980년대 전두환 정부 시기까지의 '반공교육기'와 노태우 정부의 '통일·안보교육기' 그리고 김영삼 정부부터 '통일 교육기'로 구분되어 오늘에 이르고 있다. 그에 따라 통일 교육의 내용도 북진 통일과 멸공, 승공, 반공·안보의 강조, 반공의식 아래 통일 방안의 모색, 안보를 강조하면서 민족 동질성 회복 및 무력 도발을 허용하지 않으면서 화해와 협력을 추진하는 등의 변화를 보여 왔다.

〈표 7-1〉 역대 정부별 대북한관 및 통일 교육의 변화 과정

	1950년대	1960년대	1970년대	1980년대	1990년대	2000년대
북한관	전쟁도발자 이자 적	적이자 체제 경쟁자	체제경쟁자	동포이지만 적	적이면서 동포	화해와 협력 · 안보 위협의 대상
북한 정권에 대한 호칭	괴뢰도당	공산괴뢰	공산집단	공산집단	북한정권	북한정권
통일 교육 구분	반공 교육			통일·안보 교육	통일 교육	
통일 교육 내용	북진 통일·멸공	승공	반공·안보	반공의식 아래 통일 방안 모색	안보를 강조하면서 민족 동질성 회복	무력 도발 불용 ·화해와 협력 추진

1) 이승만 정부와 민주당 정부

1947년 11월 14일 유엔 총회는 결의를 통해 유엔 감시하의 남북한 총선거를 실시하여 평화통일을 추진하도록 권고하였다. 남한은 이 권고안을 받아들여 1948년 5월 10일 유엔 한국임시위원단의 감시 하에 자유총선거를 실시하였고, 동년 7월 17일 헌법을 공포하였으며 8월 15일 대한민국 정부 수립을 대외에 선포하였다. 그러나 북한은 유엔의 권고안을 거부하였다.

우리 정부의 최초 통일 방안은 북한지역 자유총선거론을 중심으로 전개되었다. 이승만

대통령이 통일 방안에 대해 구체적으로 언급한 것은 유엔에서 1948년 12월 12일 대한민국을 승인한 후에 있었던 제1회 국회의 폐회식에서였다. 여기서 이 대통령은 북한 지역에 자유선거를 실시하여 100명 내외의 의원들을 선출하여 국회의 비워둔 자리를 보충하도록 할 것임을 천명하였다.

이듬해인 1949년에 들어와 이승만 대통령은 아시아에서 반공체제를 강화하는 문제에 관심을 기울이기 시작했고 같은 해 9월 말부터 10월에 걸쳐 이른바 북진통일론을 개진하기에 이른다. 당시 상황을 고려해 볼 때, 북진통일론이 대두된 것은 통일국가 수립에 대한 우리 민족의 염원을 전 세계에 널리 알림과 동시에 공산주의자들의 통일 공세에 대한 대안을 제시할 필요성 때문이었다고 볼 수 있다.

정치적 구호로서의 북진틍일론의 상징적 성격은 한국전쟁 후 휴전협정 체결 때까지 이어진다. 1953년 4월부터 6월까지 전개된 멸공 북진통일운동은 이미 타결이 임박한 휴전회담 자체에 실질적 영향을 미칠 수 있는 없었다.

1954년에 들어와 북진통일 운동은 일단 후퇴하면서 남북한 자유총선거론으로 전환되었다. 그 계기가 된 것은 1954년 4월 26일 개최된 제네바 정치회담에서 당시 변영태 외무부장관이 제시한 14개항의 통일 방안이다.[2)]

그러나 제네바 정치회담 이후 정부는 1954년 11월 11일 대한민국 정부가 유엔의 결의에 의해 수립되고 유엔에 의하여 한반도의 유일 합법정부로 인정되었다는 전제하에 유엔 감시 하에 북한 전 지역에서 전 공산군이 철퇴한 후 선거를 실시하여 대한민국 주권을 확충하는 것이 국시(國是)임을 천명함으로써 사실상 남북한 자유총선거 방안을 유명무실화하였다. 이후 자유당 이승만 정부에서는 북진통일론을 고수하였으나, 1960년 4·19혁명으로 자유당 정부가 무너지고, 7·29 선거에서 민주당이 집권하게 되었다.

민주당 정부의 통일 방안은 기본적으로 유엔 감시하의 남북한 자유총선거였다. 그러나 정부의 입장과 달리 혁신계를 비롯하여 국내외에서 남북교류론과 중립화 통일론 등 다양한 통일 논의들이 주장되었다. 이에 대해 정부와 국회는 통일에 대한 확고한 입장을 재확인하였다.

---

2) 통일 독립 민주 한국을 수립할 돈적으로 종전의 유엔의 제(諸) 결의에 의거하여 유엔 감시하에 현재까지 자유선거가 불가능하였던 북한 지역에서도 자유선거를 실시하는 내용을 담고 있다. [통일원, 『통일백서』(서울: 통일원, 1990), pp. 24-25.]

2) 박정희 정부

4·19 혁명 이후 위기와 혼돈 속에서 5·16 군사쿠데타가 발생하였다. 당시 '군사혁명위원회'는 6개 항의 혁명공약을 발표해 '반공체제의 재정비 강화'와 '국토 통일을 위한 실력배양'을 통일의 기본방향으로 제시하였다.[3] 5·16 군사정부는 통일 방안으로서 유엔 감시하의 인구비례에 의한 남북한 자유총선거를 견지하면서도, 북한 동포의 해방과 실지(失地) 회복에 의한 통일을 강조하였다.

박정희 정부의 출범(1963.12.17.) 이후 1966년 1월 18일 국회에 보낸 대통령 연두교서에서 박정희 대통령은 '우리의 지상명제는 바로 조국통일'이라고 하면서도, "우리가 지향하는 조국 근대화야말로 남북통일을 위한 대전제요, 중간 목표이다. 통일의 꿈이 근대화에 있고 근대화의 길이 경제자립에 있는 것이라면 자립은 통일의 첫 단계가 된다."라고 강조함으로써 '선 건설 후 통일'의 정책방향을 분명히 하였다.[4]

1969년 닉슨 독트린 발표와 미·중 접촉, 일·중 접촉 등으로 인한 국제 정세의 변화와 내부적으로 1960년대의 경제성장 속에서, 박정희 정부는 1970년대부터 기능주의적 접근 시각에서 북한에 대한 새로운 인식을 토대로 통일 정책의 방향을 모색하기 시작하였다.

1970년 8월 15일 광복절 제25주년 대통령 경축사에서 발표된 '평화 통일 구상 선언'은 북한이 "무력에 의한 적화통일이나 폭력혁명에 의한 대한민국의 전복 기도를 완전히 포기"할 것을 전제로 남북한 간의 "어느 체제가 국민을 더 잘 살게 할 수 있으며, 더 잘 살 수 있는 여건을 가진 사회인가를 입증하는 개발과 건설과 창조의 경쟁에 나설 것"을 선언한 것이다.[5] 이 선언은 북한 당국이 북한지역에도 공산정권이라는 '사실상의' 정권이 존재한다는 현실을 인정하고 그러한 바탕 위에서 남북한 간의 대화와 협상, 교류와 협력을 통해 평화통일의 여건을 조성해 나가겠다는 의지를 천명한 것이라는 점에 의의가 있다.

'평화통일구상선언'의 기본 정신에 따라 대한적십자사는 1971년 8월 12일 '1천만 남북

---

3) 소위 혁명 공약 제5항에서 "민족적 숙원인 국토 통일을 위하여 공산주의와 대결할 수 있는 실력배양에 전력을 기울인다."라고 밝혔다. [통일부 통일교육원, 『통일문제의 이해』(2000), p. 82.]
4) 한국국민윤리학회 편, 『현대 사회와 윤리』(서울: 형설출판사, 2001), p. 386.
5) '평화통일구상선언'(원문), 「한국의 통일방안 등」, 헌법을 생각하는 변호사 모임 홈페이지(http://www.law717.org), 2010년 9월 24일 검색.

이산가족 찾기 운동'을 제의하였고, 북한의 조선적십자회가 8월 14일 이에 동의함으로써 분단 26년 만에 인도적 차원의 첫 남북대화가 열렸다.

1972년 7월 4일에는 양측 최고당국자의 밀사에 의해서 남북한이 분단 이후 최초의 남북 당국 간 공식문서라 할 수 있는 '7·4 남북공동성명'을 채택하였다. 7개 항으로 되어 있는 공동 성명의 핵심은 통일의 세 가지 – 자주, 평화, 민족 대단결 – 원칙에 대한 남북한 간의 합의에 있다. 7·4 남북공동성명 발표 이후 남북한 관계는 인도적 차원의 적십자회담과 함께 정치적 차원의 대화로서 남북조절위원회 회담이 세 차례나 진행되는 등 새로운 단계로 발전하였다. 그러나 7·4 남북공동성명의 운명은 남한의 10월 유신 발표와 함께 북한이 그에 대한 대응조치로 남북조절위원회 회담을 일방적으로 중단함으로써 유명무실화되고 말았다.

1972년 10월 유신으로 출범한 제4공화국은 통치권의 강화라는 측면 이외에는 모든 면에서 제3공화국의 연장선상에 있었다. 통일 정책도 제3공화국의 그것에 기반하였다. 1973년 6월 23일 정부는 '평화통일 외교정책선언'(6·23 선언)을 발표하였으며, 1974년 1월 18일에는 무력 불침범 약속, 내정 불간섭, 한반도의 평화와 안전을 위한 현행 휴전협정의 효력 존속 등을 내용으로 하는 '남북불가침협정 체결'을 제의하였다.

정부는 1970년 '평화통일구상선언' 이후 취해 온 남북한 간의 평화공존과 평화통일을 위한 여러 가지 제안들을 종합·체계화하여 1974년 8월 15일 대통령 광복절 기념사를 통해 '평화통일 3대 기본 원칙'(선 평화 후 통일론)을 제시하였다.

평화통일 3대 기본 원칙에 포함된 주요 정책으로는 첫째, 평화통일을 위해서 한반도의 평화정착, 남북한 간의 대화와 교류가 필수적 과정이라는 점, 둘째, 남북한 총선거를 위해서 남북한 간의 신뢰 조성과 동질화가 촉진되어야 한다는 점, 셋째, 총선거 실시와 관련하여 정부수립 후 지속되어 온 '유엔 감시 하'라는 조건을 '공정한 선거 관리와 감시'로 변화시킨 것 등이다.[6] 이와 같은 평화통일 3대 기본 원칙은 종전의 '선 건설 후 통일'로부터 '선 평화 후 통일'로 통일 정책의 방향을 전환하는 계기가 되었다.

6) 통일부 통일교육원, 『통일 문제의 이해』(서울: 통일부 통일교육원, 2005), p. 64

3) 전두환 정부

1981년에 출범한 제5공화국 정부는 그해 6월 5일 남북한 당국 최고 책임자간의 직접 회담을 제의하였고 1982년 1월 22일에는 대통령 국정연설을 통해 '민족화합 민주통일 방안'을 제시하였다. 이 방안은 "통일은 민족자결의 원칙에 의거하여 겨레 전체의 의사가 골고루 반영되는 민주적 절차와 평화적 방법으로 성취되어야 한다."라는 기본 원칙에 입각하여 통일 헌법의 제정으로부터 남북한 총선거를 통한 통일민주공화국 완성에 이르는 일련의 과정이 구체적으로 담겨 있었다.[7)]

한편, 1987년 전두환 정권의 임기 말에 개정된 헌법에서는 처음으로 분단 현실을 인정하고 통일은 평화적으로 달성되어야 한다는 원칙을 명문화하였다. 헌법 전문에서는 조국의 평화통일의 사명을 천명하고 제4조에서는 자유민주적 기본질서에 입각한 평화적 통일 정책의 수립과 추진을 명시하였다. 또한 제66조 3항에서는 대통령이 조국의 평화적 통일을 위한 성실한 의무를 진다고 규정하였다. 이처럼 1987년 개정 헌법에 통일 관련 조항을 규정함으로써 헌법에서 분단 현실을 인정하고 통일이 평화적으로 달성되어야 한다는 원칙을 밝혔다는 데 의의가 있다.

4) 노태우 정부

국제 정세의 변화가 모색되는 가운데 노태우 정부는 과거와 다른 차원의 남북한 관계 정립을 추구하였다.

1988년 7월 7일에 발표된 7·7 선언은 북한을 대결의 상대가 아니라 '선의의 동반자'로 간주하고, 남북한 간의 대결구조를 화해의 구조로 전환시켜 나가는 데 필요한 조치의 기본 방향을 제시한 것이었다. 즉, 7·7 선언은 민족공동체 형성을 위한 남북한 간의 인적, 물적 교류·협력의 기본적 정책 방향을 제시하였으며, 이때부터 남북한 간의 교류·협력이 공식적으로 시작되었다.

이후 남한의 통일 방안으로 자리매김하는 초석으로서 한민족공동체 통일 방안이 1989년 9월 11일 국회에서 대통령의 특별선언을 통해서 발표되었다. 주요 내용은 다음과 같다.

---

7) 통일부 통일교육원, 위의 책, p. 65.

한민족공동체 통일 방안의 주요 내용

1 통일의 원칙 : 자주·평화·민주

2 통일국가의 미래상 : '자유·인권·행복'이 보장되는 민주국가

3 통일국가 수립절차

① 남북대화의 추진을 통한 신뢰 회복

② 남북정상회담을 통한 '민족공동체헌장' 채택

③ 남북연합 : 남북의 공존공영과 민족사회의 동질화, 민족공동생활권의 형성 등을 추구하는 과도적 통일체제

④ 통일헌법이 정하는 바에 따른 총선거 실시

⑤ 통일국회와 통일정부를 구성함으로써 통일민주공화국 수립

5) 김영삼 정부

1994년 8월 15일 김영삼 대통령의 광복절 경축사를 통해서 제시된 '민족공동체 통일 방안'은 점진적, 단계적으로 하나의 민족공동체를 건설하는 방향으로 통일을 이루어 나간다는 입장을 재확인하고 있다. 이 방안은 노태우 전 대통령의 '한민족공동체 통일 방안'을 계승·발전시켜 자주, 평화, 민주를 기본 원칙으로 하는 3단계의 『민족공동체 통일 방안』을 제시한 것으로부터 비롯되었다. 그리고 동유럽 사회주의권의 체제 전환, 한·러 및 한·중 수교, 극심한 식량난을 비롯한 북한의 체제 위기 심화 등 통일 환경의 급격한 변화와 함께 남북한 사이의 체제 경쟁도 사실상 종결되었다는 기본 인식을 토대로 하였다.

민족공동체 통일 방안은 1단계의 화해·협력 단계를 거쳐, 2단계의 남북연합 단계, 그리고 마지막 3단계에서 1민족 1국가의 통일국가를 완성한다는 내용을 골자로 하고 있다. 참고로 이 방안은 김대중 정부(6·15 남북공동선언에 담긴 '연합제')나 노무현 정부에 이어 이명박 정부에까지 남한의 통일 방안으로 자리 잡고 있다. '민족공동체 통일 방안'에서 내세우는 통일의 기본 철학과 접근 시각, 그리고 원칙과 과정을 정리하여 나타내면 다음과 같다.

민족공동체 통일 방안

[1] 통일의 기본 철학 : 자유민주주의

① 구성원 각자의 권리·자유 보장

② 사회적 배제의 배격

③ 남북의 다양성을 위한 관용

[2] 통일의 접근 시각 : 민족공동체의 건설 – '집합적 기억(Collective Memory)의 역사를 간직한 민족공동체는 오랫동안 민족사를 공유하는 과정에서 형성된 민족의 정체성을 바탕으로 한다. 민족공동체란 민족을 하나로 묶고 있는 뿌리이며, 우리 민족이 재결합할 수밖에 없는 당위일 뿐만 아니라, 그 자체가 통일을 가능하게 하는 힘의 원천이다.

[3] 통일의 원칙 : 자주·평화·민주

[4] 통일과정

① 화해 협력 단계 : 남북 간의 적대와 불신을 줄이기 위해 상호 협력의 장을 열어가는 단계로서 '남북기본합의서'를 규범으로 하여 남북이 각기 현존하는 두 체제와 두 정부를 그대로 유지하면서 분단 상태를 평화적으로 관리하는 단계

② 남북 연합 단계 : 화해협력단계에서 구축된 상호 신뢰를 바탕으로 남북 간의 교류와 협력이 더욱 활발해지고 제도화되는 단계로서 남북이 서로 다른 체제와 정부 하에서 통일지향적인 협력 관계를 통해 통합과정을 관리해 나가는 단계

③ 1민족 1국가의 통일국가 완성 단계 : 남북연합단계에서 제정한 통일헌법에 따라 남북 자유총선거를 실시하여 통일국회를 구성하고 통일정부를 수립하여 1민족 1국가 통일 국가를 완성하는 단계

6) 김대중 정부

김대중 정부는 이른바 햇빛정책이라고 불리는 대북 화해협력정책을 추진하였다. 이는 성급한 통일의 추진이 아니라 안보를 튼튼히 하는 가운데 화해·협력을 추진하면서 남북한 관계를 개선해 나가려는 정책이었다. 즉, 튼튼한 안보를 통해 평화를 유지하면서 다른 한편으로는 북한과 화해와 협력을 추구함으로써 북한이 스스로 변화의 길로 나올 수 있는 적합한 환경을 조성하고 한반도의 평화와 안정을 도모하자는 것이었다.

무엇보다도 김대중 대통령은 북한의 김정일 국방위원장과 2000년 6월 역사적인 첫 남북정상회담을 이루어냄으로써 남북한 분단 55년의 전기를 마련하였다. 남북정상회담의 의의와 성과를 정리해 보면 다음과 같다.

남북정상회담의 의의와 성과

1 의의

① 역사적 차원 : 55년 분단사의 새로운 획을 긋는 남북 최고 당국자 간의 만남이고, 이는 지난 반세기 동안의 적대관계 대신에 화해와 협력의 새 시대를 여는 전환점을 마련해 준 계기가 되었다.

② 구조적 차원 : 탈냉전기에 들어서면서 한반도 문제해결의 구도는 남북 당사자 중심이 아니라 국제화의 추세가 심화되는 특징을 나타냈는데, 남북 당사자 해결 원칙이라는 한반도 평화를 위한 기본 구도를 복원시켰다.

③ 기능적 차원 : 남북 화해 협력과 신뢰 구축을 위한 중요한 계기로 작용했으며, 그 동안의 미해결 현안들을 풀어줄 타협의 돌파구 역할을 하였다.

2 성과

남북 관계 개선 방향과 당면 실천 과제 5개 항을 담은 남북공동선언에 합의한 것이다. 그것은 분단사상 최초로 남북의 최고 당국자가 합의, 서명한 문건이라는 점에서 의미가 크다. 특히 통일 방안과 관련된 제2항은 통일을 위한 남측의 연합 제안과 북측의 낮은 단계의 연방제 안의 상호 공통성이 있다고 인정하고 앞으로 이 방향에서 통일을 지향시켜 나가기로 하였다는 내용이다. 그것은 남북한이 당장 제도적·법적 통일을 실현하는 것이 아니라, 서로 현 체제를 인정하고 평화적으로 공존하면서 교류 협력을 통해 점진적·단계적으로 사실상의 통일을 실현해 나간다는 데 합의한 것이다.

특히 김대중 대통령은 김정일 국방위원장과의 정상회담을 통해 '6·15 남북공동선언'을 채택하였는데, 그 가운데서 통일 문제와 관련하여 남북한이 자주적으로 통일을 이룩해 나가며, 남한의 연합 제안과 북한의 낮은 단계의 연방제 안이 서로 공통성이 있다고 인정하고 앞으로 이러한 방향에서 통일을 지향해 나가기로 합의했다고 밝혔다.

6·15 남북공동선언(전문)

조국의 평화적 통일을 염원하는 온 겨레의 숭고한 뜻에 따라 대한민국 김대중 대통령과 조선민주주의인민공화국 김정일 국방위원장은 2000년 6월 13일부터 6월 5일까지 평양에서 역사적인 상봉을 하였으며 정상회담을 가졌다.

남북정상들은 분단 역사상 처음으로 열린 이번 상봉과 회담이 서로 이해를 증진시키고 남북 관계를 발전시키며 평화통일을 실현하는 데 중대한 의의를 가진다고 평가하고 다음과 같이 선언한다.

1. 남과 북은 나라의 통일 문제를 그 주인인 우리 민족끼리 서로 힘을 합쳐 자주적으로 해결해 나가기로 하였다.
2. 남과 북은 나라의 통일을 위한 남측의 연합제 안과 북측의 낮은 단계의 연방제 안이 서로 공통성이 있다고 인정하고 앞으로 이 방향에서 통일을 지향해 나가기로 하였다.
3. 남과 북은 올해 8·15에 즈음하여 흩어진 가족, 친척 방문단을 교환하며, 비전향 장기수 문제를 해결하는 등 인도적 문제를 조속히 풀어 나가기로 하였다.
4. 남과 북은 경제 협력을 통하여 민족 경제를 균형적으로 발전시키고, 사회, 문화, 체육, 보건, 환경 등 제반 분야의 협력과 교류를 활성화하여 서로의 신뢰를 다져 나가기로 하였다.
5. 남과 북은 이상과 같은 합의 사항을 조속히 실천에 옮기기 위하여 빠른 시일 안에 당국 사이의 대화를 개최하기로 하였다.

김대중 대통령은 김정일 국방위원장이 서울을 방문하도록 정중히 초청하였으며, 김정일 국방위원장은 앞으로 적절한 시기에 서울을 방문하기로 하였다.

2000년 6월 15일

대한민국	조선민주주의인민공화국
대통령	국방위원장
김대중	김정일

7) 노무현 정부

노무현 정부는 김대중의 정부의 화해협력정책을 계승 발전시켰다고 하는 평화번영정책을 추진하였다.[8] 평화번영정책은 대북 정책의 역사적 연속성과 동북아시아 속의 한반도를 추구하는 전략의 결합이라고 소개되었다. 평화번영정책은 한반도의 평화를 증진시키고 남북한 공동 번영을 추구함으로서 평화통일의 기반을 조성하고 나아가 동북아 평화와 협력의 공동체 형성에 우리나라가 중심적 역할을 해 나가고자 하는 구상이라는 것이다. 또한 한반도 평화발전을 위한 기본구상이자 입체적이고 융통성 있는 국가 발전 전략을 지향하면서 한반도의 평화와 번영을 동북아의 공동 번영으로 연결시키고자 한 것이다. 평화 번영 정책의 주요 내용은 다음과 같이 요약해 볼 수 있다.

평화번영정책의 목표, 추진 원칙 및 구체적인 추진 전략

1 목표

① 한반도의 평화 증진

② 남북한과 동북아의 공동 번영

2 추진 원칙

① 대화를 통한 문제 해결 : 한반도에서 전쟁을 반대하고 모든 문제는 대화를 통해 평화적으로 해결하며 무력사용은 최후 방어수단으로만 인정

② 상호 신뢰 우선과 호혜주의 : 동북아지역 역내 국가 간 상호 신뢰와 호혜주의를 바탕으로 서로에게 이익이 되는 방향에서 협력

③ 남북 당사자 원칙에 기초한 국제협력 : 한반도 평화체제 구축 및 남북경제공동체 형성은 남북 당사자 원칙을 존중하는 토대 위에서 국제사회아 협력 추진

④ 국민과 함께하는 정책 : 정책의 투명성을 제고하고 국민 참여와 초당적 협력을 강화하고 국민적 합의를 바탕으로 정책 추진

3 추진 전략(단계적 접근)

---

8) 계승이라는 측면은 이전의 대북 정책의 평화공존과 점진적 통일 기조를 유지하고 남북한 합의와 그간의 성과를 계승한다는 것을 의미하고, 보완 및 발전이라는 것은 포괄(통일 · 외교 · 안보), 균형(안보 · 경제, 참여(투명성 · 국민적 합의 · 초당적 협력)에 중점을 두고 법과 제도에 기초한 대북 정책을 추진하겠다는 것을 의미한다고 통일부는 밝히고 있다.

① 당면 안보 위기 해결 : 북한 핵을 허용하지 않는다는 입장(북핵 문제 해결 3원칙 : 북한 핵 불용, 대화를 통한 평화적 해결 및 한국의 적극적 역할)에서 우리의 적극적인 역할을 통해 북핵 문제 해결, 북핵 문제 해결이 평화번영의 첫 시험대인 점을 감안, 국제사회와 협력을 통해 북한을 대화의 장으로 이끄는 것이 중요

② 한반도 평화체제 구축 : 남북 당사자 원칙을 바탕으로 대화채널을 통해 한반도 평화증진을 위한 포괄적 틀을 마련한 후 국제사회의 지지 확보, 평화체제에 대한 실질적 보장과 제도적 보장을 병행(남북한 간 실질 협력 증진과 제도화, 한반도 평화정착의 국제환경 조성, 남북평화협정 체결 및 확고한 국방태세 확립 등)

③ 남북경제공동체 형성(동북아 경제·안보 협력체 구성) : 남북한 관계 진전과 북한의 안정적 변화 유도, 통일 대비 투자 차원에서 남북한 경제협력 확대, 남북경제공동체 형성 과정에서 주변국과의 협력을 강화, 동북아 경제네트워크 속에서 남북한 관계 증진(쌍방향적 노력)

한편, 노무현 대통령은 2007년 10월 4일 김대중 정부에 이어 두 번째로 김정일 국방위원장과 정상회담을 통해 '남북 관계 발전과 평화 번영을 위한 선언'을 발표하였다. 선언문에서도 나타나 있듯이 양 정상은 6·15 공동선언의 정신을 재확인하고 남북 관계 발전과 한반도 평화, 민족공동의 번영과 통일을 실현하는 데 따른 제반 문제들을 허심탄회하게 협의하였다고 밝히고 있다. 민족 내부의 힘을 합치면 민족번영의 시대, 자주통일의 새 시대를 열어나갈 수 있다는 확신을 표명하면서 6·15 공동선언에 기초하여 남북한 관계를 확대·발전시켜 나가기 위하여 양 정상은 서해 평화협력 특별지대의 설치 등 10개 항의 합의문을 발표하기에 이르렀다.

구체적으로 살펴보면, 남북한은 사상과 제도의 차이를 초월하여 남북 관계를 상호존중과 신뢰 관계로 확고히 전환시켜 나가는 한편, 상호간에 내부 문제에 간섭하지 않으며 남북 관계 문제들을 화해와 협력, 통일에 부합되게 해결해 나가기로 하였다. 또한 남북한 관계를 통일 지향적으로 발전시켜 나가기 위하여 각기 법률적·제도적 장치들을 정비해 나가기로 합의하였다. 특히 남북한은 군사적 적대관계를 종식시키고 한반도에서 긴장 완화와 평화를 보장하기 위해 긴밀히 협력하기로 하였다고 천명하였다. 남북한은 서로 적대시

하지 않고 군사적 긴장을 완화하며 분쟁 문제들을 대화와 협상을 통하여 해결하기로 한 것이다. 뿐만 아니라, 양 정상은 현 정전체제를 종식시키고 항구적인 평화체제를 구축해 나가야 한다는 데 인식을 같이하고 직접 관련된 3자 또는 4자 정상들이 한반도 지역에서 만나 종전을 선언하는 문제를 추진하기 위해 협력해 나가기로 합의하였다.

남북 관계 발전과 평화 번영을 위한 선언(10·4 남북공동선언)

대한민국 노무현 대통령과 조선민주주의인민공화국 김정일 국방위원장 사이의 합의에 따라 노무현 대통령이 2007년 10월 2일부터 4일까지 평양을 방문하였다.

방문 기간 중 역사적인 상봉과 회담들이 있었다.

상봉과 회담에서는 6·15 공동선언의 정신을 재확인하고 남북 관계 발전과 한반도 평화, 민족 공동의 번영과 통일을 실현하는 데 따른 제반 문제들을 허심탄회하게 협의하였다.

쌍방은 우리 민족끼리 뜻과 힘을 합치면 민족번영의 시대, 자주통일의 새 시대를 열어나갈 수 있다는 확신을 표명하면서 6·15 공동선언에 기초하여 남북 관계를 확대·발전시켜 나가기 위하여 다음과 같이 선언한다.

1. 남과 북은 6·15 공동선언을 고수하고 적극 구현해 나간다.

   남과 북은 우리 민족끼리 정신에 따라 통일 문제를 자주적으로 해결해 나가며 민족의 존엄과 이익을 중시하고 모든 것을 이에 지향시켜 나가기로 하였다.

   남과 북은 6·15 공동선언을 변함없이 이행해 나가려는 의지를 반영하여 6월 15일을 기념하는 방안을 강구하기로 하였다.

2. 남과 북은 사상과 제도의 차이를 초월하여 남북 관계를 상호존중과 신뢰 관계로 확고히 전환시켜 나가기로 하였다.

   남과 북은 내부 문제에 간섭하지 않으며 남북 관계 문제들을 화해와 협력, 통일에 부합되게 해결해 나가기로 하였다.

   남과 북은 남북 관계를 통일 지향적으로 발전시켜 나가기 위하여 각기 법률적·제도적 장치들을 정비해 나가기로 하였다.

   남과 북은 남북 관계 확대와 발전을 위한 문제들을 민족의 염원에 맞게 해결하기 위해 양측 의회 등 각 분야의 대화와 접촉을 적극 추진해 나가기로 하였다.

3. 남과 북은 군사적 적대관계를 종식시키고 한반도에서 긴장 완화와 평화를 보장하기

위해 긴밀히 협력하기로 하였다.

남과 북은 서로 적대시하지 않고 군사적 긴장을 완화하며 분쟁 문제들을 대화와 협상을 통하여 해결하기로 하였다.

남과 북은 한반도에서 어떤 전쟁도 반대하며 불가침 의무를 확고히 준수하기로 하였다.

남과 북은 서해에서의 우발적 충돌 방지를 위해 공동어로수역을 지정하고 이 수역을 평화 수역으로 만들기 위한 방안과 각종 협력 사업에 대한 군사적 보장 조치 문제 등 군사적 신뢰 구축 조치를 협의하기 위하여 남측 국방부 장관과 북측 인민무력부 부장 간 회담을 금년 11월 중에 평양에서 개최하기로 하였다.

4. 남과 북은 현 정전체제를 종식시키고 항구적인 평화체제를 구축해 나가야 한다는 데 인식을 같이하고 직접 관련된 3자 또는 4자 정상들이 한반도 지역에서 만나 종전을 선언하는 문제를 추진하기 위해 협력해 나가기로 하였다.

남과 북은 한반도 핵 문제 해결을 위해 6자 회담 『9·19 공동성명』과 『2·13 합의』가 순조롭게 이행되도록 공동으로 노력하기로 하였다.

5. 남과 북은 민족경제의 균형적 발전과 공동의 번영을 위해 경제 협력 사업을 공리공영과 유무상통의 원칙에서 적극 활성화하고 지속적으로 확대 발전시켜 나가기로 하였다.

남과 북은 경제 협력을 위한 투자를 장려하고 기반시설 확충과 자원 개발을 적극 추진하며 민족 내부 협력 사업의 특수성에 맞게 각종 우대 조건과 특혜를 우선적으로 부여하기로 하였다.

남과 북은 해주 지역과 주변 해역을 포괄하는 「서해평화협력특별지대」를 설치하고 공동어로구역과 평화 수역 설정, 경제특구 건설과 해주항 활용, 민간 선박의 해주 직항로 통과, 한강하구 공동 이용 등을 적극 추진해 나가기로 하였다.

남과 북은 개성공업지구 1단계 건설을 빠른 시일 안에 완공하고 2단계 개발에 착수하며 문산–봉동 간 철도 화물 수송을 시작하고, 통행·통신·통관 문제를 비롯한 제반 제도적 보장조치들을 조속히 완비해 나가기로 하였다.

남과 북은 개성–신의주 철도와 개성–평양 고속도로를 공동으로 이용하기 위해 개보수 문제를 협의·추진해 가기로 하였다.

남과 북은 안변과 남포에 조선협력단지를 건설하며 농업, 보건의료, 환경보호 등 여러 분야에서의 협력 사업을 진행해 나가기로 하였다.

남과 북은 남북 경제 협력 사업의 원활한 추진을 위해 현재의 『남북경제협력추진위원회』를 부총리급 『남북경제협력공동위원회』로 격상하기로 하였다.

6. 남과 북은 민족의 유구한 역사와 우수한 문화를 빛내기 위해 역사, 언어, 교육, 과학

기술, 문화예술, 체육 등 사회문화 분야의 교류와 협력을 발전시켜 나가기로 하였다.
남과 북은 백두산 관광을 실시하며 이를 위해 백두산-서울 직항로를 개설하기로 하였다.
남과 북은 2008년 북경 올림픽경기대회에 남북 응원단이 경의선 열차를 처음으로 이용하여 참가하기로 하였다.

7. 남과 북은 인도주의 협력 사업을 적극 추진해 나가기로 하였다.
남과 북은 흩어진 가족과 친척들의 상봉을 확대하며 영상 편지 교환사업을 추진하기로 하였다. 이를 위해 금강산면회소가 완공되는 데 따라 쌍방 대표를 상주시키고 흩어진 가족과 친척의 상봉을 상시적으로 진행하기로 하였다.
남과 북은 자연재해를 비롯하여 재난이 발생하는 경우 동포애와 인도주의, 상부상조의 원칙에 따라 적극 협력해 나가기로 하였다.

8. 남과 북은 국제무대에서 민족의 이익과 해외 동포들의 권리와 이익을 위한 협력을 강화해 나가기로 하였다.
남과 북은 이 선언의 이행을 위하여 남북총리회담을 개최하기로 하고, 제1차 회의를 금년 11월 중 서울에서 갖기로 하였다.
남과 북은 남북 관계 발전을 위해 정상들이 수시로 만나 현안 문제들을 협의하기로 하였다.

2007년 10월 4일

대한민국	조선민주주의인민공화국
대통령	국방위원장
노무현	김정일

8) 이명박 정부

이명박 정부는 대선과정에서 이미 '비핵·개방·3000'을 내걸었다. 북한이 핵을 완전히 폐기하고 개방하면 10년 안에 1인당 국민소득 3000달러가 되도록 지원한다는 것으로, 다시 말해 북핵 문제가 해결되면 국제사회와 함께 대규모 대북지원에 나서 북한의 개방을 이끌어내고 10년 내에 북한의 1인당 국민 소득이 3,000달러가 되도록 지원한다는 내용이 담겨 있다. 집권 이후 1년에 걸친 기존의 대북 정책에 대한 재고를 통해 남북 관계의 미래와 비전으로 '상생과 공영'을 제시하였다. 그 기본 방향으로 북한의 변화와 함께 남북한 관계는 더욱 발전할 수 있으며, 평화와 경제 및 행복 공동체 구축을 통해 선진 한반도가 실현되며, 남북한 주민이 행복하게 살고 평화통일의 기반을 마련하는 것이 목표라고 제시하고 있다.[9] 주요 내용을 소개하면 다음과 같다.

상생과 공영의 대북정책의 개요

1 목표와 기본 방향

① 북한의 변화와 남북한 관계의 발전 : 북한의 핵이 조속히 폐기되어야 하며, 북한이 국제사회에 책임 있는 일원으로 행동할 때 경제 회복이 가능하고, 북한 주민의 행복도 추구할 수 있다.

② 상생과 공영의 남북 관계 발전 : 북한의 핵 폐기와 남북한 간 군사적 긴장완화를 실현하여 상생과 공영의 남북한 관계를 발전시킨다. 즉, 북한의 핵 폐기 과정에 상응하여 북한의 경제 발전과 국제사회와의 협력을 지원하기 위한 '비핵·개방·3000' 구상을 통해 북한의 자립경제 실현을 돕고 우리 경제의 선진화에 기여하는 남북한 관계를 정립함으로써 남북한이 호혜적 협력 관계를 구축함으로써 상생하고 공영하여 남북한 주민들의 행복을 추구한다는 것을 의미한다.

③ 한반도 평화통일의 실질적 토대 구축 : 분단된 조국을 정치적·인위적인 접근으로부터 벗어나 실용주의적 접근을 통해 한반도의 새로운 평화구조를 창출한다는 것이다. 북학 핵 문제의 해결, 한반도의 긴장 완화 및 신뢰 구축을 통해 한반도에 새로운 평화구조를 모색해야 하는데, 동북아시아의 안보환경 및 각국의 한반도 전략 변화를 정확히 파악하고, 주변국과의 선린 관계를 구축하는 가운데 한반도 평화구조의 수립을 지향한다는 것이다.

2 추진 원칙

① 화해와 협력의 정신을 바탕으로 실용과 생산성을 추구해 나간다 : 남북한 관계를 이념의 잣대가 아니라 실용의 잣대로 풀어나가며, 남북한 관계의 발전과 평화증진 노력을 일관성 있게 추진해 나가는 것을 말한다. 특히 실용과 생산성의 구체적인 기준으로, '국민들이 동의하는가?', '북한 주민의 삶의 질 향상에 실질적으로 기여하

9) 통일부 통일교육원, 『통일 문제의 이해』(서울: 통일부 통일교육원, 2010), pp. 79-80 참조.

는가?', '비용 대비 성과가 있는가?', '북한의 발전을 촉진하는가?', '평화통일에 기여하는가?' 등을 제시하고 있다.

② 원칙에 철저하되 유연한 접근을 한다 : 북한의 핵은 반드시 폐기되어야 하고, 진정성 있고 내실 있는 대화를 추진한다는 원칙을 철저히 지키되 접근방식은 현실을 고려해서 유연하게 대처해 나간다는 것이다.

③ 국민적 합의에 기반하여 투명한 대북 정책을 추진한다 : 정책의 전 과정에서 다양한 형태의 국민적 참여가 이루어지도록 하며, 국민의 의견을 폭넓게 수렴하고 국민적 합의 위에 정책을 추진한다. 국민에게 최대한 정보를 공개하고 대북 정책을 투명하게 추진해 나간다.

④ 국제협력과 남북협력의 조화를 이룬다 : 현실적으로 한반도의 문제는 남북한 문제인 동시에 국제문제로서, 남북한 협력이 국제협력과 조화를 이루도록 한다. 특히 북핵 문제 해법으로서 6자 회담을 통해 북핵 문제를 평화적으로 해결하며 남북한 관계가 북핵 문제의 해결을 촉진하도록 한다. 뿐만 아니라, 국제사회가 우리의 통일을 지지하고 협력할 수 있드록 국제사회와의 신뢰를 구축해 나간다.

한편, 이명박 정부는 화해·협력, 평화공존, 점진적 통일을 지향한다고 밝히고 있다. 1994년 국민적 합의에 의해 만들어진 '민족공동체통일 방안'을 계승하면서 화해와 협력·평화공존·점진적 통일을 지향한다는 것이다. 북한의 핵무기 개발, 남북한 관계의 특수성, 남북한 간 상이한 정치·경제체제와 상호 정치군사적 신뢰 부족 및 현격한 경제격차 등을 고려하여 한반도 통일은 점진적으로 장기간에 걸쳐 추진해야 할 과제라고 천명하고 있다. 한반도 평화통일의 기반을 다지기 위해서는 이념의 틀에 갇힌 좁은 시각을 지양하고, 포괄적이고 열린 시각에 입각하여 국민 여론의 통합과 국제사회와의 공조를 확보해야 한다고 주장한다.

이명박 정부의 통일 기반 구축 방안으로는 첫째, 급변하는 한반도 주변 정세에 적극 대처하여 새로운 한반도의 평화구조를 창출하고, 둘째, 남북경제공동체를 구축하여 민족의 삶의 질을 획기적으로 높이며, 셋째, 장기적으로 한반도를 하나의 경제번영권으로 만들어 궁극적으로 민족공동체의 정치적 통일이 가능한 환경을 이루고자 한다는 것으로 요약된다.

그리고 새로운 한반도 평화 구조는 한반도의 비핵화와 평화체제의 구축, 미국과 중국을 비롯한 주변 4대 강국과의 우호적 협력 관계와 동북아시아 지역 협력 안보 체제의 구축, 남북경제공동체의 토대를 마련함으로써 창출될 수 있는데, 남북경제공동체는 새로운 한반도 평화 구조의 토대 위에서 북한 주민의 3000달러 소득 수준 경제를 달성하고 남북한 간에 자본, 노동, 서비스 이동의 자유화를 이룩함으로써 구축된다고 설명하고 있다. 끝으로 민족공동체의 통일은 자유, 복지, 인간의 존엄성이 보장되고 세계와 적극 소통하고 협력하는 선진민주복지국가를 여는 것이라고 소개한다.[10]

한편, 이명박 정부 집권 중반기의 시점에서, 2010년 8월 15일에 광복절 경축사를 통해 남북한이 평화 공동체에 이어 경제 공동체와 민족 공동체에 이르는 3단계의 '평화 → 경제 → 민족 공동체' 통일 방안이 발표되었는데, 이는 대북 정책의 전환점으로서, 그리고 이명박 정부 들어 처음 제시한 통일 방안이라는 데 의의가 있다.

9) 역대 정부별 통일(대북)정책 및 통일 방안

이상의 내용을 토대 역대 정부별 통일(대북)정책 및 통일 방안을 정리해 보면 다음과 같다. 그런데 분단 60여 년의 역사를 되돌아보면, 통일 정책은 냉전 시대에는 체제 경쟁에 여념이 없었고, 한때 '선 경제 건설 후 통일 논의'에 묻히기도 하였다. 특히, 군부 정권이 집권하던 시절에는 민간 통일 운동조차 차단되는 등 반공 이데올로기 앞에 무력하였다. 그러다 보니, 진정성을 가지고 통일 문제에 접근하거나 통일 정책 또는 방안이 제시되기 어려웠다.

탈냉전시대에 접어들면서 남북한 간의 경제력 격차가 커지는 가운데서도 북한은 무한 경쟁이라는 자본의 세계화 추세에도 불구하고 사회주의 체제 유지를 위해 선군정치의 틀 위에서 핵과 미사일을 앞세워 긴장과 갈등을 반복함으로써 통일의 길을 가로막고 있다. 국민의 정부와 참여 정부 시절에 남북한 교류·협력을 포함한 실질적인 접근이 선을 보이기도 했지만, 긴 안목에서 보면, 1994년부터 민족공동체 통일 방안이 정권 교체에도 불구하고 아직까지 유효한 가운데, 그 첫 단계라고 할 수 있는 평화체제 구축을 위한 평화협정의

10) 이와 관련하여, 통일부 홈페이지의 자료를 참조할 것. 『정책 자료』, 「상생과 공영의 대북 정책」, 통일부 홈페이지(http://unikorea.go.kr), 2010년 7월 24일 검색.

체결은 요원해 보인다. 각 정부마다 대북정책을 포함한 통일 정책을 제시해 왔지만, 이에 미치지 못하고 있다.

〈표 7-2〉 남한의 통일 정책과 통일 방안

시기 구분	정부별	통일 방안	통일(대북)정책	통일노력	주요 정세
해방 이후	이승만 정부	없음	· 남북총선거론 · 무역행사불사론 · 남북협상 부	· 통일 3대 기본 목표 제시 (북한 불인정) · 헌법 제4조의 영토 조항 · 유엔 협조 추구	· 대부분의 미군 철수 · 남한의 협파 대두
1950 년대	이승만 정부	없음	· 한국정책과 북진통일론 · 전쟁 이후 남북총선거론과 북진통일론	· 북한 불교류, 불승인, 불협상적 시각 · 명분론적 통일 논의 · 유엔과 미국 협조 추구	· 한국전쟁 발발 · 한미방위조약 체결 · 남북한 간의 불신 심화 · 남북한 간 경제 격차 심화
1960 년대	장면 정부	없음	· 선건설 후통일론 · 낭만적 통일 논의 · 남북총선거론	· 북진통일론 부인 · 북한을 대화상대로 인식 · 실제적 통일 논의	· 4·19 혁명과 혼란 · 남한의 혁신계 활기 · 유엔회원국 친분 세력 증가
	박정희 정부 (제3공화국)	없음	· 반공, 선건설 후통일론 · 개별적 통일논의 억제 · 남북총선거론	· 북한 불승인, 불교류, 불협상적 시각 · 명분론적 통일 논의	· 닉슨 독트린 선언(1969년) · 북한의 청와대 급습 사건 · 남한의 경제성장 가속화 · 월남 파병
1970 년대	박정희 정부 (제4공화국)	없음	· 선평화 후 통일론 · 남북 대화 태동 및 전환기 · 개별적 통일 논의 봉쇄	· 남북적십자회담 · 7·4 남북공동성명 · 6·23 선언 · 평화통일 3대 원칙 천명	· 남한의 유신체제 · 미국과 중국 간의 데탕트 시대 · 남북 화해와 대화 시작 · 김대중 납치 사건
1990 년대	김영삼 정부	민족 공동체 통일 방안	· 초기 : 화해 협력 추구 · 후기 : 임박한 통일론 · 흡수통일 지향	· 식량, 비료 제공 · 이인모 노인 송환 · 북한 붕괴에 대한 대비	· 김일성 주석 사망과 김정일 국방위원장 시대 · 북한 경제난 심각 · 서울 불바다론 잠수정 사건 · 북핵 위기
	김대중 정부	민족 공동체 통일 방안	· 화해 협력 정책 · 선평화 후통일론(평화공존공영) · 흡수통일 배제 · 통일지상주의 지양	· 남북정상회담 개최 · 남북 경제 교류 활발 · 이산가족 상봉 · 통일 문제 주도적 선도	· 최초의 여야 정권 교체 · 국제 질서의 화해 협력 분위기 조성 · 서해교전
2000 년대	노무현 정부	민족 공동체 통일 방안	평화 번영 정책	· 2차 남북정상회담 개최 · 각종 남북 교류 협력 사업 추진	· 북핵 위기와 6자 회담 개최
	이명박 정부	민족 공동체 통일 방안	상생과 공영의 대북 정책	· '평화→경제→민족 공동체' 3단계 통일 방안 제시	· 추가 북핵 실험 · 서해교전 및 천안함 사건 발생

ㅁ 한국국민윤리학회 편, 『현대 사회와 윤리』,(서울: 형설출판사, 2001), pp.382-383 참고로 재구성한 것임.

2. 북한의 통일 방안

1) 통일문제에 대한 기본 인식

조선노동당 규약의 서문에는 통일 문제와 관련하여 다음과 같은 내용이 담겨 있다.

> … 조선로동당의 당면 목적은 공화국 북반부에서 사회주의의 완전한 승리를 이룩하여 전국적 범위에서 민족해방과 인민민주주의 혁명 과업을 완수하는 데 있으며 최종목적은 온 사회의 주체사상화와 공산주의 사회를 건설하는 데 있다. … 조선로동당은 남조선에서 미 제국주의 침략 군대를 몰아내고 식민지통치를 청산하며 그리고 일본 군국주의의 재침기도를 좌절시키기 위한 투쟁을 전개하고 남조선 인민들의 사회민주화와 생존권투쟁을 적극 지원하고 조국을 자주적 평화적으로 민족대단결의 원칙에 기초하여 통일을 이룩하고 나라와 민족의 통일적 발전을 이룩하기 위해 투쟁한다. …[11)]

그리고 북한의 헌법에도 제9조에서 "조선민주주의인민공화국은 북반부에서 인민정권을 강화하고 사상, 기술, 문화의 3대혁명을 힘 있게 벌려 사회주의의 완전한 승리를 이룩하며 자주, 평화통일, 민족대단결의 원칙에서 조국통일을 실현하기 위하여 투쟁한다."라고 명문화하고 있다.

이처럼 북한은 '하나의 조선'이라는 통일관에 입각하여 통일 문제를 '해방'과 '혁명'의 논리에서 접근한다. 그 논리에 따르면 북한은 '전 조선혁명'을 위한 혁명기지이고, 남한은 미제국주의자들의 강점 하에 있는 미(未)해방지구로서 혁명투쟁의 현장으로 인식되고 있다. 이처럼 북한의 입장에서 보면 남한은 '해방'과 '혁명'의 대상일 뿐이다. 기본적으로 북한의 목표는 민족해방과 계급투쟁을 통해 한반도를 적화 통일시키는 데 있는 것이다.

북한은 조국통일 3대 헌장으로 조국통일 3대 원칙과 전 민족 대단결 10대 강령 및 고려민주연방공화국 창립 방안을 들고 있다.

먼저, 조국통일 3대 원칙은 1972년 7·4 남북공동성명에서 표방한 자주, 평화통일, 민족대단결을 들고 있다. 이는 조선노동당 규약과 사회주의 헌법에서도 지속적으로 천명되어

---

11) 조선노동당, 『조선노동당 규약』, '서문'(1980.10.10.) 참조.

오고 있다.

둘째, 전민족대단결 10대 강령은 1993년 4월 7일 최고인민회의 제9기 제5차 회의에서 김일성의 연설을 통해 제시된 것으로서 ① 민족대단결로 자주, 평화, 중립적 통일국가 창립, ② 민족애와 민족자주 정신에 기초하여 단결, ③ 공존·공영·공리 도모, 서로 다른 사상과 제도 인정 및 존중, ④ 모든 형태의 정쟁 중지, 외세의 침략에 공동 대처, ⑤ 북침과 남침, 승공과 적화의 위구를 가지고 신뢰하고 단합, ⑥ 민주주의를 귀중히 여기고 서로 다른 주의주장에 대한 배척 중지, ⑦ 개인과 단체가 소유한 물질적, 정신적 재부 보호 및 민족대단결을 도모하는 데 이롭게 이용할 것을 장려, ⑧ 접촉, 왕래, 대화를 통해 전 민족의 단합, ⑨ 통일을 위한 길에서 북과 남, 해외의 전면적인 연대성 강화, ⑩ 민족대단결과 통일 위업에 공헌한 사람들에 대한 평가 등으로 구성되어 있다.[12)]

셋째, 1980년 10월에 개최된 조선노동당 제6차 당대회에서 김일성의 사업 총화 보고를 통해 제시된 고려민주연방공화국 창립 방안과 이후 김정일 시대의 통일반안의 내용을 간추려 보면 다음과 같다. 통일 철학은 주체사상(공산주의)이며, 자주, 평화, 민족 대단결의 통일 원칙 아래 통일단계로서 1단계(1980년대)의 정치협상회의에서 결정(선결 조건[13)] 해결 → 연방제 실시→ 10대 시정방침 구현), 국가 통일 → 민족 통일을 이룩하며, 2단계(1990년대 이후)에서 낮은 단계의 연방제 → 통일은 후대에 완성(민족 통일 → 국가 통일)하는 것을 골자로 하고 있다. 통일의 주체는 인민(계급 중심)이라고 밝히고 있으며, 통일국가의 형태로서는 1980년대에 1민족 1국가 2정부 2제도(체제)의 연방 국가를 상정하였으나 1민족 1국가 2제도(체제) 2정부의 연방 국가 → 제도(체제) 통일은 후대에 이룩하는 것으로 입장을 수정하고 있다. 과도체제로서는 고려민주연방공화국 창립 방안에서는 연방제가 최종단계로서 과도 단계가 없었으나, 2000년 6월 남북정상회담에서 채택된 「남북공동선언」에서 낮은 단계의 연방제를 확인하고 있다.

한편, 김일성의 '전 민족 대단결 10대 강령'을 구현하기 위한 김정일 국방위원장의 서한

---

12) 통일부 통일교육원, 『통일 문제의 이해』(서울: 통일부 통일교육원, 2007), p. 77.

13) 한반도의 긴장상태를 완화하고 평화적 통일의 환경을 마련하기 위한 최선결 조건은 주한미군 철수라고 북한 조국평화통일위원회 서기국 정덕기 책임참사는 밝힌 바 있다. 그는 평양방송에 출연하여, 평화통일의 원칙에 대해 설명하는 가운데 "무엇보다 먼저 조선반도(한반도)에서 긴장상태를 완화하고 조국통일에 유리한 평화적 환경을 마련하는 것이 평화통일의 원칙을 구현하는 데서 중요하다."라며 주한미군 철수와 남북 쌍방의 군축 실현 두 가지 선결 조건을 제시했다(『한겨레신문』, 2005년 6월 11일자 기사 참조).

이 제시되었다. 1998년 4월 18일 '민족 대단결 5대 방침'이 천명되었는데, 그 내용은 다음과 같다. ① 민족 자주 원칙에 기초한 민족대단결, ② 애국애족 조국 통일의 기치 밑에 단결, ③ 남북 관계 개선(연북 화해정책으로 전환), ④ 외세의 지배와 간섭 배제, 외세와 결탁한 민족 반역자들, 반통일 세력 반대 투쟁(주한 미군 철수), ⑤ 남·북·해외 온 민족의 내왕 접촉과 연대 연합 강화 등이다.[14)]

2) 북한 통일 방안의 변천과정

북한의 초기 통일 방안은 '하나의 조선' 논리에 입각하여, '민주기지론'에 의한 무력적화 통일이었고, 그것이 대남위장평화공세로 전개되는 가운데 실천으로 옮겨진 것이 한국전쟁이었다. '민주기지론'은 1960년 4·19 혁명 이후에 '남조선혁명론'으로 발전되었고, 이때 북한은 과도적 조치로서 남북연방제를 처음으로 제기하였다. '남조선혁명론'과 연방제 통일 방안은 1973년의 '고려연방제'를 거쳐 1980년 '고려민주연방공화국 창립방안'으로 발전되었으며, 1990년대 '1민족 1국가 2제도 2정부'에 기초한 연방제로 전환되었다. 북한은 연방제 통일 방안은 제시하면서, 그 선결조건으로 외세의존 정책의 포기, 미군 철수 등을 요구하고 있다.

한편, 앞서 언급한 바와 같이 김정일 국방위원장은 김대중 대통령과 노무현 대통령과의 정상회담을 통해 우리민족끼리의 자주적 통일을 위해 노력할 것을 다짐하였고, 남한의 연합제안과 북한의 낮은 단계의 연방 제안 사이에 공통점이 있다는 데 인식을 같이 하였고, 정전체제를 종식시키기 위해 노력할 것에 대해서도 합의한 바 있다.

〈표 7-3〉 북한의 통일 정책과 통일 방안

시기 구분	통일 방안	통일 정책	통일 노력	주요 정세
해방 이후	없음	·민주기지론 ·무력통일론 ·위장된 평화통일론	·7·3 선언과 평화통일론 ·무력통일 준비 ·철저한 군비 증강	·북한경제 군사체제 안정 우위 ·여순반란 사건 ·제주도 4·3 사건
1950 년대	없음	·남북총선거론(미군 철수 등 선행 조건) ·선건설 후통일론	·무력 통일 시도(한국전쟁) ·제네바회담에서 3개 통일 방향 제시	·한국전쟁 발발과 휴전 ·냉전체제 완결 ·3개의 경제 계획 성공

14) 북한연구학회 편, 『북한의 통일 외교』(서울: 경인문화사, 2006), p. 36.

시기 구분	통일 방안	통일 정책	통일 노력	주요 정세
1960 년대	남북 연방제 방안 (과도기형)	· 남조선 혁명론 대두 · 남북총선거론(미군철수 등 선결조건) · 연합제 성격의 연방제	· 최초의 통일 방안 제시 · 남북 경제 문화 교류 협력 추진 · 무력 도발 추구	· 중국 및 소련과의 상호 방위조약 체결 · 북한의 4자운동 강화 · 프에블로호 나포 사건 및 무장간첩단 사건(1968년)
1970 년대	고려 연방 공화국 (과도기형)	· 과도기적 조치로서 연방제 · 위장 평화 공세 전략 · 남한 정부와 제도 인정	· 조국통일 3대 강령 발표 · 남북 직통 전화 개설 · 군축 회의 제의 · 남북한 평화 협정 체결 제의	· 북한의 사회주의 헌법 제정과 주석제 도입 · 김정일 후계 체제 구축 · 미국의 월남전 패배 · 후전선 땅굴 작업
1990 년대	고려 민주 연방 공화국 창립 방안 (과도기형)	· 1민족 1국가 2정부 2체제론 · 2단계 통일론 · 남조선 혁명론 후퇴 · 북한체제 수호 노력	· 남북정상회담 제의에 응함 · 남북한 동시 유엔 가입 · 남북한 기본합의서 채택 · 한반도 비핵화 공동선언	· NPT 탈퇴 등 북핵 위기 · 김일정 주석 사망과 김정일 국방위원장 출범 · 조문파동, 잠수정 사건
2000 년대		· 낮은 단계의 연방제 · 단계적, 점진적 통일론 · 일종의 선건설 후통일론 · 민족 통일 후 국가 통일	· 남북정상회담 개최 · 금강산 개발 · 이산가족 상봉 · 남북공동성명(6 · 15)	· 탈냉전의 새로운 국제 질서의 확산 · 사회주의 국가들의 체제 전환 · 북한의 경제난과 외교력 약화
			· 2차 남북정상회담 개최 · 각종 남북 교류 협력 사업 추진	· 북핵 위기와 6자 회담 개최 · 금강산 피격 사건 · 서해교전

한국국민윤리학회 편, 『현대 사회와 윤리』(서울: 형설출판사, 2001), pp. 382-383 참고로 재구성한 것임.

Q. 북한에서는 통일 정책(방안)에 대해 어떻게 교육받고 있는가?

A. 중학교 과정까지는 '김일성 혁명 력사' 등의 과목을 통해, 대학 과정에서는 '김일성주의 기본 및 로작' 과목 등에서 김일성과 김정일의 발표 논문 가운데서 통일과 관련된 내용 및 '조국 통일 3대 원칙' 등의 내용을 학습하고 있다. 특히, 대학에서는 통일 문제와 관련한 주제를 가지고 정치외교 분야의 교수진들의 좌담회, 간담회 등의 형식을 통해 관련 내용을 전달해 주고 있다. 또한 매년 신년공동사설 중에서 통일 문제와 관련 내용의 학습도 통일 정책이나 방안에 대해서 배울 수 있는 경로이다. 그 밖에도 텔레비전 등의 언론 매체를 통해 뉴스나 텔레비전 시사 프로그램에서 통일 문제에 관한 내용을 다루기도 하는데, 이를 통해 북한 주민들은 통일 정책에 대해 이해하고 있다.

제2절 통일비용과 분단비용에 대한 이해

1. 통일비용

통일비용은 통일을 실현하는 데 소요되는 비용이라고 일반적으로 개념이 정의될 수 있다. 즉, 통일비용은 통일로 인하여 남북한의 체제 통합에 지출되는 비용과 정치, 경제, 사회 및 문화적 통합을 추진하는 과정에서 발생하는 제반 갈등을 해소하는 비용을 포함하여, 통일로 인해 부담해야 하는 경제적, 비경제적 모든 비용을 광의로 정의하는 경우도 있지만 아직까지 국민적 합의를 도출한 개념 정의는 없다. 한편 북한에서는 통일비용(분단비용, 통일이익)과 관련된 용어가 사용되지 않고 있다.

특히, 통일비용은 통일의 목표, 내용 또는 범위와 방법과 시점, 체제 통합의 소요 기간 그리고 조달 방법 등 제반 요인의 설정 여하에 따라 크게 차이가 생길 수 있으며, 실제로 연구기관마다 다양하게 추산되고 있다. 북한 주민의 생활수준이 남한 주민의 그것과 비교하여 일정 수준(70% 내외)에 도달하는데 소요되는 통일비용을 추산하기도 한다. 주요 통일비용의 항목들로서는 통일 과정에서의 위기관리비용, 경제 재건비용과 제도통합비용 그리고 사회보장비용 등으로 구성되며, 단순 소모성 비용과 함께 사회간접자본 시설의 확충에 들어가는 비용과 같이 미래 지향적인 투자 성격의 비용도 포함될 수 있다.[15)]

앞에서도 언급한 바와 같이, 통일비용의 규모가 남북한 통일을 가로막는 일은 없어야 한다. 달리 말해 보면, 남북한이 합리적이고 통제 또는 감당할 수 있는 통일비용이 되어야 통일 문제에 접근할 수 있음은 두말할 나위 없다. 현재 남한의 입장에서 보아 남북한이 통일된다고 가정해 볼 때, 경제적 부담 능력이 있는 남한 사람들이 동의할 수 있는 통일비용에 대한 개념 정의와 그에 따른 규모 및 조달 방법이 논의되는 수순을 밟아야 할 것이다. 아래에서 논의되는 서술 내용은 논란의 여지가 있겠지만, 남한 사회가 추구하는 통일의 미래상을 중심으로 통일비용의 내용 등을 정리해 본 것이다.

---

15) 이와 관련하여, 조동호, 「통일비용 논의의 바람직한 접근」, 『JPI 정책포럼』, Vol. 29(제주평화연구원, 2010, pp. 1-11. ; 배진영, 「통일비용의 비판적 고찰과 재원조달 방안」, 『경제학논집』, 제5권 제1호(한국경제통상학회, 1996) 등을 참고할 것.

〈표 7-4〉 통일비용의 내용 구분

통일 관련 직접비용	위기관리 비용	체제 전환 비용	경제적 투자 비용
· 북한의 대내외 부채 · 화폐 통합에 의한 채권 채무차액 보상 · 국영기업의 기업관리 부담액	· 실업자에 대한 생계비 지원(북한 주민, 이하 동일) · 노인에 대한 생계비 지원 · 근로 가능자의 최저 생계비 유지, 의료 보장 · 교육 기회 보장	· 북한 지역 행정 당국에 대한 정부 보조금	· 교통통신시설 투자 · 교육 시설 투자 · 의료 시설 투자 · 주택 관련 투자 · 농업 구조 개선 투자

1) 위기관리 비용(10년 기준)

(1) 소득 보조(생계비 지원)

통일비용 가운데는 무엇보다 위기관리 비용이 포함될 수 있는데, 대표적으로 북한 지역의 실업자와 노령 인구 및 최저생계비 이하의 근로자에 대한 소득 보장책으로 우선 소득 보조가 필요한 주민만을 대상으로 직접적인 소득이전정책을 실시하는 공적 부조가 있다. 또한 고용 보험과 연금제도와 같은 사회 보험의 지출도 고려될 수 있다. 실업자 및 노령 인구 집단에 대해서는 최저생계비 수준의 소득을 보장하고, 최저생계비 이하의 근로자에 대해서는 그에 못 미치는 부분의 소득을 보장해 주는 것이다.

(2) 의료 보장

북한의 의료보장제도에 따라 무상치료를 받아온 북한 주민들은 통일 이후에도 무상의 의료 서비스를 원하게 될 가능성이 크다. 그러므로 통일 이후 북한 주민에 대한 의료 보장은 사회 혼란 방지 차원에서 매우 중요하다. 의료 인력과 의료 시설은 북한의 기존 자원을 그대로 이용하고, 보장 정도는 현 북한의 보건비 지출이 북한의 의료 서비스 수요에 못 미치는 것을 감안하여, 현재 남한에서 의료비에 지출되는 정도와 비슷한 수준을 유지해야 할 것이다.

(3) 교육 기회의 보장

의료 보장과 마찬가지로 국가의 부담으로 11년제 무상교육을 받아오고 있는 북한 주민에 대해 통일 이후에도 무상의 교육 기회를 제공할 필요가 있다. 현재 남한에서 중학교까지 무상으로 하는 것을 고려하여 중등교육의 경우는 탄력적으로 무상 교육을 실시하여야 할 것이다. 그런데 이 부문은 위기관리비용의 성격과 함께 인적 자본에 대한 경제적 투자비용의 성격도 갖는다. 이 또한 통일 이전 북한의 기존 교육 인력과 시설을 활용하는 것이 효율적일 것이다. 교육비의 단가나 교육대상 인원수를 확정하기가 쉽지 않으므로 현 북한 당국이 교육비에 지출하는 재정 부담을 기준으로 비용을 추계하되, 여기서도 남북한의 형평을 고려해야 한다. 즉, 남한의 GNP 대비 교육비 지출에 해당하는 비율을 북한의 GNP 대비 지출에도 적용해야 할 것이다.

2) 체제 전환 비용

이는 북한 지역의 행정 조직을 유지하면서 북한의 사회주의 경제체제를 자유시장 경제체제로 전환하는 데 필요한 경제 분야의 비용을 포함하여, 북한의 행정비용에는 군사, 경제 및 문화사업비 등이 포함될 수 있으므로 이들을 배제하고 순수한 행정조직의 운영 및 관리비용만을 지원하는 것도 하나의 방안이 될 것이다. 구체적인 예를 들어보면, 그동안 북한 사회주의 체제의 유지를 위해 사용되어 왔던 각종 구호가 새겨진 구조물들을 철거하거나 통합 교과서의 운영 등에 일대 혁신이 필요하게 될 것이고 이에 투여되는 비용이 모두 포함될 수 있다.

3) 경제적 투자비용

이 비용은 통일 이후 북한지역의 경제 수준이 남한 경제의 그것에 일정 부분까지 도달하기 위해 필요한 투자사업비라고도 할 수 있다. 여기서는 민간 투자를 제외한 정부 부문의 비용부담만을 상정함으로써 즉, 남한 경제의 총자본 형성 중 정부 부문의 기여 비율을 기준으로 삼는 것이 바람직할 것이다.

한편 우리가 염두에 두어야 할 것은 통일비용이 소모성 통일비용만 드는 것이 아니라는 사실이다. 위에 언급한 바와 같이 장기적으로 볼 때 투자성 비용도 포함할 수 있으며, 이는 분단비용을 일정 부분 상쇄할 수도 있을 것이며 더 나아가 통일로 인해 창출할 수 있는 통일이익(편익)들이 존재한다는 점을 인식할 필요가 있다. 사실 독일의 통일 이후 1990년대 중반 무렵부터 우리 사회에 소개된 통일비용은 우리 구성원들이 그 규모에 놀라 통일을 원하지 않거나 애써 무관심하게 지나치는 한 원인으로 작용하고 있다는 점을 상기할 필요가 있다. 막연한 통일비용의 규모에 놀라 모두들 통일 문제를 외면하거나 현상유지를 선호하는 가운데 이 시간에도 분단비용이 지출되고 있음을 망각하는 우를 범하고 있지는 않은지 재고해 볼 필요가 있다고 하겠다. 우리가 부담 가능하고 최대한 그 소모성 통일비용을 줄일 수 있는 개념으로 합의에 도달할 수 있다면, 분단비용의 자연 증가분을 하루 빨리 줄임으로써 또 분반의 장기화에 따른 통일비용 부담 증가를 사전에 차단할 수 있을 것이다.

2. 우리나라 통일비용의 예상치

1990년 10월 3일 독일이 통일되던 당시, 서독 정부는 서독의 건실한 재정, 동독 국유재산의 사유화 매각 수익, 유럽연합의 지원, 더 이상 불필요한 분단 유지비용 등을 활용하면 쉽게 해결할 수 있을 것이라고 보았다. 더불어, 동독 지역에 대한 민간 투자가 가세하면 통일비용 마련을 위한 국민들의 별도 부담도 없을 것이라고 예상했었다. 또한 동·서독의 통일 당시, 서독은 동독 경제를 비교적 견실하다고 평가하였으나, 시간이 경과하면서 결과적으로 예상과는 달리 매우 브실함을 알게 되었다. 그 결과 지금까지 20년간 2조 유로(약 3,000조 원)에 가까운 엄청난 규모의 통일비용을 투여해 온 것으로 알려지고 있다. 아직도 매년 1,000억 유로(약 150조 원, 독일 GDP의 4%)를 구동독 지역에 지원하고 있다.[16] 통일세와 같은 국민들의 직접적인 부담이 없이도 가능하다는 예상과 달리, 막대한 통일비용의 재원의 3분의 2 가량을 국공채 등 재정 차입에 의존함으로써 재정 부담이 가중되어, 저소득층에 상대적으로 부담이 큰 간접세와 사회보험료 인상 조치를 취함으로써 그 부족한 재원을 충당하기에 이르렀다. 이로 인하여 서독 중산층의 불만을 가져와, 신나치즘(Neo-Nazism) 출현 등 통일 이후 사회 불안을 가중시키는 원인이 되기도 하였다. 게다가 시간이 지날수록 통일비용의 규모는 눈덩이처럼 불어나 3조 유로를 상회할 것이라는 추정까지 낳고 있다.

16)『중앙일보』, 2010년 9월 6일자.

〈표 7-5〉 통일비용 추정 결과 비교

발표 기관	발표 연도	추정 금액
미국 랜드연구소	2010년	72조 5,400억 원 ~ 1,989조 원
미국 스탠퍼드대학 아시아태평양연구센터	2010년	2,340조 원 ~ 5,850조 원
조세연구원	2009년	1,340조 원 ~ 2,330조 원 (2009년 말, 1,164.5원 기준) GDP의 7 ~ 12% (2009년 GDP: 16조 4,000억 달러)
삼성경제연구소	2005년	545조 8,000억 원

ㅁ『YTN』, 2010년 8월 16일자 기사를 참조로 재구성한 것임.

우리의 경우[17]도 2010년 8월 15일 이명박 대통령이 광복절 기념 축사에서 언급한 통일비용 준비를 위한 통일세 신설 논의가 세간의 주목을 받고 있다. 한편, 최근 논의되고 있는 통일비용 추계치를 간략히 소개해 보면 다음과 같다. 먼저 미국 랜드연구소는 최저 629억 달러(약 1,989조 원), 미국 스탠퍼드대학 아시아태평양센터는 2조 ~ 5조 달러(약 2,340 ~ 5,850조 원)으로 예상하였고, 조세연구원은 통일이 된 이후 10년 정도 국내 총생산 GDP의 7 ~ 12% 정도의 통일비용을 추계하고 있다. 삼성경제연구소는 2005년 보고서에서 2015년 통일이 될 경우, 남한의 최저생계비 수준을 북한에 지원한다는 전제 아래, 2015년까지 545조 8,000억 원을 지원해야 한다고 밝히고 있다.

독일 사례를 통하여 볼 때, 통일비용의 문제는 우리 경제의 견실한 성장을 통해 통일에 대비하는 역량을 비축하여야 한다는 점이 뚜렷해졌다. 지속적으로 경제 발전과 남북한 간 교류, 협력의 활성화를 통해 통일 이후 통일비용에 대한 경제적 부담을 최소화하는 것이 바람직하다 하겠다.

통일비용의 추계치가 통일비용의 개념을 어떻게 정립하는가와 함께 그 내용과 방법을 어떻게 조절할 것인가에 따라 달라질 수 있음을 보여주고 있다. 그렇다면 남북한 간의 경제적 격차를 줄일 수 있는 하나의 방안으로서 남북한 간 경제부분을 포함한 다양한 인적·물적 교류의 확대야말로 그 비용을 줄이는 첩경이 됨은 두말할 필요가 없다.[18] 아울

17) 통일 비용의 규모와 관련하여 졸고, 「분단비용과 통일비용에 관한 의식 제고 방안」, 『'97 신진연구자 북한 및 통일 관련 논문집』(통일원, 1997), p. 40. ; 배진영, 앞의 논문, pp. 214-221. ; 조동호, 앞의 논문(2010), p. 5. 등의 논의를 참고할 것.

18) 이와 관련하여, 2010년 OECD 한국경제 보고서에서는 남북한 간 경제와 보건 부문의 격차가 궁극적으로 통일

러 통일비용에 대한 사회적 공론화를 통해 적어도 우리가 감당해 낼 수 있는 규모나 방법을 통해 사회 구성원들의 합의 기반 구축 작업이 병행될 필요가 있다고 할 것이다. 이는 소모적인 남북한 간의 군사적 대치 국면을 철회하고 군축을 실시함으로써 화해와 협력의 항구적인 평화공존 체제를 구축하고 그 기반 위에서 경제, 사회 및 문화적 이질성을 줄여줌으로써 통일비용에 대한 궁극적인 인식의 변화를 도모해야 하는 당위와 만나게 된다.

3. 통일비용의 재원 조달 방안

통일비용의 조달 방법은 다각도로 검토될 수 있다.[19] 그 가운데 고려해 볼 수 있는 것은 첫째, 경제 통합 후에 발생하는 내수 확대 효과(통일 특수)와 경제적 효율성 증대에 따라 예상되는 세수 증대에 의한 재정 수입의 증가, 둘째, 국방비 등 그동안 지불해 왔던 분단비용의 감축을 통한 조달 방법과 셋째, 통합 후 북한경제의 시장경제체제로의 체제 전환 과정에서 시행될 국유재산의 매각 등을 통한 재원 조달 방안, 넷째, 국내외 자본시장에서의 장기 정부공채(통일채)의 발행에 의한 조달 방법(국채 발행 및 차관 도입), 다섯째, 통합의 여건을 조성하기 위해 추진되는 경제 분야의 교류 협력의 확대 과정에서 통합 후 예상되는 통일이익의 수혜자들로부터 조성되는 통일기금 또는 남북협력기금이나 복권 발행 및 통일세 신설과 같은 활용[20] 방안 등으로 구분해 볼 수 있다.

1) 분단비용의 지출 감소

통일 후 남북한 양측의 GNP 대비 군사비 부담률을 세계 평균 수준(5%)이나 서독 수준(3%)으로 유지하는 경우, 통일에 따른 막대한 군사비 지출의 감소가 예상된다. 특히 군사비 지출의 감소에 따른 재정 지출의 감소분은 북한지역의 개발을 위한 투자재원으로 전환될 수 있을 것이다.

비용의 급증으로 이어질 수 있다는 의견을 내놓고 있다. 관련 기사로 『동아일보』, 2010년 6월 19일자 참조.

19) 배진영, 앞의 논문, pp. 221-225를 참조할 것.

20) 이와 관련하여서는 『중앙일보』, 2010년 9월 8일자 기사 참조.

2) 재정 수입의 증가

통일에 따른 편익 가운데 하나로서 통합의 과도기에 발생하는 부작용을 잘 극복하는 경우, 규모의 경제 실현을 통해 그리고 성장 잠재력의 증대를 통해 추가 성장이 가능할 것이라 예상된다. 이와 같은 추가성장에 의한 재정수입의 증가는 통합 후 북한지역의 개발을 위한 투자재원으로도 활용될 수가 있을 것이다.

3) 국유재산의 불하

통일 후 북한의 국유재산 불하를 통하여서도 북한지역의 개발자금의 일부를 충당할 수 있을 것이다. 국유재산의 불하는 북한의 국영기업 등 국가소유의 실물자산의 민영화를 뜻하며 국영기업 기업지분의 매각 등을 통하여 이루어질 것이다. 국유재산의 민영화를 통한 실물자산의 불하는 통일비용의 재원조달이라는 측면 이외에도 체제 전환 과정에서 북한지역에 사유재산제도를 정립하는 데도 효과적인 정책이 될 것이다. 국영기업의 민영화는 2단계로 추진되어야 할 것인데 제1단계에서는 국영기업을 일단 주식회사 또는 유한회사로 전환하고 제2단계로 이들 기업의 경영 상태가 정상화됨에 따라 민간 기업으로 전환하는 과정을 거쳐야 할 것이다. 국영기업을 민영화하는 경우 기업지분을 주식으로 전환하여 이를 국민주로서 일반에게 매각하는 방법을 생각할 수 있는데, 이는 북한지역의 자본시장 육성을 통해 금융부문의 발전에 기여할 뿐만 아니라, 대기업에 의한 부의 집중을 막고 통합 후 소득 분배의 균등화에도 도움을 주게 될 것이다. 특히, 독일의 사례에서와 같이 특정 기업이나 금융기관에 집중되는 우를 범하여서는 안 될 것이다.

4) 국공채 발행, 통일기금 조성 및 통일세 신설

북한지역의 개발에 소요되는 투자재원, 보조금, 실업자 연금, 체제 적응 훈련비 등의 각종 경비를 조달하기 위한 방안으로서는 국내외 자본시장에서 정부의 장기 국공채(통일채)를 발행하거나 통일기금을 조성하는 방안, 그리고 남북협력기금의 확대 조성 등이 고려될 수 있다. 그러나 국내 자본시장에서의 국공채 발행은 단기적 측면에서 경제통합의 과정에서 발생하는 과수요나 통화 증발 효과를 상쇄하기 위한 거시적 단기처방으로서는 효과적일 것이나 장기적 관점에서는 금리를 상승시켜 민간기업의 투자를 억제하는 기능을 할 수도 있다. 또한 해외 차관 차입의 경우도 경제통합 후 그동안 누적된 북한의 외채를 인수해야 하는 가능성을 감안해 볼 때 한계가 있으리라 생각된다. 이런 관점에서 통일비용의 조달을 위해서는 사전에 통일기금이 조성되어야 할 것이며, 이를 통일 이후에 운용함으로써 통일비용의 조달에 따르는 재정적 부담을 줄일 수 있을 것이다. 만약 통일기금의 사전 조성 없이 통화증발이나 해외 차관 등의 차입에 의해 통일비용을 조달하는 경우는 재정 적자 및 인플레를 유발할 가능성이 높을 뿐 아니라 외채를 증대시키는 요인으로 작용할 것이기 때문이다. 통일기금 조성을 위한 방안이 될 수 있는 것으로는 세제 잉여금의 활용방안과 과도한 비생산적 부동산 보유 등에 대한 세금이나 예상되는 통일이익의 수혜자 등에게 부과하는 특별세(일명 통일세)의 재정방안 등이 강구될 수 있을 것이다.

4. 북한에 대한 지원 문제

앞서 언급한 바와 같이 북한에 대한 지원 문제는 남북한 간 교류와 협력의 문제와 함께 통일비용을 미리 지불한다는 차원에서 접근해 볼 수 있다. 김대중 정부가 들어서면서부터 본격적으로 남북한 간 인적·물적 교류가 활성화되었다고 할 수 있는데, 이를 두고 항간에서는 북한에 대한 일방적인 '대북 퍼주기'라고 비판하기도 하였다. 우리의 통일 방안이 3단계로 구성되어 있고 그 첫 단계가 화해와 협력의 기반 구축이라고 할 때, 남북한 간의 교류 활성화는 그러한 맥락에서 이해될 수도 있을 것이다.

우리 국민은 북한의 식량사정에 대해 예상보다 훨씬 심각하다는 데 의견을 같이 하면서도 대북 쌀 지원에는 신중한 입장을 취하는 이중성을 보이고 있다. 이를 잘 보여주는, 최근에 실시된 여론 조사 결과를 보면 다음과 같다. 중앙일보사에서 실시한 최근의 여론 조사 결과에 의하면, 국민들의 66.4%가 대북 쌀 지원 문제에 찬성을 나타내고 있다. 그런가 하면, 『헤럴드경제』가 보도한 바에 의하면, 대북 쌀 지원에 대해 북한의 태도 변화가 우선되어야 한다거나 인도적 차원의 소량 지원으로 한정해야 한다는 여론 조사 결과도 있다.[21] 특히 최근에는 이명박 정부의 등장과 함께 이런 기류가 커지고 있고, 남북한 관계의 경색 국면 전개 속에 대북 쌀 지원 등이 2010년 8월까지 이루어지지 않고 있다.

21) 『중앙일보』, 2010년 9월 20일자 기사. ; 『헤럴드경제』, 2010년 9월 27일자 기사 참조.

5. 분단비용과 통일편익

분단비용이라 함은 분단체제의 관리에 소요되는 경비를 말하는데, 대표적으로 전쟁 위험으로 인해 과도하게 지출되는 군사비 부담을 들 수 있다. 분단비용은 이외에도, 남북한이 외교 경쟁을 위해 세계 각국에 들이는 막대한 외교비용, 남북한이 따로 투자하는 연구·기술 개발비는 물론이고, 이산가족 문제 해결에 드는 비용 및 분단에 따른 산업구조의 왜곡 때문에 초래되는 손실 등도 광의의 분단 비용에 포함할 수 있다.

2000년도 당시 남한의 국방 예산은 14조 4,774억 원이었는데, 국가 총예산(94조 9,199억 원의 15.25%에 달하는 것이었다. 국회 보고서를 통해 임채정 의원은 통일이 된다면 그 규모를 1/3로 줄일 수 있다고 주장하였다. 무려 9조 5천억 원의 절약된다면 450만 중·고등학생 각자에게 수업료 면제, 무료 교과서 배부, 무료 급식은 물론이고, 학급마다 냉난방 설치, 수 만권의 장서가 비치된 도서관 등을 지어줄 수 있다고 주장한 바 있다. 또한, 우리나라는 미군에게 군사기지 8,000만 평(4000평의 학교 20,000개를 지을 수 있는 땅)을 무상으로 대여하고 있는데, 이 임대료 등 미군 주둔 비용이 1998년 현재 30억 달러(4조 2000억 원)에 달하고 있다. 이것은 물론 국방 예산에 잡혀 있지 않은 비용이다. 그리고 매년 4억 달러 정도(대북지원액 944억 원의 5배: 2000년)를 정부예산에서 분담금으로 지불하고 있다. 또한 남북한은 200만 명에 가까운 군인이 있는데, 통일이 되면 3~40만 명 정도가 적정 수라고 한다. 그렇다면 160만의 젊은이들이 군대 가지 않고, 경제활동을 할 수 있다는 것이다. 이들이 연간 1,000만 원의 소득만 올린다고 해도 16조 원에 이를 것으로 조사된 바 있다.

이것은 남한만의 경우이고 북한도 국민총생산의 1/4 이상의 국방비를 들이고 있는데, 이것까지 따진다면 통일로 인해 줄일 수 있는 분단비용은 엄청나다. 북한이 고통을 겪고 있는 식량 문제도 훨씬 쉽게 해결할 수 있다. 서로 총부리를 겨누고 있는 남북한 합쳐 160만 명의 군인들을 적정선으로 줄이고 생산적인 경제활동에 종사하게 할 수 있다. 이렇게 눈에 보이는 것 이외에도 연간 2조 원대의 국가정보원 관련 예산 등 분단비용은 엄청나게 많다.

남북한이 외교 경쟁을 위해 세계 각국에 들이는 막대한 외교비용, 서로 상대방을 비난,

비판하기 위한 들이는 막대한 선전, 교육, 연구를 위한 비용, 남북이 따로 투자하는 연구, 기술개발비 등도 통일이 되면 대폭 줄어들 수 있는, 눈에 보이지 않는 분단비용들이다. 정확한 분단비용의 계산은 불가능하지만, 매년 수십조 원 이상의 분단비용을 수십 년간 지불해 왔고, 분단이 계속되는 한 평생 동안 그리고 우리 후대에까지 부담해야 한다.

한편, 남북한 통일은 〈그림 Ⅶ-1〉과 같이, 남북한 사회 모두에 사회·경제적 여러 이익(편익)들을 가져다 줄 것이다. 이 가운데는 유형의 통일편익도 있지만, 경제적 가치로 환원할 수 없는 소중한 여러 가지 무형의 그것도 있다.

〈그림7-1〉 통일편익의 분류

I. 남한지역의 경제적 통일편익

분단비용의 해소	분단비용의 해소
① 방위비 · 국방비 지출의 감소 · 국방인력의 축소 ② 외교비 · 공관의 중복유지비용 축소 · 외교적 경쟁비용의 소멸 ③ 이념 및 체제유지비 · 이념교육 · 홍보비용의 소멸 · 대북관련기관 유지비용의 소멸 ④ 행정부문의 고정비용 절감	① 방위비 · 남한지역 경우와 동일 · 군사용 비축미의 민간이용 ② 외교비 · 남한지역 경우와 동일 ③ 이념 및 체제유지비 · 남한지역 경우와 동일 · 대남관련기관 유지비용의 소멸 ④ 행정부문의 고정비용 절감 ⑤ 왜곡된 산업구조 조정 · 군수산업 비중 축소

II. 북한지역의 경제적 통일편익

경제통합의 편익	분단비용의 해소
⑤ 규모의 경제 · 시장의 확대 ② 남북한 지역경제의 유기적 결합 · 산업 및 생산요소의 보완성 증대 · 국토이용 · 환경보전의 효율성 증대 · 중국 · 러시아 등과의 교역증대 및 물류비용 절감	⑥ 경제체제전환 · 사유제에 의한 근로 · 투자유인 증대 · 생산요소의 효율적 배분 · 해외투자유치 증대 및 국제신용도 향상 ⑦ 규모의 경제 · 남한지역 경우와 동일 ⑧ 남북한 지역경제의 유기적 결합 · 남한지역 경우와 동일 · 기술혁신, 생산성 제고

III. 비경제적 통일편익

① 인도적 편익	② 정치적 편익	③ 문화적 편익
· 이산가족문제의 해결 · 남북한지역의 민주화 촉진 · 북한지역 주민의 인권 · 자유	· 국제적 위상 제고 · 전쟁의험의 해소	· 학문 · 문화 발전 · 관광 · 여가 · 문화 · 서비스 기회 향상

조동호, 「통일의 경제적 비용과 편익」, 민족통일연구원·한국개발연구원, 『분단비용과 통일비용』(민족통일연 구원·한국개발연구원 공동주최 국내학술회의 발표논문집, 1997년 6월 5일) 및 조민, 「분단의 정치사회적 비용과 통일이익」, 민족통일연구원·한국개발연구원, 『분단비용과 통일비용』(민족통일연구원·한국개발연구원 공동주최 국내학술회의 발표논문집, 1997년 6월 5일), 조동호, 「통일비용 논의의 바람직한 접근」, 『JPI 정책포럼』, Vol. 29(제주평화연구원, 2010), p. 9. 참조로 재구성한 것임.

제3절 통일과 안보

1. 안보 개념의 변화

국가안보의 중요성을 인식하는 것도 『통일 교육 기본지침서』에 의하면 통일 교육의 중요한 목표 가운데 하나이다.[22] 튼튼한 안보가 뒷받침되어야만 한반도에 평화가 정착되고, 이를 토대로 남북한 관계가 발전되어 평화통일을 이룩할 수 있기 때문이다. 냉전 시기 때 국가안보에 영향을 주는 요인은 주로 군사적 위협에 국한되었다. 따라서 동북아시아에서의 냉전 시기의 안보 개념은 사전에 적대 국가를 상정하고 그에 대항하기 위하여 쌍무적 동맹관계를 기반으로 세력균형을 유지하는 것이었다. 이러한 양자 동맹을 기반으로 한 동북아지역의 안보 체계는 다자간 안보 대화 및 협력에서 논의해야 하는 상황에서 적대적 관계에 있는 국가들과의 군사적 신뢰 구축에는 그 취약성을 드러냈다. 각 국가 간의 군비 통제나 군비 축소 등의 핵심 문제를 양자 동맹의 틀 내에서 논의하게 되면서 대결 구도를 벗어나기 힘들었다. 군사력을 중심으로 정의된 협의의 안보 개념은 국가안보에 영향을 주는 다양한 위협의 근원을 배제한 채 외부 또는 타 국가들로부터 오는 위협만으로 지나치게 단순화하여 인식한 데서 출발하였고 이러한 안보 위협에 대한 대처로서 사적 대응전략만이 유일한 것으로 생각되었다.

그러나 1990년대부터 탈냉전 시대를 맞이하면서 군사력 중심의 안보 개념에 기반한 세력균형은 한계에 직면하였다. 동북아지역에서도 이러한 현상은 뚜렷하게 나타난다. 동북아지역을 형성하고 있던 쌍무적 동맹관계에 의한 세력균형은 경제 교류와 상호 의존의 증가로 나타난 다양한 안보 위협을 해결하는 데 한계가 있다. 즉, 탈냉전 이후의 안보 개념은 무역 및 경제동향, 국제 에너지 문제, 식량위기, 마약, 테러, 환경 문제 등 다양한 분야까지 확대되었다. 이와 같은 안보 범위의 확대는 결과적으로 국가의 안보 부담을 가중시켜 왔지만, 다른 한편으로는 상대적으로 국가의 안보 능력을 감소시키는 경향을 가져 왔다. 이것은 현재의 다양한 안보 위협이 개별 국가의 주권 영역 밖에서 형성되면서 개별 국가 수준에서 일방적으로 문제를 해결할 수 있는 가능성이 희박해졌다는 것을 암시

22) 통일부 통일교육원, 『2009 통일 교육 기본지침서』(서울: 통일부 통일교육원, 2009), p. 18.

한다. 개별 국가들은 자국의 안보를 확보하기 위해서는 안보 위협 요소를 발생하기 전에 관리하고자 하는 필요를 느끼게 되었다. 비군사적 영역의 중요성과 더불어 환경, 인권, 난민, 마약 등으로 나타나는 포괄적 안보문제는 이의 해결을 위하여 필연적으로 다자간의 협력을 통한 해결방식을 필요로 하게 된다.

2. 남북한 관계 개선과 국가안보

오늘날 개별 국가들은 자국의 생존과 이익을 안전하게 지킬 수 있는 군사적 차원의 능력을 확보하여 건실하고 강력한 군사안보 태세를 갖추려고 노력하고 있다.

남북한 관계 개선은 근본적으로 북한의 군사적 위협을 억제하는 튼튼한 안보를 바탕으로 추진되어야 한다. 사실 굳건한 국방력은 전쟁을 예방하기 위해서 필수적이다. 우리 입장에서 강력한 전쟁 억지력의 확보는 자신 있고 유연한 대북 정책을 구사할 수 있는 밑바탕이 되기 때문이다.

우리의 남북한 관계 개선 및 통일 노력은 평화적인 방법으로 민족의 화합과 통일을 통해 민족 전체가 잘 살 수 있는 길을 모색하고, 우리가 꿈꾸던 민족번영을 실현하는 것이다. 그러나 북한으로 하여금 우리의 안보를 위협하는 무력도발이나 '한반도 전역의 공산화'를 위한 대남혁명을 포기하게 하지 않는 한 불가능하다.

이처럼, 남북한 관계 개선은 궁극적으로 북한으로 하여금 무력적화 노선을 포기하게 하고 적대감을 약화시키며, 평화정착을 구조화함으로써 안보위협을 근원적으로 해소하는 데 기여할 수 있어야 한다. 그러나 냉전구조에 안주하려는 북한에 대해서 과거와 같이 군사적 수단을 남북한 관계와 주변국 관계에서 활용하려는 정책은 시대적 조류에 부합하지 않는다. 우리의 대북 정책은 대북 자신감에 기초하여 세계적 추세에 맞춘 탈냉전의 적극적 평화를 만들어 가는 정책이어야 한다. 이를 통해 볼 때, 무엇보다도 우리에게 시급한 과제는 한반도의 냉전 체제의 종식으로 상징되는 '평화체제'의 구축이다. 휴전 협정을 평화협정으로 대체시키고, 그러한 기틀 위에서 남북한이 경제·사회·문화의 교류를 확대하고 그 밑바탕으로서 제도화를 이루어 냄으로써 비가역적인 안정된 평화통일의 첫 단계를 맞아 들여야 할 것이다.

분단체제가 유지되고 있는 현실에서 보면, 통일과 안보는 남북한 관계에 있어서 중요한 2가지 축이다. 함께 조화를 이루면서 굴러가야 할 수레의 두 바퀴와도 같은 것이다. 적어도 북한이 우리에게 한편으로는 화해와 협력을 통해 통일을 이룩해 나가야 하는 동반자적 성격을 가지지만, 다른 한편으로는 서로 휴전선을 사이에 두고 군사적으로 대치하고 있다는 이중적인 특성에서 기인하기 때문이다.[23)]

나아가, 안보가 남북한 관계에 국한된 것이 아니라 주변국도 관련된다고 볼 때, 통일과 안보의 관계는 동전의 양면처럼 함께 추구되어야 할 상호보완적인 것이기도 하다. 따라서 남북한 관계에서는 안보와 통일의 조화가 요구되며, 안보가 평화통일을 준비하고 통일 이후 미래를 대비하는 밑거름이 된다는 점을 깊이 인식할 필요가 있다.

3. 국가안보의 중요성

국제적인 탈냉전 무드의 조성과 남북한 간의 교류·협력의 진전에도 불구하고 국제적 안보환경의 변화, 한반도 군사적 대치상황, 북한의 핵 문제 등 여러 가지 안보 위협 요인이 상존하고 있는 것이 오늘의 한반도의 현실이다. 이러한 상황에서 우리는 남북한 간에 교류와 협력을 지속적으로 추진하면서도 다른 한편으로 국가안보를 튼튼히 하고 자유민주주의 체제를 발전시키는 일은 중요한 과제가 아닐 수 없다.

우리 헌법에서도 규정하고 있는 것처럼, 자유민주주의는 개인의 자유와 인권을 최대한 보장하며 민족구성원 모두의 인간다운 삶을 영위하도록 자아실현의 기회를 보장하고 있다. 이러한 의미에서 볼 때 자유민주주의는 통일 과정에서는 물론 통일 이후에도 기본으로 삼아야 할 가치이다. 이러한 이념과 체제를 뒷받침하는 것이 국가안보임은 두말할 나위가 없다. 아울러 평화체제의 구축과 함께 평화통일을 만들어 나가는 데도 중요한 기준이 되어야 할 것이다.

동북아 지역과 한반도에도 현실적인 불안 요인과 미래의 희망이 동시에 교차하고 있다. 동북아지역에서는 국가간 상호 투자와 교역이 꾸준히 증가하고 있으며, 최근에는 교역의 범위도 점점 활발하게 전개되고 있다. 그러나 이러한 협력관계의 발전에도 불구하고 동북

23) 통일부 통일교육원, 『북한 이해』(2009), p. 7.

아지역에는 여전히 불안한 안보 요인이 상존하고 있다. 최근 빚어진 천안함 사건을 둘러싼 국제 관계의 대응이나 오랜 숙제이기도 한 북한의 핵 문제를 비롯한 미사일·화생무기 등 대량살상무기개발과 방대한 재래식 군사력이 우리 안보에 직접적인 위협이 되고 있다. 한반도를 둘러싼 주변 강대국의 자원을 포함한 경제적 경쟁이 더욱 치열해지고 있을 뿐만 아니라, G-2로 성장한 중국과 일본의 군국주의적 지향과 대립도 한반도의 안보에 별 도움이 되지 못한다.

남한 사회 내부적으로도 주한미군 철수 주장이 어제오늘의 일이 아니지만, 최근에도 북한은 '민족'을 앞세워 적화통일의 최대 장애물인 주한미군을 철수시키려는 의도를 버리지 않고 있다. 여기에 미국의 세계전략 변화와 이에 따른 주한미군 재배치 및 감축이라는 새로운 안보상황에 우리는 능동적으로 대응하지 않으면 안 될 상황에 처해 있다. 그런데 이러한 안보상황에도 불구하고, 우리 사회 구성원들의 안보의식은 무관심과 무지의 틀을 벗어나지 못하는 등 문제점이 많은 것으로 지적되기도 한다.

향후 북한의 핵 문제는 해결되더라도 북한 체제의 특성상 북한이 대남적화혁명 노선과 군사제일주의 노선을 쉽게 포기하지는 않을 것이다. 자신들의 체제가 붕괴위기에 몰린다고 판단할 경우 반세기에 걸쳐서 구축한 군사력을 이용하여 도발을 감행할 가능성도 배제할 수 없다. 또한 현재 시점에서 보면 북한이 침체된 경제난을 극복하기 위해 경제구조 일부를 개혁하고 외자를 유치하기 위해 경제 특구를 지정하는 수준에 머물러 있을 뿐이다. 튼튼한 안보를 위해서는 우리의 군사력과 한미동맹을 바탕으로 북한의 위협에 단호하게 대응할 수 있는 물리적 억지력의 유지와 함께 화해 협력을 통해 남북한 간의 평화를 정착시킴으로써 안보 위협을 없애나가는 노력을 병행하는 것이 중요하다.

우리는 그동안 추진한 남북한 간 교류와 협력도 적극 추진해야 할 것이다. 남북한 간 관계 개선은 북한의 대남 적대감을 해소하고 평화를 증진시킴으로써 근원적으로 해소하는 데 기여할 수 있는 요인이 될 것이기 때문이다. 어느 면에서는 북한의 군사적 요충지인 금강산에서 관광이 이루어지고 동·서 군사분계선 지역의 철도와 도로의 연결이 추진되는 것 등은 남북한 간 화해 협력과 평화를 증진시켜 안보 위협을 줄여나가는 적극적 의미의 안보라고 할 수 있다. 따라서 굳건한 안보 태세 확립과 남북한 관계 개선 노력은 한반도를 탈냉전화시키고 평화를 만들어 가는 국가안보의 두 축으로서 의미를 지닌다고 할 수 있을 것이다.

4. 대북 포용정책과 국가안보

대북 포용정책은 근본적으로 확고한 안보 태세에 바탕을 두고 북한을 화해 협력으로 끌어내겠다는 의미를 함축하고 있다. 평화 정착을 위해서 튼튼한 국방력을 구비해야 하며 대북 포용정책도 이러한 기조 위에서 추진되어야 한다. 한반도에서 전쟁과 같은 상황을 맞게 된다면, 이는 한민족의 명운을 나락으로 떨어뜨리는 선택이 되고 말 것이다.

또한 시대적 조류에 역행하는 냉전적 사고도 우리는 경계해야 한다. 국민감정을 부추겨 긴장 비용을 증가시키는 대응은 대북 정책 수행이나 멀리 민족적 과업의 달성에 적합하지 않다. 그렇다고 안보를 등한시하면서 구호로만 '평화통일'을 외치는 것 또한 마찬가지이다. 분단 현실을 냉철하게 바로 보는 능력도 키워야 한다.

자본의 세계화와 다자간 안보 협력이 중요시되고 있는 국제 질서의 흐름에 부합하고 그러한 지향을 갖는 대북 포용정책이 효과를 내려면 남한 사회의 남남 갈등의 틀을 깨고, 보다 거시적인 안목에서 국민들의 합의 기반을 확대해 나가는 것이 중요하다. 우리는 그러한 실천을 통해 국가안보를 보장받고 평화통일도 이룩해 내야 한다.

제8장 새터민의 통일 문제에 대한 인식*

제1절 새터민이 인식하고 있는 통일 문제

우리 사회 구성원들의 통일 문제에 대한 관심이나 통일에 대한 의지가 점차 낮아지거나 퇴색되어 간다는 여론조사 결과[1]는 통일의 가능성이나 희망으로부터 멀어져 간다는 것을 단적으로 보여주는 것이라 하겠다. 분단이 장기화되는 가운데 우리들은 통일의 주체로서 능동적으로 통일 문제에 대처하기보다 오히려 우리 자신을 그로부터 소외시키고 있다는 느낌을 받는다. '나 자신'이 통일을 이루어가는 주역이 아니라 '우리'가 통일을 이루어간다는 인식 속에 그냥 안주하고 있는 것은 아닐까?

앞에서도 언급한 바와 같이, 그러한 가운데는 분단의 장기화에 따른 남북한 간의 이질성의 확대와 그로인해 통일 이후 발생할 수 있는 여러 가지 혼란이나 '통일비용'이 부담스럽게 다가올 수 있다는 인식이 지배하고 있는지도 모른다. 특히 통일독일 이후 우리 사회에서 회자되고 있는 '통일비용'의 개념은 사회적 합의를 도출하기도 전에 엄청난 규모들만 부각되어 소개된 탓에 우리 사회 구성원들에게는 통일이 부담스러운 어떤 것으로 인식되기에 충분했을 것이다. 더욱 심각한 것은 분단이 극복되었을 때 줄어들거나 없어지게 될 '분단비용'에 대한 고려나 분단이 유지되는 동안 '분단비용'이 적지 않게 지불되고 있다는 사실조차도 제대로 인식하지 못하면서 생활하고 있다는 점이다. 뿐만 아니라, 통일로 인해 얻을 수 있는 여러 가지 유·무형의 통일이익 내지 통일편익들이 있다는 생각, 그리고 가급적 통일이 조속히 이루어져서 남북한 간 이질성의 확대로 인한 추가적인

* 이 장의 서술 내용은 졸고, 「대구 지역 북한 이주민의 통일 문제에 대한 의식 조사 연구」, 『21세기정치학회보』, 제16집 3호(21세기정치학회, 2006)를 중심으로 재작성한 것임을 밝혀 둔다.

1) 민주평화통일자문회의, 『2004년 제3차 일반 국민 통일여론조사 보고서』(민주평화통일자문회의, 2004), p. 8.

통일비용의 지출 부담을 그만큼 줄일 수 있다는 등의 종합적인 사고체계에는 접근조차 하지 못하고 있다.

이처럼 통일 문제에 대한 관심이나 통일 의지가 낮아질수록 이와 관련한 인지체계가 제대로 형성될 수 없을 뿐더러 합리적인 사고나 판단을 구하기 어렵다는 점, 더 나아가 그에 따른 올바른 참여나 행위 역시 기대하기 어렵다는 점을 우리는 생각하지 않을 수 없다. 이렇게 놓고 보면 우리 사회 구성원들에게는 일차적으로 통일 문제에 대한 관심을 높일 수 있는 방안이 제시되어야 한다는 판단에 자연스럽게 도달하게 된다. 그렇다면 통일 문제에 대한 관심을 어떻게 높일 수 있을 것인가? 또한 통일의 상대로서 북한 사회를 우리는 어떻게 인식해야 하며 그들의 일상의 삶에 대한 정보를 어떻게 얻을 수 있을까? 그리고 남북한 통일을 함께 준비하고, 통일 이후 통일 한국의 미래를 같이 열어갈 북한 주민들은 통일 문제에 대해 어떻게 생각하고 있을까?

필자는 이러한 문제의식 가운데서 그 범위를 제한하여 우리 사회 구성원의 일부로 새롭게 편입한 새터민의 통일 문제에 대한 의식 구조의 분석을 통해 제한적이기는 하지만 북한 사회를 이해하고 북한 주민들의 통일 문제에 대한 사고구조를 간접적으로 평가해 볼 수 있을 것이라는 판단에 따라, 새터민들에 대한 통일 문제 의식조사를 실시하였다.

특히 필자가 기획한 것처럼 지역사회에서 이들을 대상으로 통일 문제에 대한 의식조사를 실시하여 그 자료를 분석해 본 선행 연구는 거의 없다. 특히 이 조사 연구를 통해 이들을 대상으로 그 배경요인 및 남한 사회에 대한 적응력과 통일 문제에 대한 의식구조간의 교차분석을 시도한 연구도 마찬가지라는 점에서 이러한 논의는 의의를 가진다.

필자는 대구지역에 거주하는 새터민들이 통일 문제에 대해 어떤 의식구조를 갖고 있는지를 설문조사를 통해 우리 사회 구성원들의 의식구조와 함께 비교 평가해 보고, 이를 토대로 우리 사회의 통일 문제나 통일 교육의 활성화에 어떤 시사점을 주는지를 살펴보고자 하였다.[2)]

2) 대구지역에 한정된 새터민의 의견이 전체를 대표하기 어렵다는 심사자의 의견에 동의하면서 향후 연구과제로 남겨 둔다는 점에 있어서 독자들의 양해를 구한다.

제2절 새터민의 통일 문제에 대한 의식조사 결과

1. 연구의 설계

1) 우리 사회 구성원들의 통일 문제에 대한 의식: 선행 조사 연구에 대한 검토

우리 일반 국민들은 통일 문제에 대해 어떻게 생각하고 있는지 선행 조사 연구 자료들[3]을 살펴보고자 한다. 이는 새터민들에 대한 설문조사의 실시에 앞서 조사 내용 및 문항을 선정하는 데 도움을 구할 수 있을 뿐만 아니라, 비슷한 시기에 동일한 질문에 대한 이들의 의식구조와도 비교해 볼 수 있는 자료로서의 의미를 가질 것이라 판단되기 때문이다.

먼저, 민주평화통일자문회의가 한국리서치에 의뢰하여 전국 만 20세 이상 성인 남녀 1,000명을 대상으로 2004년 9월 15일~16일에 걸쳐 컴퓨터를 이용한 전화면접법으로 실시한 일반 국민 통일 여론조사의 자료[4]를 살펴보면 다음과 같이 분석되고 있다. 우리 국민들은 남북한의 통일에 대해 '점진적 통일'(50.1%)과 '좋은 관계 유지를 통한 남북한 공존'(40.4%)의 통일 방식을 지지하고 있고, 정부의 대북 정책에 대한 지지도는 57.9%로 조사되었다. 또한 향후 남북 관계 개선을 위하여서는 '남북한 간 경제협력 활성화'(33.1%)를 가장 중요한 요인으로 인식하고 있으며, '정치적 신뢰 구축'(20.7%) 및 '군사적 긴장 완화'(17.4%)가 그 뒤를 잇는 것으로 각각 조사되었다. 그리고 대북 경제 협력 사업에 대하여서는 '더욱 확대'(38.7%)하거나 '현 수준을 유지'(35.4%)해야 한다는 인식이 높았으며, 주변국과의 관계에 대해서는 주변 4강 가운데 우리의 통일에 가장 우호적인 나라로 '미국'(39.5%)이 가장 높은 비율을, 그리고 통일에 가장 필요한 나라로서 '미국'(50.7%)과 '중국'(34.0%)이 상대적으로 높게 나타나고 있다.[5]

---

3) 비교적 최근에 조사된 선행 조사 자료들은 다음과 같다.
민주평화통일자문회의, 『2005년 일반 국민 통일여론조사 보고서』(2005. 12.) ; 민주평화통일자문회의, 『2004년 제3차 일반 국민 통일여론조사 보고서』(2004. 9.) 등이다.

4) 민주평화통일자문회의, 앞의 보고서(2004), pp. 5-7.

5) 참고로 민주평화통일자문회의가 (주)메트릭스 코퍼레이션에 의뢰하여 2005년 12월 6일~7일에 걸쳐 전국 만 19세 이상 남녀 성인 1000명을 대상으로 실시한 2005년 일반 국민 통일여론조사 보고서에 의하면, 통일의 중요도에 대해 56.2%가 '중요하다'고 응답한 것으로 조사되었다. 참고로 '보통'이라고 대답한 응답비율은 29.3%였으며, '중요하지 않다'는 응답은 14.5%였다. 통일에 대한 견해로는 점진적 통일이(64.2%), '현재의 공존상태 유지'(18.9%), '빠른 시일 안에 통일'(11.7%) 등으로 조사되었다. 대북지원 문제와 관련하여 대북지원금(1인당

둘째, 주요 언론기관들이 실시한 통일 문제와 관련한 여론조사 결과들의 경향을 살펴보면 다음과 같다. 『서울신문』이 발표한 광복 60주년 여론조사 결과(2005년)에 의하면 통일 방식과 관련하여 65.6%가 '민주적 흡수통일'을 찬성하였고 '반대 의견'을 가진 사람은 20.5%에 거치고 있다. 그리고 '연방제 통일'에 대해서는 50.7%가 찬성하였고 반대자는 27.4%였다고 밝히고 있다.[6] 『한국일보』의 경우에는 대북지원 문제에 대해 '중단해야 한다'는 응답이 18%, '현재보다 감축해야 하고 인도적 지원에 한정해야 한다'는 의견이 47%라고 분석하고 있다. 또한 '여건을 봐가면서 속도 조절' 52%, '사회경제적 희생이 크다면 서두를 필요가 없다'가 26%로 조사되어 다수의 응답자(78%)들이 통일에 대해 신중한 접근을 바라고 있다고 밝혔다.[7] 그리고 『문화일보』가 한국리서치와 공동으로 실시한 여론조사(2005년)에서는 통일에 대한 의견으로 '반드시 통일을 해야 한다'(54.2%)는 의견과 '전쟁을 하지 않고 지금처럼 지내는 것도 좋다'(42.4%)의 응답 결과가 각각 나왔다고 밝히고 있다. 통일 가능 시기와 관련하여서는 '20년 이내에 가능할 것이다'라는 의견(62%)이 지배적이었다고 분석하였고, '5년 이내'(3.4%), '6 ~ 20년'(58.6%), '30년 이상'(12.3%), '통일은 이루어지지 않을 것이다'(11.0%)로 각각 조사되었다. 그리고 한반도에서 전쟁의 발발 가능성과 관련하여서는 그 가능성을 크게 고려하지 않고 있는 것으로 조사되었다.[8] 또한 『서울신문』과 한국사회과학데이터센터(KSDC)가 공동으로 2005년 7월 1 ~ 2일 사이에 전국 성인남녀 1000명을 대상으로 실시한 여론조사에서는 우리 국민들이 대북 지원 문제에 대해 관대한 태도를 보이고 있고, 참여정부의 대북 정책과 관련하여서는 응답자의 절반(49%)이 '보통이다'라고 평가하였다. 통일 문제에 대한 관심도와 관련하여서는 '관심이 있다'(54.5%)라는 응답이 반수를 약간 넘고 있고 '관심 없다'(17.8%)는 응답보다 높게

4,500원)에 대하여서는 현재 수준이 '적당하다'(47.7%), '현재보다 줄여야 한다'(26.6%), '더욱 늘려야 한다'(18.4%), '전면 중단해야 한다'(7.2%)의 순으로 나타났다. 대북지원문제와 관련하여서는 '평화비용으로 동의한다'(54.2%)가 '퍼주기에 동의한다'(45.9%)는 의견보다 다소 높게 나타나고 있다. 참여정부의 대북 정책과 관련하여서는 긍정적 이미지와 부정적 이미지가 혼재되고 있는 것으로 조사되었다. 통일에 대한 기대와 관련하여서는 남북공동선언 이후 통일 가능성이 비슷하거나 더 높아진 것으로 보고 있는 것으로 조사되었다. 그리고 남북 관계 진전을 위해 정부가 우선 추진하여야 할 정책 분야와 관련한 질문에서는 '남북경제협력 활성화'(28.5%), '북핵 포기 유도'(25.5%), '이산가족 문제 해결'(17.0%), '민간교류 활성화'(14.9%), '남북정상회담 성사 추진'(11.1%), '대북 인도적 지원 확대'(3.0%) 순으로 나타나고 있다.

6) 『서울신문』, 2005년 1월 3일자 기사.

7) 『한국일보』, 2005년 1월 27일자 기사.

8) 『문화일보』, 2005년 8월 12일자 기사.

나타났다고 제시하고 있다. 통일의 진행 속도와 관련하여서는 '조속히 이루어져야 한다'는 적극적인 통일관을 갖고 있는 응답자가 19.1%인 데 반해 '많은 비용을 치르면서까지 서두를 필요는 없다'(64.2%)는 의견이 지배적이었다고 밝히고 있다. 통일 가능 시기와 관련하여서는 '10년 이상 20년 이내'가 34.8%로 가장 많았으며, '10년 이내'는 19.2%에 불과했다고 분석하였다. 그 밖에 대북지원 문제에 대해서는 다수의 국민이 긍정적인 반응을 보이고 있고, 전쟁의 발발 가능성과 관련하여서는 대부분 낮게 평가하고 있다고 분석하고 있다.[9]

한편, 청소년들을 대상으로 이루어진 여러 선행 조사연구[10]들의 분석 결과들을 종합해 보면 다음과 같다. 첫째, 중학생들의 북한 사회 및 통일 문제에 대한 관심도는 크게 높지 않은 것으로 조사되고 있다. 민주평화통일자문회의가 실시한 설문조사(2002년)에 의하면, "평소 통일 문제에 대해 얼마나 관심이 있나요?"라는 질문에 대해 '매우 관심이 많다'(7.8%), '약간 관심이 있다'(51.3%), '관심이 없는 편이다'(29.7%), '전혀 관심이 없다'(11.1%)로 각각 나타나고 있다. 둘째, 통일 문제와 관련한 여러 가지 응답 결과를 종합해 보면, 대체로 통일 의지가 낮게 평가되고 있다. 통일에 대해 적극적인 사고를 가진 학생들의 응답 비율이 50~60%대에 그치고 있다는 것이다.[11] '현상 유지'를 원하는 응답자의 비율도 30%대에서 지지되고 있으며, 남북한의 경제력 격차에 따른 여러 가지 상황이 그들에게 통일을 이루어가는 과정이나 통일 이후의 사회통합과정에 불편한 요소로 작용할 것이라는 인식이 강하게 자리 잡고 있는 것으로 평가된다. 통일의 장애요인과 관련하여 (재)한민족복지재단의 조사(2002년)에서는 '체제와 이념의 차이'가 29.2%로 가장 높게 나타나고 있고, '남북한 군비 경쟁' 23.2%, '주변강대국들의 간섭' 21.9%, '남북한 간 교류

---

9) 『서울신문』, 2005년 7월 18일자 기사.

10) 비교적 최근에 조사된 설문조사 자료들은 다음과 같다.
민주평화통일자문회의, 『청소년 통일 의식 조사 보고서』(리서치 앤 리서치, 2004.9) ; (재)한민족복지재단, 『남북 관계와 통일에 대한 청소년들의 의식 조사』(TNS KOREA, 2002) ; P&P RESEARCH, 『평화와 통일에 대한 청소년 의식조사』(2003) ; P&P RESEARCH, 『통일 교육에 대한 청소년 의식조사』[2002] ; 테일러 넬슨 소프레스 코리아, 『청소년 통일의식 설문조사』(2002) ; 민주평화통일자문회의, 『중·고교생 통일 교육 설문조사』(2002) 등이다.

11) (재)한민족복지재단의 조사(2002)에서는 '반드시 통일이 되어야 한다'는 응답비율이 59.7%, '반드시 통일을 이룰 필요는 없다'가 23.9%, '통일은 되지 말아야 한다'가 3.0%, '관심 없다' 12.1% 등으로 나타나고 있다. 그리고 P&P RESEARCH의 조사(2003)에서는 '반드시 통일이 되어야 한다'는 응답비율이 54.3%, '현 상태를 유지하는 것이 좋다'가 35.0%, '잘 모르겠다'라는 응답비율이 10.7%로 각각 나타나고 있다. 또한 민주평화통일자문회의의 조사(2004)에서는 '반드시 통일이 되어야 한다'는 응답비율이 65.0%로 나타나고 있다. 그리고 '현 상태를 유지하는 것이 좋다'가 23.0% 등으로 나타나고 있다.

나 대화의 부족'이 14.0%, '남북한 통일의지의 부족'이 11.7% 등으로 나타나고 있다. 한편, 이와 관련하여 테일러 넬슨 소프레스 코리아의 조사 보고서(2002년, 특히 중학교 2학년 학생의 응답 결과)에서는 '이념/의식의 차이나 갈등'이 28.0%, '남북한 간 군비 경쟁'이 21.4%, '남북 간 교류나 대화 부족'이 19.8%, '주변 강대국들의 간섭'이 16.9% 등으로 나타나고 있다.[12] 그리고 대북지원 문제와 관련하여 선행조사들에서는 '현 수준으로 유지'하거나 '북한의 태도를 보아가며 지원해야 한다'는 의견이 다수를 차지하고 있다. '적극적으로 지원해야 한다'는 의견은 30% 안팎에서 지지되고 있다. 주변 강대국들이 한반도의 통일에 별다른 도움이 되지 못할 것이라는 인식과 함께 북한의 핵 문제를 포함하여 전쟁 발발 가능성에 대해 우려의 눈길로 바라보고 있는 것으로 정리해 볼 수 있다. 예를 들어 한반도 전쟁 발발 가능성과 관련하여 P&P RESEARCH의 조사(2003년)에서는 '높아졌다'는 응답비율이 57.6%로 '낮아졌다'는 응답비율 5.4%에 비해 압도적으로 높게 나타나고 있다.

이상에서 통일 문제에 대한 관심도는 일반 국민이나 청소년 모두 크게 높지 않은 것으로 조사되고 있고, 통일에 대한 의지도 적극적이라기보다 점진적이거나 경우에 따라 현상 유지를 희망하는 의견도 적지 않은 것으로 평가된다. 통일의 가능 시기에 대해서도 적지 않은 시간이 소요될 것으로 보고 있으며, 통일의 장애 요인과 관련하여 남북한 간의 체제나 이념의 차이 등이 크게 영향을 미치는 것으로 보고 있다. 통일 방식과 관련하여서는 남한 사회를 중심으로 한 흡수통일의 의견이 지배적이었으며, 대북지원 문제에 대하여 원칙적으로 찬성을 표명하고 있으나 신중한 접근을 바라고 있는 것으로 조사되고 있다. 한편, 현 정부의 대북 정책과 관련하여서는 지지의 비율이 다소간 높게 나타나고 있으며, 주변 국가들의 통일에 대한 이해관계는 복잡하게 얽혀 있는 것으로 인식되고 있다. 끝으로 한반도의 전쟁 발발 가능성과 관련하여 일반 국민들은 그 가능성에 대해 낮게 평가하고 있지만 청소년들은 우려의 눈길로 바라보고 있음을 알 수 있다.

---

12) 한편, 통일 이후 겪게 될 가장 큰 어려움과 관련하여 (재)한민족 복지재단의 조사(2002)에서는 '경제력 차이로 인한 빈부 차'가 36.3%, '이념과 의식차로 인한 갈등' 30.8%, '생활 방식의 차이로 인한 갈등' 15.8%, '언어 차이로 인한 갈등' 11.4% 등으로 나타나고 있다. 한편, 테일러 넬슨 소프레스 코리아의 조사(2002, 특히 중학교 2학년 학생의 응답 결과)에서는 '이념/의식 차이나 갈등'이 25.1%, '경제력 차이나 빈부 차'가 25.1%, '생활 방식 차이나 갈등'이 19.3%, '언어의 차이'가 14.0%, '별 어려움이 없을 것' 3.3% 등으로 나타나고 있다.

2) 설문조사 계요 및 분석 방법

선행 조사 연구 자료들을 토대로 새터민의 통일 문제에 대한 의식을 분석하기 위해 다음과 같은 조사 내용들을 설정하였다. 먼저, 통일 문제에 대한 관심도를 측정해 보았다. 그리고 북한 사회에 대한 의식을 알아보기 위해 북한체제의 변화 가능성, 김정일 정권의 안정성에 대한 의견과 함께 정치, 경제체제, 경제생활수준, 사회제도, 가치관 및 생활습관, 언어생활 등 남북한 간 이질성 정도에 대한 주관적인 평가도 포함하였다. 한편, 통일 문제와 관련하여서는 통일 의지를 비롯하여 통일을 원하는 주체(원하지 않는 주체), 통일 한국이 지향하여야 할 이념, 유・무형의 통일이익에 대한 의견, 통일을 위한 교류협력 분야, 바람직한 통일 방식, 통일 가능 시기 등에 대한 질문을 각각 구성하였다. 그 밖에 안보문제와 관련하여 노무현 정부의 대북 정책 평가와 함께 제2차 북핵 위기 이후 그들이 생각하고 있는 한반도에서의 전쟁 발발 가능성에 대한 의견도 들어보고자 하였다.

한편, 이 조사연구에서는 '문제 제기'에서 밝힌 것처럼 새터민의 사회배경 요인 및 남한 사회 적응력이 통일 문제에 대한 의식구조에 미치는 영향을 교차 분석해 보려는 계획을 세웠다. 이에 새터민의 성, 연령, 학력, 직업, 남한 사회(대구지역)에서의 거주 기간, 출신지역 및 본인 및 가족의 월평균소득 규모 등 여러 사회배경 요인에 대한 배경 요인들을 중심으로 교차 분석을 실시하였다. 아울러 대구지역에 거주하고 있는 새터민들에 대한 기초 자료들도 수집하여 설문조사에 나타난 그 특성과 비교 분석하였다. 또한 새터민들 스스로가 평가하는 남한 사회에 대한 적응력의 정도에 대한 평가도 하나의 요인으로 삼아 통일 문제에 대한 각종 의식에 미치는 영향에 대해 분석해 보고자 하였다.

설문조사는 대구지역에 거주하고 있는 새터민 150명을 대상[13]으로 2005년 3월 20일부터 3월 27일까지 8일간 대구지역의 유일한 민간단체로서 새터민 지원단체인 북한이주민지원센터 소속 직원 및 경북대학교 사회복지학과 대학원생과 학부생(18명)들을 면접조사원으로 활용하였는데, 2회에 걸친 사전교육을 실시한 후, 호별 방문을 통해 구조화된 설문지를 활용한 심층 면접 조사 방법을 채택하였다. 분석에 사용된 표본은 이 가운데 104부이다.[14] 한편, 수집된 자료들은 SPSS 12.0 Ver.으로 전산 입력 처리 및 분석을 실시하였으며,

13) 대구지역에 거주하고 있는 새터민은 조사시점인 2005년 3월 현재 227명이다. 3개월 동안의 하나원의 적응 교육과정을 거치므로 2004년 12월 현재 남한 사회로 유입된 총 6,304명을 기준으로 3.6%에 이른다.

새터민들의 사회배경 요인과 함께 남한 사회 적응 정도에 대한 주관적인 평가를 중심으로 통일 문제에 대한 각 문항별 교차분석을 실시하여 그 경향을 살펴보고자 하였다.

3) 대구지역 새터민의 특성과 설문조사 응답자의 특성 비교

(1) 대구지역 새터민의 특성

먼저 전국적인 상황을 살펴보면, 2006년 5월 현재 통일부가 집계한 새터민은 모두 8,403명으로 꾸준히 증가할 것으로 전망되었다. 성별로 보면, 2000년까지 남성의 비중이 높았으나 이후 여성의 비중이 높아지는 추세에 있으며 현재 남성이 전체의 32%, 여성이 68%를 차지하고 있다. 북한에서의 생활상을 보면 44%가 무직자이며 유직자의 70%는 일반 노동자로 분류되고 있고 63%가 함경북도 출신(평양 출신은 3%에 불과)의 비중이 높으며 대부분 경제난을 이유로 탈북하고 있는 것으로 밝혀지고 있다. 이들의 국내 정착 현황을 보면 약 60%가 서울 및 경기지역 등 수도권에 분포하고 있고 현재 50% 이상이 제조업 분야 등에서 단순노무직으로 종사하고 있는 것으로 통일부는 밝히고 있다. 또한 이들에 관한 현황 자료를 살펴보면 수적 증가와 함께 사회적 배경이 다양화되고 있는 특성을 나타내고 있다. 여성의 수가 남성을 압도하고 있고, 20대와 30대를 축으로 하여 연령대의 분포 및 직업과 경력 등도 다양하게 나타나고 있다.

한편, 대구광역시의 통계[15]에 따르면 2006년 6월 현재 총 264명이 거주하고 있는 것으로 집계되어 2005년 3월보다 37명이 늘었다. 여성이 163명(61.7%)으로 남성(101명 : 38.3%)보다 더 많은 것으로 이는 전국적인 경향과도 비슷하다. 연령별로 보면, 20대 25.8%, 30대 37.1%, 그리고 40대가 17.4%로 2, 30대의 연령층이 가장 두텁게 나타나고 있고, 20~40대 여성이 전체 새터민의 45.9%를 차지하고 있다. 한편, 아래의 통계치에서 알 수 있듯이 의료급여 내지 국민기초생활 수급대상자의 비율이 80%를 상회하고 있고, 취업자도 9.5%에 그치고 있어서 물질적인 측면에서 대체로 열악한 상황에 있음을 한눈에 알 수 있다.

---

14) 표본자료의 크기는 227명 가운데 10대의 청소년 이하 연령층(17명)을 제외하고, 직장을 찾아 타지로 떠나 있는 인원을 제외한 상태에서 현재 대구지역에 거주하고 있는 새터민을 대략 70%정도 될 것으로 추정해 보면, 결코 적지 않은 것이라고 생각된다. 전문가들의 견해로는 이 정도의 자료의 크기는 매우 의미있는 것으로 판단된다고 보았다.

15) 대구광역시, 『대구지역 새터민의 현황 자료』(2006) 참조.

〈표 8-1〉 대구지역 거주 새터민의 주요 현황 (2006. 6. 30. 현재)

■ 입국연도별 현황

(단위 : 명 / %)

입국연도	계	~ 1999년	2000년	2001년	2002년	2003년	2004년	2005년	2006년
인원	264	10	2	13	37	69	65	65	3

■ 지역별 현황

(단위 : 명 / %)

구 분	계	시·군·구별						
		중구	동구	서구	북구	수성구	달서구	달성군
총인원	264	2	33	4	38	68	118	1

■ 보호내역

(단위 : 명 / %)

구분	의료급여		국민 기초생활		재학 현황					주거형태			생활근거		
	지정	미지정	대상	미지정	초등	중등	고등	전문 대학	대학	공공 임대	전월세	자가	취업	자영업	무직
인원	221	43	213	51	4	6	1	8	5	251	11	2	25		239

■ 연령별 현황

(단위 : 명 / %)

구분	계	10세 미만	10 ~ 19세	20 ~ 29세	30 ~ 39세	40 ~ 49세	50 ~ 59세	60세 이상
계	264	5	18	68	98	46	11	18
남	101	2	6	21	38	20	4	10
여	163	3	12	47	60	26	7	8

■ 학력 현황

(단위 : 명/%)

구 분	대졸 이상	중학교 (고등학교)	소학교 (초등학교)	무 학
인원(비율)	23(9%)	203(77%)	36(13%)	2(1%)

ㅁ 대구광역시 자치행정과 내부 자료(2006년).

다음으로 학력별 현황 자료를 살펴보면 상당수(77%)가 중학교 졸업자로 나타나고 있으며, 대졸 이상의 학력을 가진 새터민은 총 23명으로 9%에 그치고 있다. 그리고 입국연도별 통계자료를 보면, 전국적인 추세와 맥을 같이하고 있는데, 2002년 이후에 주로 입국한 것으로 나타나고 있다(총 239명으로 91.3%에 달함). 새터민이 국내로 유입되는 데 평균 5년 가량 소요된다고 추정해 볼 때, 상대적으로 대구지역의 새터민들은 비교적 최근에 탈북한 것으로 추정해 볼 수 있다. 끝으로 거주지역별로 보면, 달서구에 거주하는 새터민이 118명으로 전체의 44.7%를 차지하여 가장 많은 분포를 보여 주고 있다. 그 다음으로 68명의 수성구가 23.7%로 나타나고 있다. 상대적으로 이들 지역에 영구임대아파트가 많은 것이 주된 요인이라고 판단된다.

(2) 설문조사 응답자의 특성

설문조사 응답자의 사회배경별 특성은 다음과 같다.

① 성별 특성

먼저, 대구지역에 거주하는 새터민의 경우 남성이 97명이며, 여성의 경우 130명이다. 대구지역의 경우도 여성이 전체의 57.3%를 차지하고 있다.

둘째, 대구지역에 거주하는 새터민 연령구조의 경우도 전국적인 상황과 유사한 구조를 갖고 있다. 대구지역에 거주하는 새터민의 연령대별 특성을 살펴보면, 20대와 30대가 주류를 이루고 있는데, 양 집단이 절반을 넘고 있다. 30대가 가장 많고 그 다음으로 20대 및 40대의 순으로 분포하고 있다.

셋째, 새터민의 학력 분포를 보면, '(고등)중학교 졸업'군의 구성 비율이 가장 높고 '(고등)중학교 중퇴' 및 '소학교 졸업'이 그 다음을 이루고 있다. 따라서 '대학 재학 이상'의 고학력층(약 15%)이 두텁지 않은 것으로 나타나고 있다.[16] 대구지역에 거주하고 있는 새터민의 상당수가 함경도 출신이라는 점을 감안하면, 즉, 출신성분이 좋지 않아 대학 진학이 어려웠을 것이라는 추정이 가능하다. 또한 연령구조가 20대와 40대 사이에 걸쳐져 있다는 점, 그리고 탈북한 이후 대개 평균 약 5년 안팎의 시간이 경과한 후 국내로 유입된다는 점을 고려하면, 이러한 통계치는 충분히 이해가 될 것이다. 다만, 국내에 들어 온 이후에 35세까지 입학 연령이 제한되어 있기는 하지만 일부의 새터민들이 전문대학이나 대학교에

16) 참고로 현재 초등학생 1명을 비롯하여 중등학생 8명, 전문대와 4년제 대학에 12명이 각각 재학하고 있다(2005년도 대구광역시 내부 통계자료 참조).

진학하여 수학하고 있는 실정이다. 자료에서 보는 것처럼 그 숫자는 많지 않다.

넷째, 대구지역에 거주하는 새터민들도 대부분 2002년 이후 전입해 온 것으로 나타나고 있다. 한편, 이번 설문조사의 응답자들도 대부분 2002년도부터 그 유입 숫자가 대폭 증가하고 있는 것으로 나타나고 있다. 구성 비율을 보면, 2004년에만 38.5%, 2003년에 34.6%, 2002년에 20.2%로 각각 나타나 비교적 모두 최근에 대구지역에 터전을 잡은 것으로 나타나고 있다.[17]

다섯째, 이번 설문조사에 응한 새터민의 출신지역별 현황을 보면 다음과 같다. '함경북도'가 72.1%로 가장 많고 그 다음으로 '함경남도'의 순이다. 이처럼 함경도의 경우는 중국 등과 접경하여 월경이 비교적 유리한 지형적인 여건을 갖고 있기 때문이라고 보인다. 특히 알려진 바와 같이 식량난이 극심하였던 1990년대 중반에는 북한 당국의 묵인 하에 월경이 상대적으로 용이했기 때문이라는 새터민들의 증언을 참고할 필요가 있다.

여섯째, 자신의 월평균 소득 규모를 질문한 결과, '50만 원 이하'의 군이 전체의 절반 이상인 62.5%로 가장 많았으며, '51만 원에서 100만 원'이 그 다음으로 많았다. 따라서 대구지역에 거주하는 새터민의 월평균소득은 매우 낮은 수준에 있는 것으로 보인다. 또한 가족의 월평균 총소득 규모를 질문한 결과, 개인별 월 소득 평균이 더해지는 의미 외에는 다른 특징적 현상이 발견되지 않는다. 국내로 유입되는 새터민을 다시 한 번 점검해 볼 필요가 있다. 연령 구조가 20대와 40대가 상당수를 이루고 있지만 나머지 연령구조들은 심신이 지친 상태 특히, 건강상의 이유로 직업을 갖지 못한 채 정부로부터의 생계 지원에 의해 생활하는 경우가 많지 않다. 특히 대구지역의 경기가 좋지 않은 것은 가장 큰 이유 중의 하나가 될 것으로 추정된다. 아울러 이들이 전문적인 기술을 습득하지 못한 상태에서 대부분 비정규직의 단순노무 형태나 특히, 여성의 경우 식당 등에서 서비스를 제공하는 정도의 수입원이 전부라고 할 수 있기 때문이다. 그리고 이들이 국내로 유입된 지 3년이 채 경과하지 않은 가운데 남한 사회의 적응력도 갖추어지지 않았기 때문이라는 점도 그 한 요인이 될 것이다.

---

17) 통계치에 잡히지만, 실제 대구지역에 거주하고 있는 숫자는 이보다 적은 규모라는 것이 북한이주민 지원을 맡고 있는 민간 전문가들의 진단이다. 대구지역의 경제 상황이 좋지 않은 탓에 상당수는 경북지역이나 특히, 수도권 지역에 일자리를 위해 떠나 있는 경우가 있다는 것이다.

〈표 8-2〉 설문조사 응답자의 사회배경별 특성

사회배경별 특성		응답자 수(명)	비율(%)
성	남성	40	38.5
	여성	64	61.5
연령	10대 이하	7	6.7
	20대	30	28.8
	30대	32	30.8
	40대	20	19.2
	50대	5	4.8
	60대 이상	10	9.6
학력	소학교 졸업	14	13.5
	중학교 중퇴	15	14.4
	중학교 졸업	56	53.8
	대학 재학 또는 중퇴	11	10.6
	대학 졸업	5	4.8
	대학원 졸업	1	1.0
	무응답	2	1.9
입국연도	2000년 이전	1	1.0
	2000년	1	1.0
	2001년	5	4.8
	2002년	21	20.2
	2003년	36	34.6
	2004년	40	38.5
출신지역	함경북도	75	72.1
	함경남도	4	3.9
	평안북도	2	1.9
	평안남도	10	9.6
	양강도	3	2.9
	자강도	1	1.0
	황해도	2	1.9
	강원도	2	1.9
	무응답	5	4.8
응답자 자신의 월평균소득	50만 원 이하	65	62.5
	51 ~ 100만 원	19	18.3
	101 ~ 150만 원	3	2.9
	151 ~ 200만 원	1	1.0
	무응답	16	15.4
가족의 월평균소득	50만 원 이하	49	47.1
	51 ~ 100만 원	27	26.0
	101 ~ 150만 원	11	10.6
	151 ~ 200만 원	2	1.9
	201만 원 ~ 250만 원	2	1.9
	무응답	13	12.5
합계		104	100.0

2. 분석 결과 : 새터민의 북한 사회 및 통일 문제에 대한 의식

1) 북한 사회에 대한 의식

전체적으로 살펴보면, 대구지역에 거주하는 새터민들은 통일 문제에 대한 관심도가 비교적 높게 나타나고 있고, 북한체제의 변화 가능성에 대해서는 '빠른 속도의 개방'보다는 '현상 유지'나 '점진적인 개방'을 예상하는 의견이 많았다. 김정일 정권의 안정성에 대해서는 다소 긍정적인 평가를 하고 있고, 남북한 간의 이질성에 대해서는 정치나 경제체제보다는 일상생활, 언어 내지 가치관 등 자신의 일상생활과 직접적인 부문에 대해서 '이질적'이거나 '불편하다'는 반응을 보여주고 있다. 좀 더 구체적인 조사 결과는 다음과 같다.

먼저, 새터민의 통일 문제에 대한 관심도를 측정해 보았다. '관심이 있다'는 응답자는 비교적 높은 비율로서 전체의 약 85%에 이른다. 다른 선행 조사연구에서 나타난 일반 국민들의 통일 문제에 대한 관심도보다는 다소 높게 나타나고 있다.

〈표 8-3〉 통일 문제에 대한 관심도

(단위 : 명 / %)

매우 많은 관심을 갖고 있다	67(64.4%)
약간 있는 편이다	21(20.2%)
보통이다	12(11.5%)
별로 없는 편이다	3(2.9%)
전혀 관심을 가지고 있지 않다	1(1.0%)
합계	104(100.0%)

둘째, 북한 체제의 변화(개방) 가능성과 관련하여 '매우 빠른 속도로 광범위하게 개방을 추진할 것'이라는 적극적인 개방에 대한 생각을 갖고 있는 응답자들보다 '점진적'이거나 오히려 '현상 유지'에 대한 의견이 더 지배적이었다. 한편, 김정일의 정권 교체 가능성에 대해서는 '없다'라는 평가의 응답 비율이 더 높게 나타나고 있다. 이는 김정일 정권의 공고화에 대한 의견이 더 지배적임을 알 수 있다.

셋째, 새터민들에게는 정치나 언어와 같은 영역보다는 경제(51.9%), 사회제도(52.8%) 및 생활습관(40.4%) 등에서 남북한 간 차이를 더 많이 느끼거나 불편해 하는 것으로 평가

된다. 남한 사회에의 적응에 있어서 물질적인 측면뿐만 아니라, 정신적인 측면에 있어서도 어려움을 호소하고 있는 것이라 평가된다. 이는 대구지역의 새터민들이 비교적 최근에 정착한 구성 비율이 높고 취업률이 크게 높지 않다는 점에서 특히 사회 경제적인 적응에 민감하다는 것을 말해주는 것으로 보인다. 이로써 통일 이후의 사회통합과정에서 발생할 수 있는 여러 가지 어려움을 짐작해 볼 수 있다.

〈표 8-4〉 북한 체제의 개방가능성에 대한 평가

(단위 : 명)

구분	응답
매우 빠른 속도로 광범위하게 개방을 추진할 것이다	13(12.5%)
점진적이면서 부분적인 개방 프로그램을 추진할 것이다	35(33.7%)
현재의 체제를 유지하는 테두리 내에서 변화할 것이다	37(35.6%)
오히려 현재의 체제를 더욱 강화하는 방향으로 갈 것이다	17(16.3%)
무응답	2(1.9%)
합계	104(100.0%)

〈표 8-5〉 김정일 정권의 교체 가능성에 대한 평가

(단위 : 명)

구분	응답
교체 가능성이 매우 높다	11(10.6%)
교체 가능성이 어느 정도 있다	27(26.0%)
교체 가능성이 별로 없다	44(42.3%)
교체 가능성이 전혀 없다	21(20.2%)
무응답	1(1.0%)
합계	104(100.0%)

〈표 8-6〉 남북한 사회적 이질감에 대한 평가

(단위 : 명)

	매우 불편하다	약간 불편하다	보통이다	별로 불편하지 않다	전혀 불편하지 않다	무응답	합계
정치이념이나 제도적 차이	12(11.5%)	11(10.6%)	16(15.4%)	33(31.7%)	31(29.8%)	1(1.0%)	104(100.0%)
경제체제의 차이	11(10.6%)	23(22.1%)	15(14.4%)	30(28.8%)	24(23.1%)	1(1.0%)	104(100.0%)
경제적 생활 수준 차이	16(15.4%)	13(12.5%)	26(25.0%)	17(16.3%)	31(29.8%)	1(1.0%)	104(100.0%)
각종 사회제도의 차이	13(12.5%)	15(14.4%)	19(18.3%)	30(28.8%)	25(24.0%)	2(1.9%)	104(100.0%)
가치관이나 사고방식의차이	20(19.2%)	34(32.7%)	23(22.1%)	16(15.4%)	10(9.6%)	1(1.0%)	104(100.0%)
언어의 차이	31(29.8%)	34(32.7%)	14(13.5%)	14(13.5%)	11(10.6%)	-	104(100.0%)
생활습관의 차이	20(19.2%)	23(22.1%)	18(17.3%)	23(22.1%)	19(18.3%)	1(1.0%)	104(100.0%)

2) 통일 문제에 대한 의식

(1) 통일 의지

새터민들의 통일 의지를 평가해 보면 '가능한 빨리 통일이 되어야 한다'라는 적극적인 의견 표명을 하는 응답자(69.2%)가 일반 국민들의 조사 결과치보다 상대적으로 더 많은 것을 알 수 있다. 한편, '점진적으로 통일이 이루어져야 한다'와 같이 다소 소극적인 의견을 갖고 있는 비율은 22.1%로 나타나고 있다. 또한 '현 상태의 유지'나 '생각해 본 일이 없다'는 부정적인 의견은 다소 낮은 비율을 나타내고 있다.

〈표 8-7〉 통일 의지

(단위 : 명)

우리 민족의 염원이므로 가능한 빨리 통일이 되어야 한다	72(69.2%)
통일은 남북한 주민 모두에게 큰 변화를 가져오므로 점진적으로 이루어져야 한다	23(22.1%)
통일이 갈등과 혼란을 가져올 것이므로 현 상태를 유지하는 것이 더 바람직하다	4(3.8%)
생각해 본 일이 없다	5(4.8%)
합계	104(100.0%)

(2) 남북 교류 우선 분야에 대한 의견

새터민들이 고려하고 있는 남북한 간 우선 교류 분야(1순위 기준)는 '정치적 교류'와 '경제부분의 교류'에 집중되고 있다. 그 밖에도 '인적 교류'라든지 '군비의 축소를 위한 교류'도 10% 안팎에서 응답 비율을 보여주고 있다.

〈표 8-8〉 남북 교류 우선 분야에 대한 의견

(단위 : 명)

	1순위	2순위
남북정상회담 개최 등 정치적 교류	36(34.6%)	15(14.4%)
남북한 간 군사적 교류를 통한 군비의 축소	18(17.3%)	13(12.5%)
남북한 간 직교역 등 경제 부문의 교류	24(23.1%)	26(25.0%)
남북이산가족의 상봉 등 인적 교류	11(10.6%)	25(24.0%)
문화적 이질성 극복을 의한 문화적 교류	7(6.7%)	10(9.6%)
무응답	8(7.7%)	15(14.4%)
합계	104(100.0%)	104(100.0%)

(3) 대북 지원 문제에 대한 의견

대북 경제 지원 문제에 대한 새터민들의 생각은 '확대해야 한다'의 의견(63.4%)이 더 높게 나타나고 있는 것을 알 수 있다. 반면 '축소' 내지 '대폭 축소'해야 한다는 응답 비율도 20% 가량 나타나고 있다.

〈표 8-9〉 대북 지원 문제에 대한 의견

(단위 : 명)

적극 확대 추진하는 것이 바람직하다	54(51.9%)
약간 더 확대 추진하는 것이 바람직하다	12(11.5%)
현재의 수준으로 유지하는 것이 바람직하다	18(17.3%)
약간 더 축소하는 것이 바람직하다	9(8.7%)
대폭 축소 또는 중단하는 것이 바람직하다	11(10.6%)
합계	104(100.0%)

(4) 통일 및 반통일 세력에 대한 의견

통일을 원하는 주체와 관련하여 새터민들은 '북한 주민'이라는 응답(69.2%)을 가장 많이 제시하고 있다. 이는 최근에 유입된 새터민들의 주된 탈북 동기가 경제난이라고 분석되고 있는 상황에 비추어 통일에 대한 강한 필요성을 느끼고 있는 것으로 해석된다. 이에 비해 '남한 주민'이라는 응답은 극소수였다. 한편, 통일을 원하지 않는 주체와 관련하여서는 '북한 정권'(40.4%)과 '주변 강대국'(35.6%)이 상대적으로 지적되고 있다.

〈표 8-10〉 통일 및 반통일 세력에 대한 의견

(단위 : 명)

	북한 정권	북한 주민	남한 정권	남한 주민	주변 강대국	이상의 모두	무응답	합계
통일을 원하는 주체	5(4.8%)	72(69.2%)	12(11.5%)	1(1.0%)	1(1.0%)	4(3.8%)	9(8.6%)	104(100.0%)
통일을 원하지 않는 주체	42(40.4%)	-	8(7.7%)	-	37(35.6%)	2(1.9%)	15(14.4%)	104(100.0%)

(5) 통일 한국의 이념에 대한 의견

통일 한국의 이념과 관련하여 응답자들의 상당수(82.7%)는 '자유민주주의'와 '자본주의'라고 응답하였다. 반면에 '이념에 구애받을 필요가 없다'라는 응답비율도 11.5%에 이르는 것으로 조사되었다. 이러한 응답 경향은 일반 국민들을 대상으로 한 조사에서보다도 더 높게 나타나고 있는 것이다.

(6) 통일이익

먼저, 유형의 통일이익으로는 '경제적 이익 증대'가 가장 높은 응답비율을 나타냈고 그 다음으로 '방위비의 절감'이나 '국토의 효율적 이용 및 환경 보전의 효과'를 들고 있다. 그리고 무형의 통일이익으로는 '국제적 위상의 제고'와 '이산가족문제의 해결'이 상대적으로 응답비율이 높았다. 그런데 나머지의 경우도 10% 이상의 응답비율을 나타내고 있다.

〈표 8-11〉 새터민의 통일 한국의 이념에 대한 의견

(단위 : 명)

자유민주주의, 자본주의	86(82.7%)
공산주의, 사회주의	4(3.8%)
위의 경우들을 제외한 제3의 이념	2(1.9%)
이념에 구애받을 필요 없다	12(11.5%)
합계	104(100.0%)

〈표 8-12〉 통일이익에 대한 의견

(단위 : 명)

유형의 통일이익	응답자 수	무형의 통일이익	응답자 수
방위비의 절감	16(15.4%)	우리 한민족의 국제적 위상 제고	36(34.6%)
경제적 이익 증대	60(57.7%)	이산가족문제의 해결	23(22.1%)
중복 외교비의 절감	4(3.8%)	남북한 사회의 민주화 실현	15(14.4%)
국토의 효율적 이용 및 환경보전 효과	13(12.5%)	북한 주민들의 인권 신장	13(12.5%)
관광 및 여가 서비스의 기회 향상	10(9.6%)	우리 민족의 전통문화 계승 및 발전	14(13.5%)
무응답	1(1.0%)	무응답	3(2.9%)
합계	104(100.0%)	합계	104(100.0%)

(7) 통일 방식에 대한 의견

통일 방식과 관련하여서는 '남한을 중심으로 한 흡수통일'(60.6%)이 가장 높은 응답비율을 나타냈고, '예멘과 같은 정치적 합의에 의한 통일'이 그 다음으로 높았다. 반면, '북한중심의 흡수통일'은 4.8%에 그쳤다. 이러한 응답 경향 역시 비슷한 시기에 조사된 일반 국민들의 응답과 유사하다고 평가된다.

〈표 8-13〉 통일 방식에 대한 의견

(단위 : 명)

남한을 중심으로 한 흡수통일	63(60.6%)
북한을 중심으로 한 흡수통일	5(4.8%)
예멘과 같이 정치적 합의에 의한 통일	23(22.1%)
오스트리아의 경우처럼 중립화 통일 방안	10(9.6%)
1국가 2체제의 연방제 통일 방식	3(2.9%)
합계	104(100.0%)

(8) 통일 가능 시기에 대한 의견

통일 가능 시기와 관련하여 '11년 이상'이라는 응답이 가장 많았고, '6 ~ 10년'이라는 응답이 그 다음의 순이었다. 따라서 남북한 통일 가능 시기와 관련하여 상당한 시간이 소요될 것이라는 의견이 지배적임을 알 수 있다. 한편, '통일이 이루어지기 어려울 것'이라는 비관적인 인식도 23.1%에 달하는 것으로 나타났다.

〈표 8-14〉 통일 가능 시기에 대한 의견

(단위 : 명)

5년 이내	7(6.7%)
6 ~ 10년 이내	22(21.2%)
11년 이상	49(47.1%)
통일은 이루어지기 어렵다	24(23.1%)
무응답	2(1.9%)
합계	104(100.0%)

(9) 대북 정책에 대한 평가

노무현 정부의 대북 정책에 대한 새터민의 평가는 대체적으로 긍정적인 의견(70.2%)이 부정적인 그것보다 약간 더 높게 나타나고 있다. 이는 비슷한 시기에 조사된 일반 국민들의 여론조사 결과치보다 다소 높게 긍정적으로 평가되고 있다.

〈표 8-15〉 대북 정책에 대한 평가

(단위 : 명)

매우 잘하고 있다	34(32.7%)
대체로 잘하고 있는 편이다	39(37.5%)
보통이다	9(8.7%)
별로 잘하고 있지 못하다	9(8.7%)
매우 잘못하고 있다	13(12.5%)
합계	104(100.0%)

(10) 한반도 전쟁 발발 가능성에 대한 의견

끝으로 한반도에 전쟁이 일어날 가능성과 관련하여 응답자들은 '잘 모르겠다'는 유보층(34.6%)과 함께 일어날 가능성이 '있다'(31.8%)는 의견과 '없다'(33.6%)는 의견이 엇갈리고 있다. 이러한 응답 경향은 일반 국민들의 의견과 비슷하게 나타나고 있음을 알 수 있다.

〈표 8-16〉 한반도 전쟁 발발 가능성에 대한 의견

(단위 : 명)

전쟁이 일어날 가능성이 매우 높다	11(10.6%)
전쟁이 일어날 가능성이 약간 있다	22(21.2%)
잘 모르겠다	36(34.6%)
전쟁이 일어날 가능성이 별로 없다	25(24.0%)
전쟁이 일어날 가능성이 전혀 없다	10(9.6%)
합계	104(100.0%)

(11) 통일 문제와 관련한 의식의 종합 평가

새터민들의 통일 문제와 관련한 의식을 종합적으로 평가해 보면 다음과 같다. 먼저, 통일 문제에 대한 관심이나 통일에 대한 의지는 일반 국민들에 비해 다소 높게 나타나고 있지만 통일 가능 시기와 관련하여서는 다소 많은 시간이 소요될 것이라는 일반 국민들과 비슷한 전망치를 내놓고 있다. 남북한 간 정치나 경제 부문의 교류가 시급하다는 견해와 함께 대북지원이 확대될 필요성이 있다는 의견이 비교적 지배적이라는 점에서도 일반 국민들의 의견과 크게 다르지 않다는 것을 알 수 있다.

개인차가 있겠지만 상당수의 새터민들이 경제적 어려움과 같은 생활고를 피하기 위해 탈북을 하였고, 단신으로 탈북한 사례가 많아서 아직도 북한에 가족들이 남아 있는 경우가 많은 것으로 알려져 있다. 이러한 점들을 미루어 보면, 이들에게는 우리 일반 국민들이 우려하는 바와 같이 통일 이후 혼란상이나 통일비용에 대한 경계의 인식보다 우선 통일을 통해 북한의 가족들과 만나는 일차적인 목적이 그 배경에 있기 때문으로 풀이된다. 자연 통일 문제에 대한 관심이나 의지도 높을 수밖에 없다고 하겠다. 또한 경제 부문의 교류를 통해 북한의 경제난을 해결하는 데 도움을 주려는 의지가 엿보이는 것도 같은 맥락에서 이해될 수 있다. 그리고 이러한 응답 경향은 통일을 원하는 주체와 관련하여 '북한 주민'이라는 의견이 상대적으로 높게 나타나고 있는 것과도 무관하지 않음을 알 수 있다.

한편, 통일을 원하지 않는 주체들로 '북한 정권'과 '주변 강대국'이 지적되고 있는데, 북한의 경제적 어려움을 김정일 정권에게로 귀속시키고 있기 때문으로 추정해 볼 수 있을 것이다. 주변강대국의 경우도 북한 당국이 그동안 강조해 온 바, 주변강대국(특히 미국)의 대북 안보 위협이나 경제 제재 조치 등이 북한의 생존 위기가 직결된다고 선전해 온 것에서 그 이유를 찾아볼 수 있을 것이다.

통일 방식과 관련하여서는 '남한을 중심으로 하는 흡수통일 방식'을 더 선호하고 있고, 그 연장선상에서 통일 한국의 이념에 대해서도 '자유민주주의'와 '자본주의'라는 응답 비율이 높게 나타나고 있다. 이것은 이들이 일상생활을 중심으로 남북한 간의 격차를 감지하고 있으면서도 탈북 이후 이미 남한 사회를 선택하였다는 현실 인식 이외에도 외형적으로 풍요롭게 보이는 남한 경제체제 및 실상에 대한 일종의 무비판적인 경외가 그 밑바탕에 자리하고 있기 때문으로 평가해 볼 수 있다.

이번 조사에서 새터민들은 유・무형의 통일이익과 관련하여 '경제적 이익 증대' 및 '방위비 절감'과 같은 유형의 이익과 함께 '국제적 위상 제고'나 '이산가족문제의 해결'과 같은 무형의 통일이익을 가장 많이 지지하고 있어서 역시 경제 부문에 많은 관심을 갖고 있는 것으로 해석된다.

한편, 대부분의 대구지역 새터민들이 노무현 정부의 출범 이후 비슷한 시기에 남한 사회로 유입된 특성을 갖고 있는데, 이들의 대북 정책에 대한 지지도는 일반 국민들보다 높게 나타나고 있다. 현 정부의 대북지원과 관련하여 앞서 언급한 바와 같이 북한의 경제적 어려움을 해소하는 데 부분적인 도움을 준다는 것 자체만으로도 이들에게는 긍정적인 인식을 갖기에 충분할 것이라고 추정된다.

끝으로, 전쟁 발발 가능성과 관련하여서는 찬반의 의견이 팽팽하게 맞서고 있는데, 일반 국민들과 마찬가지로 전쟁의 발발 가능성에 대해서는 낮게 평가하고 있다. 여기에는 이들의 희망이 강하게 자리하고 있기 때문으로 풀이된다.

3) 새터민의 사회배경 요인 및 남한 사회 적응 정도가 통일 문제에 관한 의식에 미치는 영향

(1) 새터민의 사회배경 요인이 통일 문제에 관한 의식에 미치는 영향

새터민의 사회배경 요인별로 통일 문제에 관한 의식에 미치는 영향과 관련하여 통계학적으로 유의미한 관계($p < 0.05$)를 보이고 있는 사항들만 살펴보면 다음과 같다. 먼저, 성별 특성을 살펴보면, 북한 체제의 변화 가능성($p=.005$)과 통일에 대해 반대하는 주체($p=.031$)와 통계학적으로 유의미한 상관관계를 나타내고 있다. 남성보다는 여성이 북한 체제의 변화 가능성에 대해 더 긍정적인 평가를 보여주고 있고, 통일을 반대하는 세력으로 '북한 정권'에 대해서도 여성의 응답 비율이 더 높게 나타내고 있다.

둘째, 연령별 특성에서 보면, 남북 교류 우선 분야($p=.049$)와 관련하여 30대 계층의 '경제 및 인적 교류'에 대한 응답비율이 다른 계층에 비해 높게 나타나고 있다. 그리고 통일 한국의 이념($p=.009$)과 관련하여서는 연령이 높을수록 '자유민주주의와 자본주의'에 대한 지지율이 상대적으로 높게 나타나고 있다. 반면, 30대 이하의 계층에서는 '특정한 이념에 사로잡힐 필요가 없다'라는 반응이 높게 나타나고 있다. 또한 통일 가능 시기($p=.009$)와 관련하여서는 연령층이 높을수록 많은 시간이 필요하다고 응답하고 있다.

셋째, 학력과 관련하여서는 남북한 간 이질감 중 '생활습관 차이'(p=.049)와 관련하여 고학력층일수록 이질감을 상대적으로 덜 느끼는 것으로 조사되었다. 통일 의지(p=.000)와 관련하여서는 고학력층일수록 '점진적이거나 적극적인' 통일의지를 표명한 반면 저학력층일수록 '현상 유지'를 바라는 응답 비율이 높게 나타나고 있다. 통일 한국의 이념(p=.041)과 관련하여서는 대학 재학 이상의 응답자 층에서 '특정한 이념에 구애될 필요가 없다'고 대답하고 있다. 또한 무형의 통일이익(p=.009)과 관련하여서는 소학교 졸업자 집단에서는 '이산가족문제의 해결', (고등)중졸 중퇴 집단에서는 '전통문화의 계승 발전', (고등)중졸 집단에서는 '국제 위상 제고와 이산가족문제의 해결 및 민주화의 실현' 등에 고른 응답비율을 나타내고 있고 대학재학 이상의 집단에서는 '국제적 위상'과 관련한 응답비율이 높게 나타나고 있다.

넷째, 거주기간별 특성과 관련하여서는 남북한 간 사회제도의 이질성에 대한 차이(p=.013)에 대해 거주기간이 길수록 '이질감'을 많이 갖고 있는 것으로 나타났다. 통일을 원하는 주체(p=.000)와 관련하여서는 '3년 이만'의 계층 집단에서 '북한 주민'이라는 응답 비율이 상대적으로 높게 나타나고 있다.

다섯째, 출신 지역별 요인에서는, 통일 의지(p=.000)와 관련하여 함경북도 출신일수록 적극적인 의견을 피력하고 있고, 통일세력(p=.000)과 관련하여서도 함경북도 출신들이 '북한 주민'이라는 지적을 더 많이 하고 있는 것으로 나타났다. 그러나 노무현 정부의 대북 정책에 대한 평가(p=.009)와 관련하여서는 함경북도 출신보다 타지역출신의 지지 비율이 상대적으로 높게 나타나고 있다.

여섯째, 새터민의 월 평균소득별 특성에서는 남북한 간 언어의 이질성(p=.025)과 관련하여 저소득층이 느끼는 '불편'이 고소득층보다 높게 나타나고 있다. 반통일 세력(p=.002)에 대한 질문과 관련하여 '51~100만 원 미만'의 소득 계층에서는 '북한 정권'을, '50만 원 미만'과 '151~200만 원'의 계층에서는 '북한 정권'과 '주변국가'의 응답비율이 각각 상대적으로 높게 나타나고 있다.

일곱째, 북한에서의 직업별 요인과의 교차분석에서는, 통일 의지(p=.024) 및 무형의 통일이익(p=.024)의 요인들이 유의미한 관계를 나타내고 있다. 무직 내지 노동자계층일수록 통일 의지가 높게 나타나고 있고, '국제적 위상 제고'에 대한 응답비율이 각각 높게 나타나고 있다. 한편, 현재의 직업별 특성과 관련하여서는 남북한 간 언어의 이질성(p=.000)을 '전문직'보다 '무직' 집단에서 상대적으로 많이 느끼고 있는 것으로 분석된다.

이상에서 새터민들의 사회배경 요인들이 통일 문제에 미치는 영향은 위에서 살펴본 것처럼 그리 크지 않다고 평가된다. 일부의 요인들이 특정한 문항과 관련하여 통계학적으로 유의미한 관계를 나타내고 있을 뿐이다. 그렇지만 저학력, 무직자 내지 노동자계층, 월평균 소득이 상대적으로 낮은 집단일수록 특정 분야의 남북한 간의 이질감에 대해 다른 집단보다 비교적 많이 느끼는 것으로 평가되고 있다. 통일세력과 관련하여서 '북한 주민'을, 통일 한국의 미래상과 관련하여 '특정한 이념에 구애받을 필요가 없다'라는 의견이 더 지배적이라는 것을 알 수 있다. 남북한 교류 우선 분야와 관련하여서도 비교적 '경제적 분야'에 대한 응답비율이 상대적으로 높게 나타나고 있다. 이들 집단이 물질적인 측면에서 상대적으로 남한 사회에 대한 적응력이 뒤떨어질 가능성이 높다는 점에서 이들의 응답 경향을 해석해 볼 수 있다. 한편, 통일 의지와 관련하여서도 저학력 집단과 함경북도 출신, 무직 및 노동자계층일수록 상대적으로 적극적인 의견을 피력하고 있는 것으로 각각 나타나고 있다. 상대적으로 남한 사회에 적응하는 데 있어서 여러 가지 어려움을 겪을 가능성이 높은 소외집단일수록 이러한 경향이 더 많이 나타날 것이라는 추정이 가능해진다. 따라서 이들 집단을 대상으로 남한 사회 적응 프로그램의 특별한 운영이 필요하다고 판단된다. 예를 들어 새터민들의 정착 지원시설인 하나원에서 운영하는 교육 프로그램들이 실효성을 얻지 못한다는 비판을 받기도 하는데, 이러한 응답 경향을 반영하여 정착 지원 및 교육 프로그램을 새터민의 특성에 맞게 차별적으로 운영하는 등의 개선책이 마련되어야 한다고 본다.

(2) 남한 사회 적응력 평가와 통일 문제에 관한 의식 간의 상관성 분석

한편, 새터민 자신이 주관적으로 평가한 남한 사회 적응 정도가 통일 문제에 관한 제 의식에 어떤 영향을 미치는지 살펴보면 다음과 같이 분석된다. 북한 체제의 변화가능성(p=0.003)과 김정일 정권의 교체 가능성(p=0.027), 유형의 통일이익(p=0.033) 및 통일 가능 시기(p=0.024)의 요인 등이 통계학적으로 유의미한 관계($p<0.05$)를 나타낼 뿐 사회배경 요인별 특성에서와 같이 다른 요인들은 그러하지 않은 것으로 나타나고 있다. 전체적으

로 보면, 남한 사회 정착이 비교적 순조로울수록 김정일 정권 교체와 함께 북한 체제의 변화가능성을 높게 평가하고 있으며 조기에 통일이 이루어질 것이라는 전망치 또한 높게 제시하고 있는 것으로 분석된다. 먼저, 북한 체제의 변화 가능성과 관련하여서는 적응력이 높다고 스스로 판단한 응답자일수록 '개방 속도가 빨라질 것'이라는 의견이 더 많이 나타난 반면, 적응력이 '낮다'라고 생각하고 있는 응답자는 '점진적인 개방'의 지지율이 다소 높게 나타나고 있다. 둘째, 김정일 정권의 교체 가능성과 관련하여서는 적응력이 높다고 생각하는 응답자일수록 교체가능성을 다소 높게 평가하고 있는 것으로 나타나고 있다. 한편, 유형의 통일이익과 관련하여서는 적응력의 정도가 양 극단에 위치하는 응답자일수록 '경제적 이익 증대'의 응답비율이 다소 높게 나타나고 있다. 끝으로, 통일 가능 시기와 관련하여서는 적응력이 '낮다'라고 판단하고 있는 응답자일수록 통일이 더디게 이루어지거나 어려울 것이라는 응답 비율이 다소 높게 나타나고 있다. 그러나 나머지 문항들은 새터민들의 지역사회 적응 정도가 통일 문제와 관련한 의식구조에 별다른 영향을 미치지 않고 있다.

3. 평가 : 새터민의 북한 사회 및 통일 문제에 대한 의식

그동안 우리는 통일 문제를 이야기하면서 남한 사회 중심의 사고를 주로 다루어 온 것이 사실이다. 조금만 더 주의 깊게 생각해보면, 통일은 남한 사회만의 전유물이 될 수 없다. 또 다른 파트너로서 북한 주민들이 통일 문제를 어떻게 생각하고 있는가에 대해서도 돌아볼 필요성이 있기 때문이다. 이런 견지에서 본 연구는 남북한 간 문화의 교차 지점에서 생활하고 있는 새터민의 통일 문제에 대한 의식구조를 분석해 보고자 하였다. 이들이 북한에서 온 사람이라는 특별한 이방인이 아니라 이미 우리 사회의 주권을 공유하고 있는 사람들이란 사실에서 비록 우리 사회의 소수이지만 이들이 갖고 있는 의의를 생각해 보면 그리 간단하게 취급될 수 있는 성질의 것이 아님이 분명하다. 향후 지속적으로 이들의 통일 문제에 대한 의식 구조를 심층적으로 분석하여 그 정책적 대안을 찾아나가야 할 것이다. 한편으로는 이를 통해 북한 주민들의 통일 문제에 대한 의식구조를 간접적이나마 평가해 보고 그를 토대로 통일 대비의 한 전략적 자료로 삼는 작업이 필요하다고 하겠다.

본 연구가 1회의 조사에 의한 횡단면적인 분석에 머무를 수밖에 없지만, 이들은 일반 국민들에 비해 통일 문제에 대한 관심이나 의지를 상대적으로 더 많이 갖고 있는 것으로 나타나고 있다. 또한 남북한 간에 정치나 경제체제가 아니라 일상생활을 중심으로 한 이질감을 더 많이 느끼고 있는 것으로도 조사되었다. 반면에 통일 방식이나 대북지원에 대한 의견 등 많은 문항에 있어서는 일반 국민들이 평가하고 있는 것과 크게 다르지 않다는 점도 분석되었다. 아울러 사회배경 요인이나 남한 사회의 적응력이 통일 문제에 대한 의식에 미치는 영향에 대해서도 일부 요인들만이 유의적인 상관관계를 나타내고 있는 것으로 평가되었다. 아울러 이들의 남한 사회 적응이 순조로울 때 통일 문제에 대한 의식도 비교적 긍정적인 경향을 나타낼 것이라는 단서를 발견할 수 있었다는 점에서 이에 따른 구체적인 방안이 모색되어야 할 것이다.

새터민은 남한 사회에서 새로운 삶의 희망을 갖고 사는 사람들이다. 앞서 언급한 바와 같이 이들의 남한 사회 적응은 단기적으로 우리 사회 구성원의 일부분으로서 특정 소외집단으로서의 삶의 문제로 취급될 수 있지만, 장기적인 안목에서 볼 때 이들의 남한 사회에의 적응이 곧 우리 사회의 통일 문제와 직결될 수도 있다는 점에서 시사하는 바가 적지 않다. 만약 이들의 적응이 실패하여 영원히 우리 사회의 '이등 시민'으로 전락하고 만다면 통일은 결코 만만치 않은 부정적인 과업의 하나로 취급될 수 있기 때문이다. 이들의 남한 사회 적응이 원만하게 이루어질 경우 이러한 시금석을 통해 통일 문제도 그만큼 쉽게 다가갈 수 있다는 해석이 가능해진다. 앞서 본 바와 같이, 남한 사회 적응에 있어서 상대적으로 어려움을 많이 느낄 것이라고 추정되는 새터민들의 경우 통일 문제와 관련하여 그렇지 않은 사람들에 비하여 차별된 다소 부정적 의견들을 가지고 있었다는 점에 주목할 필요가 있다. 따라서 이들이 우리 사회 구성원의 일원으로서 지역사회에 조속히 적응하도록 정착 지원 시스템을 강화하여야 하며 이들에 대한 물질적, 심리적 지원 체계가 효율성을 확보하여야 함은 당연한 귀결이다.

물론 우리 사회구성원들 또한 이들에게 향하고 있는 부정적인 또는 불편한 인식을 불식시켜 나가야 할 것이다. 이와 함께 이들의 정착 지원 시스템의 운영에 대해 일반 국민들의 관심과 배려도 촉구해 본다 이들의 남한 사회 적응이 곧 통일 이후 사회통합과정에서 만나게 되는 여러 가지 난제들을 함축하고 있다는 데 인식을 같이해야 할 것이다.

나아가 새터민이 통일의 전령사로서 적극적으로 활동할 수 있는 터전의 제공을 제안해 본다. 예컨대 남한 사회 내에서 통일 교육의 자원 활용에 대한 검토를 신중하게 해 보아야 할 것이다.[18] 이것은 남한 사회 내의 통일 교육 활성화에도 기여할 것이지만 이들의 물질적, 심리적 안정을 확보하는, 그리하여 남한 사회의 적응을 돕는 하나의 대안이 될 수 있기 때문이다. 특히 새터민들이 통일 교육 자원으로 활용될 수 있다는 점을 감안해 보면 이들이 갖고 있는 통일 문제에 대한 시각이 우리 사회 구성원들의 그것과 비교하여 유리되거나 편향되고 있는 것은 아닌지 그리고 정부가 세우고 있는 통일 교육의 목표와 어느 정도 일치되고 있는지, 또한 우리 일반 국민들의 통일 문제에 대한 의식과는 어떻게 차이가 나는지 등에 대해 앞으로도 지속적인 관심을 갖고 검토해 나가야 할 것이다.

18) 참고로 이들을 대상으로 실시한 설문조사에서 통일 교육 강사로 참여하고 싶은 의사를 질문한 결과, 응답자의 52.9%가 '찬성'의 의사를 밝히고 있다. [배한동 외, 「북한이주민의 지역사회 적응 실태 분석을 통한 통일 교육 자원 활용 가능성 연구」, 『한국동북아논총』, 제36집(한국동북아학회, 2005) pp. 240-241.]

제9장 다시 새터민을 생각하며 : 새터민과 함께하는 통일 교육 프로그램*

제1절 새터민이 함께하는 통일 교육 프로그램의 필요성

1. 통일 교육의 현황과 문제점

과거 권위주의 정부 시절 통일 교육의 핵심적인 목표와 내용은 남북한 간 체제의 경쟁을 전제로 북한의 대남침략에 대응하여 남한의 자유민주주의 체제를 수호 또는 방어하거나 오히려 북한으로의 확대라는 지향점을 가지고 있었다. 이는 국민들에게 북한 사회의 실상을 정확히 알리는 것보다는 북한 체제의 부정적인 모습을 극대화시키는 데 치중할 수밖에 없었다. 또한 정치・경제체제의 통합에 무게중심을 두다보니 사회・문화적 통합이나 심리적인 차원의 통합에 대한 논의는 상대적으로 경시되었다. 이후 분단이 장기화되면서 남북한 간에는 여러 부문에 걸친 이질화가 진행되는 결과를 낳게 되었고, 나아가 사회구성원들이 통일 문제에 대한 합리적인 인식의 틀을 갖추지 못하거나 통일 환경의 변화에도 불구하고 통일 이후 남북한 사회통합과정이나 통일비용에 대한 올바른 가치관의 정립마저 어렵게 만들고 말았다.

더욱이 일부이겠지만 일선 학교 현장에서의 통일 교육은 심각성마저 드러내고 있다. 도덕과 등을 중심으로 통일 교육이 이루어지고 있지만 적어도 필자의 경험으로는 정작 교육 당사자인 교사들 또한 위에서 지적한 우리 사회의 통일 교육 문제점의 중심에서 벗어나지 못하고 있음을 어렵지 않게 발견할 수 있기 때문이다. 교육과정 편제상 학기말에

---

* 이 장의 서술 내용은 졸고 「북한 이주민을 활용한 통일 교육 프로그램 개발」, 『중등교육연구』, 제53집 제3호(경북대학교 사범대학 부속 중등교육연구소, 2005)를 중심으로 재작성한 것임을 밝혀 둔다.

위치한 탓에 교과서를 그냥 읽고 지나가는 경우도 있다고 한다. 이러한 상황의 연출에는 무엇보다 교사들 자신이 통일 문제에 대한 무관심과 함께 일종의 통일기피 심리가 깔려 있을 터이고 그러한 가운데 북한 사회에 대한 객관적인 이해의 부족이 적지 않은 요인으로 작용하였을 것이라 추정된다.

2. 통일 문제에 대해 무관심한 청소년들

오늘날 청소년들에게는 민족의 통일 문제가 일상으로서 취급되기보다 암기 위주의 비일상적인 교과 내용의 한 부분으로 인식되는 상황에까지 이르고 있다. 미래 우리 사회의 통일의 주역들에게 통일 문제에 대해 적절한 동기 유발을 해내지 못하고 있기 때문인데, 결국 이에 대한 관심마저 점차 감소하고 있는 형국이다. 상당수의 청소년들은 남북한 통일 문제와 관련하여 '그냥 이대로 지냈으면' 하는 바람을 애써 감추지 않는 것이 현실이 되어 버렸다. 이는 건전한 대북한관이나 북한 사회에 대한 객관적인 이해의 부족 및 통일 문제에 대한 의식구조의 취약성으로 이어지고 있다. 나아가 통일에 대한 의지를 약화시킬 뿐만 아니라, 통일 한국의 미래상에 대한 확고한 비전도 체득하지 못하는 등 결코 바람직하지 못한 상황이 전개되고 있다. 엄청난 규모의 통일비용에 놀라워하거나 그 지불에 주저하면서도 정작 적지 않게 지불되고 있는 분단비용에 대해서는 생각할 기회조차 부여되고 있지 못한 것이 오늘 우리 사회의 통일 교육의 현주소라는 점에서 심각성을 더하고 있다.

3. 새터민이 함께하는 학교 통일 교육의 필요성과 그 활성화

이와 같은 상황 속에서 학교 통일 교육의 효율성 확보를 위해 일차적으로는 피교육자들인 청소년들에게 북한 및 통일 문제에 대한 관심을 고취시키고 통일의 참된 의미를 깨닫게 하며, 그 의지를 제고시키는 것이 급선무가 아닐까 한다. 이는 통일부가 발간하고 있는 통일 교육기본지침서상의 통일 교육의 목표들에서도 뒷받침되고 있다. 따라서 필자는 그 구체적인 한 방안으로서 '새터민이 함께하는 통일 교육 프로그램'의 확대 보급을 제시해 보고자 한다.

청소년들을 중심으로 광범위하게 확산되는 통일 문제에 대한 무관심을 극복하고 북한 사회에 대한 객관적인 실상들을 전달함으로써 남북한 사회통합과정상의 여러 가지 해법을 모색해 보도록 하는 등 건전한 대북관과 통일관을 가질 수 있는 하나의 촉매제 역할을 새터민들이 수행해낼 수 있다고 판단되기 때문이다.

이는 필자가 2006년도에 대구 시내 5개 중학교를 대상으로 검증한 새터민들이 함께하는 통일 교육 프로그램의 개발과 2007년부터 2009년까지 대구시내 20여 개 중학교를 대상으로 진행한 프로그램 확대 적용의 성과에 바탕하고 있다. 특히 필자는 이 프로그램의 확대 방안 모색을 위한 몇 가지 논의를 제시해 보고자 한다.

제2절 새터민이 함께하는 통일 교육 프로그램의 개발과 적용

1. 새터민이 함께하는 통일 교육 프로그램의 개발

새터민이 함께하는 통일 교육 프로그램의 개요는 다음과 같다.

1) 목표

통일 교육 목표로서 청소년들의 통일 문제에 대한 관심도를 끌어올리고 북한 사회에 대한 객관적 이해력 증진을 일차적인 목표로 삼는다. 분단의 장기화에 따른 남북한 간의 이질성을 확인하고 통일 이후 남북한 사회통합과정에서 발생할 수 있는 여러 가지 문제점 등에 대해 예견해 볼 수 있는 기회를 제공한다. 이를 통해 청소년들이 건전한 대북한관의 정립과 함께 통일 의지의 제고 등 합리적인 통일관을 정립하도록 하는 데 그 목표를 둔다.

아울러 일선 현장의 교사들도 이 프로그램의 운영을 통해 통일 문제에 대한 관심이나 의지의 제고를 도모하고, 북한 사회에 대한 여러 가지 정보를 수집·분석하여 적극적으로 수업에 활용하는 계기를 부여하며, 통일 교육의 새로운 교수법의 한 방안으로 이 프로그램을 채택하는 등 통일 교육의 효율성을 높여보고자 하는 데 의의를 둔다.

2) 수업 내용

이 프로그램이 구체적으로 새터민을 활용하여 북한 실상에 대한 학생들의 이해력을 증진시키는 것을 하나의 목표로 삼고 있다는 점에서 중학교 2학년 도덕 교과서의 편제에 따라 'Ⅱ. 바람직한 국가·민족생활', '4. 남북통일과 통일 실현 의지', '(2) 북한사회의 이해' 단원(교과서 pp. 265 ~ 274)의 북한의 정치, 경제, 사회생활, 학교 및 문화생활 부문을 중심으로 한 4차시 수업 모형을 개발하였다.

3) 수업 진행 방식

이 프로그램은 새터민과 교사가 함께 수업을 진행하는, 2인 1조가 되는 팀티칭 수업진행 방식을 취하고 있다. 교사가 주도하여 수업 내용을 이끌어가는 가운데 새터민이 자신의 북한에서의 경험을 보조적으로 전달하는 수업 형태이다. 새터민과 학생들 간에 수업 내용과 관련한 자유로운 질의 및 응답 형태의 수업 편성을 통해 대화 중심의 수업지도안을 개발하였다.

청소년들에게 낯선 새터민의 통일 교육 수업 참여만으로도 학생들에게 수업의 흥미나 관심을 자극시킬 수 있다는 점에서 그리고 수업내용을 직접 경험하지 못한 교사를 대신하여 새터민이 보조적으로 북한의 여러 실상을 전달할 수 있다는 점에서 수업의 효율을 높여줄 수 있을 것으로 기대되었다.

4) 수업 지도안 작성과 수업 운영[1)]

이 프로그램에 참여하는 학생들을 대상으로 수업 내용과 관련하여 새터민에게 질문하고자 하는 내용을 수업 개시 전에 설문지를 배부하여 작성하도록 하고 회수된 설문지를 검토하여 예상되는 질문과 답변을 미리 준비하여 시나리오를 작성하여 수업지도안 편성에 임함으로써 수업 분위기의 산만함을 가급적 줄이도록 하였다.

아울러 현실적으로 북한 사회가 갖는 폐쇄성으로 인해 새터민들이 직접 경험하지 못한 수업관련 내용에 대하여 사전에 정보를 수집 분석하여 수업시간에 전달하고자 하는 의도에서이다.

---

1) 구체적인 프로그램 내용은 〈표 9-1〉 수업지도안[略案](학교생활 및 문화생활 편)(534쪽)을 참조할 것.

5) 수업 운영을 위한 각종 연수 프로그램 별도 운영

수업 운영과 관련하여 교사들이 수업이 실시되기 전에 새터민과의 여러 차례에 걸친 간담회를 개최하여 협의하도록 하였다. 팀티칭의 수업진행방식을 채택하므로 교사와 새터민간의 수업 진행상의 호흡을 조율하는 과정의 일환이다.

또한 교사들을 대상으로 필자가 북한 사회의 분야별 최근 현황 자료들을 중심으로 오리엔테이션을 실시하고 관련 수업 내용에 대한 수업지도안 작성 및 수업 운영과 관련한 계획을 함께 수립하는 한편, 수업에 필요한 각종 시청각자료 등 교구들의 공동 개발을 통해 교사들이 수업지도안을 최종 작성하여 운영하도록 하였다. 이를 위해 사전에 현장의 교사들이 작업에 참여하였다.

6) 평가 작업

한편, 새터민이 함께하는 통일 교육 프로그램의 수업 운영 과정에서 이 프로그램에 참여하는 교사들을 중심으로 수업에 대한 평가 작업을 실시하였다. 이는 실제 수업과정에서 나타난 문제점이나 그 개선 방안을 찾아 피드백이 이루어지도록 함으로써 이 프로그램의 효율성을 높이고자 하는 의도에서이다.

또한 이 프로그램의 효율성 평가 자료의 확보를 위해 학생과 교사집단으로 크게 나누어 수집하였다. 학생들의 경우는 프로그램의 적용 후 설문조사와 함께 소감문을 작성하도록 하여 수업의 효율성에 대한 평가를 실시하였다.

교사들의 경우는 ① 대구 시내에 근무하는 도덕과 교사들을 대상으로 공개수업을 실시하고 참관록을 작성하도록 하여 이를 분석하였으며, 공개수업 당일 참관 교사들과의 협의회를 개최하여 프로그램 운영 전반에 관한 조언을 청취하고자 하였다. 또한 ② 이 프로그램에 참여한 교사들을 대상으로 소감문을 별도로 작성하도록 하여 그 자료를 분석에 함께 적용하였다.

이러한 절차를 통하여 새터민이 함께하는 학교 통일 교육 프로그램은 두 차례의 평가 작업을 거쳐 표준 수입지도안을 작성·제시하였다. 즉, 북한의 정치, 경제, 사회, 학교 및 문화생활과 관련하여 4차시 수업모형을 제시하였다.

7) 새터민의 인력풀 구축

교육현장에 새터민이 직접 나서서 수업을 공동으로 진행해야 한다는 점을 감안해 보면 새터민의 자질이나 능력이 중요한 변인이 아닐 수 없다. 새터민 각자가 보유한 자질이나 능력에 관한 여러 가지 정보를 민간단체인 북한이주민지원센터로부터 전달받아 대상자를 토대로 선별한 후 당사자들의 의사를 파악하여 10명 내외의 인력풀을 구성하였다.

무엇보다도 이 프로그램이 교육현장에서 직접 적용된다는 중요성을 감안하여 최소한의 학력이나 경력 요건을 설정하였다. 즉, 대학교 재학 이상의 학력을 보유하거나 각종 특강 프로그램에 참여한 경험이 있는 새터민들을 대상으로 인터뷰를 실시한 후 자격 여부를 판단하여 성, 연령, 거주기간 및 거주지 등의 여러 정보를 토대로 대상 학교를 선정하여 배치하도록 설계하였다.

2. 새터민이 함께하는 학교 통일 교육 프로그램의 적용

1) 개요

2007년부터 2009년까지 대구시교육청에서 2,000만 원의 예산(수당 및 교통비 포함)을 확보하여 대구 시내 20여 개 중학교를 대상으로 새터민이 함께하는 통일 교육 프로그램을 적용하였다. 매년 거점학교를 제외하고 가급적 다른 학교를 선정하여 이 프로그램의 확대를 도모하였다.

새터민의 인력풀은 확대되어 연인원 11명이 이 프로그램에 참여하였다. 매년 4월부터 12월까지 방학기간을 제외하고 실시하였다. 이 과정에서 현장의 도덕 교사들로 구성된 교과연구회가 구성되어 해당 중학교 교사들을 대상으로 한 연수회를 개최하여 수업진행에 대한 개요와 유의점 등을 설명하였다.

또한 거점학교를 운영하면서 프로그램 운영 전반에 대한 기본적인 자료와 정보를 공유하도록 유도하고 공개수업을 실시하여 사전에 이 프로그램에 참여하는 현장 교사 및 새터민에 대한 연수 기회도 가졌다.

〈표 9-1〉 교과연구회의 주요 활동

주제	새터민과 함께하는 통일 교육 프로그램 개발 및 확대 방안 연구
목적	새터민과 함께하는 통일 교육을 위한 수업지도안을 개발하고 이를 대구 시내 22개 학교에 확대 적용함으로써 통일의식을 고취시키고자 함.
내용	1. 새터민과 함께하는 통일 교육 프로그램 개발 및 적용 2. 새터민과 담당교사를 대상으로 연수회 실시 및 자료(CD) 보급 3. 대구 시내 22개 학교에 효과적으로 적용하기 위한 거점학교 운영 및 공개수업 개최 등
효과	새터민과 함께하는 통일 교육을 개발하고 확대 적용함으로써 프로그램에 참여한 22개교 학생들과 교사들의 현실감 있는 북한 이해와 더불어 건전한 대북관이 형성되고 통일의식이 함양됨.

2) 종합 평가

새터민과 함께하는 학교 통일 교육 프로그램은 매우 큰 성과를 거둔 것으로 평가된다. 교육 현장에 있는 교사는 물론이고 학생들 사이에서 매우 높은 호응도를 도출할 수 있었다. 수업평가 설문지나 공개수업에 참관한 교사들의 참관록 등을 통해 그 반응을 간추려 보면 다음과 같다.

(1) 평소 접하기 어려운 새터민을 수업에 참여시킴으로써 학생들의 동기가 유발되었고, 현실감 있는 수업내용으로 인해 수업에 대한 관심도와 참여도가 매우 높았다.

(2) 북한 사람에 대한 거리감과 북한사회에 대한 부정적 시각이 수업을 통해 많이 개선되었다.

(3) 교사와 학생이 새터민을 통해 북한사회에 대한 정보를 직접 듣게 됨으로써 현실감 있는 수업이 가능하였다.

(4) 수업 전과 비교해 보았을 때 북한에 대한 관심도가 높아졌고 통일의 필요성을 느끼는 학생들이 많아졌다.

(5) 새터민들은 북한에서의 다양한 삶의 경험을 가지고 있으므로 이들의 학교 통일 교육 참여는 학생들에게 북한사회에 대한 이해의 폭을 넓히고, 통일에 대한 관심이나 흥미를 유발시켜 통일 교육의 활성화에 일정 부분 기여할 수 있을 것이다.

(6) 통일 교육에 대한 새로운 방법을 제시한 것으로 평가되었고, 참관 교사들이 '새터민과 함께하는 통일 교육 프로그램'이 확대되어야 함을 공감하게 되었다.

(7) 기타 효과로서 새터민과 함께하는 통일 교육 프로그램은 교육계는 물론 통일부와 같은 유관 정부 부처나 언론계의 주목에서도 이 프로그램의 성과가 입증되었다. 이 프로그

램에 대한 통일부의 담당 공무원들과의 협의나 지역 언론계의 보도가 이를 증명하고 있다. 즉, 새로운 방식의 통일 교육에 대한 지역사회의 관심을 환기시키는 데 기여하였다고 평가되었다. 지역의 언론에서 긍정적인 평가를 받고, 신문과 라디오 방송(영남일보, 대구시민일보, 대구 KBS방송)을 통해 지역사회에서 이 프로그램의 성과를 널리 홍보할 수 있는 계기가 되었다. 따라서 학교 통일 교육뿐만 아니라, 사회 통일 교육의 활성화에도 이 프로그램은 일정한 기여를 할 수 있을 것으로 전망되었다.

(8) 새터민과 함께하는 통일 교육 수업의 확대에 대한 요구에 따라 2007년에는 22개 학교로 확대 적용되었을 뿐만 아니라, 2008년도와 2009년에도 20여개의 중학교가 이 프로그램에 참여하고 있어서 그 효율성이 입증되고 있다.

(9) 참고로 이 프로그램은 중점적으로 설계된 도덕 교과의 경계를 넘어서고 있다. 2007년 이 프로그램이 실시되는 가운데 역사나 국어교과의 수업에 새터민이 참여한 바 있고, 2008년 5월 경북지역의 한 중고등학교 지리교과의 수업시간에 새터민이 참여하여 큰 호응을 이끌어낸 바 있다. 따라서 새터민이 참여하는 교육 프로그램은 도덕교과뿐만 아니라, 관련 있는 여타 교과에 확대 적용될 필요가 있고, 중학교뿐만 아니라, 초등학교나 고등학교 교육과정에까지 확대 적용의 필요성과 가능성이 입증되고 있다.

제3절 새터민이 함께하는 통일 교육 프로그램의 확대를 위한 과제

1. 협력시스템(컨소시엄) 구축의 필요성

이 프로그램의 확대 보급을 위해서는 먼저 대학(관련 연구소나 학과 및 연구자)을 비롯한 관계 기관 및 민간단체들의 상호 유기적인 협력 시스템(컨소시엄)이 구축되어야 할 것으로 판단된다. 대학이 중심이 되어 지속적으로 통일 교육 프로그램을 개선 보완하는 작업을 관계 기관 및 단체들과 연계하여 지속적으로 전개해 나가야 할 것이다. 필요에 따라서는 중앙정부 부처(통일부 등)의 관련기관으로부터의 재정적 확보를 위해 공동으로 노력해야 한다고 본다. 아울러 언론기관의 협조 체계도 구축해야 할 것으로 보이는데,

적극적인 대사회 홍보를 통해 이 프로그램의 확대 보급을 위한 여론 기반 구축을 위해 기여할 수 있을 것으로 기대되기 때문이다.

2. 새터민과 함께하는 학교 통일 교육 프로그램의 확대 실시

새터민과 함께하는 학교 통일 교육 프로그램의 확대 실시를 위해 다음과 같은 의견들을 제시해 본다. 첫째, 이 프로그램은 대구광역시라는 광역자치단체의 경계를 넘어 전국적인 차원으로 확대될 필요가 있다. 기왕의 성과를 토대로 전국에 산재해 있는 새터민 가운데 이 프로그램에 참여할 수 있는 자원들을 대상으로 인력풀을 확대 구축하여 활용할 수 있다면 이 프로그램의 전국적 확대가 그리 어려운 작업은 결코 아니라고 보이기 때문이다. 특히 최근에는 경상북도의 구미지역에 북한이주민지원센터 분소가 개소되어 북부지역의 새터민들의 가용 능력이 향상되었을 뿐만 아니라, 전국적으로는 하나센터 등의 운영으로 나머지 지역에 대한 새터민의 인력풀 활용 가능성이 그만큼 늘어났기 때문이다.

둘째, 초등학교를 포함한 고등학교까지 이 프로그램의 확대 적용이 가능할 것이며, 나아가 학교 통일 교육뿐만 아니라, 사회 통일 교육의 장에서도 응용이 가능할 것이라고 판단되기 때문이다. 실제로 2005년과 2009년에는 각각 대구시의 파동초등학교와 경북 문경의 한 초등학교를 포함하여 대구와 경북지역 각 1곳의 (중)고등학교에서도 이 프로그램이 적용되어 성과를 이루어낸 바 있다.

셋째, 새터민과 함께하는 학교 통일 교육 프로그램이 비단 도덕 및 윤리 교과에 머물지 않고 관련 있는 타 교과영역에도 확산될 필요가 있다고 본다. 이를 위해서는 해당 교육당국이나 일선 학교 현장의 교사들에게 이 프로그램의 성과를 널리 홍보하고 관련 교과와 공동으로 새터민이 함께하는 수업이 운영된다면 이 프로그램의 성과는 자연스럽게 확산될 수 있을 것이다. 특히 새터민이 일선 학교 현장에서 타 교과의 의뢰를 받아 수업을 진행한 경우가 있었다. 국어를 비롯하여 역사나 지리 교과목 등이 그 예이다.

3. 새터민과 교사들의 자질 제고 문제

이 프로그램의 실시 과정에서 나타난 시사점 중에는 교사나 새터민의 특성이 어떻게 조합되는가가 적지 않은 영향을 미쳤다는 점을 들 수 있다. 즉, 이 프로그램이 새터민과 교사들의 팀티칭으로 이루어지는 관계로 이들의 성별, 연령별, 학력별 변인들을 종합적으로 고려하여 편성할 필요가 있다는 것이다.

현실적으로 20~40대의 여성을 주축으로 한 지역사회 새터민의 배경요인을 감안해 보면, 인력풀의 제약성이 뒤따를 수밖에 없었는데, 이는 향후 다양한 인력풀을 확충하는 과정에서 해소되어야 할 사항이라 하겠다. 또한 이는 관련 교육 당국의 적극적인 재정지원으로 자질이나 능력이 있는 새터민의 인력풀을 더욱 확대 유인하는 계기로 삼아야 함을 말해준다.

또한 새터민이 함께하는 통일 교육 프로그램의 구체적인 수업 내용이 변화하는 북한 사회의 모습을 다루고 있으므로 새터민과 함께 현장의 교사들에게는 효율적인 수업을 위한 적지 않은 노력이 수반되어야 한다. 따라서 교사나 새터민들을 대상으로 한 각종 연수회 등을 통해 지속적인 정보의 업데이트가 이루어질 수 있도록 함께 노력해 나가야 할 것이다.

4. 새터민들에 대한 처우 문제

이 프로그램에 참여하는 새터민들에 대한 심리적·물질적 안정을 확보해 줌으로써 이들이 좀 더 학교 통일 교육에 매진할 수 있도록 그 기반을 확충할 필요가 있다고 본다. 특히 이 프로그램에 참여하는 새터민들을 대상으로 명예교사 등의 형태로 위촉하는 방안을 제안해 본다. 이를 통해 새터민들에게 보조교사로서의 일정한 지위를 부여함으로써 자긍심이나 정체감을 가질 수 있도록 하는 동시에 학교의 수업 운영에 대한 사명감이나 책임감을 높일 수 있도록 독려하는 효과를 기대해 볼 수 있기 때문이다.

물론 이 제안은 사전에 충분히 명예교사로서의 자질을 갖춘 새터민들에 한정하여야 할 것이며 반드시 일정한 연수프로그램을 수료한 특정인에게 국한하여야 할 것이다.

5. 행정적·재정적인 지원 문제

이 프로그램의 확대 보급을 위해 다음과 같은 행정적·재정적인 지원책이 있어야 한다. 먼저, 새터민의 학교전담제와 같은 방안도 고려해 볼 수 있을 것이다. 이는 새터민이 특정 학교를 전담하여 통일 교육 프로그램(타 교과의 유사 프로그램 포함)의 계속성을 유지할 수 있다면 수업의 효율성을 좀 더 높일 수 있을 것으로 판단되기 때문이다. 당해 교사와의 교감은 물론이거니와 해당 학교의 교육 여건이나 환경 등 학교 현황의 제반 사정이나 정보에 대한 충분한 숙지를 나름대로 터득할 수 있는 기회를 제공할 수 있고 이것은 종국적으로 해당 수업의 진행에 훌륭한 밑거름이 될 수 있을 것이기 때문이다.

둘째, 재정적인 지원 확대 방안도 적극적으로 검토되어야 할 것이다. 수당(강사료 및 교통비 등)이 적절하게 지급되는 지에 대한 검토는 반드시 있어야 한다. 이 프로그램에 참여하는 새터민들에게 일정한 계약을 통해 금전적 보상이 적정하게 이루어질 수 있도록 함으로써 새터민의 경제적 안정에 기여할 수 있어야 할 것이다. 뿐만 아니라, 적절한 보상 체계 속에서 이 프로그램에 더한 새터민의 활발한 참여를 유인함으로써 풍부한 인적 자원 확보를 담보해 내야 할 것이다. 이는 향후 이 프로그램의 확대 보급이 이루어질 경우 안정적인 인력풀 구축과 운영을 위해 반드시 전제되어야 할 사항이기 때문이다.

제4절 새터민이 함께하는 통일 교육 프로그램의 확대를 위하여

새터민이 함께하는 통일 교육 프로그램은 일차적으로 학교 현장의 교사나 학생들에게 통일 문제에 대한 관심 제고를 주된 목표로 하고 있다. 새터민을 접하지 못한 교사나 학생들에게 호기심이나 흥미를 불러일으킬 수 있다는 점에서 일단 이 프로그램의 효용성은 어느 정도 입증되고 있는 것으로 보인다. 수업이 끝난 후 보여 주는 교사나 학생들의 반응들은 기대 이상이었기 때문이다. 그동안 일부 학교 현장에서 일종의 기피의 대상으로만 여겨졌던 통일 교육 영역에 새터민의 참여는 분명 참신한 대안의 수업 모형으로서 채택해 볼 수 있는 가능성을 열어주었다고 평가된다.

그렇지만 이 프로그램이 북한 사회에 대한 여러 분야의 정보를 모두 전달할 수 없을 뿐만 아니라, 건전한 통일관을 일거에 확립할 수 있다고 기대하기도 어렵다. 그럼에도 불구하고 이렇게 자극된 통일 문제에 대한 관심이나 흥미는 교사나 학생들로 하여금 이 분야에 대한 추가적인 정보의 인지 욕구를 불러일으킬 수 있을 것이다. 그러한 과정에서 통일 문제에 대한 합리적인 인식의 틀의 구축이 가능할 것이며 나아가 행동적인 영역까지 그 파동이 자연스럽게 전달될 수 있을 것이라 조심스럽게 기대해 본다. 나아가 북한 사회에 대한 정보 뱅크 네트워크의 설립 및 운영을 통해 이 프로그램과 연계시킴으로써 그 효율성을 극대화시킬 수 있을 것이다.

새터민의 현황을 자연스럽게 이해하고 그들과 함께 미래의 통일된 한국 사회에서 사회 통합과정에 어떤 어려움이 있을지를 미리 짐작해보고 지금부터 차근차근 무엇을 준비해 나가야 하는지 고민해 보는 것도 이 프로그램이 의도하는 또 하나의 목표이다. 이런 점에서 새터민이 함께하는 통일 교육 프로그램은 북한 사회의 실상을 객관적으로 이해하고 남북한 사회 간의 거리를 좁혀나갈 수 있는 방안 모색을 지향점으로 삼고 있음을 강조해 둔다.

한편, 새터민의 지역사회 적응에 있어서의 연착륙은 통일 한국의 희망을 예견해 볼 수 있다는 점에서 그 나름대로 의의가 있다. 여기서 우리는 이들을 분단이 낳은 특수한 소외계층의 이등시민으로 인식하고 이들에게 남한 사회에의 적응을 일방적으로 강요해 온 것은 아닌지 반문할 필요가 있다. 이들을 위한 일정한 체제 적응 지원 시스템이나 교육 프로그램 운영만으로 소임을 다했다고 단정하기에는 새터민들이 가지는 존재적 가치는 너무나 크다. 이들의 지역사회 조기 정착을 위해 지역 주민들이 그들을 향해 두 팔로 감싸 안아줄 때 이들은 비로소 우리와 함께 지역 주민으로 거듭난다는 점을 놓쳐서는 안 될 것이다. 그런 점에서 이 프로그램은 새터민들의 지역사회 적응을 위한 좋은 모형이 될 수 있다고 본다. 이들이 동등한 우리 사회의 주권자로서 미래의 통일을 함께 준비해 나갈 수 있는 기반을 우리 모두의 노력으로 다져나가야 할 것이다. 새터민이 함께하는 통일 교육 프로그램은 통일 한국을 미리 준비하는 작은 실천의 하나라고 할 수 있다. 또한 새터민이 함께하는 통일 교육 프로그램의 확대 보급은 그 연장선에 놓여 있는 것이라 하겠다.

새터민이 함께하는 통일 교육 수업이 끝난 뒤 몇몇 학생들의 소감문에 기록된 것을 인용해 본다.

"새터민 선생님이 우리와 똑같이 생겼네요."

("남한 사람들과 특별히 다르게 생긴 것은 없었지만……")

"만날 수 없었던 북한 사람이 내 앞에 있으니 신기하기도 했다. …… 북한 사람은 다 얼굴에 표정이 없고 메마른 사람들인 줄 알고 걱정했었는데……"

"북한이 우리와 비슷한 점도 많다고 생각한다."

"역시 북한 사람이 말하는 북한은 우리가 말하는 북한 사회보다 더 생생했다. 앞으로도 이런 기회가 많았으면 좋겠다."

"새터민 선생님과 함께하는 수업을 통해 통일의 필요성과 함께 이제껏 경험할 수 없었던 북한의 실정에 대해 알게 되어 기쁘다."

새터민도 우리와 똑같은 우리 사회의 주권 소유자이다. 그들도 인간다운 삶을 영위해야 하는 존재들이며 행복한 삶을 누릴 이유가 충분히 있다. 그들이 우리 사회의 이등시민으로 남아야 한다면 그들에게서 삶의 희망을 찾아볼 수 없을 지도 모른다. 또한 그렇게 된다면 우리가 간절히 바라는 통일은 더욱 멀어질지도 모른다. 아니 '새터민'(새로운 터전에서 희망을 갖고 사는 사람들)이라는 용어는 사라지고 딱딱한 법률 용어인 '북한이탈주민'으로 우리에게 다가올 것이다. 새터민은 우리 사회의 소수자 집단의 한 유형이 아니라 우리와 함께 통일을 준비하고 통일 이후에는 사회통합과정에도 적극적으로 참여할 수 있는 소중한 집단이다.

〈표 9-1〉 수업지도안[略案](학교생활 및 문화생활 편)[2]

<table>
<tr><td colspan="6">본시 수업안(4 / 4)</td><td>지도교사</td><td></td></tr>
<tr><td>단원</td><td>(2) 북한 사회에 대한 이해</td><td rowspan="2">대상</td><td rowspan="2">2학년</td><td rowspan="2">일시</td><td rowspan="2">6월</td><td rowspan="2">장소</td><td rowspan="2">교실</td></tr>
<tr><td>본시주제</td><td>북한의 학교생활과 문화생활</td></tr>
<tr><td>수업목표</td><td colspan="7">1. 남북한 학교생활의 공통점과 차이점을 2가지 이상 말할 수 있다.
2. 북한 학생들의 여가활동을 3가지 이상 말할 수 있다.
3. 북한 주민의 문화생활 특징을 2가지 이상 말할 수 있다.</td></tr>
<tr><td rowspan="2">수업매체</td><td colspan="3">교사</td><td colspan="4">학생</td></tr>
<tr><td colspan="3">교과서, 프로젝션TV, PPT 자료</td><td colspan="4">교과서, 학습지</td></tr>
</table>

수업단계	수업요항	시간(분)	수업 활동: 교사	수업 활동: 학생	수업형태	학습자료 및 유의점
도입	시작		▶ 인사 - 지난 시간 수업 내용 확인			
	전시 학습 확인		- 통일 후에 함께 수업을 한다면 어떤 어려움이 있을까요?	- 어려움을 상상하여 대답한다. (예) 사용하는 단어가 달라서 의사 소통이 잘 안될 것 같아요. 서로 배우는 과목이 달라서 시험 칠 때 힘들어요.	문답식	
	동기 유발	5′ (5′)	- 그런 어려움을 잘 극복하기 위해서 이번 시간에는 북한 학생들의 학교생활과 여가활동 등에 대해 알아봅시다.			
	수업 목표		▶ 수업 목표 제시	- 수업 목표를 다 같이 읽는다		
전개	북한의 교육 체제와 학교 생활	10′ (15′)	▶ 북한의 학교생활에 대해 알아봅시다. 남한의 교육 체제를 교사가 간단히 설명한다.	- 교육의 목표와 학제를 상기한다	강의식	
			- 북한 교육 체제를 새터민이 설명한다. (학제, 교육의 목표, 교과목, 시험, 진로선택)	- 새터민의 설명을 통해 북한 교육 체제 전반에 대해 이해한다.		동영상과 새터민의 설명을 통해 북한 학생의 학교생활을 현실감 있게 이해하도록 한다.
		5′ (20′)	- 북한 청소년의 학교생활에 관한 동영상을 보면서 북한 학생들에 대해 좀 더 이해해 봅시다.	- 동영상을 본 후, 학습지를 작성한다.	개별학습	
		5′ (25′)	- 영상을 본 후, 학교생활에 관해 궁금한 사항이 있으면 자유롭게 질문하세요. (2~3명 정도 학생의 질문에 대해 간단히 답한다.)	- 궁금한 사항을 자유롭게 질문한다. (예) 학교에 몇 시까지 가나요? 시험 못 치면 어떻게 되나요? 불량학생도 있나요?	문답식	

2) 수업지도안은 졸고, 「새터민을 활용한 중학교 통일교육 프로그램 개발」, 『윤리교육연구』, 제11집(한국윤리교육학회, 2006), pp. 187-193을 참조할 것.

전개			▶ 여러분, 주말에 무얼 하면서 시간을 보내나요? 북한 주민들은 여가를 어떻게 보낼까요?	- 피시방에 간다, 영화나 텔레비전을 본다, 가족들과 유원지에 간다 등등	문답식	
	북한의 문화 생활	10´ (35´)	- 북한의 문화생활 전반에 대해 새터민이 설명한다. (당의 원칙, 80년대의 변화, 새터민의 개인적인 여가 활동 등)	- 새터민의 설명을 듣는다.	강의식	북한에도 여가활동의 다양성이 인정됨을 알 수 있도록 한다.
	①노래		- 우리나라에서 유행하는 노래(슈퍼주니어의 '미라클')를 앞부분만 잠시 들려준다.	- 우리나라와 북한의 유행가가 어떻게 다른지, 혹은 어떤 점이 유사한지 생각하며 듣는다.	문답식	
			- 북한에서 1990년대에 유행한 노래를 들어봅시다. '휘파람'(듣기)			
			- 우리나라 유행가와 비슷한가요? 어떤 점이 다른가요?	- 우리나라 가요는 외래어를 많이 쓴다, 사랑에 대한 내용이 많다. 북한의 가요는 민요 같다, 발성법이 다르다.		
	②영화와 교예		▶ 북한 주민들이 즐기는 영화와 교예에 대해 알아봅시다.	- 북한 영화와 교예에 대해 흥미를 가지고 듣는다.		ppt
			- 북한 영화에 대해 PPT를 보면서 새터민이 설명한다. (사회주의 이념이 예술 분야에 영향을 디치고 있음을 간단히 설명한다.)	- 새터민의 이야기를 듣는다.	강의식	교예동영상 보다 깊은 이해를 유도한다.
		5´ (40´)	- 교예에 관한 동영상을 본 후 이에 대해 사터민이 설명한다.			
			▶ 그 밖에 북한 주민의 문화활동에 대해 궁금한 사항을 질문 받고 새터민이 설명한다.	- TV는 보나요? 채널은 몇 개나 되나요? 오락프로그램도 있나요? 인터넷도 되나요?	문답식	
정리	내용정리 형성평가 차시예고	5´ (45´)	▶ 배운 내용을 간단히 정리한다. ▶ 형성평가 ▶ 차시 예고	- 배운 내용을 정리한다. - 형성평가를 푼다. - 다음 시간에 배울 내용을 확인한다.	ppt	

통 일 학 습 지		학년 반 번
	이름	
주 제	북한의 학교생활과 문화생활	확인

1. 다음 북한 학생들의 학교생활에 대해서 맞는 것에는 O, 틀린 것에는
   X 표시를 해봅시다.

(1) 매주 1회 이상 상호비판 시간을 가진다. ( )
(2) 북한에도 우리처럼 여학생들만 다니는 학교가 있다. ( )
(3) 북한에서는 현재 영어가 필수 외국어이다. ( )
(4) 북한에도 패싸움과 같은 학교 폭력이 있다. ( )
(5) 북한에서도 새 학기에 반 편성을 다시 하고 담임선생님이 바뀐다. ( )
(6) 북한에서 새 학기는 4월에 시작된다. ( )

2. 북한 청소년의 학교생활에 관한 동영상을 보면서 북한의 학교생활에 대한 궁금한 점을 적고 질문해 보자.

질문 1	
질문 2	
질문 3	

ㅁ 자세한 내용은 새터민과 함께하는 통일 교육연구회 홈페이지(http://hosting.dgedu.net/~edu07038) 참조.

참고문헌

KBS 남북교류협력단 편(2003). 『탈북자의 이해』. 서울: 한국방송공사.

김계동 외(2006). 『남북한비교론』. 서울: 명인문화사.

김세균(2006). 『북한체제의 형성과 한반도 국제정치』. 서울: 서울대학교출판부.

김용대 외(2006). 『북한의 정치와 사회 & 통일』. 진주: 경상대학교출판부.

김이선·김민정·한건수(2006). 『여성 결혼이민자의 문화적 갈등 경험과 소통 증진을 위한 정책 과제』. 서울: 한국여성정책개발원.

김창희(2006). 『북한 정치사회의 이해』. 서울: 법문사.

김태운(2006). 『북한의 한반도 주변 대4강 외교정책에 대한 이해』. 서울: 한국학술정보원.

대외경제정책연구원(2002). 『2002 북한 경제 백서』. 서울: 대외경제정책연구원.

민성길(2000). 『통일과 남북청소년』. 서울: 연세대학교 출판부.

박성희(1995). 『북한 청소년의 생활』. 서울: 공보처.

박종철·김영윤·이우영(1996). 『북한이탈주민의 사회 적응에 관한 연구: 실태 조사 및 개선 방안』. 서울: 민족통일연구원.

배한동 외(2003). 『새로운 북한 이해』. 대구: 경북대학교출판부.

배한동(2010). 『새로운 통일 교육론』. 대구: 경북대학교출판부.

박찬석 외(2000). 『통일 교육론』. 서울: 백의출판사.

백혜정 외(2006). 『북한이탈청소년 종합대책 연구 I -남한 사회 적응 과정을 중심으로-』(연구보고 06-R04). 서울: 한국청소년개발원.

북한연구학회(2006). 『북한의 통일외교』. 서울: 경인문화사.

북한인권정보센터(2006). 『새터민 정착 실태 연구』(보고서). 서울: 북한인권정보센터

북한인권정보센터(2009). 『2008 북한이탈주민 경제활동 동향 -취업·실업·소득- 』(보고서). 서울: 북한인권정보센터

사회과학출판사(1995). 『경제사전(2)』. 평양: 사회과학출판사.

서울대학교 중앙다문화교육센터(2007). 『우리나라 다문화교육 정책 추진현황·과정 및 성과분석 연구』(연구보고서). 서울: 서울대학교 중앙다문화교육센터

서훈(2008). 『북한의 선군외교』. 서울: 명인문화사.

신지호(2000). 『북한의 개혁·개방』. 서울: 한울아카데미.

오일환 외(2000). 『현대북한체제론』. 서울: 을유문화사.

윤여상(2001). 『북한이탈주민의 적응과 부적응』. 대구 : 세명.
윤여상(2008). 『인권백서』. 서울 : 북한인권정보센터.
이금순 외(2003). 『북한이탈주민의 적응 실태 연구』. 서울 : 통일연구원.
이기영(2001). 『탈북청소년의 남한 사회 부적응 문제에 관한 유형 분석』. 서울 : 한국청소년개발원.
이동형(2007). 『대구지역 북한이탈주민 지원 지역협의회 운영 활성화 방안 연구』. 대구 : 대구경북연구원.
이서행(2002). 『새로운 북한학』. 서울 : 백산서당.
이우영(2003). 『북한이탈주민의 지역사회 정착』. 서울 : 통일연구원.
이정희(1987). 『북한 요론』. 서울 : 문현사.
이종석(2000). 『현대 북한의 이해』. 서울 : 역사비평사.
이화수(1999). 『통일 한국의 정치심리학 -남북한 간 인성 통합을 위하여』. 서울 : 나남출판.
장달중 외(2004). 『김정일 체제의 북한: 정치 외교 경제 사상』. 서울 : 아연출판부.
장준호·이정환(2007). 『북한이탈주민의 범죄 피해 실태 연구』(보고서). 서울 : 한국형사정책연구원.
전영선(2005). 『북한의 사회와 문화』. 서울 : 도서출판 맥락.
전우택(2000). 『사람의 통일을 위하여 : 남·북한 사람들의 통합을 위한 사회정신의학적 고찰』. 서울 : 오름.
전우택·윤덕용(2001). 『북한이탈주민 사회 적응 실태 조사 보고』. 서울 : 북한이탈주민후원회.
정병호·정진웅·전효관·이부미(2003). 『북한이탈청소년을 위한 학교설립 타당성 연구』[교육정책연구 2003-공모-7]. 서울 : 교육인적자원부.
정진위(2003). 『북한 남북한 관계 그리고 통일』. 서울 : 연세대학교출판부.
조명철(2001). 『북한의 대외 경제정책 10년 평가와 과제』. 서울 : 대외경제정책연구원.
조정아·임순희·정진경(2006). 『새터민의 문화 갈등과 문화적 통합 방안』(경제·인문사회연구회 협동연구총서 06-02-06). 서울 : 한국여성개발원·통일연구원.
최진욱(2007). 『현대북한행정론』. 서울 : 명인문화사.
통일부(2002). 『북한 수첩』. 서울 : 통일부.
통일부(2008). 『통일백서』. 서울 : 통일부.
통일부(2009). 『통일백서』. 서울 : 통일부.
통일부 통일교육원(2000). 『통일 문제의 이해』. 서울 : 통일부 통일교육원.
통일부 통일교육원(2000). 『북한 방문 길라잡이』. 서울 : 통일부 통일교육원.
통일부 통일교육원(2000). 『통일 문답』. 서울 : 통일부 통일교육원.
통일부 통일교육원(2005). 『통일 문제의 이해』. 서울 : 통일부 통일교육원.

통일부 통일교육원(2004). 『북한 이해』. 서울 : 통일부 통일교육원.

통일부 통일교육원(2004). 『통일에 대한 청소년 의식 조사』. 서울 : 통일부 통일교육원.

통일부 통일교육원(2009). 『북한 이해』. 서울 : 통일부 통일교육원.

통일부 통일교육원(2009). 『2009 통일 교육 기본지침서』. 서울 : 통일부 통일교육원.

통일부 통일교육원(2009). 『통일 문제의 이해』. 서울 : 통일부 통일교육원.

통일부 통일교육원(2009). 『통일 백서』. 서울 : 통일부 통일교육원.

통일부 통일교육원(2010). 『북한 이해』. 서울 : 통일부 통일교육원.

통일부 통일교육원(2010). 『통일 문제의 이해』. 서울 : 통일부 통일교육원.

통일원(1990). 『통일백서』. 서울 : 통일원.

하나원(2004). 『하나원 수료생 적응실태 조사』. 서울 : 하나원.

한국국민윤리학회 편(2001). 『현대사회와 윤리』. 서울 : 형설출판사.

한만길 외(1991). 『북한이탈 주민의 남한 교육 적응 연구』. 서울 : 한국교육개발원.

허문영(2001). 『북한 외교의 특징과 변화 가능성』. 서울 : 통일부 통일연구원.

황성진 외(2009). 『북한 방송통신 부문 및 남북 방송통신 교류협력 현황 보고서』. 서울 : 정보통신정책연구원.

고유환(1995). 「사회주의의 위기와 북한의 우리식 사회주의」. 통일원 교육홍보국. 『통일문제연구』. 1995년 2월호.

강휘원(2006). 「한국 다문화사회의 형성요인과 통합 정책」. 중앙대학교 국가정책연구소. 『국가정책연구』. 제20권 제2호.

곽노의 · 이용자(2006). 「북한 의무교육제도와 보육제도」. 유아교육연구학회. 『유아교육연구』. 제26권 제5호.

금명자 · 권혜수 · 이희우(2004). 「탈북청소년의 문화적응과정 이해」. 한국심리학회. 『한국심리학회지 : 상담 및 심리치료』. 16(2)

길은배 · 문성호(2003). 「북한이탈청소년의 남한 사회 적응문제와 정책적 함의」. 한국청소년학회. 『청소년학연구』. 10(4).

김경호(2006). 「새터민 정착 지원 체계의 대안적 모색」. 대한정치학회. 『대한정치학회보』. 13집 3호.

김무림(1989). 「북한의 언어정책과 말 다듬기 운동」. 한국논단. 『한국논단』. Vol. 4.

김미령(2005). 「탈북자의 적응스트레스와 사회적 지지가 우울성향에 미치는 영향」. 한국사회복지학회. 『한국사회복지학』. 제57권 제1호. pp. 193-216.

김성윤(2006).「새터민 정착의 실태와 문제점 및 개선방안」. 한국동북아학회.『한국동북아논총』. 제38집.
김세훈(2005).「다문화사회의 문화정책」. 한국행정학회. 하계학술대회 발표논문집.
김연희(2007).「한국 사회의 다문화화와 사회복지분야의 문화적 역량」. 한국사회복지연구회.『사회복지연구』. Vol. 35.
김영수(2004).「북한이탈주민의 현황과 재사회화 문제」. 서강대학교 사회과학연구소.『사회과학연구』. 제12집. 1호.
김영주(1995).「북한신문의 분류체계와 기본내용」. 경남대학교 극동문제연구소.『동북아연구』. Vol. 1. No. 1.
김영하(1997).「분단비용과 통일비용에 관한 인식 제고 방안」. 통일원.『'97 신진연구자 북한 및 통일 관련 논문집』[통일정책·환경(1)].
김윤지(2006).「김정일의 '영화예술론'과 북한영화」. 한양대학교. 대학원 논문집『CINEMA』. Vol. 2.
김영하(2006).「새터민을 활용한 중학교 통일 교육 프로그램 개발」. 한국윤리교육학회.『윤리교육연구』. 제11집.
김영하(2007).「새터민의 지역사회 정착을 위한 과제」. 담수회.『담수』. 제36집.
김영하(2008).「새터민의 지역사회 정착 지원을 위한 시스템 및 프로그램 개선 방안」. 21세기정치학회.『21세기정치학회보』. 제18집 2호.
김충렬(2005).「북한 의료제도에 관한 연구」. 통일문제연구소.『통일문제연구』. Vol. 20. No. 1.
김태진(2005).「새터민의 지역사회 정착을 위한 지원방안」. 동의대학교 지방자치연구소.『동의법정』. 제22집.
김형태(2004).「북한이탈청소년의 남한 사회 적응 유형에 관한 통합적 비교연구」. 숭실대학교 대학원 박사학위 논문.
김혜숙·박수미(2006).「집단지위정당성, 지위안정성 및 집단정체성이 차별 지각에 미치는 영향 : 성차별과 학력차별을 중심으로」. 한국심리학회.『한국심리학회지 : 사회 및 성격』. 제20권 제4호.
노인숙·원정숙(2009).「새터민의 우울, 불안, 외상 후 스트레스, 자아존중감 및 사회 적응 간의 관계」. 정신간호학회.『정신간호학회지』. 제18권 제1호.
독고순(2001).「탈북 주민의 가치 정향에 관한 비교 연구」. 한국사회학회.『한국사회학』 제35집 1호. pp. 149-178.
문장순(2005).「6·15 공동선언 이후 지방교류협력사업의 발전과 전망」. 경북대학교 평화문제연구소.『6·15 공동선언과 남북 관계 발전방안』(2005년 6월 22일). pp. 19-37.
민병욱(2006).「김정일 체제기 북한 예술영화 연구」. 한국공연문화학회.『공연문화연구』. 제13집.

민성길(2002). 「통일 한국의 미래시대」. 연세대학교 통일연구원. 『통일연구』. 제6권 제1호.

박남수(2000). 「다문화 사회에 있어 시민적 자질의 육성 -사회과를 통한 다문화 교육의 모색-」. 한국사회과교육연구회. 『사회과교육』. 제33집.

박천응(2008). 「다문화 교육의 정책과 사업 설정의 과제」(경기교육포럼의 발표자료, 2008년 6월 3일).

박현식(2006). 「사회복지조직 간 네트워크 구축의 장애 요인 연구 -탈북자 정착 지원을 중심으로-」. 한국사회복지정책학회. 『사회복지정책』. Vol. 25.

배진영(1996). 「통일비용의 비판적 고찰과 재원조달 방안」. 한국경제통상학회. 『경제학논집』. 제5권 제1호.

배한동 · 성장환 · 김영하(2005). 「북한이주민을 활용한 학교 통일 교육 프로그램 개발」. 경북대학교 사범대학부속 중등교육연구소. 『중등교육연구』. 제53집 제3호.

배한동 · 성장환 · 김영하 · 이희갑 · 이정희(2005). 「북한이주민의 지역사회 적응 실태 분석을 통한 통일 교육 자원 활용 가능성 연구」. 한국동북아학회. 『한국동북아논총』. 제36집. pp. 207-244.

서윤환(2005). 「북한이탈주민 지원 민간단체협의회 활성화 방안」. 금오공과대학교 선주문화연구소. 『선주논총』. 제8집.

서정배(2009). 「북한이탈주민, 우리 사회 이웃인가 이방인인가?」. 평화문제연구소. 『통일 한국』. 2009년 7월호.

성기중 · 윤여상(1999). 「중국 내 탈북자에 대한 전망과 해결방안」. 한국동북아학회. 『한국동북아논총』. 제13집. pp. 3-21.

성문정(2001). 「북한 엘리트 체육의 실태」. 체육과학연구원. 『스포츠과학』. Vol. 75.

안미영 · 김혜숙(2003). 「집단 지위와 정당성 및 안정성이 차별 지각에 미치는 효과」. 한국심리학회. 『한국심리학회지 : 사회 및 성격』. 제17권 제3호.

안민석(2002). 「북한 주민의 여가생활과 체육 활동에 관한 연구」. 한국체육학회. 『한국체육학회지』. 제41권 제2호.

양계민(2009). 「국내 소수집단에 대한 청소년들의 태도에 영향을 미치는 요인」. 한국심리학회. 『한국심리학회지 : 사회 및 성격』. 23(2).

양영자(2007). 「분단-다문화시대 교육 이념으로서의 민족주의와 다문화주의의 양립가능성 모색」. 한국교육과정학회. 『교육과정연구』. Vol. 25. No. 3.

오기성(2004). 「통일 교육에 있어 사회문화적 접근」. 한국도덕윤리과교육학회. 『2004년 한국도덕윤리과교육학회 10월 월례학술발표대회 자료집』(2004년 10월 23일).

오난희(2003). 「북한이탈아동 · 청소년의 남한 사회 적응에 관한 사례 연구」. 가톨릭대학교 대학원 석사학위 논문.
오수열 · 김주삼(2006). 「새터민을 위한 정부와 지역사회의 역할」. 대한정치학회. 『대한정치학회보』. 13집 3호.
윤덕룡(2000). 「탈북자 적응의 사회경제적 문제 : 보호경찰관에 대한 설문결과를 중심으로」. 연세대학교 통일문제연구소. 『통일연구』. 제4권 제1호.
윤여상(2001). 「남북화해 · 협력시대 북한이탈주민의 역할과 사회 적응」. 한국동북아학회. 『한국동북아논총』. 제6권 제4호[통권 21호].
윤인진(2000). 「탈북과 사회 적응의 통합적 이해 : 국내탈북자를 중심으로」. 북한대학원대학교. 『현대북한연구』. 3(2).
윤인진(2000). 「탈북자의 자립정착을 위한 자조모델 : 자영업 기반 형성을 중심으로」. 고려대학교 아세아 문제연구소. 『아세아연구』. 통권 제104호. pp. 143-183.
윤인진(1999). 「탈북자의 남한 사회 적응 실태와 정착 지원의 새로운 접근」. 한국사회학회. 『한국사회학』. 제33집 3호.
윤인진 · 김상학(2003). 「적극적 조치(Affirmative Action)에 대한 인식과 태도 -장애인, 북한이탈주민에 대한 대학생 의식 조사-」. 비판사회학회. 『경제와 사회』. 2003년 여름호(통권 제58호).
이금순(2006). 「지역 단위 북한이탈주민 정착 지원 체계 운영 방향」. 북한이주민지원센터. 『북한이주민지원센터 초청 세미나 자료집』(2006년 7월 5일).
이기동(2008). 「북한의 언어정책과 연구내용에 대한 고찰」. 우리어문학회. 『우리어문연구』. 제31집.
이기영(2002). 「탈북청소년의 남한 사회 적응에 관한 질적 분석」. 한국청소년정책연구원. 『한국청소년연구』. 23(1).
이미경 · 정우곤(2003). 「북한 사회보장제도의 실증적 연구: 의료보장제도의 운영 실태를 중심으로」. 북한연구학회. 『북한연구학회보』. 제7권 제1호.
이석주(1989). 「북한의 언론정책」. 한성대학교 한성어문학회. 『한성어문학』. Vol. 8.
이수연(2008). 「새터민 청소년의 학교적응에 관한 질적 분석」. 한국청소년학회. 『청소년학 연구』. 제15권 제1호.
이용자(2006). 「북한 유아교육 실태와 협상 형태에 미친 영향 연구」. 협상연구학회. 『협상연구』. 제12권 제1호.
이장호(1997). 「북한 출신 주민 심리 사회 적응 프로그램의 개발(상)」. 북한연구소. 『북한』. 1997년 11월호. pp. 166-179.
이 전(2005). 「북한의 지리 교과서에 대한 일고찰 : 북한의 고등중학교 지리교과서 1990년판과 2000년판 분석을 중심으로」. 한국지역지리학회. 『한국지역지리학회지』. 제11권 제6호.

이종렬(2009). 「'정체성'의 정치와 시민교육의 방향」. 『시민교육연구』. 제41권 제2호.

장문강(2008). 「새터민 청소년의 학교적응에 관한 연구 : 다문화교육 관점을 중심으로」 한국청소년문화연구소. 『청소년문화포럼』. Vol. 19.

장원동(2004). 「북한이탈주민의 우리 사회 적응을 위한 민주시민 교육 방안」. 한국국민윤리학회. 『국민윤리연구』. 37호.

장창호(2000). 「탈북 청소년의 적응에 관한 사회사업적 고찰」. 강남대학교 대학원 석사학위 논문.

전상인(1995). 「북한의 가족정책 변화 연구」. 명지대학교 여성가족생활연구소. 『여성가족생활연구』. 제14집.

전우택(1997). 「탈북자들의 주요 사회배경에 따른 적응과 자아 정체성에 관한 연구」. 연세대학교 통일연구원. 『통일연구』. 1(2).

전우택(1999). 「남한에 있는 탈북자들의 심리적 갈등 구조 및 그에 대한 해결 방안」. 통일연구원 학술회의 총서 99-05. 연세대학교 통일연구원. 『탈북자의 보호 및 국내 적응 개선 방안』.

전우택 · 윤덕룡 · 강성록 · 김형중 · 민성길(2001). 「비정부기구(NGO)의 탈북자 지원 경험 분석 및 개선 방향」. 연세대학교 통일연구원. 『통일연구』. 제5권 제1호.

전우택 · 윤덕용 · 엄진섭(2003). 「탈북자들의 남한 사회 적응 실태 조사 : 2001년도 553명의 탈북자들에 대한 조사를 중심으로」. 연세대학교 통일연구원. 『통일연구』. 제7권 제1호.

정병호(2001). 「분단의 틈새에서 : 탈북 난민의 삶과 인권」. 삼인. 『당대비평』. 16.

정병호(2004). 「탈북이주민들의 환상과 부적응 : 남한 사회의 인식혼란과 그 영향을 중심으로」. 서울대 비교문화연구소. 『비교문화연구』. 10(1).

정옥환(2006). 「북한이탈가정 아동의 심리적 적응 증진을 위한 어머니-아동 상호작용 프로그램 개발」. 서울여자대학교 대학원 박사학위 논문.

정진경(2002). 「북한사람들의 성역할 특성과 가치관 : 탈북자 자료」. 한국심리학회. 『한국심리학회지 : 일반』. Vol. 21. No. 2.

정진경 · 조정아(2008). 「새터민과 남한주민을 위한 문화통합교육의 과제」. 한국심리학회. 『한국심리학회지 : 사회문제』. Vol. 14. No. 1.

정진웅(2004). 「'적응'을 넘어서 : 탈북 청소년 교육의 새로운 방향 모색」. 한국열린교육학회. 『열린교육연구』. Vol. 12. No. 2.

정태연 · 최영진 · 김영만(2003). 「탈북자가 본 북한의 세대 간 차이점과 유사점 : 남한과의 비교를 중심으로」. 한국노년학회. 『한국노년학』. Vol. 23. No. 3.

조동호(1997), 「통일의 경제적 비용과 편익」, 민족통일연구원·한국개발연구원, 『민족통일연구원·한국개발연구원 공동주최 국내학술회의 발표논문집』(1997년 6월 5일).

조동호(2010), 「통일비용 논의의 바람직한 접근」, 제주평화연구원. 『JPI 정책포럼』 Vol. 29.

조명숙(2004). 「탈북 청소년 복지 현황과 과제」. 『청소년 유형별 복지 현황과 과제』. 서울 : 한국청소년개발원.

조민(1997), 「분단의 정치사회적 비용과 통일이익」, 민족통일연구원·한국개발연구원, 『민족통일연구원·한국개발연구원 공동주최 국내학술회의 발표논문집』(1997년 6월 5일).

조용관(1998). 「북한 가족정책의 변화와 전통적 가정문화」. 안양대학교 복지행정연구소. 『복지행정연구』. 제14집.

조용관(2004). 「탈북자의 남한 사회 적응을 통해 본 통일 교육의 과제」. 국민윤리연구학회. 『국민윤리연구』. 제57호.

조정아·이춘근(2008). 「북한의 고등교육개혁과 이공계 대학 교육과정」. 북한연구학회. 『북한연구학회보』. 제12권 제1호.

조정아·전우택(2004). 「북한 출신 대학생들의 대학생활 적응에 대한 질적 연구」. 한국심리학회. 『한국심리학회지 : 상담 및 심리 치료』. 16(1).

조천현(2002). 「탈북 경로의 유형과 실태와 현황 : 생계형 탈북에서 삶의 질 향상 위한 형태로 급증」. 북한연구소. 『북한』. 2002년 10월호.

조한혜정(2000). 「분단과 공존 : 제3의 공간을 열어가는 통일 교육을 지향하며」. 『탈분단시대를 열며』. 서울 : 삼인.

진희관(2008). 「북한에서 '선군'의 등장과 선군사상이 갖는 함의에 관한 연구」. 한국국제정치학회. 『국제정치논총』. 제48집 1호.

홍순혜·원미순·박윤숙·정의중(2003). 「북한이탈청소년들의 남한 사회 적응에 관한 연구」. 『서울여자대학교 대학원 논문집』. 12.

홍주은(2003). 「북한이탈부모의 자녀 양육 변화와 문제 분석」. 서울여자대학교 석사학위 논문.

황규호·양영자(2008). 「한국 다문화교육 내용 선정의 쟁점과 과제」. 한국교육과정학회. 『교육과정연구』. Vol. 26. No. 2.

민주평화통일자문회의(2005). 『2005년 일반 국민 통일 여론 조사 보고서』(2005년 12월). 민주평화통일자문회의.

민주평화통일자문회의(2004). 『2004년 제3차 일반 국민 통일 여론 조사 보고서』(2004년 9월). 민주평화통일자문회의.

민주평화통일자문회의(2004). 『청소년 통일 의식 조사 보고서』(리서치 앤 리서치)(2004년 9월).
민주평화통일자문회의(2002). 『중·고교생 통일 교육 설문조사』(보고서).
(재)한민족복지재단(2002). 『남북 관계와 통일에 대한 청소년들의 의식 조사』(보고서).
탈북청소년 공동체 셋넷학교(2005). 셋넷학교 교육연구자료집.
테일러 넬슨 소프레스 코리아(2002). 『청소년 통일의식 설문조사』(보고서).
P&P RESEARCH(2003). 『평화와 통일에 대한 청소년 의식 조사』(보고서).
P&P RESEARCH(2002). 『통일 교육에 대한 청소년 의식 조사』(보고서).

『경향신문』. 2007년 1월 1일자 ; 2008년 2월 18일자 ; 2005년 1월 10일자.
『국민일보』. 2007년 9월 29일자 ; 2007년 8월 29일자 ; 2008년 4월 21일자 ; 2005년 1월 11일자 ; 2004년 11월 9일자.
『내일신문』. 2007년 2월 21일자 ; 2007년 2월 8일자 ; 2007년 8월 6일자 ; 2008년 4월 18일자.
『뉴스메이커』. 2006년 5월 16일자 ; 2008년 8월 12일자.
『데일리NK』. 2007년 5월 13일자 ; 2007년 7월 11일자 ; 2007년 7월 12일자 ; 2008년 10월 8일자 ; 2008년 10월 14일자 ;
『동아일보』. 2007년 10월 29일자 ; 2007년 10월 30일자 ; 2007년 12월 26일자 ; 2008년 1월 23일자 ; 2008년 2월 19일자 ; 2008년 4월 25일자 ; 2008년 4월 29일자 ; 2010년 6월 19일자.
『메디컬투데이』. 2008년 10월 23일자.
『문화일보』. 2005년 8월 12일자 ; 2007년 7월 16일자 ; 2008년 1월 23일자.
『서울신문』. 2005년 1월 3일자 ; 2005년 1월 21일자 ; 2005년 7월 18일자 ; 2006년 3월 23일자 ; 2007년 11월 5일자 ; 2007년 7월 24일자 ; 2008년 1월 8일자 ; 2008년 1월 23일자 ; 2009년 4월 14일자 ; 2009년 7월 20일자.
『세계일보』. 2004년 11월 6일자 ; 2005년 6월 14일자 ; 2007년 7월 24일자.
『연합뉴스』. 2002년 2월 7일자 ; 2008년 11월 21일자 ; 2009년 1월 19일자 ; 2009년 2월 23일자 ; 2009년 7월 8일자 ; 2010년 3월 5일자 ; 2010년 7월 15일자 ; 2010년 7월 28일자.
『영남일보』. 2008년 6월 4일자.
『오마이뉴스』. 2008년 7월 4일자.
『자유아시아방송(RFA)』. 2009년 1월 31일자.
『조선일보』. 2009년 9월 25일자.
『중앙일보』. 2010년 9월 8일자 ; 2010년 9월 20일자 ; 2010년 9월 29일자 ; 2010년 9월 30일자 ; 2010년

6월 23일자 ; 2007년 1월 4일자 ; 2007년 1월 5일자 ; 2008년 8월 28일자 ; 2010년 6월 26일자 ; 2010년 7월 6일자 ; 2010년 7월 17일자 ; 2010년 7월 21일자 ; 2010년 9월 6일자.

『한겨레신문』. 2005년 6월 11일자 ; 2007년 2월 14일자 ; 2007년 8월 11일자.

『한국일보』. 2005년 1월 27일자 ; 2008년 5월 5일자 ; 2009년 10월 22일자.

『헤럴드 경제』, 2010년 9월 27일자.

『VOA 미국의 소리』. 2008년 8월 4일자.

『YTN』. 2010년 6월 24일자 ; 2010년 6월 26일자 ; 2010년 8월 16일자 ; 2010년 9월 29일자.

『노동신문』. 1998년 5월 26일자 ; 1998년 9월 8일자 ; 2002년 1월 1일자 ; 2003년 1월 1일자 ; 2008년 12월 15일자.